卢梭传

一个孤独漫步者的一生

上

[美] 利奥·达姆罗什 著

彭姗姗 译

Leo Damrosch

Jean-Jacques Rousseau: Restless Genius

I

上海人民出版社

译者序：凡人之为天才

在启蒙时代的熠熠群星中，竟然是那个一无是处、毫不起眼的让-雅克·卢梭成了最具原创性、最有影响力的作家。同时代的人越是了解卢梭的过去，知道他从未上过一天学，在三十八岁一举成名之前断断续续地打着零工，做过雕刻匠学徒、男仆、冒牌的音乐老师、巡游修道士的翻译、土地登记处的职员、家庭教师、作曲家、使馆秘书，等等——大多数的工作都表现不佳，每一种工作都干不长久——就越是震惊于这样一个人居然能成为杰出作家！无论是十八世纪的普通公众，还是乌德托夫人和卢森堡公爵这样的赞助人，无论是狄德罗、达朗贝尔这样的哲学家朋友，还是伏尔泰这样伟大的对手，都还没有意识到，卢梭绝不仅仅是启蒙时代的杰出作家之一，更是整个现代世界最伟大的作家之一。利奥·达姆罗什的《卢梭传》将讲述这个凡人如何蜕变为天才的精彩故事。故事的最后，我们将恍然大悟，卢梭之所以能够成为天才般的伟大作家，恰恰是因为他感受着每一个平凡的现代人的感受，思考着每一个平凡的现代人的思想。

一 卢梭的原创性

我们如此之深地浸润在卢梭的遗产之中，以至于如果不具备历史学视野，就很难再体会到其著作是多么大胆和原创，多么深刻地改变了我们的思想、情感和社会。

《论人类不平等的起源和基础》不仅构成了现代人类学的前奏，也构成了马克思关于人类历史发展理论的先声。通过将自然人类比于野兽，卢梭勇敢地挑战了《圣经》中按上帝面容所塑造的人的形象，从而挑战了教会的权威。通过对理性的贬低，卢梭向启蒙时代的核心观念发出了质疑，从而挑战了哲学家的权威。通过对人类社会现状的描绘与判断，卢梭不仅向所有的富人、贵族、上流社会和统治阶级发起了攻击，更向文明社会的全部成员发出了挑衅。卢梭所描绘的人类逐渐疏离本真自我的堕落过程，后来被马克思凝结成“异化”概念。而当卢梭将保障人的平等和自由确立为文明社会应该复归的标准时，他已经预见到并参与掀起了一场真正的革命。

《社会契约论》正是试图提供一套规范，让人们在政治共同体之中也能享有类似于自然人的自由和平等。此后，合法的政治共同体不再是基于自然正确（natural right）的自然法，而是基于每位共同体成员的自然权利（natural right）。自由被看作人之为人的美德，被视为人最根本的自然权利。卢梭重新定义了文明人的自由，即服从于个人对自己的立法。由此，他开创了自由的哲学，影响到康德以降的整个德国唯心主义传统。

著名的《社会契约论》仅仅被卢梭视为《爱弥儿》的附录。《爱弥儿》所阐述的自然教育主张影响深远。其意义并不在于提供了何种具体的教育措施和方法，而在于它要求发展一套培养自由个人的教育哲学，以便为合法的政治共同体的创立奠定基础。

《新爱洛伊丝》让同时代的人首次意识到生命中缺乏“爱情”，使得激情成了美德，并创造了一种全新的写作方式。在卢梭笔下，写作不再是揭示的工具，而变成了揭示本身；语言也不再是区别于自我的工具，而就是自我本身。这一全新的写作方式——语言即本真自我，已被现代文学所普遍接受。《新爱洛伊丝》对个人感情毫不掩饰的直率表达、自由奔放似乎只随着情绪起伏的笔法以及忧郁感伤略带夸张的情调，都预示着即将席卷文坛的浪漫主义潮流的来临。

正因为语言即本真自我，所以卢梭才能够承诺他将写出生命中的一切。关于过去的记忆可能会出错，但当下饱含感情的写作本身已经展现了自我。假如他用想象填补了记忆也无关紧要，因为一个人的梦的性质也反映了这个人的性质。这样，《忏悔录》发明了现代自传体裁，并确立了关于自我的新标准——真诚、想象力、情感和个性。当写作自传成为一种关于自我的探索时，卢梭所开启的方向最终通向了弗洛伊德的精神分析。

在历史哲学、人类学、政治学、教育学、文学、或许还有心理学领域全都写出了开创性伟大著作的人，居然是那个一直颠沛流离四处谋生、羞怯胆小却期望着在巴黎出人头地、满口奉承话的卢梭。这一切是如何可能的？

二　卢梭的“哥白尼革命”

卢梭人生的扭转被称为万塞讷启悟。1749年，卢梭三十七岁，刚刚在巴黎稍稍安定下来。拙于社交的卢梭不太喜欢巴黎。他厌烦用严格校准的时间表规定工作日的每一个细节，厌烦无孔不入的社交礼节那虚与委蛇的虚情假意，厌烦只会逢迎社会思想与趣味的沙龙哲学。但他仍然努力调整自己来适应这一切。毕竟，这就是文明的巴黎的生活。直到记忆中的那个夏日（实际是十月），他在去万塞讷监狱探望被囚禁的狄德罗的路上，偶然读到了第戎学院的征文题目——“科学与艺术的复兴是否有助于敦风化俗？”像被一道灵光的闪电击中，卢梭一直模模糊糊感受到的“不对劲儿”忽然清晰起来：科学与艺术把人的生活装饰得越来越文明，但这种文明已经变成了伪装，甚至奴役——“人们总是根据其他人的期望和意见来衡量一切，甚至对自己也隐瞒自己的真实感受”（本书第247页）。蜂拥而至的可怕真理让卢梭眩晕不已，以至于他不得不在路旁的树下躺了一刻钟。据其自述，他此后的主要著作，不过是这一刻钟灵感的苍白无力的呈现。

从这一刻起，卢梭决心做一个不为“这里的人”所理解的“野蛮人”[1]：不再从外部看待自己，而是诚实地从自己的感受出发看待世界。冒着过分简化的风险，卢梭的每一部著作都可以追溯至某种最切身的真实感受。《论科学和艺术》源自他对于深受优雅精致又烦琐造作的法国宫廷礼仪文化影响的巴黎社交

1 《论科学与艺术》的题记是“这里的人不了解我，所以把我看作野蛮人”。

文化的不满。深思熟虑之后，《论不平等》致力于从更宏大的人类历史发展的角度阐述这种不满的正当性，勇敢地从“根部砍断”了文明之树（第249页）。卢梭长期处于社会底层，对于种种不平等有着刻骨铭心的体验。有一个例子最鲜明地表明了他曾多么根深蒂固地将不平等视为理所当然。卢梭给法国驻威尼斯大使当秘书时，迷上了一个名叫祖莉埃塔的妓女。当他走进祖莉埃塔的闺房，沉迷于她的妩媚温柔，感叹她是“大自然和爱神的杰作”之时，他下意识的反应是去探寻她身上隐藏的缺陷。因为他深信，如果不是存在着某种缺陷，这位天仙般美人怎么可能沦落到在社会底层做一名妓女呢？于是，当他发现祖莉埃塔的一个乳头内陷时，秩序得到了恢复：这位美人原来是一个怪物，是一个与其社会地位相称的“大自然的弃儿”！（《忏悔录》，第7卷）现在，通过《论不平等》，卢梭不再用现有社会秩序来解释生活中的不平等，而是反过来，用生活中的不平等来论证现有社会的存在本身就是一个错误。

如果现有的文明令人背离了自身，那么，回到人的整全和统一就成了此后所有著作的严肃主题。《社会契约论》《爱弥儿》和《新爱洛伊丝》分别给出了政治的、教育的和爱情（或小团体）的解决方案。每一种解决方案都与卢梭的亲身经历之间存在着某种呼应。《社会契约论》中合法的政治共同体投射出卢梭对于祖国日内瓦的期望、对于想象中的斯巴达的倾慕。《爱弥儿》试图重整人的欲求的出现秩序，使人恢复自然的和谐，而这种秩序与卢梭自身成长过程中欲求的产生秩序正好相反。《新爱洛伊丝》中朱莉及其丈夫沃尔玛、从前的情人圣普乐之间分享着一种共同的情感联系，就像华伦夫人及其情人阿内和卢梭、乌

德托夫人及其情人圣朗贝尔和卢梭一样。（第364页）

《忏悔录》是一份流放中的自我辩护。在这个过程中，卢梭开始探索自我。确实，如果自我将成为观察和批判外部世界的基点，那么，自我本身理应得到严肃的认识和批判。写作《卢梭评判让-雅克：对话录》时，自我分裂成了卢梭和让-雅克。这一分裂的至深意义仍未被充分揭示。在最后的著作《一个孤独的散步者的梦》中，写作变成了对分裂自我的疗愈。如同达姆罗什所言："一个天才可以把不幸和神经官能症转化为优势。"（第495页）

终其一生，卢梭都在以非凡的勇气践履和揭示他从万塞讷启悟中获得的真理。在我看来，卢梭所做的事，与康德后来发起的哥白尼革命类似。康德颠倒了主体与对象的关系，指出不是客观对象决定了主体的思维，而恰恰相反，是主体的先天思维方式构建了客观对象。卢梭更早地感受到并用他自己的方式揭示了类似的洞见。

三　让-雅克塑造卢梭

卢梭总结万塞讷启悟说："在看到这个题目的那一刹那，我看到了另外一个世界，我变成了另外一个人。"（《忏悔录》，第8卷）此后，卢梭便坚持从自我经验出发写作。这使得他的写作和生活都变得异常艰辛，以至于他貌似夸张的自述很可能只是如实记录了其真实感受："从那时那刻起，我就坠入了万丈深渊。"（《忏悔录》，第8卷）

首先，写作本身变得非常艰涩。由于每一个概念、每一句话都需要经得起自身经验的检验，卢梭写得很慢，也很费劲。狄德罗具有倚马可待的才思，卢梭却总是在散步或长时间的失眠之后，才能费力地写出几个段落。（第 245 页）

其次，卢梭颠覆性的作品使得他晚年被迫流亡，更重要的是，令他在朋友中也很难得到认同，像是“被活埋在活人中间”（《对话录》，对话Ⅰ）。从内部发起批判比做一个外部的批判者要承受更为沉重的压力，也要忍受更为可怕的孤独。在面对来自天主教和新教的攻击的同时，卢梭还必须承受朋友们的漠视和抛弃——反讽的是，为卢梭提供庇护和支持的恰是卢森堡公爵和孔蒂亲王这样的贵族。（第 405—407 页）其他启蒙哲学家共享着许多思想，就像“穿着一种团队制服，这使得让他们像自行车赛车手一样，可以从彼此的滑流中受益”。（第 250 页）但卢梭拒绝穿上这种制服，最终变成了伏尔泰眼中“启蒙运动的叛徒”。在根本上，多数启蒙哲学家们并不同情下层阶级。格里姆（Frederick Grimm）对卢梭政治著作的批评表达了一种典型的观点：“一般人并不是为自由而生，也不是为真理而生，尽管他们嘴里经常念叨这些话。这些无价的东西属于人类的精英，其明确条件是他们在享受这些东西时不要过分夸耀。其余的人生来就是为了奴役和错误。他们的天性置他们于那里，并使他们受到不可战胜的束缚。读读历史，你就会对此深信不疑。”（第 398 页）

最后，卢梭探究得越深，就越发现自我变得不可捉摸，这令他的精神处于永恒的不安之中。起初，卢梭发现，自我是由人生经验塑造出来的，童年经历扮演着尤其重要的角色。接着，他意识到，人生中那些任性、陶醉、狂乱甚至疯狂的时刻和事件可能表现了最真实的自己。他不得不承认："有些时候，我看起来与自己如此不一样，以至于有人会把我当成另一个性格完全相反的人。"（第 490—492 页）他甚至接近于发现了"无意识动机"。当卢梭意识到自己开始绕开某个街角以避开在那里要钱的一个小男孩时，他分析说："这是我在反思时发现的，因为在此之前，这一情况从未在我的想法中清清楚楚地呈现过。这一观察使我想起了许多其他的观察，都使我确信，我的大多数行为的真正的第一动机并不像我长期以来所认为的那样清晰。"（第 540 页）在最后的《一个孤独的散步者的梦》中，卢梭承认："德尔斐神庙的'认识你自己'并不是一个像我写《忏悔录》时所认为的那样容易遵循的格言。"（第四次散步）

然而，卢梭从未放弃过在所有的分裂和龃龉之下探索或塑造自我的基本核心。一位同时代人以非凡的洞察力凝练地说明了这一点："卢梭有一个人造的性格，但不是一个虚假的性格。他并不完全是他看上去的那个样子，但他相信他是。"（第 293 页）

卢梭敏锐的感受几乎总是一针见血地预示了后人的真知灼见。当代认知神经科学通过对裂脑病人的实验，发现心智其实不是一个单一的认知系统，而是诸多认知系统的组合，而人之所以感觉自己只有一套心智，是因为左脑中存在一个能够为我们的行为进行统一叙述的特殊机制，即"解释器"[1]（interpreter）。简单地说，卢梭对自我的探索完全符合当代认知神经科学的发

1 加扎尼加：《双脑记：认知神经科学之父加扎尼加自传》，罗路译，北京联合出版公司，2016 年，第 82、112 页。

现，即，自我有很多个，但“解释器”会让人觉得只有一个自我。

在我看来，让-雅克塑造了出现在公众面前的卢梭。于是，那个羞怯胆小、满口阿谀之词以便在巴黎社交圈混下去的卢梭突然变成了“另外一个人”——那个勇敢大胆、雄辩滔滔、不惜与整个社会为敌的卢梭。达朗贝尔评价说：“人们必须像我一样理解卢梭，才能看到这种藐视一切的勇气是如何使他的精神得到扩展的。十五年前我看到他时，他……几乎就是个阿谀奉承之辈，他写的东西也很平庸。”（第292页）而现在，通过承担起另外一个社会人格，让-雅克的天才得以发展并呈现。

四　现代自我的预言

自十八世纪起，卢梭著作中的自相矛盾就一直饱受诟病，晚近以来的研究则试图解释这些矛盾。虽然学者们已发展出多种阐释模式寻求矛盾背后的统一，但对卢梭来说，诸多矛盾可能根本就是无法解开的。这是因为，自我之间的龃龉必将呈现为著作之中的矛盾。

卢梭发明了孤独的自然人，以此为标准批判文明社会。但他也宣称：“我知道绝对的孤独是一种阴郁的状态，与自然相反。关爱的感情滋养灵魂，思想的交流活跃心智。我们最甜蜜的存在是相关联的和集体的，我们真正的‘我’并不完全在我们自己之内。”（《对话录》，对话Ⅱ）他甚至并不认为《论不平等》一定洞察了人类堕落的奥秘，《社会契约论》一开篇就说：“人是生而自由的，但却无往不在枷锁之中……这种变化是怎样

形成的？我不清楚。”（第一卷第一章）

卢梭渴求在文明社会中重获类似自然人的幸福，但他从不敢肯定他所设想的解决方案能够奏效。在最严格的意义上，他认为唯有神的子民才能建立起《社会契约论》所提出的那种合法的政治体。在《爱弥儿》未完成的续集中，爱弥儿及其妻子苏菲在巴黎的文明生活中逐渐堕落，并最终分开了，爱弥儿被卖到阿尔及尔为奴。《新爱洛伊丝》创造了一个温情脉脉的克拉朗庄园，人们在葡萄丰收节中享受着平等的欢愉，但同时，卢梭也尖锐地指出庄园主沃尔玛是一个开明专制者，真正的平等在现代世界几乎不可能实现。

卢梭绝对而狂热的心理欲望、极端而疯狂的流放经历，泄露出其思想过于极端的病症。然而，即便如此，他的全部著作仍不仅仅是基于一个矛盾的虚构自我的愤世嫉俗的批判，更是基于一个原初的现代自我的深思熟虑的预言。

卢梭的生活如此类似于现代人。他在很小的时候，就与其家庭、出身和母邦相隔绝，从一个地方漂泊到另一个地方，从一种职业换到另一种职业，从一套社会关系转到另一套社会关系。卢梭来到巴黎寻求出路时，就像今天那些到大城市谋生的打工人一样。巴黎的生活稍稍安定下来之后，卢梭与洗衣女工泰蕾兹结为了终身伴侣。虽然这与卢梭所建议的现代情感家庭——它基于情感关系，而不仅仅是等级权威——有区别，但在形式上，它仍然更接近现代家庭，而非传统家族。当文坛的名望令这个日内瓦钟表匠的儿子有资格厕身于贵族名流之间时，他也从未忘记过自己是一个处于底层的“需要面包的人”，并始终坚持靠自己的双手（而非国王的年金或赞助人的资助）谋生。（第489页）

这样，无论是在社会结构中，还是在心理结构中，卢梭都无比接近于一个普通的现代人。当他诚实地写下自己的思想和感受时，就拨动了与他类似的人的心弦。在卢梭成名的时代，现代公众正逐渐浮现。如同达姆罗什观察到的，声望越来越取决于公众舆论，而不是专家的嘉许，才使得卢梭这个自学成才的外乡人在巴黎取得了惊人的成功——哪怕早十年或是二十年，这种成功都是不可能的事情！（第 182 页）

卢梭预言并促成了现代个人的诞生。在传统社会向现代社会转型的过程中，卢梭的声音在公众心中激起过深远而巨大的回响。在很大程度上，他所承受的种种心灵的撕裂和身心的紧张，正是一个原初的现代个人在一个缺乏相应制度支撑的社会中所不可避免会遭遇的。

康德说，卢梭教会了他尊重人。在我看来，这本《卢梭传》则教人尊重自我：每一个"需要面包的人"的真实感受和观念都值得他（或她）自身最崇高的敬意和最严肃的探讨。

在本书的翻译过程中，关于卢梭著作的具体阐释，译者参考了前人的研究，主要包括卡西勒：《卢梭问题》，彼得·盖伊编，王春华译，译林出版社，2009 年；卡西尔：《卢梭·康德·歌德》，刘东译，生活·读书·新知三联书店，2002 年；列奥·施特劳斯：《自然权利与历史》，彭刚译，生活·读书·新知三联书店，2006 年；普拉特纳：《卢梭的自然状态——〈论不平等的起源〉释义》，尚新建、余灵灵译，华夏出版社，2008 年；阿兰·布鲁姆：《巨人与侏儒——布鲁姆文集》，张辉选编，秦露、林国荣、严蓓雯等译，华夏出版社，2007 年；布兰查德:《卢梭与反叛精神——一项心理学研究》，王英译，中央编译出版社，2012年；菲力浦·勒热讷:《自传契约》，生活·读书·新知三联书店，2001年；Leo Strauss, "The Three Waves of Modernity," *An Introduction to Political Philosophy*, Hilail Gildin ed., Detrot: Wayne State University Press, 1989; Jean Starobinski, *Jean-Jacques Rousseau: Transparency and Obstruction*. Arthur Goldhammer trans., Chicago and London: the University of Chicago Press, 1988; Christopher Kelly, *Rousseau's Exemplary Life: The Confessions as Political Philosophy*. Ithaca and London: Cornell University Press, 1987。自然，本文的中心论点仍由笔者本人负责。

文中边码为英文原书页码。

本书卢梭著作引文的中文翻译受惠于李平沤、何兆武、袁树仁、王子野等前辈，限于篇幅，未能一一注出，在此深表谢意。感谢导师刘东教授引导阅读和研究卢梭。感谢上海书店出版社社长、上海人民出版社副社长孙瑜和学姐庞冠群教授邀约翻译这部有趣又深刻的名著。译稿承蒙编辑老师赵伟、罗泱慈多次校核，深致谢意。译者水平有限，舛误难免，还请大方之家指正。

此文写至结尾，遽闻导师耿云志先生溘逝，悲痛不已。自上世纪八十年代中期以来，先生始终将世界化与个性主义视为近代中国思想文化紧密相关的两个基本趋向。谨以小文献于先生灵前，作为一种纪念。

彭姗姗

2024年8月4日夜于文津街甲9号

目　录

导　言 1

十几岁时，让-雅克·卢梭就中途出走，逃离了讨厌的学徒生涯。之后，他又无所事事地虚度了二十年光阴，其间偶尔也做过一些低层次的工作。直到三十多岁，这个人身上似乎仍然看不到任何前途。然而，让熟知他的那些朋友们也格外惊讶的是，卢梭后来成了当时最有影响的作家之一，并最终变成了现代世界最有影响的作家之一。卢梭的成功之所以出人意料，是因为他与当时及后来最著名的作家们截然不同：他从未上过一天学，基本是自学成才。在一系列具有惊人原创性的书中（其中最为著名的是《社会契约论》），他发展出了一套政治理论，深深影响了美国国父们与法国革命者，促进了现代人类学的发明，提出了一种迄今为止仍富有挑战性和启发性的教育概念。他的《忏悔录》实际上创造了我们所知道的自传体裁，将终生的情感模式追溯至性格形成的关键经历，发现表面龃龉之下自我的深层统一；现代心理学从他那里获益良多。

然而，尽管影响巨大，卢梭却并未创建任何学派，他甚至

2 后悔曾经公开发表言论。他的著作即使是在最令人信服的时候，也充满了悖论，以至于当时及后来的许多人都认为是矛盾重重的。虽然他在《社会契约论》中提出共同体将实现每个个人在“公意”之下的完美联合，但这一理论似乎也令人不安地预言了现代极权主义。他主张孩子应该被允许按照他们的自然倾向去发展和学习，但《爱弥儿》中的督导（tutor）[1]却是通过对学生反应苦心孤诣的操纵来实现这一目标，卢梭自己的孩子也是甫一出生便被他送到了弃婴之家。尽管他对社会平等做了出色的论证，他本人却与贵族们建立了亲密的友谊，并且赞同女性处于从属地位这样一种在当时已属过时的观点。

说卢梭同时代的人意识到了他著作中的悖论，算是说得格外委婉了。从十八世纪五十年代初卢梭出版第一批著作，到十八世纪八十年代其遗著出版，这是评论者们的永恒主题。通常的说法是，他雄辩的散文风格掩饰了其悖论的空洞无物，而当时的其他作家，尤其是伏尔泰，则是深刻得多的思想家。卢梭本人清楚知道这些批评，但他写作所有这些著作，正是出于一种决心直面我们经验中难以剥离的那些矛盾的冲动。设计出摆脱了矛盾的理论并不困难，难的是真正摆脱这些矛盾。自他的时代以来，两个世纪的进一步反思当然为回答这些问题带来了新的途径。如同让·斯塔罗宾斯基（Jean Starobinski）所言：

1 卢梭愿意称爱弥儿的老师为 gouverneur，并特意指出：“我宁愿把掌握了这门科学的人称为督导（gouverneur）而不称为家庭教师（précepteur），因为问题不在于要他教孩子什么东西，而是要他指导孩子怎样做人。”参见 Rousseau, *Émile, In Œuvres complètes IV, Gallimard,* 1969，p.266。一般将 précepteur 译为 tutor。此处据卢梭原意译为“督导”。——译注（本书脚注均为译注）

“康德思考了卢梭的思想，弗洛伊德思考了卢梭的情感。”但这些问题仍像从前一样重要，弗洛伊德本人就直接继承了卢梭所开创的思路。至于伏尔泰，在今天似乎显而易见了：他是一位机智而多产的普及型作家，因为其思想大多是蹈袭他人。那个时代最具原创性的天才是卢梭——如此原创，以至于当时大多数人都无法领会到他的思想是多么强大有力。

卢梭在《爱弥儿》中说得好：“我宁愿做一个自相矛盾的人，也不愿做一个怀有成见的人。”成见就是那些众人共享的假定，能让人与其所属的社会团体和谐相处，让人在世界中像在家中一样自在。卢梭想要探究社会给我们装备的这些假定，去 3
理解为何我们与自身及他人和谐相处是如此困难。许多作家坚持他们的生活与读者无关，但卢梭不是这样。他把他的著作看作他生活经验的直接产物；反过来，他对人格和动机的洞见又启发了他伟大的理论著作，其中的每一页都洋溢着激情。

尽管卢梭作为思想家的遗产影响巨大，但他本人的榜样对后来者的影响更为深远，甚至影响了许多从未读过他的书的人。最重要的是，他是一个上下求索之人，不愿苟安于生活所分派给他的一切，渴求某种比单纯的成功更为深层的东西——至于成功，他得到过，又抛弃了。他五十岁时这样写道：“我在自身中发现了一处无法填补、难以索解的空洞，某种心的渴望，渴望另外一种我虽全然不知、却仍感到需要的享受。”他相信，他的例子对其人类同胞（如同他所称呼的）来说弥足珍贵。我也希望这次讲述他的故事的新尝试能证实这一信念。

任何卢梭的传记作家都面临着自传材料既丰富又模糊的挑战。他将《忏悔录》整整三分之一的篇幅贡献给了他生命中最

初的二十年，而无论是其前辈还是同时代人，都会用寥寥几页
把这段时期打发掉。今天，我们理所当然地认为一个人的早期
经历至关重要。毫不夸张地说，正是卢梭教会我们这样想。但
我们所知道的他生命中这些年月的一切都来自他很久以后所记
录下来的回忆。这时，他已经是一位知名的小说家，用小说笔
法来讲述他的故事，就像任何好的自传作家所做的那样。卢梭
也深深明白这一点。尽管他宣称“除了本人，没人能写作一个
人的生活；他内在的存在方式、他真实的生活只有他自己才了
解，”但他接着说，“在写作他的生活的时候，他也掩饰了它，
并以他的生活的名义，给了我们他的辩护书。”在他最后的岁月
里，他甚至能够承认，他真正宣布的唯一真理便是他关于自我
理解的尝试。“德尔斐神庙的‘认识你自己’并不像我写作《忏
4 悔录》时所认为的那样，是一句容易践行的格言。”他所描绘的
许多事件和关系都招致一些修正、甚至是批驳的阐释。但我们
能够尝试这样阐释，只是因为卢梭本人领会到了他所举出的这
些证据的重要性，并开始锻造能够用来理解自身动机和行为的
工具。

在有关证据和阐释的一切问题之下的是那个最深奥的问题，即卢梭的人格及其成就之间的关联。他是孤独、探索精神的典型，但孤独并不一定有吸引力，许多人觉得他的个性可恨可气。他不可信赖、喜怒无常，对周围的人要求苛刻，其高贵的自我形象与其日常行为简直是扞格不入。他是一个很难相处的朋友，一个令人失望的情人，一个无可救药的雇员。然而，恰恰是从他的失望、挫折和心理冲突中，浮现出了他最深刻的洞见，而他的著作就像高峰一般耸立于循规蹈矩的日常生活之上。

他是一位惊人的天才，但多年以来，他的天赋一直被深深埋藏。他理解和释放其天赋的努力与他给予这个世界的诸多洞见密不可分。

多年以来，我一直与各个层次的学生一起以各种形式探讨卢梭的著作，从大学新生的研讨会到成人教育课程。这样的探讨使我确信，卢梭的思想仍然新鲜有力，而这些思想如何脱胎于他的生活仍是一个值得讲述的故事。他最关切的是内在情感与外部社会压力之间令人痛苦的失调，他开始看到各种各样的个人失调困扰着我们的整个文化。关于失去的自然状态的神话、关于所有成员完全共享的社会契约的梦想、对性政治学的焦虑和对心理整一的渴望，全都植根于他自身的经验之中；而他对此心知肚明。他生命中充满了困惑和苦痛，这更加激发了对意义的更深层次的求索。尽管越到后来他就越是偏执，但他的著作在明智和智慧方面是十分成功的。

卢梭极具原创性的著作构成了一个故事，而他酝酿了这些著作的喧嚣人生则构成了另一个故事。我试图整合这两个故事，只要有可能，就使用卢梭自己的话，或者是那些认识他的人的话，同时，把现代学术的洞见分享给大众读者，说明卢梭的思想力量为何如此震撼人心。英文的卢梭标准传记由政治学家 5
莫里斯·克兰斯顿（Maurice Cranston）撰写，巨细无遗，却有意忽略了其经验中的离奇侧面。此外，克兰斯顿未及完成第三卷也即最后一卷便撒手人寰，故而未能涉及卢梭生平中的最后十年。最重要的是，他几乎不曾提及杰出学者的阐释，而这些学者对卢梭的动机及矛盾多有澄清。法文的卢梭标准传记由雷蒙·特鲁松（Raymond Trousson）撰写，更加博识多闻，但预设读者对卢梭已经有所了解，因为对法国教育体系下的读者来说，这再正常不过了。此外，这本传记还没有被译成英文。

卢梭的传记作者享有异常丰富的文献资源。七星文库版的皇皇巨著《卢梭全集》（*Œuvres Complètes*）由顶尖学者注释，长达万页。《通信全集》（*Correspondance Complète*）足足五十卷，除卢梭本人的书信之外，还收入了数百篇同时代人的文本和文献。该全集由已故学者拉尔夫·利（R. A. Leigh）凭一人之力完成，在范围、完整性和稳定的智识水准方面都令人敬畏。我比以前的作者更广泛地利用了《通信全集》里的阐释和细节。对此，我深怀感激。晚近以来，还出版了两部宝贵的参考书，即包罗万象的《让-雅克·卢梭辞典》（*Dictionnaire de Jean-Jacques Rousseau*）和按年代顺序编纂的《让-雅克·卢梭的日常》（*Jean-Jacques Rousseau au Jour le Jour*）。两部书都由雷蒙·特鲁松和弗雷德里克·S. 艾格丁格（Frédéric S. Eigeldinger）编纂。

此外，我还参考了数百种关于卢梭的文章和著作。虽然我尽量不用参考文献来填满注释，但只要我意识到受其恩惠，就会注明具体篇章。一部分作品非常有名，比如让·斯塔罗宾斯基（Jean Starobinski）的《让-雅克·卢梭：透明与障碍》（*Jean-Jacques Rousseau: La Transparence et l'Obstacle*），时隔五十年，仍堪称关于卢梭的最佳专著。再比如，阿瑟·梅尔泽（Arthur Melzer）关于卢梭思想的绝妙综述《人的善良天性》（*The Natural Goodness of Man*）。其他书不那么知名，但仍然裨益良多，例如，皮埃尔-保罗·克莱芒（Pierre-Paul Clément）的心理学研究《让-雅克·卢梭：从负罪之爱到荣耀之爱》（*Jean-Jacques Rousseau: De l'Éros Coupable à l'Éros Glorieux*），伯努瓦·梅利（Benoît Mély）对卢梭财务状况及其与赞助人关系的考察《让-雅克·卢梭：一位与世决裂的知识分子》(*Jean-Jacques Rousseau: Un Intellectuel en Rupture*）和弗雷德里克·S. 艾格丁格（Frédéric S. Eigeldinger）对 6
一个关键时期的事件及关系的探索《“我花园中的石块”：让-雅克·卢梭的纳沙泰尔岁月与 1765 年危机》(*“Des Pierres dans mon Jardin”: Les Années Neuchâtelois de J. J. Rousseau et la Crise de 1765*)。然而，我首先尽量让卢梭用他自己的声音说话。自始至终，我都采用自己的翻译，否则，如果短小的引文段落风格各异，忠实于原文的程度亦各自有别，这些段落就要深受其害了。

7 第一章

天才儿童的孤寂

“我 1712 年生于日内瓦，”卢梭在他的《忏悔录》中写道，“我的父亲是男公民伊萨克·卢梭，母亲是女公民苏珊·贝尔纳。”他一直自豪于家族的公民身份，所以，当他成为巴黎的著名作家时，便以“日内瓦公民让-雅克·卢梭”自称。那时，他已经公开背弃了新教信仰，从而丧失了他在日内瓦的公民权利。后来，他的书在那里被当众焚毁；日内瓦还发布了长期有效的逮捕令：只要他回到日内瓦，就会遭到逮捕。

6 月 28 日的出生情况极为不祥。“我出生的时候几乎是个死孩子，”他这样声称，未做进一步的解释，“他们认为我活下来的希望微乎其微。”一场真实的灾难使得他的出生成了“我的许多不幸之中的第一个”。7 月 4 日，也就是他在大教堂接受洗礼三天后，他的母亲因产褥热去世了。半个世纪之后，当他写作关于儿童发展的论文时，卢梭宣称孩子无法理解死亡。“他没被教过在并不觉得忧伤时表现出动人的哀愁的技巧；见到别人去世的时候，他是不会假哭一场的，因为他不知道死是怎样一回事。”但在他自己的早期经验中，别人要求他悲悼母亲。他与母亲相像得令人不安，并且，他的出生不知怎的就要了她的命。这一负罪感笼罩了他一生，挥之不去。如果他生下来确实就快死了，他可能会觉得替母亲死去反而更好。终其一生，他都用 8
一种感伤的心绪来看待母性；中年时，他曾经给一个寻求建议的年轻人严肃回信说：“与母亲争吵的儿子总是错的……母亲的权利是我所知晓的最神圣的权利。在任何情况下侵犯这一权利就是犯罪。”

卢梭对他的父母似乎知之不多，包括他们的年龄；他所认为的父亲年龄比实际年轻了十五岁。他对祖先也知之甚少。像许多日内瓦家族一样，第一代卢梭是因法国迫害新教徒而从那里移民过来的。让-雅克的曾曾曾祖父迪迪埃·卢梭 1549 年来到日内瓦，从事葡萄酒生意。他本是巴黎的书商，可能因出版颠覆性的出版物招致麻烦，就像他的著名后代在两个世纪之后所做的那样。我们乐意认为让-雅克会为这位祖先而感到骄傲，因为他愿 9
意为信仰而流亡，但没有任何证据表明让-雅克听说过他。

迪迪埃的后代是勤勉的生意人和手艺人，在官方记录中没有留下多少印迹，但让-雅克的父亲伊萨克是一个有趣的人物。他以制作钟表为业。这并不奇怪，因为他的祖父、父亲和兄弟都是钟表匠。他也热爱音乐，拉一手美妙的小提琴，在年轻的时候就弃钟表作坊于不顾，做了一名舞蹈教师。舞蹈在加尔文教统治下的日内瓦不再被禁止，但也声誉不佳：宗教法庭——一个由牧师和普通教徒组成的监察道德风尚的委员会——把它限定在拒绝放弃跳舞的外国定居者中。伊萨克很快又结束了这一遭质疑的职业，回归家族商业之中，最终成了一位手艺高超的工匠。然而，几年之后，他暴躁的脾气多次让他惹祸上身。1699 年，他挑衅一些英国军官，对方也拔出剑来威胁他；最终他遭到惩罚，因为当局希望讨好外国人。类似的事故将使他某天从儿子的生活中几乎完全消失。

像让-雅克所认为的那样，他的出身是一部浪漫传奇的悲伤章节。他母亲家庭的社会阶层比卢梭家要高，因此，他们不赞成女儿与一个卑微的钟表匠结婚，即使这对情人自小青梅竹马。根据《忏悔录》中的故事，苏珊建议伊萨克出外远游，把她忘记，但他回来之后爱火反而比从前更加炽热。她忠贞如故，他们发誓坚贞不渝，直至海枯石烂，“而上天也赞许了他们的誓约”。同时，苏珊的兄弟加布里埃尔爱上了伊萨克的妹妹泰奥多拉。泰奥多拉坚持要一起举办婚礼，于是，“有情人终成眷属，两场婚礼在同一天举办”。

但从官方记录中摘录出的事实截然不同。苏珊的父亲雅
克·贝尔纳因通奸而入狱，一年后第二个情妇要求他支付私生
子的费用。之后，他娶了第三个女人安妮-玛丽·马夏尔。六个
月之后，苏珊出生了。苏珊九岁时，父亲就去世了，才三十出
10 头。后来，这个家族小心翼翼地尽可能抹去了关于他的痕迹。
好心的牧师萨米埃尔·贝尔纳收养了苏珊。让-雅克一直以为萨
米埃尔是她的父亲（他在这个男孩出生前十一年去世），但萨米
埃尔其实是她的叔叔。

苏珊容颜秀丽，富有音乐才华，是一位充满活力的年轻女性。1695 年，她二十三岁时，因为允许一位名叫樊尚·萨拉赞的已婚男子前来拜访而被宗教法庭传唤，受到责备。同样富有挑衅意味的是，她表现出对戏剧的浓厚兴趣，而街头表演之外

的一切戏剧在日内瓦都是非法的。一天，在莫拉尔广场，“在卖药、演闹剧和戏剧的剧院旁边，有人看见贝尔纳小姐打扮成男人或是农夫”。进一步的调查表明，她扮成了农妇，而非男人。根据目击证人的说法，她声称想要去看闹剧，又不想被追求她的情人萨拉赞认出来。她本人发誓这一切都从未发生过，但宗教法庭还是发表了一份严厉的裁决：“尽管她否认，但我们确信了解了所谓乔装的真相，对此，我们郑重予以公开谴责……我们庄重劝诫她毋与樊尚·萨拉赞行苟且之事。”

八年之后，苏珊三十一岁时，嫁给了伊萨克·卢梭。按当时的标准来说不算太晚。多数人二十五岁结婚，但法国和日内瓦的平均婚龄是二十八岁，这反映出人们对财产安全的坚持，同时降低了出生率。但让-雅克在《忏悔录》中所说的喜事成双只是幻想故事。伊萨克的妹妹确实嫁给了苏珊的兄弟，但那是在五年以前。这对夫妻结婚刚刚一周，孩子就出生了；这件事招致宗教法庭的严厉谴责。孩子很快就夭折了。这也是让-雅克从未听说过的一个故事。取而代之，在家族的鼓励下，他对父母及其兄弟姐妹难以抗拒的魅力和战胜困难的成就怀有一种极其浪漫的想象。

伊萨克和苏珊在相当舒适的境况中开始了婚姻生活，住在上流社区上城格兰德街40号贝尔纳家的一处精美考究的房屋之中。按照惯例，女儿得到丰厚的嫁妆；儿子只得到少数家产，但会被安置进一个行业，以便供养家庭。伊萨克·卢梭从父亲 11
那里得到了1 500弗洛林，相当于法国的750里弗尔。这不算一大笔财产，但也并非无足轻重：一个家庭每年花200里弗尔算是过得去，花1 000里弗尔就能过得非常舒服了。同时，苏珊还带来了 6 000 里弗尔、一块在汝拉的地、一个胡桃木的衣柜、一个绿色的皮制文具盒和六把咖啡匙。九个月之后，他们的第一个儿子弗朗索瓦出生了。

不久以后，这个家庭就发现自己陷入了财务困境，部分是因为普遍的经济低迷。对不善未雨绸缪的伊萨克来说，与岳母同住似乎也让生活变得益发难以忍受。无论如何，弗朗索瓦刚刚出生三个月，伊萨克就离家去了君士坦丁堡，成了苏丹的制表匠。（至少伊萨克是这么说的，但没有任何证据证实他被苏丹雇用。）他的离开并不像今天看上去的那样不可思议，因为日内瓦人被时人称为“全世界最伟大的流浪者”，并且，在伊萨克的直系亲属中，就有一个叔叔住在伦敦，另一个叔叔在汉堡，还有一个兄弟在阿姆斯特丹；此外，他的姐夫住在维也纳，在南卡罗利纳过世，还有一个堂兄弟去过波斯旅行。然而，就像雷蒙·特鲁松评论的，为了躲开岳母去君士坦丁堡还是走得太远了。在那里，伊萨克在一个日内瓦人社区之中生活。社区的加尔文教牧师在写给故乡诸位同事的一封信中提到了他的名字（赞美他们在“罗马教皇的荫庇之下闪耀着虔诚和博学之光”）。我们对伊萨克离家期间苏珊的生活状况一无所知，但让-雅克相信她过得十分幸福。他记录了一首据说是她与嫂子一起散步时所作的即兴诗歌，诗中写到丈夫同时也是兄长，而妻子同时也是姐妹。他尤其对高贵的法国驻日内瓦外交官爱上她的故事津津乐道，当然，这完全无损于她的美德。

1710 年，岳母去世一年之后，在外漂泊整整六年的伊萨克·卢梭终于回家了。无疑，苏珊所继承的 10 000 弗洛林的遗产也颇有吸引力。九个月之后，让-雅克出生了。名字取自他富有的教父（但他不久就不幸去世了）。紧接着便是官方记录中令人震惊的不幸事件：“1712 年 7 月 7 日，星期四，早上 11 点，公民、手艺高超的钟表匠伊萨克·卢梭的妻子苏珊·贝尔纳因 12
持续高热在格兰德街逝世，享年三十九岁。”他们婚后总共只有两年是一起度过的。

伊萨克仍然住在已故妻子的房子里，他那也叫“苏珊”的未婚妹妹也搬了进来，帮忙照顾弗朗索瓦和刚出生的婴孩。作为一个成年人，让-雅克只能猜测他的童年生活是什么样的，因为虽然他比其他任何人都更多地教导人们关注童年经验，但“我不知道我五六岁以前都做了些什么”。透过岁月的重重迷雾回望，让-雅克想象那是一段田园诗般的快乐日子。“国王的孩子也没有受到过我幼年时候受到的那种百般疼爱。我成了周围人的心肝宝贝。”自然，他与姑妈十分亲密，他称呼她为“苏逊”。在《忏悔录》中，他称赞她是“一位优雅聪明、品味上佳的小姐”，并深情地回忆看着她做针线活儿、听她唱歌时的幸福。“她的开朗、甜美和愉快的面容，给我留下了如此之深的印象，以至于她的举止、谈吐和风姿现在仍历历在目。她对我说的那些小小的深情的话，我全都记得；我还能描述她当初穿的衣服，梳的发型，以及她按当时流行的样式把黑发在两鬓扎出两个发髻的样子。”他尤其感谢她激发了他对音乐的热爱。她会用“非常轻柔、美妙的声音”唱许许多多的歌。在后来的日子里，只要唱起其中一首关于“危险爱情”的田园小曲，他就会感动得眼泪汪汪。他承认有意不去寻找原来的歌词。“我几乎可以肯定，要是我真的找到证据，证明除了我可爱的苏逊姑妈以外，还有别人能唱这首歌的话，我回忆这首歌的乐趣便会消失大半。”

让-雅克一开始不能理解苏逊为何不是他的亲生母亲。六十年以后，她已年过八十，他也名扬四海；她口述了一封信给他（她或许已经看不见了），信中说她一直对他怀有“一种温柔的母爱”，署名为“您亲爱的、温柔的朋友和姑妈”。在另一封信中，这位朋友还写了更多关于她的信息，“我们一直在谈论你——她情有独钟的、最亲爱的侄子”。在《忏悔录》中，卢梭
13 说：“亲爱的姑妈，我不怨您救活了我的命，但我感到伤心的是，在您垂暮之年，我不能够报答您，不能像小时候您温柔照料我那样温柔侍候您。”几年以后，她以九十三岁高龄溘然长逝，让-雅克再次写了颂词：“因为她，我才对尘世间的某些珍贵之物如此依恋，不管别人怎样，我将始终不渝地热爱生活。”

男孩的生活中还有另外一位女性，即他的保姆雅克利娜·法拉芒，一个鞋匠的女儿，只比他大十六岁。很久以后，雅克利娜照看过的另一个男孩的儿子说，她善良、慷慨、快乐，因此很招人喜欢。他记得她说过，当小让-雅克不幸撕坏了书，被锁在阁楼里关禁闭时，“好心的雅克利娜是他那几天唯一的慰藉”。卢梭成名之后，还写信给她，说自己对她的爱从来不曾停止，同样也抱怨她不该救活自己。“我时常在痛苦中对自己说，如果好心的雅克利娜在我小的时候没有耗尽心力保护我，我就不会在长大后遭受如此巨大的不幸了。”

弗朗索瓦十二岁、让-雅克五岁时，发生了一桩戏剧性的事件。由于日益增加的现金压力，伊萨克卖掉了妻子的房产，得了足足 31 500 弗洛林。这笔钱本应该存入两个孩子的信托基金，直到他们满二十五岁，而伊萨克也可以靠利息生活。然而，几年以后，他就设法动用了本金。伊萨克把家搬到了山下、罗讷

河对岸的库唐斯大街，位于手艺人聚居的圣热尔韦区。当时的日内瓦是一座小城市，只有 20 000 居民（里昂有 100 000 居民，而巴黎至少有 500 000）。这两处房子的距离并不太远，但却有一个极具象征性的差别，即上城与下城、上等居民与下等居民。所以，这次搬迁是贝尔纳家族从所在的特权阶层的痛苦沦落。当然，这个家族也并未照看过他们的女婿卢梭。

伊萨克、苏逊和两个男孩住在五层住宅的一套公寓（位于四层）中，与制表匠、雕刻师和银匠为邻。伊萨克的卧室和作坊面朝大街，以便有更好的光线满足精细作业的要求。另外一边朝着今天的卢梭大街，是一间大厨房和卧室。让-雅克和苏逊 14
可能一起住在这间卧室里。事实上，卢梭大街的命名完全是误会。法国大革命之后，卢梭的崇拜者们不愿相信他出生在上城这样的上流社区，就在圣热尔韦区的另一所房子上装了一个名牌。司汤达、大仲马、罗斯金和陀思妥耶夫斯基等朝圣者都曾经虔敬地来此参观，但这所房子其实属于冷漠、吝啬的祖父达维德·卢梭，卢梭几乎不曾和他来往。

许多从法国移民来日内瓦的新教难民都是熟练工匠。银行家提供原材料，把工作分配给诸多小作坊，从而形成了一个商业体系。这座小城就这样通过制表业和珠宝业这样的行当变得富裕起来。事实上，每十个人中间就有两个人是制表匠。让-雅克总是愿意自居为人民的一员，他对熟练技工的熟知使得他看不起“那些被称为‘艺术家’而非‘手艺人’的重要人物，因为他们只为游手好闲的有钱人工作，并且随意给他们粗制滥造的小玩意儿定价”。技工阶层尤其为他们的智识能力感到自豪。“一个日内瓦的钟表匠，”卢梭写道，“可以被引介到任何地方去；而一个巴黎的钟表匠只适合讨论钟表。”确实，一位英国的访客评论说，“甚至较低阶层的人也极其见多识广，恐怕欧洲没有哪个城市在知识传播的广度方面比得上日内瓦”；该世纪中叶，另一位访客注意到日内瓦工人喜爱阅读洛克和孟德斯鸠的著作。

日内瓦技工不只读政治学，还亲身践履，发起运动反抗统治日内瓦的特权阶级。就是这个阶级，将会把卢梭的《社会契约论》付之一炬。最近已经证实，卢梭居住的圣热尔韦区的政治鼓动者比其他街区都要多。甚至外国人也会因日内瓦人公开展示的阶级情感而感到困扰，就像半个世纪之后的一位英国贵族所评论的，他在萨莱沃山附近攀登时，感到被“一帮罗圈腿的钟表匠”冒犯了，这帮人“抽着烟斗，撕毁餐桌缘框，打着响指，简直具备了日内瓦低街区所有粗俗无礼的特征”。

15 父亲的榜样最先激励了让-雅克。伊萨克·卢梭的缺点很多：自私利己、易怒好争、不可信赖，可以抛弃家庭却无动于衷。这些品性毫无吸引力，让-雅克深受其害。但伊萨克也充满活力、富于想象、满怀柔情，还热爱音乐、读书与思考。他天赋超常的儿子首先把他视为一个同伴，而不是加尔文教传统中严厉的权威人物，就像贝尔纳家的多数亲戚那样。伊萨克鼓励或至少允许让-雅克自由发展，与他一起阅读他母亲留下的浪漫小说；这不合常规，却让他感受到平等。这些书——最著名的是于尔菲（Honoré d’Urfé）的《阿斯特蕾》（*Astraea*）——在前一个世纪特别流行，但让-雅克读的时候已经过时，很快就被更加写实的小说取代了。最开始，他年仅六七岁的时候，伊萨克就与他一起读这些书，以帮助他练习阅读，“不久以后，我们读书的兴趣竟变得如此浓厚，以至于我们两人通宵达旦、轮流不停

地读。一本书不读完，就决不罢休。有时候我的父亲听见早晨的燕子呢喃，才不好意思地说：‘我们睡觉去吧，我简直比你更像一个孩子了。’”就像卢梭后来意识到的，早熟的阅读“使我对人生产生了许多稀奇古怪的浪漫想法，以至于后来凭我的涉世阅历和潜心反思都没能完全消除”。这段经历还给了他另一件无比珍贵的礼物，即对文学风格、韵律节奏、重读语气和朗朗上口的短语的一种深切直觉和直观感受。早期浸淫于文学的经 16
历至关重要，使他后来得以发展成为最伟大的法语散文大师之一。（他没怎么读过诗歌，所以也不擅此道。）

伊萨克时不时地教儿子各种各样的知识，例如，他曾经给小男孩讲过哥白尼的天文学，把他搞得晕头转向，这使卢梭在回忆时确信儿童难以理解抽象事物。实际的例证教学要成功得多。“我上过最早、也是最好的宇宙学的课程是在一个钟表匠的工作台上，一个连着表针的锃亮的球是唯一的教学道具。”至于书籍，小说读完之后，他们开始读另一类截然不同的读物。他母亲的叔叔——那位牧师留下了一批古代及现代的经典藏书；父亲工作的时候，男孩就读这些书给他听。对他来说，普鲁塔克的《希腊罗马名人传》是另一种小说，通过一系列英雄的高贵行为来展示历史，而不是通过一系列事件——他在任何时候都没有对事件产生过兴趣。这个富于想象的男孩再次发现自己间接地变得崇高了。“我心中时时向往着罗马和雅典，可以说我已经和这些伟人生活在一起了，我父亲又是一个以热爱祖国为最强激情的人。于是，我激励自己，要以他们为榜样。我认为我就是希腊人或罗马人，我愿变成我所阅读的书中的人物。”有一次，他为了模仿罗马人西伏拉（Scaevola）烧毁手的英勇事迹，竟然把手伸在一个火盆上，把全家人都吓坏了。让-雅克对“我的大师和抚慰者普鲁塔克”的热爱从未消退；一个朋友说他如此熟悉普鲁塔克，以至于他在雅典街上认路的本领恐怕还强于在日内瓦。

在某些方面，卢梭青年时代的日内瓦是现代世界中最接近古典城邦的。虽然强邻环伺、虎视眈眈，但日内瓦一直保持着独立，直到卢梭出生后整整一个世纪，才于1814年并入瑞士。理论上，日内瓦由全体男性公民组成的大议会民主统治，但全体男性公民也只占总人口的少数；大多数人是被称为“居民”的广大移民，他们的后代是“本国人”，但不具备公民权。然而，实际上，这座城市由一小撮富有家族组成的二百人议会
17 控制，这个议会又把实际权力转授给它的二十五个成员，这二十五个执行者构成了著名的小议会。卢梭家的人从来没有被选入二百人议会，这意味着他家从未晋升成为大资产阶级。

卢梭与热爱讨论政治的父亲相依为命，在工人街区长大，信仰人民主权，但也意识到寡头统治使人民主权沦为笑柄。“从未行使过主权的主权者纯属想象之物。”爱国者皮埃尔·法蒂奥在1707年这样宣称，倡导民主改革。小议会枪毙了他。法蒂奥事件的积极结果之一是官方被劝诱出版了《日内瓦共和国法令》，这实际上是承认了到那时为止，公民们并没有渠道读到他们所应该遵守的法律。伊萨克·卢梭当时在君士坦丁堡，错过了这件激动人心的事，但他的父亲达维德因为支持法蒂奥的反抗，最后受到了惩罚。

在后半生，卢梭为父亲选定了一副多愁善感的形象，“那位生我养我的有德公民”，在工作台前沉思关于政治思想的高深洞

见。“我好像又看到在他面前，与工具放在一起的有塔西佗、普鲁塔克和格劳秀斯的著作；我仿佛又看到他心爱的孩子正依偎在他身边，接受天底下最好的父亲的亲切教诲，只可惜收效甚微。”但最终，没人能说卢梭在这样的早期教育中一无所获。他懂得日内瓦背离了城邦的理想，而《社会契约论》正奠基于一种关于人民主权的深奥理论。像小说《朱莉》[1]中的主人公一样，卢梭也是一介平民。当他骄傲地署名为“日内瓦公民”时，他是在宣称自己是祖国的一个成员。因为，正如一位作家在1736年所说的：“今天，瑞士的一个有公民身份的平民，比一个臣服于主人的土耳其王公更能显示出真正的高贵。”

四十多岁的卢梭在著作中赞美理想化的日内瓦时，回忆过幼年时的一件难忘往事。当时，一群有公民身份的士兵刚刚完成了志愿民兵的演练。

> 晚餐后，大多数人集中在圣热尔韦的广场上，军官和士兵一起围着喷泉跳舞，击鼓的、吹长笛的和拿火炬的士兵都爬到喷泉边沿上坐着……妇女们不愿在窗口久当观众，纷纷下到广场。妻子们奔向自己的丈夫，仆人们带来了酒，连被 18
> 吵醒的孩子们也跑到父母身边来了，甚至没来得及穿好衣服。跳舞中止了，代之以频繁的拥抱、欢笑、举杯祝酒、接吻……我的父亲紧紧拥抱着我，不可自抑地浑身颤抖；直到现在，我似乎还能感觉到那颤动。“让-雅克，”他对我说，“爱你的祖国吧！看到这些善良的日内瓦人没有？他们全是

1 即《新爱洛伊丝》。故事的核心是朱莉、圣普乐和沃尔玛三人的友情和婚恋。

朋友，全是兄弟，在他们之间充满着快乐与和睦。”

卢梭虽然未曾明言，却期望他的读者明白，在整个欧洲，民兵都被认为是人民精神的体现；而雇佣军恰恰相反，体现着统治者的精神。确实，日内瓦的公民群体被视为有很大的寡头统治的嫌疑。但作为一个孩子，卢梭对这种自发举办庆典的气氛刻骨铭心，并非常享受这种归属于一个群体的珍贵体验。最
19 终，他的故里把这一时刻当成城市的骄傲予以纪念。今天，在他童年时代的故居遗址，一块巨大的石匾上铭刻着他父亲的庄严命令：“让-雅克，爱你的祖国。”然而，在把卢梭重新树立为一个守护的圣人之前，日内瓦曾把他当作国家之敌予以谴责，所以，卢梭故居已然湮灭不见；这反倒颇有象征意味，分外合宜。卢梭故居在十九世纪六十年代因城市重建而被拆毁了，这条石匾现在位于一家百货公司的门面上，和周围环境格格不入。

尽管卢梭带着温柔的怀念之情回忆童年，但我们有理由相信这段日子比他印象中的更加难熬。伊萨克从君士坦丁堡回来时，弗朗索瓦六岁；让-雅克出生导致母亲去世时，他七岁。他对这个小弟弟的愤恨肯定很明显。不过，更令人困扰的是，伊
20 萨克·卢梭虽然宣称溺爱小儿子，却一直对他进行情感勒索。“当他拥抱我时，我就在他的叹息声中、在他的紧紧的拥抱中，感到他对我的抚爱里夹杂着一种痛苦的遗恨……‘啊！’他哽咽着说，‘把她还给我；替她安慰我吧，填补她在我灵魂中留下的空白。’”他还令人震惊地暗示，这男孩的主要价值就在于长得像死去的苏珊，并且解释说：“如果你不是你母亲给我生的孩子，我能这么爱你吗？”有意思的是，让-雅克既像苏珊，也像

伊萨克。他四十多岁时，一个见到他的日内瓦人说：“我马上就认出他了，因为他长得像他死去的父亲，那是我的一个朋友。”

小男孩所理解的这个家庭基本上是无性的，扮演父母角色的是兄妹，而非一对伴侣。他不得不承认父亲是一个“喜欢玩乐的人”，但他努力相信伊萨克严守贞节，终其一生都在悲悼早逝的妻子。与这样一个理想化的榜样在一起，让-雅克一直是个乖小孩，弗朗索瓦却变成了一个很坏的男孩。在《忏悔录》中，卢梭相当含糊地说，弗朗索瓦“在还没大到足够成为真正的浪荡子的时候，就已经开始放浪人生了”。官方记录显示，弗朗索瓦十三岁做制表匠学徒时，“应父亲纠正其浪荡行为的请求”，被送到劳教所。所谓浪荡行为，即各种非必需的、不守规矩的性行为。四年之后，弗朗索瓦在这一行当里毫无所获，不得不羞耻地转到另一个师傅那里，从头开始做学徒工。

让-雅克对他小时候在家庭生活中享有的特权地位记忆犹新，同时也满足于相信哥哥喜爱自己（他忘了在《忏悔录》中提及哥哥的名字）。“我几乎见不到他的面，因此很难说了解他。不过，我确实是很爱他的，他也爱我，就像一个淘气鬼喜爱某种东西那样。”故而，卢梭提出的关于儿童的理论理所当然地认为兄弟姊妹之间的爱是表面而肤浅的。“儿童只是习惯性地依恋，但并不理解依恋的情感；他爱他的姐妹就像喜爱他的手表一样。”考虑到伊萨克所从事的、弗朗索瓦搞砸了的行业，手表的例子显得格外有趣。

让-雅克的一次难忘的经历是有机会为哥哥扮演英雄。“我
记得，有一次我父亲大发雷霆，要狠狠修理他，我赶紧奋不顾 *21*
身地冲到他们中间，紧紧地搂着我的哥哥，用我的身体掩护他，

让父亲打在我身上。我这样一动不动地坚持下去，不知道是我的哭声和眼泪起了作用，还是因为我父亲不愿像打我哥哥那样打我，我的父亲终于饶了他。”这件事给卢梭留下了如此之深的印象，以至于他在小说《朱莉》里对它进行了再创作，做了一些精彩的调整：一个暴怒的父亲毫不留情地殴打年轻的女主角，这时，她那富有牺牲精神的母亲冲到两人中间，替她承受了打击。或许小让-雅克想要平息弗朗索瓦的愤恨，毕竟，是他让哥哥生活的方方面面都变糟了；也可能他已经意识到接受惩罚是一种情感勒索的方式。在小说中，父亲悔恨地亲吻女儿的手，称她为“亲爱的女孩”。她在讲述这件事时也深情地宣称：“我只怕太过幸福，才不敢每天以同样的代价被殴打。哪怕遭受再严厉的对待，只要他给予我一个爱抚，就足以把它从我内心深处抹去。”小让-雅克可能已经有今天被称为受虐狂的倾向了；对他来说，能进入感情激荡的场景一直都是天赐良机，因为这能让自己着着实实地处于中心位置。

在后来的日子里，卢梭需要相信他的童年是一个安怡的乐园。“我的父亲、我的姑妈、我的乳娘、我们的亲友、我们的邻居、我周围的人，虽然对我并非百依百顺，但他们无疑都爱我，我也很爱他们。我的欲望很少被挑起，也很少得不到满足，因此，我几乎没有什么欲望。”他记得做过的最坏的一件事情是，恶作剧地朝一个讨厌的邻居老太婆克洛夫人的炊锅里撒了一泡尿。必须承认，他这段时期的日子多半是空白；一部长达四百页的卢梭生平年表在1720年也只有两个条目：

卢梭和他的父亲阅读他的叔叔萨米埃尔·贝尔纳牧师

藏书中的历史学和伦理学著作。

卢梭在克洛夫人的炊锅里撒尿。

至于那个不太可能的说法，说他的欲望总能得到满足，还应该补充一句他的另一个自我圣普乐在《朱莉》中所说的话："地球上还有任何别的生物，比儿童更孱弱、更贫穷，更加受到周遭 22 事物的摆布，并如此需要怜悯、喜爱和保护吗？"

另外还有两件轶事没有记入《忏悔录》，是卢梭在别的地方记录下来的，也是想要证明他的自我牺牲与慷慨大方。有一次，他去一个叔叔的纺织作坊里玩，被一个粗心的堂兄弟用滚轴压到了手指。他不得不在床上躺了三个星期，一只手有两个月动弹不得，还留下了永久性的疤痕，但他仍然坚持护着他的堂兄弟，宣称是被石头打到手指。还有一次，他玩铁圈球游戏[1]的时候，跟一个朋友吵了起来。那个朋友非常猛烈地打他的脑袋，"假如他再壮实一点，就要把我的脑浆打出来了"。这个男孩惊呆了，感到后悔，而让-雅克又一次扮演了高贵的原谅者的角色。

不管卢梭多么想把这段童年岁月回想成田园诗般的日子，显而易见，他还是对他是谁以及他受重视的程度感到焦虑重重。每当他写到童年，他似乎都打定主意极力贬低情感关系。他的主角朱莉，尽管是一个理想的母亲，却出人意料地宣称，四五岁的孩子实际上不可能有情感回应，故而，"我们珍爱我们的孩子，但要许久之后，他们才能感受到这种爱，并反过来爱我们"。更加明显的是，《爱弥儿》中的父亲完全被模糊处理，抚

1　用木槌将木球打过铁圈的一种游戏。

养爱弥儿的督导从不期盼爱甚至感情回报——从而，他就与喜怒无常、感情需求强烈的伊萨克·卢梭构成了反差。所以，男孩是按照以下信条被养大的：他“像所有其他孩子一样，对外在的一切都漠不关心，对任何人都没有兴趣”。

无论是不是田园诗般的日子，库唐斯大街的岁月戛然而止。伊萨克热衷于到城外的田野中捕猎野兔和飞禽，傍晚时再带着一身的疲惫和被荆棘划破的伤口心满意足地回家。“我记得我父亲看见第一只山鹑飞起来的时候，心里高兴得蹦蹦地跳；当他发现那只他追寻了一整天的野兔时，简直是乐得发狂。”然而，1722 年，让-雅克刚刚十岁时，伊萨克因为这样的一次远足而卷入了一场灾难性的争吵。在日内瓦郊外靠近梅兰村的地方，一个名叫皮埃尔·戈蒂埃的退役上尉发现两个男人正在践踏他还
23 未收割的田地。其中一个男人就是伊萨克·卢梭。据戈蒂埃后来的证词，当时，他叫他们离开，伊萨克却用枪威胁他。这个受到侵害的地主赶忙回到村里寻求援助，但当他和几个农民一起回来时，两个入侵者已经不见了。

然而，四个月以后，记录中的确切日期是 10 月 9 日，戈蒂埃到日内瓦办事，感觉一个男人别有意味地盯着自己，就生气地嚷道：“你看好了，想要买我吗？”这个人正是伊萨克。他扭住戈蒂埃的手臂，大声说道：“别废话！让我们去城外，用剑解决。”这让戈蒂埃记起了田地事件。事实上，手艺人很少佩剑。而伊萨克明目张胆地佩剑，是以此表示他实在不该沦落到圣热尔韦这个平民街区。所以，听到戈蒂埃尖刻地反唇相讥，说他虽然拔了这么多次剑，但还是只会对下等阶级的人挥舞棍棒时，伊萨克感到怒不可遏，在围观者分开两人之前，就刺伤了戈蒂

埃的脸颊。第二天，一位治安官查案时，几位证人都告发伊萨克曾多次宣称："听着，你最好记住：我就是卢梭！"然而，伊萨克意识到戈蒂埃的几个亲戚都是治安官，所以没在听证会上露面。当一周之后军官来逮捕他时，他早已逃之夭夭了。

让-雅克所听到的、伊萨克自己讲的故事是，他把戈蒂埃的鼻子打出了血，但没有真的拔剑，然而，他宁愿流落异乡，也不愿名誉受损。当局等了足足一周才来逮捕他，似乎也是希望他逃走，认为流放而非监禁才是最好的处理办法。只有这样，才能使日内瓦永久地摆脱一个脾气火暴又顽劣不堪的人。在晚年，卢梭强调这一事件的政治侧面，认为他的父亲是阶级不平等的受害者，是一位反抗的英雄。他喜欢讲一个故事，一群中产阶级在街上谈笑，一个贵族怀疑这些玩笑是针对自己的，大发雷霆地质问："我路过的时候，你们为什么发笑？"其中一个人回答："那么，我们发笑的时候，你为什么要路过呢？"

但当时，让-雅克感触最深的一定是，自己被替代母亲角色 24
的苏逊和父亲一起不可思议地遗弃了。伊萨克定居在湖边的尼永镇，距日内瓦十五英里[1]，属于伯尔尼管辖的沃州；苏逊陪着伊萨克去了那里，后来嫁给了一个当地人，在那儿度过余生。让-雅克偶尔会去尼永，但从那时开始，伊萨克就不太关注他了，苏逊似乎也从他的生命中淡出了。面对两个不受欢迎的孩子，贝尔纳家族迅速采取了行动，把弗朗索瓦送到另一个要求严格的工匠那里，指望他在那儿过活。让-雅克和他的表哥亚伯拉罕·贝尔纳被送到城外三英里远的波塞村，寄住在一个牧师家里。

1　1英里约合1.609千米。

25 第二章

天真的终结

波塞是一个宜人的村庄，距日内瓦仅三英里远，从让-雅克新家的窗户就能看到村庄教堂的塔楼。村庄周围绿茵遍地，让这个城市的孩子如痴如醉，但在社会关系上则不尽如人意。当他写作《爱弥儿》，想要说明城市孩子的自卑时，他曾声称刚到那里时，被乡下孩子认为是一个十足的傻瓜，因为他试图赶上一匹飞奔的马，还想把一块石头扔到一英里以外的萨莱沃山上。这两个例子似乎都很荒谬，但它们证实了让-雅克的感知能力确实与众不同，而这一点使得他终生饱受折磨。可以想象，除了严重的近视，他还有某些感知缺陷；这些例子可不像只是城市孩子所有的困扰。

接下来的两年，卢梭的监护人是他之前从未见过的朗伯西埃牧师和他的妹妹加布丽埃勒。凑巧的是，朗伯西埃牧师也叫让-雅克。说来古怪，库唐斯大街的家庭生活再次出现了，一个未婚男人与一个未嫁的妹妹，年龄恰好分别与伊萨克·卢梭和苏逊相当。这个小小的教区并不总是风平浪静；十年以前，曾

有谣言说牧师和他的妹妹有不正当关系，甚至说她产下了一个婴儿，但正式的调查驳回了这些的告发，认为它们查无实据。 26
学者们虽然发现了一些家庭丑闻，但仍不清楚卢梭是否听说过这一桩。他回忆中的家庭氛围有着相当严厉的道德约束，例如，一个非常好的女仆就因为说了一句略微有些粗鄙的话，便被辞退了。

弗朗索瓦留在日内瓦当学徒工，但他又干得不怎么样，很快就远遁他乡了。第二年，他好像还从弗里堡给父亲写了几封信，之后就杳无音信了，让-雅克变成了“唯一的儿子”，他不无得意地宣称。不过，他第一次有了一个同岁的小伙伴，也就是他的舅舅加布里埃尔·贝尔纳的儿子。加布里埃尔曾在军队里做工程师，当时正任职于日内瓦城防部。两个男孩是双重的表兄弟，因为他们是两对兄妹分别结合所生的。亚伯拉罕个子很高，骨瘦如柴，“性情温和，身体孱弱”。一开始，两个男孩就彼此依赖，相互寻求安全感。“我们每个人都需要一个伙伴。把我们两个人分开，就跟要毁灭我们似的。”不幸的是，亚伯拉罕比让-雅克更受偏爱，“因为，离开我的父亲之后，我不过是个可怜的孤儿”。然而，值得注意的是，卢梭对波塞生活的记述中一点都没提到他因为与父亲分开而感到痛苦。对这个脆弱敏感的孩子来说，摆脱伊萨克加诸身上的情感控制很可能是一种解脱。失去了温柔的姑妈苏逊则是另外一回事。

朗伯西埃先生教男孩们拉丁文和“一些当时人们美其名曰‘教育’的杂七杂八的课文”。让-雅克学得比较好，常把答案小声地告诉亚伯拉罕，帮他做作业。他最满意的是他们的学习强度适中。“朗伯西埃先生是一个很通情达理的人，既不强迫我们做太多作业，又不会忽视对我们的教导。尽管我不喜欢老师的约束，但我每次回忆当初学习的情景时，从来没有什么不愉快的感觉；我从他那里固然没有学到多少知识，但没费多大力气就学会了他所教的东西，而且直到今天也没有忘记。这两点，足以证明他教得很不错。”回忆起来没有不愉快的感觉虽然只是一种不温不火的称赞，但朗伯西埃相当随意的教学却是卢梭曾经接受过的最后的教导。此后，他就一直因受教育不足而感到困窘，不过，他在意识到这些缺陷时，就铆足了劲儿去纠
27 正。终其一生，他都极度渴望知识，而受过常规教育的人很少会如此。

课程之外，卢梭回忆起这段日子，总是充满怀旧之情。“我又看见女佣或男仆在房间里忙来忙去，看见一只燕子从窗子飞进来，一只苍蝇在我背诵课文时飞落在我手上；我还看见了我们卧室的摆设；在我们卧室的右边，是朗伯西埃先生的书房，墙上挂着一幅历代教皇的版画、一张晴雨表和一个大日历；房屋后边的花园里的覆盆子树枝繁叶茂，不仅遮挡着窗子，有时候还把它的树枝伸进屋子。”

自然还有宗教教育。卢梭充满感激地回忆起他“在一个既高尚又虔诚的牧师的家中受到了温和的教养”，并承认朗伯西埃教给了他“行为准则；尽管有些人说它们是偏见，但我至今仍铭记在心，从未忘怀”。日内瓦的宗教给他留下了强烈的印象：日内瓦的加尔文教义曾经如此激进好斗，以至于为这座城市赢得了新教罗马的名号，现在，教义已经变得相对自由了，但仪式仍然相对严格。礼拜仪式仍然每天举行数次，礼拜日更是宗教仪式的马拉松，但人们可以在教堂里随意聊天，孩子们跑进

跑出，只有布道尚能引起一定程度的关注。值得注意的不是神学，而是对道德松弛的谴责、对天主教教义的厌恶（那么，朗伯西埃为什么会有那些教皇的肖像画呢？）和为日内瓦精神上的卓越而感到自豪。一位学者研究了数百份布道词，认为它们千篇一律、喋喋不休地倡导苦行生活：“无论谁张开嘴说话，似乎都是同一个声音在荒原上哭泣。”还是孩子的时候，卢梭就梦想有一天成为一位讲道者，还和亚伯拉罕一起编了布道词。由于热爱音乐，他尤其受到赞美诗的感染，而赞美诗构成了加尔文宗教崇拜的重要部分。“当我听到我们的四个声部唱出的赞美诗时，”他后来写道，“我总是一开始就被深深吸引，进而又因为那生气勃勃的完满和谐而情难自禁；吟唱开篇和弦时，我总是感动到浑身发颤。”

在学习正规的教义时，卢梭的接受能力并不是特别强。当时的教理问答集仍然保留着加尔文时代那种粗犷的语言风格。卢梭提到了背诵这种课本时，他主要想避免出错。“当我有时磕 28
巴时，再也没有什么比看见朗伯西埃小姐脸上为我着急的表情更令我心里不安的了。”在《爱弥儿》中，他评论说：“如果要我描写一件令人生气的蠢事的话，我就想描写一个冬烘先生教孩子们教理问答时候的情形；如果我想把一个孩子逼得发疯的话，我就叫他给我讲解一下他所说的是什么意思。”事实上，朗伯西埃的批评者在向宗教当局抱怨时，提到“他把所有不能做出规定回答的孩子都当成傻瓜对待，而他的妹妹也同样责备他们”。但卢梭仍然觉得朗伯西埃的影响是积极的，“每次听讲道的时候，我不仅不觉得厌烦，而且在听完之后内心总是深受感动，决心要好好为人。由于我牢记他们的训诲，所以我的决心便很少动摇”。

有一次，村子的教堂还成了冒险之所。一个晚上，让-雅克吹牛说，他不像他的表兄那么胆小，他一点也不怕黑；朗伯西埃为了给他一个教训，就叫他去教堂拿放在讲坛上的《圣经》。尽管没有拿灯，但他还是高高兴兴地大胆穿过了墓园；然而，进入教堂后，他见到一片漆黑，立时就吓得毛骨悚然，在长凳间跌跌撞撞地绊来绊去，好不容易才找着大门，飞奔回家。走到家门口，他听到人们的笑声和打算来找他的说话声，顷刻间，就平静下来了。他飞快地回到教堂，毫不费力地拿到了《圣经》，得意扬扬地把它带回了家，“我惊惶固然是惊惶，但心里还是高兴得直跳，因为我到底抢在他们派来帮助我的人的前头了”。后来，他在《爱弥儿》里讲述了这个故事，说明孩子没必要屈从于无理性的恐惧：“我要拿它来证明，再没有什么办法比安静地听隔壁屋子中人的谈笑声更能使被黑夜的阴暗吓坏的人心神安宁了。”但他从未忘记过黑暗中的那种恐怖。中年时，当他认为人们组织了一个巨大的阴谋来对付他时，他记起了小时候对未知事物的那种恐惧。“我小时候从来没被最可怕的东西吓到过，但一张盖着白布的脸却能让我胆战心惊。”

卢梭关于波塞岁月的回忆中最生动的是几件小事。在《忏悔录》中，他把它们描绘成他心理发展的关键环节。之前的自
29 传作家从来没写过类似的故事，正是卢梭，真正教导人们认识到这些经历塑造了人格。第一件就是著名的挨打事件。一天，两个孩子犯了点儿小错，被朗伯西埃小姐打了一顿。令让-雅克惊奇的是，他虽然一点儿也不喜欢被朗伯西埃小姐的哥哥责罚，却十分享受这顿板子。“在疼痛中，甚至在羞愧中，掺杂着的

一种肉欲的快感，使我不但不害怕，反而巴不得同一只手再把我打一顿。”当时的读者认为《忏悔录》中的这个故事太琐碎、太难堪了，但现在它可是不乏评论。一位作家提出，从惩罚中获得快乐是这个犯了错的孩子的绝妙报复：你坚持要打我，很好，我就是想要被打。另一位作家则注意到古语“爱之深，责之切”，并由此推测，让-雅克因为从他的至亲那里得到的爱太少，才用一种迂回的方式来理解这一老生常谈，把责打当作喜爱的标志。“这第二次惩罚也是最后一次，因为朗伯西埃小姐肯定发现了这种惩罚并没有达到她的目的，于是宣称她从此不再用这种办法惩罚我了。——这真是没劲透了。在此以前，我们都睡在她的房间里，在冬天有时候甚至睡在她的床上。过了两天，他们就让我们搬到另一个房间去睡，从此以后，我很荣幸地被她看作一个大男孩了，不过，这份荣幸，我实在不需要。”这样，成长意味着失去了身体上的亲密，同时，他也意识到，如果他显露出感官的快乐，快感也会很快被收回。

在十八世纪，鞭打可能会激起情欲并不是什么新鲜的洞见，因为当时不少浪荡子就很享受被鞭打。一份治安报告记录了卢梭后来在巴黎认识但不太喜欢的哲学家爱尔维修的事。只有当妻子的女仆站在旁边鞭打他时，他才能够履行丈夫的职责。正如菲利普·勒热纳在对“挨打一事”的出色分析中所暗示的，卢梭从朗伯西埃小姐那里得到的是截然不同的东西，一种因为被禁止、被抑制而更加浓烈的情欲冲动：将来他会因为被责骂而感到兴奋，完全不需要有真正的身体接触。“跪在一个傲慢的
情妇面前，服从她的命令，乞求她的宽恕，这是我最甜蜜的享 30
受”（他用的词是 jouissances，在当时跟现在一样，都暗含性快

乐的言外之意）。在更早的草稿中，他写得更具体："我喜爱恭顺服从，竟分不清楚这是一个哀恳的情人的姿势，还是一个悔罪的学童的姿势了。"

当然，这一难忘的事件并不像卢梭后来所假定的，成了决定他一生方向的唯一原因。"一个八岁的男孩被一个三十岁的未婚女子打一顿，竟决定了我今后这一生的喜好、欲望和激情，成了我之为'我'的原因，这一点，谁能料到呢？"实际上，当时朗伯西埃小姐四十岁，让-雅克十一岁，这使得这一事件的意义有所改变，但无论如何，它令潜藏的情感变得显豁起来。就像皮埃尔-保罗·克莱芒提出的，他在心底深处对兴奋总有一种负罪感，而受虐行为可能使他能够光明正大地体验快乐，因为在此之前肯定有程式化的惩罚。不管怎样，下述问题中的原创性不能被过分高估。科克托问："对弗洛伊德来说，让-雅克的屁股是冉冉上升的太阳么？"（他又补充说："我看不如说是浪漫的月光。"）弗洛伊德当然能解释卢梭对另外一件事的兴趣，即"朗伯西埃小姐在草地旁边摔了个大马趴，这时候，撒丁国王正好从那里经过，她的屁股全都呈现在国王面前"。这件事为卢梭提供了象征性的报复。但卢梭更倾向于认为他只是为"一个他视为母亲、甚至比母亲更亲的人"担忧。失去了两个苏珊之后，卢梭找到了替代者朗伯西埃小姐，但她似乎对扮演这个角色并没有兴趣。

不管卢梭的受虐倾向是如何形成的，他从小就对常规的性行为明显感到不安。等他到波塞的时候，他已经把性与卖淫、与动物交配联系起来，就像《忏悔录》中一段引人注目的评论表明的那样："我对每个贪淫好色的人感到轻蔑，甚至感到害怕。我对贪淫好色的厌恶发展到这种地步，是因为有一天我走路去小萨克勒克斯，经过一条低洼的小路，看见路两边的一些土坑，人们告诉我，有些人就在土坑里野合，从那以后，我对淫乱的事就深感厌恶。我一想到他们，脑海里就浮现出狗交媾的情形，因此，一想起这件事，我便感到恶心。”勒热纳评论 31
说，一位心理分析师对地上的土坑肯定可以发表长篇大论，而克莱芒注意到卢梭提到狗的时候，用的是阴性名词“chiennes”（母狗），而不是阳性名词“chiens”（狗）。终其一生，他都觉得女性的性欲特别烦人。

在波塞的另外一个经历留下了截然不同但同样深刻的教训。一个女仆将几把梳子放在烟囱旁边烘干，当她回来时，发现其中一把的齿全折断了。让-雅克似乎是唯一进过这间屋子的人，但他坚决否认弄断了梳子，最后，因为他撒谎，舅舅加布里埃尔被叫来惩罚了他。另外，亚伯拉罕被指控做了一件错事，同样挨了打。“这件事情到现在差不多已过去五十年，”卢梭在《忏悔录》中说，“我今天不担心为这件事情再受一次惩罚了。我敢对天发誓，我是无辜的。我既没有动过那把梳子，也没有折断它的齿，根本就没有去过烟囱那里，甚至连想都没有想过要到那里去。”后来，他和表哥一起坐在床上，大叫“Carnifex, Carnifex”，也就是“刽子手”的拉丁文。显然，朗伯西埃至少在设法教他们一些拉丁文。这次惩罚特别粗暴，用他的话说，使他“身心俱碎”了。我们恰巧知道负责责打的加布里埃尔·贝尔纳是一个残暴的人：他曾经因为打人、把别人的家具扔到街上而惹上麻烦，有一次还被警告，如果再犯，就将被监禁。

卢梭一生都在徒劳无望地渴望向其他人敞开胸怀，或者用他的话说，“透明”。这一渴望构成了让·斯塔罗宾斯基的巨著《让-雅克·卢梭：透明与障碍》的中心主题。但卢梭已经了解到，表象能令一个无辜的人看起来有罪。他最信任的人谴责他撒谎，没有任何办法能让他们相信真相；他所讨厌的舅舅以维护德性的姿态对他施予了严厉的惩罚。在《爱弥儿》中，他主张孩子不可能理解他被期望遵守的那些道德规范。“因为他的行为中全无道德可言，所以他不会做任何道德败坏、应该受到惩罚或谴责的事情。”孩子有一种自我保存的自然本能，同时，他们又不能真正理解他们可能会触犯的那些规范。这样，因为害
32 怕受罚，他们就会说出能免于惩罚的任何话。“由此可见，孩子们的谎言都是他们的老师所为。他们想要教他们说真话，却刚好教他们撒了谎。”有没有可能，卢梭真的折断了那把梳子呢？

在波塞发生的另外一件轶事似乎更加令人鼓舞。可能是为了好玩，让-雅克和亚伯拉罕参加了在屋旁栽种胡桃树的仪式。还在这棵树的周围挖了一道壕沟，以便给它供水。于是，男孩们想到了一个给他们自己的小柳树苗供水的主意，就是分走一些水。他们神情激动、行动诡秘，不辞辛苦地挖了一道沟，在里面铺上木片，并把沟掩盖起来，成功引走了水。然而，他们的胜利十分短暂，因为朗伯西埃听到了他们的欢呼声，发现他心爱的胡桃树的水被偷走了。他立刻用一把铁镐摧毁了他们的设施，“大声喊道：‘有一条地下水渠！有一条地下水渠！’他毫不留情地从四面八方刨开水渠，每一镐都刨在了我们的心上。”但这次他们并没有受责罚。男孩们听到，朗伯西埃后来跟他的妹妹谈起这件事乐得哈哈大笑。这件事完全满足了让-雅克关于

罗马人的幻想。“能够用自己的手建一条地下水渠，要种一株柳树苗来和一棵大树竞争；我以为我已经获得了最高的荣誉，而对这一点的判断，十岁时候的自己还要好过三十岁的恺撒。”这个地下水渠的故事迷住了《忏悔录》的读者，并成了许多版画的主题。一个世纪之后，一位有事业心的家具师还出售过朗伯西埃胡桃树的木片并附有证明文件。或许这位牧师的确在他年幼的被监护人身上发现了某种特异之处。卢梭大概在很久以后说过（不过这个传闻来自二手资料），朗伯西埃曾告诉他，“他要么成为一个伟大的人，声名显赫；要么下场凄惨”。

到这个时候，这对表兄弟变得开始隐瞒事实和撒谎。就像卢梭所回忆的，他们再也不能从乡村生活中得到乐趣了。无论如何，他们是时候离开了，因为他们已经快到可以做学徒的年纪了。我们知道，1724 年 8 月 23 日，他们还待在波塞，因为按照文件记录，当天撒丁国王正好经过（还看到了朗伯西埃小姐的屁股）。在那年秋天，他们被送回了日内瓦，在亚伯拉罕家里 33
又住了半年。亚伯拉罕家位于高雅的上城格兰德街，也是让-雅克出生的地方。在回忆中，他认为他在那里住了两三年，这表明他有多珍惜那暂时的自由。那个冬天，他和亚伯拉罕仍然形影不离，一起制作风筝、小鼓、玩具枪；煞有介事地使用制表匠的工具，并弄坏了好多；尝试画画，结果弄得一团糟；用自制木偶演戏。后来，他乐意认为他在日内瓦的童年伙伴们富于自由精神，在摔跤、跑步和拳击运动中总是竭尽全力，常常会因此受伤，“但过后总是满面热泪地拥抱在一起”。然而，事实上，这对表兄弟总是两个人待在一起。他们偶尔出去散步的时候，其他孩子就打他们，嘲笑温和笨拙的亚伯拉罕，朝他叫喊

“巴尔纳·布列达拉”（Barnâ bredanna，当地方言，意思是“任
34 人牵着走的驴”），暗指《列那狐故事》中的驴子贝尔纳。于是，让-雅克义愤填膺地冲过去保护他的表兄，正中那些孩子下怀。不久，他们就决定只有那些坏蛋上学的时候，才到外面去。

还值得注意的是这一时期卢梭对性关系的理解的发展。他首次发现自己处在一个多数孩子成长的家庭之中，但他对此未置一词。他之前所处的家庭都是由兄妹构成，按说是禁欲的——最早是伊萨克·卢梭和苏逊姑妈，后来是朗伯西埃兄妹——现在，他发现自己与一对夫妇生活在一起，而他们之间的性关系明显饱含痛苦与紧张。“我的舅舅是一个喜爱玩乐的人，对我们不大关心，而我的舅母因为丈夫花心，为了寻求慰藉，变得十分虔诚。”至于卢梭，他经历了两段短暂却强烈的感情，后来给他留下了深刻的印象，反映了他人格中的一些永久侧面。显然，他难得去尼永拜访他的父亲，但有一次，他去尼永的时候，被一个名叫夏洛特·武尔松的二十二岁的年轻女子迷倒了，而这女孩竟允许这个十三岁的男孩做自己的小护花使者，以此来取乐。“我把我的心，或者说得更确切一点，我把我的脑筋全都用在这件事情上了，因为，尽管我爱她已经爱得发狂，我兴奋、激动和狂热的样子闹了许多令人乐得前仰后合的笑话。”实际上，他把她想象成了旧浪漫小说中高不可攀的淑女；他从母亲那里继承了这些小说，而他的母亲是所有淑女中最不可企及的一位。武尔松小姐在许多倾慕者面前做出一副独独垂青让-雅克的样子，甚至痴情地跑到日内瓦看他；让他大吃一惊的是，她跟一个律师订婚了，原来她到日内瓦完全是为了挑选结婚礼服。卢梭发誓决不再跟她讲话；多年之后，他和父亲一起在尼

永泛舟湖上时，父亲指给他看武尔松小姐，他确实拒绝了跟她讲话。

另外一段感情则截然不同。一个跟他同岁的、飞扬跋扈的小女孩戈登十分乐意扮演他的女教师，甚至愿意像他所渴望的那样惩罚他。她既大胆，又矜持，卢梭简直为她神魂颠倒了。“她可以随随便便地对待我，却决不允许我随随便便地对待她；她对待我简直像对待小孩子一样。”当他跪着哀求她的那一刻，他感到了“最大的幸福”。但她在朋友们面前出卖了他，当 35
他从街上经过时，那些女孩儿就窃窃私语说，“戈登把卢梭的嗒了（Goton tic tac Rousseau）”，这是他用来指打屁股的一句话。他对武尔松小姐的倾慕是富有骑士风度的；而面对戈登，“我全身的感官都骚动起来了”，还觉得心跳得如此厉害，简直快要断气了。在后来的评论中，他深刻洞悉了这两段感情的互补性质。“尽管它们都十分强烈，但毫无共同之处：一个是感官的，或者说是性情相投，而另一个则是精神的，或者说是观念相通。”于是，一个不断被重申的模式就建立起来了：与武尔松在一起，产生的是一种虽然公开承认了、本质上却全属想象的纯洁激情；与戈登在一起，得到的则是一种可耻的、注定大失所望的感官满足。与武尔松一起时，他试图假装成一个老成的大人，即使这十分可笑；与戈登在一起时，他是一个受罚的坏男孩，但他其实一点儿也不害怕这只小母老虎。

很快就该进入工作世界了。亚伯拉罕像他父亲一样，将要做一个土木工程师。一开始，想过让让-雅克去学习做牧师，但他没有钱付必需的学费，就改成去跟本城的公证人或书记官让-路易·马斯龙做学徒了。他的舅舅提议，他将来可能成为一名

“诉讼承揽人”，这是对起诉人的一种蔑称。但让-雅克根本不愿走进街道旁边那壮丽府邸中的事务所。他很快就被马斯龙和他的职员认为是一个蠢不可救的人，被赶走了。现在只好把他送去学一门手艺，做个工匠了。人们似乎不相信他能掌握制表匠的手艺，所以，1725 年 4 月 26 日，他被送去学习一个不那么严格的行当，跟随一个名叫阿贝尔·迪科曼的年轻雕刻匠做学徒，为期五年。日内瓦国家档案中的一大卷对开本中，还难得地保存着这份合约。加布里埃尔·贝尔纳代表他的姐夫伊萨克·卢梭，同意付给迪科曼 3 里弗尔的银币、2 路易斯的金币，并保证让-雅克自备衣物，在五年之中为其忠诚服务。而另一方，“上述迪科曼先生承诺毫无隐瞒地教导上述学徒工卢梭所谓的雕刻匠职业，包括其所有事项及其所涉及的一切附属事项，同时，他还负责该学徒工在上述时段的伙食及住宿，并负责教养他，
36 教导他敬畏上帝、恪守道德，尽到像一个家庭中的父亲那样的责任”。这份文件确实得到了证明人的见证，但其中一位名叫克拉布瓦的家具师“因为不会写字而没有签名”。结果，无论是迪科曼还是贝尔纳，都没能履行这份契约所规定的责任。

头一年，迪科曼住在圣热尔韦区的九区大街，也就是今天的浴室街，转过街角就是卢梭原来在库唐斯大街的家。一年以后，他结婚了，就把作坊搬到了河对岸的水产街，靠近莫拉尔广场，那里每周三和周六都有大型集市；很久以前，苏珊·卢梭就是在那里因为扮成农妇而引起了麻烦。历史学家已经查明，马郁兰窑路（这条街后来的名字）十八号共五层楼，有二十一位居民。迪科曼的寡母在那儿经营着一家杂货店，同时也出租房子。那里还住着一位金匠、一位花边工人。路两边的屋子里

住的都是酿醋的、裁衣服的、做鞋的、制表的和造手提灯的。除了迪科曼夫人之外，所有的手艺人都是没有公民权的“居民”或“本国人”。

让-雅克又一次从山上下来，下到底层世界。几年之后，一位瑞典旅行者抱怨门口的粪堆“散发出阵阵恶臭”，而当局最多只能坚决要求每周清理一次粪堆，同时要求人们宰猪须在邻近的屠宰场中，而不是在公共街道上。然而，卢梭回忆起这个新环境中的喧嚣商业，仍然十分愉快。“外国人一到日内瓦，首先就会对那里的生活和活动氛围感到吃惊。大家都忙忙碌碌，马不停蹄，匆匆忙忙地干着自己的工作和事情。我想不出世上还有哪个小城市能有同样的景象。不妨去圣热尔韦区走一遭：那里好像集中了全欧洲的钟表匠。当你沿着莫拉尔广场和低街走下去：庞大的商业系统，包裹堆积，被扔得乱七八糟的大桶，印度香料和药材的味道，这一切让你觉得像是到了海港。”四周山峦起伏、风景如画的日内瓦湖，确实宽阔得几乎跟一片海一样；卢梭余生一直都偏爱依山傍水而居。三十年后，他在巴黎，以一种怀旧的笔调把日内瓦描绘成有“优越的地理位置、温和 37
的气候、富饶的乡野、和普天之下最宜人的景致”。尽管他因为不得不离开波塞的田野而感到遗憾，但乡野并非遥不可及；直到十九世纪五十年代，在这座城市的某些区域还能听到公鸡的打鸣声。

然而，让迪科曼来扮演家庭中的父亲角色似乎是一个糟糕至极的选择。他才二十岁，性子粗俗，脾气暴烈，结婚也没能让他变得温和一点。令人好奇的是，卢梭丝毫没有提到迪科曼的妻子，尽管这对夫妻婚后与他一起住了将近两年。至于这门职业，他一开始还颇为喜欢，因为他擅长画图样，也很喜欢摆弄雕刻匠的工具。但很快，迪科曼的粗暴“就磨掉了我少年时期所有的朝气，彻底压抑了我可爱活泼的性格，使我不但在行为上而且在精神面貌上也变成了一个真正的学徒”。他偶尔去尼永拜访时，都让父亲感到失望。女人们再也不觉得他风流倜傥了。他甚至羞于见到朗伯西埃先生和朗伯西埃小姐，而且此后再也没有见过他们。他也再没有去过波塞。1754 年，他四十二岁时，曾经重访日内瓦，度过了四个月的幸福时光。他尽管一直对那棵胡桃树念念不忘，很想去看看它长大了多少，但最后还是没能抽出时间去波塞。“我肯定堕落得厉害，”描述他的学徒生涯时，他悔恨地总结：“在我父亲的家里，我很大胆；在朗伯西埃先生家里，我也很自由；到了舅舅家里，我变得谨言慎行；在我师傅家里，我就变得胆小如鼠了。从此，我就成了一个迷茫的孩子。”

另外一个让他讨厌的改变是：1726 年 3 月，让-雅克还没满十四岁时，伊萨克·卢梭在尼永再婚了。让-雅克不喜欢他的继母，就认为他的父亲从未真正爱过她。他甚至夸张地宣称，最后，在失去苏珊三十五年之后，伊萨克“虽然死在他第二个妻子的怀抱里，但他口中呼唤的，还是他第一个妻子的名字；留在他心底的，依然是他第一个妻子的音容。”不太可能有人把这些遗言转述给他，而他也肯定无法得知父亲内心深处的想法；因为到那个时候，他们已经彼此疏远许多年了。

至于学徒生涯本身，几乎肯定是痛苦不堪的。全欧洲的学徒都憎恨他们的师傅及成年的熟练工对他们的压榨和所施加的
38 各种暴行。让-雅克从来都不是一个公开的反叛者，而是像他晚

年时候自我评价的那样，“他的力量不在于行动，而在于抵抗”。在这里，他工作散漫，小偷小摸，以此来进行抵抗。据他声称，他第一次偷窃是受一个熟练工的鼓动，那个人撺掇他去偷芦笋，并拿到莫拉尔广场上去卖。不久之后，他也偷起师傅的东西来。有一次，他想到一个荒唐的点子，就找来一套拨火棍和案板，打算把苹果从锁着的储藏室里叉出来，正干得欢的时候，被逮了个正着。为了报复迪科曼，他还溜进他的私人工作室，偷偷使用最好的工具和图样，雕刻他自己发明的骑士勋章。“我觉得我把他的才能和技术全都偷到手了。”这一次同样没有好下场；迪科曼抓住了他，说他想要伪造假币，结结实实地打了他一顿。

卢梭在《忏悔录》中的记述所创造出的迪科曼形象像是狄更斯笔下的恶魔，但这个年轻的师傅无疑有充分的理由因为学徒小偷小摸和无心工作而感到恼怒。对于让-雅克而言，没有任何东西能让他准备好面对勒热纳所说的学徒生涯中的“人类大沙漠”。他的父亲潜逃了，又再婚了；他的贝尔纳亲戚们看不起他；朗伯西埃兄妹在工作完成之后，就彻底消失了；他几乎见不到表哥亚伯拉罕，现在所谓的友谊的不过是一个愤世嫉俗的熟练工撺掇一个天真的男孩去偷蔬菜。偷迪科曼的苹果、偷偷使用他的工具，都是令他感到家庭般自由的方式，就好像他还在自己家里，而不是在作坊里一样。但他的行为总是会被迪科曼发现。越轨，继而被抓，似乎就变成了一种常态。“我觉得，既然他们把我当成坏蛋来打，就等于授权我去做个坏蛋。我发现偷窃与挨打是联系在一起的，这就导致了这样一种状况：如何偷，由我决定；如何打骂，那就由师傅去决定吧。”

在度过相对受到纵容的童年之后，学徒生涯本身就让卢梭感到震惊。父母花费可观的金钱，把儿子送到一个师傅身边，指望他能够得到训练、学会顺从、掌握一门技术，但很少有年轻人喜欢生活中的这种剧变。几乎就在与卢梭差不多大的时候，自信而外向的本杰明·富兰克林因为讨厌跟随哥哥做学徒，逃
39 离了波士顿；就像他后来所写的，“我认为他对我的严厉和专制可能使我对专断权力产生了一种深深的厌恶，并且在我整个一生之中，都是如此”。卢梭也同样憎恶专制，但与富兰克林不同，他发展到不愿干其他人分派的任何工作。他能够非常专注地工作，但仅限于做自己指定的事。当他建立关于原始人的理论时，他想象他们是极度散漫的，对“连续劳动深恶痛绝”。甚至在苦苦构思他最伟大的著作时，他也从未摆脱“我工作时断时续的懒习惯”。

由于孤独寂寞和缺乏安全感，卢梭逐渐产生了一种倾向，以为人们一直在盯着他看；这种倾向伴随了他的一生。如果他走进面包房，往往什么不买就跑出来，因为他认为柜台后边的几个女人在嘲笑“这个小馋鬼”。在水果店里，他垂涎散发着果香的梨，一直偷看，最后还是害羞地红着脸走开了，因为他眼睛近视，看不清楚，就胡乱怀疑，觉得远处的某个人可能是认识他的一个女仆。圣奥古斯丁从来就没能摆脱少年时偷梨所引起的负罪感；卢梭也无法让自己把手放到一只梨上。可能这就是关键。“尽管馋得要死，但最后我还是像傻子似的回到家里。虽然衣兜里有的是钱，但我什么也不敢买。”戒律说，汝毋贪恋。他拒绝满足自己的渴望，以此来转移负罪感，此外，他还把这种负罪的情感投射为臆想出来的周围人的敌意。

逃避这种绝望境地的方法之一便是重新燃起对阅读的兴趣。

卢梭发现了一家租书店，是一个声名不佳的女人拉特里布开的。卢梭不加选择、如饥似渴地阅读她那里的书籍，在需要的时候，甚至不惜卖掉衣物来支付她索要的不太多的预付金。“不论是好书还是坏书，我不加选择，全都同样喜欢看，而且看得津津有味。我工作的时候看，跑腿传递消息的时候看，上厕所的时候看，简直看得浑然忘我、晕头转向，一门心思全都投到读书上去了。我的师傅暗中时时盯着我，一旦发现我看书，就给我一顿好打，把书拿走。”他从此一发不可收拾，无法自拔了。卢梭认为，为了得到书中的假想生活所提供的慰藉，他付出了沉重的代价。“由于对想象的那些事物的喜爱，再加上这种让自己沉浸其中的天赋，最终使我对周围的一切感到厌烦，养成了我对孤独的爱好，而且从这个时候起，这种爱好就一直没有改变。”
他唯一避开阅读的恰恰是多数青春期少年搜寻的那类书。当拉 40
特里布拿出下流小说时，他总是拒绝看，“既是因为厌恶，也是因为害羞”，他宣称他“性情腼腆”，所以在三十岁以前没看过任何这类书。

到1728年春天，卢梭再也忍受不了了。“我满了十六岁，对我周围的一切和我自己都不满意，既不喜欢我所处的地位，也没有我这个年龄的孩子的欢乐心情。我心里充满了欲望，但又不知道我具体欲望的是什么东西，无缘无故地哭泣，不知为何而叹息。”很快就有了一个逃走的机会。星期天的时候，人们到城外远足是司空见惯的事，部分是为了避免参加密集的宗教仪式，只要注意赶在宵禁之前回城就行。跟许多欧洲城市一样，日内瓦看起来像一座堡垒——《百科全书》中对城市的定义就是“一个被墙围起来的空间”，城门每晚都会关闭，并配备守卫。让-雅克已经有两次因为回得太晚，没赶上进城，在第二天被师傅狠狠地责罚。3 月 14 日，他和一些同伴气喘吁吁地跑向吊桥时，再次被关在了城外，因为“那个名叫米努托利先生的该死的队长”故意提前半小时升起了吊桥。他们不得不在城外过了一晚，可能是待在以往一直对他们很友善的农民家里。其他学徒只是对这件倒霉事感到好笑，但卢梭下定决心，决不再回日内瓦，很可能他已经梦想很久要逃跑了。他可能没有意识到，他正在重演他的哥哥弗朗索瓦的人生模式。被父亲和家庭抛弃之后，他已经变成了一个又懒惰又爱撒谎的学徒，现在正要逃走。

后来，当卢梭慢慢习惯于寻找生活中的预兆时，吊桥的提前升起似乎就变成了“凶险和致命的兆头，预示着从那个时候起，我将不可避免地命运多舛”。然而，在当时，这是一次令人振奋的自由突围。尽管他还不到十六岁，一贫如洗，又身无长技，但不知何故，他深信自己非同常人，一定能够成功。“我自由了，能做自己的主人了。我相信我可以做一切事情，实现一切；我只需要跃入云霄，在空中翱翔。我信心十足地进入广阔
41 的世界，而我的功绩将把它填满。”蛮横的师傅、乏味的生意和那些看不上他、让他自感多余的、吹毛求疵的亲戚们，通通都被甩在了身后。展现在他眼前的是一幅令人陶醉的美景，因为它尚未成形。他可能去到任何地方；也可能变成任何人。

许久之后，当他已经享誉国际时，非常热衷于设想，如果他从未离开过日内瓦，一切将会更加美好。“我本可以在我信奉的宗教中，在我的祖国和家人的怀抱里，在我的朋友中，度过甜蜜和平静的一生。我本可以是一个好基督徒、一个好公民、

一个好父亲、一个好朋友、一个好工人、一个从各方面说来都
好的人。”然而，正如马塞尔·雷蒙所说，这只是一种他所珍爱
的回忆性错觉，他并不真的相信。他晚年时的自我评估要精准
得多。“我从未真正适合过文明社会；在这个社会中，到处都是
责任和义务，令人不快。我独立的天性也让我难以忍受为了在 42
人群中生活所必须忍受的束缚。”

1838年，在日内瓦湖涌入罗讷河的那个狭窄河道处，人们以填埋法把以前的这块沼泽地改造成了一个小小的岛屿。这就是卢梭岛。岛上那座精致的卢梭青铜像，手中握笔，神态警觉，凝视着这片湖泊。铭牌写着“让-雅克·卢梭：日内瓦公民”。他的确这样自称了多年，但当他的书被焚毁并面临一旦回国就将遭到逮捕的审判时，他毅然放弃了自己的公民身份。或许，这座雕像背对着这座城市，是适宜的吧。

43

第三章

“我渴望一种懵懂无知的幸福”

日内瓦城门在卢梭的面前关上了，第二天早晨，卢梭给表哥亚伯拉罕送了个口信，寻求他的帮助，甚或是让他陪着一起走。亚伯拉罕准时到了，带着卢梭一直挺喜欢的一把小剑作为礼物，然而，他怂恿让-雅克离开，让后者怀疑贝尔纳家族乐于甩掉他这个包袱。“他是一个上城的孩子，而我是一个可怜的学徒，已不再是圣热尔韦区的孩子了。”这是卢梭最后一次与亚伯拉罕见面，因为亚伯拉罕很快也离开了家乡，杳无音信。木已成舟，不可更改；或者说让-雅克选择相信事实如此。如果说贝尔纳一家不愿接他回去，他就可以自由地去完成一项虽属未知、却可能激动人心的使命。他总是需要觉得他是被迫去做某件事情，这样，就不是他的过错了：可恶的队长把他关在了外面，现在他的亲戚又拒绝了他。如果他突然有所行动，也是被逼的。

附近的乡村并非全然未知的地域。卢梭在《忏悔录》中提到，他在日内瓦城近郊转悠了好几天，“住在我认识的农民家里，他们都很热情地接待我，比城里人好得多”。他已经习惯于游荡在田野中，沉溺在逃亡者的种种幻想之中，正如他多年之后向一个朋友描述一个似曾相识的奇特例子时所说的那样。在 45 他十四岁的时候，有一次，当他在日内瓦城外陷入沉思时，突然，他看到一座城堡和里面的住户，被吓了一跳。“多年之后，我发现自己身处这样一座城堡之中，有着同样的大门、同样的民众、同样的脸孔和同样的活动，如此绝妙的似曾相识之感，让我惊奇地大叫起来。”关于一个化装的王子、一个男性灰姑娘的想象是强有力的，现在，卢梭就像童话故事中的主人公一样，四处漫游，找寻属于他的城堡。“受到城堡主人和夫人的宠爱，得到小姐的欢心，成为她的哥哥的朋友和邻人的保护人，这样，我就心满意足，别无他求了。”

然而，这一切只是想象，他真正迈出的一步却简直是跃入了黑暗之中。随意游荡了几天之后，他拜访了住在孔菲涅翁村中的一个名叫伯努瓦·德·朋维尔的年长神父。孔菲涅翁村在日内瓦以西几英里，现今是日内瓦城的一个郊区。在《忏悔录》中，卢梭言不由衷地暗示只是好奇心驱使他去到那里，然而，他必定意识到了朋维尔作为一位反宗教改革的积极人物，已经让许多人改变信仰、皈依天主教了。萨瓦公国当时还不属于法国，而是归都灵管辖，完全是天主教的地盘。

在《忏悔录》中，卢梭这样描绘朋维尔：“他是这样一个传教士：认为没有什么比诽谤日内瓦的牧师更有利于他的信仰了。”无论卢梭是否知晓，多年以前，朋维尔的一本小册子就已经散布了一些针对波塞村郎伯西埃家族的流言蜚语和指责告发。让-雅克高高兴兴地接受了主人的晚餐和美酒。这完全是他意料之中的，因为日内瓦城外的神父向来因款待潜在的信仰改宗者而闻名。尽管新教牧师费了十足的劲儿让他害怕天主教，但每当他听到弥撒或晚祷的钟声，“又使我想起吃午饭、餐后点心、鲜黄油、水果及其他奶制品”。（敲钟在日内瓦城是违法的，被视为天主教的迷信工具。）

晚餐的时候，很自然地说起了神学话题，卢梭宣称他随声附和这位神父，颇为洋洋自得。在回忆中，他认为这位神父是一个亲切的老笨瓜，不擅辩论，但朋维尔无疑很清楚自己在做什么。在恭维了小男孩的神学才能之后，他推荐了一位仁慈的
46 夫人。这位夫人住在有大教堂的市镇安纳西，可能能够庇护他。这样，让-雅克就去了安纳西。

那时候，年轻的手艺人在掌握了技术之后，往往会游历若干年，在不同的地方工作。卢梭的与众不同之处，不在于他喜欢游历，而在于他抛弃了自己的行当，同时并未想过找个新行当。安纳西在南边仅仅 25 英里远的地方，但他懒懒散散地走了三天。在《忏悔录》中，他说他不时停下来，像浪漫传奇中那样，站在窗户下面唱歌。但这不过是一种小说细节，不必太过当真。1728 年 3 月 21 日，他到了安纳西；这日子会被记下来，是因为那天是圣枝主日[1]。在这位和蔼的天主教夫人——华伦夫人家里，让-雅克被告知她刚刚离开家，去教堂了。他在街上气喘吁吁地追上了她，随身携带着一封朋维尔的介绍信和一封他自己写的信。

卢梭原本以为会见到一个面目灰暗的老太太，结果他被眼前所看到的惊呆了。朋维尔忘了提到华伦夫人是位魅力十足的

1 宗教节日，在每年复活节前的一个礼拜天。

年轻妇人。卢梭感到神魂颠倒。“我看到一张楚楚动人的脸孔，一双洋溢着甜蜜气息的美丽的蓝眼睛，白得耀眼的皮肤，美得销魂的胸脯曲线。我这个年轻的改宗者一眼就把她上上下下打量个遍，顿时成了她的俘虏。”趁他精心拟就的那封信替他表白的时候，他继续陶醉在她的魅力之中。“她面带微笑，接过我用哆哆嗦嗦的手向她递交的信。她把信打开，先匆匆看了朋维尔先生的信，然后看我的信。她从头看到了尾，而且，如果她的仆人不催她进教堂的话，她还要重看一遍。‘啊！我的孩子，’她用令我战栗的声音向我说道，‘你这样小小年纪就四处流浪，这太可惜了。’还没等我答话，她接着又说：‘到我家去等我，让他们先给你些早饭吃，等我做完弥撒就回来和你谈话。’”已经不需要再谈什么了；他战栗的热切已经说出了她需要知晓的一切。

后来，卢梭得以体会到，他反过来对这位夫人来说也是颇有吸引力的，他尤其强调了自己外表中女性般的柔美。“我虽然不是人们所说的那种美少年，但我小小的身姿匀称可爱：漂亮的脚，双腿修长，风度潇洒，神采奕奕，迷人的唇，黑眉乌 47
发；一双眼睛小而深邃，闪烁着我热血沸腾的光芒。”然而，当时，“我对这一切毫无所知”，无疑，他的天真纯朴更为他增添了魅力。一份手写的草稿还写到，迷人的嘴唇包裹着一口烂牙；这自然大煞风景，但在那个时候，他很可能因为太过敬畏而不会咧嘴笑吧。在十八世纪，人们对牙科疾病还束手无策，所以，卢梭到中年时还嫌恶地提到自己“可怕的牙齿”。但无论如何，他在某种程度上还是个漂亮男孩，必定给华伦夫人留下了良好的印象，就像他的小说《朱莉》中圣普乐给朱莉留下了良好印象那样：“当他冷静的时候，举止颇为羞怯，甚至有些局促不安，但当他激动起来，这些羞怯不安就都被激情一扫而光了。”

卢梭正确地把这次会面视为他一生中最重要的一次。这个漂泊不定、闲散失业的年轻人找到了一位保护人，后者最终将成为他的朋友、替代母亲，甚至是情人。在华伦夫人的影响下，他的才华得以发展，他的雄心得以成长。在《忏悔录》中，他为了表达他的情感，宣称他们见面的地方应该用一道金栏杆围起来。在这次会面的200周年之际，也就是1928年，后人真的在那里竖起了一道虽非纯金、却是镀金的栏杆。

弗朗索瓦丝-路易丝-埃莱奥诺尔·德·拉图尔，华伦男爵夫人，时年二十九。两年前，她突然离开了洛桑附近的家和丈夫，寻求统治萨瓦的撒丁国王的庇护。那时，她改宗了天主教，定居在安纳西，从国王那里接受一笔年金作为为天主教事业工作的回报。卢梭在她家里度过了三年的时间，但他一味沉迷于她美丽的外表，可能并不了解她。细看之下，卢梭注意到：“她的态度和蔼可亲，目光温柔，时时流露出天使般的微笑。她的嘴和我的嘴一般大；她淡金色的头发有一种与众不同的美丽，随便一梳，便特别引人注目。她的个子不高，甚至显得有点矮小，体态丰腴，没有一点不匀称的地方。我再也没有见到过比她更好看的头、胸脯、手和胳膊了。”正如后来的圣普乐代表了年轻时的卢梭一样，既不过于保守也不过分魅惑的华伦夫人再
48 现了圣普乐的情人朱莉。“一头金发，神情和蔼可亲，温柔、端庄，使人迷醉；风度自然，毫不做作。”为了指导小说的插图画家，卢梭还写道，“她的胸脯遮掩得像一个羞怯的少女，而不像一个虔诚的妇人”。妇人的胸脯在半遮半掩时尤其让人遐

思无限。这一直是卢梭情色想象的焦点，所以，当他收到画家所绘朱莉及其表妹的草图时，万分失望地写信给他的一个朋友说，“我发现所有图画中朱莉和克莱尔的胸都太平了。瑞士妇女不是这样的。你肯定也注意到了，我们国家妇女的胸比巴黎女人要大得多。”不幸的是，没有一幅据称是华伦夫人肖像的画是靠得住的，但毫无疑问，她身上凝聚了卢梭所钟爱的妇人的一切品质：就像雷蒙·特鲁松所说的，“饱满的胸脯下的一颗多情的心”。

虽然卢梭受到了华伦夫人极大的影响，但他未能在这位新保护人的笑容中享受多长辰光，因为华伦夫人很快就替他做了一个决定：他将到萨瓦的首都都灵去，跟一对也要去都灵的夫 49
妇同行，并在那里的一个教养院完成信仰的改宗。卢梭相信，华伦夫人是受到一个笨拙乏味的乡巴佬的怂恿，才送他离开的。然而，如果华伦夫人允许一个颇有魅力的年轻人留在身边，确实有损声誉，因而对这一做法颇有些疑虑；此外，很可能她过去一直把其他的改宗者送到都灵的教养院去。事实上，这就是她的工作，朋维尔可能也指望她这么做。可以肯定的是，她毫不费劲就能从她的朋友、安纳西的主教那里要到旅费。然而，跟往常一样，卢梭仍然愿意相信他是运气或命运的被动对象。“这就是一系列的反弹，”特鲁松评论说，“他出于好奇，去了孔菲涅翁，因为有个目的地，到了安纳西，又因为一个乡巴佬的缘故，去了都灵。”

对于一个从未离开家几英里远的不满十六岁的年轻人来说，这次旅行既激动人心，又令人畏惧。自他离开日内瓦那天算起，已经过去十天了。他仍然想着，甚至可能希望，他的家人会来找他回家。后来，他得知，他的舅舅加布里埃尔·贝尔纳耽搁了几天才出发去寻找外甥，在让-雅克离开孔菲涅翁去安纳西后不久，到了孔菲涅翁，之后就回家了，把这个消息告诉了在尼永的姐夫伊萨克。五天之后，伊萨克·卢梭在一个相好的狩猎同伴里瓦尔的陪同下，终于到了安纳西，得知他的儿子已经在前一天出发去都灵了。接下来发生的事所引起的愤恨在四十年的时光中都没能减少分毫，卢梭在《忏悔录》中叙述："绅士们见到了华伦夫人，只和她一起为我的命运痛惜了一场之后便满足了，而没有再来追赶我。其实，如果他们来追赶，那是很容易就可以追上我的，因为他们是骑马，而我是步行……看来，我的这几位亲人是同我的主命星串通好了，让我去闯荡前途难卜的命运。"

如何解释这一背叛？伊萨克六年前逃离日内瓦，是受害于他自己暴躁无常的脾气，也是阶级不公平的牺牲品。但他后来跟儿子未能保持亲密的联系却让人有些难以理解。现在，当这个孩子期望父亲把自己从轻率鲁莽的行为中拯救出来时，他却
50 转身回家了。让-雅克想到的解释是伊萨克没能抵住享用亡妻遗产收益的诱惑，因为那笔收益本来归他的儿子们所有。弗朗索瓦已经从受益人中消失了，现在让-雅克也在做同样的事。更令人难过的暗示是，苏珊·卢梭的遗产未能传给她的儿子们，却给了伊萨克在尼永的第二个妻子。

还有另外一层财务上的考虑是让-雅克当时或后来都没能注意到的。因为让·雅克只完成了五年合法学徒期中的三年就逃走了，伊萨克从安纳西回家后的第六天，也就是 3 月 30 日，就跟迪科曼正式签订了一份协议；在协议上签字的还有他的朋友

里瓦尔以及两个见证人。这份文件规定，如果让-雅克在四个月内回来，就从回来那天起恢复他的学徒生涯，但如果他没回来，“之前说定的学徒条款就将作废”，并且，伊萨克将付给迪科曼一笔25埃居的赔偿金，这大约相当于一个家庭仆人一年的薪资。似乎所有相关人员都认为以这种方式来了结这桩事情是最好不过的了。卢梭总是把他舅舅家的冷酷归结为两家之间不断加深的社会隔阂，但他似乎没有考虑过，他们一定被迪科曼不断告发他的懒惰、欺骗烦得够呛。无论是加布里埃尔，还是伊萨克，都对硬要他回到迪科曼那里并不感到乐观。

于是，在安纳西逗留三天之后，让-雅克启程去了都灵；一同上路的还有“乡巴佬”萨布朗和他的太太。对他们来说，与让-雅克同路简直是意外之喜，因为主教所提供的财政支持足以支付他们两人的旅费。因为是步行，他们走得并不快。其实，坐马车也不见得会更快，因为即使是在适合旅行的地区，道路也更像是乡村小路，而非高速公路。此外，萨布朗夫人身材肥胖，更加走不快。她和她喧闹的丈夫是一对容易相处的旅伴，只是晚上卢梭常常会被奇怪的声音从睡梦中吵醒。这些声音的含义对当时的他来说还是一个谜。一边做着将来获得华伦夫人好感的白日梦，一边享受着宜人的乡村风光，卢梭心无旁虑，感到轻松极了。“我年纪轻、精力旺盛、身体健壮、无忧无虑，对自己和他人都充满了信心；我处于生命中那个短暂而珍贵的 51
时刻，我所有的感官都洋溢着充沛的活力，可以说，其扩张性的饱满延伸了我们的存在，而我们存在的乐趣把展现在我们眼前的整个大自然都美化了。”随着时间的流逝，这一刻中那种彻彻底底的幸福感将愈发被卢梭所珍视，而这种幸福感的缺乏有朝一日将被他诊断为现代文明的根本缺陷。

就像他在回忆幸福时光时所常常以为的那样，卢梭认为这次旅程过得太快了，只走了一周，但我们知道他 3 月 24 日离开安纳西、4 月 12 日到达都灵，所以，他们花了几乎三周时间才走完这 150 英里。在向南走了相对容易的一段旅程之后，他们就转向了东南，逐渐爬上了两边都是陡峭悬崖的莫里耶讷山谷，之后又爬上了海拔差不多七千英尺[1]的、被白雪覆盖的塞尼山口。即使是富有的旅行者在这个地方也不得不步行通过，不然就是雇佣轿夫用轿子抬过峰顶，就像霍勒斯·沃波尔和爱德华·吉本几年之后所做的那样。最后一段旅程是最容易的，下到苏萨山谷。这个山谷直通向肥沃的意大利北部平原。

那时的都灵是一个拥有六万人口的富裕的大城市，在维托里奥·阿梅迪奥二世的统治下集中兴建了一批宏伟壮丽的新建筑。维托里奥·阿梅迪奥二世的萨瓦公国已经扩张进西西里王国，继而进入撒丁王国（也就是十九世纪的皮埃蒙特）。约瑟夫·艾迪生在二十年前曾经到过都灵，十分赞赏它的干净清洁，记录说“都灵的宫廷是意大利最为辉煌壮丽和高雅文明的”。这并不是说一切都很繁荣；托马斯·格雷（后来著名的《墓畔挽歌》的作者）发现虽说都灵是一个宜人的城市，但以英国的标准来看破烂不堪：“房屋是用灰泥和砖头砌的，看起来亟须修缮；油纸糊的窗户，像是一撕就破；一切都很纤细脆弱，马上就要倾倒似的。”但对卢梭来说，都灵令他耳目一新：有日内瓦的三倍大，说话的音调模仿高雅宫廷，并且不禁止外国的一切。

1　1 英尺约合 0.304 8 米。

因为这个地区跟法国一直关系密切，所以多数人都听得懂法语，
但卢梭还是很快就学会了皮埃蒙特的方言。一个二十一世纪的
工业巨头仍可能说：“对于任何一个像我这样在皮埃蒙特出生、
从小听着连通都灵、萨瓦和尚贝里的山谷中的土话长大的人来
说，法国远远不只是近在门口的一个国家，而是一道自然的纽 52
带、一种自发的亲缘。”

卢梭没有机会探索这座城市，因为他很快就被带到了志愿
受洗入教者的教养院中。当他一跨进这扇大铁栅栏门，门就轰
然关闭了。这扇门今天还依然在那里，但建筑早已改成了一座
公寓大楼和一个葡萄酒铺子。实际上，他一直被囚禁在这里，
直到圣灵协会的神父们判定他已经完成改宗。这里给他的第一
印象是一些非常不讨人喜欢的改宗者：“四五个面貌凶恶的壮
汉，与其说他们是志愿来做上帝的儿女，倒不如说他们是来做
魔鬼的打手。”很快就清楚了，这些人中间有两个自称是摩尔
人；他们是职业改宗者，到处流浪，哪里有免费的食物和住处，
就在哪里受洗入教。很快，又来了一些女志愿受洗者。她们给 53
卢梭留下的印象是“下三烂的荡妇和沿街拉客的私娼，玷污了
耶稣基督的羊圈”。然而，其中的一个女子还是博得了他的喜
爱。这个漂亮的女孩“有一双调皮的眼睛，有几次都和我的目
光碰个正着”，但也就到此为止了，因为教养院不允许他们互相
讲话。卢梭疑心这个女孩在教养院中呆得比一般时间要长，是
因为神父们拿她有所用处。登记处记录了卢梭的到来，把他的
名字写成了“罗索”，这让我们得以找回跟他一起志愿受洗的人
的名字。邪恶的“摩尔人”是两个犹太人，名叫鲁本·亚伯拉
罕和伦·伊萨克；还有一个犹太人内韦·亚伯拉罕在日内瓦已

经改信了加尔文教，现在再次改信天主教，因此还得到了一定程度的奖励。跟卢梭眉来眼去调情的那个女孩是犹太人，叫作朱迪丝·科梅，十八岁。这群人中最大的一个才二十二岁。

不管整件事情多么可疑，这些神职人员可是严肃对待他们的任务，一个年长的神父被派来教导卢梭。但因为这个年轻的日内瓦人有一些神学知识，热衷于论辩，令人相当为难，所以，他很快被转给了一个更年轻、更聪明的神父。这位神父能长篇引用圣奥古斯丁和圣格列高利的话。就像他对付朋维尔那样，卢梭圆滑地抑制住了展示全副才华的冲动。至少他乐意这样记住这件事。在他的一生中，他从未对宗教教义显示出一丁点的兴趣，但他享受如下发现，即，他的智力足以挑战一个经验丰富的宗教训导者。此外，这样也便于不那么快离开教养院。即使这样，为了他自己好，他还是屈服让步了。“不管怎么说，我总是在他的摆布之下的，何况我十分清楚，我不可以仗着我年纪轻就放言无忌、逼人太甚。”尽管他没有这么说，但这是背弃加尔文教、支持其敌人的最主要的一步；按常规，加尔文教通常斥责天主教是巴比伦的妓女。严格说来，这并不是叛教，因为当时卢梭还没有被日内瓦教会正式批准和接纳，而他被正式接纳入日内瓦教会是好久以后的事情了。同样，这也是对他所成长于其中的文化的明显的否定，以至于他在未完成的作品中，还沉思这一次的叛变。他选定了他最喜爱的一种解释，即，屈从于外部的压力：“当我还是一个孩子的时候，我就由着我的性子行事；后来，在他人的善言劝导下，在虚荣心的唆使、希望的诱骗和生活的逼迫下，我改宗了天主教。”

54 在教养院中最难忘的经历令人万分困扰。自称是摩尔人中的那个丑陋、肮脏、满口烟草臭味的人向卢梭表示了性要求：很亲热地亲吻他，还试图跟他同睡一张床。尽管卢梭尽力挡开了他，但还是跟他乱七八糟地扭打了一通，结果，让他既惊讶又迷惑的是，摩尔人突然迸出了“一种黏糊糊的白色东西”，这使得他马上跑开了，“我这一生没有如此激动、慌张和害怕过，并且感到十分恶心”。他从没见过这幅景象，以至于他误以为这是一种癫狂症，然而，当他最终明白发生了什么事时，他在孩提时代就感到的对性的厌恶又加深了。他小时候经过路上的土坑时，就对人们像狗一样在土坑里野合深感厌恶。“我真的认为，对于一个头脑清醒的人来说，再也没有什么事情比看到这种猥亵肮脏的动作和满脸色欲的可怕的面孔更令人厌恶的了。除了那个人之外，我从来没有看见过别的男人这个样子。但如果我们和女人在一起沉湎于激情的时候也是这个样子的话，除非她们的眼睛被蛊惑，否则，她们肯定会对我们产生恐惧。”逻辑的推论是男人并不真的如此可怕，而女人的性征也会与之相配，但卢梭从不愿意接受这一推论。于是，这段好色的摩尔人的经历只是强化了他对女人富于骑士风度的理想化。“我觉得，我应当对她们表示温柔的情谊和亲切的敬意，以补偿男性对她们的冒犯。”

此后，卢梭终生都对任何同性恋的迹象怀有恐惧之心，这使得许多阐释者怀疑他是不得不压抑自己的同性恋情感。他的确常常对他所敬仰的男性同伴产生深深的迷恋。但不管怎样，性行为本身对他来说都是令人害怕的，与他炽热的激情相伴的恰恰是身体的胆怯。就像一位英国学者曾经暗示的那样，卢梭对这次事件可能并不真的深恶痛绝：“在教养院，他被迫接受了最丑陋、最反常的邪恶性行为。”但比起他同时代的多数启蒙思想家，他可能对一般意义上的性，而不仅仅是同性恋更感到恶心。例如，伏尔泰曾经漫不经心地向亚历山大·蒲柏和他的母亲提到过，他上学时，“差点儿被耶稣会士鸡奸了。这是只要我
55 活着、就难以平复的伤痛”。最让卢梭感到幻灭的是教养院当局的态度。年老的女总管叫他闭嘴别提这件事，但至少他还听到她咬牙切齿地低声骂道：“禽兽不如的畜生！”更糟的是，一位男性管理员轻描淡写地跟他说是他过于大惊小怪了，甚至暗示他可能也觉得很享受。

到时候了，人们决定卢梭已经准备好从教养院离开了。在《忏悔录》中，他宣称他在那里待了两个多月，耽搁这么久可能是因为他的论辩技巧难住了神父们，但记录明显显示他在 4 月 21 日（也就是到达教养院九天后）宣誓放弃了新教信仰，又在两天后接受了洗礼。根据记录，他似乎不太可能在那里待了几周，更不用说呆几个月了。也许，他在四十年后觉得羞于承认教会当局觉得他太难缠以至于以前所未有的速度摆脱了他，或者，充其量可以说，他改宗得如此之快，以至于根本不需要花多长时间。事实上，其他的志愿受洗入教者比他逗留的时间要长得多。就像他的现代编辑们所评论的，登记表显示，他并未反对神父们的教导，而是在记录的时间改宗了。很可能他关于摩尔人的抱怨让神父们决定提前释放他。（当然，也有可能是登记表不够准确。登记表原本在“二战”时的一次轰炸中被毁掉了，但相关页面的副本显示，日期记录得相当随意、断断续续，这表明书记可能搞错了日期。）

宗教裁判所的代理主教考察了卢梭的新信仰，显然并不太

满意卢梭的答案。通常，新教的洗礼被认为是无效的，但卢梭却被命令要再次接受洗礼。圣乔瓦尼教堂的登记表保留了他的正式洗礼记录。为了向他形式上的教母表示敬意，他又多了一个名字——佛朗哥，“乔瓦尼·贾科莫·佛朗哥·罗索，日内瓦的伊萨克之子，已经宣誓背弃了加尔文教，并于 1728 年 4 月 23 日接受了洗礼。教父和教母是：朱塞佩·安德烈亚·费雷罗和弗兰切斯卡·克里斯蒂娜·罗卡”。之后，他特别愤恨地记得，这位考察员问他的母亲是否被打入了地狱。他颇有策略地回答 56
说，他希望她临终的时候得到了上帝的指引。至少，他乐于相信他所说的；有迹象表明，这个问题可能不止一次被问过，实际上，早些时候，卢梭可能绕着弯儿地问过这个问题。因为一直背负着害死母亲的心理负担，卢梭可能颇为焦虑地问过母亲的灵魂状况。为了消除他的疑虑，他被告知，上帝会在人们临终时予以指引。

仪式到此就结束了。“他们叮嘱我以后要做一个好的基督徒，不要辜负神恩，还祝我好运，说完之后，便把门关上了，所有人都消失了。”突然，卢梭就面临着要完全依靠自己的现实了。都灵之行不但没能为他开启新的幸福生活，还让他流落到没有朋友、除了受洗时得到的几个法郎的布施之外别无他物的地步。萨布朗夫妇又花光了从安纳西主教那里得到的所有经费。然而，获得自由的感觉还是令人相当兴奋。

在城市里游荡了一阵之后，他买了一些被称为基恩卡塔的奶酪（终其一生，他都保持着瑞士人对奶制品的喜爱）和两块长面包。“这些皮埃蒙特的面包比别的东西都好吃；我只花了五六个苏就吃了一顿我有生以来从未吃过的这么好的晚餐。”这可能是他一生中第一次能够自由选择自己的晚餐，所以他格外享受。“我饮食方面也是尽量吃好吃的。梨、奶糕、奶酪、彼埃蒙面包，几杯浓得可以用小刀划割的蒙费拉葡萄酒，就能让我成为最幸福的食客。”在整部《忏悔录》中，有许多关于吃的回忆，但编辑们都说，如果卢梭总是偏爱简单的食物的话，他称得上是“一个沉溺于口腹之欲的节俭者”。

是时候找个地方住了。有人提出住一间专供未找着雇主的仆人的出租房，女房东每晚只收一个苏。“我们全都睡在同一个房间，母亲、孩子和住房的客人们……总的来说，她是一个好女人，但骂起人来却活像一个马车夫，总是蓬头垢面、不修边幅，但是，她的心眼好，乐于助人，对我很友好，帮了我不少忙。”卢梭学到了宝贵的一课，即，女人们都觉得他很吸引人，乐于帮助他。

57 他接着在都灵闲逛，每天早晨都去王宫参加弥撒，一边欣赏那里极其美妙的音乐。很快，他又吸引了另一位女人的眼光。此前，他已经开始到铺子里推销自己仅有的才干，说自己能在餐具上雕刻首字母和徽记，但都被拒绝了。然而，一个年轻、漂亮的女店主让他“讲讲他的故事”，给他早饭吃，还让他干些小活儿。“她极其活泼迷人，有一头棕色头发”，名叫巴西勒太太。除了卢梭所讲述的，我们对这个女人简直一无所知。令人鼓舞的是，她的丈夫到外地去了；但令人丧气的是，她丈夫留下了一个粗暴的伙计监视她。然而，巴西勒太太还是允许卢梭频繁到访。就像通常那样，卢梭被这个女人所吸引，同时，也为她的那些女性用品而着迷。“我往往趁她不注意的时候，用贪婪的目光偷偷看她身上我能看到的一切：她裙子上绣的花、她十分好看的脚尖和手套与袖口之间露出的那段白嫩又紧致的胳膊，以及有时候在围巾和脖子之间露出的胸脯……由于我老盯着看我所能看到的东西，甚至想看那些遮挡起来不让人看的东西，因此，我眼花缭乱，胸口发紧，呼吸一阵比一阵紧促，手足无措，只能在我们中间经常出现的沉默时暗暗发出几声狼狈不堪的叹息。”巴西勒太太说话时显得十分平静，但他还是注意了她胸脯一起一伏地动，令他神魂颠倒。

这些令人愉悦的、躲躲藏藏的碰面在那个店员恶意的怒视下持续了一段时间。直到有一天，卢梭大胆地跟随这位夫人走到了后屋去。他看到她坐在窗前绣花，背对着自己。他一进房间，就不由自主地双膝跪下，伸出两只胳膊，满以为她看不见他，“但壁炉架上的那面镜子出卖了我。我不知道我情不自禁的样子对她产生了什么影响。她既没有定睛瞧我，也没有跟我说话，只是半转过脸来，用手一指，让我坐在她脚边的垫子上”。两人都一动也不动，至少在《忏悔录》的最终版本所讲的故事中是这样说的。然而，在更早的草稿中，他还写道：“如果说我曾经大胆地几次把手放到她膝盖上的话，我的动作也特别轻微，以至于按我简单的想法，我觉得她根本就没有感觉到。”他既
迷惑，又兴奋，但不太确定她的姿态代表着什么；巴西勒夫人 58
什么也没做，就任由这种状况持续着。不管怎样，这幅静态画被那个仆人即将到来的声音打断了。他使劲亲吻了她的手，感觉到她也用手回应，顶了顶他的嘴唇，之后，他就赶紧离开了。当他再回到这间铺子时，那个店员对他比以前更恶劣了，那个甜蜜的时刻再也没有出现过。

当他写作《忏悔录》的时候，他写了好多琐碎、尴尬的细

节，比如跟巴西勒夫人的事情、被郎伯西埃小姐责打的事情，这让他的读者倍感困惑。非同寻常之处不仅在于他描述了一些这样的事件，还在于他根本没有加以辩解。他以非同一般地原创力理解到了，记忆中那些总是奇怪地萦绕不去的经历是理解人格的关键。看着浪漫小说长大的年轻卢梭把自己看作一个乔装改扮的王子，这样，敬畏的沉默就是对一位迷人的夫人最适宜的回应了，尤其如果看起来是她强要你那么做的话。在《爱弥儿》中，他回忆起了一桩轶事：一个十六世纪的人因为情人让他保持沉默，他就足足两年没有再说一个字，直到情人说“说话”，他才又开口讲话。“在这种爱里面，难道没有某种既宏伟又崇高的东西吗？”卢梭问道，“今天的妇女，即使付出了她可能付出的一切代价，但能指望她的情人像那个人一样在一天之中不说一句话么？”而巴西勒夫人并没有义务给他任何回报。

按照他对这件事情的记忆，镜子是最重要的东西。通过这面镜子，他得以隔着一段距离爱慕她，而她可以不看他却又看得见他；当她指着地板时，手势既果断，又神秘。她这样命令他，是打算惩罚他——这将会令他因受虐的想象而感到欣喜万分——还是邀请他崇敬地跪下，迎接进一步的欢悦？这一刻成了记忆中永恒的定格，如此完美，因为它不再导向任何地方，也不会再产生任何可能的尴尬和失望。当然，我们知道，它不是真实的事件，而只是《忏悔录》中的一次艺术再创作，就像济慈的古瓮上那对不可替代的情侣，“永远热情的心跳，永远年轻”。

田园诗很快变成了喜剧或闹剧，因为巴西勒先生出人意料地回来了，让正在吃晚饭的全家人都大吃一惊。他身材魁梧、

嗓门洪亮，穿得金光闪闪，盛气凌人地追问坐在桌子那边的 59
“小孩子”是什么人。显然，那个伙计已经事先向他告过密了。巴西勒太太的告解神父，一位亲切的多明我会修道士也在场。他说了一番捍卫巴西勒太太荣誉的话，但巴西勒先生的怒气仍然难以平息。卢梭被赶走了。后来，他在那间铺子周围徘徊时，那个伙计向他挥舞一把长尺子，以示警告。这段爱情经历就这样结束了，不过，它留在了卢梭的记忆中，揭示着他天性中的某种深奥之物。“今后，纵使我有了许多女人，也抵不上我在她脚下经历的那两分钟所感到的甜蜜，尽管我连她的衣裙也没有碰一下。是的，再也没有什么享受是像这个我心爱的正派女人给我的享受那样令人陶醉的了；能侧身在她身边，就是一种恩宠；她的手指对我所做的一个小小的动作，她的手在我的嘴唇上轻轻使劲一按：这一切都是巴西勒夫人给我的恩宠。这些小小的恩宠，今天回想起来，我依然感到心醉神迷。”

D. H. 劳伦斯曾经鼓吹反对想象的性爱，但卢梭的性生活几乎总是发生在脑海之中。如果说它导致挫败的话，它同时也产生了一种满足，即不需要另一个人配合的、更加可靠的满足感。到这时，也就是他刚满十六岁的时候，他才有些晚地发现了性快乐这一生理现实。“我焦躁不息的性情终于暴露出来。第一次爆发完全是无意识的；它使我对自己的健康感到担忧。这一点，比任何其他情况都更能说明我的身体直到现在依然保持了童贞。”他似乎没有想过手淫是有罪的，但怀疑它是一种“欺骗天性的危险的替代方法”，因为它助长了逃避现实的幻想，“也就是说，随心所欲地去用任何女人来满足自己的悦乐”。他后来认为，即使是这种简单的释放性欲的方法，如果一个人的想象力没有受到社会虚伪行为的刺激的话，那么，这个人也绝不可能会采用。“我确信，一个在荒野中长大的孤独的人，如果没有书，不接受教导，不接触女人的话，不管活到多大年龄，到死都会保持着童贞。”在他想象中萦绕不去的并不是性行为，而是那些瞥见半遮半掩的手臂和胸脯的瞬间。

到现在为止，卢梭身上一个子儿也没有了，甚至想要卖掉亚伯拉罕送给他的小剑。是时候去找份工作了。他的女房东得知有位贵妇人那里可能有适合他的职位，他于是急切地去那里询问。令人失望的是，他发现他将成为一名低等男仆。更糟糕
60 的是，他还不得不穿号衣——尽管号衣设计简单，跟普通的衣服没什么两样。不管怎么说，这是份工作，卢梭接受了。他的新雇主是维尔切利伯爵夫人。这位夫人已经奔六十了，孀居了整整三十年，讲一口优美的法语。她患上了癌症，饱受折磨，不能再亲自执笔，所以需要一个人听她口授，替她写信。仆人中很少有能够识文断字的，所以，她很高兴卢梭能很好地履行这项职责。

随着他对伯爵夫人的了解加深，卢梭被她面对死亡时所表现出的坚忍克己感动了，但她不是卢梭来的时候所期望碰到的那种富于同情的夫人。她问过卢梭的一些事情，却不向他泄露一丝她自己的感情，显得有点儿专横。五个月后，她因病死去。她临终的时候，卢梭正好在场。这件事给他留下了深刻的印象，既因其庄严肃穆，也因其悲喜剧的结尾。“她的一生是一位聪明理智的女人的一生；她的死是一位智者的死。我可以说，正是她履行天主教徒的职责时所表现的那种灵魂的宁静，使我感到了天主教的可爱……她只是在最后两天才卧床不起，而且不停

地用平静的声音和大家谈话。最后，她不说话了，陷入了临终时的极度痛苦之中。突然，她放了一个响屁。‘好极了，’她一边翻身一边说，‘能放屁的女人是不会死的。’这是她说的最后一句话。”

奇怪的是，卢梭虽然在这里待的时间十分短暂，他却期望伯爵夫人在遗嘱中别忘了自己；当他得知遗嘱中并未提及自己时，还感到愤慨不已。在《忏悔录》中，他抱怨说，很受伯爵夫人宠爱的仆人洛伦齐尼夫妇在夫人最后的日子里设计让他不能接触到夫人，使得他不能得到其他仆人都得到的遗赠，但最后，夫人的侄子拉罗克伯爵还是给了他 30 个利弗尔。早在十六岁的时候，卢梭倾向于怀疑存在着阴谋就已经露出端倪了。事实上，在他才刚刚上岗一个月的时候，这份遗嘱已经被登记了。按照遗嘱，每个仆人都将得到 30 个利弗尔，就像卢梭所得到的那样。至于洛伦齐尼夫妇，二十年来，他们一直是备受信任的管家和心腹仆人。当他们最后处理夫人的事务时，可能很难体谅一个新来的十几岁的手下。

卢梭真正想要的是对他内在价值的承认，而经过那些长时间的询问和秘书工作，伯爵夫人可能已经意识到了这一点。“她 61
不是按照我这个人来评判我，而是按照她把我塑造成什么样的人来评判我。由于她把我看作一个仆人，所以不允许我看起来像其他的样子。”做低等男仆的痛苦经历形成了一种自觉。有朝一日，这种自觉将会随着《论人类不平等的起源和基础》和《社会契约论》让整个世界震眩。

伯爵夫人死后发生的一件事情深深地铭刻进了卢梭记忆之中，令他终生难忘，并且启发他产生了非凡的洞见。当人们收集、整理已逝夫人的财物时，一条小小的银丝带吸引了卢梭的注意，于是，他便把它偷走了。财产清单十分详尽，丢失了一条丝带，人们搜查了仆人的物品，结果在卢梭的房间里找到了。接下来，他在所有人面前受到质询，不得不为自己辩解。刚开始，他很是犹豫，后来，他脱口说出是一个名叫玛丽昂的漂亮厨娘给了他这条丝带。实际上，他颇为喜欢玛丽昂。玛丽昂自然被带进来了，卢梭怀着深深的自责描述了接下来发生的事情。“他们让她看那条丝带，我在旁边放肆地指控她。她惊呆了，一言不发，只是向我投射了一道足以使魔鬼也感到胆寒的目光，而我残忍的心却不理睬它……我厚颜无耻地咬定我说的是事实，当着她的面说是她送给我的。这个可怜的姑娘开始哭了，但只对我说了这么一句话：‘卢梭啊，我原来以为你是一个好人！你把我害得好苦啊，不过，我绝不会像你这样为人。’”

最后，大家判定，比起卢梭是有罪的来说，玛丽昂更像是在撒谎。但他们两人都被辞退了。后来，尽管他再也没有得知过她以后的情况，但他一直担心她以后可能难以找到一份好工作，从而因为他一时的冲动而落得下场悲惨。这种担忧令他备受煎熬。在《忏悔录》中，他说，整整四十年，他都因为愧疚而备受折磨，以至于他从未向任何人倾诉过这个故事。确实，如果他终于能够向他的读者坦承这件事，也是因为已经过去了将近半个世纪的时间。就像勒热纳所说的：“一个人有勇气打开这扇封闭的门，只是因为已经没有人等在门后了。”

至于偷窃本身，很容易想象是焦虑和困苦促发的。卢梭只
62 有十六岁，被他的家人遗弃了，并且将要失去他的工作。在这个陌生的城市里，他举目无亲，前途渺茫。除此之外，他还因

为没能从他所钦慕的夫人那里得到任何东西而感到失望和伤心。所以，毫不奇怪，他悄悄为自己拿了一点小小的奖赏。偷窃对他来说并不新鲜，当他还在日内瓦做学徒的时候，就已经习惯于因偷窃而撒谎了。现在，真正可怕的是在一个他还颇受到喜爱的贵族家庭中当众丢脸，继而还发现他能够厚颜无耻地指控一个无辜的人，以逃脱惩罚。

就像斯塔罗宾斯基所注意到的，丝带的故事与在波塞时的断齿梳子的故事构成了一组镜面形象，进一步确认了外在表象与内在真实之间存在的裂缝。那时候，卢梭是那个受到指控的无辜者，但人们并不相信他真诚的辩白；现在，他是有罪的，但人们相信或至少是接受了他虚伪的辩解。阐释者们强调对卢梭所作所为进行精神分析式解释，有很好的理由怀疑选择偷一条丝带并不是偶然的。他总是被一些传统的女性用品所吸引，尤其是当这些用品暗示着上层阶级的高雅的时候。他可能想象过把玛丽昂打扮成一位夫人。（萨布朗太太偷走了“华伦夫人给我用来系在我的小剑上的那条小小的银丝带”，曾经让他痛惜万分。）甚至可以设想，玛丽昂对他似乎没什么回应，这种无意识的侵犯可能也促使了他对她进行指控。

诸如此类的阐释有赖于在卢梭时代还不存在的思维方式。他自己把这件事情看成社会诱导产生的羞耻的力量战胜了甚至是最强烈的负罪感的一个例子。他认为，如果拉罗克伯爵把他叫到一旁，温和地询问他的话，他将会坦承一切，但他觉得那些带有指控意味的凝视是难以忍受的。“所有人都在场，也就打消了我的后悔之心。我不害怕惩罚，但我害怕丢脸；我怕丢人现眼，甚于怕死亡，甚于怕犯罪，甚于怕世界上的一切……

我眼中只有被指认的恐惧，只有被公开宣布——当我在场的时候——为小偷、撒谎精和诬陷者的恐惧。”终其一生，卢梭都渴望被真正理解。但只有当他无所隐瞒的时候，被理解才是值得向往的。如果他确实是一个小偷，就像丝带事件所表明的那样，
63 又会怎样呢？那么，被认出来就会是一场灾难，不被理解反而会更好。这件事情是当时任何别的作家都不太可能会讲述的，而卢梭后来思想的核心就存在于这桩小事之中。把本真的自我从社会所诱导的伪善和欺骗中解放出来，将成为他的使命；没有人比他更清楚实现这项使命有多么困难。

接下来的几周，卢梭回到了他原来住的客店中，同时也到处找工作。这种不得已的懒散状态产生了一个非常积极的结果：这使得他跟一个之前结识的三十多岁的神父的交往更加密切了。让-克劳德·盖姆修士来自萨瓦省的一个农场，在安纳西接受教育，现在是一个贵族家的家庭教师。“修士”（abbé）这个词在当时的用法十分广泛模糊：它可以指负责一间修道院的院长，也可以指从他并不隶属的修道院领取收益的神父，甚至可以指有名义上的宗教职位但并无真正职责的人。在巴黎，卢梭将会认识许多第三种的世俗修士，他们跟宗教几乎根本不沾边儿。盖姆是第二种神父，他给这个孤苦伶仃、身世漂泊的年轻人留下了深刻的印象。在接下来的一个月中，卢梭经常去拜访他。

卢梭在《忏悔录》中所描述的盖姆的忠告似乎明智到了有些陈词滥调的地步：“他使我认识到，对崇高的道德的热爱，在社会上是没有多大用处的；一下子爬得太高，会更容易跌下来；把小事做好，不断地尽到自己应尽的本分，并不亚于做出英雄行为所花的心力；一直受到人们的敬重，要比偶尔受到人们的

钦佩要强得多。”然而，这位神父真正教给卢梭的是，他的浪漫想象和漫无目标的行事并不能达到他的要求，他需要更好地理解他的人生。如果这个建议是以说教的方式提出的，卢梭肯定会听而不闻，但盖姆在给出建议时还表现出一种最大的天赋：他让卢梭觉得他理解他，并且信任他。自从苏逊姑妈离开他去尼永之后，就再也没有人这样对待过他了。盖姆是一个他真正尊敬的明智、体贴又博学的人。“我有一个充满爱的灵魂，我对那些对我好的人，比对那些愿意为我做什么事的人更加依恋。在这一点上，我的本能几乎从来没有蒙蔽过我。自然，我真心地敬爱盖姆先生，可以说我是他的第二个弟子；这在当时就已 64
经使我获得了不可估量的益处，扭转了我因成天无所事事而自甘堕落的倾向。”

此外，盖姆也教了一些宗教方面的东西，但与教养院的神父们相反，他既温和，又宽容。在《忏悔录》中，卢梭说盖姆在表达一些可能是异端的观点时十分谨慎小心，但在《爱弥儿》中，他走得更远，以盖姆为原型创造了一个萨瓦牧师（vicar）。这位牧师关于教条的怀疑言论在书出版时引起了巨大的公愤。很清楚，令人印象深刻的并不是盖姆的论证和建议，而是这个活生生的例子，这一饱含感情的信仰。“这位善良的神父热情地说完了这一番话，”卢梭这样描述萨瓦牧师，“他很激动，我也很激动。我认为我听到了圣明的俄耳甫斯在唱他最美妙的颂歌，在教导人们要敬拜神灵。”在《爱弥儿》中，卢梭令人印象深刻地记述了这段心理拯救的过程。“为了挽救这个濒于道德死亡的不幸的年轻人，他首先从唤醒他的自爱心（self-love）和自尊心（self-esteem）着手做起……为了使他在不知不觉中摆脱那种疏懒浪荡的生活，他选了一些书籍中的要点叫他抄写，假称他自己需要阅读这些摘录的语句，从而在他心中培养了高尚的感恩的情感。他间接地利用那些书籍去教育他，使他自己充分地看重自己，而不自暴自弃地认为自己是一个一无用处的人。”

这几周里，卢梭完全被欲望所支配，并且由于这种欲望模糊不清而愈发感到痛苦。“我感到不安，思想不集中，恍恍惚惚像做梦似的；我时而哭泣，时而叹气。我希望得到幸福，但又不知道我想得到的幸福是什么样子。尽管如此，我还是感受到了这种幸福的匮乏。”他关于女人的幻想仍然是老样子，他渴望能在一个像戈登那样的姑娘手中受训一刻钟。由于迷恋挨板子的滋味，他感到一种难以抗拒的冲动，想在陌生人面前暴露臀部。有一天，他真的在一群年轻女人聚集的井边这样做了。“她们看到的并不是那个淫亵下流的东西，而是我可笑的臀部。我做梦也没想过暴露那个东西。通过把臀部显露在她们眼前来寻求乐趣的做法之愚蠢，真是难以形容。”然而，回应并不令人满意（虽然满意的回应是怎样的并不明显——或许是一顿板子）。一些姑娘笑出了声，还有一些喊叫起来，卢梭于是逃走了。

接下来发生的事情既荒唐可笑，又像是一场噩梦。匆忙之
65 中，他在迷宫一样的地下通道里迷失了，听到人们在后面追赶他，最后，在一条死巷道里被一个大汉逮住了。“大汉长一脸大胡子，头戴一顶大帽子，挎一把大砍刀。”卢梭灵机一动，宣称自己是一个出身高贵的外乡青年，因为脑子有病从家里逃了出来，从而说服了这个威风凛凛的复仇者放他离开。除了高贵出身的部分，在某种程度上，这个故事是真的，所以，这个人相信了他。尽管几天之后，当他们再次遇到时，这个大胡子还冲

他嘲讽道："'我是一位王子，我是一位王子'；至于我，我是个傻瓜，但不要再让殿下回到这里来了。"卢梭当时正跟一位年轻的修士同行，所以还是心存感激的，因为这个人没有泄露事情的细节，已经颇为宽宏大量了。无论如何，这件事吓到他了，反倒"使他规矩了很长一段时间"。

卢梭在十二月底离开了维尔切利伯爵夫人家里，几个月之后，夫人的侄子拉罗克伯爵出人意料地帮了他一个忙。一位赫赫有名的贵族、八十岁的古丰伯爵需要一个男仆，愿意雇佣他。古丰是索拉尔家族的族长，这个家族富丽堂皇的住所幸存至今（维尔切利夫人的房子在很久以前就被拆毁了）。卢梭再次被分派了秘书的工作，很快伯爵的儿子古丰修士就发现了他的潜力，开始教他文学和语言。古丰修士受过良好的教育，将来肯定会荣升主教。意大利的一项悠久而稳固的传统便是培养有才能的年轻人，而这些年轻人也与其赞助人保持一种依附关系；无疑，这个家族所想的便是这个。

在卢梭的脑海中，有件事情尤其重要，以至于他把它写成了《忏悔录》的一个光辉片段，引起了诸多评论。这个家族的女儿波利娜–加布丽埃勒·德·布雷伊是个跟他年龄差不多的漂亮女孩。虽然她一头乌发，但他仍然想法子把她归为他所偏爱的那类美女：她有着"金发女郎的温柔神情，简直让我的心完全沦陷"，更不用说她的裙子还露出了她的胸部，更加衬托了她美妙的身材。作为一个仆人，他当然不该这样看她的容貌，然而，他只是恭敬地、默默地崇拜着她，而其他仆人用粗俗的言
语议论她的美丽则让他震惊不已。在餐桌边侍奉时，他总是热 66
切地抓住机会飞奔向前，去帮她替换盘子，但"我感到难堪的

是：我对她来说无关紧要，她甚至没有觉察到我在身边”。然而，一天晚上，在一次高级晚宴上，他抓住了机会。一位客人说索拉尔家族带纹章的箴言“Tel fiert qui ne tue pas”中有一个拼写错误，因为 fier（“骄傲”）多了字母 t。老古丰伯爵注意到年轻的男仆卢梭在笑，就让他发言。可能是运用他当雕刻匠学徒时发明纹章勋章时得到的那点知识，卢梭一下子语惊四座。他解释说，古法语单词 fiert 来自拉丁语 ferit，表示“他击打”的意思，而不是来自表示“骄傲或威胁”的单词 ferus。这样，这句箴言的意思是“君子击而不杀”，而不是“斯人骄矜，却不杀戮”。

这就像一件家具开口说话了一样。人们先是吃惊不已，一句话也说不出，继而才鼓掌赞许。卢梭看见，或者说他以为看见了，布雷伊小姐突然带着敬意看了他一眼。这表明，这句箴言的言外之意已经留在他脑海之中了，“伤人却不杀人者，爱也”。这进一步强化了他假装成一个失恋王子的角色定位。然而，这一切很快就过去了。当布雷伊小姐叫他去倒水时，他激动得把水都洒了。布雷伊小姐又回到了无视他的状态。后来，她碰到他在她卧室的前厅徘徊，竟然冷淡地问他待在那里干什么。

回顾这段插曲，卢梭认为它意味深长。就像无数小说所表明的，在十八世纪，仆人们被视为萧墙内潜在而危险的第五纵队。被指控偷窃后突然离开是司空见惯的。在维尔切利和古丰家里，卢梭随时都能看到他的仆人同伴们欺骗和自私的行为。然而，也是在这里，他的真实价值神奇地展现出来了。“这一刻至为稀罕：事物回归到其自然的秩序，因命运的凌辱而饱受辱骂的美德终于复了仇。”确实，这一事件预言了卢梭无可置疑的智性禀赋，终有一天，他会把不平等的变迁过程变成一套激进社会理论的基础。晚宴桌边的胜利一刻也确实是阶级体系的一次确认，因为它是由一位伯爵主导的，这位伯爵因为拥有一个才华惊人的男仆而颇为自得。在后来的生涯中，卢梭将始终坚 67
持没人能够拥有他——甚至对朋友也是如此，而朋友们则因为他拒绝他们的帮助而觉得受到了伤害。虽然一些富贵尊荣的人将成为他重要的朋友，但他还是严厉地说：“我憎恶大人物，我憎恶他们的高贵地位、他们的严酷无情、他们的心胸狭窄和他们所有的恶；如果我能少鄙视他们一点的话，我就会更加憎恶他们了。”

在索拉尔家的这段时间里，卢梭继续与盖姆修士见面。在关于萨瓦牧师的记述中，他描绘了与盖姆修士一起在一个夏日出发去做一次严肃谈话时的情景。“他把我带到城外的一座高山上，山脚下流淌着波河——人们可以沿着河水冲洗着的肥沃的河岸一直走下去。远处，阿尔卑斯山的巨大山脉俯瞰着乡村。旭日照耀着原野，在田野上投下树木、丘陵和房屋的长长的阴影，用千万道光辉装点着这幅令人眼前一亮的最美丽的画面。”终其一生，卢梭都热爱日内瓦周边那样的山峦风景：不是喜爱高高的山峰本身，而是山脚下的田园世界。并且，他一生都把对自然的热爱与宗教情感联系在一起。这在他的时代还是非同寻常的，但将会变成人们熟知的东西。事实上，他比其他任何人都更多地启迪激发了后来的浪漫主义作家和读者们。

卢梭当然可以在都灵永久地生活下去，最后可能会成为一个颇受信任的古丰家的公职人员。但他从来都不喜欢被迫去满

足其他人的期望，而且他也没有忘记华伦夫人。他有时还跟华
伦夫人通信，可惜的是，没有一封信件保留下来。跟往常一样，
他没有直接做出决定，而是等待事情发生。卢梭从前做学徒时
的一个同伴从日内瓦来到了这里。这个活泼热情却脑袋空空的
家伙名叫巴克莱。可能是比卢梭小两岁的皮埃尔·巴克莱，也
可能是比他大两岁的皮埃尔的哥哥艾蒂安——这并不要紧，因
为对这两个人我们都只知道这么多。卢梭一下子就被巴克莱迷
住了，因为他成天讲笑话，并且毫无责任感，格外吸引人。卢
梭很快就因为花了太多时间跟他在一起而被警告要牢记自己的
职责。这反而激起他更进一步的失职；就像他后来所承认的，
68 他觉得受到纪律的限制，需要找个借口辞职。巴克莱很快就要
返回日内瓦，这意味着卢梭可以跟他一起旅行去安纳西。“我回
想起上次来都灵时的旅程是多么迷人，心里简直乐开了花。何
况这次旅行完全是由自己做主，还有一个与我年龄相同、爱好
相似、脾气也好的同伴，没有烦恼，没有责任，也没有约束，
这是何等的惬意啊！”他的行为难免会导致这样的结果，就像他
所希望的那样。管家通知他被解雇了，年长的古丰伯爵的孙子
最后又跟他谈了一次，好心地说服他不要辞职。卢梭冷冷地回
答，他已经被解雇了，不会再考虑留下来；他被人抓着肩膀推
出了这幢房子，这样，卢梭结束了在都灵的逗留。那是 1729 年
9 月，他离开安纳西已经有一年半了。很快他就满十七岁了。

第四章 69

卢梭找到了一位母亲

1729年夏天的某一天，卢梭和巴克莱从都灵出发了。古丰修士给了他一个颇有技术含量的玩具——希罗喷水器（以其发明者亚历山大港的希罗命名）。它能够利用空气压力将水以特别的方式喷出。两个年轻人认为路人看到喷水后会大为惊异并为此付费。但是，刚过了塞尼山，还没有赚到钱，他们就不小心把玩具摔坏了。但他们并不在乎，仍然保持着很高的热情继续旅行。然而，当他们到达安纳西时，卢梭开始认真地思考华伦夫人将怎样接待他。这位夫人曾经谆谆告诫他要如何回报古丰伯爵一家人的恩惠，那么，她会怎么看待卢梭这位轻率的同伴呢？这让卢梭感到惴惴不安。

结果，担心的事都是多余的。巴克莱意识到他不受欢迎，很愉快地说了声“你到家了”，就转身走了，并永远消失了。华伦夫人的接待令人感到再鼓舞不过了。这种热烈迸发的感情让卢梭一生难忘：“感情比闪电还要快地到来，并充满我的灵魂，不是将我照耀，而是将我点燃，使我目眩。”当激发这种感觉的是一位女性（通常如此）时，她势必能理解这些赞美之词。“我一听到她的声音便不禁颤抖，拜倒在她的脚下，欣喜若狂地握住她的手亲吻。至于她，我不清楚她是否听说了我的任何消息，
70 但我看到她的脸上并没有多少惊讶的表情，也没有任何不悦。‘可怜的孩子，’她用一种爱抚的语气对我说，‘你又回来了？我知道，你现在年纪还小，不适合这样的旅行，好在情况还没有发展到令我担心的程度，所以我就放心了。’”令卢梭高兴的是，华伦夫人让他住在她家里，不一会他还无意中听到华伦夫人说，“别人爱怎么说就由他们怎么说。既然上帝把他送回我家来了，我就绝不抛弃他”。

数年以后，卢梭这样描述他那青春期特有的感受：“情绪的变化、频繁的突发愤怒和不间断的焦虑使这个孩子几乎不可能控制……他不需要别人的引导，也不再愿意被支配。”雕刻师迪科曼不再是指导者；盖姆修士是一个有智慧的顾问，但也从卢梭的日常生活中消失了；古丰一家用心良苦，但他是被迫接受的。他渴望的是爱慕之情，而不是被权威教导。这正是他在华伦夫人那里找到的。她继续叫他“孩子”——她没有自己的孩子——很快他也称呼她“妈妈”。他们把这些称呼看作是完全正常的。当然，作为一个还没有自立的年轻人，他不便于直接叫她的名字，而称呼“夫人”又太正式。再者，看起来“妈妈”的称呼在萨瓦是家庭主妇的常用叫法。但卢梭清楚地知道这个称呼对他们的关系来说意味着更多。自从失去苏逊之后，他一直渴望有一个母亲。现在他找到了。

由于华伦夫人成了卢梭精神生活中最重要的人，而且他对她的描述是如此的生动，我们自然想更多地了解她。关于她的

信息，令人惊奇地大量保留了下来，这部分是因为她来自一个著名的家庭，部分是因为她与丈夫的分开留下了文件记录。她1699年出生在日内瓦湖东北岸的维韦小镇。像让-雅克一样，她的母亲在她一岁时就因难产去世，因此没有给她留下任何印象。随后她被好心的姨妈们带大。晚年时她用过路易丝做名字，但她受洗时的名字是弗朗索瓦丝-路易丝-埃莱奥诺尔·德·拉图尔，在家里被叫作弗朗索瓦丝（可能是为了避免与一位也叫路易丝的姨妈混淆）。她性格中的一些特点可能与随意粗放的教养方式有关：喜欢阅读但只有薄弱的正规教育基础，很明显地不 71
喜欢管理家务和理财，热衷于被社会地位不如自己的人簇拥和奉承，就像在她姑妈家时农民的女儿们成了她的玩伴那样。

当这个女孩十岁时，又一场死亡降临了，路易丝姨妈——她的养母（就像卢梭的养母苏逊）去世了，她被送回到父亲身边。父亲那时已经再婚了，抚养着两个儿子。她与继母相处并不融洽，十二岁时她又被送到附近最大的城市洛桑和一位女士共同生活。在那里，她的法定监护人让她接受了通常的女性才艺教育，特别是演奏音乐和唱歌；这些是她钟爱一生并且将与让-雅克分享的。

像这样一个孤独而且对未来毫无把握的女孩，自然会很向往婚姻。她没有等待太长时间。塞巴斯蒂安-伊萨克·德·洛伊斯在回到家乡洛桑之前，一直在瑞典军队中与俄国作战。随后他在伯尔尼的政府（管辖日内瓦东部的沃州地区）中担任官员。这桩婚姻一开始是由他的父亲提议的，但当这个年轻人见到未来的新娘时，据他后来的证词所述，他“被强烈的热情俘获了”。他们于1713年结婚，他二十五岁，她十四岁（女孩十二岁就能合法结婚）；看起来她的监护人是急着把她嫁出去的。

事实上，从一开始，金钱就是一个问题，直到她生命的最后，这一问题依然存在。新郎的父亲希望得到法律保障，限制自己的财务责任，而新娘的监护人感到这一安排很可疑，因此拒绝签署协议。法官不得不将监护人换成年长的教士弗朗索瓦·马尼。这位教士是她的导师，有着虔诚的信仰，向往内心的灵性胜过追求教义的正确。顺便提一句，年轻的洛伊斯先生，还没有使用华伦这个名字。这个名字是沃伦的沃杜瓦村的德语拼写，他后来在通过法院强迫他父亲放弃后获得了该村的领地。

72 这桩婚姻开始时很融洽。由于不断的应酬，华伦夫人受到了马尼教士的责备，但这位年轻信徒的辩解令人奇怪地含糊不清，“我做事情的冷漠程度有时让我自己也感到惊讶”。这对夫妇也在乡下定期小住，以管理葡萄园的收获；卢梭在记述朱莉和丈夫在庄园的生活时把这项活动浪漫化了。有一段时间这对夫妇生活在洛桑，但1724年他们返回了维韦镇。在那里，华伦夫人开始了她最初的冒险创业，这给她的后半生带来了巨大的麻烦。小镇的理事会同意免租金提供一栋建筑，以开办生产丝袜的工厂。她是怎么忽然想到这个主意的，现在并不清楚。尽管她的丈夫尽了最大努力和这次拙劣的冒险撇清关系，但他仍然发现自己为支付工厂的费用借了越来越多的钱。工厂很快就开始赔钱而且赔个不停，他为此要负上法律责任。必须实施的一项紧缩措施尤其让人心痛：这对没有孩子的夫妇收养了两个赤贫家庭的孩子，而现在，必须送走他们。

在这样的压力下，华伦夫人的健康状况开始变坏——除了真正的健康问题之外，她似乎还患上了忧郁症，并且将持续终生。1725 年，她前往萨瓦的艾克斯莱班休养治疗。在那里，她想出了摆脱困境的办法。显然，她也受够了这段婚姻。接下来的夏天，她说服医生让她再次进行休养。这次是穿过日内瓦湖来到依云镇。她一到那里，就宣布皈依天主教，并向当时统治那里的撒丁国王寻求保护，然后逃到了他管辖的萨瓦省。当时她二十七岁，婚姻差不多已经占了她半辈子的时间。

几年后，她丈夫从伦敦（为了躲避破产和羞辱他去了那里）给她的弟弟写了一封很长的信，其中充满了伤心的细节。“我的叛徒”——他对她的称呼，在去依云前帮他把家里的银币都锁了起来，后来又偷偷地几乎全部装进了一个行李箱；据拎箱子的仆人回忆，这个箱子不一般地沉。她还设法从袜子厂带走了很大一部分货物、大量的布匹和她全部的珠宝首饰。她声称在热天旅行会很不舒服，所以在半夜就迅速上船了。“很明显的 73
是，”她丈夫注意到，“没有比黑暗本身更适合掩盖一件黑暗的事情了。”不久以后，他穿过湖去依云找她。她对他百般关爱，但又竭尽全力不让他与其他人接触。当他离开时她还眼含泪水。他说他后来还了解到，当她的女仆说“夫人，您有一个好丈夫”时，她冷冷地答到，“如果你这么认为，就把他带走吧，他很快就要没有老婆了”。

得知她前往安纳西的消息时，他便骑快马赶往了日内瓦，希望在那里能够截住她的行李，但行李已经被撒丁国王的官方封条保护起来了，他无法接近。维托里奥·阿梅迪奥显然对这位令人着迷的信仰改宗者很感兴趣，甚至还为她的安纳西旅途配了一名武装卫士。在日内瓦受阻之后，她的丈夫回到了维韦，不久就收到了这个“叛徒”的信；信中说她皈依了新的宗教，虔诚地希望上帝会同样地照亮他。即使那样，他也没有放弃，同意去安纳西找她。在那里，她又让他心软了。她接受与他同床共枕，不停地哭泣，恳求他的原谅。然而很快事情就清楚了，她的主要目的还是钱。四天之后，当他离开时，他得出结论：她是“一个真正的演员”。此后他们再没见面。他们俩都不会想到，两年后她会遇到一个流浪少年，让她在世界文学史上闻名，并且，还是以她丈夫的名字闻名。尽管他们很快就离婚了，但在天主教的萨瓦，这是不被认可的。然而，1728 年，他被迫卖掉了华伦领地以偿还她留下的债务，此后，她已没有任何理由继续使用华伦男爵夫人这个名号了。

卢梭最终对这段历史有了笼统的了解，但知道得并不很准确。他相信华伦夫人是为了信仰才高尚地放弃了财富和保障。这一解释无疑也被很快成了她的朋友的安纳西的米歇尔·加布里埃尔·德·贝尔内主教（日内瓦官方任命的主教，其前任已被流放）所接受。1732 年，贝尔内赞美她关于新教皈依者的工作，并且这么说：“她离开她的家庭，舍弃她丰厚的财产，抛开
74 世界上最亲近的人来拥抱我们的信仰，接受整个教区的熏陶。”十年后，卢梭讲述了同样的故事，说她只是恰好来到依云，出于好奇参加了一次天主教的活动，当场被贝尔内主教的口才折服而改变了信仰，并且立刻“放弃了一笔巨额财富和她家乡显赫的地位，以追寻上帝的教诲，毫无保留地依从上帝的旨意”。当她在安纳西待了两个月之后，主教对她的牺牲给予了更加热情的颂扬，“无数的集会都以感动的泪水结束，女人们都泪眼汪汪地来亲吻她”。

我们肯定会怀疑在这次戏剧性的变化中有有意或无意的虚

伪成分。就如莫里斯·克兰斯顿所评论的，“对她来说，‘听从内心的指导’的原则通常就意味着遵循她最深刻的感情”。她的朋友弗朗索瓦–约瑟夫·德·孔齐耶作为王室随从也目击了当时发生的事，在她去世之后写下了他的回忆：她跪在贝尔内主教脚下，当着国王的面抓住他的法衣，动情地大哭：“我把我的灵魂托付到您的手中，上帝。”孔齐耶回忆，有些人称颂她是忏悔的抹大拉的马利亚，另一些人则认定这是她为了逃离她丈夫以及她给他留下的债务而演的一场戏。但她让孔齐耶真诚地相信，她的信奉是真实的；此外，在她改宗了很久以后，她仍然因为那些对她抛弃信仰和丈夫的质疑而备受折磨。

这些事情都发生在卢梭认识华伦夫人前的两年内，但还有一些更近的事，他并不知道。和她生活在一起的是一个年轻的名叫克洛德·阿内的男人。阿内正式的身份是男仆，但实际上是她的心腹和知己、她的管家和得力助手。阿内对她的意义比这还要重要。在维韦的时候，他原本是她园丁的侄子。看起来他对叔叔的这位雇主爱慕至极，于是在他二十岁时，便抛弃一切跟随她来到了安纳西，并和她一样宣布放弃新教。他也和她同床共枕，但卢梭很长时间都不知道这一情况。很显然华伦夫人享受她的独立。她的想法在《朱莉》里得到了共鸣：女主角 75
的表妹克莱尔守寡后感到轻松，评论说女人为了成为自己的主人，必须先成为奴隶。

卢梭所接触到的华伦夫人是慷慨、幽默、亲切的，这是她性格中的一个侧面。但他也因她的另一面而感到困惑——她总是在一些缺乏前景的项目上胡乱花钱，对此他只是解释为她不在乎钱财。他从来都不知道她实际上有多么世故。除了资助改宗天主教的人以外，她似乎还为政府做了一些间谍工作，尽管事实证明没有任何收获。最有可能的是，作为一个迷人的、健谈的年轻女子，她把自己塑造成可以向巴黎以及其他地方高层人物传递秘密讯息的人。另外，她是一个喜欢冒险的赌徒，坚持从有风险的计划中赚取财富。当计划一个接着一个失败时，赌注却持续增加。至于卢梭，他满足于对此保持一种崇拜的无知。“当她思考她的计划时，她经常会沉溺于白日梦，这很好嘛，我让她去梦想，我一言不发，我凝视着她，那时候我是男人当中最幸福的一个”。

与此同时，克洛德·阿内是一个能干的管家，她也需要这样一个管家。除了在阿内的辅助下做高风险投资（例如制造草药）之外，她为所有碰巧来访的人们大开招待之门。奇怪的是，她几乎不能忍受食物的气味，尽管身体丰满，但她吃得很少。她雇了一名厨师、一名女佣和一名园丁，还有两个男人抬轿子。正如卢梭很快明白的，“这些花费相对于两千利弗尔的收入来说是相当多的……不幸的是，经济从来不是她的长处，她背上债务，大笔花钱，钱进来又出去，周而复始”。

房子本身是迷人的，在里面可以看到小河对岸的田野和果园。这是自卢梭在波塞之后头一次能够从卧室里看到除了墙和屋顶以外的东西。安纳西位于湖的北岸，有五千人口。以现代的标准看，它是一个小镇。它有一座令人印象深刻的城堡、若干座教堂和修道院——卢梭喜欢它们的钟声——还有数条运河
76 使谷物和酒的定期贸易成为可能。“湖在城市顶部、排水沟在底部，这样，城市内部就能经常得到灌溉，”当地的市民这样赞许地说。萨瓦的主业是农业，但农民从那贫瘠的沙石地中仅能得

到很少的收成，不得不从法国进口粮食。几年后，托马斯·格雷因日内瓦的繁荣和萨瓦的贫困之间的反差而感到震惊："在这里，你只会碰到拮据的、衣衫褴褛的、赤脚的农民，带着他们的孩子，处于极度的贫苦和悲惨之中。"卢梭对那里的贫穷并非一无所知，但因为住在镇里，他不必直接面对。美丽如画的风景让他对家乡处在自然世界中的幸福农民们充满了幻想。二十年后，他写的一个短篇故事是这么开头的，"我出生在萨瓦山区。我的父亲是一个好农民，赚的钱足以轻松地保持他的生活水平；因为不会热切期望他认为不可能实现的事情，所以他也不会被贪欲折磨"。

在与华伦夫人共同生活的最初几个月里，卢梭完全被她所奴役，尽管他不愿意承认在多大程度上是受到性的诱惑。"她是我最慈爱的母亲，她从来不寻求她自己的快乐，而一心只为我好。即使在我对她的依恋之情中掺杂有感官的成分，也没有改变我们之间的关系的性质，反而使它令人感到更加甜蜜。感到我有这样一位年轻漂亮的*妈妈*亲切地抚爱我，简直令我无时无刻不心醉神迷。我在这里所说的'抚爱'二字，是字面上的意思，因为，尽管她从来不会克制对我的亲吻和像慈母一样温柔的抚爱，但我心里从来没有滥用过她对我的爱。"卢梭在孩提时代以后可能就没有人再亲吻或抚爱过他了，在教养院里摩尔人的猥亵不能算在内；至于在波塞以及后来在戈登小姐手里挨板子，那是抚爱的另一面。他开始表现得像坠入爱河的人。他需要经常和华伦夫人待在一起；当她那些经常的访客到来时，他会很生气。"一有任何人来，不论是男人还是女人，我都会嘟嘟囔囔地立刻走出去，不愿意在她身边当个第三者。我在她房间旁边的小屋子里，一分钟一分钟地计算着时间，千百遍咒骂那些赖着不走的客人。”在《忏悔录》的一篇手稿中，他对与她分离时的忧虑做了一个有趣的解释：“我经常害怕有人会和她说话
77 并让她讨厌我，害怕会有什么事情、什么话让我们分开。”这种不安全感是明显的：人们会向他告发他的过失行为，而他甚至都不知道错在哪里。那种对被他所爱的人毫无预兆地抛弃的根深蒂固的恐惧仍在不断加深。

不管卢梭感受到的抚爱是多么纯洁，他独处时的行为仍然痴情到了恋物症的程度。他会亲吻自己的床铺——因为这床曾经是她的，亲吻她用手碰过的家具，“甚至，想到她曾经在脚下的地板上面走过，我就会趴在地板上亲吻”。如果她挑剔食物，这是她这位年轻的仰慕者几乎很少提到的。“有一天在饭桌上，当她刚刚把一小块食物放到嘴中，我大叫一声说看到上面有一根头发，她把那块食物放回她的盘中，我贪婪地拿了过来一口吞了下去。”

这些尊敬的举动让华伦夫人感到很惬意。她并没有挑逗性地鼓励这些举动，但对卢梭的妒忌和生气会不由自主地发笑。“如果在我们争吵时有一些胡搅蛮缠的人来访，她会利用这个机会来取乐，她故意恶作剧，拉长访问的时间，同时频频瞟我，气得我真想过去打她一下。”当然，需要被打的是他，但显然这不可能。不过，这种没完没了的取笑是令人兴奋的，哪怕是在他抱怨她和克洛德·阿内似乎永远在配制的那些药品的令人难受的味道的时候，“不管我怎么反抗，做出最难看的怪相，当我一看到她沾有药汁的漂亮手指伸向我的嘴边，我就会不由自主地张开嘴吸吮它们。”

轻浮不是卢梭生活的全部，盖姆先生和古丰修士已经向他介绍了一些好书；现在他在他爱慕的这位聪明女性的指导下读书，很有收获。他开始阅读她碰巧拥有的更加混杂的藏书：伏尔泰的史诗《亨利亚特》，夏尔·德·圣艾夫里蒙的文学散文，萨穆埃尔·普芬道夫关于国际法的重要论文，约瑟夫·艾迪生《旁观者》的法文版。这些书中的每一本都对他的智识发展很有价值。从伏尔泰那里，他学习到了清晰和准确的表达；从此以后，他就十分钦佩伏尔泰。圣艾夫里蒙的戏剧评论尽管是老 78
式的，仍刺激了他对戏剧的兴趣，不过他直到去都灵之前都没看过戏。普芬道夫让他开始思考政治问题；这将成为他一生工作的中心，而且《社会契约论》中确有对普芬道夫的尖锐批评。《旁观者》是广受赞赏的城市社会评论与大众哲学相结合的典范。就在几乎同一时间，年轻的本杰明·富兰克林就在模仿它写作。华伦夫人特别欣赏拉布吕耶尔的《品格论》中对人类行为不抱幻想但又不失温和的描绘。他们会一起大声朗读其中的文字，如果有时候对书中的说教感到乏味，“我会不时亲吻她的嘴或手以保持耐心”。

卢梭一点都不希望改变这种惬意的生活方式，但华伦夫人并不这么想。她的计划是为他找到适合他天赋的职业，帮他走好人生的第一步。1729 年秋天，具体时间确实不清楚，当卢梭已经在安纳西住了两个月或三个月时，她的一个远房亲戚提出了建议。这个亲戚叫作保罗-贝尔纳·多博内，原来是伯尔尼的一个上校，也是个骗子。他在巴斯蒂耶做了一段时间的金融投机，结果失败了，现在正准备向都灵的宫廷兜售他的一个彩票计划。他在安纳西待的时间比他计划的要长，因为他爱上了这里的一位官员的夫人，这使他有时间把兴趣放在卢梭的未来上。在详细询问这个年轻人后，他提出了一个坦率的意见。“尽管我的外表和我活泼的相貌让我看起来好像很有前途，但我即使不能绝对说是无能，也就是一个没有多少才智、没有思想、实际上没有任何成就的男孩，总而言之就是在各个方面都很有限，将来能当一个乡村神父就算是我所能渴望的最好的命运了。”华伦夫人依靠教会来得到财务支持，因此很容易理解为什么她会欣然接受这个让-雅克今后成长路径的建议。他曾经短暂地梦想过成为一个像盖姆先生那样的明智而博学的神父，而盖姆恰好就是在安纳西的神学院接受的教育。

下一步需要做的事情是弥补卢梭受教育的不足。特别是拉丁文，在他学习成为神父的相关知识之前必须要加强。为此，
79 华伦夫人向神学院的院长请求帮助。院长是一位名叫艾梅·格罗的好脾气的神父，经常来访，很喜欢在她奔忙个不停的时候为她束紧紧身上衣的饰带。格罗是遣使会教士，该教会组织得名于巴黎的圣拉扎尔学院。卢梭对他很敬重：“一个很好的小男人，一只眼睛是瞎的，瘦瘦的，灰头发，是我知道的遣使会教士中最有趣，也最不迂腐的人。老实说，这个评价不过分”。格罗不仅帮他获取了入学资格，还帮他从主教那里获得了必要的费用支持。“我像要去受刑似的走进了神学院。神学院是多么死气沉沉的地方啊，特别是对一个离开一位迷人的女人的家宅来到这里的人来说！”

这个试验没有持续很长时间。卢梭在那里有两个完全不一样的老师。第一个也是遣使会教士，头发油光发亮，脸盘像一块姜饼，说话的声音像水牛，也不怎么在意教卢梭拉丁文。格

罗先生心疼卢梭，给他换了一个年轻的修士做老师，名叫加捷。卢梭一看到他，就想到了盖姆先生。“他身上令人印象深刻的是他敏感、多情和充满爱意的灵魂；在他那双蓝色的大眼睛里，流露出甜蜜、温柔又忧伤的目光，引得人们不由自主地关注他。”尽管卢梭很喜欢加捷，但他在学习上仍然没有多少进步。他以往就没有接受过正规的教育，因此，他发现要跟上课程几乎是不可能的。他越努力集中精神，反而让事情更糟。“因为害怕让跟我说话的人不耐烦，我假装听懂了，于是，他继续往下讲，我却什么都没听明白。我的思想要按照它自己的节奏前进，而不愿屈服于别人的节奏。”那时候没有人能想到，卢梭的这种缺陷实际上是一种力量的源泉。一旦卢梭最终成为他自己的老师，他就将转变为一个杰出的学生。

如果加捷先生一直待在神学院，卢梭在那里的日子可能会持续得更久些。但几个月后，他被授予了神职并被派往了一个教区。后来他与一个年轻女孩子恋爱并生下一个孩子，结果受到严厉的惩罚，被关进了监狱，还被逐出了教会。尽管加捷所领导的那所学校的记录没有提到这事，但至少卢梭确信事情就是如此。不论真假，这件事情构成了《爱弥儿》中那个萨瓦牧 80
师的原型的一部分。在那部书中，卢梭尖刻地批判神父们希望与已婚妇女发生关系，而不愿与处女恋爱，因为这样出了事方便掩盖。他在《朱莉》中重复了这个观点，谴责教士独身主义的目的是“与其说是自己不想娶妻，不如说是方便和别的男人的老婆来往”。

在神学院待了最多两个月后（具体时间不详），大家都认为卢梭是个好孩子，但他没有任何才能，于是他又被送回了华伦夫人家。从结果来看，卢梭在华伦夫人家遇见的安纳西的神职人员对他产生了不同的积极影响。在日内瓦，他离开的那年曾听过一次典型的布道，赞颂宗教改革挽救了对天主教的虔诚。“让我们想想，我亲爱的兄弟们，如果没有这次令人满意的改革，我们会仍然在一种多么沮丧的状态中：没有这样的恩惠，我们会仍然是教皇的奴隶，仍然是罗马教廷的奴隶，一群无知、懒惰、堕落、贪婪、只想榨干我们的修道士的奴隶。”卢梭发现所谓教皇的奴隶比日内瓦严厉的牧师更加可爱、更令人振奋。在华伦夫人的圈子里，他经常能与睿智的神父和修道士接触，一起愉快地聊天，欣赏音乐。她把他们当成兄弟，他们反过来也以家庭般的宠溺对待让-雅克；多年后他给她的信里说，“允许我向我们所有的朋友、我所有的叔叔致以一千个亲切的问候”。

事实上，他是在接受一种非正式的教育。在一个偏僻的小镇里，神职人员是读书最多的，他们订阅《法兰西信使》。这是一本倾向保守的刊物，赞赏伏尔泰的诗歌，但忽略他持怀疑论的《哲学通信》。他们定期举行唱诗会，教读《圣经》中的《诗篇》。1735 年，卢梭自己也成为《法兰西信使》的订阅者。十四年后，他仍然在读这本刊物，而且刊物中的一篇布告引发了他职业生涯中最具决定性的一次转向。

当卢梭还在神学院时，发生了一件难忘的事。有一天，当他去华伦夫人家时，隔壁房屋突然着火了，所有人都急忙赶去救出
81 值钱的东西。卢梭也奋不顾身地冲了进去，从窗户里把家具扔了出来，要不是有人阻止他，他还会把一个大镜子扔出来。贝尔内主教跪在花园里带着大家一起祈祷，就在那时，风向变了，房

子幸存了下来。当很多年后，贝尔内主教去世后，他的同事开始收集关于他成功祈福的证据，卢梭同意为这次奇迹提供目击者证言。再后来，当他自己的宗教观点引发热烈争论时，他的一个对手发现了这个证明文件并用它来挖苦卢梭。在《忏悔录》中卢梭承认，对贝尔内的维护使他在证言里说的话比他实际知道的要夸张。主教带领大家祷告，风向确实也变了，当然这可能只是一个巧合。更有趣的是，卢梭回想了他们那种对宗教的真诚信仰。“迄今为止我能想起来的，是当时那些真诚的天主教徒——我对他们充满了信赖。人们的心中自然地充满了对神灵的热爱，我尊敬这位有德的高级教士，而且私下里为我自己有可能对这一奇迹的发生有贡献而自豪，这些都诱使我说了大话。”

几乎是凑巧，一条新的路出现了。华伦夫人喜欢音乐，每周在家里都举办一次小型音乐会。卢梭也喜欢音乐，她也教他识谱，但卢梭觉得过程很让人气馁。尽管他付出很大努力去掌握乐谱，但他的阅读速度似乎总是很慢。很可能他有一定程度的阅读障碍，但当时没有人能够理解这一点。进入神学院时，他带了一本当时的作曲家克莱朗博的康塔塔[1]，费尽力气记住了其中的一段曲调。这一成就让华伦夫人印象深刻，觉得值得鼓励（在《忏悔录》的一篇手稿里，他自嘲说她在他身上找不到其他更好的禀赋了）。大教堂的音乐老师，一位活泼快乐的名叫雅克-路易-尼古拉斯·勒迈特的年轻男子——华伦夫人逗趣地称呼为她的小猫——同意教卢梭并只收适中的费用，因此他搬到了勒迈特的家。

1 一种时兴的音乐体裁，指有多乐章的大型套曲，由管弦乐队演奏。

他在那里待了六个月，学习进度（像往常一样）比期望中还要慢得多，但相比沉闷的神学院还是有趣多了。华伦夫人的侍女，一位名叫安妮-玛丽·梅瑟雷的年轻女子与他年纪相仿，是一位风琴手的女儿，在音乐方面有些才能。勒迈特让他们俩
82 一起唱二重唱。卢梭在演奏竖笛方面也取得了一些进步。勒迈特写了一支小独奏曲让他在教堂演奏，这让他自豪得脸红。数年后，他平静而从容地回忆起这段幸福的时光。它以一种普鲁斯特式的充实深深留在了他的记忆里。“在我经历过的各种各样的境遇中，有的是如此的幸福。每当我回想起来时，我就会受到影响，好像我仍然在那里。我不仅会回忆时间、地点、人，还会回忆所有当时周围的物体，回忆空气的温度、它的气味、它的颜色，回忆只有在那里才能感觉到的不变印象，关于它的生动记忆会将我重新带回到那里。”苏逊姑妈的歌曲的旋律大多都让他感动。“我常常会对某一段曲调保持特别的喜爱，例如抑扬格的《星星的创造者》(*Conditor alme syderum*)；在基督降临节的一个星期天的黎明前，我在床上听到有人在教堂的台阶上唱这首圣歌。”

卢梭喜欢勒迈特，但并没有特别被他吸引。在一个寒冷的星期二的晚上，一个更能引起他的兴趣的人出现了。有人敲开勒迈特的门。这是一个矮胖的、体型有点儿古怪的年轻男人，穿着一身曾经价值不菲但已经破烂不堪的衣服，声称是从巴黎来的乐师（尽管他说话有普罗旺斯口音），正巧路过此地。他的名字叫旺蒂尔·德·维尔纳夫。他认识巴黎所有的阔太太和贵族老爷；对所有的评论和问题，都能以近乎下流的俏皮话回答，逗得大家都开怀大笑。这个夸夸其谈的人看起来并不一定真的

懂音乐，但他被允许第二天在大教堂演唱。让所有人惊讶的是，他的演出非常出色，而且几乎不看预备好的乐谱。卢梭立刻就为他倾倒了。

对一个腼腆、笨拙、不知道怎么和女人说话、刚刚接触到音乐的少年来说，旺蒂尔的一切都是迷人的。“谈话中总是带着戏谑，幽默、无拘无束、富有魅力，经常露出笑容，但从不大笑，他能用最优雅的方式说出最粗俗的事情并让大家接受。即便是最端庄的女人都会惊讶于她们从他那里所能接受的限度。即便她们觉得应该要表示生气也是徒然的，她们没有力气这么做。”卢梭补充说旺蒂尔真正的仰慕者全都是“堕落的女孩”，他把这归因于神秘的坏运气。毫无疑问，旺蒂尔更愿意在不会 83
遭到惩罚的前提下调情，以避免麻烦缠身。华伦夫人很不喜欢他，担心他的放纵会影响让-雅克，但她的警告没有什么作用。“我喜欢看到他，听到他说话，他做的所有事情都能迷住我，他说的所有话都像神谕。”

四月初的时候，另一个意想不到的变化发生了。尽管勒迈特因为在唱诗班的工作而备受尊敬，但他有酗酒的习惯，而且确实喝得太多了，另外他还经常因被一部分傲慢的神职人员藐视而生气。在一次被冒犯后，他决定在复活节前不打招呼就悄悄离开，以此报复教堂，因为这正好是他们最需要他的时候。华伦夫人试图劝阻勒迈特，但发现他很执拗。她是一个忠实的朋友，合谋帮他带着一个很重的箱子逃走——与她从维韦逃离时惊人地类似。箱子里装满了乐谱，包括他自己的作品，也有一些乐谱是属于教堂的。卢梭被派作代表陪同勒迈特前往里昂。这是一段近一百英里的令人望而生畏的旅程，都是蜿蜒迂回的山路。在黑夜中他和克洛德·阿内带着大箱子在路上蹒跚而行，直到下一个村庄才雇到一头驴。

之后阿内返回安纳西，而勒迈特和卢梭则加紧往西走，穿过法国边境到了西塞尔。在那里，他们觉得安全了，并说服当地本堂神父相信他们是为执行教堂公务而出差旅行。这让他们感到很有乐趣。在受到热情款待后，他们接着前往柏勒，在那里度过了更愉快的一周。在柏勒，勒迈特指挥复活节的音乐，赢得了热烈的掌声。最终，他们到达里昂，并在一家小旅馆住下，等待那个装满了乐谱的箱子。之前他们把箱子委托给了罗讷河的一艘船运送。但在这里，意外发生了。勒迈特在路上已经几次犯了癫痫症，这次在里昂的街道上又发作了，而且更严重，口吐白沫，无力地摔倒在地。卢梭被吓坏了，也许是害怕勒迈特的状况，或者是害怕自己陷入困境，一时冲动之下就逃走了。在告诉过路人这个病人所住旅馆的名字后，“我转过街
84 角，然后消失了”。对可怜的勒迈特来说，结果甚至更糟，因为他那装着乐谱的箱子抵达里昂时被官方扣押了，他失去了他全部的作品。

卢梭对他的叛逃感到羞愧，但又很希望再见到妈妈。他很快赶回了安纳西，但惊愕地发现她已经离开了。她已出发前往巴黎，只带了阿内作为随从。卢梭始终没有搞清楚她此行的目的。有传闻说她被主教或国王派往法国宫廷去进行某种秘密谈判，但学者们找遍了存世的档案记录也没有什么发现。有一件可以肯定的事是，她的亲戚多博内不知道怎么牵扯其中，在她去巴黎的路上路过西塞尔时加入了她的队伍。最可能的猜测是，多博内希望在华伦夫人的出生地沃州推动一次改革，使这个地

方回归天主教。一份佐证是都灵官方档案中的撒丁驻巴黎大使写给萨瓦省参议院的一封信，警告应该在华伦夫人从里昂返回时对她进行监视，“但不要让她产生怀疑”，以确定她是真的返回安纳西而不是去瑞士。如果去了瑞士，她可能会说或做一些事情使密谋暴露。

与此同时，王室在西塞尔的代理人写信说看到她戴着口罩上了去巴黎的马车，有两个男人随行，一个是多博内（另一个是阿内）。他为她对天主教是否忠心感到担心。“我已经听到传言说她的行为方式是有问题的。也许她是一个虔诚的天主教徒，但她也可能会回头看，就像罗得的妻子一样。”[1]对她的监视持续了几个星期，直到确信她对维托里奥·阿梅迪奥国王的忠诚，并发现她和多波纳之间发生了某种失和。9月2日，国王亲自写信给他的使节，要求“我们的行动必须严格保密，由于目前环境不适合再实施这种类型的计划，我们认为目前不宜再作考虑”。当时的环境确实已不适合。就在第二天，也不清楚是什么原因，国王退位了。

卢梭完全不知道这些诡秘的事情。但华伦夫人派他和勒迈特一起进行没有把握的逃亡究竟是为了什么？十有八九，她希 85
望他和勒迈特一直待在一起，这并不是最后一次她表现出想要他离开。卢梭本人后来认定她的主要动机是想让他与旺蒂尔分开，但派他与一个酗酒的音乐家带着一箱子偷来的手稿逃亡看上去是一个很奇怪的办法。更有可能，她主要的动机是摆脱她

1 据《圣经》记载，神在毁灭所多玛城前，遣天使前来带走罗得一家，并严令他们不可回头看。但罗得的妻子贪恋城里的一切，逃命途中忍不住回头一望，就变成了一根盐柱。罗得妻子的典故暗指对神的信奉三心二意，不够虔诚。

对他所负有的责任。阿内当然很愿意帮忙，他帮着把手稿打包并把他们送出了镇子；关于即将发生的巴黎之行，他对卢梭一个字也没透露。

卢梭发现他在安纳西是彻底孤身一人，感到十分失落。由于合谋参与了勒迈特的逃亡，他不敢去主教那里，否则主教就有可能给他帮助。他不能住在华伦夫人的家里，因为那里只留下了一个看家的女仆梅瑟雷。如果他留在那里，和一个未婚女子共处，可能会招来流言蜚语。于是他去找了正寄宿在一个鞋匠家里的旺蒂尔，搬到了他那里。与此同时，梅瑟雷很喜欢他，她的几个朋友也一样。其中的一个是来自日内瓦的信仰改宗者，名叫埃丝特·吉罗，她表示得特别直接。但她没有成功。“当她那张被西班牙烟草熏得又干又黑的嘴凑向我时，我恨不得吐她一脸唾沫。”埃丝特·吉罗生活中的身份也不讨人喜欢；她是个卑微的室内杂工，工作就是制作帘幕和维修室内装潢品。

很快，浪漫故事的绝好机会出现了。这是六月底前后一个天气很好的日子，卢梭刚刚过了他的十八岁生日。他在乡下闲逛时，有两个骑着马的、与他年纪相仿的年轻女子向他打招呼。她们想穿过一条河，但又感到害怕。他之前曾经见过她们，认出她们一个是克洛迪娜·加莱——她的母亲在距离安纳西有一段距离的地方拥有一座庄园，另一个是她的朋友玛丽-安妮·德·格拉芬丽。他勇敢地牵着马穿过了小河，本以为这两位漂亮的小姐会立刻离开，但她们低声交谈了一下后，格拉芬丽小姐大声喊道：“不，不，你别这么就离开我们走了，你为了帮我们的忙，衣服都湿了，凭良心说，我们要帮你弄干。你和我们一起来吧，我们要把你当俘虏一样带走。”加莱小姐跟着说："是战争的俘虏，快上马坐在她后面，我们要看管着你。"

对卢梭而言这是一次无以比拟的幸运。他需要被动地跟着， 86
让她们带着走。在后来的生命里，他很倾向于三人关系。这次和两位小姐的轻松配合让他不用担心跟一名女子令人胆怯的邂逅。他唯一的担心是加莱小姐的母亲会反对。当她们告诉他她不在家时，他感到像触电一样的兴奋。他愉快地登上了格拉芬丽小姐的马，尽管她请他去确认她的心跳得多么厉害（"害怕掉下去"，她故作正经地说），但他还是没敢去验证，一直用两只胳臂紧紧地搂住她的腰。虽然这很令人激动，他还是为不能骑上另外一匹马感到遗憾，因为加莱小姐更加迷人，"既娇弱又端庄，这是女孩最完美的样子"。

卢梭有足够的时间去搂着格拉芬丽的腰，因为他们要去的庄园在图讷，离安纳西十二英里远。他们按时到了，在庄园佃农厨房的长凳上享用了一顿愉快的乡村晚餐。然后，他们到果园里摘了一些樱桃作为甜点，这一幕卢梭在《忏悔录》里的描述是如此温柔深情，以至于成了关于樱桃的有名的田园诗。"我爬上树，把成束的樱桃扔了下去，他们却把吃剩的樱桃核从树杈缝里扔回来打我。有一回，加莱小姐兜起她的围裙，头朝后仰，摆出站稳的姿势，而我马上瞄准她，不偏不倚地把一束樱桃正好扔在她的乳房上。她哈哈大笑起来。而我暗中对自己说：'如果我的嘴唇是那些樱桃该多好！让它们亲一下她那里我该多么高兴！'"但是，最后发生的，只是亲了一下加莱小姐的手，"她轻轻地缩了回去，望了我一眼，但没有露出怒容"。

他们回到安纳西，一切就结束了，但那段短暂的时光成了卢梭永久的记忆。他没有做什么让他尴尬的事情。他和两位小姐的相互吸引是含蓄而隐蔽的；它是一段天真而短暂的三人关系。格拉芬丽小姐——从她的德文名字可以看出她出身伯尔尼，因为被卢梭含糊地表达的“一些年轻人的愚蠢行为”而被驱逐出了那座城市。但卢梭没有跟着做蠢事，他特别欣赏的是能够没有一点窘迫或羞耻地从社会的各种规矩中解放中来。“我们一句模棱两可或开玩笑的话也没说，我们没有勉强地维持体面规
87 矩，一些都是那么自然，我们按照发自自己内心的声音行事。”回到家时，卢梭小心地没有告诉旺蒂尔关于这一天的任何事情。

回到安纳西之后，卢梭试过到两位姑娘住的房子周围转悠，但一位姑娘也没碰到过。于是，他委托她们的朋友埃丝特·吉罗送去了一封信，并得到了回信，令他激动万分。然而，他并未描述回信是什么样的。此后他再也没有见过两位姑娘。她们曾经凭借一位伟大作家的动人回忆进入历史，转瞬间又消失得无影无踪了。（记录显示，数年之后，格拉芬丽小姐进入了一家女修道院，而加莱小姐则嫁给了一个比她年长三十岁的萨瓦的参议员。）

埃丝特·吉罗自己得不到卢梭，便出于一种容易理解的嫉妒心，想了个法子把卢梭弄出城去。她的朋友梅瑟雷因为女主人华伦夫人已经无缘无故地消失好长时间了，越来越感到不安，便想回到伯尔尼地区的弗里堡家里去。由于年轻女子不宜单身旅行，她需要有人陪伴，吉罗便怂恿她带上卢梭。因为无法接近华伦夫人，也不知道她何时才会回来，卢梭并未感到这个主意有什么不妥。此外，他已经身无分文了，似乎也找不到像样的工作，而梅瑟雷允诺给他支付报酬。就这样决定了，非常偶然、随意地，就像卢梭一生中的大多数决定一样。1730 年 7 月初，就在樱桃事件之后的一星期内，卢梭与梅瑟雷一起告别了安纳西。

第五章 88

流浪之年

1730年的夏天，卢梭似乎处于令人沮丧的状态中。他被卷入精神紊乱的勒迈特的一场冒险逃亡之中，又可耻地摆脱了他；回到安纳西后，却发现他敬慕的妈妈一句话也没留下就消失了。现在他出发了，却没有任何具体的打算。但他还没有痛苦不堪，看起来他还挺欢欣鼓舞。一直以来他都是以这种或那种方式被人抚养。现在他准备张开他自己的翅膀了，而且并不在乎飞往哪里。

首先需要考虑的是和安妮–玛丽·梅瑟雷的关系。卢梭不难注意到她对他很关心；她经常安排他们睡在同一个房间，甚至用一种奉承的方式模仿他的声音和腔调。他也发现她很有魅力。但他声称因为害羞和缺乏经验，他没有按照她所希望的那样做出响应。“我想象不出来一个女孩和一个男孩要怎么样才会睡到一起，我觉得需要几个世纪的预备才能做好这么一种可怕的安排。如果可怜的梅瑟雷指望给我出路费就从我身上得到什么补偿的话，那她就失望了；我们到达弗里堡的时候，跟从安纳西动身时一模一样，什么都没有发生。”到旅行结束时，她的热情可以理解地消退了。她的父亲冷淡地和卢梭打了招呼，他也就平平淡淡地和他们说了再见。如同他在这类情况中经常做的那样，卢梭后来也幻想过留在弗里堡做风琴手的女婿，过上愉快、
89 平静的生活，但这种幻想并不强烈。

在去弗里堡的路上他们路过了尼永，卢梭感到有责任去看望“我的好父亲”，但显然他没有提前通知。已经不可能知道他们为数不多的几次碰面究竟是什么样子，因为让-雅克坚信他们之间的深厚感情从没衰减过。他关于这次重逢的记述，却显然很模糊。“当我一出现，他就向我敞开了充满父爱的心。我们拥抱时流下了多少眼泪啊！”在感伤之后，他们平静下来讨论让-雅克的下一步打算，很明显伊萨克无意让他留在尼永。显然他对卢梭和梅瑟雷不体面的关系有所看法；当他的妻子邀请她的继子留下吃晚饭时，她听上去很甜美的声音并不真诚。让-雅克谢过他们，说他有时间会再来，然后就离开了，“看望了我的父亲，我很满意，因为尽到了责任”。

然而，这样一个还算愉快的场面，是选择性回忆的结果。一封保存下来的凄惨的信对尼永的那次会面做了完全不同的描述。这封信写于会面后一年，显然中间他们也没有保持联系。“尽管您做出的关于再也不把我当成您儿子的保证让我很难过，我仍要大胆地把您当成最好的父亲。无论您是出于什么原因那么憎恶我，一个痛苦和悔恨的儿子的权利应该能够把它们从您的心中抹去，我在盗用您温柔的父爱时感受到的鲜活而真实的痛苦应该恢复我这种与血统伴生的权利。您仍然是我亲爱的父亲。”我们并不清楚让-雅克到底犯了什么错，但有可能包括放

弃他的信仰和他的学徒工身份。不管是什么原因，他父亲对他的抛弃让他如此痛苦，以至于他从不允许自己承认它；他让他小说的女主角在被父亲残暴地打得出血时仍说：“一位父亲会在心里感到对不起，但并不需要别人原谅他。”

到卢梭生命中的这一刻为止，日内瓦、都灵和安纳西的档案中都存有一定数量的文件，能够佐证他在《忏悔录》中的讲 90
述。然而，次年，即1730年夏天至1731年夏天，可查的证据就只剩下他自己的记述和他在笔记本里留下的几封信的抄本了。从情绪上说，这是段混乱的时期，标志是反复地更换住地、谋生失败的屈辱和始终孤独的心绪。但时间并没有被白白浪费。卢梭发现他能够真正地靠自己生活，而且他有足够的魅力和智慧让他从连续的挫折中突围。在这流浪的一年，他走遍了瑞士西部的大部分，甚至到了巴黎。它会有一个快乐的结局，就是最终与他所爱的华伦夫人重逢。

在弗里堡带着些微的懊悔离开梅瑟雷后，卢梭几乎是随意地继续往洛桑行进。“我强烈需要到达一个地方，不管是哪里，越近越好。”洛桑离弗里堡约四十英里，然而，因为是步行，他必须在路上花几天时间。半路上他用完了最后一点钱，在一个乡村小旅馆他不得不把上衣抵作房钱。旅馆老板说他从没有扒过客人的衣服，同意他回来的时候再付。在这样沮丧的状况下，他到达了洛桑。据他自称，选择洛桑主要是因为能够看到特别美丽的日内瓦湖的景色。一年前，当他在都灵花光所有钱时，他设法找了工作，一开始是在维尔切利夫人家里，后来是在古丰家。这次他不再想当一个跟班了，特别是在这样一个不如都灵有魅力的偏僻小城里。但他确实也有了一些技能，或者说他相信自己有。他学了一些音乐。乐师能够教学生来赚钱。旺蒂尔能够突然跑到安纳西靠音乐为生。为什么他不能这么做呢？

第一件事情是找到一个住处，结果一位好心的名叫佩罗特的旅馆主人愿意收留他，不光房费便宜，还同意他先住后付钱。这时，卢梭觉得可以给他父亲写信了；他父亲给他寄来了一包他留在尼永的物品。我们能找到的卢梭的第一封信的片段，也是在这个时候留下的，但这封信的价值不大。在这封写给他一位不知姓名的表兄弟（不是亚伯拉罕·贝尔纳）的信中，卢梭用受伤的语气为自己辩护，解释为什么有一笔债务没还。

卢梭如此醉心于仿效旺蒂尔的这个主意，以至于他决定为
91 本地的律师特雷托朗赞助的一场音乐会写一点原创乐曲。他说自己来自巴黎，甚至他还给自己起了新的名字，叫沃索尔·德·维尔纳夫（Vaussore de Villeneuve）。这是模仿了他的偶像旺蒂尔·德·维尔纳夫的名字，又使用了“卢梭”（Rousseau）的变形词（用 V 替代了 U）。唯一的缺点是，沃索尔不像旺蒂尔那样，他对音乐实际上懂得很少。尽管如此，他很有自信地开始工作，在两周内就完成了乐曲片段，并将乐谱送给了乐师们。在解释完他想让他们如何演奏它之后，他举起了指挥棒。吓人而刺耳的声音响起，暴露出他完全缺乏这方面的能力；乐师们刻薄地吵嚷起来，乐得哈哈大笑，听众都捂上了耳朵。卢梭汗流浃背、困窘得呆若木鸡，但仍然坚持到了曲子的结尾——这真是一次彻头彻尾的失败。他在曲子末尾插入了旺蒂尔教他的一段动人的小步舞曲调并“配上低音”（如同一位音乐史学家评论的，这句话表明，他无法为自己谱写伴奏，这在当时是很常见的）。他之所以记得这段曲调，是因为歌词很鄙俗。结果是，

他并不是唯一知道那些歌词的人。听众哄堂大笑。“所有人都为我关于歌曲的品位喝倒彩，他们向我保证这首小步舞曲会让我臭名远扬，这首曲子应该到处被传唱。我难过的心情，就不必描述了，这一切都是我应得的。”

考虑到时代的差距和卢梭在《忏悔录》里的叙述的讽刺意味，我们几乎不可能知道当时到底发生了什么。人们怎么会听到了最后一分钟？更有可能的是，他的无能是显而易见的，乐师们配合他只是拿他取笑。斯塔罗宾斯基认为这场可怕的音乐会是卢梭具备不可思议的想法的例证：他尝试绕过正常的学习和练习，把自己变成第二个旺蒂尔。卢梭发现旺蒂尔身上最鼓舞人的是，一个魅力超凡的人的天才可以达到如此境地——写音乐是他的天性，仿佛他精湛的技艺得来全不费工夫。如果他能够吸收旺蒂尔的魔力，那么音乐肯定也会自然地流淌而出。因此，这位胆怯害羞、其貌不扬、音乐上庸碌无能的小伙子便成了巴黎来的作曲家沃索尔·德·维尔纳夫。

可以预见的，这位沃索尔先生几乎招不到任何学生，仅有的几个不是蠢货就是坏家伙。“只有一家请我去。在那里，一个 92
调皮的小姑娘拿我开心，给我展示了许多乐谱，我一个都没看懂；她就向我演示应该如何演奏。”有人知道了他身份的秘密，并散布到全城皆知。看起来人们真的对他很体谅，但卢梭感到很孤独和痛苦。他偶尔也会写信给樱桃插曲里的那两位漂亮姑娘，但他也承认后来他中断了联系。

至于华伦夫人，一点消息也没有。为了让自己振作起来，卢梭进行了前往维韦小镇的“朝圣之旅”，因为她曾经生活在那里。不过他不敢打听哪所房子是她住过的，因为害怕听到关于她的不光彩的事情。取而代之的是，他沉溺于为那里的自然环境感伤，特别是在有水的地方。“在去维韦的旅途中，沿着那美丽的河岸，我陷入最甜蜜的忧郁之中……我心潮起伏，唉声叹气，甚至像个孩子似的哭泣起来。好几次我停下来，坐在一个大石头上哭泣，看着自己的眼泪滴到水里，以此消遣。”

后来，卢梭把维韦的环境作为《朱莉》的背景。和这个不受欢迎、四处漂泊的青年待过的其他很多地方一样，当地的居民将会为他曾经在此居住过而感到自豪。在拉克勒旅店的一块大理石匾上就刻着“让-雅克·卢梭1730年曾下榻于此”，还有引自《忏悔录》的话：“我前往维韦，住在‘拉克勒’旅店……我对这座城市的爱，在我每次旅行的记叙里都要提到。”这段铭文中省略了他其他的话：“我在那里的两天里谁都没见。”

在那个秋季的某一天，卢梭离开洛桑向北去往纳沙泰尔；显然他又漫无目标，之所以去那里也是因为有纳沙泰尔湖。他在那里一个人也不认识。他不仅一贫如洗，而且还欠了他在洛桑时的旅馆主人佩罗特一笔钱。很难不去设想他会期望他的父亲心生怜悯而寄钱给他，但正如特鲁松所指出的，他的家庭对这个浪子不会再有什么优待了。他肯定更期待华伦夫人会邀请他回去，但她也没有任何消息。

通过假装成一个音乐家，卢梭在这方面着实取得了一些进
93 步。“我在教的过程中也逐渐学会了音乐”。他招到了一些付费的学生，买了一套紫色的衣服以配合他的新职业，甚至还清了佩罗特的钱。但是，这仍然只能勉强糊口；他还是十分期待改变现状。有一天，他在纳沙泰尔附近的布德利的一家小饭馆吃中饭的时候，机会来了。他听到有人说一种地中海东部地区的

通用语，但没有人能听懂。于是，他用在都灵学的意大利语和那个陌生人说话，那人高兴地拥抱了他，从此卢梭有了新的雇主。这个奇怪的人自称阿塔纳修斯·保卢斯神父，是希腊正教的教士、耶路撒冷圣彼得和保罗修道院的院长。他此行是来为重修圣墓到各地筹款的。他长着一脸大胡子，穿着一件紫色袍子，带着俄国女皇和罗马皇帝颁发的证书。但他不会说任何北欧的语言。由于他正好需要一个会说意大利语的翻译人员，他们很快就达成了协议："我没有提任何要求，而他却对我许下了许多诺言。"第二天，这一对奇怪的同伴就一起上路了。

他们的第一站是弗里堡。在那里，当局给了他们一笔不多的捐款，还允许他们停留一个月以募集更多的捐款。但几天后，许可被收回了，毫无疑问，是有人对他们产生了怀疑。顺便提一句，卢梭没有提过是否在弗里堡再次见过梅瑟雷。随后他们又去了伯尔尼，在那里，这位年轻的翻译人员发现他要花很多口舌去和议会代表交涉。出乎意料的是，他被要求在整个参议院的议员面前做一次演说；让他自己也感到吃惊的是，他竟然顺利地完成了。"这是我平生唯一一次在大庭广众中面对当权者发表讲话，可能这也是唯一一次我能讲得那么慷慨激昂，而且讲得漂亮"。作为其他人的代言人，他讲话时充满自信，就像一个口吃者在舞台上扮演别人时，口吃的毛病就消失了。但当卢梭希望代表自己说话时，他会情不自禁地想到自己的弱点而难以自拔，反而不能从容应对。

在伯尔尼的募款比弗里堡成功多了，因为官方记录中有这样一个条目，"出纳捐赠10埃居给希腊教士阿塔纳修斯·保卢斯神父，善款将用于为基督受难者赎罪"。此时，修道院长计划 94

取道德国返回他东方的家乡，一路走一路收获捐赠；这样，他们从伯尔尼出发继续往北到了索勒尔。在那里，他们去拜访了法国驻瑞士联邦大使博纳克侯爵，结果给他们的募款计划带来了致命打击。大使很快就揭穿了卢梭声称自己是巴黎人的假话（表面上他仍然自称为沃索尔）；作为前驻君士坦丁堡大使，他也毫不困难地识破了那个所谓的修道院长的真面目。卢梭是那种很渴望把自己的心里话向任何愿意倾听的人倾诉的人——他可能已经发现天主教的忏悔室很适合他。所以，他直率地讲述了他全部的故事；大使承诺帮助他，同时也要求他不要再和他这位大胡子朋友接触。卢梭颇为喜欢这位快活有趣的冒充者，因为他一路上都带着自己好吃好喝；但看上去这一切结束时卢梭并没有感到很痛苦。实际上他只会感到宽慰，因为一位高贵的法国大使比一个四处漂泊的骗子要有吸引力多了。他还遇到了一件后来他认为是预言的事：当时一位著名的诗人让-巴蒂斯特·卢梭曾经在给他准备的那间房间里住过；大使的秘书说，如果他努力用功写作，他可能有朝一日会成为“卢梭二号”。受此鼓舞，卢梭试着做了一些诗，但都比较平淡，看不出有任何超过“卢梭一号”的希望。有朝一日，他会在散文方面实现超越，但不是诗歌。

这些事情的具体发生时间已经不清楚了。卢梭可能是在1730年至1731年的冬天在纳沙泰尔教音乐，在四月初遇到了修道院长。当月月底，修道院长消失了，德·波纳克侯爵开始考虑如何处置卢梭。就在某个时刻，安纳西的贝尔内主教亲自写信给大使。博纳克先生很愿意帮忙，决定介绍卢梭去给巴黎的一位年轻绅士当家庭教师。在《忏悔录》中，他记得是直接去了那里，但我们知道实际上他回到纳沙泰尔待了几周，还受到了新的羞辱。

从这个时期留存下来了两封令人痛苦的信（或信的草稿），抄录在后来为华伦夫人所有的一个笔记本中。第一封信是卢梭写给安纳西的某人的，差不多可以确定是那个曾被他拒绝的埃丝特·吉罗。他哀叹他得罪了华伦夫人，乞求她帮助他与华伦夫人和解。显然那时有传言说他已经放弃了天主教，因为他这样宣称："请放心，小姐，我的宗教信仰已经深深地铭刻在我的心上，没有什么可以抹去它。我不会在这里自吹自擂，因为我的坚贞，我已经拒绝返回我的家庭。"他对新的信仰保持忠心确是事实。在洛桑，他步行六英里到一个偏僻的村庄里，就为了参加天主教的活动。如果他的通信对象确实是吉罗小姐，那么在信里写上这样的话就显得不那么聪明了："迷人的格拉芬丽小姐仍然在我的脑海中，我想要听到她的消息想得都要发疯了。如果她仍然在安纳西，请帮我问一下她是否愿意收到我的信。"卢梭在结尾处坦率地说了他经济上的窘迫，虚伪地说他希望华伦夫人不要知道他窘境，并哀叹道："我不知道怎么样才能离开这里，也不知道怎么留下，因为我不愿做任何低贱的事。" 95

前文所提到的另一封信，是写给他父亲的。卢梭写得极为可怜和绝望："久久压制着我的厄运过于充分地抵偿了那些我感到内疚的罪过。如果我的错误确实巨大，我的悔恨也已经超过了它们……如果你完全地知道了我的真实处境，你的眼睛将充满泪水。"信里提及他已经"有点轻率地离开了这里"——十分含糊地概括了和那个修道院长一起的冒险——他不得不承认他已经失去了所有的学生，并且完全破产。但在恳求的同时，也有带着骄傲和优越感的话。“我再也不会低声下气，这个生意并不值得我这样。”他还令人费解地写道：“如果我有几次拒绝了好运气，这是因为我宁愿要卑微的自由，也不要光鲜地被奴役。”这话是什么意思已不得而知。可能是他有过一些联姻的机会，或者可能他只是想打动他的父亲。但这没起到作用他可怜的结尾也显然没有得到父亲的任何反馈：“我亲爱的父亲，用您
96 的亲笔回复让我感到荣耀吧，它将是我离开日内瓦后从你那里收到的第一封信。让我愉快地亲吻您亲爱的笔迹，请您一定要快一点，因为我正处于最紧要的关头。”

按照大使的提议，前往巴黎是卢梭唯一可行的选择，他感激地接受了这一方案。正如他一直喜欢的，他再一次地徒步旅行；当乘马车的人愿意捎他一程时他会礼貌拒绝。这是他最长的一次旅程，三百英里；花了他两周时间。他未来的雇主是瑞士卫兵团的一位上校，而他的贝尔纳舅舅曾经是一名军队工程师。他期待着去当一名军校学员；尽管他眼睛近视，但他仍然沉溺于英雄主义的幻想之中，“我在战火和硝烟之间，手持小望远镜，镇静地发布命令”。不管他怎么做他的军人梦，他应该知道什么都不会发生，不过他实现法语地区每一个优秀人才的目标了：进入巴黎。他从大使那里得到了一百法郎的慷慨馈赠，而且大使承诺如果需要还可以给他更多；未来看上去前途无量。

巴黎给卢梭的真实印象和他期望中相差很远，特别是和他对都灵的记忆相比。“从圣马尔塞郊区进入巴黎城，我看到的只有又脏又臭又窄的街道、丑陋而黑暗的房子，空气污浊，到处是一片贫穷的样子，满街的乞丐、车夫、缝补旧衣服的女人、叫卖茶汤和旧帽子的人。”圣马尔塞处于郊区，确实是声名狼

藉。伏尔泰在《老实人》中把它比作威斯特伐利亚那些最肮脏的村庄。这座大城市确实会让那些习惯在舒服的小城生活的人倒足胃口。现代巴黎的漂亮大街一直到很久以后才出现；那时候，狭窄的街道十分拥挤，臭气熏天，特别是市中心的很多墓地散发出难闻的恶臭（日内瓦的墓地是在城墙外的）。最重要的是，巴黎极其巨大。关于它的人口，一直没有准确的统计数据，因为那时候没有充分的记录。据估计约在六十万到一百万，至少是卢梭年轻时候的日内瓦的三十倍。

在巴黎，卢梭并没有得到一份有前途的事业；他在这座城市的首次停留是短暂而令人丧气的。卢梭迫不及待地参观了歌剧院和凡尔赛宫，却发现它们都不符合他的浪漫想象。他的新雇主，一个乖戾而吝啬的名叫果达尔或戈达尔的军官，实际上想要的是一个免费的仆人而不是家庭教师，而卢梭已经受够了 97
当仆人。他拿着从索勒尔带来的推荐信，找到了一位名叫梅尔韦耶夫人的好心太太；她许诺为他找更好的出路，但也没有结果；这时卢梭的钱也用光了。继续在巴黎逗留的唯一原因是希望华伦夫人仍然在那里，但梅尔韦耶夫人打听到她前些日子已经离开，可能去了萨瓦，也可能去了都灵。卢梭不再犹豫，打算离开。从他关于这段时期简短而单调的记述看，我们很难知道他在巴黎待了多久，但应该也就几个月。

总的来说，卢梭在这流浪的一年里经历了一系列持续不断的失望。从 1730 年夏天以来，卢梭接连在洛桑、纳沙泰尔和巴黎居住——没有一个地方让他喜欢，而且他的私人关系都逐渐中断了。不管他如何想要与父亲来次感人的和解，但就是看不到任何希望；华伦夫人没有消息，而且他知道自己一定是惹恼她了。显然，他一路上也没有交到新朋友。有三个人对他有兴趣，可能成为他的资助人，但那个假的修道院长几周后就跑了，索勒尔的大使只给了简单的帮助，戈达尔既卑鄙又令人讨厌。然而，卢梭已经成为有一定能力的乐师，而且能够自食其力了。1731 年 6 月，他十九岁了。

八月份的某个时候，卢梭又上路了；尽管遭遇了这么多的失望，他仍然认为这是一次快乐的旅行。事实上，那种久坐不动的生活会让他心灰意懒，而沿着公路步行的体力消耗会让他感到自由和更加振奋。加斯东·巴什拉关于长途步行的一段话特别适合卢梭："伟大的羞怯者都是伟大的步行者；他们在每一步都获得象征性的胜利，用手杖的每一次敲击来抵偿他们的羞怯。"这次卢梭写道："如果我可以这样说的话，我从来没有像在独自一人徒步旅行时那样，如此充分地思考、存在和生活过，表现出完完整整的我。步行的过程能够启发和活跃我的思想。如果我在一个地方不动，我几乎就不能思考。如果我的头脑要活跃起来，我的身体就必须不停地活动。"正如他所坦率承
98 认的，这些旅行特别地让人高兴，是因为能够逃避通常的责任。"远离那些使我感到自己不够独立的一切，远离那些使我想起我的处境的情景：这一切，解放了我的灵魂，给我以大胆思考的勇气。"

不寻常的是，在这种此后被卢梭称之为"rêverie"的白日梦中产生的想法，逐渐凝聚成伟大的思想。坐在书桌前看一本书的时候，他经常会觉得受到了禁锢，变得很愚蠢。在路上的时候，他的头脑就打开了。"我从来没有预见到我会产生想法；它们愿意的时候就来了，而不是我愿意的时候出现。有的时候一

个也没有，有的时候又蜂拥而至；它们数量多，来势又猛，简直使我应接不暇。”尤其是，未知的将来诱人地向他打开大门，就如他第一次离开日内瓦时那样。“我感到一个新的乐园正在等着门外的我，我只想赶紧去找到它。”

在欧塞尔，卢梭停留了一下，给吝啬的戈达尔先生寄了一小段他在巴黎写好的讽刺诗：“老家伙，所以你认为我是疯了，想要去教你的侄子吗？”在《忏悔录》中，他引用了这段诗，觉得它挺风趣。他认真地补充说道，他缺乏当一个讽刺作家的怨恨之心，但如果他想，他是可以成为一个尖刻的讽刺作家的。他的这次报仇似乎还颇有节制，但至少说出了他的真实想法。“一想到戈达尔先生读到我那几句把他描绘得惟妙惟肖的讽刺诗将气得龇牙咧嘴，我有时还会笑出声来。”

这次去安纳西的路上发生的另一件事也留在了卢梭的记忆里。他并不急着去哪儿，经常偏离大路四处闲逛，去看看有意思的风景。有一次，他很绝望地迷路了，又饿又渴地来到了一户农家，想找点吃的喝的。跟他打招呼的男人看上去生活得极度贫困，只给了他一些粗糙的面包和脱脂牛奶。但是，重新打量了一下卢梭这位访客后，他打开了一扇活动门，拿出了很好的面包、火腿和一瓶酒，还做了一个很大的煎蛋饼。他解释说，政府的差役经常查逃避租税的人；如果他们知道他的真实生活条件的话，他就要交税了。卢梭说在这次遭遇前他对这种社会不公从来没有产生过怀疑，并宣称这导致“我的心里逐渐发展 99
起来对民众所受的苦难，以及压迫他们的人的不可遏制的憎恶。”尽管他自己已经遭受过许多不公平的待遇，但他现在才开始发现这些都是有着社会基础的。这不仅仅是那些像他日内瓦的师傅迪科曼那样的人的苛刻无情的个人行为；他所遭遇的不公从根本上说源于社会组织机制。实际上，后来十八世纪八十年代的一位税制史学者曾严厉地评论：“什么能够证明这都是租税的问题？卢梭遇到的这个农民只不过是个守财奴和不守规矩的公民，隐藏他的真实经济状况，假装贫穷，以此让别人来分担他的份额。”确定何为公平的份额是一件很难的事情，因为租税的评估是随意的，大多数人都害怕被征税，只有贵族或城镇资产阶级可以免征此税。

里昂就在前往萨瓦的路上，卢梭有很好的理由在那里停留。他仍然不知道华伦夫人在哪里，也不知道她是否愿意让他回去。上次陪勒迈特到里昂时，他认识了华伦夫人的朋友，也就是在一所女修道院里做读经师的沙特莱小姐。这次他又找到了她，沙特莱小姐知道华伦夫人回过萨瓦，还答应以她的名义写信向华伦夫人询问。尽管他这时候又已经身无分文，但他认为最好还是按照她的建议在里昂等到有了确切的消息再说。

这时是九月初，天气温和，卢梭尽管找到了便宜的住处，但有时候仍然露宿街头。有一次，一个男人坐到了他身边，和他聊了一会儿后，就满不在乎地提议一起手淫。他并没有要恐吓卢梭的样子，但卢梭受到了很深的刺激。他惊恐地立即站起身来，以最快速度向河边跑去，“一直到跑过了木桥才停下来。我全身战栗，好像方才犯了一桩罪行似的。我自己也有这种恶习，但这件事情给我留下的印象，使我有很长一段时间没有犯这种毛病”。

另一个温暖的夜晚，发生了一次更加令人痛苦的经历。一位很有魅力的修士停下来和他说话，关心他是不是要露天过夜，表示愿意给他提供住处。那天晚上，修士试着挑逗卢梭，但他表现得很小心圆滑；当卢梭把对都灵的摩尔人的憎恶告诉他后，他便停止了他的动作。然而第二天早晨，修士的女房东以为他 100
和修士发生过什么了，表现出明显的厌恶，不仅没有提供早餐，还和她的女儿泼了卢梭一脸水，在卢梭准备坐下时把椅子抽走，用尖尖的鞋后跟踩卢梭的脚。卢梭没费多大劲就明白了她们要赶走他，于是就立刻离开了修士。和从前一样，关于同性恋的想法让卢梭感到害怕和恶心，他声称，因为这一半途而止的经历，他始终认为里昂是欧洲“道德最败坏的”城市。

卢梭在里昂期间最愉快的回忆是自然环境和音乐。他特别享受在城外的一条河边（罗讷河或索恩河，他不记得是哪条了）的一个夜晚。三十五年后，他用诗体散文的形式进行了回忆，而这段回忆帮助激发了所有欧洲人对自然描写的鉴赏品位。“那天白天，天气很热；夜里的景色特别迷人。露水滋润着被太阳晒蔫的草，没有风，夜色宁静。空气十分凉爽，又不寒冷。落日留下了一片红霞，把河水映成了玫瑰色。梯台式花园的树林里不停地传来夜莺的此唱彼和。我在一种陶醉中漫步，敞开我的感官和心灵享受这一切。只是有点遗憾地叹息，因为只是我独自享受。”他沉浸在他所谓“甜蜜的白日梦”当中；这是一种他从工作压力、焦虑、甚至有意识的思考中释放自己的方法。他写的最后一本书，直至他去世也还没完成的，便是《一个孤独漫步者的梦》。

另一段快乐的回忆紧随其后。卢梭在树下听着夜莺的歌声睡着了。第二天早晨醒来，他感到精神抖擞但又很饿。他高高兴兴地往城里走，快乐地唱着一首他心里记得的康塔塔，一首与他同名的让·巴蒂斯特·卢梭所作的音乐诗。一位名叫洛里什翁的修道士听到了他的歌声，就问他有关音乐的知识，并把他带回修道院的家，让他帮着连续抄了几天乐谱，同时也提供了上好的餐食，“我已经饿得骨瘦如柴了”。原来这位洛里什翁
101 （关于他的其他信息我们一无所知）特别喜欢音乐，收集了大量乐谱；由于卢梭原来自学音乐时就抄过很多乐谱，他看上去很合适干这个工作。但事实上，他搞砸了，因为有太多的遗漏和错误，修道士说他抄的东西完全没有用处。卢梭自己把这些错误归咎于他的疏忽。如果他真的有阅读障碍，为了阅读和拼写的准确，这倒真的会迫使他比别人更加集中精力。伏尔泰和狄德罗在上学时都是非常聪明的学生，能够快速而自信地吸收大量的书本知识；卢梭阅读和思考得很慢，却持久而深入。

洛里什翁令人感动地原谅了卢梭拙劣的抄写工作，还给了卢梭 3 个法郎。这正是他所急需的。没过几天，他欣喜地得知华伦夫人已经回信给她在里昂的朋友，说想让他回去找她，而且为他找了个工作。她还许诺给他寄路费过来。在等待这笔钱的时候，卢梭到女修道院和沙特莱小姐聊了几次天。“她年纪已不小了，长得也不漂亮”，但头脑聪明，读书很多，她介绍他读勒萨日的流浪汉小说《吉尔·布拉斯》。尽管那些日子卢梭自己就是个流浪汉，但他并不在意。“我需要有着炽热情感的小说。”确实，在他从巴黎来里昂的路上，他曾计划绕行去访问于尔菲的小说《阿斯特蕾》——他少年时代读的浪漫小说之一——的背景地，但当他得知那已经变成很不浪漫的铁匠铺聚集地时，便改变了主意。

在里昂待了几个星期后，卢梭启程前往萨瓦。这次的目的

地是华伦夫人在尚贝里的新家。尚贝里是萨瓦省的首府，在安纳西西南边三十英里处。卢梭抵达这座城市所处山谷前边的山区时，穿越了一条名叫梯子（Les Échelles 或 the ladders）的狭窄峡谷［他在《忏悔录》中记成了莱谢勒峡谷（Pas de l'Échelle），那是日内瓦附近萨莱沃山的一条路的名字］。古罗马人在这里修了一条路，其中一些石头路面保存下来了，很久之后萨瓦公爵又在路边加筑了石墙以抵御洪水。现代的游客会对先人在这段石铺小路中的艰辛劳动留下深刻的印象；在路的入口处也立了一 102
块显眼的纪念碑（在卢梭时代还存在），夸耀当时是如何克服自然阻碍为贸易流通而修建这条路的。对卢梭来说，这种原生态的风光是最要紧的。“一马平川的乡村，无论它多么漂亮，在我看来都不够美丽。我认为美丽的地方，必须有激流、巨石、冷杉、幽深的树林、高山和难以攀登或爬下的崎岖小道，以及左右两边让我真正感到害怕的悬崖绝壁。”站在通往峡谷的石头护墙边，卢梭顺着墙边扔了些石头下去，看着石头滚到谷底，又沉浸到幻想之中了。“我靠在护墙上，身体前倾，往下看了好几个小时，不时瞥见蓝蓝的水和泡沫；在水的咆哮声中，我也能听到在我脚下一百英寻[1]地方乌鸦和猛禽在峭壁和灌木丛中飞来飞去时发出的啼叫。”

那段护墙在今天已经看不到了，因为漫长的历史当中的另一件事：“二战”时，法国军队因为担心它被德国人利用，就把它炸掉了。但人们仍然可以站在卢梭所站的地方，看到萨瓦公爵自夸功绩的纪念碑，俯瞰下面的峡谷。这是阿尔卑斯山麓地

1　1英寻约合1.828 8米。

区的经典美景，但让人头晕目眩的悬崖峭壁、哗哗的水声和鸟儿的啼叫主要只留在卢梭的记忆中。从这些记忆中，他写出对自然美景的敬仰之作，激发了一代又一代的爱好大自然的人的灵感。作为卢梭的继承者，华兹华斯这样写下他对阿尔卑斯的体验：

> 一道蓝色的峡谷，像云雾之中的一道裂痕，
> 一处幽深朦胧、似乎有着呼吸的地方，
> 回荡着水流、激流、溪流的轰鸣，
> 数不清的声音哗哗地汇成一个。

不久后，卢梭抵达了尚贝里。他找到了华伦夫人家；在那里，他终于迎来了期待已久的重聚，尽管这次重聚有点奇怪地不近人情。她不是孤身一人，而是与萨瓦省的财务总督唐安托万·佩蒂蒂在一起。“她没有说话就拉着我的手，把我介绍给了
103 他，带着一种让所有人都对她敞开心扉的魅力。‘先生，这就是那个可怜的年轻人，’她说，‘请多加关照，他值得您关照多久，就尽量关照多久，这样，我就可以不为他的后半生操心了。’”在如此庄重的谈话后，她最后转向了卢梭：“‘我的孩子，’她对我说，‘你是国王的人了；你要感谢总督先生，是他给了你面包。”新的国王查理-伊曼纽尔三世计划改革税制，打算在萨瓦省开展一次全面的土地和财产普查。卢梭将在做这项工作的办公室里当文书，这是他一生中第一次得到一份有身份的工作。因为妈妈的关系，这份工作估计也能保持下去。

第六章 104

在妈妈家里

人们并不十分清楚华伦夫人从安纳西搬到尚贝里的原因，但这应该和她需要与宫廷，也就是她的收入来源，保持紧密的联系有关。当维托里奥·阿梅迪奥让位给他的儿子查理-伊曼纽后，她能否继续领取她的年金就成了问题，于是，她前往都灵以确认新的国王能够给予承诺。她原来住在安纳西，是因为那里是基督教会的中心；她搬到尚贝里，则是因为那里是政治中心。从她巴黎之行所陷入的混乱以及雇主对她的怀疑看，她作为政府代理人的日子结束了，但她仍然设法保住了年金。

尚贝里是一座迷人的小镇，坐落在富饶的山谷之中，周围都是石灰岩山峰。它的地理位置可以解释为什么萨瓦省被习惯性地描述为“阿尔卑斯的门户”。镇子被三十英尺高的城墙包围，并有一座雄伟的城堡。一位当时的访客说：“它的气派和美丽超越了萨瓦省的其他任何一个市镇。”当地大约有一万人口，是安纳西的两倍，主要是公务员和律师，也有许多各种行业的商人；1740年时，有五十个鞋匠和补鞋匠。它也是一个繁忙的商业中心，每周市场开放三天，交易谷物、木材、农产品和牛。
105 街道并不干净，城墙内养着数百头嘈杂、发臭的猪。

在这样的喧闹和脏乱之中，生活着一批相互关系密切的富足家庭。他们从事农业，但在城里也有房子，以便冬天在城里开展繁忙的社交活动。作为富裕的一个标志，他们宅邸的窗户都安装了玻璃，而其他多数人的房子仍然只能使用油纸或者松节油浸过的布。到一定的时候，卢梭将能够进入这些宅邸，做音乐老师或是受邀做客。有了华伦夫人做依靠，他所处的地位高于工人阶级。工人阶级是生活在官僚阶层和本地权贵之下的底层。我们从其他资料中了解到，卢梭在那里期间，有一个女工因为偷一把修剪用的弯刀被抓住，被绑在公共广场上的柱子上示众。过路的人都蜂拥而来，“就像是看戏一样”，用鸡蛋和
106 泥土砸她，直到她面目全非；她获释后，跳到河里想洗干净自己，但不幸地被河水冲走，永远消失了。还值得记录的是，该地人口教育普及程度远低于一般情况。1720 年，萨瓦省的五个男人中只有一个会在婚约上写自己的名字，十个女人中只有一个会写。稀奇古怪的音标拼写也很常见。一位重要人物的妻子写道：“Trais cous eis demis de pismon quean eisle tans nas le cheis ele le 13 ceittansbre.”（正确的拼写是“Trois sous et demi de Piémont quand elle s’est en allée chez elle le 13 septembre”[9 月 13 日回到家时，皮埃蒙特的 3.5 分硬币]。）

让卢梭感到失望的是华伦夫人的新家。这所房子在布瓦涅大街 13 号，今天仍然可以看到。在尚贝里，即便是最富丽堂皇的房子，从外面看都是阴森冷峻的；空荡荡的门面正冲着大街，人们要穿过狭窄的走廊后才能进入阴暗的院子。为了获取一个

一直对她怀有敌意的财政官员的好感，华伦夫人精明地从他那里租下了这所很不起眼、本应空置的房子。不管它对于稳固她的收入是多么有用，但它确实比不上安纳西的房子。“没有花园，没有小溪，没有田园景色。她住的房子既阴暗又破旧，而我所住的房间又是其中最阴暗和最破旧的，窗外是一堵高墙和一条死胡同式的街道，通风不好，光线也不好，地方窄小，还有蟋蟀和耗子，地板已经腐朽。这番景象，当然不会是一个令人舒服的家了。”

尽管如此，卢梭还是为最后能“回家”——也就是“回妈妈家”——而感到心满意足。发现自己对她那不顾一切的迷恋之情已经有所减退，令他感到轻松不少。当他后来回顾这种关系的改变时，他把它看作法国文学里面常见的幸福（happiness）和快乐（pleasure）之间的区别。快乐是强烈而短暂的，幸福则是温和而长久的。“在安纳西我爱她简直爱得心醉神迷，而到了尚贝里，就不是这样了。我仍然热烈地爱着她，但主要是为了她，而不是为了我，或者至少可以说我在她身边追求的是幸福，而不是快乐。”她开始对他的才华和前途感兴趣，他则感到越来越安全。一位老一辈的卢梭学者说得很准确，他煽情地把这段时期称为“母爱的翅膀孕育出一位未知天才的多产岁月”。

弗朗索瓦-约瑟夫·德·孔齐耶在多年之后对这段关系的回
忆就不那么浪漫了。孔齐耶是一位有教养的贵族，比卢梭大五 107
岁；其姑妈是安纳西女修道院的院长。华伦夫人就是在这所修道院里作为改宗者接受教育的。在《忏悔录》出版使得华伦夫人广为人知之后，孔齐耶对她做了一段描写，肯定了她的魅力，但也说到了她不断增长的腰围。

> 她中等身高，但身材并不理想，因为她非常粗壮。她的肩膀滚圆，使雪白的胸部显得相当笨重，但她很容易用她的真诚和迷人的欢笑让你忘记这些缺点。她的笑声充满魅力，她钟爱百合和玫瑰的色调，她眼睛中的快活展露了她头脑的生气勃勃，使她所说的任何事情都有着不一般的能量。她没有半点的自命不凡，关于她的一切都充满了诚意、仁慈和善意。毋庸置疑，她的风趣肯定要比她的外表有吸引力得多，但她对她的外表也过于忽视了。

年轻的卢梭给孔齐耶留下的印象是谦卑和恭顺的。“我每天都去她家里，经常在那里和让-雅克一起进餐。她已经着手教育他，在他面前就如同一位温柔而仁慈的母亲，有时又掺杂着赞助人的态度；让-雅克对此总是表现得很温顺，甚至是谦恭。”尽管孔齐耶喜欢卢梭，但他对卢梭的性格持批评的口气。“我每天都见他，他也直率地和我交谈，我毫不怀疑他非常喜欢独处，而且，我可以说，他天生就鄙视人，习惯于挑剔别人的过错和弱点。他的内心深处总是怀疑他们是否诚实。”

因为卢梭到来而组成的这个三人家庭很复杂。即便他没有发现克洛德·阿内是华伦夫人的秘密情人，他在这个家庭中的重要性也肯定没那么高。阿内比卢梭大六岁，在给一个做家具的人当了两年学徒后，就与华伦夫人生活在一起，当她的心腹和管家。卢梭很容易就把阿内当成一个老大哥，甚至是父亲。“尽管他和她一样年轻，但他是如此的成熟和庄重，以至于把我们当成了两个需要纵容的孩子。”这种对三人家庭的看法有效地

消除了性的色彩，但阿内对这个年轻的闯入者总是抱有怀疑，对他保持监视。“我在他面前不敢忘我……我不敢做他可能不同 108
意的任何事情。”但有一件让人震惊的事情是不能忽视的。卢梭来了不久后，阿内和华伦夫人发生了一次争吵，之后阿内吞了足量的鸦片酊试图自杀。华伦夫人及时发现，让他赶紧吐了出来，就在救他的一片混乱中，她向卢梭坦白了他们之间的真实关系。出乎意料的是，他从来没有把阿内的自杀和他的到来联系到一起。

卢梭再也不能待在家里自由自在地消磨时光了，因为他有了一份办公室的工作要做，还不能辜负了赞助者华伦夫人的担保。他受雇于土地登记处。这是一个死气沉沉的官僚机构，但也是全欧洲君主们的一次协同一致的努力——查明土地所有者的收入，以便厘清和增加税收。前任国王维托里奥·阿梅迪奥已经在其皮埃蒙特境内建立了一个登记处，1728 年这一计划扩展到了萨瓦。尚贝里土地登记处的职工大约两百人，包括勘测员和文书。该登记处的建立很快便在当地被认为是一桩侵略行为，因为它侵犯了贵族和教士长期以来所享有的财政特权。头一年，就发生了一件丑闻。一个从都灵来的腐败的警察局长家的窗户在夜里被人用枪击破了。在接下来的调查中，尚贝里的显赫家族们抓住每一个机会相互拆台，暴露出这个城市不那么体面的一面，就像一位作家所说的：“这个闭塞之地的生活是外省式的——狭隘、嫉妒、鬼鬼祟祟。”

勘测工作并非没有附带的回报。办事处的一项职责是绘制高质量的彩色地图，这样，借助在该部门工作的朋友们的帮助，卢梭培养起了对水彩画的鉴赏品味，并开始画花草和风景。然而，他的本职工作完全是关于文书和计算的。因为他所受的教育杂乱又不系统，欠缺必需的计算能力，所以，他买了一些教科书，并且毫无困难地学会了他所需要的技能。就像其他所有事情一样，他不得不独自学习，没有老师的指导。在这个过程中，他对自己又有了许多发现。“思考加上实地运用，就能产生清晰的观念，从而找到简便的方法，而这又加强了人的自信心。
109 这种准确性满足了心智，帮助人兴致盎然地去完成一项本身并没有回报的任务。”虽然他天性浪漫，喜爱幻想，感情炽烈，但卢梭认为这个过程证明了：如果不得不去做的话，他也能够接受系统的训练。

然而，无可否认的是，这份工作就是不断地重复劳动，辛苦地记录圣富瓦-塔朗泰斯广大区域的每一处地产。“每天干八小时令我厌烦的工作，还是和更加令我厌烦的人一起干，整天被关在一间被那帮家伙的呼吸和汗臭弄得臭气熏天的昏暗的办公室里。他们大多数人头发乱糟糟，一身脏兮兮。我有时候会被紧张、臭味、束缚和无聊搞得不知所措，甚至到了眩晕的地步。”卢梭从来没有长时间地干过一项工作。在土地登记处工作了八个月后，他递交了辞呈，这个时间比他自己后来回忆的工作时间（两年）要短得多。对认识他的人，特别是华伦夫人来说，好像他缺乏保住一份工作的能力。对卢梭来说，感觉却很不一样。他内心有很强的冲动，要摆脱任何一种可能导向一份普通职业生涯的工作。他并不知道他究竟想要什么，但很清楚他不想要什么。只有到了中年，他才能完全领会到，任何外部强加的责任对他来说都是讨厌的。极度的闲散——和懒惰不是一回事——是他的真实性情，而且“社交生活中哪怕最小的责任都是无法忍受的；说话、写信、拜访一旦成为不得不做的事，对我来说就是一种折磨”。他晚年对此有更积极的解释：“在任何一种可以想到的事情上，只要我做起来没有乐趣，不久我就无心再做了。”

心理传记作家爱利克·埃里克森写过，天才人物开始往往怀着从事常规工作的期望，但不久便因临时“中止”而放弃了，这使他们的朋友感到困惑不解。卢梭是一个极端的例子，因为他在此之前已经有很长时间没有工作过了，这种状态还会持续到下一个十年。回顾在尚贝里的这段时间，即 1731 年至 1742 年（中间中断一次），他的生活令人意外地年年千篇一律。“值得叙述的事情不多，因为我的生活简单而甜蜜。这种单调一致正是我在培养我的性格方面最需要的；如果烦恼不断，那就不能让性格固定成型。”这段时间确实没有多少重大事件，但单调和愉快的生活只是一厢情愿的回忆。这确实是卢梭成长的一段关键时期，但其特点是复杂的关系和令人痛苦的焦虑。即使他想相信，按照当时的常规说法，他正在形成固定和平常的性格，但他更深的直觉却暗示着非常不一样的东西。《忏悔录》着重描述了许多热烈而混乱的感情经历，试图揭示出隐藏在他那矛盾百出的外表之下的难以捉摸的自我核心，而这一自我绝非固定和平常的。现代意义上的个性概念在当时还不存在，但比起其他任何思想家，更可能是卢梭为这个概念的创造铺平了道路。 110

既然打算离开土地登记处，卢梭就需要找到新的收入来源；他计划做一名音乐家。华伦夫人对此并不热心，并用一句谚语来告诫他：“歌唱得好，舞跳得好，挣的钱却很少。”他回答她，测量工作结束后他现在的工作也会结束，他必须掌握一项谋生的本领，而且他狂热地喜爱音乐。她看到他对音乐的爱好已经成癖，很担心他会因为工作不专心而遭到辞退，因此勉强同意了。1732 年 6 月，在他二十岁生日前不久，他再次失业，整天都待在家里。但这次他的计划没有落空，他已经开始走在成为一名真正音乐家的路上了；音乐将一直是他生活的中心。在他的晚年，他告诉一个朋友说音乐对他而言就如同面包一样必需。

这时，华伦夫人很明显地又一次努力想培养卢梭。他被送往贝桑松，向那里的唱诗班负责人、曾经教过旺蒂尔·德·维尔纳夫的布朗夏尔修士学习。布朗夏尔修士很热情地接纳了他，并对他的演唱很赞赏，但很快修士因为某些疏忽和过失受到教会的训诫而需要前往巴黎。卢梭写信给华伦夫人说了他的选择，他可以和布朗夏尔修士一道去巴黎，也可以试图与在索勒尔帮助他离开那个假修道院长的博纳克侯爵联系。他不想在布朗夏
111 尔修士离开后留在贝桑松，而是打算回家当一名音乐老师养活自己——他相信自己已经有足够技能，能比在纳沙泰尔的时候做得更好。“因此，我决定过几天就返回尚贝里，在那里教上两年音乐，这将帮助我不断提高。我不想在这个时候停下来，被人当作一名普通的乐师，这总有一天会让我受到很大的伤害。夫人，您这么好，请回信给我，告诉我我是否会受到欢迎，是否能收到一些学生。”信的签名拘谨而守礼：“夫人，我不胜荣幸地恭候着您的命令，向您表示诚挚的敬意，让-雅克·卢梭。”在写给华伦夫人的信中，很可能和在谈话中一样，他经常使用正式的“您”而不是更亲密的“你”。

于是，卢梭回到了尚贝里，投身于他的艺术中。他钻研了伟大的让·菲利普·拉莫关于音乐理论的艰深著作——多年后

他将在巴黎见到这位作者。他记住了六支康塔塔；当他写《忏悔录》时，他说他仍然知道其中两支康塔塔的几乎每一个音符，即《沉睡的情人们》和《被蜜蜂蜇到的情人》。最好的是，他有了一些性格相投的朋友；这些朋友尽管是教会中人，却知道如何享受生命的愉悦。历史家们研究发现，人们在尚贝里的社交场合会大量饮酒，有人说"手上如果没有一瓶酒，简直就不知道怎么才能玩得高兴"，还有一位主教估计每天人均消耗的酒至少有两升。

卢梭很快就和一位意大利的羽管键琴家帕莱修士（这个名字是帕拉佐的法语念法）成了朋友；帕莱激发了卢梭对和声的兴趣。两人劝说华伦夫人每月举办一次音乐会，让卢梭担任指挥。华伦夫人自己弹羽管键琴、唱歌。大提琴手是另一个意大利人，名叫卡纳瓦或卡纳瓦佐，是土地登记处为测量工作而招募的众多皮埃蒙特人中的一员。另一个乐师是一个叫菲利贝尔·卡顿的聪明的修道士，非常世俗化，而且很有趣。卡顿的命运比较不幸。他的同事对他的社会声望心存愤恨，诬告他在经济方面有不端行为，使他失去了修道院院长的职位，"在最惬意的社交圈中成为令人快乐的人之后，他忧伤地死在某个监 112
牢肮脏的床上。每个可敬的、认识他的人都很怀念他，为他感到遗憾；大家认为，他一生中唯一的失误，就是当修道士"。曾有人认为卢梭出于对圣职者的怨恨，才编造了这个故事，但研究表明，卡顿确实是被两个竞争对手有计划地赶下台的，其中一人后来还指控另外一个"迫害已故的卡顿神父并将他逼迫至死"。

对卢梭来说，这是一段令人陶醉的时光。饱尝了多年局外人的孤独之后，他现在进入了一个愉快的社交环境之中。“我一下子被抛进了上流社会，在最好的房子里受到追捧，到哪里都得到亲切而殷勤的欢迎。穿着漂亮的可爱的年轻女士们等候着我，热切地接待我；我看到的都是迷人的事物，我闻到的都是玫瑰和橙花的香气。我们唱歌、聊天和嬉笑，自娱自乐。我离开一个地方，只是为了去另一个地方做同样的事情。”很多年后，他回忆萨瓦人是“我见过的最优秀、最善于交际的人”，尚贝里是最好的小城。“如果说世界上真有那么一个可以让人在安全、愉悦的交往中享受生活乐趣的小城，这个小城就是尚贝里。”当他写下这些话时，可以肯定的是，他已经连续被法国人、日内瓦人和瑞士人拒绝，对英国人也正在逐渐感到失望。

几乎每一个卢梭的学生在他眼里都是漂亮动人的，使得他在这座小城到处留情。一个修道院里的年轻法国小姐一开始看上去又懒又笨，结果她很会说出格的俏皮话。另一个十五岁的金发姑娘性格活泼，在接待卢梭时衣着很随便，头发松散地拢着，却特意为卢梭在头上插了一枝花，这让卢梭感到慌乱不已。一个年纪大些的未婚女子（“名字可能是”，特鲁松注）加斯帕尔德-巴尔特扎德·德·夏勒天赋更佳，而且脾气温和。她的姐姐被认为是“尚贝里最美的女人”，有一个八岁的侄女需要上课。卢梭有可能就是给这个孩子的母亲写了一封详细而谦恭的信，说因为某些误会他有十六堂课没有得到报酬。“但如果您看完这个解释后仍然觉得有任何困难，我愿意放弃这笔小钱。”还
113 有另一个学生弗朗索瓦丝·索菲·德·芒通，年仅十四岁，长着一头卢梭最喜欢的那种略带灰色的金发，胸口的疤痕“有时候引起我的注意，但很快我注目的就不是那块疤痕而是其他东

西了”。她的母亲却是一个聪明但刻薄的伯爵夫人，曾怂恿自己的爱慕者写了一些讽刺诗，害得他们进了监狱。幸运的是，卢梭没有引起她的兴趣。她闹了一个笑话，在别人开玩笑地告诉她华伦夫人胸脯上有一块老鼠形状的胎记后，她在一次社交场合故意撩开了华伦夫人的披巾，想让大家看看那块胎记。“但那位先生看到的不是大老鼠，而是另外一种令他想见不容易、想忘记却更难的东西，使伯爵夫人大失所望。”

如果让-雅克能按其愿望行事，尚贝里实际上会成为——或者本来会成为——他的后宫。在《朱莉》中，年轻的老师成了他学生的情人；在尚贝里，年轻的音乐教师在充满调情和暗示的愉悦暧昧中来来往往，但并没有走得更深。华伦夫人注意到了这一切而变得不安，特别是他开始给一个杂货店老板的女儿佩罗纳·拉德上课之后。拉德小姐“是希腊雕像的典范。如果世界上真的有无生命和无灵魂的美女的话，那我一定会把她看作我一生所见到的最美的女孩。她的麻木、迟钝和冷漠到了令人难以置信的程度”。问题不在于拉德小姐，而在于她的母亲。她脸上有几颗麻子，眼睛总是略带红色，但特别主动，总要亲吻卢梭的嘴来欢迎他。卢梭把她这些示爱行为适时地告诉了华伦夫人，华伦夫人的结论是，拉德太太“认为这攸关荣誉，想把我变得不像她发现我时那样不解风情，要想方设法地让我明白她的心意”。

华伦夫人于是做了一个惊人的决定。她和卢梭原本已经习惯在小城外租的一个园子里面一起散步。1732 年秋天，在她安排下，他们两人在院子里不受打扰地度过了一整天。很快事情就明白了，她很仔细地和卢梭讲了她在什么条件下会委身于他，并给了他一星期的时间考虑，这让他很感激。“她那些新奇的想法如此打动我，我感到自己的想法发生了剧变，需要时间来加以整理。”但无论如何，这是他三十年后的回忆，人们会好奇
114 当时的事情究竟是怎么发生的。华伦夫人的条件可能跟和克洛德·阿内的三角关系有关；阿内表面的平静下掩藏着暴躁不安的性情，对他们十分猜忌。她可能还考虑到保密问题，因为如果卢梭真的和小城里其他女人搞到一起，他可能会暴露她私生活的细节，让她在教会里站不住脚。还有如卢梭自己所承认的，“她总是认为，要使一个男人依恋一个女人，最好的办法莫过于肉体的占有。”但是，她把这次秘密约会安排在带有一间内设床铺的花园凉亭里面，看起来不太可能是打算给他一星期时间考虑。更可能的情况是，她的提议遇到了阻碍，让她有所退缩，于是给她这位勉强的情郎一些时间镇定下来。

一周过去了，承诺的事情发生了，但进行得一点也不从容。“这是我头一次被一个女人抱在怀里，被一个我所喜爱的女人抱在怀里。我感到幸福吗？不，我领略到了肉体的快乐，但我不知道为什么总感到有一种难以克服的忧伤毒害了其中的美味。我觉得我这是犯了乱伦罪。我有两三次心情激动地把她紧紧搂在怀里，我的眼泪落满了她的胸脯。”这是他的养母，他们之间关系的改变让他感到恐惧。此外，他理想中的女性是纯洁的、不包含性的，他还没有准备好从新的角度来看华伦夫人。肯定就是因为这个原因，他总是坚持说她对他和其他人都没有任何情欲的想法，而她向他自荐枕席，完全是为了保护他不和其他女人发生不当的关系。他还着重强调了她的经历，在她最初的婚姻中，某位名叫塔韦尔的先生勾引了她，不是用激情，而是

用诡辩。

这一新的两性关系的性质和含义在后世引发了不断的评论，但全都基于卢梭自己所说的、别无他证的事实。因此，这件事类似罗夏墨迹测验所用的图片，评论者可以自由地把自己的价值观投射于其上。十七世纪初的一位法国作家，认为这是一个完美的爱情故事，故事中一个有前途的小伙子遇到一位聪明美丽的女人，让他初次尝到不可思议的快乐。“多美的梦！多好的命！多妙的运气！这是让-雅克命中注定的。”英国人对这件事的认可度低一些。克兰斯顿勉强地说华伦夫人“完全没有娼妓的本性”；而另一个作家则认为她是“一个性生活混乱但性冷感 115
的女人，通过勾引天真的年轻人得到变态的快乐”。卢梭也许可以说是天真的，因为他此前没有性经验，但他的想象淋漓尽致地展现了对性爱的渴望。我们没有理由相信他所坚称的“由于她完全不纵欲、不贪淫，所以她既没有体验到它的快乐，也从未感到后悔”。在表面上看来，这个说法通常会被接受，但奥立维耶·马蒂肯定是对的：“人们完全可以相信，卢梭得到的乐趣很少。但他难道就从来没问过自己，华伦夫人邀请一个二十岁出头的小伙子爬到自己床上时，是否真的什么都不期待呢？”

接下来的年月里他们多久发生一次关系已经无从得知，但至少卢梭对此从来没有感到轻松过。“和妈妈在一起时，我的快乐经常被一种悲伤的感觉搅乱，像是有什么东西偷偷地攥着我的心；我要费很大劲才能克服。占有了她，我并没有为自己感到高兴，而是责怪自己玷污了她。”为此，她的心平气和就成了一个缺点。他保留着加尔文教徒对性的焦虑；如果妈妈也流露出后悔的意思，他就能和她一起分享。如果她表现得热情一些，帮助他克服压抑的情绪，事情也会好一些。但她如此冷静地把她的身体给他，让他感觉自己是在玷污一位永远不会从基座上走下来的圣母。早些时候，他亲吻她睡过的床，沉浸在对她的想象之中，但不会有真实的性体验那么多的复杂情愫，但现在他陷入了一片混沌，渴望逃离。

再一次，卢梭用想象力拯救自己。他在和华伦夫人上床时，想象着其他女人。“在肉体的快乐享受中，对爱的需要吞食着我。我虽然有了一位温柔的母亲、一位亲爱的朋友，但我还需要一个情妇；我想象了一位来替代妈妈……我一想到躺在我怀里的女人是我的妈妈，即使我把她抱得紧紧的，我的情欲的冲动也会完全消失。”他还更悲伤地说：“唉，在我的一生中要是真有那么一次尽情享受两情欢洽之乐，我怀疑我这孱弱的身体未必能经受得住，说不定我会当场死去。”他需要的是热烈和浪漫的爱，而华伦夫人给他的爱是温和、体贴的。华伦夫人替代的是他那未曾谋面的母亲的位置，而对于做他始终也未得到的那位理想情人，她是难以胜任的。

116 与此同时，他们的三角关系持续紧张，比卢梭后来愿意记得的要严重得多。“我不知道克洛德·阿内是否知道我们的亲密关系。我有理由相信这件事情是瞒不过他的。他是一个非常敏锐的家伙，言行谨慎，虽然不会心口不一，但也不会把心里话全都说出来。虽然他没有给我任何微小的暗示说他知道了，但他的行为像是已经全知道了。”简而言之，别扭的局面是显而易见的，尽管华伦夫人竭力挽回，她向两个男人表白她有多么爱他们，刻意地营造和谐的柔情氛围。“她曾多次向我和阿内表示，我们两个都是她的幸福所必需的。她这个话打动了我们的心，把我们感动得流着眼泪拥抱！”

华伦夫人越来越挥霍无度的赚钱计划使他们面临的局面越发糟糕。阿内作为园丁的侄子，对植物学很感兴趣，并已经在调配草药制剂方面成了不可或缺的专家。当萨瓦的首席医生弗朗索瓦·格洛西回到尚贝里时，似乎来了个新机会。尽管格洛西是个尖酸急躁的人，但他对阿内还是很友好的。华伦夫人接受了建立一座制药学院的设想，让格洛西做赞助人，阿内做讲师。但这个计划被一个悲惨的事故打乱了。如卢梭所说，1734年3月，阿内被格洛西派去阿尔卑斯高山上采摘一种只有那里才生长的被称作山龙蒿的稀有植物，不知怎么，劳累和严寒让他突发胸膜炎而死。尽管格洛西和华伦夫人无微不至地救治，“在得病后的第五天，经过痛苦挣扎，他死在了我们的怀中”。卢梭还自得地补充说：“在那段时间里，我怀着极度悲痛和热忱的心情对他倾诉了一些宗教上的劝慰的话；除此之外，他没有得到任何宗教上的劝慰。如果他当时还能明白我的意思，这些话一定会给他带来一些安慰。”

不幸的是，关于这个因寻找山龙蒿而丧命的故事，研究者们猜测，由于三月的山区本来就会有很深的积雪，阿内的死实际上可能是自杀。克莱芒指出，很容易想象，华伦夫人是因为悲痛地意识到她对阿内的死负有罪责，而编造出了上山探险的故事，以消除外界的怀疑。卢梭那时候对植物学一窍不通，所以他应该是相信了这个故事，但令人吃惊的是，他从没有想起阿内以前也尝试过自杀。不仅如此，他还很不得体地提出想得到阿内经常穿的那套标志性的黑色套装。他一定觉得穿上 117
阿内的黑色套装就能接管他的角色——沃索尔的情形在此出现

了——但华伦夫人的放声恸哭打消了他的这个想法。

卢梭一生都宣称自己完全不会有妒忌的心理。奇怪的是，这次他食言了。看上去很可能他就是很妒忌阿内，但又不允许自己承认这一点，于是，就像说到跟父亲的关系时那样，他描述了一幅高度理想化的画面。四分之一个世纪后，他写在《朱莉》中的一件奇事，暗示了他那种报复的念头。男主角圣普乐对一个与朱莉从前的仆人订了婚的年轻男人非常宽容大方，值得注意的是，这个年轻人竟然就叫克洛德·阿内。小说中圣普乐屈尊支持虚构的阿内，通过服从朱莉的命令展露出了诸多美德，即使这意味着要放弃与朱莉发生性关系的难得机会，而朱莉为他高尚的牺牲感到高兴。小说后文中女仆再次出现，报告阿内变坏了，疏忽工作，抛弃她和孩子。这样，卢梭完成了他的报复。

除了来自外部世界的几个偶然爆发的、短暂的突发事件之外，这些年就没发生过什么时间确切可考的事情了。其中一次是1733年法国军队因为波兰王位继承战争来到尚贝里。军队正在前往意大利的途中，希望在那里打败神圣罗马帝国的军队，将米兰的领土纳入撒丁国王的统治之下。卢梭是很容易受外界影响的。他一下子又为军人的光荣所倾倒，如饥似渴地读了许多战争史书籍，甚至宣称他对法国的终身偏爱就是因为这次遭遇。此外，在那年的一份文件中，他提到给他父亲写的一封信，希望能够继承她母亲的一部分遗产。信本身已经丢失了，但我们能够从他的描述中知道他父亲的反应是吹牛，或者说是威吓，“更糟糕的是恰恰是针对我，他才这么做”。当时他正在安纳西东部阿尔沃山谷克吕斯的一所修道院里，一位好客的神父正在用牛奶疗法——在牛奶里面洗澡并喝大量的牛奶——医治他的某种急性炎症。他看上去很享受这次逗留，愉快地记述道："令人尊敬的神父肯定地告诉我，在他觉得满意前不要离开，我会好起来、真正康复的。"

克洛德·阿内去世后仅仅一个月，华伦夫人遭遇了另一个 118
让人心烦的损失。她的朋友和赞助人贝尔内主教去世了，她深为悲痛。尽管肯定有点夸张，卢梭在后来为褒扬贝尔内的虔诚而写的一份颂词中写道，"这位高级教士去世后，华伦夫人就完全地隐居和退休了，她说，失去了她的神父，世界上也就没有什么她留恋的东西了"。更直接的影响是，主教的去世对她的经济状况是个严重的打击，因为她从教堂那里领取的年金中断了，而此时她本来就因为国王给的年金一直拖延而深受其苦。在这个关头，她尝试让卢梭接替阿内来管理家庭事务；在一个留存至今的笔记本中，他们俩记录了许多复杂的数字。尽管卢梭很清楚财务危机的严重性，但他缺乏阿内的专业技能和权威，除了在华伦夫人找不到的地方藏点小钱以备她将来救急之外，他想不出别的好办法。他有的时候被派往里昂和贝桑松去商谈各种各样的小事，倒是能让他松一口气。与此同时，华伦夫人试图获得她丈夫在洛桑的一部分财产的合法权利，不出意料地失败了。最要命的是，她得了一种不明就里的病，严重到让她立了遗嘱（没有保存下来）。幸运的是，国王对她的恳求给予了肯定的答复，支付了年金，年底她用恰到好处的热情语言给他写信："我热烈地祈祷着，陛下，上天将继续赐予陛下和您胜利的军队珍贵的祝福。"

第二年，即1735年，情况似乎令人振奋一些。第一次，我们能够找到《忏悔录》之外的不少文献证据。但这只是证实了，我们对卢梭早年生活的了解比想象中的零碎得多。他用小说家的技法写了《忏悔录》，他讲故事的方法如此令人信服，以至于人们很少想去知道他省略掉的东西。但每当确有证据的时候，它都暗示着某些本来完全隐形的事件。在一个笔记本中有三封写给伊萨克·卢梭的信的草稿，上面有很多涂抹和修改的痕迹，含糊地提到了一些应该被原谅的错误，提到了“这个过失”以及让-雅克已经开始的一些新计划。不管是什么计划，它一定引
119 起了担忧，因为他很快又补充说，他的旅程时间不长，并且离开前他已经写信给华伦夫人“以免她担忧”。有人猜测，信中提到的可能是卢梭未加解释就去了一趟贝桑松。在这次旅行中，卢梭的箱子被没收了，因为海关官员在其中发现了某人送给他的一首打油诗，怀疑他要在法国传播异教思想，而这是犯法的。在这封信中，卢梭还感谢他父亲给华伦夫人回了信，尽管他拖延了很长时间。

> 六个月了，除了希望您能对华伦夫人所不断地、好心地给予我的诸多照顾和帮助表示一点点谢意，我还要求过您别的什么吗？但您做了什么呢？不但什么都没做，您还忽略了对她起码的礼貌和礼节。如果您这么做只是为了让我难过，那么您完全错了。您这是在与一位无比善良、有无数美德的值得尊敬的女士打交道，她所处的阶层和地位不应该被轻视。我经常看到，不论她何时荣幸地给宫廷那些最伟大的贵族写信，甚至是写信给国王，他们都会十分准时地回信。

在这番斥责之中，人们可以推断出伊萨克对华伦夫人让人改宗天主教之事心存愤恨，而且在他居住的地区，她在私生活方面的声誉也颇为可疑。此时据她从维韦逃离丈夫还不到十年，维韦距尼永三十英里；伊萨克可能已经对她和他儿子的关系有所怀疑，并打听了关于她的事情。看上去很可能在尚贝里当地也产生了谣言，尽管她的社会地位和在教会中的人脉能够防止这些谣言破坏她的特权地位。几年后，卢梭给一位女士写了一封愤慨的信，这位女士显然曾经拿华伦夫人的行为开玩笑。信的内容主要是关于金钱方面的争议，卢梭与其赞助人之间的可疑关系也是讨论的主题之一。他愤愤不平地为她的美德辩护，还特别把她描述成他的教母，而这当然不是事实。“她的行为没有什么需要隐藏的，她也不害怕敌人的任何言语……很多值得称赞的、相当优秀的人都知道我很荣幸地成了华伦夫人的教子；她好心地把我抚养长大，并在我身上激发了无愧于她的正直和诚实的情感。”类似地，她的朋友孔齐耶的抗议也显得太过了，120
他说道：“这位男爵夫人，无疑是发现安纳西太小，不足以施展她的计划和想法才来到了尚贝里，而不是为了逃避她那虔诚的教师的警戒。因为到那时为止，她的行为举止一直能够不受任何怀疑，甚至也经得起一个漂亮聪明的外来者通常会遭受的那些诽谤。”谈到她的行为举止“到那时为止”能够经得住怀疑时，他无疑是在暗示从那时之后人们的态度发生了变化。

在给他父亲的第三封信中，为回应父亲的不断督促，卢梭承认是时候找一份职业或者营生了，但他接着黯然评论了那些看上去可行的选择的可能性。教职和律师被排除掉了，因为没有钱支付必要的学费；做生意也是这样，资本是必需的。关于这点，即使是一些较为卑微的生意，也需要一笔不菲的学徒费用，而且现在为时已晚。“我确实对雕刻师行业有所了解，但它从来就不对我的口味，此外，我也肯定没有学到足够的东西用以谋生，也没有师傅会愿意不收报酬地教我。”看到这一切，他感到眼前只有三条路可行。第一条路是继续教音乐，因为在这个地方小城有大量的需求，竞争者也不多。第二条路是给一些大人物当秘书，发挥他已经发现的、自身所具备的写作天赋。第三条路是给年轻的绅士当督导或家庭教师。在未来几年里，卢梭确实尝试了这三种谋生方式，但他可能已经开始考虑未来究竟走哪条路了。“我分两个主要部分进行系统学习：第一，有助于启发心智并使其充满有用且适宜的知识的一切；第二，能够在智慧和美德方面训练心灵的方法。华伦夫人仁慈地为我提供了书籍，我已经尽可能地取得最大的进步，尽可能地安排我的时间，不虚度一分一秒。”他开始自己订购书籍，包括数学和拉丁文学名著。他还订阅了《法兰西信使》，这大大开阔了他关于当代书籍和思想的视野。

上文提到的智慧和美德并不仅仅是一般的陈词滥调。卢梭
121 对哲学感兴趣，但他也很严肃地对待宗教——华伦夫人所拥护的宗教的形式是轻松和宽容的。她从前在维韦的家庭导师是虔信派的牧师和神秘主义者弗朗索瓦·马涅；她的姑妈们曾被当地的宗教法院召唤去解释她们非正统的宗教观点——强调内在的精神，倾向于忽略加尔文教徒对预言和罪孽的热衷。十八世纪日内瓦的宗教礼拜仪式仍然要求信徒祷告“我们是悲惨的罪人，生于堕落，天性邪恶，自己没有能力行善”。华伦夫人皈

依天主教时的公开声明要乐观得多:“我宣誓，我们的主已经赋予了他的教会赦免罪行的权力——不管那罪有多么大，并且给予了教会颁发赎罪券的权力，而赎罪券的使用对于基督徒是十分有益的。”得益于她对宗教的自由理解——与盖姆修士和加捷修士的观点十分类似，卢梭得以从少年时代的僵化教导中解脱出来。这些教导包括自然是邪恶的;人类的冲动通常是罪恶的，必须用意志力严格控制感情。

卢梭满怀热情地接受了这一新的态度，阅读了圣弗朗索瓦·德·萨勒的作品，变得如他后来所说的“虔信费奈隆的风格。”费奈隆是他所喜爱的《特勒马科斯纪》的作者;这部作品讲述了一个关于美德和正直的高尚故事。弗朗索瓦·德·萨勒曾是日内瓦的主教，后被流放到安纳西，主张神圣的直觉比有意识的思考更可取。正如斯塔罗宾斯基所发现的，卢梭关于人类幸福的理想化描绘的基础正是这种思想的一种世俗化形式。此外，尽管伏尔泰和狄德罗这样的启蒙思想家把宗教等同于压迫人的制度化的教会，卢梭仍然把它视为一种精神上的体验。最终，他会抛弃大多数正统宗教的教条，但那个在日内瓦扮演传教者玩耍的少年仍然活在这个要给世界宣讲个人本真性和社会正义的男人身上。在后来的岁月里，安纳西的神学院前的街道根据不同时期的偏好，有时以弗朗索瓦·德·萨勒命名，有时则以卢梭命名，似乎是非常恰当的。

卢梭在尚贝里的生活似乎进入了平淡舒心的、日复一日的状态，但未来的发展方向仍然未能明确。“我就这样在音乐、药物、项目和旅行中间度过了两三年光阴，不停地从一件事转到另一件事情。我想固定干一样事情，但又不知道究竟干什么事

情才好。不过，在这期间，我对读书做学问的兴趣愈发浓厚，
122 去拜访文人，听他们谈论文学，有时候还插嘴说几句，当然，我的插话无非是从书上学来的那些术语，而不是对书的内容有什么真正的见解。”华伦夫人的朋友孔齐耶特别喜欢伏尔泰；卢梭和他一起如饥似渴地阅读了这位大师的作品，并努力模仿他的优雅风格。其他各种各样的人拓宽了卢梭的视野。他结识了让-樊尚·高福古。此人和卢梭一样，是一位日内瓦钟表匠的儿子，但要比卢梭年长一辈。他真挚的友爱让卢梭感到无法抗拒。“不管一个人是多么矜持，但从看到他的第一眼起，都会忍不住跟他熟悉起来，就好像认识他二十年了一样，我是一个很难从容地面对新面孔的人，但一开始和他相处也就是这样的感觉。”他们俩保持了终生的友谊。另一个很不一样的人物名叫加布里埃尔·巴格雷。他长相丑陋、以奉承巴结他人为生，企图讨好华伦夫人来谋取钱财，还教卢梭下国际象棋。卢梭可能没有意识到，巴格雷这样一个在很多国家都惹上了官司的老无赖，其实是为国王工作的某种秘密特工，有可能就是以这样的身份来与华伦夫人接触。但卢梭发现自己喜欢象棋，有好几个月他完全入迷了。他在象棋方面着实有天赋，但他只有依靠直觉而不是背棋谱下棋的时候才能把棋下好。他努力记住的那些开局和排兵布阵的招数在实战时一点都不起作用。

华伦夫人努力让卢梭掌握一个绅士所必需的那些技能，但仍然成效不大。他上过舞蹈的课程，但总是学不会不用脚后跟踏步；他也上过击剑的课程，但练习了几个月，他的老师仍然可以随时打落他手中的剑。甚至在音乐方面，他也意识到自己进展不快。那时他已经牢牢地掌握了基础知识，但因为他从来

没有学习过即兴演奏，更有造诣的音乐家对他的能力总是抱有怀疑。有一次，一位来访的年轻贵族想考考他的知识，并且很友善地让他通过了测试，但在另一次公共音乐会中，有人认为他不能胜任，所以他没有得到表演机会。

时间就这样流逝，卢梭在填补阿内的管理角色方面显然失败了。他清楚地意识到华伦夫人对他的效率低下感到恼火。这 123
时，他生了一场病，帮助他摆脱了困境。他的症状是发烧和胸痛，这有可能是生理上的原因，也有可能有精神方面的因素。“由于身体越来越虚弱，我变得安静多了，出外旅行的兴趣减少了。我喜欢待在屋子里，我心里感到的不是无聊，而是忧伤；忧郁代替了激情，颓丧变成了忧伤，时常无缘无故地叹息和哭泣。我担心我还没有享受到生的乐趣，生命便离我而去……最后，我终于病倒了。”在十八世纪，“忧伤”（melancholy）和其后的“忧郁”（vapors）两个词意味着严重的精神困扰，在今天可能会被表述为抑郁（depression）。有趣的是，华伦夫人自己时常也抱怨身体不适，经常前往疗养胜地放松身心；她调制的草药制品有可能一开始计划用在她自己身上。

卢梭成了像孩子一般的病人。通过这种方式，他给自己的不称职找到了理由，并且让华伦夫人又回到了他的妈妈的角色之中。这办法奏效了。她亲切地照顾着他，和他聊天，为他流泪，看上去“我完全成了她的作品、她的孩子，她比我的生身母亲还亲”。从某种意义上说，这种感觉是真的。她是一位志愿母亲，在并不是必须这么做的时候选择做了卢梭的妈妈；在卢梭本该在感情上与生母分开的年龄阶段，他和她联系在了一起。现在，他作为一个病人享受着精神上的亲密——这种亲密取代了性爱方面的渴望，“不是那种情爱上的占有，而是更根本的一种占有。它与感官的享受、性的冲动、年龄的大小、容貌的美丑无关；它是建立在只有死后才会消失的、使一个人成为人的一切上的占有”。但不管华伦夫人多么关心卢梭的健康，看上去她并没有接受卢梭所做的不靠谱的承诺，也没有同意卢梭从贝桑松写给他父亲的信中所说的：“我打算请求华伦夫人发发善心允许我和她一起度过我余下的生命，直到我生命终结的那一天；我会以最大的能力来回报她。”

当卢梭的健康情况开始好转，华伦夫人让他接受牛奶疗法。他原来在阿尔沃山谷也接受过这种治疗。为此，到乡下去住可能会更好些，特别是尚贝里拥挤阴暗的房子已经让他们俩都觉
124 得压抑。他们已经不再继续租用郊外的那个小花园，一方面是为了省钱，另一方面是因为阿内死后园子里面的植物已经荒芜。于是，他们必须去乡下找一个地方静养。很快，华伦夫人租下了城外山中的一座漂亮的房子，从尚贝里步行就可到达，“但地方很封闭和偏僻，仿佛离城里有一百里远似的”。它所坐落的小山谷名叫夏梅特。

第七章 125

夏梅特的田园生活

夏梅特的漂亮石屋——夏梅特也称作沙尔姆，名字源于当地的一片鹅耳枥树林，而非其他吸引人的特质——是目前少数还能参观的卢梭故居之一。今天，它已经成了卢梭纪念馆，访客能够看到据说是卢梭曾经使用过的、放在壁凹之中的小床，也能看到华伦夫人的大一些的卧室和隔壁的一个祭坛——有时候神父在那里做弥撒。华伦夫人 1738 年 7 月 6 日与这所房子及这片土地的主人诺瑞上尉签署的一份租约保存至今，不过那时她已经和房东口头达成了夏天使用房屋的协议，就像她 1735 年和 1736 年夏天所做的那样。在那些年，一个名叫让·吉罗的人租用了附近的农场，生产小麦、黑麦、大麦、蚕豆和荞麦，产量适中。牲畜方面，有两头公牛、两头奶牛、两头小母牛、十只羊和十二只家禽。吉罗住在一个类似谷仓的屋子里面，而华伦夫人住进了配有家具的房子。1737 年，她产生了亲自耕作的念头，短期租赁了附近的一块农场，1738 年吉罗退租了，于是她和诺瑞签订了那份租约，一并租下了房子和农场。

在卢梭带着怀旧情绪的写作中，他把在夏梅特的时光称作一段无比宁静的田园生活。在晚期著作《一个孤独漫步者的梦》
127 中，他回忆这是一段黄金时光，亲爱的妈妈让他解放了，“完全的自由，而且比自由还要好，因为我只需要听从我的感情，只需要做我想做的事”。在《忏悔录》中，他描述得更加生动，用富有韵律的词句再现了他强烈的感情。“我一生中仅有的短暂的幸福生活，就是从这里开始的。使我有权利说我活过了的那段安宁恬静而转瞬即逝的时光，就是从这里开始的。让我如此思念的珍贵时光啊！请为我重新开始一次你那美好的历程，如果可能的话，在我的回忆中慢慢流淌，而不要像你实际上那样白驹过隙、一闪即逝。”他认为这是一段真正幸福的时光，而非短暂的愉悦，如此的幸福以至于当时具体是在做什么事情都变得无足轻重了。

128
> 如果这一切是由种种行动、行为和言语构成的，我当然可以在某种程度上把它描绘、表达出来；但是，如果这一切我既没有说过，也没有做过，甚至想都没有想过，而只是体验过和感觉过，连我自己除了有这种感觉以外，也无法说出我的幸福的对象，在这种情况下，我要如何讲呢？太阳一升起，我就起床，觉得很幸福。我出去散步，觉得很幸福。我看见妈妈，觉得很幸福，即使我离开她，我也感到幸福。我在树林中和山坡上到处转悠，我在山谷中漫游。我读书，悠悠闲闲地在园中劳动，采摘果子，帮着做家务活。我走到哪里，幸福就跟随着我到哪里。幸福不存在于人们可以指认出的任何单一的事物中，它存在于

我的自身，它一刻也没有离开过我。

乡村的好空气看起来让卢梭的健康暂时有所恢复，但好景不长。他吃饭时戒了原本喜欢的酒，开始喝大量的水。他自己诊断，因为山里的水太硬，不知怎么就把他的胃搞坏了。这证实了他最近患上的疑心病。“不能消化任何东西，我认为是没有治好的希望了。”他身体孱弱的常态可能还不足以引起华伦夫人的关切，紧接着，恰如其时地来了一场急病。一天早晨，他感到自己的心脏开始猛烈地咚咚直跳，以至于他都能感觉到自己的动脉在跳动，他的耳朵充满着蜂鸣声、哨子声和潺潺的流水声。他很害怕，躺到了床上。人们去请了医生，但医生建议的疗法根本不起作用。这一疗法显然包括很猛的泻药，据卢梭描述那疗法令人恶心。在那些年月，医生还依靠着从古希腊时代流传下来的经验法则治病，治好的可能性跟治坏的可能性一样多。直到 1799 年，乔治·华盛顿还因为医生放掉了他三分之一的血而去世了——为了治疗他的咽喉疼痛。同时，医生的数量也不多。卢梭生活在尚贝里的时候，这个一万人的小城里只有四个医生，在萨瓦全境平均下来两万居民只有一个医生。此外，医疗工作还有奇特的划分：内科医生不允许自己动手工作或流血（显然是因为他们在中世纪的本来的身份是神职人员），同时被认为比医生低等许多的外科理发师则被禁止对内科发表意见。

不管卢梭的病因是什么——耳鸣的问题自此从来没有完全离开过他，很有可能是真实的机体失调——这场病也给他带来 129
了一些好处，不光是有了让妈妈担忧和关心他的理由。他相信这些可怕症状的出现，预示着他将从性欲的挫败中解脱出来。“这件事看起来好像会摧毁我的身体，但它实际上只不过消除了我的情欲。我每天都为这个病在我灵魂中产生的良好效果而感谢上天。可以这么说，我只有在把自己看作死人之后，才真正开始生活。”余生中，他经常提到，当面临即将到来的死亡时，他感到是一种解脱而不是痛苦。“我长期隐居和经常生病的时候，是我一生中最勤快和最不感到无聊的时候。”最后他甚至承认，往往会利用疾病来达到目的。他向一个为他提供乡村静养地的仰慕者坦率地承认从朋友那里索取了很多东西：“作为一个病人，我有权利认为，仁爱（humaneness）应归功于衰弱的身体，以及遭受痛苦的人的突发奇想。”

当葡萄收获季节过去，天气变冷，卢梭就要回尚贝里那座阴暗的房子去了。“因为我怀疑自己活不到明年春天，所以我认为要和夏梅特永别了。我亲吻了夏梅特的土地和树林后，依依不舍地离开，一边走，一边无数次地回过头看它们。”回到城里，卢梭就成了全职的病号。虽然没有更加可怕的症状，但他成天失眠、无精打采，他解散了所有的音乐学生，成天卧床。幸运的是，照顾他的医生让-巴蒂斯特·萨洛蒙准确地意识到，对卢梭来说，精神激励比吃药更加重要。于是他和卢梭经常聊天，谈论哲学和科学。萨洛蒙是笛卡尔的信徒，对笛卡尔的著作很有研究；很快卢梭就开始如饥似渴地读书，以帮助自己跟上与萨洛蒙的对话。他“反复读了一百遍”贝尔纳·拉米神父写的一本入门读物《关于科学的谈话》(*Conversations on the Sciences*)；这本书试图将宗教信仰和科学探究融合在一起，出版于半个世纪前，并不是最新的书，但它写得清楚简洁，对于一个摸索前进的自学者来说是非常宝贵的。拉米神父在书名中使用了“科学”一词的复数，意味着方方面面所有的科学知识，包括文学和历史。让卢梭印象最为深刻的是，拉米神父强调学习不仅是像学生们通常所做的那样去记住一些信息，更为重要的是动手去做。“在年轻时知道了所有东西后，”拉米神父写道，“一旦他们的老师离开，他们就不能够再学会任何东西。但当 130
一个人竭尽全力地去追求真理时，所有的科学都将一直扎根在他的心中。”对卢梭而言，自我教育的经历是令人陶醉的。在他二十多岁这段时间中，他不仅是在弥补知识上的差距，还在学习如何思考。另外，他对人类思想的新兴趣产生了萨洛蒙先生所预期的那种实际效果。“我不再琢磨我的病，疾病对我的影响也少了许多。”

春天的到来使得情况进一步好转。在卢梭余生之中，每到冬天，他总是对自己的健康感到极度担心。“当我看到草木在初春吐露的幼芽时，心中的快乐真是难以形容。再看到春天，这对我来说，无异于重登天堂。积雪一融化，我们便离开了城里那座监牢似的房子，早早地来到夏梅特听夜莺的初次鸣啭。从那个时候起，我就不再认为我会死了；实际上也的确很怪，我在乡下从来没有生过什么大病。”的确，他仍然感到身体十分虚弱而不能工作，哪怕是最轻微的动一动铁锹铲土的劳动，也会让他感到头嗡嗡作响。于是，他只好去做一些照看蜂箱和鸽棚的工作。他与鸽子们成了朋友，它们会很放心地落在他的手臂和头上。“我总是特别喜欢驯化动物，尤其是那些胆小和野生的动物。能把它们养驯到愿意信任我，这让我感到高兴。我也从来没有利用过这种信任去伤害它们。我想要它们自由地爱我。”需要补充说明的是，这些鸽子愿意住在鸽棚里，是因为这里有人喂它们，而它们的命运是被轮流吃掉。

尽管卢梭宣称身体还很衰弱，但他能够经常到夏梅特的山上长途步行。他养成了日出前起床的习惯，沿着一条能俯瞰尚贝里的小路爬山，一边走一边做晨祷，“向我眼前所见的如此美好的大自然的创作者祷告”。然后绕上一大圈回家，等到华伦夫人房间的百叶窗打开，就赶快跑去问候她。应该是有一个仆人负责打开百叶窗，因为有时候他去了，发现她还躺在床上半睡半醒，就会抓住机会拥抱她一下，“我们的拥抱，既纯洁又温柔，它的纯真无邪，让人感到一种永远不会与肉欲的快感联系到一起的魅力。”他确实想要这样的拥抱，就如其著作的编辑所评论的，“很可能是他的疾病以及随着而来的‘极度虚弱’让他
131 能够恢复这种‘纯真无邪’”。

他和华伦夫人一起吃早餐、聊天，然后到农场里干些活儿——农场也雇用了几个工人。偶尔他们会去山里面远足。卢梭记忆深刻的是8月25日的一次长时间远足，那天是她的守护圣徒圣路易的纪念日。他们在户外用树枝生起了火堆，煮了咖啡，和接待他们的农民共进晚餐。卢梭说他当时激动地跟华伦夫人大叫道：“妈妈，妈妈，这样的日子我已经盼望很久了，除此之外，我什么也不想了。谢谢你，让我的幸福如此美满，但愿它今后永不衰减。”但这一幸福的顶峰一定是在他们刚来夏梅特的时候就达到了，因为他提到这次他们正在探索房子旁边的“我们尚未去过的”山坡。

这些年的时间表很不清楚，因为卢梭倾向于把他所有快乐的回忆融合成一种连续不断的状态。而实际情况比这复杂多了，特别是他在华伦夫人很在乎的两个方面还是达不到她的要求：他完全不能胜任农场的管理，还有他的拥抱太纯真了。很

快，他的一个竞争者出现了。这个人的出现让卢梭感到很痛苦，以至于他在《忏悔录》中对他作了一段很容易令人误解的描述，而且在书中此人出现的时间比实际要晚得多。这个新来的年轻人名叫让-萨米埃尔-鲁道夫·温曾里德，是位于日内瓦湖东端的希戎城堡的看门人的儿子。他比卢梭年轻四岁，经历和卢梭很像：十六岁时离开家到处冒险，1731 年路过尚贝里时认识了华伦夫人并改宗天主教。1737 年夏天，他再次出现，很快就成了华伦夫人的管家和情人，在克洛德·阿内去世后已经很久没有人为她做这些事情了。

卢梭发现温曾里德让他无法忍受。他身材高大，一头金发，说话大声，充满自信，很喜欢吹嘘他在为一个假发商工作的时候给丈夫们戴绿帽子的那些风流事，很愿意对农场的事情指手画脚。“他爱大声嚷嚷，而我总是很安静。他整天在地里、草料场、木工房、马厩或家禽场转来转去，每到一处总要大声嚷几 132
句。只有花园里的事情他不管，因为花园里的工作太安静了，没有任何噪音。他最大的乐趣是装载木材、锯木头或劈木头。他手里总是拿着一把斧子或是一把鹤嘴锄，你会听到他跑来跑去，叫嚷个不停。”卢梭认为华伦夫人被他那种忙活劲儿和嚷嚷蒙蔽了十分可悲，但事实上她十分迫切地需要有人承担起阿内原来承担的责任；就如她忠诚的朋友孔齐耶很久以后所说那样，她无可救药地沉迷于“耗资巨大的计划”之中。

接下来的二十年，温曾里德成了华伦夫人身边不可或缺的人。实际上很多人都认为他是一个有能力的人，特别是他和他的雇主后来将精力投入莫里耶讷山谷南部的富有挑战性的采矿事业之时。1757 年，一位尚贝里的官员对他的描述与卢梭笔下的那个逗乐小丑完全不同：“他富有智慧和生气，对与开发矿产、挖掘煤炭有关的任何事情都了如指掌。他很会表达自己，很健谈，知道如何让他所做的一切有价值。”卢梭尝试通过像阿内当他导师（mentor）那样当上这位新来者的导师，来恢复对局面的控制，但结果白费力气，温曾里德最不需要的就是导师。

关于温曾里德在华伦夫人床上所尽的义务，卢梭深感心伤，但他并没有与他竞争的想法，特别是当华伦夫人提出让他感到羞辱的、让他们俩像他和阿内原来那样分享她的爱的建议时。“我对她的感情从来没有像那一刻那样纯洁、真实和强烈，我的灵魂的真诚和正直也从来没有比那一刻更明显。我猛地一下扑在她的脚前，抱着她的两膝大哭起来，眼泪湿透了她的膝盖。‘不，妈妈，’我激动地哭道，‘我太爱你了，所以我不愿意轻贱你，你已经委身于我，这太珍贵了，不能让人与我分享。’”他还庄重地说，或者是他记忆中这么说：“我愿意死一千次，也不愿意品尝那种糟践我所喜爱的人的玩乐。”这是从他妈妈的小说中看来的夸张的浪漫语言，而实际上他内心正陷入剧烈的混乱之中，“我一生中的一次突然和彻底的颠覆（Bouleversement）”。他曾用这个词语描述他儿童时代因为摔坏梳子而遭到惩罚时的
133 感觉：“这会让这个聪明善良的小孩的心中、脑中和整个人发生多么大的颠覆！”

让卢梭感到最受伤的是，华伦夫人不仅仅是找到了一个新的情人——情人这个角色他并不是很在乎，而且找到了一个新的儿子；她竟然要求他称呼温曾里德为“弟弟”。最后他发现，他对他们俩的关系理解跟华伦夫人的理解截然不同。“我已经开始自我要求节制房事，而她也表示赞同。然而，节制房事是女

人们绝不原谅的事情之一，不论她们外表上装得如何……就拿最通情达理和情欲最淡薄的女人来说，她也认为男人（即使是她在其他方面最不在乎的男人）最不可饶恕的罪过是，明明有机会和她交欢，但偏不和她交欢。”

大概就在这个时候，可能是在温曾里德到来之前不久，发生了一次可怕的事故。1737 年 6 月，在他二十五岁生日前的一天，卢梭尝试着进行一项科学实验来制造隐显墨水——这种墨水在用的时候是隐去的，但是用一种“显色”化学药水处理后就能显现。他将生石灰、硫化砷与水混合，将混合物放入瓶中并用软木塞塞住，这些化学物质开始快速反应并冒出泡沫，把他给吓坏了。还没等他来得及打开瓶子，它就爆炸了。他暂时性失明了，还不小心吞下了一些有毒的混合物。因为觉得自己就要死了，他立刻口述了一份正式的遗嘱，并请六个见证人签了名。公证人证明，卢梭因为不能睁开眼睛，所以本人不能签名。在这份文件中，卢梭将他所有的财物，在抵偿债务后全部赠予华伦夫人（他莫名其妙地称呼她为华伦伯爵夫人），同时还带着明显的内疚声明如果他运气好活下来，他将在六个月内支付她 2 000 萨瓦里弗尔，“以报答这位夫人过去十年给他提供的住宿和供养”。值得注意的是，这份文件的开头用最坚决的词句突出了对天主教的忠诚：

> 鉴于死亡的必然性和死亡来临的不确定性，他已经准备好了向上帝报告他的所作所为，他作出如下遗嘱。首先， 134
> 他在身上做了十字架的标记，并以天父、圣子和圣灵之名宣告将灵魂献给创造他的上帝，恳求上帝基于耶稣基督的

> 功德、基于圣母和他的守护圣徒让和雅克的祷告，能够怜悯他，接受他的灵魂进入圣洁的天堂；他还申明将终生保持对神圣的天主教、教皇和罗马教会的神圣信仰，直至死亡。

卢梭很快就康复了，一个令人鼓舞的改善他财务状况的机会也在这时出现了。在日内瓦，二十五岁是法定的成年年龄，他终于能够要求继承他母亲的遗产了，不管那遗产还剩下什么。日内瓦住着一位年长的法国绅士，名叫皮埃尔·德·拉克洛叙尔。此人养了一个情人，据猜测，他对卢梭的母亲也有一厢情愿的爱慕之情，当时伊萨克·卢梭正在君士坦丁堡。卢梭以前在日内瓦的时候，“他经常和我谈起我的母亲，尽管她已经去世，时间已经过去那么久，但他心里对她的感情仍未消逝”。于是卢梭指望得到他的帮助。由于他脱离了新教，居住在日内瓦这座城市严格上来说是非法的，因此他在城墙外面找了个地方住宿，眼巴巴地等着，如同他给华伦夫人的信所说，“关在我的小旅馆里，就像一个正式的囚犯”。他还用一种委屈的语气写道：“这只是为了成全我的幸福，夫人，我已经没有您的任何消息了。”华伦夫人主要感兴趣的是那笔遗产的情况，因为她已经打定主意为这些年对卢梭的抚养要求一些补偿。让卢梭感到高兴的是，一位名叫雅克·巴里约的书商表示愿意做他的代理人，并向他保证亲自和拉克洛叙尔交涉，事情很快会有一个圆满的结局。最后他确实得到了继承6 500弗罗林遗产的权利，也就是苏珊·卢梭的儿子成年后可以继承的13 000弗罗林遗产中属于他的那一半。尽管弗朗索瓦杳无音信，但人们假定他总有一天会回来继承他的那一半，与此同时，伊萨克·卢梭可以继续收取这部分财产的利息。这笔最开始有 30 000 弗罗林之多的遗产的其余部分诡秘地消失了。卢梭说他用这笔意外之财的一部分买了一些书后，很快把其余的部分都给了华伦夫人。“她落落大方地收下了那笔钱，就像那些毫不稀罕金钱的美丽灵魂所做的那样——他们能够毫不费力地处理类似事情。”他承认，后来这 135
笔钱大都花在她身上了。

卢梭这次在日内瓦的时候，支持寡头统治的保守党和维护公民权利的自由党之间面临着爆发内战的危险。让他特别印象深刻的事情是“曾把我叫作他的孙子”的好心书商巴里约和他的儿子站在敌对的两方。“我看到父亲和儿子从同一所房子中全副武装地出来，一个上了市政大楼，另一个回到了他那一派人的集合地；他们两个人都知道，两小时后再面对面，就有可能要割断对方的喉咙。”危机后来很快平息了，但卢梭说，他当时发誓，如果有朝一日回到了日内瓦，绝不要卷入内战。

也是在这次旅行中，卢梭还做了些不那么光彩的事情。他去见贝尔纳姑姑的时候，被允许看了加布里埃尔舅舅的一些旧书——就是当年被叫到波塞打他的那个严厉的舅舅，他这时在南卡罗来纳的查尔斯顿当一名军队工程师。卢梭在书中发现了一份备忘录，里面包括与日内瓦城防工程有关的一些秘密信息；他当时产生了把文件拿给尚贝里税务局局长看的念头，“以证明我和了解国家机密的日内瓦要人有联系”。他很可能知道有关信息会传递到都灵，也知道他是在背叛他出生的城市，大概是出于一种报复心理。还好这件事没有产生什么后果，为人所知也只是因为他在《忏悔录》中曾提及。然而，从这件事可以看出，华伦夫人仍然希望继续从事秘密特工的工作。一个明显的证据是，一年后，卢梭知道加布里埃尔·贝尔纳舅舅的死讯，他写信给姑姑说，希望得到舅舅剩下的旧书和文件。另外，他在这封信的抄写本上标记了很多关于日内瓦城防工程的注释和草图。还有，当时卢梭制造的隐显墨水是干什么用的？

三十年后，卢梭已成为国际名人，他收到一个女人的一封来信。她还记得在卢梭的姑姑克雷蒙德·法齐家见过他一次。“我们注意到一个年轻人：在他自己的祖国，他看上去就像个异乡人；甚至对他的亲属们来说，也像个陌生人；自出生起悲惨
136 的命运就以痛苦和令人不快的方式伴随着他。我们含着泪与您分别，没有和您说什么，没有对您的不幸表现出同情。”她还富有洞察力地说，如果留在日内瓦，他绝不会成名。“您特殊非凡的命运成了激发隐藏在您灵魂中的天赋的动因和手段。”

卢梭返回尚贝里，夏梅特的房子和农场仍然被温曾里德占据着，再也没有家的感觉了。结果他又一次病倒了。这一次的症状很明显是由精神压力引起的。他自己承认，像其他感情敏锐的人一样，他陷入了忧郁之中。他感到心悸，想走快一些的时候就会感到窒息，弯腰时会感到头晕，虚弱得连最轻的东西都无法捡起来。他接受了针对忧郁症的历史悠久的应急治疗。为了诊断他的病，医生翻遍了医学教科书才找到这种古老的治疗方法。当然，他相信他正受苦于人类所知的每一种疾病，但医生们则认为他“无病呻吟”。最终，他认为他的心脏上长了一个肉瘤，一位十八世纪的作者把它描述为“一堆凝固性的淋巴细胞填充在心脏的一些大空腔里”。萨洛蒙医生相信这种说法，鼓励卢梭远赴蒙彼利埃找一个专家咨询病情。毫无疑问他是被

卢梭反复不断的焦虑状态给惹恼了，乐于摆脱他。华伦夫人同样力劝他前往。她有自己的理由，就是希望他离开小城，也许还希望他离开她的生活。

蒙彼利埃邻近地中海海岸线，在阿维尼翁和尼姆的西面，距尚贝里二百多英里。对一个自认为快要死的人来说，这是一次相当遥远的旅行。卢梭于 9 月 11 日骑马从尚贝里出发，两天后，抵达了格勒诺布尔，他仍然很顽固地给华伦夫人写信重申他的情感："夫人，请允许我再次冒昧地建议您保重身体健康。难道您不是我的亲爱的妈妈吗？我没有权利关心您的健康吗？您不需要经常被鼓励要更注意健康吗？"仿佛是为了换个话题，他在信中写到了伏尔泰的话剧《阿尔齐尔》，说这部剧让他感到气短和心悸加剧。提这个显然是故意要突出他和温曾里德的区别，在他眼里温曾里德是一个粗俗的市侩之徒。"夫人，为什么 137
有些人的心灵会让人感到伟大、高尚、感人，而其他人的心似乎只屈从于他们卑鄙的感情。"他自命不凡地总结说，还好他没有看更多的悲剧，因为这对他的健康来说很危险。信里面还专门提到了一件关于他自尊受伤害的事。一次，他帮华伦夫人送信，收信人想羞辱他，给了他一点小费；他温顺地接受后，出来的时候把钱给了看门人。"我不知道我是否做的恰当，但除非我的灵魂会改变样子，我就想不到其他的做法了。"

因为骑马太累了，到格勒诺布尔的时候卢梭雇了一辆马车，并加入了一个前往阿维尼翁的马车队。马车队的乘客中有几个妇女对这个害羞但英俊的病人发生了兴趣，特别是其中一个四十四岁的名叫拉尔纳热夫人的女人。她此行是为了赶回她在阿维尼翁北部的圣昂代奥勒堡的家。因为某些原因——他说如果让人知道他新近才转宗天主教，会被人看不起——卢梭称自己是英国的詹姆斯二世党人，支持被流放的斯图亚特王朝君主夺回王位；一时兴起，他还给自己起了个名字叫达丁先生。起这个化名倒也不完全荒谬。詹姆斯二世党人在阿维尼翁和蒙彼利埃很有名，颇受人欢迎；有这么一个人来到法国的这片地区也并非不可能。卢梭的这番陈述让他成了一个浪漫的逃亡者。不幸的是，他并不会说英语，很快他就开始担心自己会露馅，特别是当一个不怀好意的托里尼昂侯爵（Torignan，更准确的拼法是 Taulignan）试着打听关于王位争夺者的事情的时候。

拉尔纳热夫人很快就对卢梭表露出有所企图，尽管一开始，她必须克服卢梭的那种过度敏感，因为卢梭认为她是和托里尼昂侯爵一起阴险地嘲弄他。年长的托里尼昂侯爵确实是含沙射影地挖苦过她对卢梭的明显偏爱。卢梭明白了她的意思后，害羞得呆若木鸡，行事变得更加笨拙了，但她带他去散步，挽着他的胳膊按在自己身上，温柔地亲吻他的嘴唇，从而解除了卢梭的尴尬。他们共度了几个晚上，直到两人的旅行路线分开，
138 更不消说他们在马车里面整天调情。卢梭满怀感激地陷入了这个年长女人的服侍之中。她的想法很纯粹，就是为了一起找乐子。也不算是巧合，他的病竟然消失了。“瞧，拉尔纳热夫人把我给接管了。可怜的让-雅克，再见吧，什么发烧、忧郁，还有那个肉瘤，再见吧。当我和她在一起的时候，这些东西都不见了。还有一点心悸的毛病，那是她不打算给我治愈的。”更意外的是，他十足满意，“我感到了做男人的骄傲，为自己的好运而自豪。我快乐而自信地沉浸在感官的享受之中，分享着我在她身上所引起的反应。我怀着自负与对肉欲的喜爱思量着自己

的胜利，并由此获得再接再厉的力量。”有四到五天，“我尽情快乐，陶醉在甜蜜的快乐之中。我享受到了纯粹、强烈的快乐，不加一点痛苦。这是我一生中第一次也是唯一一次享受到这样的快乐，要不是拉尔纳热夫人，我很可能未能领略此中乐趣就死去了”。

整件事情最奇妙的方面是，卢梭荒唐的化名达丁让他感到自由。“她让我重新获得了自信，这种自信的缺乏几乎已经让我无法做自己了。”这种改头换面不再做自己的事情历来都有。在费奈隆《特勒马科斯》中，当英雄爱上了美丽的仙女，“他自己都没有意识到的、还在萌芽中的感情，就让他不再是原来的自己了”。像费奈隆这样的道学家理所当然地认为，特勒马科斯一陷入爱情，就背叛了真实的自己。卢梭的独创性在于能够把握两种角色，既是羞怯的让-雅克，也是热情洋溢的达丁先生，这反映出一种他需要去理解的更加深刻的统一。他在女人面前总是拘谨，害怕他羞手羞脚的示爱会被当成粗鲁的冒犯。华伦夫人给他带来的恐惧要多于鼓舞，因为尽管她公开对他示爱，他还是认为他在某种程度上玷污了他。现在终于有一个完全陌生的人向他坦露爱意，一位善解人意的维纳斯从一位患病的阿多尼斯身上得到了快乐。正如斯塔罗宾斯基所发现的，卢梭的裸露癖和受虐癖已经成了一种策略，由此，他就能保持被动，让别人主动，但女人们看上去从来没弄明白卢梭对她们有什么期待，如果弄明白了，就会发现他很荒唐。现在卢梭终于病倒了，躲在达丁先生这个假身份背后，他能够接受一个女人的示爱，而这个女人也知道她到底要什么。也许，她甚至给了他所渴望 139
的那种惩罚。在《忏悔录》中他说他一直都无法提出这种要求，但可能尽管他没说，她凭直觉也知道了他的愿望。

分别的时刻到了，卢梭继续前往蒙彼利埃。他许诺在看完病后，会去拉尔纳热夫人家里拜访她（她已经和丈夫分开两年了）。在路上，他特意绕道去参观了加尔大桥——它实际上不是“桥”，而是罗马人建造的一个很大的引水渠，用于穿越加尔峡谷，将饮用水送至尼姆。这一工程的宏伟气势完全超出了他的想象。“我的脚步声在这些巨大的桥涵下回响，使我相信我听到了建筑它们的人的响亮的话音。我宛如一个昆虫迷失在这座庞大的建筑物里。但即使我觉得自己变得越来越渺小，有一种难以名状的力量提升了我的灵魂，使我叹息着自言自语道：‘为什么我没有生成一个罗马人！’”在波塞的时候，朗伯西埃先生曾经一边叫喊着“有一条地下水渠！有一条地下水渠！”，一边把卢梭孩提时的工程摧毁殆尽。现在他带着崇敬的心情站在一个象征着罗马时代伟大成就的真正的水渠面前，头脑里那些情欲的想法也被冲淡了。“我花了好几个小时全神贯注地沉思。当我回过神来的时候，却仍免不了驰心旁骛，恍然如梦。这种白日梦并不讨拉尔纳热夫人喜欢。她小心地提醒我，提防蒙彼利埃女孩们的勾引，却没有告诉我要提防加尔大桥。智者千虑，必有一失。”

身体健康的好转，让卢梭感到旅途上处处都令人愉快。四十年后，他很满足地和一位朋友谈到，“在到达蒙彼利埃之前不远的一家旅馆里，我们吃到了非常丰富的晚餐，有野味、鱼和蔬菜。便宜的价格、令人愉快的服务、美丽的风景和宜人的季节，使我们决定让马车先走。我们在那里开心地逗留了三天。我从来没有吃得这么好过”。到蒙彼利埃后，卢梭在低街（今天的让–雅克·卢梭街）租了一间房，并在一位叫托马斯·菲茨莫里斯（Thomas Fitzmaurice）的爱尔兰医生家里吃包伙；这位医生也负责指导他进行食疗。之后，他又去咨询了著名的安托万·菲茨（Antoine Fizes）医生。不出意料，这位医生认为他得的是忧郁症。多年后，卢梭告诉一位朋友，著名的“菲兹（Fitse）医生”（更有可能是指菲茨，而不是菲茨莫里斯）“微笑着看着我，拍着我的肩膀说：‘我的好朋友，时不时地给我喝上 140
一杯酒’，他把我的幻想称作‘幸福之人的毛病’”。

由于卢梭还有从母亲遗产中得到的一些钱，因此一段时间内他还能够过得比较舒服。他有不少日子是跟一群学医的学生厮混在一起，给他们的球赛下一些小的赌注，一起在酒馆里喝酒吃饭。后来他回忆这段日子大概是两个月，但实际上至少有两倍那么长，并且，也并不像他在《忏悔录》里面的描述那么快活。当时，他给尚贝里的朋友的信里写道：“蒙彼利埃是一座人口稠密的大城市，被肮脏的街道分割得像一个大迷宫一样。这些街道迂回曲折，仅六英尺宽，两边既有富丽堂皇的大楼，也有满是泥土和粪便的穷困的小屋……女人们分成两类。贵妇们早晨忙着化妆，下午打牌，晚上纵情酒色；而中产阶级妇女的消遣只有酒色。”甚至周围的乡村也并不让他满意。稍后，他写道：“我不喜欢不毛之地，普罗旺斯对我的吸引力不大。”

对于华伦夫人，卢梭抱怨她不及时给他回信，并声称如果他再没有她的消息，他将提早到十二月返回尚贝里，尽管之前她曾经要求卢梭在那里待到次年六月的圣约翰日。他的钱剩得越来越少了，由于海边有雾和平常的“糟糕空气”，他的身体也不好了。此外，“这里的食物很糟，我告诉过你的，我没有开玩笑。酒太烈了，总是让人不舒服；面包说实在的倒还过得去，但没有牛肉或黄油。除了用臭油烹制的糟糕的羊肉和大量的海鱼外，这里实在是没什么可吃的。您要是吃了我包伙的公寓里面供应的汤和蔬菜炖肉，不可能不吐出来”。他可能也提议过，在回家的路上要停留一下，前往一座美丽的小镇拜访他在路上认识的“好朋友”——暗指拉尔纳热夫人——但他真正想的是如何恢复他在华伦夫人家中以及她心里的地位。“以上帝的名义，做好安排，让我不要在绝望中死去吧！除了这唯一的条件我不可能同意，所有的事情我都同意，所有的安排我都服从，即便是让我成为最悲惨的命运的猎物。啊，我亲爱的妈妈，难道您不再是我亲爱的妈妈了吗？过去的这几个月难道不是太长
141 了吗？”他所说的不能接受的事，可能是指要求他永远地离开她的家庭。在结尾他写了一句没人能解释清楚的神秘的话：“你知道有一种情况下我可以甘心接受这件事。但这种情况是几乎不可能的。你懂我。”

二月他启程回家。他没有如约前去拜访拉尔纳热夫人，尽管两人经常联系（信函已经都丢失了）。他对此的合理解释是，拉尔纳热夫人有一个漂亮的十五岁的女儿，他担心自己会爱上她。他对自己战胜了这些杂乱的念头表示满意：“我生平第一次尝到了内心的满足，我对自己说‘我值得自己的尊重，我知道如何将责任置于快乐之上。’”但他自己应该知道，真实的原因是，如果他和拉尔纳热夫人建立了真正的感情，所有让两人的邂逅变得美好的事情都会不幸地逆转。于是拉尔纳热夫人从历史中消失了，但又意外地和巴克莱、巴西勒太太、盖姆修士等许许多多与卢梭相遇的人一样，意外地获得了不朽，就因为她

在旅途中碰巧和一个年轻的陌生人共度了几个良宵。

期待已久的重新回到妈妈身边让卢梭失望到了极点。卢梭已经写信告知了他将抵达的时间。由于日程有所提前，他在路上闲逛打发时间，以求在约定的时间得到热情的欢迎。当他抵达夏梅特的时候，似乎一个人影都没有见到，这让他很惊恐。但有一个女仆看到了他，冷淡地跟他打了个招呼。华伦夫人和温曾里德待在一起。她温和平淡地欢迎了他，这让他感到震惊。“我上楼去，终于见到了她，见到了我如此温柔、强烈和纯洁地爱恋着的亲爱的妈妈。我跑到她跟前，扑倒在她的脚下。‘啊，你回来了，小家伙，’她一边拥抱我，一边说道，‘你旅途愉快吗？’”

卢梭原本被告知待到六月份再回来，结果他二月份就回来了。华伦夫人虽然让他留了下来，但也没有安排什么事情给他做。田园诗的生活结束了。他没完没了的依赖越来越让华伦夫人感到烦恼。他梦想的两人之间的相互依恋也已经消失了。接下来的一年半，他独自居住在夏梅特，即使严寒的冬天也是如此，而她主要待在城里的宅子里。温曾里德在两地之间来回，以便管理农场的事务。随着他的地位上升，这位主人的新 142
宠起了一个让卢梭甚是轻蔑的显赫名字：“他觉得他的名字‘温曾里德’不够高贵，便改名换姓称自己为‘德·库尔蒂耶先生’。”这种蔑视几乎没有道理，因为温曾里德来自沃州的库尔蒂耶镇，他的出生证明表明他是“城堡管理员和法官库尔蒂耶先生”的儿子。卢梭曾经和温曾里德（或者是德·库尔蒂耶先生）联合签署过一份法律具结书，声明华伦夫人的一名仆从被发现口袋里装满了偷来的栗子、豆子和小麦。这件事对卢梭来说一定十分痛苦。正如克兰斯顿所指出的，卢梭自己也曾经从雇主那里偷过东西（实际上还会再这么干），但现在却“和他藐视的一个投机的同事一起扮演警察的角色，去惩罚一个可怜的仆人”。

很多时候，卢梭只好与华伦夫人用信件方式联系，仿佛她在很远很远的地方，而不是只在几英里之外。有时候他试着做出风趣的样子，使用拗口、滑稽的韵文给她写信：“夫人，抓到四只老鼠的消息我收到了。四只老鼠不是小事，我不是开玩笑。我可是用极大的热情写下这些会念给您听的悄悄话：‘夫人，抓到四只老鼠的消息已收悉。’”另一些时候，他明显就是在挖苦和讽刺。“我亲爱的妈妈，既然您住在城里，难道就没有过一时的念头，花个一天时间来乡下玩一玩吗？如果我过人的天赋能够吸引你这么做，请提前三到四个月通知我一声，我会非常感激的，这样我就能做好准备接待您，在‘我家’（chez moi）让您享受到应有的待遇。”这儿本应该是“我们家”（chez nous），但现在已经不再是了。

两周之后，卢梭悔悟了。他以“最体贴的儿子”的名义给他“最亲爱的妈妈”写信，忏悔他不该跟温曾里德吵架而冒犯了她。尽管她许诺将在十天后的复活节宽恕他，他抱怨已经有一个多月没能见到她了，并补充说：“我确信，当像您这样的人一旦心里爱上一个人，就像记忆中对我的爱那样时，就不可能会粗心到认为，需要用宗教的动机来调解这件事。即便您原谅我，我也把它当作您给我的一次小小的羞辱，我知道完全理解您的真实感情会使痛苦变得甜蜜。”这话说得已然太晚了，四十
143 年后他意识到了这一点。“啊，要是我在她的心中能像她在我心

中那么重要就好了！”他应该也开始认识到，田园生活通常包含着幻想元素。克莱芒指出，在《爱弥儿》续集中有一段应该与此有关，当爱弥儿的妻子背叛他后：“为什么不能让我在这愉快的情景中度过几个世纪，去爱她、敬她、珍惜她、在她的暴虐之下呻吟，想折服她而又不可能，为什么我不断地请求、哀求和渴望，就是什么都得不到呢?”卢梭得不到他所想要的，原因在于，华伦夫人想要的是一个精力充沛的伴侣和情人，而不是一个可怜的依赖她的人。

现在，卢梭在夏梅特所拥有的与妈妈完全无关了，只剩下大自然和书籍可以作为慰藉。他沉浸在孤独和受伤之中，终于，他知识分子的职业生涯开始成型了。他已经养成了学习的习惯，现在学习成了关系的替代品。“因为缺乏两人之间的单独相处，一边吃一边阅读已经成了我的喜好。”后来他写道，“它补偿了我所欠缺的社交生活。我吃上一口，读上一页，就像我的书在陪我一起用餐一样。”为了得到指导，他阅读了一些大多由神父写作的教科书，这些书可能被当时的思想家所轻视。但是像拉米神父的《关于科学的谈话》一样，这些书帮助他确定了思想的方向。接下来的两年，他广泛涉猎了古代和现代的经典著作。曾经引导他对伏尔泰风格产生极大热情的孔齐耶，大方地向卢梭开放了他藏书甚多的私人图书馆。此外，卢梭还阅读了拉丁诗人维吉尔、贺拉斯和尤维纳利斯的诗歌；罗马的多位历史学家，哲学家柏拉图、笛卡尔、洛克和莱布尼兹的著作；作家蒙田、圣埃佛尔蒙和拉布吕耶尔的散文作品；马里沃和普雷沃的小说；拉辛和伏尔泰的戏剧。他还尝试提高自己的语言的能力，但成效不是很大。“我不知道为什么固执地进行这种徒劳而持续的努力居然没有让我变蠢。我反复学习维吉尔的《牧歌集》不下二十遍，可现在我一个字都不记得了。由于我习惯带着书和餐具去鸽房、花园、果园和葡萄园，我丢了不少书，打碎了不少碗。当我被别的事情缠住时，我会把书放在树下或篱笆上，结果就忘了拿，直到两周后再发现时，往往都发霉或者是被蚂蚁和鼻涕虫咬坏了。”意大利语可能是卢梭唯一学得比较好的语
144 言。在卢梭一生中的不同阶段，他学习希腊语基本没有什么进展，反复学习拉丁文也没有什么成果。英语尚可以阅读，但也基本不会说。他从来没考虑过学习德语。

因此，卢梭阅读的古代和外国作家的作品都是法文译本。受过良好教育的学者可能会认为这种做法比较业余，但这让卢梭能够更富有想象力地回应作者的观点，而不用在理解他们的意思上费劲。他发明的学习方法也是非同寻常的。他发现作家们的观点总是存在不一致的地方，意识到自己没有资格在他们之间进行裁决。“阅读每一位作家时，我给自己定了一个规矩，就是去吸收和追随其所有观点，不加入自己或别人的思想，甚至不与之争论。我对自己说，我要从建立一个思想的宝库开始，不管对和错，只要是清晰的观点，都拿进来。直到我的头脑武装得足够强大，再去比较和选择这些观点。”这听起来可能有点幼稚，但它与正规教育所遵循的通常方式显然不同，正规教育都会遵循一种首选的体系或理论来解释所有事情，学生只有按照这种方式学习，才能得到老师的认可。卢梭尽了最大的努力，以掌握各种智识立场本身。当他后来开始批判它们时，就对它们了如指掌了。

当然，这并不是最有效率的学习方式；卢梭自己第一个承

认这一点。“如果说自学有很多优点的话，它也有许多巨大的缺点，尤其是有着难以置信的困难。我比任何人都清楚这一点。”但他有着一般学生所没有的优点，就是对学习真正的渴望。“快二十五岁了还几乎一无所知，任何事情都想学习，这使得我把所有的时间都利用到极致。”最重要且难以估量价值的优势是：这是迄今为止最有利于他形成自己的观点、找到自己的声音的方法。正如他的一个朋友后来指出的，“天才总是在远离学院的外省产生”。而且卢梭不知道怎么的就明白了，或至少怀疑过，自己确实是个天才。

十七世纪三十年代晚期，卢梭全心全意地投入学习，数学和物理仍然是巴黎最让人推崇的学科，因此，他花了不少时间自学几何、代数甚至微积分。然而抽象的思想让他感到恼怒，
就如他下棋时，他的想象力是形象式的，而不是分析式的。当 145
他尝试学习笛卡尔的几何学时：“对我来说，用方程解决几何问题就像通过转动一个曲柄来演奏一首曲子一样。当我第一次成功地证明了二项式的平方是由它的每个分项的平方再加上每个分项相乘的乘积的二倍时，尽管我的乘法很准确，但在我画出图表之前，我还是不敢相信。”他甚至给《法兰西信使》就关于地球形状的争论写了一封长信（这封信没有出版），俏皮地评论说：“一张图表会让这事更加容易理解，但我省略了，以免吓到读到这本杂志的女士的眼睛。”他也学习天文学，尽管他的视力不好，难以观测。他对星星的学习还导致了一次可笑的事件。他在与眼睛同高的地方竖起了一个平面天体图，用一个忽闪忽闪的蜡烛从底下照亮。为了保暖，他戴了一顶松软的帽子，穿了一件对他来说太短的妈妈的晨袍（它有一个富有表现力的名

字“Pet-en-l’air”[在空气中放屁][1])。结果一些路上的农民把他当成了一个施法的魔术师，并发出了警报，幸好两个耶稣会的朋友能够为他担保。他没有说清楚为什么要穿着晨袍。

尚贝里是耶稣会的一个据点。这对卢梭来说是件好事，因为他能够得到帮助，以抵抗他们的死敌詹森派危言耸听的神学。詹森派认为，绝大多数人从一开始就注定是要下地狱的。正是在这一时期，他阅读了伟大的帕斯卡尔的《思想录》。帕斯卡尔写道，“‘我’是可恶的”“所有人都天然地彼此憎恶”，基督教是唯一符合事实的宗教，因为“没有其他宗教提议人们应该憎恶自己。”自然，阅读詹森主义的著作使卢梭对下地狱产生了畏惧，“如果不是妈妈让我的灵魂平静下来，那可怕的学说将彻底征服我”。实际上，他少年时代的加尔文主义，又以詹森主义的面目出现了。但这种焦虑只是暂时的。他做了一个荒唐的测试，将一块石头向树上扔，以占卜上天的旨意：如果他击中了那棵树，他就将被拯救；如果他没击中，就会下地狱。他确实击中了那棵树，“这其实并不难，因为我小心地选了一棵很大而且非
146 常近的树。从此以后，我就再没有怀疑过我会得救”。当然，比树的预言更有效的是华伦夫人信仰中那种无忧无虑的信心，这被恰当地称为“无罪的天主教教义”。

这些年里，卢梭也开始想象将来当个作家。他最有趣的成就是一部名为《纳西索斯，或自恋者》的剧本，但今天能看到的仅仅是一个后来大幅改动过的版本。他还开始创作一部以古

1　Pet-en-l’air 是十八世纪流行的一种介于夹克和连衣裙之间的非正式服装，有宽大的褶皱垂在臀部，看起来像一件短款的法式长袍。

代希腊为背景的传统悲剧《伊菲斯》。这部剧是为皇家音乐学院创作的，有一个诸神（包括众男神和女神）合唱队、一个勇士合唱队和一个跳舞的复仇三女神合唱队。《伊菲斯》仅仅保留下了几页，如他在《忏悔录》当中所说，由于他品位太高，所以一把火把它烧掉了。1737 年，他的名字第一次出现在出版物里——《法兰西信使》出版了一首歌，其中注明"由尚贝里的卢梭先生作曲"。这首歌的歌词很可能是其他人所作，写的是一朵玫瑰哀叹它的蝴蝶恋人为了一棵葡萄藤而抛弃了它，并指责酒神巴克斯引得蝴蝶花心无常。

这一时期卢梭最雄心勃勃的作品是一首仔细修改过的、两百多行的诗，题为《华伦夫人的果园》。1739 年，他私下印刷了这首诗。这首诗没有显示出任何文学方面的天赋，就如一位批评家所评论的，它充满"陈腐无趣的辞藻"，满篇废话，乏味至极。尽管如此，它仍然相当引人入胜，将对华伦夫人——"我斗胆以妈妈这个温柔的名字称呼她"——的赞美以及大量因自作多情而产生的自伤自怜结合在一起。这首诗以一种纯真的调子开始（"我心爱的果园，纯真的居所，纪念上天赐予我的最美好的日子"），以一种美德的调子结束（"压垮我身体的疾病，只是提供了肯定我的美德的机会"）。在这些高尚的宣言之间，有一些诗句没有出现在印刷版本当中。这些诗句表明当时已经有许多关于华伦夫人及其年轻门徒之间关系的恶毒流言在传播，但她唯一真正的错误就是过度大方。至于卢梭本人，他已经愉快地接受了孤独的生活，有时与蒙田和拉布吕耶尔一起嘲笑人类的苦痛，有时受苏格拉底和"神圣的柏拉图"的启发，追随严厉的加图的脚步。接下来是在他孤独的隐居生活中浮夸的学习计划，既表达了他的雄心，也表达了一种含蓄的责备。

147 与其说是卢梭选择了孤独，不如说是孤独选择了他。他那些年的笔记中，有一封经过频繁修改的信稿。这封信旨在祝贺一位不知名的年轻绅士从世俗的享乐中抽身远离。“我坦率地告诉你，我常常为你感到遗憾，像你这样健全的头脑、这样美好的灵魂，却只能用在给女人献殷勤、纸牌、香槟上面。亲爱的先生，你来到这个世界上，应该有更好的用武之地。”没有写明收信人，很肯定，这一篇真诚的习作，而不是一封真正的信。无论他多么梦想获得世俗的成功，卢梭都在尝试说服自己，独处和默默无闻是更好的一种状态。“城市的嘈杂和世界的喧嚣太不适合这种考察了……让我们隐居乡野，在那里寻求一种在集会和娱乐中找不到的安宁和满足。”卢梭的宗教思想同样倾向于克己禁欲。他的一首未公开发表的诗《沙特勒斯修道院修道士赞美诗》（*In Praise of the Monks of the Grande Chartreuse*）描绘了在与世隔绝的阿尔卑斯山隐居的修道士们从俗世烦恼中解脱的生活，“总是沉浸在最纯粹的喜悦之中”——这是卢梭颇想效法的一个理想，因为他总是要努力克服“撕扯着我的灵魂的无数悔恨所带来的刺痛，总是害怕有一天会被交给大火和魔鬼”。他曾经写过一首晨祷词，并与华伦夫人齐声诵读，以感谢上帝赐福于他们的结合。现在，他写了另一首祈祷文，宣称他的良心被负罪感压垮了，以至于他的快乐已经变成了“可憎的痛苦”，并请求上帝帮助他原谅那些曾经伤害过他的人。

这段时期的其他文献让人们得以管窥更多的实际问题，其中大部分都是让人沮丧的。华伦夫人的财务状况已经很糟糕，要求卢梭自己想办法养活自己，但他坚信以他的健康状况不可能工作。于是他试图要回仍被托管在他哥哥弗朗索瓦名下的母亲的一半遗产。1739 年 3 月，他给法国驻日内瓦代办写信，请他帮忙与日内瓦当局交涉。他罗列了一大串理由说明为什么他应该得到那笔钱：弗朗索瓦已经近二十年没有音讯；有消息称他已经在德国改名换姓，并死在那里，而他的身体状况本来就不好，因此这消息很可能是真的；即使他仍然活着，他在成年后的九年里（实际上是七年，卢梭对此非常清楚），一直没有试 148
图收回他的遗产。这封信没有得到任何结果，如果它果真被寄出了的话。

另一个想法是给萨瓦公国的统治者写信乞求一份年金，以减轻华伦夫人对卢梭经济责任。她不辞辛劳地和他一起仔细起草了这封信。信用一种颇为无耻的方式，强调了他的虔诚和衰弱。

> 我在很小的时候就离开了祖国日内瓦，放弃了我的权利，投入教会的怀抱……当我还是一个孩子的时候，就投在已故日内瓦主教门下了。我试图通过狂热和勤奋的学习，来配得上这位可敬的主教对我的溢美评价。华伦男爵夫人好心地应他的要求，负责我的教育……我长久以来饱受病痛，倦怠无力，现在已几乎要死去……最后，雪上加霜的是，我得了一种病，令我容貌毁损。从今而后，我将被关在家里，直到上帝仁慈地结束我短暂而可怜的剩余生命为止，因为我连离开床榻的能力也没有了。

让他毁容的疾病似乎完全就是虚构的，除非是化学爆炸所造成的暂时性伤痕。卢梭想暗示他得了天花，但又没有真的这么说。在另一封单独给华伦夫人的信中，他提到需要对“那次讨厌的贝桑松之旅”做一些解释，“认为为我着想，最好是另外找个借口来解释其目的”。不管那件事的过程中究竟发生了什么，他们显然决定对它只字不提。这并不重要，因为这一恳求没有得到回应，就像他曾经提出过的另一份计划一样。这份计划让人难以置信地要求授予他在意大利和萨瓦之间通过塞尼山口运输货物的专营权——他十年前曾通过这个山口去过都灵。也许，这份计划压根儿就没有寄出过。

于是，华伦夫人继续寻找支持卢梭的方法，1739 年秋天她找到了一个。他要去里昂，在那里给一个富裕的家庭当家庭教师。他觉得有义务接受这个安排。经过了十年，他和妈妈在一起的生活结束了；他将永远把这段时光当作生命中最重要的一个阶段铭记。

第八章

149

开阔眼界：里昂和巴黎

这一年，卢梭二十七岁了，华伦夫人总算为他找到一个前途有望的职位。他的新雇主是里昂地区的大法官让·博诺·德·马布利。马布利那年四十四岁，是一位有教养的先生，希望他的儿子们能接受进步的教育。多亏华伦夫人在格勒诺布尔的一些朋友介绍，卢梭得到了这一工作机会。这个机会似乎很好，因为伊萨克·卢梭给华伦夫人写了一封热情洋溢的信，称她有一个美丽的灵魂，这一点不可否认，并因他的儿子终于有了工作而大大松了一口气，这能“使他不再无所事事”。伊萨克还说，卢梭最好停止做化学实验。而事实上，卢梭参与的几乎致盲的化学实验在三年前已经停止了，说明这对父子之间的联系确实不多。

从他自己的角度看，卢梭感到很惶恐焦虑。他很清楚地知道自己缺乏社交风度，但又渴望被当成平等的人对待，而不是一个受雇佣的人。在离开尚贝里前，他认真地给马布利写了一封信，说他渴望在新的家庭里受到欢迎。这封信看上去写得既

冒失又惨痛，他这样陈述自己的情感需求：“我将努力配得上让您像父亲一样地对待我，并像一个恭敬的儿子一样为您尽所有
150 的义务。在青年时期我就离开了自己的国家，除了那位收养我的恩人和母亲以外，在这世上我没有任何牵挂。”途中，卢梭在格勒诺布尔停留，以拜访和感谢华伦夫人的朋友。在那里，卢梭给华伦夫人写了一封很伤感的信，仿佛已经离开她一千年一样。他很周到地向德·库尔蒂耶先生表达了“全心全意”的问候，信后的署名既充满了令人感动的感情，又符合礼节：“我荣幸地以深深的尊敬和最温情的感激致以我最最亲爱的妈妈夫人，您最卑下、忠顺的仆人和儿子，让-雅克·卢梭。”

看起来卢梭对里昂兴趣不大。这是一座大都市，有着数十万居民；多数从事纺织品贸易，特别是丝绸。尽管城市不小，但在某种程度上仍属闭塞落后之地，就像一位现代历史学家所说，这是“一座没有历史的城市”，属于“被遗忘的城市”。尽管如马布利这样的商人和专业人员阶层很富有，但对其他人来说，贫困和饥馑一直存在着。工人的反抗构成了一种持续的威胁，有的时候还会成为现实。婴儿在奶妈的照料下，死亡率高得吓人，有可能达到了三分之二之多。十八世纪的访客将里昂描述为人性的坟墓。只是，从乡下持续流入的人口让这座城市的人口保持不减；人们不断来到这里，并不是因为这座城市的生活有多么好，而是因为农村的生计更加糟糕。

在后来的岁月里，卢梭敏锐地关注到了这样的不平等的现象；也许当时他也已经思考过这一问题了，但他最迫切的目标是去迎合能帮助他发迹的赞助人。里昂有一所繁荣的学院。它不是一所学校，而是一个读书俱乐部。绅士们在那里一起讨论，

交流彼此的想法，互相听取关于感兴趣的话题的论文。韵文信是当时一种很流行的文体。卢梭就给学院的一个名叫夏尔·博尔德的成员写了一封韵文信，声称里昂的制造业奇迹般地将艺术之神阿波罗与财富之神普路托斯结为一体。他宣称，里昂是法国的门面，是宇宙的珍宝，在其城墙之内，所有的艺术形式都备受欢迎。他最属意的是雅致的纺织品，但他完全没有提到制造这些纺织品的艰辛的劳工。只有在稍晚的岁月里，他才能
写道：“我不喜欢那些愚蠢的行业。在这些行业中，工人没有勤 151
勉之心，实际上是些机器人。他们的双手除了完成重复性的劳动之外，别的什么都做不了。织布工、织袜工、石匠——在那些行业中，雇佣有头脑的人有什么用？这只是一台机器在管理另外一台机器而已。”他还记得，华伦夫人在逃离她的丈夫前，曾经经营过一家极其失败的袜子工厂。

卢梭和博尔德后来停止了联系，但与这个团体里的其他成员保持了长久的友谊。雅克·达维德是一位有成就的音乐家。他给予了卢梭宝贵的指导，鼓励他写作一部歌剧，名为《新世界的发现》，讲的是哥伦布和他带领的西班牙人如何将文明的福佑带到西印度群岛，并显示出很可能有更多文明的法国人会继承这项事业。“高贵而慷慨”的前市长卡米耶·佩里雄分享了他广博的藏书。还有一位医生、知识分子加布里埃尔·帕里佐，在卢梭的记忆中是一个“最好的和最有作为的人”。在这段时期写下的“致帕里佐的信”中，卢梭把他称为父亲，并承认他引以为豪的日内瓦共和主义必须被抛弃。他用平淡无趣的诗句宣称，“我是一个被命运抛弃的低贱的孩子，也许注定在泥沼中死去；我是一个自负的小矮子，在可笑的自尊中以一种荒唐地方

式将童年和浪漫混在一起”。

十年后，卢梭将自豪地署名为“日内瓦公民”，思考不平等的起源。但在里昂的时候，他决心尊重等级和特权。“我将永远放弃那些激烈的格言，它们是我的本土偏见导致的苦涩、不成熟的果实……我已经学会尊重那些知道如何为德行增添光彩的杰出贵族。如果减少社会阶层之间的不平等，对社会是不利的。”实际上，这一时期他的主要目标是让自己与日内瓦断绝关系，因为他开始把这种关系视作在世界上继续前进的障碍。“即使在我徒然的痴迷中，我也应该扮演伟大的演说者的角色——新的堂吉诃德。但命运已经决定了地球上众生的地位，决然不会因为我而改变”。让·盖埃诺（Jean Guéhenno）敏锐地抓住了话中模棱两可的意思：“他似乎瞥见，但同时又否认了，有一天他可能会扮演追求平等的堂吉诃德的角色。”

152 卢梭大部分时间在马布利位于市中心圣多米尼克大街的家中度过，在这里他也建立了一些重要的社会关系。卢梭的雇主有两个兄弟都姓博诺，但他和他的兄弟加布里埃尔都选择以他们在马布利的产业来被称呼。在知识分子圈子里，马布利以马布利修士而闻名。他刚刚发表了一篇论文，将罗马与法国的政府机构进行比较，称颂文明的进步。他们的另一个兄弟艾蒂安以家族另外一处在孔狄亚克的产业为名；此人已开始从事哲学研究，这将使他成为著名的孔狄亚克修士。几年后卢梭在巴黎为建立自己的地位而奋斗时，他成了一个宝贵的盟友。在与马布利、孔狄亚克、帕里佐、博尔德以及他们的朋友们的交谈中，卢梭发现自己处于一种令人振奋的知识氛围之中，而他在尚贝里期间全身心投入的学习和研究突然变得生动起来。这时，被称为启蒙运动的伟大运动正在进行中，从巴黎传播到各省，他被它的力量所激励。十年之后，他将成为这场运动中最引人注目和最具争议的人物之一。

让·博诺·德·马布利先生有四个儿子，其中两个刚刚脱离襁褓，不属于卢梭的职责范围。另外两个孩子在性情和能力上完全不同，卢梭很快就意识到这工作将够他忙的。年纪大一点的那个男孩刚满六岁，名叫弗朗索瓦-保罗-马里，根据另一处家族产业，也被叫作圣马里先生。卢梭形容他“模样长得很漂亮，性格开朗，相当活泼，成天大大咧咧，十分调皮，不过调皮得令人高兴”。这孩子尽管不爱学习，也很不守纪律，但至少是聪明的。他的弟弟让-安托万，也被叫作孔狄亚克先生，还不满五岁，就真正是一个让人气馁的挑战，“愚蠢，懒惰，脾气犟得像头驴，学什么都学不进去”。显而易见，卢梭并不适合做家庭教师，回想起来，他承认这两个学生都有办法挫败他。大的那个用无休无止的争论让他疲惫不堪，而小的那个用愚钝无声的反抗让他暴跳如雷。卢梭依次尝试了喻之以理、动之以情和大发脾气的办法，但这三种方法适得其反。“我什么都明白，却什么都阻止不了，结果事事都不成功。我所做的一切，恰恰 153
是我不应该做的事情。”

幸好，马布利是一个好人，似乎愿意让卢梭无限期地干下去，而且他对教育哲学抱有真正的兴趣。在开始这份工作的数月后，卢梭根据当时的进步理论，起草了一份让人印象深刻的《给马布利先生的关于他儿子的教育备忘录》，以及一篇较短的《圣马里先生的教育方案》。与通常的课程安排相比，拉丁文将被大幅压缩，经院哲学将被完全省略，而现代历史和自然科学将被强化。卢梭已经开始懂得，除非说服孩子们自己想要学习，否则他们会抵制学习，而说服的方式对于不同的性情来说必然会是不同的。在这份严肃论证的“备忘录”中，还出现了一个出人意料的问题，预示着他终生的工作：“没有什么事情比人的普遍命运更让人沮丧了。然而，他们内心有一种想要变得幸福的强烈愿望，这让他们每时每刻都感到自己生来就是为了幸福。那么，他们为什么并不幸福呢?”

这份“备忘录”的有趣之处还在于，它生动地揭示了卢梭当时的自我形象。他说，他毫不怀疑自己具有教导的资格。“我真诚地认为，在我这个年龄，很少有人像我一样看过那么多书。”甚至声称，他无法忽视他的职责——这充其量是一个虔诚的愿望。但他也带着苦涩的自知之明补充道：

> 我强烈地感到自己在某些方面的欠缺。拘泥而局促的举止，干巴而无趣的表达，愚笨而可笑的腼腆，这些都是我难以改正的缺点。使我难以改过的障碍有三：第一个是不可战胜的忧郁倾向，使我不由自主地折磨着我的精神。不论是在性情上，还是在不快乐的习惯上，我不快乐的根源就是我自身……第二个障碍是难以克服的羞怯忸怩，这让我局促不安，剥夺了我思想的自由；即便和像我一样愚笨的人在一起的时候，我也是这个样子……第三个问题是对一切所谓的才华都保持着一种深刻的冷漠；其他人的观点很难对我产生影响。

154 这是一幅毫不留情的自画像，大体上还是准确的。没有人能够预见到，这些性格特点对普通人的人生而言肯定会构成障碍，却与卢梭能够成为一位伟大的思想家和作家是密不可分的。

关于卢梭在里昂度过的时光，人们知之甚少。他在《忏悔录》中对这段日子的记述也简短而平淡。他确实讲述了一件轶事，证实了与世隔绝的孤立经历。他经常外出买些糕点当作晚餐，然而在买到之前，他会像当年在日内瓦还是个孩子的时候那样，进出一家又一家商店，却什么都不敢买。随后，他会带着一本书、一瓶酒，找个地方安顿下来，但他的工资太微薄了，不允许大手大脚地花费，于是他养成了一个习惯，就是偷偷跑到马布利先生的酒窖里，偶尔拿出“一瓶阿尔布瓦出产的那种非常好的白葡萄酒”。这种一个人的晚餐是非常惬意的，但空的酒瓶还是被人发现了，酒窖的钥匙也就被收回了。又一次，他堕落到小偷小摸，就像当年偷迪科曼的苹果那样。对美食的享用表现为侵吞的形式，按理来说，如果他不是一个卑微的雇员的话，本可以享用这些美食。

卢梭受到了马布利家族的厚待，但就像之后的其他雇主一样，他们从来没有想过在他们的中间有一个年轻的天才。这不是他们的错。“我并不感到惊讶，”一位朋友在很久以后评论道，“我听他说过，在这位里昂的大法官家里，他接受了一种被当作普通人的教育，因为他总是把自己跟周围的人放在一个水准上。”卢梭这段时间写下的诗都收集在他的一个笔记本中，他给它起了一个滑稽的题目《阿洛布罗日扬的缪斯，或拇指汤姆作品集》(*The Allobrogian Muse, or the Works of Tom Thumb*)，他选了一句可能是同样有讽刺意味的拉丁文格言：Barbarus hic ego sum quia non intelligor illis。这句话是奥维德在被流放期间写下的，意思是“这里的人不了解我，所以把我看作野蛮人”。

八年后，卢梭将再次使用奥维德的诗句作为他的成名作《论科学与艺术》的题记。到那时他将明白，如何将他的局外人身份作为一种力量，而不是一种弱点。然而，现在，他在诗歌方面的业余尝试却给人一种阴郁的感觉。“被命运放逐，被温
155 柔背叛，我的痛苦和我的日子一样多。我有时鲁莽，总是受到迫害，但惩罚往往远远超过了我的性格缺点。”终生的主题在此已经十分明显。残酷的命运使他背井离乡，饱受折磨；他之所以经受这些惩罚，不过是因其性格缺点，而并非因为任何罪过（sin）或罪行（crime）。让人惊讶的是，他已经在谈论受迫害了，这在稍晚的年代里将成为一个彻底困扰着他的主题。

关于这段时间卢梭与女人的关系，人们几乎一无所知。不可避免的是，他又迷上了比他大不了多少的马布利太太，但她对他的唉声叹气和眉目传情没有任何反应，“全都劳而无功，因此我不久也就感到厌烦了”。某个时候，他开始更加认真地迷恋一位名叫苏珊·塞尔的女性。她比他小八岁。几年前，他从巴黎回来途经里昂时就认识她了，当时她还是一名十一岁的修女。在《忏悔录》里，他说他们两人经过慎重考虑，共同决定分手：“她一无所有，我也是如此；我们的境况如此相似，所以无法在一起；在我的计划中，我还远远没有考虑结婚这件事情……从那以后，我常常感到，回首过去，即便为了责任和德行而做出的牺牲是痛苦的，但我们也会因为这种牺牲在我们心灵深处留下的甜蜜回忆而得到充分的回报。”

然而在当时，他并没有那么达观。在一封保存下来的、几乎能肯定是写给塞尔小姐的信的草稿中，他宣称她性格热情，

故而不适合从事修女的职业；他还埋怨她对他的一位竞争者偏心，抱怨自己被忽视了；字里行间，混杂着特有的谄媚和任性。

> 小姐，我明白，我不能指望您的回报。我是一个没有任何财产的年轻人，除了我的心，我什么都给不了你。而这颗心，尽管饱含着最多的热情、敏感和温柔，但无疑并不是值得您接受的一份礼物……您以让我感到难以置信的苛刻态度对待我，如果您确实对我有一点点好的话，您也让我事后付出了高昂的代价，我发誓您只是想要折磨我……您的心和您的面容一样是为爱而生的，我感到绝望的是，我不是那个能够唤醒它的人……我的上帝！如果我能够得到这迷人的一切，我肯定会死去，因为我怎么可能找到能承受这种悦乐的激流的灵魂力量呢？如果我有权力拥有我崇拜的女王一分钟，哪怕在一刻钟之后就要被绞死，156
> 我也会欢欣鼓舞地接受这个提议，比登上宇宙的王位还要高兴。您必定是个野蛮的怪物，毫不留情地拒绝了我；除此之外，我没有更多要向您说的了。

没过多久，塞尔小姐和一个年轻的商人订婚了，但她父母并不同意这桩婚事；几年后，她在他们的第一个孩子出生的时候嫁给了他。卢梭是否寄出了这封目空一切的信，我们已经无从知晓，但是这段受挫的恋情是真实的；很久以后，他的苏逊姑妈在一封信的结尾写道："我全心全意地拥抱你，同样也拥抱塞尔小姐"。她指的肯定是卢梭后来的伴侣勒瓦瑟小姐，但显然，卢梭早年的热恋对象的名字已经留在了她的记忆之中。后来，卢梭在这封信的最后一页又重又潦草地写上了“青年时期的迷途”。

到 1741 年初夏，卢梭在里昂已经待了一年时间，干够了家庭教师的工作。于是，他和马布利先生经过友善协商，决定结束他们之间的雇佣关系。可想而知，他很不明智地回了一趟尚贝里，并做了最后一次尝试，试图恢复他和妈妈的关系。同时，他又生了一场惊心动魄的病，希望能够引起同情。当他病情有所好转时，他写了一首诗，题为《致法妮》(*To Fanie*)(对华伦夫人的名字弗朗索瓦丝的爱称)；诗中写道，冥府渡神卡隆试图让他喝下遗忘之水，但他抗议说他永远不会忘记“神圣的法妮”。诗的结尾请求让他们的爱重新开始。“迷人的法妮，我对你的狂热感情使我不致灭亡。因为死神愿意让我重生，不愿让我死去！”

另外一件同样有趣、但有趣之处颇为不同的事，是卢梭给他在尚贝里的朋友孔齐耶写了一封长信，感谢他出借蒲伯《人论》的法文译本，并以非同寻常的自信和洞察力对这本书进行了批评。蒲伯试图像哲学家莱布尼兹那样解释痛苦的存在；他指出，既然上帝已经尝试了宇宙所有可能的存在形式，那么，我们所偶然发现的任何不完美，都只是为了整体的善而存在的必要补充。伏尔泰当时是接受这种论调的，尽管后来在《老实人》中，他讽刺了这种所谓的乐观主义，因为它主张，我们生活的世界是所有可能的世界中最好的那一个，那么，这世界里
157 的一切都成了一种必要的恶了。卢梭明智地指出了其核心缺陷：蒲伯假设从无生命的事物直到上帝，必须有一条连续不间断的存在链，但这一前提是未经批判的。

卢梭给孔齐耶的信中还描述了一件他如何成功地机敏作答的事，表明他正在努力改善他不愿与人来往的性格。当著名的雅克·德·沃康松来里昂展示他发明的能够模拟人类动作的机器人时，他的主人对他赞不绝口。“‘至于我自己，’我说道，‘我的钦佩应该更不被怀疑，因为我已经习惯了那些我敢说是更加神奇的奇观。’他们很吃惊地看着我。我接着说：‘我来自一个到处都是做工精良的机器的国家；我家乡的机器会跳方阵舞和法老舞，会起誓，会喝香槟，整天说着关于其他精美机器的谎言，其他机器也以同样的方式回击。’他们乐得哈哈大笑，会让你感到好笑的是，笑得最大声的居然是那两三台机器。”对卢梭来说，社会交往需要基于彼此十分了解的朋友之间的那种亲密感。在大一些的群体之中，他总是感到被排斥；这种诙谐机智的谈话游戏对他来说就像是机器人的喧闹。在晚年，他悲伤地跟一位朋友说：“我的风趣机智，要比其他人晚半个小时才会来。”

卢梭在夏梅特待了几个月，帮助华伦夫人起草了一些和邻居们就财产权问题发生争执的信件。他很不快乐。钱已经成了一个令人担忧的问题，是时候去其他地方寻求支持和幸福了。最后，他下定决心永远离开，甚至打算卖掉自己的书来筹集资金。在里昂，他的朋友佩里雄给他买好了去巴黎的车票，博尔德和马布利兄弟给他写了介绍信，于是，就像一个又一个的外省人那样，他怀着成名的梦想上路了，奔向那座伟大的城市。

卢梭后来只见过华伦夫人一面，那是十二年之后的事了。可是他痛苦地认识到，对他而言十分重要的重逢，对这个女人来说显然并不是那么的重要。在卢梭头三十年的浪漫经历和性经验中，总共有这些女人：日内瓦和尼永的武尔松小姐和小戈登，都灵的巴西勒夫人，樱桃故事中的格拉芬丽小姐和加莱小姐，在去蒙彼利埃路上遇到的拉尔纳热夫人，以及里昂的塞尔
158 小姐，然后，就是与华伦夫人不稳定的关系。一个奇怪的巧合是，克洛迪娜·加莱在1740年结婚后搬家到了尚贝里，实际上就住在华伦夫人的隔壁，但卢梭似乎不知道此事。就如特鲁松那样，人们会忍不住想象有可能发生但从未发生过的重逢的情景。“当他去见妈妈的时候，让-雅克不知道，那个年轻的女人就在一墙之隔的地方……岁月流逝，故人已非昨日。他们会否偶遇，却没能认出对方呢？”

然而，无论华伦夫人的冷漠是如何让卢梭失望，她给他的东西都具有难以估量的价值。他到她家的时候，是一个迷茫、爱做白日梦、得过且过的少年，得不到长辈的信任，习惯于撒谎和小偷小摸。是她，给了他安全感和慈爱，当然，不是他渴望的那种炽热的爱情。而且，她相信他的天分。也是她，让他有了闲暇时光，掌握了自学的方法；如果没有这些，他的天才可能永远也不会绽放。当然，也没有人会想到，他后来会有这样的成就。在他已经成名之后写就的《爱弥儿》中，他用苦涩的口气评论说，一个真正有独创性的人可能会显得迟钝和沉闷，尤其是在他的早年。“没有什么比区分一个孩童是真的愚蠢还是大智若愚更困难的了，后者的愚蠢是表面的和欺骗性的，预示着强有力的思想。”他说，一个愚蠢的孩童会接受错误的观念，而且不知道是错的；而一个天才孩童会发现人们信以为真的大多数观念都是错的，所以他也什么都不接受。

1742年夏末，卢梭再次来到了巴黎，住进了离索邦不远的

科尔迪埃街的圣康坦旅馆——“乱糟糟的街，乱糟糟的旅馆，乱糟糟的房间”，但这是一个好地方，因为他里昂的朋友们的熟人在这里。他制定了一个成为富人和名人的计划。回想起他学习阅读乐谱时的艰辛历程，他希望设计一套更加简单和“自然”的记谱法。传统的记谱法是将音符放在谱线的不同位置。比如，中音 C 记在谱线靠下的一条线上，高音 C 则记在接近谱线顶部的一个位置，等等。卢梭想指出音符之间的听觉关系，这种关系以完全相同的方式在每个八度音阶内重复出现。他把自己的想法写成了一份正式的报告。他的一位新朋友把他引介给了著 159
名的科学家勒内-安托万·雷奥米尔先生；在这位先生的安排下，卢梭在科学院宣读了他的提案。提案被友善地接受了，但是被指定来审查它的委员会指出它有明显的不足，即这套记谱法可以指示旋律，但不能指示和声。这一结论得到了当时最重要的音乐家让·菲利普·拉莫的赞同，尽管卢梭因为得到这个音乐家的严肃对待而受宠若惊，但两人之间也产生了嫌隙。

不过，即使自尊心受到了打击，卢梭还是走出了第一步。尽管科学院认定他的记谱法较传统方法没有什么改进，但仍然以称赞的口吻作结：“在我们看来，这项工作是运用专业技能完成的，表达得很清晰，而且作者似乎对他所处理的这一学科十分熟悉。希望他能够继续努力，让音乐变得更加简单。”在当时，科学院享有盛名（声望比法兰西学院更高，后者的成员资格往往与成就关系不大），它作出的评议在非专业人士中间也广受关注。几年之后，卢梭确实被公认为是一位音乐家，尽管并非因为他的记谱法。

这件事在很多方面都很典型。它反映了卢梭缺乏传统的训练，那本来会让他更加熟悉传统的乐谱，从而觉得传统的记谱法即使不是无可避免的，也是容易理解的。此外，由于对视觉符号的记忆很差，他还认为印刷的乐谱是令人迷惑的。对他而言，音乐就是旋律，而不包括复杂的和声——那正是乐谱被发明来描述的音乐。从长远来看，就像经常发生的那样，他拐弯抹角的方法孕育了深刻的洞见。十年后，他将身处一场运动的中心，这场运动将恢复曾被复调音乐所取代的表现性旋律的声望。然而，就目前而言，音乐并不能让他走得更远。

不过，巴黎仍然让卢梭感到兴奋不已。这与他上一次来巴黎不同，那时候他一个人也不认识，而且被城市的杂乱给吓坏了。而这次，通过里昂朋友的介绍，他认识了两个真正有名望的人：剧作家、小说家马里沃和科学家丰特奈尔（Fontenelle）[1]，受到两人厚待。马里沃的三十部喜剧充满了被称为“马里沃体”
160 的程式化对白。他还帮助卢梭修订了一部他已经写了多年的剧本《纳西索斯》，不过很久以后，卢梭才看到这部剧本上演。丰特奈尔是一位多面手，自十七世纪末起，就一直是法兰西学院和法国科学院的成员；他虽然已届八十五岁高龄，但仍然活力十足。他习惯以警句的方式给年轻作家提出建议：“你必须勇敢地向桂冠献上你的额头，向拳头献上你的鼻子。”

著名作家们的认可令人欣慰，但更重要的是卢梭开始在自己的同龄人中发展起人际关系。通过一位来自伊韦尔东、生活在巴黎的瑞士银行家达尼埃尔·罗甘，他认识了他这一生中最

1　皮埃尔·卡莱·德·马里沃（1688—1763），法国古典喜剧作家，代表作有《双重背叛》和《爱情与偶然狂想曲》。贝尔纳·勒博维耶·德·丰特奈尔（1657—1757），法国科学作家，代表作是《关于宇宙多样性的对话》。

重要的朋友德尼·狄德罗。狄德罗也是一个渴望成名的外省人，只比卢梭小一岁，和卢梭一样，也是一个工匠的儿子；他的父亲是香槟地区朗格勒的一个富裕的制刀匠。然而，和卢梭不同的是，狄德罗是一个倔强、自信的年轻人，就像他自己很久以后回忆的那样，“更懂得如何用拳头打击，而不是鞠躬”。他十六岁来到巴黎深造，并在索邦获得了硕士学位。当卢梭认识他的时候，他已经过了十多年放荡不羁的生活，靠给人当数学教师和从出版商那接一些杂活来获得不稳定的收入。

在个性和风格上，狄德罗所具有的一切都是卢梭所缺乏的。卢梭身材矮小、相当纤弱，而据同时代的人描述，狄德罗“身材粗壮，像个轿夫”；五十多岁的时候，他还能在剧院里把一个讨厌的家伙从地板上举起来，威胁要把人家扔到台下去。年轻的时候，他有着一头飘逸的金发，让女人觉得难以抗拒，至少他自己这么宣称。他善于交际，性格幽默，他的那种热情、奔放的行为方式，是小心谨慎的卢梭绝不会有的。他们相识几个月后，狄德罗回到朗格勒老家，哄骗父亲同意自己与一个没钱的年轻女子结婚。他父亲大发雷霆。狄德罗要求继承父亲的财产，他父亲却把他关在了一个修道院里，狄德罗跳窗逃了出来，一文不名、但毫不在乎地返回了巴黎。

自结识巴克莱和旺蒂尔以来，卢梭总是为新朋友们深深着 161
迷。有一段时间，他总是把他们看成和自己极为相似的人，就好像是走在一条满是镜子的长廊里面一样。但显然，他和狄德罗毫无相似之处。如果说卢梭不善交际，谈话时还会结结巴巴的话，狄德罗则正好相反。在狄德罗四十多岁时，莫雷莱修士还是一个思想自由、修神学的年轻学生。据他回忆，狄德罗谈话时“有天才的想象力、丰富的思想、令人茅塞顿开的想法。一个人能听他讲上几个小时，感觉就像在装点着漂亮房子的富饶乡村中的一条秀美清澈的小河上漂流一般”。莫雷莱是一个被伏尔泰取笑为“叮咬他们”的言辞犀利的愤青，因此，他的这番颂词给人留下了深刻的印象。一位二十年后见过狄德罗的德国人也评论道：“他说话的热情和激烈程度，几乎让我们这些冷漠的灵魂都呆住了。”他一生都有一个习惯，也许并不是所有人都喜欢，就是抓住他的听众的身子，迫使对方集中注意力，以强调他的观点。一个年轻的熟人回忆道：“在那次会议之前他从来没见过我，可当我们站起来时，他就用胳膊搂着我，当我们坐下时，他拍着我的大腿，就跟拍他自己的腿一样。”狄德罗试图以最严格的礼节对待俄国的叶卡捷琳娜大帝，但就连她也抱怨道：“我每次跟他谈话，大腿都会被拍得青一块紫一块的。”

作为一个温文尔雅、老于世故的学者，狄德罗把他的新朋友当作弟弟，甚至是学生；起初卢梭也很乐意接受。他十分幸运，来到巴黎时，正值知识界异常活跃的时期。直到最近，科学院一直主宰着这个舞台，数学家享有最高的声望，但他们的成就不可能被外行人理解。但在十七世纪四十年代，社会批评家走向了前台，现代知识分子的概念开始浮现。伟大的伏尔泰在此之前主要是作为诗人和剧作家而出名，而现在，他的《哲学通信》——居斯塔夫·朗松称之为“扔向旧制度的第一枚炸弹”——成了年轻作家们的灵感来源。声望越来越取决于公众
162 舆论，而不是专家的嘉许，而卢梭本人以这种方式取得了最惊人的成功——在十年或是二十年以前，这对于一个只受过些微教育的外省人来说是不可能的事情。

与狄德罗的敏捷才智比起来，卢梭总是感到自己思维迟钝。有意思的是，当他们在莫吉咖啡馆下棋时，赢的人却总是卢梭。 163
一个旁观者指出：“他每下一步棋都深思熟虑，而他却下得飞快，这符合他的性格。”而且他喜欢这样的竞争。一个朋友后来偶尔会和卢梭在摄政咖啡馆下棋，即便卢梭让一个车，也经常输给卢梭。“‘你输了会感到难受吗？’卢梭问我。‘哦，不，’我答道，‘这是不可避免的结果，因为我们的防御手段有如此明显的差距。’‘那好的，’他率直地回答，‘既然如此，那我们也不要改变我们的玩法了；我喜欢赢。’”狄德罗更接近卢梭的水平，但也得到了同样的对待。“人们追求优越，哪怕是在最小的事情上也是如此。让-雅克·卢梭下棋时总是赢我，但拒绝让我一步来使比赛更加公平。他问我：‘你输了会感到沮丧吗？’‘不，’我说，‘但我会防守得更好一点，这样你会更享受下棋。’‘可能是这样的，’他回答说，‘不过，还是该怎么下就怎么下吧。’”他们被恰当地称为“兄弟仇敌”，从一开始就是针锋相对的。

现在，卢梭那点可怜的积蓄又快花光了，他正在四处找事做。一位名叫卡斯特尔的耶稣会数学家——在卢梭的记忆中“有点疯疯癫癫，但本质上是个好人”——建议卢梭尝试不同的策略。“既然音乐家和学者不赏识你，你就要另辟蹊径，去走女人的路子好了……在巴黎不通过女人，就什么事情都办不成。”这个建议对卢梭而言可谓趣味相投，特别是卡斯特尔还有益地指出这个游戏不宜玩得太过火：“她们好比曲线，而聪明人就是渐近线：他们不断地接近她们，但永远也不碰她们。”这一建议把卢梭引入了著名贵夫人所主持的每周一次的沙龙的上流世界。但是，如果他意识到“进入豪门大宅就是打开通往财富的大门”，那么，他的笨拙害羞就是一个严重的障碍。在余生中，他对沙龙的浮薄魅力有着近乎厌恶的看法。事实上，沙龙谈话并不总是像后人所愿意相信的那样精彩。最机智的伏尔泰就在《老实人》中对一次典型的巴黎晚餐做了尖刻的描述：“一开始是静悄悄的，然后是一阵听不清的话语噪音，再然后是俏皮话，其中大多数都是乏味的假消息、糟糕的推理和一点点政治，以及大量恶意的流言蜚语。”

164 我们要洞察卢梭这段时间的感受，最好的视角不是《忏悔录》，而是《朱莉》。在《朱莉》中，圣普乐详细描述了他初到巴黎时的体验。让他最感到吃惊的是普遍的不真诚。他向朱莉抱怨说，一个访客必须把他的灵魂（“如果他有”）和他的大衣一起放在门口。朱莉的回答显然暗示他只不过是嫉妒心发作，并提醒他说瑞士人是地球上最缺乏机智的了。显而易见，卢梭没有能力在这样的舞台上大放异彩。卡萨诺瓦记得他“无论是人还是才智都毫不起眼”，并说“雄辩的卢梭既没有洒脱大笑的性情气质，也没有引人大笑的神圣天赋”。日尔曼妮·德·斯塔尔更有同情心一些。她的父母在沙龙文化中十分活跃，对卢梭颇为了解；她评论说，即使在他的小说中，卢梭也没能让他的人物变得机智。“一个人必须对社会非常熟悉，才能准确预见一个笑话的效果。但是在世界上的所有人中，卢梭是最不适合欢快地写作的；所有事情对他的打击都太深了。”

就卢梭本人而言，沙龙里的所谓才智是非常空洞的，“辛辣讽刺的笑声是不再存在的欢乐的可悲的替代品”。他借圣普乐之口说得更加冷酷：“那些把自己暴露在嘲笑之中的人太不幸了，因为其尖酸刻薄的伤痕是无法消除的。”卢梭理想中的交往是不用言语的。在一个由真正的朋友组成的社会中，“比闪光还快的一瞥、不易察觉的一声叹息，就能把最甜蜜的感觉从一个人的心里传递到另一个人心里”。在下棋或者讨论音乐和思想的时候，他感到自由，而一晚上老练复杂的谈话却让他像圣普乐一样，“充满了隐秘的悲伤以及对人的厌恶，我的心变得又空虚又膨胀，就像一个充满气的球一样”。这不只是一种酸葡萄心理；他察觉到，在社会光谱的一个狭窄的区间内存在着的小群体的自恋心理，把自己当成了全世界。“要像大家一样，你就不得不变得像极少数人那样。那些用脚走路的人不属于这个世界。他们是资产阶级，人民中的人（hommes du people），来自另一个世界的人；有人可能会说，四轮马车的存在是必要的，但赶马车则并不必要。”吊诡的是，直到今天，整个巴黎（le tout-Paris）仍然仅仅意指迷人的上流社会。让卢梭感到震惊的是小圈子世界的世故和复杂。在这个圈子里，理想只是被谈论，而不是付诸行动；在这空谈下面，掩盖着社会的不平等，而社会的特权就是建立在这不平等之上的，“通过这种隐秘的不平等，富人和权贵从他们口口声声说同情的被压迫者手中夺走了微薄的黑面包”。

当卢梭与一两个富有同情心的女人交谈时，他的表现会更 165
好，而不用像在较大的聚会中那样苦苦支撑。泰奥多拉-伊丽莎白-卡特琳·德·布罗伊夫人（贵族通常会有很长的名字）引导他谈论音乐。在一次晚餐时，正好他口袋里带了《致帕里佐的信》，于是他大声地朗读了这一作品，显然，他的听众感到很满意。更令人兴奋的是，他应邀去拜访路易丝-玛丽-马德莱娜·迪潘。这位夫人一离开修道院学校就嫁给了富有的克劳德·迪潘，现在已经三十六岁了，在他们位于圣路易岛的豪宅中主持着一个辉煌的沙龙。“我第一次见到她的时候，她仍是巴黎最美的女人之一。她在她的梳妆室接待我，裸着胳臂，散披着头发，晨袍也没有整整齐齐地系好。这样的风仪，我从来没有见过。我可怜的脑袋瓜真受不住啦；我心慌意乱，手足无措；总而言之：我爱上迪潘夫人了。”

她假装没有注意到卢梭的激动表现，谈起了音乐，一边唱歌一边弹奏羽管键琴，并安排他晚餐时坐在她的身边。他完全被她俘虏了。尽管她仪态端庄，甚至有点疏离，但他还是鼓起勇气写了一首诗——“睁开您的眼睛吧，可爱的迪潘！我已经知道，您的眼中有一团火。”——这首诗她保存了两天，但没有确认收悉。卢梭没有意识到，尽管在她所处的社会阶层中，婚外恋是很正常的，但她是一名忠诚的妻子，而且无论如何也不会和一个平民出身的新贵扯上关系。“第三天，她把信退回给我，并以冷峻得令我直打寒战的态度对我说了几句规劝的话。我想开口说话，但话到嘴边又停住了。我突如其来的激情连同我的希望一起熄灭了。在正式声明之后，我像此前那样继续拜访她，但从此绝口不谈什么爱呀情呀之类的事，甚至没有再看她一眼。”不久，她的继子夏尔-路易·迪潘·德·弗朗克耶先生，比卢梭小四岁、对卢梭很友善的一个年轻人，建议他以后不要再去看她了。

卢梭感到又羞愧又震惊，匆忙写了一封他已经很擅长的那种卑躬屈膝的信。“我非常痛苦地得知我引起了您的不快……如果您能够屈尊发发慈悲，您肯定能够把最不幸的人从绝望中拯救出来。”他还用不那么悲惨的口气给她的丈夫写了封信，因为他仍然希望能够得到他的赞助。“如果您认为这种错误值得原谅，我恳求您和迪潘夫人的宽恕。只要看见我不是一件令人极其讨厌的事就足够了，因为我正努力让自己变得让人能够忍受。我承认，我的才能极其有限，但一个人可以通过其他方式让自己被人喜欢、尊重和有用；这将是我唯一的努力目标。”卢梭还忍不住补充说，他被一种残酷的命运所追逐，这是他解释自己为什么总是做出一些自己无意去做或不理解的事情的惯用方式。像狄德罗那样不那么矛盾的人会欣然接受决定论哲学，即行为源于某些我们无法控制的原因。卢梭则强烈主张自由意志，但他需要一个残酷命运的概念来解释他为什么总是感到不自由。 166

迪潘夫妇的确原谅了卢梭。迪潘夫人无疑对卢梭的敬意感到受宠若惊，而她的丈夫是一个和蔼可亲的人，明白并未发生什么有损名誉的事情；也许他也感到受宠若惊。他们非但没有排斥卢梭，还基于他原来在里昂时为马布利先生起草的那份教育计划，给他安排了一项工作，让他做儿子的家庭教师。但这是一件不可能完成的工作，而且不能怪卢梭。雅克-阿尔芒·迪潘·舍农索的名字来自家族所拥有的一处特别美丽的城堡，时年十三岁，就是一个小混蛋，既任性又执拗。当他三十七岁不光彩地去世时，一位作家回忆起卢梭短暂的家教经历，同情地评价道：“他是人们可能找到的最糟糕的学生之一。”在卢梭的回忆中，这段经历就是折磨，后来他说，在短暂的试教期结束后，他拒绝继续这份工作：“即使迪潘夫人以身相许，我也不干。”

然而，从长远看，与迪潘家族的这种关系是非常宝贵的。几年后，卢梭接受了迪潘夫人提供的一个秘书职位，这极大地促进了他的智识发展。他和她的继子弗朗克耶先生建立了长久的友谊，因为他们两人都热爱音乐。他甚至搬到了河对岸的弗朗克耶先生家附近住了下来。本着时代精神，他们一起报名参加了一门化学课，但卢梭患上了肺炎，不得不退学。

在疗养期间，卢梭开始创作一部歌剧或“英雄芭蕾”——
167 《多情的缪斯》（*Les Muses Galantes*），以“诗人的恋情”为主题。该剧共有三幕，以塔索、奥维德和阿那克里翁[1]为中心。他还开始创作一部名为《战争的囚徒》（*Prisoners of War*）的喜剧，试图利用法国人对奥地利王位继承战争期间被困在布拉格的军队的焦虑。卢梭开始梦想成为一名作家，尽管他在三十岁时还没写出任何有分量的作品。就像他无所适从的时候总会发生的那样，机会给他带来了意想不到的方向变化。布罗伊夫人（其丈夫就是布拉格那支军队的指挥官）听说新任命的法国驻威尼斯大使需要一名秘书，她推荐了卢梭。一开始，给他许诺的薪水低得离谱，所以他拒绝了，其他人接受了这份工作，但这个新人和他的雇主发生了争吵，结果还没去意大利就被解雇了。经过重新协商，这次卢梭接受了这份工作。1743 年 7 月，他出发前往威尼斯。

---

1 塔索（1544—1595），意大利文艺复兴晚期的诗人，代表作是《被解放的耶路撒冷》。奥维德（前 43—17），古罗马最有影响力的诗人之一，早期作品多为用哀歌体写成的爱情诗，包括《恋歌》《爱的艺术》等，代表作为长诗《变形记》。阿那克里翁（约前 570—？），古希腊诗人；作品有琴歌、哀歌等，主题常为饮酒与爱情；他笔下的爱情不仅有对女子的爱情，也有对青年男子的爱情。

第九章 168

威尼斯的面具

卢梭的新雇主蒙泰居伯爵皮埃尔-弗朗索瓦已经在前往威尼斯的路上了，因此还没有见过他的这位新秘书，但他的哥哥给他写信，说已经面试过卢梭，并觉得他很合适："我对他的面相和风度印象很好。"而这位伯爵的情况就不一样了。他简直是夸张演绎了一个寄生的贵族，愚蠢至极，脾气暴躁，还自视甚高。他巴黎的上司在安排他去威尼斯的时候，并不抱有任何幻想。任命他担任一个不重要的外交职务，总比提拔他为将军的危害要小得多，因为他在军队里已经毫无建树地混了三十七个年头。所以他前往威尼斯上任时，带着一封直白地界定了他的角色的官方指导公函："多年来，威尼斯共和国对欧洲的主要事务一直影响甚微，因此，派驻一位大使到那里更多是出于奉承他们的惯例，而不是出于任何重要的目的。"

不仅大使一职无关紧要，而且诡秘的威尼斯统治者也让大使一职不可能有什么作为。他们断然拒绝与大使会面，并把大使隔离在一个远离总督府的飞地内，只允许通过中间人与外界

联系。威尼斯贵族们被禁止与他们交谈，否则将被处死。因此，
169 蒙泰居大使与当地政府几乎没有任何联系，只能传递他所能获得的零星的情报。由于他写作能力很差，也不会说意大利语，因此卢梭正是他所需要的人。

为了这个新的职位，卢梭定制了一些高级服装，然后就向马赛出发了，走的是别人给他推荐的最省路费的一条路。在《忏悔录》中，他记得他是直接到了马赛，尽管他本想从尚贝里走，“顺便看望我可怜的妈妈”。不过，他的记忆似乎出了问题，因为后来蒙泰居抱怨他的旅行费用过高时，特别反对“他去尚贝里的旅程”。如果卢梭真的顺道去了尚贝里，那么几乎可以肯定华伦夫人是不在的，就像以前经常发生的那样。

在土伦港，卢梭拿到了护照，坐上了一艘三桅小帆船。这是一艘用桨和帆驱动的小船，沿着海岸航行，直至大约两百英里之外的热那亚。旅途既缓慢，又很不愉快。不幸的是，当时西西里岛正在流行瘟疫，所有的意大利港口都实行严格的检疫隔离制度。在热那亚，其他旅客都选择继续留在船上隔离，但卢梭选择在一所空无一物的房子里度过三周的隔离期。他喜欢独处。他睡在地板上的衣服堆里，坐在楼梯上吃东西，读他自己带着的书，到外面的公墓呼吸新鲜空气。两周后，由于法国特使弗朗索瓦·沙尤·德·容维尔先生干预，他被允准离开。他之所以帮助卢梭，是因为卢梭给他写了一封礼貌的信，并用醋、大蒜和火烤的方式仔细消了毒。在容维尔的房子里，卢梭与他的秘书杜邦先生成了朋友。杜邦先生领他参观了城镇，之后还与他保持着通信联系。容维尔先生还给威尼斯的蒙泰居写了一封令人鼓舞的信：“我很高兴认识了卢梭先生，祝贺您有这

样一个好同事，他有着足够的智慧和才能，谈吐也很有魅力。”卢梭总是喜欢夸大他在社交方面的笨拙无能，实际上他一生中遇到的很多人都认为他很有魅力。

最后，隔离结束了，卢梭可以自由地经米兰、帕多瓦前往威尼斯。九月初，在离开巴黎近两个月后，他抵达了威尼斯。在向他的新雇主做自我介绍时就出师不利，因为蒙泰居对他租 170
用昂贵的凤尾船从大陆横渡过来很不满。随后，他搬进了位于奎里尼宫的使馆宿舍——一所租来的公寓楼，位于在当时已不时髦的坎纳雷吉欧区——并开始探索这座城市。这座城市的喧嚣嘈杂、多姿多彩和寻欢作乐的气氛让人感到精神振奋。然而，他一个人也不认识，失去巴黎的朋友，让他感到在纳沙泰尔和洛桑的那一年中所经历的孤独。在这种情绪之下，在抵达威尼斯的两周后，他写信给孔齐耶，恳求他告诉一些关于华伦夫人的消息。他已经很久没有收到她的任何消息了，“尽管自从我来到这里，我已经用无数种不同的方式给她写过信”。他不知道的是，因为奥地利王位继承战争，尚贝里已经被西班牙人占领了，她已经整整一年没能领到年金，而且此后四年也一直没有领到过，这已经让她处于绝望的困境了。

卢梭与大使的关系一开始就很糟糕，很快就变得更糟了。“他到达这里两天后，”蒙泰居回忆道，“他痛苦地抱怨说，当他坐我的凤尾船去听音乐时，我的仆人们没有把他置于他们之上的位置；他告诉我，他是我的使团中的高级人物。”卢梭愤慨地坚持维护自己的权利，就像他父亲曾经常常做的那样，正如盖埃诺所总结的，“如果他从来没当过男仆，那么他就不会这么害怕再次成为男仆”。最关键的误解在于，蒙泰居认为卢梭是

“大使的秘书”，是一个私人的仆人；而卢梭则自豪地认为自己是“大使馆秘书”，是一个有自己权利的官员。他的主要职责是起草和编辑日常的公文，包括每周向其他城市的大使以及凡尔赛总部提交的报告。其中的一些文件必须翻译成密码；这种密码并不难破解，它使用一个数字代表字母表中的每个字母，对一些常用词则有标准代号（“西班牙”是208，“军队”是506，“荣誉”是592）。蒙泰居让卢梭负责所有收集信息、起草报告的工作，不过他总是在最后时刻要求修改。

这些文件中的很多都保存下来了。从中可以看出，卢梭的工作做得很好，这也让他对政府办公室的大部分文书工作的累
171 赘多余和无关紧要有了全面的了解。在这种机械的工作中，他有时候也会粗心大意。在《忏悔录》中，他说自己只因出差错而被训斥过一次，但凡尔赛外交部的一份投诉却讲述了一个不同的故事：“外交事务办事员诚挚地恳求蒙泰居伯爵阁下，请建议他的秘书们更加准确地使用密码。他们的信件比其他所有意大利来的信都要更难破译。明显是一个人口述数字，而另一个人负责写下来。现在的信件中，有重复的、数字顺序颠倒、短语不完整、数字被截断或遗漏的情况。”卢梭的助理是大使馆的牧师比尼斯修士。最初，比尼斯还得到过法国领事让·勒布隆的帮助，但他觉得秘书工作有失身份，很快就放弃了。但是，勒布隆被证明是一个适于做朋友的人。卢梭还交了一些其他的朋友，特别是与身份与他相似的、西班牙大使馆秘书卡里奥或卡里翁（他的全名是弗朗索瓦-哈维尔·德·卡里翁·德·里瓦斯）和二十一岁的西班牙人曼努埃尔-伊格纳西奥·阿尔图纳，还有几个年轻的英国人。

蒙泰居能力平庸，这让卢梭越来越多地负责起大使馆的事务，并意识到他实际上比别人所质疑的要能干得多。当他头脑里有了这个念头，他开始沉溺于自我戏剧化的角色扮演，结果把他的雇主激怒了。他说服蒙泰居为他提供一艘布置优雅的凤尾船，并坚持乘坐。（蒙泰居在给他哥哥的信中挖苦地写道："我真是被卢梭先生的坏脾气给惹恼了，我希望他的羽管键琴和凤尾船足以驱散他的不满。"）如拉尔夫·利所观察到的，自那时起，卢梭就很容易反感那些自视为他的上级的人，即使他们没有任何冒犯的意思；他奋力让自己变得如此独立，以至于再也没有人能够对他表现出优越感。他真的是伊萨克·卢梭的儿子，脸皮薄，非常敏感。但他最终会明白，真正的独立是把自己的意识（consciousness）从对地位和名望的纠结中解放出来，并学会让自己的自尊不再有赖于他人的看法。

无聊的日常公务不时被一些危机事件打断。这些事件本身都是小事，但给了他做决定的机会，因而令人兴奋。有一次，一个名叫卡洛-安东尼奥·韦罗内塞的演员和他的两个女儿原本 173
签订了合同，要和意大利喜剧团在法国宫廷演出，可他们违约去了威尼斯的一家剧院演出，于是，一场危机出现了。当时正值狂欢节，卢梭戴着面具走进他们的赞助人的宫殿，戏剧化地表明了自己的身份。"那参议员脸色变得苍白，呆若木鸡。"卢梭威胁说，如果韦罗内塞不立刻前往法国，就要将他逮捕，而这位演员也屈服了。"谁也不会想到，"他在《忏悔录》中沾沾自喜地说，"法国的戏迷能看到科拉利娜和她的妹妹卡米莱的表演，还是我的功劳呢。"

还有一次，卢梭坚信自己有机会改变历史的进程。蒙泰居唯一有意义的责任是鼓励威尼斯在战争中保持中立，而不是暗中站在奥地利一边反对法国。实际上，威尼斯的确站在奥地利一边。但蒙泰居经常根据他得到的空洞保证，报告相反的情况。有一次，法国驻奥地利大使馆报告说，有一个秘密特工已经从那里出发，准备前往意大利挑起事端。蒙泰居拒绝认真对待这个警告，所以卢梭自己做主，把这份情报传给了法国驻那不勒斯大使。这就是他参与这件事的程度，但这并不妨碍他后来夸下海口：“波旁家族能保住那不勒斯王国，也许还多亏那个可怜的被鄙视的让-雅克呢。”

后来，卢梭回忆说，他对威尼斯的世俗魅力关注不多。除了“圣马可广场上非常纯洁的娱乐活动”、剧院和偶尔在朋友的陪伴下进行的庄重的社交访问之外，“我把我的职责当作我唯一的乐趣”。然而，玩乐和职责的交叠一定比他选择记住的要多一些。两百家咖啡馆通宵营业，而我们碰巧知道，他是其中一家咖啡馆的常客，因为当时的一位外交线人的便条中提到计划“明天凌晨一点在他的咖啡馆”与他会面。这些不眠之夜（nuits blanches）有着令人兴奋的氛围，街道里挤满了小贩、舞女、牧师、妓女和占星者；很难相信这一切一点儿吸引力都没有。十八世纪的威尼斯被描述为“一座神话般的半东方城市”和“玩乐之都”，纵容任何它不能公开允许的事情。狂欢节的庆祝分阶段进行，持续整整半年时间，其全部意义在于把人们从束
174 缚中解放出来。一位历史学家说：“面具不是一种伪装，而是一种隐姓埋名。它是保密，是匿名，是免罪的保证；它是受到许可的蠢事。”连总督和罗马教廷大使都戴上了面具。至于卢梭，他在来到威尼斯几个月后写道：“我稍稍改变了我的哲学，以便

像别人一样，这样我就可以戴着面具，穿着巴乌塔（bautta）去广场和剧院，就像我一生都穿着这套服饰一样自豪。”巴乌塔是一种兜米诺（donimo），即化装舞会上的那种连帽长袍。

威尼斯的剧院特别吸引人，而且和卢梭在巴黎知道的剧院很不一样。（当然，在日内瓦剧院是被禁止的）。歌德在十八世纪晚期来到威尼斯，希望能够寄给他的朋友们“这里更加无忧无虑的生活气息”；他对一场法国戏剧的表演感到非常厌烦，但对意大利喜剧中演员的活力感到高兴。“整个白天，广场、运河、凤尾船和宫殿里都充满了生机，买家和卖家、乞丐和船夫、家庭主妇和律师等都在买卖东西、歌唱、赌博、喊叫和骂脏话。到了晚上，同样是这些人走进剧院去观看他们的真实生活；生活以更简练的方式呈现为与童话故事交织在一起的虚构故事，并通过面具与现实脱离开来，然而，就其角色性格和行为方式而言，这就是他们所知道的生活。他们高兴得像孩子一样，大喊大叫，拍手喝彩，常常会弄得混乱不堪。”芭蕾舞也与在巴黎所看到的那种正规艺术不一样。根据歌德所说，“女孩们认为她们有责任让观众了解她们身体的每一处美丽的部分”。

最重要的是，卢梭喜欢无处不在的音乐，从运河上凤尾船船夫那里——“听着他们的船歌，我意识到在此之前我从未听过唱歌”——到音乐会和歌剧院里。演出费用如此低廉，以至于他雇了一群音乐家，每周到他的公寓一次，演奏他喜欢的歌曲，而他自己则弹羽管键琴为他们伴奏。在很久之后出版的《音乐辞典》中，他怀旧地将船夫曲描述为“一种威尼斯凤尾船船夫用威尼斯方言演唱的歌曲。尽管这些歌曲是为平民而作的，而且通常是由凤尾船船夫自己谱写的，但它们是如此悠扬迷人，

以至于整个意大利没有一个音乐家不夸耀自己懂得并能演唱它们”。卢梭还说，许多凤尾船船夫都对塔索的史诗《被解放的耶
175 路撒冷》烂熟于心；夏天的晚上，他们会在环礁湖的船上轮流演唱诗节，从一艘船唱到另一艘船。歌德也听过他们的演唱，并写道，“他们从远处传来的声音是非凡的，是一首哀而不伤的歌，我感动得热泪盈眶。”

大使馆在一些剧院和歌剧院订有包厢，卢梭可以随时使用这些包厢。有一天，他在一场演出时打起瞌睡（这部歌剧的名字已经无从考证了）。当他醒来时，他被听到的歌声倾倒了：“当我睁开眼睛、竖起耳朵的那一刻，是怎样的一种苏醒啊！我心醉神迷，飘然若仙！我的第一个想法是，我一定是在天堂。”他得到了这首曲子的抄本，开头一句是“为我留住那让我心动的美人”，但乐谱只是对原初经验相形失色的重复。“只有在我的脑子里，这首神圣的歌才能像唤醒我的那天一样唱出来。”正如马德琳·埃利斯（Madeline Ellis）注意到的，卢梭没有提到这场歌剧的表演或场景，他最喜欢的是声乐旋律和美声演唱。他在托钵修道会的教堂里听到了最迷人的曲子。教堂收留了一些私生的和贫困的女孩子，其实就是一座音乐学院。在他们自己的管弦乐队的伴奏下，她们站在屏风后歌唱。她们的声音是如此的动听，让卢梭又产生了浪漫的幻想，让他的朋友勒布隆安排他去拜访这些女孩子。结果，他十分失望。“‘来吧，苏菲’；她很难看。‘来吧，卡蒂娜’；她瞎了一只眼。‘来吧，贝蒂娜’；她被天花毁了容。几乎没有一个女孩子没有明显的缺陷。那位折磨我的人看见我吃惊的样子便大笑起来。”

卢梭从未提过他在威尼斯感受到宗教情感，但他确实很欣

赏教堂对感官美的鼓励。在这一时期的一封韵文体信函中，他描述了在乏味冗长的四旬斋后参加一次教堂礼拜，享受到了温文尔雅的天主教的乐趣。“璀璨的灯光，巧匠的绘画；为神灵预备的香水在升入天堂之前，其神圣的香味就让人的鼻孔陶醉了；还有就是，令人心醉神迷的音乐！”的确，威尼斯的教堂是非常宽容的。一个流行的说法是“早晨来点弥撒，下午来点社交，晚上来点女人”，一个法国游客惊讶地得知有三所女修道院正在激烈竞争为新任罗马教廷大使提供情妇的特权。 176

卢梭的朋友们都有情妇，但他压抑住了自己的欲望；据他所说，这段时间只有两次短暂而痛苦的艳遇。第一次是蒙泰居的总管劝诱他去看一个名叫拉帕多阿娜的妓女。这个女人的美丽受到公认，“但不是我喜欢的那种美”。卢梭点了冰糕，听她唱歌，然后就想要离开。但拉帕多阿娜愤慨地拒绝接受这些不劳而获的钱，“而我也傻得出奇，就同她干了那种事，解除了她的顾虑”。接下来的几周内，他一直深受煎熬，担心自己会得上性病。事实证明这是毫无根据的担心，一位外科医生给他做了检查，宣称他的器官构成不同于常人，所以不会被感染。这种诊断看上去很奇怪，至少可以说，卢梭去世后的尸体解剖（部分是为了调查他的慢性泌尿系统疾病）并未发现任何异常。那么，有人合理地认为，这名医生编出这个解释，是为了安抚被焦虑折磨得发狂的病人。

另外一次艳遇更加重要，在卢梭的余生中一直挥之不去。他在《忏悔录》中夸张地断言：“不管你是谁，只要你想了解我这个人，就请你壮着胆子读后面两三页文字，读完之后，你就能充分认识让-雅克·卢梭是一个什么样的人了。”故事最开始，是卢梭作为使馆人员成功地化解了一场外交危机。一艘由奥利韦船长指挥的法国船只圣芭尔贝号，在一次突如其来的风暴中意外地和一艘悬挂威尼斯国旗的斯拉夫船相撞。随后，斯拉夫船员们拿着剑，登上圣芭尔贝号，刺伤了一名法国水手，然后扣押了奥利韦船长和他的船员。卢梭让蒙泰居抗议说法国受到了侮辱，还前往奥利韦的船上向船员取证，并经过谈判，成功地让他们放了人，并支付损害赔偿金。蒙泰居先生提议把伤人的那个斯拉夫船员的手砍掉，但这一要求没有被采纳。

为了感谢卢梭，奥利韦邀请他参加船上的庆祝活动。卢梭带着他的西班牙朋友卡里奥一起去了。一开始卢梭觉得很生气，因为船长没有鸣放礼炮向他们致敬，但不一会儿，一艘凤尾船停靠在旁边，一个漂亮得让人吃惊的年轻女子窜了出来。她说卢梭和她以前的一个情人长得一模一样，狠狠地吻了他，毫不
177 费劲地点燃了他的欲火。“她那双东方人一样的黑色大眼睛把火苗射入了我的心里。起初，这一阵惊喜让我心慌意乱，但肉感的欢乐很快就压倒了我，以至对旁人的目光都不管不顾，这位美人不得不让我克制自己，因为我已经心醉神迷，或者说如痴如狂。”原来她是一个名叫祖莉埃塔的妓女，不到二十岁，但已经久经世故。她那种专横的行事风格让卢梭很兴奋。形势看上去很有希望。朋友们都在鼓励卢梭，祖莉埃塔甚至比拉尔纳热夫人还要有主人派头，而且整件事情有望迅速结束，不会有多复杂的情爱关系。

祖莉埃塔这种飞扬跋扈的行为很有可能是对卢梭本人所发出的信号的一种巧妙回应。“她把我当成一个属于她的人使唤，她把她的手套、扇子、腰带和头饰都交给我拿，命令我从这里

到那里，做完这件事情又做那件事情。我全都服从。”他迷恋装饰品，一定特别喜欢摆弄腰带和手套。更妙的是，祖莉埃塔假装完全不在乎钱；在与拉帕多阿娜的那次令人沮丧的艳遇后，这对卢梭来说很重要。在《忏悔录》的另一处，他说：“那些用钱就能买来的女人，对我来说会失去所有的魅力；我甚至怀疑我身上是否有任何东西能够吸引她们。”晚餐后，他和她一起坐着他的凤尾船，到附近的玻璃厂买了一些首饰，表现得就像一个迷恋她的奴隶一样。然后，他和卡里奥送她回了家。她给他们看了一对手枪，以展示她的控制权。她解释道，当和令她厌烦的男人上床时，“我可以忍受他们对我的爱抚，但不打算容忍他们的侮辱，我可不会错过第一个侮辱我的人”。

卢梭约好了第二天的幽会。到她那时，卢梭发现她半裸着，觉得她比天堂的女神更高贵。如果她一直穿着这件诱人的衣服的话，一切都会很顺利。他赞许地注意到，“她的袖口和紧身胸衣都镶有一道缀有玫瑰色绒球的丝边，在我看来，这使她本来已经很美的皮肤更显得润泽”。然而，她脱去衣服后，“我感到一股致命的寒流穿过我的血管。我的两腿发抖，差一点儿晕倒了，我坐下来，像个孩子一样哭了。”在他和华伦夫人开始令人不安的关系时，眼泪一直是他的庇护所；现在它们又很快地流出来了。他感叹自然用某种莫名其妙的毒药抑制了他的快乐，178
开始想象这个表面上的完美无缺的人一定有什么问题，于是他更加仔细地审视她。果然，他发现了一个先前被隐藏起来的缺陷。她的一个乳头是畸形的，或者可能是内陷的——他称之为一个瞎了的乳头——他突然意识到，“我抱在怀中的是一个怪物，是一个自然、男人和爱情的弃儿”。祖莉埃塔试图重新唤起他的欲望，但他执意要评论她的缺陷，她走开了，并冷冷地说道，“小约翰，别再泡女人了，去学习数学吧”。第二天，当卢梭再次来看她时，她已经离开去佛罗伦萨了，这让他因自己的失败和她的轻蔑而感到很受伤。

为什么卢梭认为这个故事将最大限度地展示他的真实本性（naturel）呢？这个有缺陷的乳头真的存在吗？假设它真的存在，为什么对他而言这么可怕呢？克里斯托弗·凯利（Christopher Kelly）指出，卢梭还曾把一位瞎了一只眼睛的唱诗班女孩描述为独眼龙，这两件事在卢梭的脑海里似乎有一种联系。女孩们像天使一样歌唱，结果却是畸形的；相反，祖莉埃塔有着可爱的身体，但隐藏着秘密的腐败，就像一个诱人的女巫那样。真正的问题肯定是，他在性场合感到忸怩和羞愧，无法要求打他的屁股——这将真正令他满足，并被迫解释为什么他本应感受到的欲望被打断了。如果他最大的乐趣是卑躬屈膝地跪在一个专横的情妇的脚下，那么都灵的巴西勒夫人指着地板的那一定格瞬间正是他所需要的。一个拿着手枪的妓女则不是。

几年后，他让他小说中的女主角责备她的情人在醉酒后放浪形骸。“真正的爱情总是适度的，不会大胆地攫取喜爱，而是羞怯地偷取它们。神秘、沉默和可怕的羞耻，让甜蜜的情感变得更加鲜明和隐蔽。”相反，小说中的一个意大利高级妓女在爱上一位品德高尚的英国人时学会了鄙视自己的生活方式，出乎意料地不愿意与他上床。“请你永远不要碰我！当我在你的怀抱中时，我会意识到，你抱着的不过是个妓女，我会因此而恼怒至死。”不再为她的魅力着迷之后，这位英国人反而体验到了卢梭理想中的那种延迟的享受。“拒绝那些纵欲者所品尝到的快乐

是更快乐的，这让他爱得更久，保持着自由，比那些纵情享乐 179
的人更能享受生活。”

但是，如果祖莉埃塔的故事是一个关于卢梭个性的完整反映，我们最好记住，其实除了他自己那高度小说化的叙述之外，我们对这件事本身一无所知。他夸张的挑战——“壮着胆子读后面两三页文字”——暗示着一种挑逗，或甚至是一种借口。“声言这是了解他的性格的那把钥匙，这是否是一种误导他的读者的方法呢？”他的编辑们精明地问道。也许，他是因为自己的失败而感到羞辱，而在他的回忆中捏造了整个故事，包括直觉这个美丽的造物一定有着某种隐藏的缺陷。或者这个故事完全就是用来混淆视听的。蒙泰居先生指责卢梭浪荡挥霍，但没有给出任何细节，因此已经被认为只是无稽之谈。卢梭三十一岁时在威尼斯待了整整一年，也许他比他声称的更容易受到一座城市的诱惑。在这座城市，就像一个法国游客所说的，狂欢节的时候，更多的女人是仰卧着而不是站着。蒙泰居自己也不是个禁欲者。根据威尼斯监视外国人的秘密机构的报告，“他满脑子就是大吃大喝、妓女和低俗的夜生活”。

经历了祖莉埃塔的失败后，卡里奥给卢梭提出了一个权宜之计。据卢梭所说，这个办法在威尼斯也是司空见惯的。因为卡里奥厌倦了老是去追逐其他男人的情妇，而且作为外交官的他也被禁止与有身份的女人发生关系。所以他提出，他们两人去找一个十一二岁的女孩子，而女孩的母亲也愿意以合适的价格把她卖了。他们提议，把这个女孩养大了之后再享用（至于多久之后，并不清楚）。卢梭对这个安排一点都没觉得不安。如果说这里面有人有过错的话，那就只有那个继续和女孩一起生活的“卑鄙可耻的母亲”了。女孩名叫安佐莱塔，“她一头金黄色头发，甜美得像一只羔羊，很难相信她是一个意大利人”。她有一副好嗓子，所以他们给她买了一个小羽管键琴，还给她请了一个歌唱老师。他们在她那里度过了许多个晚上，和她聊天，一起演奏音乐。卢梭不是一个恋童癖者，至少不是公开的恋童癖者，因此没有发生性行为。“必须要等到她成年以后，我们必须播种才能收获。”他们播种的是喜爱，而他很快就产生一种乱伦的焦虑，就如他对华伦夫人一样。“我的心渐渐地开始依恋小安佐莱塔，不过，是父亲般的依恋……我觉得，当她长大到适
180 婚时，我会害怕接近她，就好像这是一种令人憎恶的乱伦。”她的命运从未受到考验，因为卢梭在任何情况发生之前就离开威尼斯了，显然没有任何遗憾。他的一个反思是，如果他和卡里奥继续扮演父亲的角色，“我们不仅不会败坏她的纯真，反而会成为她的保护者”。他似乎并不知道，或是并不关心，留在威尼斯的卡里奥到底和那女孩干了什么。值得一提的是，在所有这些调情中，他都是典型的被动者。总管带他去找的拉帕多阿娜，奥利韦带他去找的祖莉埃塔，卡里奥带他找的安佐莱塔。

正如卢梭的人生故事中经常发生的那样，他与其他人的关系相对来说是有据可查的，但对他作为作家和思想家的生涯而言至关重要的他的思想的发展历程，却在很大程度上仍然不为人知。在《忏悔录》中，他确实对自己在政府部门工作的经历作了一段意味深长的评论。当他着手写作一部雄心勃勃的巨著《政治制度论》(《社会契约论》是他唯一完成的部分）时，他回想起这个想法最初是如何在威尼斯产生的，当时“我有机会注意到那个大肆吹嘘的政府的弊病”。威尼斯是一个类似于日内

瓦的城邦国家，但相似处仅止于此。日内瓦的统治寡头们与加尔文教派的牧师紧密结盟，发展工业，并对行为进行严格控制。在日内瓦越来越富强的同时，威尼斯却越来越贫弱了，依靠赌博和卖淫等娱乐产业来防止动乱，保护寄生的贵族的特权。“我发现所有事情在根源上都与政治有关，无论从哪个角度看，一个民族都不会与他们的政府在性质上有什么不同。”当然，这种观点可能是极度保守的，但卢梭把它颠倒过来，使其成了一种激进的挑战。“在我看来，最佳政府形式这个重大问题可以简化为：什么形式的政府适合于培养最有道德、最开明、最有智慧的人民，简而言之，就是世界上最好、最优秀的人民？”

卢梭后来对威尼斯时期重要性的判断可以从以下事实中看出：《忏悔录》的第七卷涵盖了八年时间，但几乎一半的篇幅用于叙述在威尼斯的一年时光——在他的记忆中这段时间是十八个月。他在 1743 年 9 月抵达那里，到 1744 年 8 月不得不离开。 181
卢梭与蒙泰居的关系日益恶化，因为这位大使需要他的秘书为他工作，却因此而感觉受到了威胁。此外，他们还因为金钱问题发生了激烈的争吵，因为吝啬到病态的蒙泰居是自掏腰包支付卢梭的工资的。有一个故事说（不是卢梭讲的，而是其他来源），他认为有三只鞋子和有两双鞋子一样好，因为一双鞋子里总有一只比另一只磨损得更快些。因此，精明的“他总是一次性做三只鞋子”。显然，这些鞋子不分左右，适合任何一只脚。

卢梭似乎并非不明白，蒙泰居已经拖欠了整整一年工资，而他因公务支出负债累累。他也拒绝理解自己的行为举止是多么令人恼火。蒙泰居愤慨地给上司写信说：“我的办公桌一端的椅子不合他的心意，他就直接就坐在我的扶手椅上。我向他口述时，有时会停下来，找一个我想不起来的词，这时，他通常会拿起一本书，或是怜悯地看着我。”诚然，蒙泰居有很多词没有想出来。但这里所涉及的内容远不止两人之间不愉快的摩擦。在青年时期，卢梭已经痛苦地体验过了那种把特权视为理所当然的自满，无论是他父亲因为与一个傲慢的贵族在街头争斗而被驱逐出日内瓦，还是在都灵古丰家族和里昂马布利家族温和的家长式统治中。在巴黎，他已经很清楚地认识到，他被富人视为一个平民暴发户；这些富人没有他的才华，却有权力成就他或毁掉他。现在，蒙泰居，一个有地位却没有任何能力的人，正在粉碎他对大有前途的事业的希望。盖埃诺评论说，卢梭在使馆的工作经历，“几乎像一个精心安排的试验，展示了这个正处于灭亡中的社会的混乱和愚蠢”。

早在 1744 年 2 月，蒙泰居就告诉卢梭，他提前六个星期通知他被解雇了，但是几个月过去了，卢梭仍未离职。蒙泰居大多数时间租住在大陆的一个乡间别墅里，留下卢梭打理使馆。在双方不断的挑衅下——最为激怒卢梭的一件事是蒙泰居拿走了他专用的凤尾船——他们的对抗在当年 8 月到达顶峰，在一
182 次对峙中险些酿成暴力冲突。卢梭看到关系已经破裂，就要求蒙泰居在巴黎的兄弟建议蒙泰居体面地解雇自己。蒙泰居的兄弟按要求写信告知他此事后，这位大使勃然大怒，指控卢梭是间谍，出卖了外交密码的秘密。“我哈哈大笑，以讥讽的口吻问他是否相信整个威尼斯有哪个人蠢到愿意出一个埃居买它。我的话把他气得口吐白沫。他装腔作势地叫他的仆人把我从窗户扔出去。”卢梭声称，他随后锁上了门，建议两人自行解决这件事。这让蒙泰居平静下来。然后，卢梭大步走到门口，向他说

了再见，离开了宅邸，再也没有回去。蒙泰居的说法完全不一样。他只是告诉卢梭，在从前，像卢梭这样的人会被扔到窗户外面去，而且他会满足于“像对待一个傲慢无礼的坏男仆一样”解雇他。

蒙泰居要求威尼斯当局驱逐卢梭，但他们拒绝了。卢梭在这座城市继续待了两个星期，仅仅是为了证明每一个重要的人都站在他这边。法国领事勒布隆收留了他，西班牙大使礼貌地接待了他。他得到了普遍的同情，甚至是盛宴款待。8 月 22 日，他离开了威尼斯。这是令人兴奋的一年。他对意大利音乐的激情将会在此后的生命中结出果实；他发现自己能够承担责任，这对他的自尊而言是一个重要的收获。不过，他也痛苦地意识到，已经没有任何可能发展前途光明的外交事业的机会了。至此，他已经做过雕刻匠学徒、家仆、神学院学生、音乐老师、巡游修道士的翻译、土地登记处职员、家庭教师和不成功的作曲家。巴黎再一次等待着他，不过他看不到明显的成功之路。

与此同时，蒙泰居对他的诽谤还需要处理。卢梭给他在凡尔赛的上司写信说，“我将返回巴黎，这是真的，我被蒙泰居伯爵先生的侮辱压垮，却得到了清白良心的证言和诚实的人的尊重。”在接下来的数周内，他继续坚持自己的观点，其措辞反映了一种日益增长的信念，即政府毫无顾忌地服务于少数人的利益。“对一个诚实的人来说，还有什么比看到自己在公众眼中遭到如此可耻的诽谤更糟糕的呢？……我绝望地意识到，我不得 183
不忍受嘲笑，在上级面前，下级总是错的。”到了写《忏悔录》的时候，他能够阐述得更全面了。“我的投诉尽管正义，却毫无用处，这在我的心中植下了愤恨我们愚蠢的政府机构的种子。

在这些机构中，真正的公众利益和真正的正义总是为了某种表面上的秩序而被牺牲，而这种秩序实际上是对一切秩序的破坏，只会为压迫弱者的公共权力和强者的不公正增加正式的许可。”

至于蒙泰居，他继续出丑。几年后，仍然在大使馆的勒布隆向凡尔赛报告，当一些仆人在蒙泰居不付工钱就解雇他们后抗议时，他用他的手杖痛打这些仆人，结果仆人们向他脸上投掷石块报复。大概在那个时候，蒙泰居终于被解雇，不情愿地退休了。

第十章 184

生命伴侣和有罪的秘密

抛开蒙泰居伯爵先生的空言恐吓，卢梭从容不迫地起程前往巴黎，首先取道阿尔卑斯山前往日内瓦。十七世纪的科学家罗伯特·波义耳写道，在日内瓦和意大利之间旅行只有三条路，“取道瑞士和格劳宾登州，取道都灵和取道马赛；第一条路太难走了，因为山上积雪很深；第二条路太危险了，因为在皮埃蒙特和米兰公国都驻扎着军队；第三条路最远，但实际上是最好走的”。卢梭已经走过这条最好走的路了，这次他试着走难走的第一条路。在中途停下来游览了意大利的几个湖后，他步行穿越辛普朗山口，一周后到达瓦莱州的锡永镇。这是他最后一次登上高高的阿尔卑斯山；他并未对它们发表评论。尽管他后来帮助创造了一种对于山的崇拜，但他更喜欢把山当作低处乡村景观的背景。

卢梭在锡永停留了一周时间，法国代办皮埃尔·德·谢尼翁修士热情地款待了他。在《忏悔录》中他对这次访问着墨不多，但它却构成了他的小说《朱莉》中关于瓦莱地区的浪漫想

象的基础，而这部小说最终会吸引来自四面八方的朝圣者。卢梭离开后，谢尼翁收到了蒙泰居的信，警告说卢梭是一个道德
185 败坏的冒险家，但没有理由认为谢尼翁把这当真了；那时候，他已经从一个日内瓦的熟人那里得到报告，“先生，前天，我和卢梭先生一起很高兴地为您的健康干杯；在我看来，他是一个明智、有教养、敏感的人”。

尼永就在从锡永到日内瓦的路上，但卢梭决定不去见他的父亲，因为（他说）害怕和他的继母见面。然而，在日内瓦，他的一位开书店的朋友埃马纽埃尔·迪维拉尔为此把他狠狠批评了一顿，说服他返回尼永并住在一家小客栈里。有了他的朋友作为中间人，卢梭得以上演一场比较温馨的重逢。“迪维拉尔去找我可怜的父亲，我的父亲赶快跑来拥抱我。我们一起吃了晚饭，度过了一个令我心甜如蜜的夜晚。第二天早晨，我同迪维拉尔一起回到日内瓦。他在这件事情上对我的帮助，我一直很感激。”不管是否甜蜜，这是伊萨克·卢梭和他的儿子的最后一次会面。这次会面最难忘的一个方面是偶然碰到了让-雅克在十几岁时就迷上的一个女人。“有一天和他一起泛舟湖上，我问离我们不远的一条船上坐着几位女士是谁，我的父亲微笑着说：‘怎么，你的心没有告诉你吗？这是你从前的情人啊；这是克里斯丹夫人，就是武尔松小姐呀。’我一听这个几乎忘记了的名字，便全身哆嗦了一下，于是告诉船夫改变航向。”

之后，卢梭继续前往巴黎，在经过七百英里的长途跋涉后，于 10 月初抵达。他浪费了几个星期的时间，试图让官方承认他受到了蒙泰居不公正的对待。虽然很多人在私下里同情他，但他从未能得到官方的承认。“大家都认为我受到了冒犯，被冤枉

了，很不幸，大使残暴、不公正、很无耻，整个事件将使他永远蒙羞。但那又怎样呢？他是大使，而我是秘书。良好的秩序，或者他们所谓的良好秩序，要求我不能获得正义，我也确实没有获得。”

怀着一种新的怨恨，卢梭开始四处寻找事情做。很快他的问题解决了。他在威尼斯认识了一位朋友，年轻的西班牙贵族伊格纳西奥·阿尔图纳。他愿意和卢梭共享他在圣奥诺雷街舒适的公寓。他们一起在拉塞莱夫人开的旅店里吃包伙，一起学习科学，甚至，两人还想象过一起到阿尔图纳在比利牛斯山外的庄园中隐居。这是卢梭对男性同伴具有吸引力的又一个例子。这位同伴意志坚强，但又很宽容；富于机智，但又多愁善感；他极其渴望知识；当然，人长得也很帅。“他没有西班牙人那种肤色，也不像西班牙人那样对人对事都很冷漠。他肤色白皙，脸色红润，栗色的头发近似金黄。他身材高大，体格健壮。他的身体就是用来容纳他的灵魂的。”阿尔图纳让卢梭特别感兴趣的一点是他与女人相处自如，但显然对她们的魅力免疫。“吞噬他心灵的美德之火不允许感官之火诞生。”简而言之，卢梭把自己的浪漫主义理想投射到了这个堪称现代加拉哈[1]的贞洁和智慧的完美典范身上。仅仅过了几个月，阿尔图纳回到他的家乡阿斯科伊蒂亚。他在那里结婚，成了市长，并建立了一所自然科学学院。 186

卢梭再一次独立生活了。他四处漂泊，无所寄托，脱离了

---

1 加拉哈是亚瑟王的骑士之一。作为最圣洁、最童贞的骑士，他得以在亚瑟王的圆桌上坐在最危险的席位，并获得圣杯的眷顾。

血缘和地域的联系；他成了一个非常现代的人，其现代性的一个根本方面就是他依靠友谊来创造一个由平等个人构成的共同体。尽管他如此渴望亲密的友情，可他从来不擅长于此。他的亲密关系通常迟早会变得痛苦（阿尔图纳在这种亲密关系形成之前就消失了）；可以说，做他的朋友，甚至比做他的雇主还要难。确实，他对友情所要求的，超出了人力之所及。正如司汤达所评论的，“卢梭一生中都感觉不幸福，因为他寻找的那种朋友，可能从荷马的时代到我们的时代只有十个左右”。只有在和年长的导师——仅仅称他们为父亲般的长者是不够的，尽管他们确实扮演着父亲的角色——在一起时，他才能感到真正的安全，跟他们在一起没有产生嫉妒和竞争的风险。在后来的年月里，他将找到几个这样的朋友。

1745 年至 1749 年的资料保存到现在的已经很少了，但我们确实有一封 1745 年 2 月卢梭写给华伦夫人的长信。这封信显示出卢梭最终与她疏离到了何种程度。他对她糟糕的健康状况表示同情，对同样患病的“我可怜的兄弟”温曾里德也表示了同情，然后不温不火地声称仍然希望与她共度余生，但对她当前
187 财务困境的看法是冷漠现实的。他特意询问关于“大屁股笨蛋”的信息，这是她诸多无能的生意伙伴之一。“我可以原谅一个傻瓜被另一个傻瓜愚弄，他们生来就是为了这个，但对于像您这样有判断力的人来说，被那样的畜生牵着鼻子走是不好的。”小不点儿从来没有这样跟妈妈说过话；卢梭现在已经是一个有阅历的男人了。本着那个时代的精神，他一直在学习最新的科学，这让他对她的草药配方有了新的认识。“我掌握的化学知识越多，就越觉得那些寻求秘方和魔药的大师愚蠢透顶。”与此同时，在

巴黎，他仍然在努力从“我的大使之马”（可能暗指罗马皇帝卡利古拉委任到罗马元老院任职的那匹马）那里获得公正，“为许多项目”付出了努力，“却希望渺茫”。

在这封信的结尾，他尖酸地描述了为纪念法国王储和西班牙公主大婚而举行的宏大的公共庆典。富有爱国心的阿尔图纳为这件事欣喜若狂，称这位新娘就像耀眼的太阳一样，把她周围的一切变成了黄金之河。而在卢梭看来，是政府决心举办这样一场盛事，才让普通的东西变成了金子。同时，他厌恶大众对面包和马戏的喜爱，这与他小时候所看到的在圣热尔韦广场上自发的舞蹈截然不同。“我看到巴黎处处都搭起了供人玩乐的富丽堂皇、流光溢彩的棚子，底层的民众在其中载歌载舞。从来没有过这样的庆典。他们抖动着褴褛的衣衫，酩酊大醉，暴饮暴食，以至于大多数人都得了病。再见，妈妈。”

在与阿尔图纳同住了六个月后，卢梭需要找一个新的住处。1745 年 3 月，他搬回了他曾经住过的位于科尔迪埃街的圣康坦旅馆。这家旅馆的老板娘是一个品行不端的人，她的房客也都是吵吵闹闹、声名狼藉，“有几个爱尔兰修士，几个加斯科尼人，以及诸如此类的人”[1]。老板娘雇了一个大概二十岁出头的害羞的女孩来洗衣服。她也与大家一起同桌吃饭，而且成了这些房客说下流笑话的对象。她的名字叫泰蕾兹·勒瓦瑟。“我第一次在餐桌上看见这个姑娘时，就被她那种端庄谦恭的举止所打动，她那活泼又甜美的眼神尤其动人，是我从未见过的。”卢梭

1 爱尔兰修士特别热衷于朝圣传教。加斯科尼是位于法国西南部的一个省；这个省的人被公认为很爱吹牛。

像骑士一样保护了她，女孩也回报以无言的感激。女孩成了他的情人，如果这个词是准确的话。他们俩会一直在一起，直到三十三年后他去世。

188 与泰蕾兹的关系在许多方面对卢梭而言都至关重要。“简单说来就是，我需要一个接替妈妈的人。既然我不能再和她生活在一起了，那就需要另外一个人和她的学生生活在一起，而且在这个人的身上必须具有她当年在我身上发现的那种心灵的单纯和温柔。”所以，角色互换了，她成了天真的、比他小九岁的被保护者，而卢梭成了老师。如果她不是完全没有性经验的话——她眼泪汪汪地向他承认“由于她的无知和一个诱奸者的诡计，她在刚刚成年的时候犯了一次错”——对卢梭这样一个阅历丰富的人来说就更好了。“‘童贞！’我叫了起来，‘在巴黎那可是好东西，不过只能在二十岁的姑娘身上找到！’啊，我的泰蕾兹呀，我拥有了善良又健康的你，就够幸福了！干吗还要去找我不想找的东西？”

卢梭的男性朋友们（与他的一些女性朋友们不同）看不上泰蕾兹，他们认为她愚笨而狭隘。显然，她从来没学过怎么辨认时钟的钟点，也记不住日历上的月份。而且，她尽管识字，却按照奇怪的语音拼写。为了反抗朋友们的优越感，卢梭喜欢暗示他们的关系只是露水姻缘，还用“我需要的补充品”来称呼她；这个词后来引发了很多的评论，因为它似乎意味着泰蕾兹是个有限的和不必要的角色。显然，他所说的补充品，指的是他更深层次的情感需要之外的性方面的满足，而这种满足甚至是有害的（在《爱弥儿》中，他严厉地把手淫称为“危险的补充品”，是青春期男孩必须不惜代价抵制的事情）。但那是他遇见泰蕾兹二十年之后写下的话，就像以下宣称一样难以令人信服，“从我见到她那一刻起直至今日，我从未对她有过丝毫爱的火花……我在她身上得到满足的感官需要完全是性方面的，与她作为一个个体的人毫无关系”。

现实与此大相径庭，正如他在许多其他场合的言行所显示的那样。他已经厌倦了对那些高傲的女士们无望的迷恋。就如克莱芒所说：“只投入一半，他就能够避免落入受虐狂的迷恋境地，避免陷入醉人的欲望和被动的崇拜之中。”他特别不想再处于以往和华伦夫人在一起时那种屈辱的依附于她的状态；那是 189
他永远不会再重复的事情。而泰蕾兹绝对有着一些十分吸引他的品质。他关于都灵的玛丽昂的描述同样适用于泰蕾兹，“玛丽昂不仅是漂亮，而且有着一种只有在山里才能找到的清新色彩，最重要的是，她有一种谦恭和甜美的气质；你要是见了她，是很难不爱上她的。除此以外，她是一个好女孩，品行端正，忠贞可靠”。

当时的许多作家，尽管都希望能够缔结经济上有利的婚姻，却与下层阶级的情妇——仆人、洗衣女工、妓女——生活在一起，因为她们不排斥潦倒文人的生活环境。狄德罗就和一位漂亮的名叫安托瓦妮特·尚皮翁的女裁缝结合了，就如卢梭所说：“他有娜妮特，就像我有泰蕾兹一样，这是我们之间的又一个相同之处。”实际上，这两种结合很不相同，因为狄德罗深爱着娜妮特，而且娶了她，尽管他必须隐婚，以免被父亲剥夺继承权。他们的婚姻带来了一个女儿；狄德罗很喜欢女儿，并让她接受了非常好的教育。但在其他方面，这桩婚姻没那么成功：娜妮特脾气暴躁，会在大街上跟人大打出手；狄德罗让她放弃了工作，也不让她进入他的社交圈；他们常常吵架，狄德罗公开养着一个情妇。

卢梭和泰蕾兹的关系发展得非常不同。他把她当作一个宝贵伴侣，在后来的年月里，他还因为坚持带她一起用餐，而冒犯了一些势利的贵族。但他就是不愿和她结婚，而且从一开始就明确表示了这个打算，尽管他许诺永远不会抛弃她。他们最后还是结婚了，那时他们是在一个穷乡僻壤，这么做是为了应付恶意的流言蜚语。

几乎从一开始，就有两个因素让他们的关系变得复杂。一个是卢梭与泰蕾兹的家人们纠缠不清的关系令人恼火，另一个是她怀上了他的孩子。他尽其所能地去处理第一个问题，尽管多年来这让他陷入了无尽的痛苦。第二个问题，他处理得如此糟糕，以至于成了他一生中最主要的内疚来源。这个家庭的问题是，泰蕾兹靠着那可怜的洗衣女工的薪水供养全家，几乎是她众多亲人的唯一依靠。她的父亲在奥尔良铸币厂倒闭时丢掉
190 了工作，此后一直失业。她的专横的母亲——她的丈夫称呼她为警察局长——以前开店做过生意，但也已经破产了；还有一些好吃懒做的兄弟姐妹也希望被照顾。简而言之，这个家庭欢迎卢梭成为他们的饭票；由于他孤单一人，缺乏安全感，起初他很高兴被这个家庭接受。泰蕾兹的家“几乎成了我的家”，这个“几乎”是有特定含义的。他说，四年来，他每个晚上都去她家，但仍然保留着自己单独的公寓。他多久和泰蕾兹同床一次、在什么环境下同床，我们不知道。同样，我们不可能知道为什么他要坚持这种很不方便的生活方式。他一定会对失去独立性感到焦虑，他很可能也考虑过某一天要结婚的问题。他一

定认为狄德罗在和娜妮特结婚这件事上犯了错。但另一方面，狄德罗比卢梭有着更加稳定、更舒适的成长环境，很明显，他对于低娶这件事没有那么强的不安全感。顺便提一句，卢梭养成一个习惯，就是称呼泰蕾兹为“姑妈”，就像侄女对她的称呼那样，这奇怪地呼应了他与他苏逊姑妈的纯洁关系。

卢梭有教养的朋友们强烈反对他和泰蕾兹的关系。他们鼓励他揭发她荒唐可笑的用词错误，以供他们嘲笑取乐。莫雷莱修士后来说：“他看得出他的朋友们不赞成他与令人厌恶的泰蕾兹缔结的荒唐婚姻。”当然，在那时，这根本就不是一桩婚姻；而且如果说她令人厌恶，那也不可能是身体层面的原因。卢梭说她至少和娜妮特一样有魅力；还有詹姆斯·鲍斯韦尔，一个在追求女人方面不知疲倦的人，在她四十三岁时见到她，形容她是“一个娇小、活泼、整洁的法国女孩”。

不少后来的评论家也认为泰蕾兹是个令人尴尬难堪的人，但他们忽视了卢梭自己对与她一起度过的平凡生活中的乐趣的富有吸引力的描述。例如，他们俩喜欢在临街的地方用餐：“窗台就是我们的餐桌，我们呼吸着新鲜的空气，观赏街区和行人，虽然是在四楼，但我们一边吃饭，一边感觉置身街中。我们的饭菜总共就是四分之一块大面包、一些樱桃、一小块奶酪和半瓶葡萄酒，但谁能够描写得出或感同身受我们分享这些饭菜时陶醉的心情呢？友谊、信任、亲密、灵魂的甜美——你们贡献 191
了多么美味的调料啊！”诸如此类的记述使卢梭的宣告有了实质意义：“我的泰蕾兹有一颗天使的心。我们的感情随着我们的关系愈发密切而增加。我们一天比一天感觉到我们彼此是为对方而生的。”随着时间流逝，他越来越依赖她对实际情况的良好判断力。“在瑞士、英国和法国，每当我发现自己身处灾难时，她都能看出我没有看到的问题，提出最好的建议，并把我从盲目冲入的险境中解救出来。”

在他们俩交往大概一年后，泰蕾兹透露她怀孕了。1746年末或1747年初，她生下了一个孩子；具体的日期没有记录，连孩子的性别也无法确定。这个婴儿马上被送往了弃婴慈善院或弃婴之家。在随后的几年里，又有四个婴儿被送到那里。考虑到卢梭的身份和他的成就，以及他自己小时候被遗弃的经历，这样的行为在今天看来是令人震惊的。但在当时，这种举动也并不是什么稀罕的事。卢梭说，他是受了拉塞莱夫人店里那些粗俗家伙的建议的影响，这些人习惯用这种方式来处理私生子。很长一段时间里，他成功地将自己的所做的事情隐瞒了下来，只有极少数的朋友才知道，但后来这事还是传出去了；当时他已经因为写了一部关于如何教养孩子的书而闻名遐迩，他需要做很多解释。

卢梭自己的话是现存唯一的直接证据，能够说明发生了什么事情：

> 我毫不犹豫而且痛痛快快地下定了决心。我唯一要克服的是泰蕾兹的顾虑。我费了九牛二虎之力才让她接受了这个唯一能保全她的名誉的办法。她的母亲担心有了孩子会增添许多新的麻烦，也来帮我说话。泰蕾兹终于被说服了。我们选择了一个谨慎可靠的接生婆。她叫古安小姐，住在圣欧士塔什角。到了生产那一天，泰蕾兹就由她母亲陪着到古安小姐家分娩了。我去看了泰蕾兹好几次。我送

> 去了两张卡片，把一个暗号一式两份分别写在这两张卡片上，其中一张放在婴儿的衣服里。然后，接生婆按惯例把
> 他送到了弃婴所。第二年又出现了同样的不便，我如法炮 192
> 制，同样办理，只不过忘了放一张记有暗号的卡片罢了。我依然没有想太多，而这位母亲也不完全赞同，最后还是唉声叹气地服从了。

卡片应该是用来做记号，以便将来父母想重新要回这个孩子。但当卢梭十年后真的想打听孩子的下落时，却完全失败了。

弃婴慈善院究竟是个什么地方？它于1670年在教会的资助下设立，其灵感来自圣樊尚·德·保罗的慈善事业——圣樊尚对被父母遗弃的婴儿的数量感到震惊。它不是一所孤儿院，而是一所收容所（hôpital的另一个意思），主要为被父母冷酷无情地抛弃于公共场合的新生儿提供临时看护。在尚贝里，约有四分之一的新生儿被遗弃；在巴黎，这个数字还要更高。这些弃婴当中最有名的，是后来成为科学家和作家的让·勒朗·达朗贝尔。他被身为贵族的母亲所遗弃，据记载被发现于“圣让-勒朗教堂台阶上的一个木盒子里”；他的名字由此而来。达朗贝尔的父亲设法找到了他，并把他安置在一个合适的人家里，但这种结局是非常少见的。大多数的弃婴都是私生子，卢梭对泰蕾兹“名誉”的评论反映了这种耻辱的严重性，不仅对于未婚的母亲是耻辱，对于她们的孩子也是——他们在成长过程中会被人们鄙视，还会被剥夺许多普通人的权利。因此，绝大多数富有的妇女会在孕期的最后几周假装离开巴黎外出旅行，搬到类似于古安小姐这样的人家里。孩子生下来后，就会被接生婆

安排送到弃婴之家。改革家们抱怨，这样一个本意在于救助不幸的机构，实际上造成了这类不幸：一位作家称它为“母爱的坟墓”。

在泰蕾兹生孩子的那段时间里，弃婴院每年大约要接受六千名弃婴。修女们监督奶妈立即给孩子们喂奶，然后，在最短的时间内，孩子被送到巴黎郊外的村庄中由固定的看护人照顾。这些女人能得到并不丰厚的薪金，并负责在接下来的几年
193 里抚养孩子。原则上，这些孩子们会返回城市，学习有用的技能，就像卢梭想象他自己的子女所做的那样。实际上，有的孩子回到了城市，也有的留在了乡下，但大多数孩子干脆死了。死亡率是骇人的。在那个时候，传染病是所有孩子持续面对的一个威胁，而这些弃婴面临的风险比其他孩子还要高得多。他们来的时候大多营养不良，身体病弱，又被放在卫生条件很差的环境下集中喂养，即便他们能活下来被送到农村，那些农村女人们的看护也很糟糕。根据官方的记录，在1751年，也就是很可能接收了卢梭的一个孩子的那一年，七成的孩子在不到一岁时就死去了，之后还有更多孩子死去。顺便提一句，记录显示，1746年11月21日，弃婴院接收了一个名叫约瑟夫·卡特琳·卢梭的婴儿；这个孩子在前一天受了洗礼，是被一名自称玛丽·弗朗索瓦丝·卢梭的人送来的。这使人联想到泰蕾兹的妈妈的名字是玛丽·弗朗索瓦丝·勒瓦瑟，但用一个不那么显眼的化名也是正常的，卢梭是一个非常普通的姓氏（收养达朗贝尔的家庭也姓卢梭，但跟让-雅克没有任何关系）。无论如何，这个婴儿的命运是悲惨的。在被送往乡下的保姆家后不久，他在1月份就死了，还不到两个月大。

早在1751年，勒瓦瑟夫人就把关于孩子的秘密泄露给了卢梭的赞助人迪潘夫人和她的儿媳德·弗朗克耶夫人，为此他开始试图为自己辩护。在给弗朗克耶夫人的信中，他对他的行为给出了好几个解释，其中的大多数他后来在《忏悔录》中重复了一遍；精神分析学家称之为多元决定的一个实例。他声称既然这些孩子已经被正式的安置，他们就不是真的被遗弃（déposés，不是trouvés）。此外，如果需要养家糊口，他干大事的希望就会破灭。另外，他预计自己很快就会死去，这样他的这些私生子最终会沦为擦鞋匠甚至是小偷。即使他没有死，他也不会跟泰蕾兹结婚而让这些孩子合法化，因为不公正的法律会判处他终身监禁（暗指与一个不合适的人在一起）。显然，弃婴收容所是最好的选择：它能够把孩子培养成坚强自立的人，“不是绅士，而是农民或工人”，不用钢笔，而是用“犁、锉刀或刨子，会让他们过上健康、勤勉和清白的生活”。柏拉图不也主张，孩子应该由国家抚养，而不知道他们的父母吗？最后的 194
这番文饰特别地虚伪空洞，因为柏拉图的计划是为理想国中所有的孩子设计的，而不是针对少数不幸的孩子。卢梭对整件事的深切焦虑从他把给弗拉克耶夫人的信用密码又誊抄了一遍可以看出来。（拉尔夫·利评论道，“密码简单得可爱”，因为数字1代表字母A，数字2代表B，等等）。

卢梭从来没提出过的一个辩护理由是，这些孩子根本不是他亲生的。到十八世纪末，人们普遍认为，卢梭很可能是性无能的，而泰蕾兹是不忠的。很久以后，乔治·桑报告说，他的祖母，卢梭的朋友弗朗克耶的第二任妻子，在听到别人说卢梭是个无人性的父亲的时回应道：“哦！对这件事，我们是一无所知的，其实卢梭自己也不知道怎么回事。甚至，他能有孩子吗?”但如果卢梭真的相信孩子不是他的，他肯定会告诉他最亲密的朋友。相反，他总是宣称泰蕾兹保持着“毫无瑕疵的忠诚，关于这一点，她从未给过我丝毫怀疑的机会”。就那些年而言，他似乎完完全全相信这一点，不过后来他们俩还出现过一些紧张。

奇怪的是，卢梭在《忏悔录》中提供了大量关于第一个婴儿的细节，但对另外四个婴儿，仅仅说了一句他们一出生就被送到了弃婴院。甚至有人怀疑这几个孩子是不是真的存在过，特别是因为他的性压抑和健康焦虑——在这一时期的某个时刻，他患上了折磨他余生的慢性泌尿系统疾病——使得他在 1746 年到（至少）1752 年的六年当中让泰蕾兹生了五个孩子看起来令人惊讶。几乎所有关于这些孩子存在的证据，包括勒瓦瑟夫人应该跟迪潘夫人泄密的事，都是卢梭自己说出来的，或者是卢梭同时代的人说的；而后者听说过这些孩子的事，又都是从卢梭本人那里得知的。即便是那封给弗朗克耶夫人的辩解信，也只存在于卢梭的草稿中。唯一真正的例外是，很久之后有一位作家称，他当时住在卢梭住处所在的街的另一边，是那条街上一名假发商的老主顾；这个假发商告诉他，他为泰蕾兹感到难过，“因为她给她的男主人生下的孩子被野蛮地送进了弃婴院”。这也许意味着她公开哀叹自己的失子之痛，我们确实很难知道
195 她是如何忍受这件事情的。但这件轶事记录于 1791 年；当时整个故事已经尽人皆知。作为第三方的证词，它不一定可靠。还有一个模棱两可的证据是，泰蕾兹后来记得是四个孩子，而不是五个，这让这个故事显得更加可疑。

不管真相究竟如何，卢梭后来的悔恨是毫无疑问的，这有助于激发《爱弥儿》的写作。他写道，任何未能抚养自己的孩子的人，“都会长久地、痛苦地为自己的错误而伤心哭泣，永远找不到安慰”。遗弃孩子也在一定程度上促使他写下了书面辩解，即后来的《忏悔录》。在那个时代，大多数作家都试图把自己的生活和著作分开。卢梭发展了一种独一无二的新的个人形象。作为一个实践他所宣扬的主张的圣人，他被迫向自己和公众解释他的所作所为。他在《忏悔录》中宣称，“让-雅克一生中没有一时一刻是这种没有感情和怜悯的人，没有一时一刻是这种无人性的父亲”。但罪恶感总是存在，它成了他生存之中一种挥之不去的折磨。对泰蕾兹而言，这是极其痛苦的；尽管对此没有任何记录，但这件事必定会对她与他的关系产生持久的影响。

196

第十一章

作家的学徒生涯

在巴黎的最初几年，卢梭一直困于生计。1745年阿尔图纳离开的时候，他完全破产了。他写信给他的朋友罗甘，为没有偿还一笔借贷而道歉，并询问为威尼斯提供高档服装的商人是否愿意回收部分服装。当时，他赚钱的想法是，恢复写作他两年前开始写的“英雄芭蕾”或者说假面剧，名为《多情的缪斯》。“我决定把自己关在圣康坦旅馆里，不完成这部作品，就不允许自己出门。”但他沮丧地补充道，名声已经不再是他的目标了。“我非常厌恶社会和人际交往。我留在这里只是为了一种荣誉感，而不是为了其他任何东西。我现在最大的欲望就是，不欠任何人任何东西；假如有一天真的实现了这个愿望，二十四小时内我就会离开巴黎。”罗甘回信说，那笔债务无关紧要，而且“如果你有困难，我将愉快而真诚地与您分享我仅有的东西。”他感动地在这封信上写道，“再会，我最亲爱的朋友”。的确，罗甘成了他终生的朋友。

经过三个月的努力，《多情的缪斯》完成了。它结合了歌曲、器乐和舞蹈，主旨是向塔索（其风格将被提升）、奥维德（温柔）和阿那克里翁（同性恋）所诠释的爱的力量致敬。文本是重复、浅显的，毫无疑问也不得不这样，因为这些文本除了用于配合音乐和舞蹈之外也没有其他的目的。第一幕的乐谱得以保存至今，据一位现代专家的描述，除了偶尔几个活泼的片段外，就没有什么特别之处，歌词甚至没有音乐好。卢梭本人对此也不抱幻想。后来，他在手稿的开头补写了一段免责声明："这部作品在同类作品中是如此平庸，而这类作品本身又是如此糟糕，以至于要理解为什么我曾经喜欢它，就必须承认习惯和偏见的力量。"但在《忏悔录》中，他承认，他喜欢这部作品，是因为它的幻想色彩是他一直所偏好的。"我可以说，我对费拉拉公主的爱（因为我暂时变成了塔索），以及我对她那不公正的兄弟的骄傲和高尚的情绪，给了我一个比我在公主怀里的经历还要美妙一百倍的夜晚。"[1] 197

下一步工作，是让《多情的缪斯》演出，但结果证明这是不可能的。让-樊尚·德·高福古，一位卢梭在尚贝里结识的日内瓦人，给他介绍了一个重量级别的、拥有巨额财富的包税人亚历山大-让-约瑟夫·德·里什·德·拉普布利涅尔。（包税制是十七世纪路易十四为了筹措资金来进行耗资巨大的战争所建立的一种制度。富有的贷款人预付资金——包括他们自己的钱和投资者的存款——以换取收税的权利，并为自己保留可观比例的税收。）尽管拉普布利涅尔和他的妻子的私人关系很冷漠，

1　塔索曾在费拉拉城邦担任了十年宫廷诗人，其间与阿方索公爵的妹妹艾伦诺拉相爱，却招致公爵嫉恨，被长期监禁在疯人院。

但他们俩一起举办了一个非凡的沙龙。拉普布利涅尔夫人原本是他的情妇。他本来期望继续保持这种关系，但她有权势的朋友们说服了他的上司，说他辜负了一个年轻单纯的女孩，除非他行为正当，否则理应丢官去职。结果他们一结婚，两人就互相看不上；与他们相熟的哲学家让·弗朗索瓦·马蒙泰尔说，他们在餐桌上几乎都不看对方。终于，拉普布利涅尔先生得到一个机会打发掉他不想要的妻子，因为他发现了一扇巧妙设计的隐藏门，可供她的情人黎塞留公爵（不是路易十四时代伟大的黎塞留）从隔壁公寓出入他家。但与此同时，他们的沙龙吸引了巴黎所有的知识分子和艺术家，特别是有名的作曲家拉莫。
198 对卢梭来说，拉莫屈尊做拉普布利涅尔夫人的音乐老师并住在她家里并不一定是件好事，因为三年前卢梭把他的乐谱方案提交给科学院时，正是拉莫很不友好地指出了它的不足。

当拉普布利涅尔同意召集一些一流的歌唱家和演奏家来为《多情的缪斯》举行一次私人演出时，卢梭确信他的事业终于开始起飞了。然而，结果让人失望至极。尽管（卢梭声称）大多数听众都被这部作品迷住了，拉莫却不停地抱怨，最后终于爆发了，宣称这部剧的一部分是一个完全不懂音乐的人的作品，其他的部分则是抄来的。拉莫稍后在公开出版的文章中重复了他的判断。“我感到震惊的是，我在其中发现了一些非常漂亮的、完全是意大利风格的小提琴曲调，但同时，也发现了法国音乐中最糟糕的一切，无论是声乐还是器乐……我问了作曲家一些问题，他的回答十分糟糕，我很容易看出，正如我已经怀疑的那样，他只是创作了法国音乐，而意大利音乐是剽窃来的。”这不是事实，但拉莫毫不怀疑地相信自己的判断，而且他的确有理由讨厌卢梭。除了对这位潜在竞争者一贯的敌意之外，他也不能接受这部剧的标题《多情的缪斯》模仿了他自己备受推崇的《多情的印第安人》。

卢梭从不否认他自学成才的技能导致作品的质量参差不齐，也不否认他对意大利音乐的真正热情还没能充分发挥出来。“从孩提时代起，我就在法国的音乐品味以及与之相配的诗歌中耳濡目染，所以我会把噪音误认为和声，把奇迹误认为有趣，把歌曲误认为歌剧。”但他还是被剽窃的指控激怒了，当然，他本来就该被拉莫的暴行激怒——这位自私的作曲家的蛮横是众所周知的。在狄德罗的一本著作中，拉摩的侄儿[1]是这么说他的叔叔的：“如果说他曾经对任何人做过什么好事，那也是他无意识做的……他的妻子和女儿什么时候愿意死，只管去死好了，只要为她们敲响的教区丧钟持续地回响着十二度音和十七度音，那一切都会很好。”除了不讨人喜欢之外，拉莫还贪婪到了近乎疯狂的程度。他如此消瘦，以至于一个同时代的人说他看起来更像一个鬼魂，而不像个人；另一个人把他比作一个没有风箱的风琴管，并补充道：“他整个思想和灵魂都在他的羽管键琴 199
里，一旦这部琴合上，家里就再也没有人了。”

随后的事更加令人泄气。主管宫廷娱乐活动的黎塞留公爵很喜欢《多情的缪斯》，并且许诺如果卢梭重写第一幕，把主角塔索改为赫西俄德[2]，就安排它在凡尔赛宫演出。卢梭急忙修改，

1　指狄德罗的对话体小说《拉摩的侄儿》中的主人公。小说人物与真实的音乐家同名，但中文习惯将小说人物的名字译为“拉摩”，将真实音乐家的名字译为“拉莫”。

2　赫西俄德，古希腊诗人，代表作是《工作与时日》《神谱》。

把那些爱情诗的陈词滥调都用上了。“迷人的火焰吞噬了我的灵魂，”赫西俄德唱道，“你神圣的热情激发了我的歌唱；请将你燃烧我心的那团明亮火焰注入我的心灵。”卢梭通过暗示缪斯给了赫西俄德如此多的灵感，以至于他可以超越受过更好训练的音乐家，来悄悄地暗示自己所处的境遇，并明确提到了他自己和拉莫：“我将战胜我那嫉妒心重的对手。”但拉普布利涅尔夫人要求黎塞留尊重拉莫对卢梭的厌恶，于是，演出取消了。“我从来没见过这样的阴谋和敌意。”卢梭在给一位朋友的信中这样写道。然而，让他惊讶的是，他发现在反对批评、为自己辩护时也有某种乐趣。“尽管如此，我还是勇气十足。敌人的怒气让我认识到自己的力量，要不是他们这么嫉妒我，我还不知道我有能力跟他们战斗。”可以肯定的是，卢梭可能并不完全是老实厚道的。拉莫的一位传记作者认为这种情况是“一个老音乐家害怕失去他的资助人，害怕一个年轻阴谋家的野心”。

由于卢梭想要成为成功音乐家的大部分努力都付诸东流，所以人们通常认为这些只是他为了获得认可的投石问路，但实际上音乐对他来说意义远不止于此。他不善言谈，但发现当那些熟练的演奏者诠释他的作品时，他就可能表现得非常雄辩。他后来写道，旋律模仿情感，“它不仅模仿，而且是用一种无声的语言说话；这种语言生动、热烈、热情，有着比语言本身强一百倍的能量”。拉莫在一系列有影响力的论文中曾颂扬和声所具备的数学严谨性，但对卢梭来说，连器乐也必须歌唱。

在 1745 年结束之前，出现了一种新的可能性。五月，法国军队在与英国、奥地利的战争中取得了著名的丰特努瓦战役的胜利，有人建议演出修订版的伏尔泰歌剧芭蕾《纳瓦尔公主》，

以庆祝这次胜利。但伏尔泰不愿费心修改剧本，黎塞留建议卢 200
梭帮忙。卢梭感激地接受了这个任务，同时给他仰慕已久的伏尔泰写了一封粉丝般的信，来解释他的工作。“我已经努力了十五年，让自己能够配得上您的注意，配得上您对那些展露出任何才华的年轻诗人的关心；但是在为一部歌剧作曲后，我发现自己不知怎么就变成了一名音乐家。”他解释道，黎塞留先生命令他把《纳瓦尔公主》修改为《拉米尔的节日》，他的财务状况迫使他接受了这项任务，并且理解他所有的改动都必须征得伏尔泰的同意。这位伟人无疑是想取悦黎塞留（他认为黎塞留是卢梭的赞助人），从他遥远的庄园回信说，一个人在音乐和诗歌两方面都具备天赋是非同寻常的，而卢梭把他的才华用在这部低劣的作品上，实属憾事。“我清楚地知道，这件事是微不足道的，这样琐碎的事情不值得一个有思想的人认真对待。”伏尔泰还承认，他已经不怎么记得这部作品的具体内容，并授权卢梭按自己的想法全权处理。

尽管如此，这仍是一项吃力不讨好的任务，因为卢梭需要配合拉莫现有的乐谱插入几段过门儿和宣叙调，偶尔增加几段与伏尔泰的歌词协调一致的诗句，而不能添加任何他自己的东西。他苦干了两个月，不断受到拉莫和拉普布利涅尔夫人的干扰。当这部剧最后在凡尔赛宫上演时，只被认为是伏尔泰的作品，却没有提及卢梭。一个与当时最伟大的作家和最伟大的作曲家合作的机会，就这样落空了。更糟糕的是，卢梭说，大概是准确的，他从来没有得到过报酬，尽管官方记录中关于“给交响乐师、演员、舞蹈家、艺术家、作曲家、工人和其他人的酬金”中有一个条目，是“卢梭先生，音乐家，792 里弗尔”。

就这项工作本身而言，这个数目的报酬是普通的。一位研究过手稿的专家总结说，“两个月的工作得到这个结果，说明要么是工作能力平庸，要么就是大量时间没用在这上面。”

201 对卢梭来说，这种失望是极为痛苦的。他又试图让这部作品在歌剧院上演，结果拉普布利涅尔夫人再一次阻碍了他。他“心灰意冷地回到家里；我筋疲力尽，愁肠百结，一下子就病倒了，足足六个星期，我出不了门”。斯塔罗宾斯基把这次崩溃称作“象征性的死亡”，卢梭因此放弃了对“两位伟大的长者——拉莫和伏尔泰”的爱戴，“他们本来是他内心热爱的对象，但从现在起成了仇恨的对象”。在这个时期，他还中断了——字面上的“中”——一篇赞扬拉莫的文章的写作；这篇文章声称法国音乐比意大利音乐更加动人。不久之后，他会因为发表完全相反的观点而声名狼藉。

1746年春天，卢梭把失望的情绪抛诸脑后，开始重新回到他原来的赞助人迪潘夫人的沙龙中。他曾经给这个女人写过一首失策的致敬诗，试图给她那可怕的儿子当家教。他还开始和她的继子、他的朋友迪潘·德·弗朗克耶一起再次学习化学。他对这件事一定很认真，因为至今还留存一个自称是“弟子”的年轻人写给卢梭的一封信——他在信中向卢梭寻求关于盐结晶问题的建议。过了一段时间，他搬到了普拉特里耶街，以便尽可能靠近迪潘家。他很喜欢这条街，以至于二十五年后他再次到这里定居；这条街也构成了现在的让-雅克·卢梭街的一部分。与迪潘家重新结交带来的一个显而易见的好处是，他有机会在迪潘夫人最近买下的、位于图赖讷的特别漂亮的舍农索城堡里住了好几周。卢梭对贵族的享乐并不是很适应。可能是在那里，他不情愿地目睹了一头牡鹿的死亡。他被猎犬欢快的吠叫声惊到了，但它们至少是在遵从狗正常的本能，让他更加震惊的是猎人们的快乐。“想到那只不幸的动物的绝望困境和它动人的眼泪，我就越发感受到平民的天性，我发誓，我永远不要再参加这样的盛宴。”

迪潘一家和他们的客人很喜欢举办业余的戏剧演出，受此启发，卢梭写了一部诗剧，名为《轻率的誓言》（*L'Engagement Téméraire* 或 *The Rash Vow*）。这部剧里的主角互相爱慕，但又不敢承认。这个主题他是很感兴趣的，但绝不是他原创的。他亦步亦趋地追随的模范是马里沃活泼的喜剧；马里沃剧中的角色们通常会对自己的感情感到惊讶，并不信任对方的真诚。虽然 202
情节足够精彩，但整部剧只是谈天说话，一点没有戏剧性的活力。卢梭认为这部剧“很欢乐”，但很难理解他为何这么认为。在迪潘家，他自己可能扮演了主角的贴身男仆的角色，就如他不久后在弗朗克耶的朋友埃皮奈夫人位于拉舍夫雷特的一间乡间别墅里所扮演的角色那样。数年后，埃皮奈夫人将成为卢梭生活中的一个重要人物，但目前她只是另外一个女主人，见证了他那虽经过反复排练但仍然窘态百出的演出。弗朗克耶扮演浪漫的主角。这很合适，因为他不仅是一个有天赋的演员，而且最近成了埃皮奈夫人的情人。后来，埃皮奈夫人在一部根据真实事件改写的小说里，对当年的卢梭进行了描述：“他嘴里满是恭维的话，但这些话未经修饰，或者至少看上去没有。他没有优雅的社交风度，但很容易看出他有着无穷的才智。他肤色很深，闪烁的眼睛使他的五官看起来更加生动。他说话时，你看着他，会觉得他很帅气，但当你后来想起他的时候，总觉得他有些丑。”

回顾过去，卢梭认为这整个时期在感情上是空白的。1746年至1748年的经历，仅仅占用了十二卷本《忏悔录》第七卷的十分之一。除了给华伦夫人写的两封信之外，他显然不再记录他的通信了。他只特别提到了他那五个被遗弃的孩子中的第一个（如果真的有五个的话）。对1747年5月发生的一件大事，他只是敷衍地提了一下：“差不多这个时期……我品行端正的父亲去世了，享年约六十岁。要是在别的时候，我处境的困难没有这样使我困扰，我对父亲的去世一定会比现在感到的悲伤得多。”很难理解，卢梭怎么能把他父亲的年龄记成六十岁，实际上他父亲已经七十五岁了。

伊萨克·卢梭的逝世主要意味着，卢梭在三十五岁时终于能够获得他母亲遗产的剩余部分，约莫有3 000里弗尔。（一个多世纪以来，里弗尔并不是一种真的钱币。它是一个人为规定的计量单位，可以换算为任何种类的实际货币。）由于他已经穷困潦倒，如此渴望着这笔横财，以至于焦虑不安地要证明自己的道德操守。“有一天晚上回到家，我发现了一封信，里面肯定
203 有这个消息。我抓起信来就想拆开，急得手都发抖了。这让我感到很羞愧。‘怎么啦！’我自嘲地对自己说道，‘我让-雅克难道能允许自己被私利和好奇心征服到这种程度吗？’”他把信放在壁炉台上，设法把它忘得干干净净，第二天早晨再带着沾沾自喜的心情打开了它。“我同时感受到了许多快乐，但我可以发誓，其中最生动的快乐是我征服了自我。”

多年来，卢梭一直发誓，如果他真的赚到了任何钱，他会赶紧把它放在华伦夫人脚下，以此来确认他对她不朽的爱，回

报她十年来对他的经济资助。实际上，他只寄了一小笔钱，尽管她此时已经穷困潦倒，正在向一切可能帮助她的人求助；在她年轻时引诱过她的塔韦尔先生，实际上是可怜她，寄了一些钱。卢梭的爱并非是不朽的，他有充分的理由怀疑，将自己也迫切需要的资源倒入她那些投机的无底洞——这个无底洞最近从制造肥皂（她寄给过他一些）变成了开采铜和煤——中是否只是掏空了自己。“她的每一封信都谈到了她的窘境。她给我寄来了许多配制药剂的秘方，以为可以靠这些东西让我和她发财。穷困已经使她心力交瘁，想不出别的办法了。我给她的那一点儿钱，肯定也会成为围在她身边的那些恶棍的猎物，她是一点儿好处也得不到的。”

尽管如此，这仍然是一种背叛。这段时期华伦夫人的信一封也没有保留下来，但他确实保存了一封百般辩解的、自我辩护的信的抄件。这封信是在他接受遗产几个月后写下的，而华伦夫人一直希望分享这笔遗产。“至于我自己，我什么也没告诉您，这就说明了一切。尽管您内心对我很不公正，但只有我能把您没完没了的不信任转变成尊重和同情。原本解释一下就够了，但您的内心被您自己的烦恼给填满了，再装不下别人的烦恼。我仍然希望有一天您会更加理解我，更加爱我。”这样一封毫不掩饰抱怨的信，是写给曾经在世上最了解他的人的；在结尾，他遵照礼节向“我的兄弟”温曾里德表示了敬意。

同时，尽管卢梭的遗产没有落入华伦夫人身边的那些掠夺者手中，但显然，它还是要被勒瓦瑟家的人瓜分。“时光流逝， 204
我手中的钱也随之流失。我们本该两个人生活，而实际上却是四个人生活，后者更正确地说，是七八个人生活。尽管泰蕾兹罕见地没有私心，但她的母亲就同她不一样了。她一看通过我的努力，境况稍好一点儿了，就把她的全家搬来分享战利品。姐妹呀，儿子女儿呀，孙儿孙女呀，全都来了。”更糟糕的是，泰蕾兹自己还被这帮寄生虫们冷嘲热讽地虐待。“值得注意的是，泰蕾兹是勒瓦瑟太太最小的孩子，也是唯一没有嫁妆的女儿。可是，她的父亲和母亲却靠她一个人供养。这个可怜的女孩儿，不仅过去常挨她哥哥和姐姐们、甚至侄女们的殴打，如今又遭到他们的掠夺。正如她过去无法抵御他们的殴打一样，现在也无法抵御他们的掠夺。”卢梭自己没有家庭，却莫名其妙地惹上了一群贪婪和不老实的人要靠他生活。也许，泰蕾兹遭受家庭虐待的经历有助于解释她遗弃婴儿时明显的消极态度。

还好，迪潘夫妇给了卢梭一个工作。十年前，还在尚贝里的时候，卢梭曾写信给他的父亲，说他的写作天赋“可能会帮助我找到一份给某个显赫的领主当秘书的工作”。蒙泰居肯定不是他所要找的领主；迪潘一家也根本不是贵族，而是白手起家、炫耀财富的资产阶级。弗朗克耶的孙女乔治·桑提到，“他雇了一个由乐师、厨师、食客、仆人、马和狗组成的表演团”。但迪潘夫妇友好而聪明，而且他们需要一位秘书。弗朗克耶也需要有人帮他写一本关于化学的书；他和卢梭编了一本厚厚的关于这个学科的介绍，但最后仍然只是手稿。老迪潘想写关于政治学和经济学的书，迪潘夫人也有自己的抱负。于是卢梭成了他们的研究助手；从 1746 年至 1751 年的五年时间里，他精力充沛、出色地完成了这项工作（报酬很低）。迪潘先生主要是想驳斥伟大的孟德斯鸠（他的《论法的精神》出版于 1748 年）对包税制的批评。经过许多努力，迪潘先生完成了一部三卷本的书，名为《对〈论法的精神〉一书的评论》，但反响平平。迪潘的几位朋友帮助他写作此书，卢梭在其中的角色是非常卑微的，但这要求他广泛阅读政治学方面的著作，这为他写作《社会契约 205
论》奠定了坚实的基础。

迪潘夫人的思想更活跃，研究项目也更令人振奋。她想基于不同时代、不同文化背景下妇女地位的历史研究，写一部简明扼要的主张女性平等的书。卢梭为之做了 2 800 页笔记；这部笔记保存至今。一位学者对它进行了仔细的研究，得出结论说卢梭在这项工作中的角色本质上是“体力活儿”，他的贡献主要体现在他用来吸墨水渍的沙粒和偶尔的咖啡粒上。然而，在编纂笔记的过程中，卢梭阅读了无数关于政治、历史和外国文化的书籍，搜寻轶事、法律条文和其他任何可能被证明有用的材料。每当迪潘夫人认为他就一个特定的主题已经收集了足够的材料时，她就会把材料要过去，自己组织和改写。她根本不知道她的助手本身可能是一位思想家，后来，她承认了这一事实。她的儿媳妇弗朗克耶夫人，以类似的语气评论：“但是告诉我，卢梭先生，谁会想到您能有今天呢？”

迪潘一家并没有占用卢梭全部的时间。卢梭与狄德罗的友谊继续加深，他还和在里昂认识的孔狄亚克修士过从甚密。这三个人年龄相仿，都壮志未酬。卢梭在《忏悔录》中说，孔狄亚克“同我一样，在文学方面一无是处，不过，就他的天才而论，他笃定是会成为今天这样的名人的”。孔狄亚克很快就于1746 年因他的《论人类知识的起源》而声名鹊起，并因随后十年里的一系列作品更加名声大噪。他追随英国哲学家洛克，认为所有知识直接来源于感官知觉；在一个著名的思想试验中，他想象一尊人的雕像，一个接一个地获得五种感官知觉，并在这个过程中变成了人。尽管这种方法在今天可能看起来平淡无奇，但在当时的法国仍是一个大胆的立场，因为法国所有神学家和许多哲学家都认为，人的心智在进入世界时就具备了对于真理的先天直觉。尽管孔狄亚克接受了神学训练，但还是走向了激进的唯物主义，认为一切存在的事物，包括人的思想和情
206 感，都只是物质的各种不同组合。卢梭从来不愿走那么远，但他发现接触这样先进的思想令人振奋，而且他从孔狄亚克谨慎、合理的说理方式中学到了很多。

狄德罗更加令人振奋，他常常对同一个问题的任何一面或正反两面发表不寻常的看法。最终，他将成为文学巨人，但在十七世纪四十年代，他和孔狄亚克、卢梭一样，都还籍籍无名、前程未卜。当时一位保存着巴黎作家档案的警察称他是“一个非常聪明但极其危险的男孩”。罗伯特·达恩顿（Robert Darnton）评论：“男孩”这个绰号“意味着边缘化，用来定位无法归类的人，即现代知识分子神秘朦胧的前身。”狄德罗一直自认为是一个严谨的思想家，能够明智地判断朋友们行为，但他的想象力常常失控；他总是一边褒扬自己的行为，一边对别人的行为进行说教，最终证明这对于他和卢梭的关系是致命的。然而，就目前而言，卢梭不加批判地忠诚于狄德罗。这一时期的一段自传体片段赞扬道：“与那位贤明的哲学家的谈话已经在其作品中永存不朽了，而他的友谊已成为我一生的荣耀和幸福——这位令人惊讶、无所不能的天才，也许是独一无二的，同时代的人不理解他的价值，但将来的人会相信他绝不是一个普通人。”

卢梭的朋友中还有另一位重要的思想家是从前的弃儿让·勒朗·达朗贝尔；他比其他人要年轻一点，但已经很有名了。他的母亲，著名的沙龙女主人唐森侯爵夫人，在生下他并抛弃他后就坚决拒绝再见他——奇怪的是，她成了他的朋友孔狄亚克的赞助人——但他的父亲，名叫德图什骑士的军官，让他接受了教育。达朗贝尔仍然住在他的养父母家里——一个装玻璃工人的家庭；从二十岁出头的时候起，他就被人们认为是一位才华横溢的数学家；在当时，数学仍然享有最高的声望。他既从事高级的理论研究，也参加轻松欢快的沙龙谈话；他身材矮小，举止活泼，非常善于模仿。另一个哲学家孔多塞描绘了“他快活的样子、犀利的讽刺、他那讲故事甚至是表演故事的天赋和他语调中的恶意，以及他性格中的善良”。在他们之 207
间，狄德罗和达朗贝尔具有卢梭所不具备的一切。

在卢梭把狄德罗介绍给孔狄亚克不久，三人就开始定期在奥古斯丁街的一家名叫花篮的酒馆中聚会。卢梭回忆道，“狄德罗非常喜欢这种每周一次的小聚餐会。他这个人是有约必爽的，对这种小聚餐会却从来没有缺席过一次”。达朗贝尔加入这个小群体后，他们分成了两对亲密无间的朋友，卢梭和狄德罗是一对，孔狄亚克和达朗贝尔是一对；好几年中，他们在各种项目上密切合作。有些项目是相对不太重要的，比如狄德罗和卢梭计划联合编写一个期刊，将起名为《嘲笑者》。但只有卢梭起草的一篇文章被写了出来；它呼应着蒙田的声明，“没有什么比我自己更不同于我自己”。在这篇文章中，卢梭声称自己是一个变化无常的人，“受制于两种主要的性情，这两种性情每周都在不断变化；一方面，我发现自己是个明智的疯子，另一方面，我又觉得自己是疯狂的智者”。这无疑是根据狄德罗精神创造出的一个人造人格，因为狄德罗喜欢不可预测，但同时，它也反映出卢梭在探索着理解自己的矛盾人格。像自己一样（semblable à soi-même）是用来形容性格一致性的一个成语；在这篇文章里，卢梭宣称，“普洛透斯[1]、变色龙、女人，都没有我善变”。狄德罗像蒙田一样，是一个怀疑论者；对他来说，自我的变化并不构成威胁，但卢梭在这里写出了自己的性格；他需要在表面的矛盾之下找到一个更深层的自我。结果狄德罗在其他项目上投入了过多精力，这个小项目从未真正公开出版。

关于在“花篮”的每周聚餐会，没有任何文字记录，但它们对卢梭作为作家和思想家的学徒生涯来说是一个不可或缺的阶段。当他开始写作关于教育的论文时——深受孔狄亚克的影响，更不必说他早年在里昂做孔狄亚克那让人恼火的侄子的家庭教师的经历了——他坦率地承认了自己欠下的恩情。“在欧洲，鲜有备受好评的书的作者不是在巴黎形成自我的。那些认
208 为仅仅读这些书就够了的人错了。从和作者谈话中学到的东西比从他们的书中学到的要多得多，而作者本身并非一个人学到最多东西的来源。正是社交聚会的精神培养了一个有思想的头脑，并尽可能地扩展了一个人的视野。如果你有任何天才的火花，就去巴黎待一年。你很快就能成为你所能成为的人，要不然，你将一事无成。”在当时，没有比这更平常的事了：四个雄心勃勃的年轻人聚在一起争论思想问题，其中只有一个比较有名。但在适当的时候，这四个人都会成为巨人，在“花篮”的

1 希腊神话中的早期海神之一，经常变化外形以免被人捉住。

聚餐会里最不引人注意的卢梭，会成为他们中最伟大的一个。

随着这几个朋友不断地辩论，一个非凡的计划产生了。狄德罗曾将一部英文医学辞典译成法语，因此一个出版商邀请他做一项类似的工作，即，翻译一部名为《百科全书》的更加综合的辞典。当他考虑这个想法的时候，他的想象力被激发了，他请达朗贝尔加入，共同编辑一本雄心勃勃的关于人类所有知识的概要汇编，包括实用知识和理论知识，并将包括数百张说明最新技术的插图。这就是伟大的《艺术与科学百科全书》，简称《百科全书》。当第一卷于1751年出版时，它立即成了启蒙运动的核心，吸引了数十位撰稿人，并以其隐含的政治和宗教方面的非正统思想，给当局敲响了警钟。这个项目启动时，狄德罗四处征集作者，并（在被拉莫拒绝之后）要求卢梭写音乐方面的词条，卢梭感激地抓住了这个机会。最后他贡献了将近四百篇文章，大多数是关于政治和音乐的短文。狄德罗自己写的数目是卢梭的很多倍；他原本打算花三年时间完成这个项目，最后却付出了二十五年的艰辛劳动。不幸的是，卢梭的作品质量很差，因为他写得非常匆忙，以便在三个月的交稿期限内完成，后来才发现，其他人都没有如期交稿。

还有一个人也加入了这个群体，而且成为不可或缺的分子。对卢梭来说他尤其不可替代，因为他和卢梭一样热爱音乐。此人是弗雷德里克·梅尔希奥·格里姆，一位德国牧师的儿子，毕业于莱比锡大学，1748年来到巴黎。他善于逢迎，又精通法语，在知识分子圈里很受欢迎。他尽管其貌不扬，却很自负，209
还有在脸上扑白色香粉的习惯。在后来的年月里，格里姆在哲学运动中扮演了重要角色：他在一份名为《文学通讯》的内部发行的时事通讯中向一群进步的欧洲皇室成员传播了这场运动的思想。但在早期，他还仅仅是百科全书派的一个伙伴；他们开玩笑地称他为蒂朗·洛·勃朗，即中世纪浪漫传奇中极端反动的暴君，暗指他脸上扑的粉。在卢梭的所有朋友中，格里姆是他最终最想与之决裂的那一个，但当时他们俩形影不离。“他有一架羽管键琴，我们常常一起演奏。我每有空闲时间，就跟他在一起，唱意大利小调和威尼斯船歌，一刻不停地从早唱到晚，或者不如说，是从晚上一直唱到早晨。”卢梭甚至确信，格里姆和狄德罗准备花一年时间和他一起徒步游历意大利，不过实际上他们两人都丝毫没有这样做的打算。

由于格里姆，卢梭有了一次令人苦恼的经历。他们的一个德国朋友是不很虔诚的教士，名叫伊曼纽尔-克里斯托弗尔·克吕普费尔。“在他的公寓里包养了一个年轻的姑娘，但她仍然可以接客，因为他一个人养活不了她。”有一天晚上，卢梭喝了很多酒，被拉到克吕普费尔的住处；在那里，他和格里姆先后与那个姑娘发生了关系。泰蕾兹是和卢梭发生过关系的第四个女人，其他女人包括妈妈（时间相对短暂）、拉尔纳热夫人（时间确实非常短）和威尼斯的妓女拉帕多阿娜（仅仅一次）。就像和拉帕多阿娜、祖莉埃塔的情况一样，卢梭再一次描述自己是被朋友们引诱着发生艳遇的。在《忏悔录》中，他强调他后来羞愧难当、低声下气地向泰蕾兹忏悔；也许他抗拒结婚，但他还是想对她保持忠诚。毫无疑问，酒精和同伴们的鼓励对他的这次越轨起到了很大的作用，那个“可怜的、哭笑不得的女孩”的年轻和羞怯也起到了作用。

卢梭总是喜欢在吃饭时喝上一两杯葡萄酒，但他害怕喝醉；

用当时的标准看，他是节制的。狄德罗曾经把他的名字和柏拉图的名字联系在一起，以强调他们对社交享乐的厌恶：“柏拉图和让-雅克·卢梭，推荐了好葡萄酒却不喝，是一对愚蠢虚伪的 210
伙伴。”（狄德罗在酒食方面放纵无度，因而长期遭受消化不良之苦。）伏尔泰在诗中暗示伊甸园因为缺乏葡萄酒而变得更加糟糕：“让那些怀念从前美好时光的人……冰镇过的葡萄美酒的泡沫和汁液从未爱抚过夏娃可悲的食道。”至于卢梭，二十年后，他在《朱莉》中重现了他对醉酒的悔恨，以及他与克吕普费尔的情妇所犯下的过失。圣普乐在酒精的影响下说了一些不恰当的话之后，朱莉严厉地宣布，如果再发生这样的事，她就永远和他绝交。圣普乐称葡萄酒是压倒他意志的“致命毒药”；事实上，对卢梭来说，问题的真正焦点是害怕酒后失控。酒后吐真言，葡萄酒释放了那些可能是真实的、但应该被压抑的言辞。

同时，卢梭渴望自己能够对女人或至少是贵妇们具有吸引力。多年后回顾这段时期，他愤愤不平地写道：“漂亮的法国女人常常冒犯我，把我当成一个无关紧要的家伙，甚至以最无礼的亲昵方式和我面对面进餐，甚至在所有人面前轻蔑地和我拥抱，好像我是她们保姆的祖父一样。”然而，必须记住，他总是喜欢夸大他在社交方面的能力欠缺，而实际上许多女人都被他深深吸引。一位在1750年左右见过他的访客注意到，尽管他习惯性保持矜持，但卢梭还是很会调情，对一个操意大利口音的、迷人的年轻女子大献殷勤。“在两三个小时里，我们的哲学家展现了我们想象不到的风度，即便是一个习惯在这种给女人献殷勤的游戏中获胜的天才侍臣，也会对他的风度羡慕不已。”

没人能知道，卢梭本人也没有察觉，在经历了四十年的失意和挣扎之后，他即将成为一名重要的作家和名人。就如他一生中的一切一样，这机会来得或多或少有点偶然，但当机会来临时，他意识到了它的重要性，突然知道了他有一些重要的事情要说。终于，等待和盼望结束了。

第十二章 211

成名伊始

狄德罗习惯测试自己能带着危险的想法走多远，到一定时候，他走得就太远了。在《怀疑论者的散步》中，他主张激进的唯物主义；根据这种观点，自然是不断变化的，物质经历着无穷无尽的变化，没有目的，也没有意义。这一观点必然是正统宗教所不能接受的。他的《论盲人书简》也是如此。狄德罗在其中指出，一个天生失明的人感知不到在神学家看来不言自明的神之善（divine goodness）的迹象，甚至可能拒绝相信上帝的存在。根据一封不经审判和听证就下令监禁的《皇家敕令》，狄德罗被带到巴黎附近的万塞讷城堡，关在一间很小的牢房里。过了几周，他的禁闭放松了，被允许在城堡里和其他舒适的庭院里自由活动，而他在巴黎的朋友们则在努力争取他的释放。大概四个月后，他才被释放，这主要归功于出版商们的努力，因为一旦《百科全书》不能继续出版，他们就会损失一笔巨款。但自由的代价是，他必须承诺决不再出版任何冒犯政府的作品

狄德罗忠实地遵守了这一条件。结果是，他最受后人敬仰

的著作——《拉摩的侄儿》《达朗贝尔的梦》《宿命论者雅克》——在他生前要么是极其限量地出版，要么就是根本没有出版。另
212 一方面，卢梭对出版有争议的著作从来没有犹豫过，并为此付出了巨大的代价。两人都认为自己扮演了苏格拉底的角色，为真理而殉难。如果说狄德罗不像卢梭那么有理由自命不凡地自居为苏格拉底，那么，他也有充分的理由保持谨慎，因为让伟大的《百科全书》继续出版本身就是壮举，他没有选择殉道也无可厚非。

在狄德罗坐牢期间，卢梭经常去万塞讷监狱看望他，这需要他在一条尘土飞扬的路上跋涉好几英里。第一次去的时候，他发现达朗贝尔和一名神父跟狄德罗在一起。卢梭看见狄德罗时喜极而泣，可狄德罗却平静地转向那位神父，说道："先生，您看，我的朋友是多么爱我。"这让卢梭有点不舒服。但是，卢梭认为眼泪是真诚的证明，而对狄德罗来说，眼泪是任何演员都可以表现出来的。毫无疑问，这些探访对卢梭本人的意义也比对狄德罗的意义大。

卢梭仍然每隔几天就徒步去万塞讷监狱一趟。在一个难忘的时刻，夏日的炎热使他筋疲力尽，他停下来休息，漫不经心地读着一份《法兰西信使》。像往常一样，徒步的身体体验有助于解放他的想象力。翻阅杂志时，他注意到第戎学院刊登的一则有奖征文公告，征文题目是"科学与艺术的复兴是否有助于敦风化俗"。这是一个老生常谈的问题，实际上会想当然地认为答案是肯定的，但是当卢梭突然看到一种否定的新论证方式时，"我看到了一个不同的世界，变成了一个不同的人"。他感到"头晕目眩，就好像喝醉酒一样"，他的心怦怦直跳，泪水湿

透了他的衬衣。他坐在一棵树下，匆匆写下了一篇想象中的法布里西乌斯的演说。法布里西乌斯是原始的罗马简朴的捍卫者；他从过去回来谴责现代的复杂，并大声喊道：“疯子们，你们做了什么？”

在这次被称为“万塞讷启悟”的事件中，卢梭身上显然发生了某种强有力的事情，而且它最终成了认识自己与社会的新方式的突破口。但他关于这一事件的描述是在很久以后，而且给天职的发现赋予了神话色彩。勤勉的学术研究证实，这一事 213
件实际发生在 1749 年 10 月，而不是夏天，而气象记录显示当时的气温几乎还不到 60 华氏度[1]。他回忆中的酷热天气，可能是将身体上的症状归咎于天气。

正如许多评注家所注意到的，圣奥古斯丁也曾坐在树下经历灵感爆发，也因为读到一篇文字（他读的是《圣经》，比《法兰西信使》更加权威）而改变了人生。两个人的转变经历最终都产生了一本名为《忏悔录》的书。但卢梭与奥古斯丁的反应不同，后者意识到上帝在向他展示他的罪过。“我原本把自己放在背后，”奥古斯丁写道，“拒绝正视自己。你把我放在自己的眼前，让我看到我是多么的卑鄙、多么的丑陋和肮脏，多么被溃疡和疮疤所玷污。”卢梭的启悟与奥古斯丁的正好相反：人天生是好的，而不是坏的。然而，当他记录下对这次事件的回忆时，他也看到了其中的讽刺意味。由于要竞争奖项，他就被他本想批判的社会压力笼络住了。当奥古斯丁摆脱了罪恶的自我时，他穿上了正义的外衣；卢梭也变成了一个不同的人，但他

1　约合 15.5 摄氏度。

后来意识到这是一个错误的人。

卢梭做的第一件事就是把这个启悟告诉狄德罗。狄德罗总是争强好胜，因此很高兴地鼓励卢梭去参与竞赛。他似乎认为反对进步的论点不过是一个有趣的悖论。后来，当他和卢梭彼此不再讲话之后，狄德罗坦率地告诉朋友，这个想法实际上是他的。马蒙泰尔记得他说：

> 我当时在万塞讷坐牢；卢梭常来看望我。他把我当作了他的阿利斯塔克[1]，就像他自己说的那样。有一天，我们俩一起散步时，他告诉我第戎学院刚刚提出了一个有趣的问题：科学和艺术的复兴有助于敦风化俗吗？他想要参与答题。“你赞成哪方立场？”我问道。“肯定立场，”他回答。“那是笨人的难关（pons asinorum）”，我说道，“所有平庸
> 214 的人都会遵循这一思路，你在这条路上除了老生常谈之外什么也找不到。另一方面，否定立场将给哲学和雄辩提供一个新的、丰富而肥沃的领域。”“你说得对，”他沉思了一会儿后说道，“我会听从你的建议。”

马蒙泰尔把这桩轶事告诉了伏尔泰——伏尔泰总是乐于听到关于卢梭的坏事——并讽刺地补充道：“从那一刻起，他的角色和他的面具就确定了。”伏尔泰急切地回答道：“你说的事我一点

1 阿利斯塔克（前315—前230），古希腊数学家、天文学家。他最早提出地动日心说，即，太阳固定不动，是宇宙的中心，地球在自转的同时绕着太阳运动。但在阿利斯塔克的时代，这一学说并未广为人知。这一学说得以流传下来，得益于阿基米德著作中的一条评论。

都不惊讶，那个人从头到脚、从意识到灵魂都是假的。”

从表面上看，狄德罗的说法（他从未如此直白地以书面形式陈述过）不可能是真的。正如卢梭所描述的，路上的启悟是他一生处于失意和异化状态的必然结果。“我对我的世纪和同时代的人产生了一种蔑视……渐渐地，我的心脱离了人类社会。”狄德罗是一个喜欢思想游戏的人——他说他追逐思想，就像浪子追求女人一样——他不可能真正理解卢梭心智中发生的那场革命。而且，狄德罗是最没有系统性的作家，总是即兴创作。人们常说：“他的思想总是处在中游；人们总是看到它处在抛开一个想法、去追逐另外一个想法的过程之中。”他就像希腊格言中的那只狐狸，知道很多事情：而刺猬只知道一件大事。卢梭就是那只刺猬。卢梭在辩论中反应迟钝，容易慌乱和困惑，但人类的善好已经被文明腐蚀的洞见成了他一生著作的基础。感受到异化就是知道了真理，而那些社会适应良好的人过的才是不真实的生活。

回到巴黎后，卢梭着手写他的文章。说得好听一点，写作对他来说从来不是一件容易的事。他握着笔坐在书桌前，会感到全身无力。他更喜欢的方法是，在散步或长时间的辗转失眠中，费力地写出几个段落。“我的一些句子在写到纸上之前，已经在我的脑海里翻来覆去转了五六个晚上了。”1750 年初，泰蕾兹终于搬来和他一起住。他们一起住在格勒内勒-圣奥诺雷街朗格多克旅馆五楼的一间公寓里，也就是今天卢梭大街 27 号的位置。她的父母住在上面的阁楼里。勒瓦瑟夫人每天早上下楼来 215
帮忙做家务。卢梭会在起床前躺在床上口授想好的内容给她笔录（泰蕾兹的识字程度不足以胜任这项工作），就像弥尔顿和他的女儿一样。[1]“这种办法，我用了很长时间，让我不至于忘记很多词句。”这里，又一次与狄德罗形成了鲜明的对比，狄德罗能够在片刻间就任何主题写成一篇才华横溢的文章。但是，当卢梭完成了写成一篇文章的痛苦任务时，这篇文章具有的神谕般的力量令他同时代的其他作家们望尘莫及。

文章完成了，被寄往第戎。卢梭说他寄出去后，就把这事给忘得一干二净了。半年后，1750 年 7 月，宣布他在十几位参赛者中胜出，获得了奖项。现在只能考证到，一位来自特鲁瓦的历史学家也持否定立场，获得了第二名；一位来自贝桑松的神职人员持肯定立场，获得了第三名。竞赛评委们谨慎地发表了一则免责声明——“学院评定卢梭先生的论文获得第一名，但并未声称采纳他的政治格言，因为它根本不符合我们的习俗”——但他们一致认为，科学导致的恶要多于它带来的善。

奇怪的是，这个由律师、医生和教会人士组成的相当不起眼的团体竟然开创了一项伟大的事业。这个团体的成员是一群平庸的人。他们聚在一起互相阅读一些抄袭拼凑而成的乏味文章。他们喜欢的主题是医学或科学，而年度奖通常会颁给理事的朋友。其中一名理事是个不可救药的酒鬼；另外一位理事在成为地方法官前是个火枪手，喜欢说成立一所马术学院是个更好的主意。但他们不满于世俗主义的传播，卢梭慷慨激昂的论辩吸引了他们。他们完全没有领会到，卢梭对文明的批判远比他们自己的愤世嫉俗要深刻得多。

1　弥尔顿（1608—1674），英国诗人、政论作家、民主斗士。1652 年，弥尔顿双目失明，但他坚持采用口述的方式继续创作。晚年，他口述创作的长诗《失乐园》，经常由他女儿记录。

在巴黎，人们通常不太关注这种地方竞赛，但这回卢梭也很幸运。第戎委员会的委员与《法兰西信使》有联系。这家报纸的新主编是卢梭的一个朋友纪尧姆·雷纳尔。他不遗余力地赞扬这篇文章，并对它进行了全面的总结。1750年年底或第二年初，这篇文章以小册子的形式出版；其复杂的标题通常被 216
缩写为《论科学与艺术》或被简化为《第一论文》。卢梭一举成名。

这是一篇很简短的文章——征文规则要求文章朗读一遍不能超过半个小时——今天的读者可能很想知道所有的大惊小怪是怎么一回事。对现代的堕落的抨击常见得令人生厌，但卢梭的方法是不同寻常的，因为他从内部攻击了启蒙运动的假设，被称为启蒙运动的自我批判。在他自相矛盾但又强有力的论证中，他同意哲学家们关于文明带来了许多善好的观点，但他同时认为文明也是破坏性的；文明的缺陷不是其优长的偶然例外，而是其优长的直接后果。人们总是根据其他人的期望和意见来衡量一切，甚至对自己也隐瞒自己的真实感受。“猜疑、冒犯、恐惧、冷漠、矜持、仇恨和背叛将永远掩藏在这种千篇一律、诡谲危险的礼貌的面纱之下，而这种自吹自擂的温文尔雅被我们归功于本世纪的启蒙运动。”而艺术，仅仅因为其自身的魅力，强化了一种因为未被察觉而更加阴险的束缚。“尽管政府和法律为结合在一起的人们带来了安全和幸福，但不那么专制却可能更有力量的科学、文学和艺术却在束缚人们的锁链上装点了花环，扼杀了他们似乎为之而生的原初的自由意识，使他们喜爱被奴役，并将他们转变成了所谓的文明人。”

卢梭一生都是一个局外人；现在他将展示为何边缘化是一

种美德。他为《第一论文》选了一句拉丁文短句（他初次采用这句话是在里昂）作为题记，即“这里的人不了解我，所以把我看作野蛮人”（Barbarus hic ego sum quia non intelligor illis）。按照当时的惯例，书的标题页没出现作者名字，但却颇为挑衅地注明“日内瓦公民撰写”。这是对世界主义的启蒙运动的挑战，因为启蒙运动的宣传者们都谴责爱国主义，自称是世界公民。也许，卢梭是在告慰那位曾经教导他罗马理想、却因过早逝去而没能看到他的成功的日内瓦公民的在天之灵。“要是他能多活四年就好了”，他在一个笔记本残片里动情地写道，“看着他儿子的名字传遍整个欧洲！啊，他会高兴死的！”

217 显然，这篇论文触动了人们的神经。多种版本问世。莫里斯·康坦·德·拉图尔所作的一副极好的卢梭画像在 1753 年的沙龙上展出。不少贵族不满于新贵阶层财富日益增长的影响，十分赞赏卢梭的批判。“这篇论文写得很好”，阿尔让松侯爵说，“尤其值得注意的是它奉行的原则高贵而崇高。这位作者是一位优秀的政治思想家。我喜欢他关于平等的观点，以及他反对
218 财富与奢侈的观点。”阿尔让松心里想的是“那些寡廉鲜耻、到处撒钱的年轻金融家”。他还可以添一句，像迪潘家族这样的金融家。

大量的评论和批评文章发表了——三年内有七十五篇——尝试从各种角度进行反驳。卢梭小心恭敬地对待的一位批评家是他来自里昂的朋友夏尔·博尔德；此人是进步的狂热信徒；另一位必须给予更多尊重的人是以洛林公爵的身份居住在法国、被废黜的前波兰国王斯坦尼斯拉斯·莱斯钦斯基。在回应他的批评时，卢梭表现出了清晰论证的非凡天赋。更重要的是，他

意识到这篇文章只是一个更大计划的第一阶段的作品，他不需要再为它辩护。“我的对手们的例子，”他后来写道，“教会了我在创作任何作品之前深思熟虑是多么的必要。”当批评家们大肆抨击这篇论文时，他正在对文明及其不满进行更有力的分析。“两三年以来，我高兴地看着他们不停地向一棵我已经偷偷从根部砍断的树的叶子上浇水。”

就在《百科全书》即将面世之际，卢梭就这样作为启蒙运动的潜在叛徒出现了。在法语中，启蒙运动的术语是les lumières，字面意思是“光”；狄德罗热情洋溢地写道，哲学大踏步前进，而光四处播撒。但卢梭开始相信，光预示着一场毁灭性的大火。在《第一论文》的卷首插图中，他选择了一个寓言式的形象来阐明这一点：“一个古老的寓言说，森林之神萨提尔初次看见火时就想亲吻拥抱它，但普罗米修斯向他大喊道：‘萨提尔，你会为你下巴上的胡子而悲伤的，因为你一碰它，它就会烧着你的胡子。’”

然而，眼下，哲学家们认为他只是为了提高影响力而夸大
其词。他们鼓励他加入他们在一位新赞助人家里的活动。这位
赞助人是一个进步的知识分子，也非常富有。保罗-亨利·蒂
里，德·霍尔巴赫男爵，是一个年轻的德国人，曾在荷兰学
习，最终将为《百科全书》贡献数百篇科学文章。霍尔巴赫年
收入60 000里弗尔，比卢梭多出大约59 000里弗尔。他非常热 *219*
情地主持着每周四和周日召开的沙龙，专门进行自由的思想交
流。“在那里，他们互相尊重，这样反驳起对方来也无所顾忌，”
狄德罗说，“在那里，能够找到真正的世界主义者。”在那些年
里，几乎每一位访问巴黎的杰出外国人都是霍尔巴赫沙龙的客

人，常客们也都非常喜欢它。正如莫雷莱回忆的那样，那里有着“膏粱厚味的美食、上好的葡萄酒、上佳的咖啡，大量的辩论但从不争吵，简单的礼节……一种真实而不愚蠢的欢乐，一言蔽之，一种真正迷人的陪伴”。

然而，即便是在这里，卢梭还是发现自己格格不入。正如马蒙泰尔回忆他这段时间的样子，“人们可以从他胆怯的矜持中看出他的猜疑。他总是低垂着眼睛，小心翼翼地注视着一切；他很少说话，从不敞开心扉”。卢梭自己的看法是，这些哲学家们引以为豪的自由思想只不过是另一种形式的竞争。几年后，他借一个虚构的发言人之口说道：“我发现他们都是骄傲、独断、教条主义的，甚至在他们所声称的怀疑论中也是如此，什么都不知道，什么都不证明，每个人都嘲笑别人。”就他自己而言，他从未忘记，“哲学”的根本含义是对智慧的热爱。格里姆曾经抱怨说，卢梭只不过是穿上了“哲学的制服”。这是个残酷的讽刺，因为卢梭在年轻时确实曾穿着仆人的制服，并因此而痛苦不堪。但这句话比格里姆所知道的更准确。哲学家们穿着一种团队制服，这使得让他们像自行车赛车手一样，可以从彼此的滑流中受益。这种制服从来不适合卢梭，当他脱下它时，他知道自己在做什么。他后来问道：“人们能指望一个党派的领导者有诚意吗？”

特别令卢梭反感的是霍尔巴赫圈子中的激进无神论，这最终会在霍尔巴赫所著的《自然的体系》中引起公众丑闻。莫雷莱说，尽管他自己的宗教信仰受到了礼遇，但霍尔巴赫和狄德罗“教条地建立了一种绝对的无神论”。甚至并非宗教的朋友的历史学家爱德华·吉本也对他们的傲慢感到厌恶。“他们嘲笑休谟的怀疑论，以教条主义者的偏执来鼓吹无神论的信条，用嘲弄和蔑视来诅咒所有的信徒。”或者，正如一则匿名的讽刺短诗所说：

> 我是一个好的百科全书派成员，220
> 我知道善与恶。
> 我追随着狄德罗的足迹：
> 我什么都知道，我什么也不相信。

卢梭被这种狂妄的批判氛围所震慑，下定决心认真思考自己的立场，然后坚持到底。“他们的哲学是为别人准备的，”他决定，“我需要为自己准备一个。趁着还有时间，让我全力以赴地寻求它，以便在我余生中有一个不变的行为准则。”行为，而不是教义；但卢梭确实认为自己是一个真正的信徒。在埃皮奈夫人的庄园里，一次时髦的晚宴后，当仆人们离开，宾客们可以自由交谈时，其中有几个人开始贬低宗教。埃皮奈夫人注意到，卢梭变得愤愤不平，小声嘀咕道：“他们在开玩笑。”然后他大声说道：“如果在一个朋友不在场的时候说他的坏话是懦弱，那么在上帝在场的时候说他的坏话就是犯罪。至于我，先生们，我信仰上帝。”

关于这段时间卢梭的个人生活，我们所知不多。的确，他又结识了一些新朋友，特别是同为日内瓦人的银行家图桑-皮埃尔·勒涅普斯——他因激进的政治观点而流亡在外。还有小说家弗朗索瓦丝·德·格拉菲尼，主办着一个沙龙的克雷基侯爵夫人和历史学家夏尔·杜克洛，但关于卢梭与他们的关系，几乎没有资料留存下来。1750 年至 1756 年，他和泰蕾兹继续住在朗格多克旅馆。如果他们真的生了五个孩子，最后一个孩子也是在这些年里来到这个世界的（也很可能离开了这个世界）。

有一件事留下了文献记录。1751 年圣诞节那天，一名窃贼从卢梭衣橱中偷走了他在威尼斯置办的一些昂贵的亚麻织品。就像他一生中被记录的其他事情一样，勒瓦瑟夫人、卢梭和一位调查律师的法律证词，完整地记录下了他的衣橱清单：二十二件衬衣，其中一些是有刺绣的，每一件都有一个蓝色的 R 标记（这一定是为了方便威尼斯的洗衣女工而设计的）；十四
221 件衣领，九顶睡帽，四条手帕。小偷还撬开了勒瓦瑟家阁楼储藏室的挂锁，从里面拿走了一些东西。如果泰蕾兹那好吃懒做的哥哥就是那个小偷，就像卢梭所怀疑的那样，他大概是为了转移嫌疑才再次闯入。

大约在这个时候，卢梭的泌尿系统疾病开始成为他生活中的一个永久性问题。早在 1748 年，他就写信给华伦夫人，报告说他“肾绞痛发作，伴有发烧、灼痛和尿潴留”。当这些症状反复出现时，他怀疑自己有肾结石，咨询了一系列医生，但他们都没有发现问题。最后他认为是他的尿道在某种程度上已经部分堵塞了。一位名叫雅克·达朗的医生用柔性导尿管缓解了病情；卢梭订购了大量的导尿管，并在余生中一直使用它们。不管他的病因是什么，常常用这种导尿管——真的是一种日常折磨——不可能不引发感染。他的主要症状是不断地需要小便，这促使他避免去那些可能会导致尴尬的社交场合。许多评论家都怀疑这里面有心理疾病的成分；当然，对性的焦虑似乎有可能让他的注意力集中到这种特殊的症状上。在《爱弥儿》中一

则相当惊人的轶事中，他讲述了一位母亲对她小儿子问婴儿从哪里来时的回答。"'我的儿子，'母亲毫不犹豫地回答道，'女人把他们尿出来了，这很痛，有时会要了女人的命。'"让-雅克也是这样让他母亲苏珊·卢梭付出了生命的代价。

从那时起，健康问题就持续困扰着卢梭，经济问题也是如此，因为他仍然没有找到方法能摆脱对他人的依赖。1749 年到 1750 年，他浪费了整整一年时间，再次给迪潘夫妇的幼子舍农索当家庭教师。唯一的安慰是，舍农索最近娶了一位美丽又聪明的新娘，而她很喜欢和卢梭交谈；这一次他足够明智，没有做出格的事，尽管她淡金色的头发"让我想起我可怜的妈妈年轻时的样子，我的心激动不已"。

1751 年左右，他的朋友迪潘·德·弗朗克耶提供了一个看起来非常诱人的新工作，即他的税收办公室的出纳职位。工作很轻松，报酬也不错，但是处理这么多钱的责任让人很不安，当然，卢梭永远无法忍受在办公室里工作。他坚持干了大约一年，直到有一次弗朗克耶外出旅行，让他独自负责钱箱，这让 222
他非常害怕，以至于睡觉时也要抱着钱箱，就像得了病似的，于是他决定辞职不干。大概在这个时候，他又与一向宽容大度的弗朗克耶发生了一次尴尬的事情。有一次，弗朗克耶给卢梭买了一张歌剧票，结果两人在人群中走散了，卢梭抓住机会把票退掉换了钱。当全体观众坐下后，弗朗克耶很容易就发现卢梭没有在座位上。（根据弗朗克耶的孙女乔治·桑的说法，他本人"根本不记得这件事，甚至认为卢梭编造了这件事，以显示他敏感的良心，让人不要怀疑他还有没承认的过错"。）

如果卢梭永久地把自己的命运寄托于迪潘夫妇，就像他们所期盼的那样，那么，他的未来会怎样呢？他将成为一个富裕家庭的忠实仆人，在需要时充当家庭教师，并为那些不知道他有多大天赋的雇主们做些秘书工作。在都灵，古丰伯爵曾经给他提供过类似的机会，一种深刻的直觉使他拒绝了它们。现在是再次拒绝他们的时候了，而且要用生活方式上的巨大改变来代表他的决心。“我把我灵魂的全部力量用于打破意见的枷锁。”正如他的著作所一贯强调的那样，这些枷锁是所有枷锁中最难打破的，任何打破它们的人都很可能遭到排斥。

从青年时代开始，卢梭就把四十岁作为追求成功的终止时点。现在，他已经四十岁了，确实也取得了一些成功，他决心“在余生中，真正一天接一天地生活，不再考虑将来的事情”。为了表示脱离世俗，他开始穿得更加简朴，不再佩带剑，并扔掉了他的手表。“以难以置信的喜悦对自己说：‘感谢上苍，我再也不需要知道现在是什么时候了。’”便携式手表是一个相对较新的发明，正改变着人们管理生活的方式。他抛弃手表，是拒绝让自己的生活被社交需求所左右，而不是否定他父亲的职业技术。从现在起，他决心依靠抄乐谱来维持俭朴的生活，并拒绝了其他所有工作。

结果是令人震惊的成功。“我们由此看到，”有人听到马里沃
223 这么说，“一个人只要愿意，就可以成为一个奇特的人，因为我认识让-雅克已经二十年（实际上是十年）了，他以前根本不是这样子。”1752 年，一位来自巴塞尔的名叫伊萨克·伊塞兰的游客，在格里姆家里吃饭时被卢梭的寒酸穿着震惊了。“我们进去的时候，看到一个小个子男人，他的外表实在是不怎么好，穿得很糟糕，品位也很差。我正怀疑这是谁，阿尔布雷希特先生

起初以为他是格里姆先生的裁缝，直到格里姆先生说他非常高兴能够让我们和卢梭先生一起用餐。”在后来的一次拜访中，卢梭向伊塞兰吐露心声，说他最重要的座右铭是“不向任何人发号施令，也不接受任何人的命令，不管是谁。”他写信给克雷基侯爵夫人说，他已经离开迪潘家族，不管这样做可能会对他的财富产生什么影响。“我会自己赚钱谋生，我会成为一个真正的人。没有比这更大的财富了。”顺便提一句，在这个时候，他根本没从他的出版物中赚到任何钱，不过这种情况后来会改变。

比卢梭早十年来到巴黎的狄德罗已经把自己变成了典型的巴黎人。卢梭开始明白，他永远不会成为一个巴黎人，也不想成为巴黎人。只要有机会，他就会离开这座城市。他经常接受退休的珠宝商弗朗索瓦·米萨尔的邀请，去他在帕西的乡间隐居所游玩。马尔库西村一个教区的神父是勒瓦瑟夫妇的朋友，他也经常前去拜访。一次拜访时，他们一起演奏了许多欢快的音乐。之后，卢梭用韵文给东道主写了一封信，清楚表明了他对迪潘夫妇及其同类人的感受：

> 不再有那群乌合之众
> 被称作大领主的人……
> 傲慢地吞噬着我们的财物，
> 什么都要，什么都不给。
> 他们虚假的礼貌，
> 无休止的欺骗和逢迎，
> 不过是一个聪明的圈套，用来欺骗
> 让自己中招的傻瓜。

他写给弗朗克耶夫人的关于处置他孩子的信中，也有了新的愤
224 怒之词："大地生长的东西足以养活所有人，正是富人生活中的地位，也就是你们的地位，偷走了我的孩子们的面包。"

除了对乡村生活的真诚热爱，卢梭还对他的苏逊姑妈过去常唱的那种简单的旋律有了新的体验。突然间，他萌发了创作一种新类型歌剧的念头，与巴黎仍在流行的那种修辞夸张的歌剧完全相反。"人们看到女演员几乎处于抽搐状态，"他在《朱莉》中写道，"从肺部猛地发出痛苦的尖叫，双手按住胸脯，头往后仰，脸部表情激动，血管偾张，腹部颤动。"卢梭和朋友米萨尔在帕西待了一周，相互交流了对意大利音乐的爱好；他还草拟了两首咏叹调和一首二重唱。回到巴黎后，他继续以惊人的速度创作，并在几周内就完成了一部独幕歌剧的完整手稿，名为《乡村占卜师》。这时，他的新朋友勒涅普斯写下了一幅人物速写："他的体质很脆弱，被尿潴留的毛病折磨着，经常消化不良；他个子矮小，身材纤细，眼睛黑而有神，肤色苍白；他的幽默感很强，很活泼；他是伟大的音乐家，也是伟大的作曲家；他把乐谱放在面前，一边弹着羽管键琴，一边用微弱的嗓音唱着歌，唱意大利语和唱法语的时候一样多。"

卢梭从来没有接受过能够让他完善音乐技能的技术培训。《多情的缪斯》的失败已经让他受到拉莫关于剽窃的讥讽。然而，在《乡村占卜师》中，他把自身的局限性变成了一种优点。在这部田园剧中，牧羊女科莱特天真地哀叹她乡下的情人科林被一位漂亮的女士抢走了，但善良的占卜师告诉她如何通过挑起他的嫉妒心来恢复他的热情，于是科林和科莱特在欢乐的二

重唱中重新结合在一起了。杜克洛把这部作品送到巴黎歌剧院（隐瞒了卢梭的作者身份，因为拉莫事件可能会让卢梭被封杀），在排练中证明它非常吸引人，以至于被下令于10月在枫丹白露的皇家宫廷中演出。

甚至在演出的前一刻，卢梭还总是觉得自己是个冒名顶替的骗子。当咖啡馆里一名长相出众的军官声称他认识作者时，卢梭没有和他对峙，而是像个有罪的罪犯一样溜走了。走进剧院时，他更加觉得自己格格不入，因为他选择了不刮胡子，穿 225
着破旧的衣服，这要么显示出他高贵的独立性，要么让他显得荒唐可笑。但演出一开始，他就沉浸在作为艺术家的满足当中，因为那些完完全全的陌生人都被他的作品打动了。特别是他观察到，那些视他如无物的女人们都在他作品的影响下无法自控地哭泣起来。“我敢肯定，在那一刻，使我如此满足的，是性的诱惑力，而不是作家的虚荣心。当然，如果在场的只有男人，我就不会像往常一样，冲动到恨不得用嘴唇去舔我让她们流出的甘美的泪水。”国王路易十五很喜欢这些音乐，他著名的情妇蓬皮杜夫人——一个慷慨的艺术赞助人——也是如此。卢梭的财富似乎有了保证。

此刻，卢梭做出了一个既冒犯宫廷又让朋友们困惑的决定。他收到了第二天去觐见国王的邀请，并被强烈暗示将得到一笔年金。他没有遵从，而是在第二天一早就回到了巴黎，而且没有做出任何解释。歌剧的制作人，也是科林一角的演唱者，皮埃尔·耶吕特大为震惊，立刻给他写了封信：“先生，您在大获胜利的中途离开，实在是错了。您本来可以享受在这个国家有史以来最伟大的成功。整个宫廷都被您的作品迷住了。如您所知，一向不喜欢音乐的国王用他全王国里最难听的声音把您的曲子唱了一整天，还要求下周进行第二次演出。”狄德罗也很震惊，他在大街上把卢梭拉到一辆马车里教训他，“我没想到一个哲学家竟对这种问题谈得如此起劲”。卢梭后来的解释是，他的尿潴留症可能会在皇室面前造成灾难性的尴尬。他应该也害怕怯场会使自己出丑。多年后，一位朋友描述了当他不得不在一个最宽松的场合进行表演时也可能会变得失控发狂：他被要求为一位朋友的妻子演唱，她是“一个最没有气势的女人，十分羞怯”，但当他坐到他的小羽管键琴面前时，他手指颤抖，声音哽咽，完全无法唱歌，直到他自己平静下来。

226 更重要的是，卢梭已经下定决心，拒绝任何形式的赞助，尽管他很难直接说出这样的话来冒犯国王。当然，正是这种独立自主的姿态惹怒了狄德罗，因为对他们这些被声称要批判的权贵们笼络着的哲学家而言，它意味着一种心照不宣的批评。此外，狄德罗诚心地为卢梭的不谙世事而忧虑，一直悄悄地想帮助他。朋友们知道，如果卢梭发现他们在帮他，肯定会大发雷霆，所以他们通常会分工合作，一个人负责供给食物，一个人负责资助衣着，并且雇佣非常愿意充当中间人的勒瓦瑟家的人作为助手。熟悉他们做法的人后来总结道：“这样，我们的哲学家从早到晚都被蒙蔽着，能够长期支持下去，不至于贬损其独立性，但也没能彻底摆脱贫困。”霍尔巴赫曾经评论道：“人们很难想象到还有什么事情比他的泰蕾兹和他的天才之间的对比更令人痛苦了。狄德罗、格里姆和我善意地密谋，反对他们这极不协调的结合。他被我们的热情所伤，对我们的不赞成感到愤慨。”很快，卢梭也怀疑存在着一个密谋，而且不是善意的。

在今天看来，《乡村占卜师》不是一部重要的作品。即便是其中最成功的歌曲，科莱特的开场曲“我失去了我的追求者”（J’ai perdu mon serviteur），也是佶屈聱牙的重复；这引起了演出首夜一位听众的不满：“科莱特小姐，快点把他找回来吧，别再这样折磨我们了。”但公众喜欢简单而悠扬的歌声，卢梭突然被誉为杰出的作曲家，即使一些不怀好意的人仍然指控卢梭的作品一定剽窃了意大利的资料。他从未声称他的歌剧在音乐上有多么高深，实际上，他甚至为它不是那么高深而感到自豪。“从技术角度看，《乡村占卜师》没有任何超出作曲的基本原则的内容。没有哪个音乐学生在三个月后不能写到这个水平，而且任何一个受过训练的作曲家能否甘于把它写得如此简单也是值得怀疑的。”

当卢梭还沉浸在枫丹白露的成功之中时，他满意地回忆起在洛桑他自称是沃索尔·德·维尔纳夫时所遭受的耻辱。碰巧的是，几年后，真正的沃索尔·德·维尔纳夫（旺蒂尔·德·维尔纳夫）意外地出现了，因为他得知他早年的门徒成了名人。但沃索尔已经变得毫无魅力，又无趣又放荡。“我几 227
乎是以冷漠的态度见到他的，我们就这样冷淡地告别了。”卢梭的确流下了一些感伤的眼泪——因为看到沃索尔让他想起了当年在图讷和两个姑娘一起摘樱桃的凄美回忆——但这也提醒他，他取得的成就已经远远超出了早年间任何人的认知。

枫丹白露的第二场演出顺利进行，巴黎歌剧院还于1753年3月推出了一个新的版本，《乡村占卜师》的声誉不断提升。即使卢梭放弃了获得终身年金的机会，他从这部歌剧中赚得的钱也远远超出了他的预期。这部歌剧总共为他带来了5 000多里弗尔——其中2 400里弗尔是国王为枫丹白露的演出提供的，

1 200 里弗尔是蓬皮杜夫人为在贝勒维城堡的演出提供的（在这场演出中，她本人饰演科林而非科莱特的角色），1 200 里弗尔是歌剧院提供的，还有 500 里弗尔是该剧的出版商提供的。卢梭将出版收益寄给了华伦夫人，摆出了要偿还长期以来欠下的债务的姿态。在十八世纪，这部歌剧在巴黎又演出了将近四百次，并在欧洲的大多数大城市上演。1773 年，伟大的克里斯托弗·格鲁克（Christoph Gluck）[1] 写道：“《乡村占卜师》是一个尚未被作曲家模仿过的模范。”五年前，十二岁的莫扎特创作了一部名为《巴斯蒂安与巴斯蒂安娜》的牧歌歌唱剧，深情地提到了卢梭这部剧。如果卢梭听说过，他一定会对另一个不算赞扬的反应感到高兴。他的老雇主蒙泰居伯爵，有一天注意到《乡村占卜师》出现在歌剧院的日程表上，于是问别人该歌剧是谁写的。“你应该很了解他，”别人答道，“是卢梭，您以前的秘书。”“什么？那个弱智？”蒙泰居吃惊地喊道。

更严重的是宫廷的不满，因为拒绝赞助是闻所未闻的。让事情变得更糟的是，卢梭在出版的剧本的序言中声称，这部剧的主要价值是取悦了他自己，却忽略了承认它取悦了国王。路易十五很不高兴。据一篇提交给出版物检察官的机密报告所说：“人们在国王面前谈论序言中这则无礼的说明，陛下说，‘把卢梭先生送进比塞特监狱去也可能会取悦我’；克莱蒙伯爵补充
228 说，‘在那里鞭打他’。”这份报告内容很翔实：它记述了卢梭在

1 克里斯托弗·威利巴尔德·格鲁克（1714—1787），德国作曲家。他秉承十八世纪以来启蒙运动的审美原则，改革了意大利正歌剧，把意大利、法国和德奥音乐的风格结合在一起，形成了简洁、质朴、自然的风格，对歌剧的发展产生了里程碑式的影响。代表作有《奥菲欧与尤丽狄茜》《伊菲姬尼在奥利德》等。

威尼斯被解雇的经历、他与拉莫的争吵和他的尿潴留症，以及他拒绝迪潘夫妇和宫廷赞助的事情。报告人还说卢梭所谓的对金钱不感兴趣最是虚伪。“因为他总是病着，或者是表现得像生病一样，所以来见他的人都会偷偷地在烛台或盒子底下，或者在一些文件中塞上一个金路易（以免伤害到我们的哲学家）。卢梭非常小心地收回这些东西。”不清楚这一点是如何被人知道的，但当然有可能是勒瓦瑟太太和泰蕾兹在卢梭佯做不知时拿了这些别人捐助的钱。

《乡村占卜师》是卢梭创作的最后一部重要的音乐作品。但在1753年结束之前，他对简单抒情风格的投入使他成了一场重大文化争论的中心。一支意大利团队不久前凭借佩尔戈莱西[1]的喜歌剧[2]《女仆做夫人》大获成功。很快，一场关于意大利音乐和法国音乐各自优点的激烈辩论发生了，国王和他的支持者明确表示他们喜欢法国音乐，而王后和她的支持者则更加推崇意大利音乐。争论的焦点不仅仅是品位上的差异，还包括对艺术中快乐来源的不同看法。拉莫秉承仍主导着法国思想的笛卡尔

1 乔瓦尼·巴莱斯塔·佩尔戈莱西（1710—1736），意大利作曲家、小提琴家。《女仆做夫人》原本是他创作的正歌剧《囚徒》的幕间剧，标志着意大利喜歌剧的诞生。

2 喜歌剧，相对于正歌剧而兴起的歌剧类别。十八世纪初，意大利正歌剧在经历了一个多世纪的兴盛后逐渐衰落。衰落的原因是多方面的：它的题材多来自神话传说或英雄故事，遵循着三幕剧的固定结构，音乐创作和舞台演出也都陷入了固定程式，阉人歌手占据着主导地位，使得音乐不能为戏剧服务，而戏剧又脱离了生活。于是，在启蒙运动的影响下，与正歌剧相反的喜歌剧开始出现。喜歌剧的题材多源自现实生活，短小精炼，音乐风格轻松诙谐、活泼俏皮，多使用方言。喜歌剧的产生，代表着启蒙运动在音乐领域的直接成果，体现了启蒙运动自由、平等的思想，标志着欧洲音乐开始走向世俗化和大众化。

理性主义，试图证明数学关系是所有音乐的基础，正如和声所证明的那样。而这场“喜歌剧论战”中支持意大利音乐的人认为，旋律而非和声，才是音乐力量的源泉，而且，音乐更多的是吸引人的情感，而非思想。

哲学家们都很喜欢音乐。他们中的大多数人为这场争论贡献了富有激情的论战小册子。卢梭受到启发，发表了一篇以当时流行的反讽风格撰写的简短的讽刺杂文，题为《皇家音乐学院的一名交响乐作曲家致管弦乐队同事的信》(“Letter from a Symphonist in the Royal Academy of Music to His Colleagues in the Orchestra”)。据称，这位音乐家写这封信承认他没有能力正确地演奏意大利音乐——“在一行或两行的结尾，我都找不到调了，于是我假装停下来休息，或者干脆离开去上厕所，以摆脱困境”——并提出通过暗中扭曲它来“扰乱这迷人的音乐”的方法。比如，一半的小提琴在调上演奏，而四分之一的小提琴
229 升半音，另外四分之一则降半音——暗指当时的管弦乐队就是这么干的。至于双簧管，这位音乐家补充说，没有必要告诉他们该怎么做，因为他们无论如何都很糟糕。

经过深思熟虑，卢梭看到了一个机会，可以写出比这篇虽令人愉悦却只是一时之作的讽刺小品更有意义的作品。1753 年底，他发表了《关于法国音乐的来信》。这是一部更长、更严肃的作品。他毫不留情的批判性分析立即引起了轰动。作为作曲家，他不能宣称与拉莫的卓越表现相媲美，但作为思想家，他无疑能与之竞争。“诗人们作诗，音乐家们作曲，但只有哲学家才有资格深入地评论二者。”与此同时，他开始撰写《论语言的起源》。这部作品一直没有完成，但其中的思想后来结出了累累

硕果。在该书中，他认为语言不是源自概念，而是源自情感的爆发。音乐和语言实际上是同一事物的两个方面，而歌唱是音乐目的最真实的表达，“因为与其说是耳朵把快乐传递给心脏，不如说是心脏把它传递给耳朵”。我们渴望分享的是人类的感情。“一旦声音符号击中你的耳朵，它们就宣布了一个像你一样的存在。可以说，它们是灵魂的器官……鸟儿鸣叫，只有人在唱歌。一个人听到一首歌或一首交响乐时，都会忍不住马上对自己说，‘另一个敏感的人在这里’。”

卢梭认为，所有这些想法意大利人都明白，而《乡村占卜师》旨在表明，最简单的曲调也可以是最引人入胜的。因此，事关重大的是比爱国主义和排外主义更深层次的问题。卢梭是在反对这样一种假设，即音乐是一项只有经过训练和教导的专家才能掌握的专业技能。他诉诸所有文化的经验，认为音乐是一种基本的表达方式，是情感的、深层的人性。当时，民歌开始受到重视。对熟悉的旋律有所反应被认为是瑞士人的特质，这尤其表现在阿尔卑斯山的牧牛人之歌《召牛调》之中。众所周知，这首歌激发沉郁凄楚的思乡之情，以至于法国国王禁止他的瑞士军队演奏这首曲子。卢梭在此时开始编纂的《音乐辞典》中评论道：“这些对外国人毫无作用的效果，只是源于习惯、记忆和曲调在听者耳边的千百次回转，让他们回忆起他们的国家、他们以往的欢愉、他们的青春和他们所有的生活方式， 230
唤起他们对失去这一切的痛苦悲伤。”热尔梅娜·德·斯塔尔[1]

1 热尔梅娜·德·斯塔尔（1766—1817），一般被称为斯塔尔夫人，法国浪漫主义文学的先驱。代表作有《论让-雅克·卢梭的性格和著作的书信》《论德国》等。

是瑞士人。她说，卢梭创作的一些曲调“对我来说是民族的；听到这些曲子时，我感到自己被带到了我们的山顶上，在那里，远远传来的牧羊人的长笛声被不断重复的回声慢悠悠地延长、延长”。

与之形成对照的是，世故的法国人被指责已经忘记了旋律是什么样子。卢梭发现，他们的歌曲都没有调子，他后来提出，他们对轻快的尝试可以比作“一头飞奔的母牛，或一只想飞的肥鹅”。还有一次，他谈到法国人时说，连他们的狗叫起来都走调。在《关于法国音乐的来信》中，他挑衅地声称，法语这一语言本身就不适合于艺术表现，在当时，声乐表达仍被认为是与音乐艺术不可分割的。他指出，意大利语有大量的开元音和少量的鼻元音，有元音和辅音交替流动的音节，而且富有韵律，适合形成旋律。另一方面，法语充斥着笨拙的辅音和鼻元音，而且缺乏重音，因此不管是构成旋律还是自然地说话，都必然会被扭曲。在卢梭看来，正是因为法国音乐缺乏鲜明的韵律，所以指挥家们才会习惯性地用一根大棒在乐谱架上划出节奏。在尚贝里华伦夫人举办的小型音乐会上，“我有幸担任指挥，没有忘记那根砍柴人的指挥棒”。这就是他在《关于法国音乐的来信》的结尾故意提出骇人结论的背景：“我的结论是，法国人没有音乐，也不可能有音乐；或者说，假如他们有了音乐，那对他们来说就更糟糕了。”

即使卢梭没有完全掌握拉莫关于和声的观点，他关于音乐的著作也绝不是业余的。二十五年后，先锋音乐理论家查尔斯·伯尼写道：“这封信里有太多美好的感觉、品位和理性，让人无法漠然地阅读；它被滥用，但从未被回答。”无论是否得到了答复，卢梭现在都是音乐机构不欢迎的人。巴黎歌剧院原本在《乡村占卜师》之后给了他免费入场的权利，如今却收回了这一特权。根据一份记录所说，当他出现在那里时，他被“别人用脚踢着屁股”轰了出来。他本人则相信，有人在策划密谋要暗杀他，而且这肯定是真的，他被怀有敌意的人群推搡，愤 231
怒的管弦乐队将他的模拟像吊起来绞死。

大体上，卢梭作为一个悖论传播者的形象似乎得到了证实。一位法国音乐的拥护者写道：“由于他总是围绕着真理打转，所以有时能碰巧撞到它，但他并不是由真理构成的，因而无法向我们展示它。他的火炬产生的烟雾要多于光芒。”这种批评通常伴随着人身攻击，这个作者接着写道：“他生来既没有财富，也没有容貌，体弱多病，不得不承受各种艰难困苦……他认为自己比别人更不幸，他变得愤世嫉俗，这就是他哲学核心中那种刻薄的愤怒的源头。”与该评论休戚相关的不仅仅是审美，因为对艺术的赞助总是带有思想控制的因素。几年后，达朗贝尔明确指出了那些既存秩序的卫道士所感受到的威胁：“音乐的自由以感情的自由为前提，感情的自由带来思想的自由，思想的自由导致行动的自由，而行动的自由就是国家的毁灭。因此，如果我们想保住王国，就让我们保持歌剧的原貌吧。”

然而，卢梭的恶名却让他的喜剧《纳西索斯》(或《自恋者》) 得以重见天日。该剧长期以来一直没有进展。它构思于安纳西，起草于尚贝里，1742 年在巴黎根据马里沃的建议又做了修改，几年后被意大利喜剧院拒绝，最终于 1752 年 12 月由法国喜剧院演出。一个名叫瓦莱尔的年轻花花公子与安热莉克订了婚，因为自恋而膨胀。他的姐姐决定给他一个教训，于是把他的画像修饰得像个女人。果然，他无可救药地被迷住了，正如一个粗俗的仆人所观察到的：“由于他的精致和种种修饰的影响，瓦莱尔是一种隐藏在男装下的女人；这幅反串的肖像似乎并不是他的伪装，而只是显示了他的自然状态。”有相当长的一段时间，瓦莱尔都在努力寻找这位不知名的美女，但当诡计被揭穿后，他沮丧地承认了自己的愚蠢，并拥抱了他如释重负的未婚妻。

现代的自恋概念还没有发展起来，但卢梭肯定是想揭露自
232 尊（amour-propre）中所隐伏的危险。瓦莱尔并没有染上那种最粗暴的自爱（self-love），因为他对自己的真实镜像太熟悉了，不会被它迷惑；他阴沉着脸对他的男仆说：“你觉得我今天早晨怎么样？我的眼中没有一点光彩，我的脸色看起来就好像刚被打了一顿一样。”这里所涉及的是一种恋爱经验中的深层挫折，或者说，是一对彼此对立的挫折。一方面，卢梭渴望找到另一个真正的自我，一个他能够与之结合的灵魂；另一方面，他倾向于为未知的人所倾倒，却又令人沮丧地自动对老套的刺激做出反应。他永远无法调和这两种欲望，而且他倾向于在两性之间分配这两种欲望，这体现在雌雄同体的瓦莱尔身上。和男性朋友在一起时，他寻求灵魂的结合，同时，他又因为明显的魅力，特别是淡金色的头发和大胸，而浪漫地爱上一个又一个女人。从这一角度看，《纳西索斯》的含义相当动人。瓦莱尔学会了爱安热莉克，而不是追求他自己幻想的投射。“当一个人爱得深时，”他在这部剧的最后一句话中说，“他就不再考虑自己了。”自恋是可以被克服的，或者说喜剧是这样暗示的。但在卢梭的一生中，可从来没有这样的结果。

《纳西索斯》只演了两场。卢梭在《忏悔录》中说，他在结束前就离开了剧院，前往普罗科普咖啡馆（今天仍然存在），并在那里大声宣称这是一部糟糕的喜剧，得到了大家的掌声。在给当时在里昂的勒涅普斯的一封信中，他故作冷漠地说："忘了告诉你，法兰西喜剧院上演了我的一部短剧，结果失败了，而且是我应得的。"然而，他总是喜欢夸张地描述他的失败，其实他很高兴知道，与十年前把《纳西索斯》带到巴黎的那个不起眼的外省人相比，自己已经有了多大的进步。事实上，他没有理由认为它是失败的。由于它只是一个独幕剧，节目单上必须填充其他剧目；经理们显然希望它成功，因此在每场演出中都让它与另一部已经获得成功的剧目一起搭配（其中一部是伏尔泰的作品）。《纳西索斯》第一晚吸引了近八百名观众，第二晚超过九百名。显然，是卢梭自己决定不再演出第三次，因此他的编辑们怀疑他"自己想失败"。这确实是埃利-卡特琳·弗雷龙的观点："卢梭先生强烈希望人们不要鼓掌，而是发出嘘声。"但弗雷龙作为哲学家们的敌人是臭名昭著的；伏尔泰的一句被 233
广为引用的讽刺诗中写道，一条蛇咬了弗雷龙，结果死的是这条蛇。

卢梭在发表剧本时明确表示，他将要开始一项新的事业，传统文学作品在其中将毫无地位。在他的序言中，他对《纳西索斯》本身几乎只字未提，而是像他一生中所一再做的那样，集中精力纠正关于他个人动机的误解。"这里的关键不是我的戏剧，而是我自己。"已有很多人断言，当他谴责现代文明时，他不可能信以为真，因为他继续为流行的艺术做出了贡献。他的回答是，尽管要扭转几个世纪以来所谓的进步带来的破坏已为时太晚，尽管他自己可能会因为他年轻时的这部作品重新上演而被原谅，但他可以保证，这种情况永远不会再发生了。他最后向批评他的人提出了一个挑战。“如果他们发现我开始觊觎大众的认可；或者我为写出优美的歌曲而虚荣；或者我为写出糟糕的剧本而羞愧；或者我企图损害竞争对手的名誉；或者我对同时代的伟人恶语相向，通过贬低他们拔高自己；或者我渴望在学院中占有一席之地；或者我向那些确定基调的女人献媚；或者我奉承大人物的愚蠢……我保证，我会马上把我的作品和书籍扔进火里。”他还以一种严厉的态度表明了他对狄德罗和伏尔泰所代表的文化的深恶痛绝，补充说道：“的确，有一天人们会说，‘这个公然与科学和艺术为敌的人却写作和出版了剧本’；我承认，这样的评论将是非常辛辣的讽刺，但不是对我，而是对我的这个世纪。”一个关键的门槛已经被跨越。经过多年来在这些事情上的痛苦焦虑，卢梭终于准备好要以自信的权威姿态来坚持自己的主张了。

第十三章 234

卢梭的原创性

十年前，卢梭在里昂曾对马布利先生说："我身上有一个不幸的源头，我不知道如何才能解开。"他现在开始撰写的杰作就是一种持续的尝试，试图把他个人的异化经历与最深刻的社会和心理原因联系起来。确实，把他的书看作进入他想象的生活的关键是有道理的；在他想象的舞台上，他形成了一种使命感，并与他最深层次的冲突作斗争。在与人交谈时，他仍然笨拙且害羞。在通信中，他很难表达他想说的话——他自嘲说，他的一封典型的信是"又长又乱，累赘晦涩，当别人读到它时，几乎无法理解"——而且他会因为过多地吐露心声而感到不安。但在向阅读的公众讲话时，他可以仔细思量和反复修改，直到他确信自己已经得到了正确的答案。这种控制感和匿名性解放了他。"我选择的道路，即写作和隐藏自己，正是适合我的道路。"

由于征文获奖给他带来了文学上的名声，他开始四处寻找参加别的竞赛的机会。1751 年，他着手回答科西嘉科学院提出的一个问题：“什么是一个英雄最必要的美德，哪个英雄缺乏这种美德？”但他写了几页纸后就放在一边了，后来他评论说：
235 “这篇文章非常糟糕，写完之后，我深感如此，以至于我都懒得把它寄出去了……对这类琐碎的问题，是永远不会有好的答案的。从这样一次糟糕的写作中，总能学到一个教训。”很久以后，当卢梭的出版商请求他允许将这篇短文出版时，他嘲讽地回答，“像那样的一篇‘擦屁股纸’是不值得去麻烦出版的。”

参加第戎学院有奖征文的机会再次出现了。1754 年的题目是“人类不平等的起源是什么？它是否为自然法所认可？”这个话题极为深刻，引人深思，触动了卢梭。他和泰蕾兹隐居到圣日耳曼森林中，认真思考每个人类社会都不可避免存在的剥削问题。他不再真的需要第戎学院的认可，也完全不理会他们关于文章长度的要求——即文章要短到能够在半小时内朗读完——卢梭如此傲慢，以至于第戎学院看都没看就拒绝了他的投稿（获奖者是一个修士，他将不平等解释为原罪的结果）。而卢梭再一次大放异彩，写出了一篇一百页的论文。论文于 1754 年夏天完成，一年后出版，题为《论人类不平等的起源和基础》（简称为《论不平等》，或《第二论文》）。《第一论文》让卢梭成了名人，这篇论文则揭示了他的伟大。此外，它还表明，他的思想正在发展为一个强有力的统一体，他已经开始将其视为自己“伟大而忧郁的体系”。

卢梭已经感受到不平等是生活中的事实。孩童时期，他就从上流阶层沦落至工匠阶层，在都灵又进一步沦为仆人，在萨瓦担任低级职务，并在里昂和巴黎为大资产阶级和贵族做了多年的家庭教师和秘书。在完成他的主要著作后，回顾他的职业生涯，他能够发现，处于社会的边缘为他提供了一个特殊的视角来看待那种以地位或身份来定义人的文化。“我自己没有任何的地位，但我了解和经历过除国王之外的、从最低到最高的所有地位的生活。”还有一次，他在给一位王子的信中说：“我选择的生活方式，是与世隔离和朴实无华的，使我在世上几乎是个无名小卒，这让我能够观察和比较从农夫到伟人的所有人的生活状态。”

为不平等辩护一直是无数作家的目标。第戎学院邀请对不平等的原因展开考察——可能无意中——开辟了一种完全不同的思考方式。卢梭大胆地开辟了一条新路，他实质上否定了他们所提及的自然法——通常意味着现状是自然的，因而也是正确的。例如，1748 年刚刚出版的孟德斯鸠的《论法的精神》，从共和制、君主制和专制的特征中推导出一般原则，受到了广泛的赞誉，被认为是进步的启蒙运动的核心著作。但从卢梭的视角来看，这部著作在根本上是保守的——这并不奇怪，因为孟德斯鸠既是贵族又是律师。卢梭不是在分析现有社会是如何运作的，而是想理解社会本身的性质，他提出了一个惊人的结论。在《第一论文》中，他提出进步导致人性偏离了原始的单纯；在《论不平等》中，他准备论证社会的存在本身就是一个错误。 236

正如批评者们迅速指出的那样，《第一论文》最薄弱的一点是关于艺术和科学应对包括战争和疾病在内的世界上的一切坏事负责的历史性论证。但卢梭逐渐明白，他的理论实际上与历史无关。因此，在《第二论文》中，他发起了一场大胆的思想实验。“让我们把所有的事实先放在一边，因为它们对问题本身并没有任何影响。人们不应该把我们的探究看作对历史真理的探索，而应视为只是基于假设和条件的推理，更适合于阐明事物的本质，而非证明它们的真实起源。”现在，他的目标是去设想在社会形成之前人类的生活可能是什么样的，并重建人类发展的各个阶段。这种思路是如此之新，以至于伟大的人类学家克洛德·列维-斯特劳斯甚至声称——诚然，是在一场纪念卢梭诞辰的研讨会上——卢梭才是现在“人类科学”（sciences of man）的真正创始人。

十七世纪冷酷的道德家们在经历过可怕的战争和政治危机后，认为自私和残忍与人的本性不可分割。天主教徒帕斯卡尔说：“所有人天生互相憎恨。”世俗作家拉罗什富科把自私描述
237 为行为的主要动机：“自尊（Amour-propre）就是爱自己，也就是爱自己的一切；它使人成为自己的偶像；如果命运给了他们机会的话，它还使人成为他人的暴君。”憎恶内战的霍布斯得出结论，即使是最专制的政府也一定优于无政府的自然状态，因为在自然状态下，“没有艺术，没有文字，没有社会，最糟糕的是，存在着持续的恐惧和暴力死亡的危险；人的生活是孤独的、贫穷的、下流的、野蛮的和短暂的”。

到十八世纪中叶，这一类的观点被广泛认为是过时的遗物，开明的自我利益（self-interest）作为集体幸福的关键而受到提倡。更普遍的看法是，自然安排人类生活在相互协作的群体当中——就如一位作家赞许地称之为“羊群冲动”（herding impluse）——因而仁慈而非自私才是人类的本能。大卫·休谟很快就作为“好人大卫”成了巴黎沙龙中的宠儿。他谴责孤独，欢欣迎接共聚一堂：“血液中流淌着新潮，心灵得到升华，整个人活力迸发，而这种活力是他在孤独和平静的时刻所无法得

到的。”

针对这一启蒙运动的共识，卢梭来了一个完全出人意料的转向。他认为拉罗什富科和霍布斯关于自私的看法是完全正确的，但他们错误的地方在于假定这是人类本性所固有的。相反，是社会让人变得自私和邪恶。当他们处于真正的自然状态下时，他们一定是善良的。或者说得更准确一些，善与恶的概念本来就没有任何意义，因为我们最早的祖先是孤独的猎人-采集者；他们游荡在原始森林中，根本不需要其他人。社会远非我们问题的解决方案，而是问题所在。因此，《第二论文》的第一部分想象了处于前社会状态——这实际上是人类存在以前的状态——下的自然人；第二部分从这个全新的角度对我们所知的生活进行了尖锐的批判。几年后，卢梭评论道：“我宁愿做一个充满悖论的人，也不愿做一个充满偏见的人。”偏见是那些使社会规范看上去合理的公认的看法；悖论则是那些揭示了经验中心所存在的矛盾的令人费解的谜题。

十八世纪的科学和哲学总是被身心问题所困扰，正如卢梭笔下的朱莉所说，我们思考时，就像没有身体一样；行动时，就像没有灵魂似的。对卢梭设想的自然人而言，就不存在这个 238
问题。他将与自己和自己的世界完全融为一体，完全活在当下，不为过去悔恨，也不为未来焦虑。“他的想象力没有为他描绘任何东西，他的心没有对他提出任何要求……没有任何东西能搅动他的灵魂，他的灵魂完全交付于对当前存在的感受。”由于没有机会与其他人竞争，更不用说剥削和虐待他们了，他就不会有那种针对他人的有害的自尊。相反，他将只会有一个健康的动物的自爱（amour de soi），即自我保护的简单本能。可以肯定的是，他将无法真正了解自己，但他不需要了解。他将仅仅是他自己；而现代人努力去适应社会的要求，拼命地、徒劳地去寻找自我认知（self-knowledge）。自然人甚至不思考。在一个后来变得声名狼藉的句子中，卢梭宣称：“思考的状态是一种违背自然的状态，而沉思的人是一种堕落的动物。”

简而言之，自然人是自然的，因为他还不是人。他的确有着一种与生俱来的感到怜悯（pitié）的倾向，即，如果他看到别人受苦，就会感到同情，但这也只是一种简单的本能反应。如同一位瑞士的崇拜者（用英语写作）所生动描述的那样：“卢梭将人类追溯至自然的乳头，然后发现他被本能包裹着。”如果这个原人（proto-man）的生活——今天我们会将之称为原始人（hominid）——看上去很狭隘，令人失望，那只是因为我们已经品尝了进步的有毒果实，再也没法回头了。热尔梅娜·德·斯塔尔注意到，聪明而敏感的卢梭为一种“近于兽类的野蛮”条件辩护，是因为他知道一个人的智慧和敏感会给他带来多大的痛苦。霍布斯认为人在自然状态下的生活是孤独的、贫穷的、下流的、野蛮的和短暂的。而卢梭的自然人很幸运是孤独的，没有将生活定义为贫穷和下流的标准，既不知道也不在乎生活的野蛮和短暂。

当然，自然人有时会遇到其他人，本能会驱使他与女人（也是自然人）交配，但对两人来说，这仅仅是一次偶遇，他们不会在乎是否还会再次相见。（那个自然人是谁？）性是一种简单而适当的慰藉方式，就像打喷嚏一样，而没有浪漫爱情中所
239 隐含的嫉妒和占有欲；卢梭明确称这种爱情为“一种由于社会惯例而产生的人为的情感”。同样，母亲也会哺育和照顾她们的

孩子，但在这里，一旦年轻的孩子们能够自食其力，这种关系也会终结。在十八世纪，人们通常把家庭颂扬为人类的塑造者及其安慰的源泉，但在卢梭的经历里，这些都是以沉重的代价换来的：家长制的权威、对亲情的强制要求、恋母情结的焦虑和负罪感。在他所想象的自然状态下，连语言也是没有必要的，因为自然地发声就可以直接表达感情。卢梭由于被误解而感到痛苦不堪，所以他设想人类不需要用语言来交流，而是依靠自发的哭声、手势和脸红来表达，其含义就像他第一次回应华伦夫人时颤抖的舌头一样明确。

那么，是什么出了问题？卢梭推断——就像现代人类学家仍然在做的一样——随着人口的增长，人们联合起来以增加食物的供给，农业和冶金术的发展也是为了满足对食物的需求。一旦这一切发生，劳动就必须被有组织地执行，一些人会变得比其他人更富有，政府被建立起来以保护这些富人的财富，大多数人成为少数人的附庸。当一个人第一次把一块地圈起来并说出“这是属于我的”的那一刻，转变的时刻就固定成型了。帕斯卡尔在一个世纪以前的《思想录》中也说过几乎同样的话：“我的，你的。‘这条狗是我的，’这些可怜的孩子说，‘那是我在阳光下的位置。’这种形象就是霸占整个地球的开端。”但对帕斯卡尔这位悲剧性的道德家来说，就像那位赢得第戎学院奖金的修士一样，认为所有权反映了人性中的根本性原罪。卢梭相信人性本善；他同意帕斯卡尔的说法，但认为这是一个社会和政治问题。按照他全新的视角，人类是他们自己的社会行为的受害者，而不是原罪让他们受苦受难。自然状态的丧失就像《创世记》中描述的堕落的世俗化版本，由此产生了一连串的不幸。“平等消失了，财产被引入，劳动成为必要，广袤的森林变成了必须用人的汗水去浇灌的田地，在那里，很快会看到奴役和贫穷随着庄稼一起萌芽和生长。”

早在卢梭之前，古代作家塔西佗就对逝去的黄金时代有过
240 类似的描述。“原始人没有邪恶的欲望。他们清清白白，天真无辜，生活中没有压迫或惩罚。他也不需要奖赏，因为他天生就是善的。”但是，古典的黄金时代是一个想象中的社会，在其中，牧羊者们唱着歌，赢得天真少女们的芳心，心怀感激的年轻人们崇拜长者的智慧。卢梭的洞察更具挑战性。他的论点是，竞争和不平等是每一个社会所固有的，因此，像我们这样的人类不可能有黄金时代。最关键的一点是，我们最珍视的事情都孕育着颠覆其自身的种子。当以家庭为中心的共同体建立后，“共同生活的习惯催生了人类已知的最甜蜜的情感，即夫妻之爱和父母之爱”。但伴随着这一令人着迷的发展，两性之间的不平等随之而来，一些非常有害的情感也很快出现了。

> 人们逐渐习惯于聚集在他们的茅舍前，或围拢在一棵大树下。唱歌和跳舞是爱情和休闲的真正产物，成了男人和女人闲暇聚会时的娱乐——或者说是职业。每个人都开始看着别人，也希望别人看自己，而公众的尊重也变得重要。唱歌或跳舞最好的人、最英俊的人、最强壮的人、最手巧的人或者最有口才的人，成了最受尊重的人。这是走向不平等的第一步，同时也是走向罪恶的第一步。从这些最初的偏好中，一方面产生了自负和蔑视，另一方面产生了羞耻和嫉妒，这种新酵素发酵后最终产生了有害于幸福

和纯真的致命毒素。

在卢梭自己的生活中，他被那些大人物的自负和蔑视刺痛过，嫉妒和羞耻是他最深的痛苦根源。至于人类已知的最甜蜜的情感，不管是在孩童时期还是与他宣称不爱的泰蕾兹在一起时，他对夫妻之爱的体会都不多；至于父爱，伊萨克·卢梭给他的是好坏参半的，他则小心地不再让同样的事发生在自己的孩子身上。因此，《第二论文》的背后有着深刻的个人情感，批评者们很快会指责它只是一种嫉妒和愤怒的表达。伏尔泰写信给卢梭挖苦他，感谢他的“反人类的新书”，并补充说，不幸的是他已经放弃了四肢着地行走的习惯。在同时期的一本小册子 241
里，伏尔泰想象着卢梭感叹道：“在城市里生活真是可怕。在那里，人们可以在口袋里装着一个测度时间的金表，可以穿着用中国的蚕吐出的丝织成的衣服，可以听到一百种乐器合奏出的和谐旋律——这种音乐令耳朵着迷，令灵魂在甜蜜的安宁中得到抚慰。这一切都是可怕的，显然北美印第安人是唯一的好人；但他们最好离魁北克远一点，因为我怀疑那里已经引进了欧洲那些该死的科学。”

即使卢梭会否认他对精美服装和时钟的痴迷，也不会否认他对美妙音乐的喜爱，但在他看来，人们为了享受文明的好处而付出的代价太高了。伏尔泰并不想理解这一信息。更何况，他本人是一个白手起家的领主，积累了大量的财富，他可不想听到卢梭的说法，即，富人发现了支配其他人的乐趣后，就再也停不下来了，“就像那些饥肠辘辘的狼，一旦尝过人肉，就会拒绝其他一切食物，从此只想吃人。”伏尔泰在他的《第二论文》抄本的页边空白处，愤愤不平地潦草写道："这就是一种巴不得富人被穷人抢掠的乞丐的哲学。"伏尔泰无法想象，卢梭正在将自己奇特的人生经历变成一种荣誉勋章，正是他作为学徒和仆人的经历才让他有权力像他所做的那样去分析不平等。

就连对《第二论文》的写作抱有同志式兴趣的狄德罗也很快开始感到厌恶，他给一位朋友写信说："沉思的人也许不是堕落的动物，但我相信他用不了多久就会变成不健康的动物。卢梭继续沉思，身体也继续不好。您卑微的仆人继续沉思，身体也不好。如果您也沉思，那就太糟糕了，因为您很快也会生病。尽管如此，我并不关心橡子、巢穴和空心橡树。我要的是一辆马车、一间方便的公寓、精细的亚麻布和一个香香的姑娘，这样我很乐意适应对我们文明状态的所有诅咒。我用两只后脚能走得非常好。"至于认为思考不是人的自然状态的观点，狄德罗的看法正好相反。一年后，他在《百科全书》中写道："谁不想运用理智，就是放弃了作为人的身份，应被视为是不自然的。"

242 然而，所有批评家们强调原始生存的乏善可陈，是忽略了核心要点。卢梭广泛阅读了大量的探险书籍——特鲁松说，"这个人蔑视书籍，但将他读过的书列成书目也有一本书那么厚"——在当时，他确实不可避免地认为，"野蛮"民族要比欧洲人或中国人更接近于自然状态。但他也非常明白，没有一个人类群体仍然处于自然状态。每个人类群体都有语言、政府、战争和所有其他东西。因此，当他提出自然状态作为一种想象的思想实验时，他的意思是"一种不再存在、也许从未存在过、可能永远不会存在的状态，但我们必须对这种状态有准确的认识，以便正确评判我们目前的状态"。自然状态所代表的是一个立足点，我们由此出发可以思考，如果我们的想法、价值观，甚至感情没有被社会按照它的目的去塑造，我们将会是什么样子。因此，卢梭一生的目标，就像他的著作一样，是要找到社会角色之下的真实自我，并构思出能够帮助这个真实自我浮现的教育和政治方案。

因此，卢梭的批判有着特别深远的意义。批评社会中具体的不平等现象并呼吁改革，是平常的；但指出不平等既不可接受又不可避免，则具有原创性。承认劳动是艰苦的，是平常的；但把劳动定义为对我们基本本性的根本性背叛，则具有原创性。指出我们要学会用别人的眼光来看待自己，从而融入社会，是平常的；但把这个过程描述为对我们真实自我的背叛，则具有原创性。在《爱弥儿》中，卢梭将把这一点写得十分透彻，让人难忘："一旦你通过别人的眼睛看问题，你就必然按他们的意志行事……你总是说，'我们想要'，你总是做别人想要的事情。"自然人活在自身之中（en lui-même），而现代人活在自己之外（hors de lui）。冲突和异化就是我们所知的生活。更令人不安的是，文明的逻辑将加剧不平等。就如卢梭对历史进程的诠释："第一个时期授权了富人和穷人的地位；第二个时期授权了强者和弱者的地位；第三个时期则授权了主人和奴隶的地位，这是不平等的最终程度，也是所有其他形式的不平等演化至终的极限。"

通过彻底地对人类经验重新想象，《论不平等》充满了潜在 243
的可能性。斯塔罗宾斯基说："这些话的巨大回音在时空中扩展，远远超出了卢梭所能预见的范围。"自古以来，人是一种社会动物已是老生常谈，卢梭的挑战是将这一事实诊断为一种灾难性错误转向的证明。如果有史以来人类创造的每一个社会都是一次有缺陷的尝试，都是为了弥补人类放弃其原始自由时加于自身的伤害，那又会怎样呢？如果是社会而不是我们自己，对痛苦和罪恶负有最终责任，那会怎样？这些思想自卢梭提出以后，在两个半世纪内都产生了巨大的影响。就如阿瑟·梅尔泽所表明的，它支撑了从自我控制的伦理转向自发性伦理的伟大文化运动，它将我们的问题定位于历史性原因而非人性本身的缺陷上。在政治上，压迫成为一个核心问题，而以前的思想家并不关心这个。“我憎恶奴役，”卢梭后来写道，“它是人类所有弊病的根源。”他的思考不仅在政治上意义深远，在心理学上也是如此。弗洛伊德写道：“个人的自由不是文明的馈赠。它在任何文明诞生之前就是最伟大的。”他就是卢梭的继承人。

第十四章 244

在日内瓦被崇拜，在巴黎被冷落

完成《论不平等》后，卢梭开始筹划一项重大举措。他的日内瓦同乡高福古先生即将回国出一趟差，邀请他一起去。突然间，卢梭觉得他可能做的事情远不止这些。尽管他已经以日内瓦公民的身份赢得了声誉，但他实际上是一个无国家的公民，现在他决心信奉他父亲的宗教，恢复他在四分之一世纪前改宗天主教时失去的法律地位。他倾向于认为，总体而言，宗教是一种文化制度，是一种向个人所处的群体表明忠诚的方式。他对神学从来没有多大兴趣。在盖姆修士和华伦夫人的影响下，他已经形成了非教条主义的信仰，即强调上帝的仁慈，而模糊天主教和新教的区别。

因此，在回归他母邦的加尔文教时，卢梭的重点基本上是政治的而非宗教的。当他准备出版《第二论文》时，他将该书题献给“日内瓦共和国”，并宣称，如果他能以某种方法选择自己出生地，他的选择还会是日内瓦。这一献辞通常被认为是他对一座不再了解的城市的理想化幻想，但这个在圣热尔韦区的

政治温床中长大的男孩，目睹过父亲因为和一个贵族争吵而被
245 流放，对日内瓦事务的真实状态不会有多少幻想。相反，他的献辞是在含蓄地指责那些把民主制度搞得一团糟的领导者们；他向整个共和国发言，是有意避免奉承当权的议会。

1754年6月，卢梭和泰蕾兹与高福古一同乘坐马车出发了。卢梭经常步行前进（马车一定走得很慢），把泰蕾兹一个人留在了马车上。高福古发现了机会，尽管他“已年过六旬，身患痛风病，瘸着腿，被寻欢作乐戕害了身体”，但他仍然热切地企图勾引她，甚至给她看一本下流的画册，贞洁的泰蕾兹把画册扔出了窗外。十五年后，卢梭写作《忏悔录》时，声称高福古的行为粉碎了他对纯洁友谊的信念，但也许他只是希望这样做。这两人仍然保持着极其友好的关系。

当他们到达里昂时，高福古继续前往日内瓦，而卢梭和泰蕾兹完成了一次重要的绕路拜访。他已经十二年没有见过华伦夫人，他们偶尔的通信在最好的情况下也是冷淡的。在1754年2月的一封信中（也就是三个月前），她责备他没有给她提供资金上的支持：“你可以在我身上验证我刚刚在《效仿基督》中读到的那一章，即，我们在哪里抱有最大的希望，就会在那里彻底地失望。让我感到伤害的不是你打我的那一拳，而是打我的那只手。”这次会面注定是痛苦的，而且不管卢梭期望的是什么，现实都要更糟糕。“我又见到她了——我的上帝，她的境况是多么糟糕啊！多么堕落！她原来的美德还剩下什么？这还是当年朋维尔神父介绍我去找的那个光彩照人的华伦夫人吗？我的心都碎了！”

卢梭提出请她到巴黎与他和泰蕾兹一起生活。这个计划肯

定不可能对她有吸引力，于是就被搁置了。不久以后，她访问了日内瓦，以避免在她的财产被拍卖时还留在尚贝里。有一个感人的场景，就是她试图把一枚戒指戴在泰蕾兹的手指上（“泰蕾兹很快摘下来戴回到她的手上，流着眼泪亲吻着那双高贵的手”），但仅此而已。卢梭后来宣称，他没能继续和华伦夫人在一起使得他痛悔不已，但他们彼此肯定都知道为时已晚。实际上，他们两人过去的身份与现在的身份之间的鸿沟，是激发他 246
创作《忏悔录》的一个主要因素。在这本书中，卢梭让逝去的过往重活了一遍。特鲁松以动人的笔触想象这最后一次忧郁的重逢应该是什么样子：“在这个著名的男人身上，她还能从那双黑色的眼睛中认出当年那个小子，那个令人同情的流浪汉吗？一个年轻的金发女人曾经大笑着追逐一个青春期的男孩，用她沾满糖浆或果酱的漂亮手指涂抹他的脸。那是另一种生活中两个完全不同的人。”

华伦夫人还有八年的生命，正如她的朋友孔齐耶后来回忆的那样，她一步步陷入了无望的贫穷和疾病中。“我一直责怪让-雅克，”他痛苦地指出，“她把他作为自己的养子，并以此为荣，结果他还是优先选择了勒瓦瑟的利益，而不顾那在任何意义上都值得他尊敬的妈妈的利益，就像他的洗衣妇勒瓦瑟在任何意义上都不值得尊敬一样。他应该时不时地抛开他的骄傲，努力地赚钱，仅仅留下自己糊口所必需的，其余都给恩人，以至少部分地偿还他让慷慨的恩人付出的代价。”没有任何记录显示富有的孔齐耶给了她金钱资助（他暗示她太骄傲而不愿意接受资助）。可悲的是，卢梭并不是唯一抛弃她的人。一封几个月后温曾里德写给她的信保存下来了。他当时已经结婚，急于从他们那注定失败的采矿业冒险中脱身，因为这一冒险已经花光了借来的资金。“尽管我并不完全了解您的想法和事务，”他冷酷地写道，“您到现在为止遵循的生活方式已经赶走了您所有的朋友。您想花费巨资招待客人，再富有的领主也经不起这样花费……如您所知，我没有其他资源，也没有工作，因此我急切地等着您兑现对我的承诺。”温曾里德的等待是徒劳的。所有的旧友谊都已经破裂了。

正如卢梭所深知的那样，恢复新教徒的身份并不一定容易。通常的程序包括一系列公开的羞辱，在小议会和宗教法庭接受审问，并在监狱待上三天。然而，长老们急于迎回这个已经成为知名的现代文明批评家的叛教者，因此，一个由六位态度友善的牧师组成的委员会问了卢梭一些非常含糊的问题，卢梭则结结巴巴地给出了更加模糊的答案，然后他们得出结论，他根
247 本就从未真正放弃过新教。显然，他在都灵改宗天主教的真相不为人知，或至少被掩盖了。宗教法庭的决定是基于这样的假设，他不知何故“在早年被带到法国，并在那里以罗马宗教的方式被教养长大”，但他已认识到自己的错误，开始参加新教仪式，此后他决定“回到他的祖国，公开放弃天主教，并回到我们教会的怀抱”。因为健康状况不佳，他被免除了公开的羞辱和坐牢监禁。

对于泰蕾兹的存在也必须作出解释，因为人们知道她不仅住在他房子里，而且睡在同一个房间里。一个缠绵多情的故事被适时编了出来。根据牧师让-弗朗索瓦·德吕克的说法，泰蕾兹声称她的母亲精通医术，曾经将重病的卢梭收留在巴黎的家中，因此他既是病人又是房客。她还解释说，后来有一次，她

被一群在街上打架的男人意外打伤，卢梭施以援手，“如此慷慨地回报了她母亲的照顾，以至于勒瓦瑟小姐发誓要终生服侍他，以表谢意”。为更加稳妥，卢梭自己还补充申明，他的尿潴留症让他已经无法和他人发生性关系，也许确实如此。很难说牧师们对这些话相信多少，但为宗教改革重新争取到一位哲学家是一项可观的胜利，不去仔细研究这些难点才符合他们的利益。

至于卢梭对宗教的真诚感情，他总是宣称它是真实的。牧师雅各布·韦尔纳回忆说，一次在湖边的月光下散步时，卢梭“像一个被感召的人一样谈到神性”，他竟被感动得流下了眼泪。就像他以前很享受与那些有修养的天主教神父们结成的友谊一样，现在卢梭与许多思想开明的新教牧师建立了友谊，多年来一直与这些人保持着定期的通信联系。他在1758年写给韦尔纳的信中说：“我所渴望的是一个朋友。”而且远距离的友谊特别令人愉快。在书信中，他能够毫无保留地抒发感情，而不会再因对面部表情或语调的敏感而感到局促不安。在日内瓦逗留期间，他特别喜欢保罗·穆尔图。此人当时二十三岁，即将成为牧师。在十年后的《忏悔录》中，他赞扬穆尔图“精神充满了激情”，并宣称有意让他成为“我的记忆的捍卫者和他的朋友的 248
复仇者”。这确实实现了，因为在卢梭生命的最后阶段，穆尔图访问巴黎时，卢梭委托他保管了许多手稿，包括《忏悔录》。

作为一名成功的巴黎知识分子和回头的浪子，卢梭在日内瓦被捧为名人，他自然感到很惬意。一封他重归新教前几天写给迪潘夫人的信反映了他的热情：“这座城市在我看来是世界上最迷人的城市之一，它的居民是我所知道的最聪明和最幸福的人。自由已经确立，政府是和平的，公民是开明、沉着和谦逊的。”他补充说，在那里永久定居的诱惑非常大，但他已经答应勒瓦瑟家要留在巴黎，而且在这么小的一个城市里靠抄乐谱谋生——他声称自己所从事的行业——会比较艰难。

这似乎的确是日内瓦一个相对稳定的时期。1737 年，卢梭目睹过这里的一场危机，当时他看到人们正准备与自己的家族成员作战。第二年，在法国的调解下，全体公民恢复了一些权利，而真正的权力则被小议会保留。他的大多数熟人都对政治形势感到满意。此外，就在他 1754 年抵达日内瓦的几周前，一项条约签署了，据此，萨瓦终于放弃了对日内瓦的控制。卢梭的一些朋友，包括流亡在巴黎的勒涅普斯，仍然致力于彻底改造这座城市的政府，而且他在之后的几年内也将热情地支持他们，但在当时，气氛是平静的。正如克兰斯顿所指出的，日内瓦工人的状况与法国完全不同。他们没有受到苛捐杂税的压迫；食物价格因政府补贴而保持着适当水平；上层阶级的财富更多地来自银行业和投资，而非来自对劳动者的剥削。尽管如此，卢梭显然希望他在《论不平等》中对日内瓦的崇高理想的赞美能够激发出有意义的改革。

卢梭在日内瓦逗留了四个月。人们注意到，他拜访了他在库唐斯街的老邻居，并和他的保姆雅克丽娜进行了亲切交谈。
249 雅克丽娜已年近六旬，经营着一个卖乳酪的摊位。他们谈话时，周围的人都挤了上来，围观这位伟人。一位目击者描述当时的场景：“日内瓦低街上的人们都是读者；他们聚在一起，静静地打量着这位哲学家，为他是他们中的一员而感到自豪；可能让他们更加自豪的是，尽管他离开家乡很久，能言善辩，但他仍然保持着和他们一样的口音。”一个女孩当时在人群里被举起来看卢梭，很久以后回忆起她看到的情景："一顶廉价的圆形假发，没有帽子；灰色的夹克和裤子；他的右手放在他的保姆的膝盖上；圆圆的脸，黑色的眼睛虽小但活泼而锐利，带着亲切的笑容。"但大多数时间里，卢梭都与他母亲所出身的、他父亲所反感的社会阶层成员混在一起。后来，一位激进派领袖的儿子声称："他更愿意与普通的公民交往，而不是有钱人，因为他讨厌有钱人的炫耀和准则。他对人民的依恋、他与前议员德吕克的关系和他对平等的热爱，以及他有时候对权贵们的极端蔑视，让他被贵族们憎恨，而这些贵族也成了他所有烦恼的根源。"这肯定是对卢梭这次访问的一种感性改写。

卢梭和他在尼永的心爱的苏逊姑妈也重逢了。这次相聚似乎很感人，但没有留下任何的细节记录。有一件事情是他没做的，就是重新回到波塞，那个他童年时被放逐的地方。一些观察者注意到，无论他如何扮演人民的人的角色，他都暴露出了很强的虚荣心，"希望在一些小事上受到关注，尤其是受到杰出人士的关注"。也许正是在这种心情下，他每天早晨都会到湖边喂面包给鱼吃，鱼儿也学会了准时前来聚集，期待着他的喂食。这引起了邻居们的注意，根据他当时的房东说，"为他作为人类之友的声誉增色不少"。（拉尔夫·利补充道："或者不如说，是鱼儿之友。"）逗留期间最令人难忘的是九月在日内瓦湖的一次游览；当时有四个同伴及泰蕾兹一起前往。"我们花了七天时间，在世界上最明媚的天气下进行了这次旅行。我对湖泊远岸打动我的美景记忆犹新，所以几年后我在《新爱洛伊丝》(《朱莉》的另一个书名）中对其进行了描述。"像往常一样，乡村唤醒了卢梭的想象力。如果他确实仍然感到忠于他的祖国，这种忠诚也

250 并不是对真实的日内瓦，而是对他心中的那个日内瓦。于是，他和泰蕾兹回到了巴黎；这次轻快的旅途仅仅用了五天时间，结果他有生之年再也没能回到日内瓦。

是时候准备出版《论不平等》了，卢梭求助于欧洲法语书籍最重要的出版商之一——马克-米歇尔·雷伊。雷伊也是日内瓦人，在洛桑开始学着经商，定居在审查制度宽松的阿姆斯特丹。他有一个中介网络，通过这一网络可以将当局反对的一些书籍秘密私运至法国。双方很快建立了密切的关系，几乎完全是通过书信联系。这种关系将持续多年，并涉及卢梭大部分主要著作的出版。他是一个特别难打交道的作者，对页面设计、纸张质量、插图及其他所有东西都没完没了地挑剔。此外，他还反复和雷伊就版权问题进行争吵，因为当时没有版权法，一旦作者出售了他的手稿，他就没有法律依据要求从再版中获得收入。但雷伊和卢梭真正尊重对方，在争吵之后总是会向对方道歉。卢梭还成了雷伊的孩子的教父，1761 年他给雷伊写的信中说的是实话："我想，我的著作和我的名字为您扬名立万做出了贡献，也帮助您开启了财富之门。"

出乎卢梭意料的是，《第二论文》在法国获得了官方的出版许可。这是出版总监克雷蒂安-纪尧姆·拉穆瓦尼翁·德·马尔泽布的决定。他是一个了不起的人，尽其所能地减少哲学家们面临的障碍，并成了卢梭的一个重要的朋友。当时整个图书审查过程复杂到令人难以置信的程度。原则上，所有的手稿，不管是什么主题，都必须提交给马尔泽布的办公室，供办公室里庞大的审查员团队（当时有 130 人）审查。如果发现有潜在危险性的观点，他们可以直接拒绝出版，或要求作者修改。如果书稿获得批准，出版商将获得“版本特许”，即在一定时期内拥有发售该书的独家权利。这实际上达成了一个交易：政府监督作者们可以说什么，而作为回报，一小群受青睐的出版商获得 251
了垄断权。然而，在这样的审查制度下，大多数受到普遍关注的作品都面临着被否决的严重风险，因此，政府通常会改为授予相对宽松的“默认许可”，即，对书籍的售卖睁一只眼闭一只眼，不向任何单个的出版商作出保证。这类书通常在国外印刷；即便不是，扉页上也会列出某个外国城市。在这种情况下，如果竞争者推出盗版，不仅出版商会遭受损失，而且当局可能仍然会决定禁止这本书流通，在其出售前就整箱整箱地没收。

书籍审查员们都是一些相对默默无闻的人——1789 年的一位作家哀叹道，哲学家们就是“一群服从火鸡管理的鹰”——但他们都受过教育，并非顽固不化。马尔泽布定下了基调。他是一名三十岁出头的有教养的贵族，是法国大法官的儿子。无论他多么同情启蒙运动，他都别无选择，只能执行规则。在可能的情况下，他会建议对有异议的段落作最小幅度的修改，并至少发放“默认许可”，正如他对《论不平等》所做的那样。但也有很多时候，他不得不做一些让他后悔的事情，就如他多年后评论的那样：“因为法律禁止的恰恰是那些公众不可或缺的书，所以图书贸易只能在法律之外进行。”卢梭的作家事业不断受到这些障碍的影响。1762 年，当政府的一次野蛮镇压指向他时，连马尔泽布也帮不了他。

同时，如果卢梭要留在法国，他必须决定如何生活。1754 年初，在霍尔巴赫的沙龙里发生了很不愉快的一幕，他对那些自以为是的哲学家们大发雷霆。让他出人意料地发火的原因是，他看到这群人奸诈地嘲弄一位教士（恰如其分地称呼他为珀蒂修士［abbé Petit］[1]）；这位教士当时正在大声朗读自己创作的一部悲剧，而这部悲剧让大卫和拔示巴的故事看上去很乏味无趣。很久以后，霍尔巴赫告诉一位朋友说，尽管他们总是想惹恼卢梭，从而听听他将会说些什么，但这次的爆发完全是出乎意料的。这位神父读了他的悲剧的前言，其中声称喜剧情节往往以结婚告终，而悲剧情节则以谋杀告终——人们可能认为这
252 不是一个愚蠢的想法——“我承认，我半开玩笑、半认真地嘲弄了这位可怜的神父。让-雅克没有说一句话，也没有笑，坐在椅子上一动不动。突然，他怒气冲冲地跳了起来，冲到神父面前，抓过他的手稿，用力地扔到地板上，然后对这位惊慌失措的作者说：‘你的剧本一文不值；你的前言太疯狂了；所有这些先生们都在嘲笑你；离开这里，回到你的村子里去当你的教区牧师吧。’”他的反应看上去的确过头了，也许卢梭是把自己对嘲弄和羞辱的焦虑感投射到了这个不幸的神父身上。毫不奇怪，他的干预很不受待见，人们不得不把他们俩分开，以免他们打起来。让霍尔巴赫惊讶的是，从此以后卢梭就拒绝与他和解，不过他确实在霍尔巴赫的妻子去世后写了一封真心真意的吊唁信——他对霍尔巴赫的妻子还是一直喜欢的。

从日内瓦回来时，卢梭就知道他需要从小圈子的环境中解脱出来，为自己创造一个新角色。狄德罗和其他哲学家们都热衷于社交，在机智的唇枪舌剑中茁壮成长，用超然独立的讽刺

1 此处是一语双关。Petit 是人名，同时，petit 在法文里有小的、低微的、卑下的意思。

批判社会。卢梭的要旨是，社会不仅仅是不完美的，还是所有邪恶和不幸的根源。留在社会中的任何人，都不可能正确地理解它，因此，彻底脱离社会就成了他的使命，这样他就有了一块立足之地。但因为要继续向他同时代的人讲话，他发现自己到底还是与社会有着令人恼火的联系。与那些对世界而言就像死去了一样的隐士和圣人不同，他一直向世人演讲，为捍卫沉默而雄辩滔滔地写作。

更令人恼火的是，似乎没有人理解卢梭在说什么。评论家们很少发表对《第二论文》的回应，非但不认为它是一部极富开创性的著作，反而认为它是一种关于空洞的悖论的练习，对它不屑一顾。一个典型的评论家说："他以一种与写作反对科学和艺术的论文时一脉相承的精神进行反社会的写作，也就是说，他所选择维护的东西是他自己都丝毫不信的。"稍后，格里姆的评论也持同样的轻蔑态度，但更有趣一些："没有人有像他那样的技巧，用微妙而隐晦的推理，来引导你得出一个与你的出发点截然相反的结论。"格里姆所认为的纯粹的诡辩可能最好被称为苏格拉底式的论证：它鼓励读者睁开眼睛，从一个全新的视角看问题。

简而言之，卢梭的孤立也是一种形式的裸露癖。一位敏锐 253
的作家在他去世后评论道：

> 伏尔泰想通过财富获得尊敬，这是一种常见而普通的方法。卢梭则通过贫穷让自己值得尊敬，这是更具哲学色彩的方式。伏尔泰有一种粗俗的自爱，一种他永远无法掩饰的孩子气的虚荣心；他在最卑劣的奉承中也能陶醉，对

最蹩脚的赞美他的诗也能读得津津有味，并饶有兴趣地做出回应。卢梭的骄傲更加高雅。他似乎会被敬意所激怒，会因自己的名气而感到愤慨；他像一个亚洲的暴君一样让自己隐身，并以十分的冷酷对待他最狂热的崇拜者。

在格里姆看来，卢梭是在装腔作势。“在此之前，他一直是常常说恭维话，爱献殷勤、受人追捧的，言辞缠绵甜腻，甚至到了令人厌烦的程度。突然，他披上了愤世嫉俗者的长袍，由于他的性格中没有任何自然的东西，他就走向了相反的极端。”达朗贝尔要宽容得多。他评论道，如果卢梭不刻意改变他一贯笨拙的社会人格，他的天才就永远得不到展现。“人们必须像我一样理解卢梭，才能看到这种藐视一切的勇气是如何使他的精神得到扩展的。十五年前我看到他时，他谨小慎微、羞怯胆小，几乎就是个阿谀奉承之辈，他写的东西也很平庸。任何在那个时候评断他的人都会说很多愚蠢的话。这说明在有把握确定一个人处于他正确的位置之前，我们不应该急于对他做出评断。”

伊丽莎白·巴丹泰记述了那些年里知识分子们一月接一月地争夺声望的故事，她认为卢梭发现了在他们自己的游戏里击败他们的最好方法。通过把道德德行抬高到所有艺术和科学之上，并将自己标榜为美德的化身，他并不是真的赢了他们，而是完全掀翻了整个棋盘。但要做到这一点，他必须确保他的私生活符合他的公共姿态，而他的对手和批评者们很快就发现他在这一点上很脆弱。这就是为什么卢梭1762年后的主要著作都是为自己的诚实正直做辩护。而且他以不同寻常的诚实进行自我剖析，催生了一种关于自我的全新思考方式，这是完全预料之外的结果。实际上，这是真正的现代心理学的开端。到他写作《忏悔录》时，他已经开始认识到他的批评者们部分是正确的，有德行的哲学家的角色确实就是一个角色。他除去假发、佩剑和手表，通过选择与其他人不同的外表来吸引人们的注意，希望外表的变化能够反映出内心的真实变化。他公开宣称的目标是“永远做我自己”，但人们怎么能确定这一点呢？狄德罗或休谟应该会同意现代社会学家彼得·伯格的观点：“诚实是被自己的行为所欺骗的人的意识。”1755年，特鲁布莱修士在他的日记中以非凡的洞察力对这种情况做出了判断：“杜克洛说，卢梭有一个人造的性格，但不是一个虚假的性格。他并不完全是他看上去的那个样子，但他相信他是。”斯塔罗宾斯基强调了卢梭思想中存在着本质与表象之间的紧张；特鲁布莱也非常清楚地把握住了两者的区别：“真正的伪君子是为了呈现而呈现，而卢梭是为了本质而呈现。” 254

但是，从这些方面来描述这个故事，也许是让卢梭的对手来定义这场辩论。从另一个角度看，他承认自己与其他人一样，在很大程度上是社会环境的受害者。他开始清楚地认识到，正义的审查官的姿态，无论当时有多么诚心诚意，说到底只是一个姿态。扮演这一角色特别令人振奋，因为这把他从社交尴尬中解放了出来，让他的天真率直成了美德。“我深刻的思考激发了我对这个时代的习俗、格言和偏见的蔑视，使我对那些持有偏见的人的嘲弄无动于衷，我通常会用我的宣言粉碎他们的俏皮话，就像我用手指捏碎一只小昆虫一样。”这也是他在去万塞讷途中转变经历的必然结果。当他宣扬社会形式的虚荣时，“在我被拔除了虚荣的残骸之上，生长出了最高贵的骄傲”，而荒野中的先知角色成了所有角色中最诱人的那一个。

然而，更直接的问题不是抽象理想的问题，而是地位和身份问题；卢梭很清楚，人们对他的论文的批评实际上是对特权的辩护。他评论一位批评家说：“作者对他的土地是如此念念不忘，以至于他甚至谈到了我的土地。属于我的土地！让-雅克·卢梭的土地！真的，我建议他诽谤我时，做得更加聪明点儿。”他从前的朋友博尔德，曾经主张奢侈是有益的，因为它间
255 接地养活了穷人；卢梭在给他的答复中，表达了更强烈的憎恶。“我们在烹饪时必须有调味肉汁，这就是那么多病人没有肉汤喝的原因。我们的餐桌上必须有甜酒，这就是农民们只能喝水的原因。我们的假发必须扑粉，这就是这么多穷人一丁点儿面包都没有的原因。”

卢梭态度中的笨拙、虚张声势和受伤的自尊心，在1755年圣诞节前发生的一件奇怪的事中体现得令人难忘。一个装有一大罐黄油的篮子本应是给勒瓦瑟夫人的，却被误送到了拉斯蒂克伯爵的厨房。当泰蕾兹前往取回它时，这位伯爵和他的妻子对她嗤之以鼻，并命令仆人把她轰走，之后卢梭起草了一封极其讽刺的信给伯爵：“我已经试图安慰那位不幸的善良女人，向她解释上流社会的规则和大人物们的教养。我已经向她证明，如果仆人不能在穷人们来追讨他们的财产时把他们轰出去，仆人就是无用的，那么就不值得费劲儿养这些仆人了。我向她表明了‘正义’和‘人道’都是平民的词汇，终于让她明白了，对于一位伯爵吃了她的黄油，她应该也只能感到荣耀。”他写了第二封信给伯爵的嫂子——她至少已公正地承认包裹是被送错了——请她从这次不幸的事件中吸取教训：“每天有多少不公正

的事被掩藏起来，不被那些有地位和权力的人知道啊！因为被压迫的人的哭喊声太弱，以至于无法让自己被听见！”卢梭的朋友们恳求他不要寄这些信，他给其中一位朋友写信说，“夫人，我一定会按照您的愿望行事。这些信不会被寄出，拉斯蒂克伯爵夫人可以从巴黎所有的好女人那里偷窃黄油，我也不会为此生气。”但他保存了信的副本，而且没忘记这件事。很多年后，少数知情者惊讶地发现，他的小说里插入了一个原本无法理解的脚注。当朱莉告诉圣普乐，即使是开玩笑的时候，也不应该做那些缺德的事，脚注评论说：“那个抢黄油的人！在我看来，这个告诫相当适合你。”

256 第十五章

一次恋爱事件

也许卢梭永远不可能真正在日内瓦永久定居。他总是能找到不这样做的理由，例如，1757 年，当一位日内瓦的朋友尝试为他争取城市图书馆馆长之职时，他拒绝说，他的记忆力不好，不懂得希腊文，也不知道哪些版本的书是好的。但是，如果说日内瓦的吸引力开始消退，那么，卢梭也确信他不属于巴黎。他与哲学家们的不满和疏远继续加剧，尽管圈外人还没有意识到这一点，而且无论如何，他对《百科全书》的贡献是相对有限的。对他来说，回到巴黎意味着还要继续从事迪潘夫人说服他承担的一项乏味的工作。在接下来的几年中，他断断续续地努力做了一件事，就是从年迈的圣皮埃尔修士在 1743 年去世时留下的十七卷印刷品和五箱手稿中整理提炼出一套连贯一致的论证。

这项工作的目标是给《永久和平计划》撰写一个易读的摘要本。在这部书中，圣皮埃尔认为，征服战争总会带来意想不到的结果，各国应该以谈判取代战争。这将通过建立一种能够让各成员国保持一致的国家联盟来实现。卢梭对这样的方案缺乏信心；如克兰斯顿所言，他认为社会组织本身就是问题，而不是解决方案。他自己起草了一篇短文，题目颇具挑战性，是 257
“战争状态是从社会状态中诞生的”；还写了一篇更长的批评文章，指出对权力和名望的贪欲是王侯们的根本动机。两篇文章都没有发表。卢梭为修士的《永久和平计划》撰写的摘要本最后于 1761 年面世，那时候，他已经把这整件事远远抛于脑后；他自己的杰作《社会契约论》当时正在出版。毫无疑问，他在圣皮埃尔的论文上投入的工作有助于激发他自己的思考，但这项工作充其量也是费力不讨好的。用一位通读了所有论文的学者的话说：“推理是如此狂热，修辞是如此贫乏，陈词滥调俯拾即是，情感是如此欠缺，冗长得令人疲惫；还有如此多的愚蠢的小点子被无休止地重复，显得更加愚蠢；卢梭一定经常恼怒不已。”

当卢梭正在琢磨下一步该做什么时，他收到了一个意料之外的、令人受宠若惊的邀请。他曾在巴黎以北十英里处的乡间庄园拉舍夫雷特偶尔见过埃皮奈夫人。这位夫人注意到卢梭状态消沉，决定为此做点什么。在早些时候的一次拜访中，卢梭注意到离城堡一英里左右的蒙莫朗西森林边上有一幢破败的小房子，叫作“退隐庐”，就开玩笑说它正是适合他的地方。1756 年 3 月当他回到那里时，他惊奇地发现埃皮奈夫人已经把它彻底翻新了，有漂亮的瓦片屋顶和宽敞的窗户，并建议他和泰蕾兹及其母亲一起搬进去。卢梭感到不知所措。“我相信在我的整个生命中，没有比这更强烈和更愉快的感动了；我的眼泪濡湿了我的这位朋友的慈善之手。”他犹豫了一些日子，她拒绝接受否定的回答，于是在 1756 年 4 月 9 日，“我离开了这座城市，再也不住在那里了”。他最后还是住回了那里，但他永远记得这次搬家是一个令人振奋的转折点，而且在一段时间内，退隐庐确实是一个无忧无虑的避难所。

卢梭的这位新赞助人比他年轻十四岁，而且社会地位很高（她并不是侯爵夫人，尽管有时候也这么宣称）。她 1726 年出生于法国北部，是一位军事总督的女儿，被起了一个上层社会喜欢的华丽而复杂的名字，路易丝–弗洛朗丝·彼得罗尼耶·德·塔迪厄·德斯克拉维勒。在她十岁时，她的父亲去世了，她的母亲和她搬去和舍夫雷特的一个姨妈住在一起。在那
259 里，她遇到了六个表亲，其中两个后来在她一生中扮演了重要的角色。一个是卢梭后来会爱上的苏菲；另一个是德尼–约瑟夫·德·埃皮奈，他继承了他父亲包税人的肥差，她在十九岁时嫁给了他（教会法规允许嫡亲表兄妹结婚）。最初，这是情投意合的一对，但她的丈夫后来一步一步地对她不忠，公开包养了几个情妇，在她们身上挥霍了大量钱财。更糟糕的是，他还把梅毒传染给了她；在她余生中，她的健康状况一直很糟，饱受折磨，时常发烧、偏头痛，还有十分令人痛苦的胆结石，以及其他种种毛病。过了一段时间，她设法与丈夫实现了财务上的分离，以保护自己和孩子们，但她从来不认为自己是个富人。不过从卢梭的角度看，她无疑是富有的。

卢梭第一次见到埃皮奈夫人是在十年前。当时，他的喜剧
260 《轻率的誓言》在拉舍夫雷特进行了一次业余的演出，他的朋友迪潘·德·弗朗克耶就在那里把他介绍给了她。大概在那个时候，弗朗克耶成了她公认的情人。有几年的时间，埃皮奈夫人

一直对弗朗克耶一心一意，但弗朗西耶也是不忠的，甚至愚蠢冷漠到与她那讨厌的丈夫共享一个情妇。在1754年妻子去世后，弗朗克耶再次结婚了；非常古怪的是，他的第二任妻子竟然是他与埃皮奈先生共享的那个情妇的女儿。正是这次婚姻中生下的儿子成了奥萝尔·迪潘，也就是后人所熟知的乔治·桑的父亲。

埃皮奈夫人接下来和一个更可靠的情人定了下来；这个情人不是别人，正是卢梭的朋友格里姆。卢梭和格里姆曾一起度过许多十分愉快的音乐之夜。格里姆在知识分子圈子里人缘很好，而且，有点令人惊讶的是，他还能做出夸张的浪漫举动。有一次，他不可救药地迷上了一位女演员，在床上躺了好几天，明显精神恍惚，不过忽然间，他就一跃而起，恢复了正常生活；卢梭怀疑这一切从头到尾就是演戏。成为埃皮奈夫人的情人后不久，当她被指控销毁了记录她丈夫债务的文件时，格里姆居然为捍卫她的荣誉而进行了一场决斗。

如同卢梭在《忏悔录》中所回忆的那样，从巴黎搬到退隐庐是非常快乐的，埃皮奈夫人坐着马车来接他们，带了一名农夫来照看行李，一天之内就把一切都安顿好了。在我们很快会讨论的关于埃皮奈夫人一生的虚构记述中，她自己的回忆就没那么热情了。勒瓦瑟夫人已年过八旬，体态肥胖，气力不支，当马车陷入泥沼时，仆人们不得不用一个临时拼凑的轿椅抬着她走完剩下的路程，让这位老妇人感激地流下了眼泪。而据埃皮奈夫人回忆，卢梭“低着头默默地走着，似乎完全不管发生了什么事情”。至于泰蕾兹那慈祥善良却毫无用处的父亲，他被安置在巴黎的一所安养院里，不久就在那里去世了，也就被遗忘了。

有一次，在退隐庐里（顺便提一句，这所房子在1956年被拆除了），卢梭躺在床上小睡，被一只夜莺的歌声唤醒，这让他高兴地大喊道，“我的愿望终于实现了！”或者至少他是
261 这样记得的；在四月初的法国北部，不太可能会听到夜莺的叫声。那里有一片公园般的树林可以散步，春天即将到来，甚至与泰蕾兹的关系也有望加深。无论如何，她变得更加坦诚，第一次透露了她母亲挪用了许多迪潘夫人本来要送给卢梭的礼物，并多次和狄德罗及格里姆串通，阻止卢梭离开巴黎。卢梭把泰蕾兹叫作“女管家”（gouvernante），通常被翻译为“家庭女教师”（governess），但这是一种误导。它应该被翻译为“管家”（housekeeper）；在十八世纪，它的常见含义之一是照顾单身汉家庭的女人，而卢梭严格说来还是一个单身汉。可以肯定的是，狡猾的高福古愿意把泰蕾兹和她的母亲称为les gouverneuses，这个词确实可以被翻译为“家庭女教师”（governess）。

卢梭在退隐庐安顿下来，享受着“那些转瞬即逝却美妙无
262 比的日子，我彻底地独自度日，我善良而单纯的管家、我心爱的狗、我的老猫、乡间的鸟儿们、森林里的鹿，以及整个大自然和不可思议的造物主陪伴着我”。正如他喜欢回忆的那样，他以一种与哲学家的理性主义毫无共同之处的狂热，对大自然的造物主敞开了心扉。“在这无边无际的世界中我迷失了自己，我不再思考，不再推理，不再进行哲学探讨。”相反，他欣喜若狂地喊道：“哦，伟大的存在！哦，伟大的存在！”他既不是怀疑论者，也不教条主义，他正发展一种他自己的宗教观点，这在后来激起了自由思想家和神学家的抨击。由于在与人交往时感

到失望和受到伤害，他正在与文明生活相对立的、精神化的自然中寻求庇护所。当独自一人走在树林里时，他可以享受与宇宙交流沟通的感觉；当晚上回家时，他的供养体系在那里迎接他，就连那条狗也是如此。“我通常踱着小步返回家，我的头脑感到有点疲倦，但心里是满足的……我发现我的晚餐摆在阳台上。我在我的小家里津津有味地吃我的晚餐，没有任何奴役或依赖的感觉扰乱让我们所有人结合在一起的仁爱之心。我的狗是我的朋友，不是我的奴隶；我们总有同样的愿望，尽管它从来不服从我。”

偶尔也有其他人出现，卢梭的名声吸引了一些仰慕者前来致敬。其中一个是弗朗索瓦·宽代，年轻的日内瓦人，在一家巴黎银行工作；他热心地承担所有差事。卢梭对他的放肆和肤浅有所抱怨，但还是把他留在身边。更重要的访客是亚历山大·德莱尔，一个有文学抱负的年轻人，很懂得怎样给这位经常郁郁寡欢的大师献殷勤。在那年夏天写的一封典型的信中，德莱尔给卢梭寄去了一篇他写的文章，并郑重地评论道：“我不知道如何不说出我的想法；对不爱真理的人来说就更糟了。我知道您为此曾做出过怎样的牺牲，您的榜样让我有了勇气。”这段奉承话之后，又是一段对卢梭生活方式的揶揄：“我亲爱的隐士，用把您推向孤独的一切来自娱自乐吧。笑一笑，老是发牢骚，已经让我们筋疲力尽了。”

狄德罗从未来拜访过，卢梭为此感到很伤心。诚然，狄德罗被《百科全书》的编辑工作压得喘不过气来，但他的行为似乎确实透着一些高高在上的意思；他期望其他人向他靠拢，同 263
时，他是在表示，卢梭属于巴黎。到冬天结束时，他们多年的友谊将紧张得达到破裂的边缘。此外，在卢梭和他的新赞助人协商他们的关系时，更直接的紧张开始侵入这种田园生活。埃皮奈夫人无疑希望，将一位知名作家带入自己的生活会增进她的智识抱负，因为她是一位严肃的思想家和作家，即使在作品出版方面并非如此。她写了大量关于教育和妇女地位的文章，被称为领先时代两个世纪的女性主义者；格里姆邀请她成为他的《文学通讯》的定期撰稿人。然而，卢梭却不以为然："她脑子想的就是写小说、书信、喜剧、故事和其他类似的琐事，随意而为。但她最喜欢的并不是写，而是读这些东西；如果她能够连续胡写两三页，她必须确保在这巨量的劳动结束时，至少有两三个友善的听众。"

卢梭有自己的工作要做。在这种安静和闲暇的氛围中，他计划专心写作两部重要著作。一部名为《政治制度论》，对政府和法律的形式进行全面分析；它的一些基本要素最终出现在《社会契约论》里。另外一部是《感性的道德，或圣人的唯物主义》。其思想是，尽管霍尔巴赫和狄德罗的无神论唯物主义令人反感，但卢梭不能否认人们会用在今天被称作行为主义的方式对刺激做出反应。"气候、季节、声音、颜色、黑暗、光线、元素、食物、噪声、安静、运动、休息，一切都作用于我们的身体，从而作用于我们的灵魂。"（âme 一词的含义是模糊的；尽管它通常会被翻译为灵魂［soul］，但它往往更接近于心灵［mind］。这种模糊性引人深思，让卢梭甚至可以在讨论精神过程的时候暗示宗教价值。）《感性的道德，或圣人的唯物主义》的目标是创造一种能鼓励好习惯养成并最大限度地消灭坏习惯的生活方式。在巴黎时，卢梭受制于其他人；在退隐庐，他可以成为一名隐士。

埃皮奈夫人有不同的想法。考虑到卢梭不喜欢交际，她答应每当她独处时才通知他，但他很快就明白，这种通知相当于一种传唤。她尽管说得好像他们是朋友，是平等的，但实际上还是认为自己对他有一种正当的权利。在接下来的几年里，卢 264
梭将不断寄住在他富有的仰慕者家里，并把这当作一种与个人相对无关的安排，因为他通常会支付某种形式的租金，但他极力坚持拒绝别人的礼物，甚至他的抄乐谱的工作也必须是严格的商业往来。一位 1754 年见过他的日内瓦人提及，当黎塞留公爵为一些音乐笔记本支付给他一笔显然过多的报酬（100 路易，相当于 2 400 里弗尔）时，他立刻退回了其中的 99 路易。“卢梭先生认为礼物是一个破坏我们的独立性的陷阱，大多数赠予者都赋予了他们的礼物很高的价格，以至于我们最诚挚的感激也无法回报它们。”

为了预先防止自己依附于他人的任何嫌疑，卢梭从一开始就采取了一种坚决——近乎粗暴无礼的方式。当埃皮奈夫人要赠予他一份 1 000 里弗尔的年金时，他宣称他不能被收买。“这个提议让我感到寒心。你多么不理解自己想把朋友变成男仆的兴趣啊！”这一声明引来埃皮奈夫人的愤怒回应，他解释说，他习惯于让词语表达他想让它们表达的意思，“我的好朋友，如果您想让我们两人互相理解，就更好地学习我的字典吧。要知道，我的术语很少表达它通常的含义，与您交流的一直是我的心，也许有一天您会明白，它说话的方式和其他任何人都不一样”。这确实是卢梭一贯的模式：相信他的笔表达了他内心的真实感受，如果接受者理解错了意思，他会感到受冒犯。显然，他从未意识到他自己的要求过于苛刻了。格里姆最初就警告埃皮奈夫人要做好受责备的准备。“如果你有一次拒绝听从他的命令，他就会责怪你恳求他住在你附近，责怪你阻碍他在自己的祖国生活。”

卢梭和埃皮奈夫人除了在性情上存在差异以外，还存在着深刻的阶级差异。她享受她的财富，认为赞助他人是一种情感的表达，而不是权力的表达。此外，她不太可能意识到她的动机有时候可能是复杂的。根据当时她写的一篇自我介绍，“我不漂亮，但也不难看。我身材娇小、瘦弱，体态很端正。我虽然
265 不是生机勃勃，但外表还年轻；我是高贵的、可爱的、活泼的、机智和有趣的。”她认为自己那些不那么引人注目的品质同样讨人喜欢：她很诚实，对朋友很信任，对伤害她的人宽容大度，坚守自己的道德价值观；如果说她确实有缺点，那只有一个，就是她在社交方面比较羞怯。所有这些美德都是她与卢梭的关系所需要的，但卢梭反过来得出结论说，她自满的自我形象使她无法认识到她实际上是如何对待她的朋友的。

然而，在早期，卢梭是一个小群体中受欢迎的新成员，这个群体被埃皮奈夫人戏称为“一群熊”，就如她在致格里姆的一首打趣的诗里写的，“我，五头熊的女王，我给它们制定了法律”。卢梭可能不喜欢被归入这样一个非常混杂的群体之中（其他人是格里姆、高福古以及一对末流作家）。当然，他是所有人中最“熊”的，就如埃皮奈夫人对一位朋友说的那样：“这头卓越的熊被拔去了一颗牙齿；如果这颗牙是他用来对付人类的那颗就好了！”

埃皮奈夫人多半是希望卢梭会被她迷住，但他并没有。当

秋天天气变凉时，她明显地求爱：她送来了一条小法兰绒衬裙，并附了一张温馨的字条，建议他把它改成一件他能穿的马甲。想象着要穿着一件适当修改过的女人的内衣，贴合着自己的身体，这让卢梭感到如此刺激，以至于“激动地流下了眼泪，亲吻了那张字条和那条衬裙二十遍”。泰蕾兹不得不承担改衣服的任务。她认为他已经丧失了理智，但卢梭从来没想过，她可能是真的在嫉妒。不知是幸运还是不幸，埃皮奈夫人根本不是卢梭喜欢的类型。“向她献些小殷勤，像兄长那样轻轻吻她，让我感觉很不错。但也仅此而已，因为这些对我来说无关情欲，正如它们给她的感觉一样。她很瘦，很苍白，胸脯平得像我的手掌。单单这一缺陷，就使我的心凉了半截。无论是我的心还是我的感官，都无法将一个没有乳房的人视为女人。”

不管埃皮奈夫人有时的要求有多苛刻，卢梭还是有大把自己的时间，而且他经常感到孤独。当他在树林里一边漫步一边沉思过去时，他发现他自己经常思考爱情，或不如说是思考他从未体验过的那种巨大的激情。这种田园风光令他联想起他年少时的乡村，帮助他回想起那些鲜活的记忆，他非常明白，他 266
的这种幻想生活是对中年挫折的补偿。“在一年中最美好的季节里，在六月，在凉爽的树枝底下，在夜莺的鸣啭和溪水的潺潺声中，我就这样沉思……不久，我看到所有在我青年时代使我产生激情的对象都聚集到了身边：加莱小姐、格拉芬丽小姐、布雷伊小姐、巴西勒夫人和拉尔纳热夫人、我漂亮的学生们，甚至还有那个我永远不能忘怀的迷人的祖莉埃塔。”除了拉尔纳热夫人之外，其他女人都是卢梭曾经爱慕却没有占有过的；让人惊讶的是他漏掉了华伦夫人的名字。但不言而喻，多情的老男人是荒唐可笑的，而这种白日梦是令人尴尬的。“我的血液沸腾得起泡，尽管我的头发已经花白，但我还是头脑发热。瞧，这位严肃庄重的日内瓦公民；瞧，年近四十五岁的朴素禁欲的让-雅克，突然又变成了一个疯狂的情郎。”

在十八世纪主流的心理学中，想象被认为是对现实的逃避，因而深受怀疑。塞缪尔·约翰逊在同一时期就严厉地写道：“所有超越于理性的幻想力量都是某种程度的精神错乱……虚构开始作为现实发生作用，错误的意见紧紧抓住心灵，生命会在狂喜或者苦痛的梦中逝去。”但那正是卢梭所想要的（狂喜，如果不是苦痛的话），而且他刻意寻找这样的梦，就如同孩童时期他曾在宫廷爱情故事和古罗马历史中逃避现实一样。由于现在他已经是一个颇有造诣的作家，他开始自己创作一个浪漫爱情故事。

1756年夏天的某个时候，卢梭开始写作一部浪漫爱情故事，名为《克莱尔和马塞兰的爱情》。故事讲的是一对农民不顾小伙子父亲的反对，陷入了热恋。小伙子的父亲希望他能够娶一个有钱人。这本书写了没几页就停止了，但它却成了一个重要的开端，就如那部更加简短的《小萨瓦人》一样。卢梭开始创造一些这样的角色：他们在农村默默无闻，但这样的环境使他们比城市里那些久经世故的人更加正直和诚实。他还坚持认为，社会阶层是无关紧要的。“有些灵魂不属于任何等级，因为他们比其他所有人都要优越……自然并没有用不同的模具制造国王和劳工。”这里还暗示了他将在未来几年继续发展的那种自
267 画像：“我最初和最严重的不幸就是在我的职业上犯下了错误。我在这世界上迈出的每一步都让我离纯真和真正的幸福越来

越远。”

很快，卢梭自己也十分吃惊地发现他写的不是一个短篇故事，而是一部书信体小说；这在当时是很流行的。他让女主角朱莉·德丹治——一个瑞士小贵族的十几岁的女儿——爱上了一个比她大不了多少的家庭老师，并且真的和他发生了关系；这按当时的文学准则来看是相当可耻的行为。朱莉有着和华伦夫人一样的淡金色头发，和她出生于同一个小村庄，而男主角圣普乐则是作者理想化的年轻的自画像。朱莉在她的表妹和挚友克莱尔的怂恿下，设法保守着私情的秘密，但当她的父亲命令她嫁给一个她尊敬但不喜欢的老男人时，她屈服于责任，要求她那心碎的恋人出国旅行。当他回来时，会发生什么呢？卢梭一边写一边编故事，所以其实他自己也不知道会发生什么，尽管他设想了一个结局，就是这对不幸的恋人将在日内瓦湖中淹死，而且很可能是自杀。

在漫长的冬天里，除了几次前往巴黎的短暂旅行以外，卢梭大多数时间都把自己关在屋子里，不停地写他的小说。到1757年春天，他已经完成了前两卷（这部书最后有六卷）。他把书称为《朱莉》，并在后来经常用这个名字来称呼它，但当该书最后出版时，它的标题是《阿尔卑斯山麓一小城中两个情人的书简》。它还有一个广为人知的副标题，就是《新爱洛伊丝》，暗指中世纪时爱洛伊丝和她的家庭教师阿伯拉尔的故事。这项写作让他非常愉快，以至于他把整篇小说抄写在镀金纸上（他的笔迹非常优雅），并用碧银粉弄干墨水，再用昂贵的蓝缎带将笔记本缝在一起。他所缺少的只是一个听众。他喜欢在火炉边大声朗读手稿。尽管泰蕾兹满怀同情地流下泪水，但她什么话也不会说；而她的母亲只会说，“先生，那很好”。两个女人都极度怀念巴黎，但因为冬天道路泥泞不堪，所以她们无法前往，而听卢梭大声朗读并不能弥补她们所放弃的东西。

忽然间，卢梭的情感生活又迎来一次爆发。冬天，埃皮奈
268 夫人的表妹乌德托伯爵夫人有一次出人意料地到访退隐庐；因为路上马车陷入了泥中，她穿着马车夫的靴子，一进门就哈哈大笑，这给卢梭留下了生动的印象。她在几英里外的奥博讷租了一所房子，并带来了关于他们两人共同的朋友高福古生病的消息。六月份，她再次出现；这一次她骑着马，穿着男人的骑马服。“虽然我不太喜欢这种乔装打扮，但我被这个人的浪漫气息所吸引；这一次是爱。”卢梭以前偶尔见过乌德托夫人，但现在他为之倾倒了。她其实并不漂亮，脸上有因为天花而留下的麻子，这在当时太常见了，但她的魅力在于“一头浓密乌黑的天然卷发，一直垂到膝盖；她身段袅娜，慢条斯理，动作优雅”。按照卢梭的原则，他可能需要一个金发女郎；对他来说，金色女郎意味着纯洁，而黑发女郎则可能是坏女孩。

卢梭的想象力一直在为一个合适的人选创作一个角色，现在这个角色选定了。“她来了，我看见她了；我沉醉在没有对象的爱情之中，这种沉醉迷住了我的眼睛，而这个对象聚焦在她身上。我在乌德托夫人身上看到了我的朱莉，很快我就只看到了乌德托夫人，不过是经过美化的乌德托夫人，身上具有我一直用来装扮我心中偶像的所有完美。”司汤达描述了一个他称为“结晶化”的过程，在这个过程中，一个陷入爱情的人将一个理想化形象投射到另一个人身上，就好比一根放在盐矿之中的树枝，上面突然神秘地出现了宝石般的结晶，而这正是发生在卢

梭身上的事情。与拉尔纳热夫人在一起时，他已经经历了（或者说，他后来这么声称）一生中唯一一次完全的性满足。而和乌德托夫人在一起，他终于体验到了浪漫的激情；无论他对华伦夫人的感情如何，他从来没有从这个角度来看待那些感情。在《忏悔录》中，他借助动词 aimer 的模糊性——它可以表示从喜欢到爱的任何意思，宣称这是唯一一次他能够“用爱去爱”（aimer d'amour）的机会。

伊丽莎白-索菲-弗朗索瓦丝·拉利韦·德·贝勒加德——被朋友们称为“米米”——在十几岁时就和她的表姐埃皮奈夫人生活在一起。1748 年，她嫁给了乌德托伯爵，并和他生下了三个孩子。作为伯爵夫人，她的社会地位要高于埃皮奈夫人。自 1752 年起，她公开地成了让-弗朗索瓦·德·圣朗贝尔的情妇，这得到了她丈夫的完全同意，因为她的丈夫也有自己的情 269
妇；遵循他们那个阶层的风尚，这对夫妇在外面各自寻求浪漫和性满足的同时，彼此仍然是好朋友。圣朗贝尔是一位侯爵，有着浪子的名声，还曾是伏尔泰的一位前情妇沙特莱夫人的情人。沙特莱夫人在四十三岁时，怀上了他的孩子。这桩倒霉事激发了一位智者的评论：“最后一个被怀疑的人是她的丈夫。伏尔泰先生同样无辜。每个人都认为这是圣朗贝尔先生犯下的蠢事。然而，她还是不得不像一个诚实的女人那样，去寻求她丈夫的陪护。对此，有人问：‘是什么鬼上身，才会让沙特莱夫人和她的丈夫睡在一起？’回答是：‘是一个孕妇的渴望。’”这件风流韵事以沙特莱难产死去而悲惨告终。圣朗贝尔是一个宽宏大量而通情达理的人，也是一个颇有些才华的诗人，对思想感兴趣。他与卢梭成了朋友。当他听说卢梭住在退隐庐时，他就提出乌德托夫人应该去认识卢梭。

270 圣朗贝尔是一名职业军官。1756年他被派往德国担任骑兵上尉。乌德托夫人的丈夫也在军队里，几年之后升至元帅的高位；格里姆则是一位将军的秘书。事实上，他们都参与了七年战争——这场争夺帝国的大战被称为第一次真正的世界大战。[1]也许会让人吃惊的是，卢梭几乎没有在他的信和其他著作中提到过这场战争，而狄德罗也几乎没有注意到它。那个时代，战争只不过是国家之间的常规竞争而已，人们通常都不把它当回事，除非正好生活在有战事的地区。和其他的哲学家一样，卢梭鄙视殖民国家“为确保自己的帝国而制造一片荒漠”，烧毁毫无防御的村庄，把四分之一的人类变成牛马一般的牲口。

乌德托夫人有着一种天真烂漫的风姿，男人们感到她很迷人，但埃皮奈夫人却不这样认为。几年前，她曾经写过一篇关于乌德托夫人的描述性文章，赞扬了她的一些优点，但更尖锐地指出，“由于她言谈举止的风格与我的性格完全相反，所以对我来说是不可忍受的。比如，她从来不会在约定的时间准备就绪，而是一直等到餐后甜点上来的时候才来吃晚饭，从每道菜里不间断地取食，却又一点都不吃；她总是一副懒洋洋的样子，特别是她的情人不在的时候，更是这样，让一切都随波逐流，常常忘记自己在哪里，需要做什么”。狄德罗在几年后认识了她；他在给情人的信中说她有着“十万种色彩各异的热情”；他

1 七年战争是1756—1763年英国、普鲁士联盟与法国、奥地利联盟为争夺海外殖民地和欧洲霸权而进行的一场战争。俄国起初参加法奥联盟，但在战争后期倒戈。经过此战，法国失去了印度、加拿大等海外殖民地，英国成为海上霸主，普鲁士战胜奥地利，俄国巩固了在东欧的势力。

特别受到一首据他认为是她写的“乳房赞歌”的刺激，“闪烁着火焰、热量和性感的形象”。实际上这首诗歌是别人写的，但乌德托夫人肯定很欣赏它。“虽然她有足够的勇气给我看这首诗，”狄德罗承认道，“但我却没有足够的勇气要求抄录一份。”

一位非常了解乌德托夫人的朋友评论说，尽管她对圣朗贝尔保持着坚定的忠诚，但“爱情是她存在的动力源泉，也是她终身的职业”。尤其引人注目的是，她有一种倾向，即，接受她所倾心的人的格调，这无疑会让卢梭感到欣慰。“她爱一个人时并不会激情四溢，却无拘无束，无比惬意。就像依附着树的常春藤的形状会循着树的形状那样，她的观点、品位和倾向全都带有她所爱之人的印记。”此外，她还很年轻——当时她二十六 271
岁，圣朗贝尔四十岁，卢梭四十五岁——还在探索自己是谁。另一个朋友也留下了一些有趣的评论：“她遵循那个年代的习惯，在该嫁人的时候嫁人了，她起初在社会中的位置与几乎所有年轻女性一模一样。在十五岁到二十岁的年龄段，她们彼此非常相像。她们从小养成同样的习惯，接受同样的教育，在年轻时或多或少地表现出同样的魅力，但最重要的是一个即将嫁人的女孩所必需的品质。因此，她们通常在没有人——包括她们的亲属，甚至是她们本人——觉察到那些将影响其行为的品德或缺点时就嫁人了。”

卢梭对乌德托夫人的热情一经点燃，便一发不可收拾。两人开始在森林里长时间地散步，当卢梭埋怨她的调情让他看上去成了个傻子时，“她改变了语气，她同情甜蜜的语调所向披靡；她责备我的方式，深深打动了我”。他特别指出，他为侵犯了他的朋友圣朗贝尔的权利而感到内疚，但实际上，这种状况正是他所喜欢的，这种三人关系让他免于面对同房的尴尬和可能会出现的失望。“说这是一种不共享的爱是不对的；我的爱在某种程度上的确是共享的。双方都是平等的，尽管不是对等的。我们两人都陶醉在爱情中，她爱她的情人，而我爱她，以至于我们的叹息和甜蜜的泪水都交融在一起了。”

卢梭从他的想象力赖以形成的宫廷浪漫故事中熟悉了延迟欲望的情况，当然，他认为这证实了他自己的美德。有人说，他正在经历的是羡慕而不是欲望：不是对即将享受的东西的欲望，而是对他永远无法拥有的东西的渴望。圣朗贝尔是一名军人，饱经世故；而卢梭把自己描绘为一种截然不同的浪漫主义者，身体虚弱，自愿不谙世故，但却是一个专门研究敏感情感的语言大师。

即使这段关系从未发展到同房的程度，但并不能说它与情欲无关。在《忏悔录》一个令人难忘的场景中，卢梭描述，一
272 个月夜，他和乌德托夫人（当时他叫她苏菲，他从未对埃皮奈夫人尝试用过这种亲密的称呼）坐在一棵金合欢树下的花坛上，交换了一个吻；这个吻是唯一的一个，所以感受更加强烈。“我在她的腿上留下了多少令人陶醉的眼泪啊！我让她不由自主地流了多少泪啊！最后，她抑制不住自己的感情，喊道：‘从来没有见过哪一个男人像你这么可爱，从来没有哪一个情人像你这样爱！可是，你的朋友圣朗贝尔听说了我们的事，我的心不能移情他人。’我长叹一声，便什么话都不说了。我吻了她。多么好的一个吻！但这就是全部。”从埃皮奈夫人和其他人暗示当中，可以推断出卢梭不仅和乌德托夫人在公园和她家里共度过许多个夜晚，甚至还睡在了她的卧室里，而且她给予了他许

多的自由。简而言之，他得到了他的蛋糕，没有吃它，但被允许爱抚它。他在《忏悔录》中还承认，作为一种预防措施，他在去见她的路上习惯性地在公园里自慰，或者，正如他谨慎地说的：“我不认为我能够不受惩罚地走完这段路程。到达奥博讷时，我很虚弱，疲惫不堪，精疲力竭，几乎连站都站不稳了。”

这种令人兴奋的恋爱状态持续了一个多月，然后嫉妒和疑虑就出现了。疑虑来自乌德托夫人，她担忧圣朗贝尔如果发现他们的事会做何感想，同时也为她要允许这种关系发展到什么程度而心神不安。尽管卢梭经常和她见面，但仍然保持着给她写信的习惯；其中有些信，他会在等她到来时藏在一个的树洞里，但他也自嘲地承认，当她发现信时，“她能看到的就是我写这封信时真实的惨状”。没多久，她要求他归还她自己的信件，而他们在这一时期的通信似乎已经被销毁，尽管他希望“一个被激发出如此激情的人永远不会有勇气把激情的证据烧掉”。

卢梭写的一封信的抄件（拉尔夫·利认为这封信从未寄出）确实保留下来了。他在信中宣称自己有英雄般的自制力，信的细节还暗示了一种变态的快乐：“您还记得有一次因为‘非常文雅的残忍行为’而责怪我吗?”他还坦率地说，她对他最轻微的鼓励也是不可抗拒的。“不，苏菲，我可能会因狂热而死去，但我永远不会把您置于卑鄙的境地。可是，如果您变得软弱，而 273
我察觉到了这一点，我会立即屈服……我已经一百次想犯罪了。如果您也愿意，那么我将完成罪行，立刻成为最背信弃义又最最幸福的男人；但我不能让我爱的女人堕落。”他以同样的方式告诉华伦夫人：“不，妈妈，我太爱您了，不能玷污您；我对您的占有是如此的宝贵，因而不能被分享。”他在这封信中称呼乌德托夫人为"您"是毫无意义的。在《忏悔录》中，他提到她一直用的是表示亲密的"你"，而她对他的这种冒失感到不快，但也没能阻止他。

这些都是疑虑。嫉妒来自可以预料的三个方面：泰蕾兹、埃皮奈夫人和圣朗贝尔。不管埃皮奈夫人对卢梭是否有情欲上的兴趣，她都对他迷恋社会地位高于自己的妹妹感到不满。至于泰蕾兹，她被卢梭打发着跑前跑后，传递他和两位夫人的信件，肯定也会对这种想当然的差遣感到愤恨，尽管卢梭从未想过她可能会有何感受。埃皮奈夫人开始与泰蕾兹秘密商议，要求泰蕾兹把乌德托夫人的信拿给她看，甚至要求把已经被撕成碎片的信也给她，这样她可以把信拼好。这种不稳定的状态不久之后必然爆发，随后留下了令人印象深刻的丰富文献，包括埃皮奈夫人、卢梭、格里姆和圣朗贝尔的信件。因此，人们有可能用几十页的篇幅来描述他们各方交流时那些道德高尚的相互指责（一些传记作家已经这么做了）。但这些信件有一个致命的疑点。许多最重要的信件只能从埃皮奈夫人的小说关于整件事的描绘中得知，而其真实性十分可疑。

就在同一年，即1756年，在与卢梭交往后不久，埃皮奈夫人在《朱莉》的启发下，开始写作一部书信体小说。该书最后定名为《蒙布里昂夫人的历史》。其中，埃米莉·德·蒙布里昂几乎未加掩饰，就是她自己，米米是乌德托夫人，沃尔克斯是格里姆，勒内是卢梭。当然，根据真人真事写作一部浪漫小说没有什么可非议的，而且就如一位富有同情心的学者所说，她这样做可能是"正好因为她十分缺乏想象力"。这部最后达到了1 500页的厚厚的作品，绝大部分内容与卢梭无关，都是她自己

的个人事务，包括与专横的母亲斗争以及丈夫的背叛。在一个 274
令人不寒而栗的场景中，她的丈夫怂恿一个喝醉了的朋友爬到她床上要与她交欢，她最后是大声呼喊叫来了仆人才得以逃脱。

不幸的是，当这部书最终于1818年，即埃皮奈夫人去世三十五年后出版时，一位大胆的编辑竟然将书名改为《回忆录》，并用真名替换了虚构的名字。不仅如此，他还重写了许多段落，使之与已知的日期和事实相符。在将近一个世纪中，这部书被人们视为历史真相，对卢梭的名誉造成了很大的损害，因为他在书中的形象很不讨喜。这不能怪埃皮奈夫人，但更让人不安的是，人们后来发现，她本人改写了她和卢梭的原始信件，而且格里姆和狄德罗还帮助做了进一步的修改，目的是让卢梭看起来很坏。有人为埃皮奈夫人辩护，但狄德罗的传记作者一致认为，可能真的存在一个玷污卢梭名誉的阴谋，而手稿是“一种延时炸弹或诱杀陷阱，等待着有人去触发它”。

卢梭当时认为，埃皮奈夫人起了嫉妒心，并直接或通过格里姆恶意地提醒圣朗贝尔发生了什么。她自己在《蒙布里昂夫人的历史》中的记述则完全不同。在那本书中，她的行为一贯慷慨大方，但卢梭被证明是“一个踩着高跷的道德侏儒”，而且他被她的善良深深打动，以至于在早晨六点就出现在她面前，乞求她的原谅：“要知道，夫人，我是个邪恶的人，而且生来如此……为了证明我说的是真的，您要明白，我不能不憎恨那些对我好的人。”这种显然不真实的话很可能是很久以后编出来的。埃皮奈夫人还小心翼翼地为自己开脱窥探别人的指控，声称当泰蕾兹试图给她一封有罪恶证据的信时，她正直地拒绝读这封信。“我对那个小女人说：‘我的孩子，当一个人发现信件时，必须不看就把它们扔到火里，否则就把它们还给它们的主人。'"

无论圣朗贝尔被告知了什么或是怀疑什么，他都不由自主地担忧起来，而卢梭相当笨拙地试图修补。7月中旬，他给乌德托夫人写了一封极其生硬做作的信，显然是写给圣朗贝尔看的。
275 在信中他礼貌地问候了她的健康，对他们过去一起散步的愉快时光已经不复存在感到遗憾，并表示十分渴望在巴黎见到圣朗贝尔，"如果您能说服他明天某个时候顺便到狄德罗那里去一趟的话"。恰好，圣朗贝尔被军队派回巴黎执行一项短期任务，在此期间，他抽空到奥博讷拜访了乌德托夫人，并和她以及卢梭一起在拉舍夫雷特用餐。圣朗贝尔表现得有些冷淡，但卢梭发现他们仍然是朋友，感到如释重负。在这个阶段，圣朗贝尔还不清楚他的情人和卢梭的关系发展到了什么程度，但这可能就是那一次（具体日期不详），当卢梭大声朗读他的作品的时候，圣朗贝尔睡着了，还发出了安详的鼾声，而卢梭只能坚持读了下去，因为太尴尬而不好意思停下来。

不论是出于什么原因，乌德托夫人开始明白她所做的事情的全部含义。当她和圣朗贝尔在一起时，她感到内疚和拘束，她意识到她是多么爱圣朗贝尔，进而开始避开卢梭。卢梭病倒了，就像他在情绪低落时常常会生病那样；他的怨恨转向了埃皮奈夫人，因为据说是她向圣朗贝尔出卖了他。这场危机发生在众所周知的"五封信之日"（可能是8月31日），那一天卢梭和埃皮奈夫人之间来回交锋了好几次。首先，她写信给他说将近一周没收到他的信，担心他一定是病了。他含糊不清但口气不善地回信说，"我还不能告诉你任何事情；我在等更好的消息，迟早会有消息的。同时，我保证，那个义愤填膺的无辜的人会找到一个足够热情的辩护人，让诽谤他的人忏悔，无论他们是谁。”埃皮奈夫人在《蒙布里昂夫人的历史》中声称她“对这封回信感到震惊，因为这封信对我来说是如此莫名其妙，以至于我询问那个小女人（送信人泰蕾兹）勒内的健康和头脑是不是出了问题。”然后，她寄了一张简短的字条，询问更进一步的信息。这就是五封信中的第三封。然而，在卢梭保存下来的文本中——从来没有人怀疑过卢梭曾篡改过文件——埃皮奈夫人的字条要长得多，也感性得多：“您知道您的信使我感到害怕吗？它是什么意思？我已经读了超过二十五遍，说实话，我一点也看不明白。我只看到你很生气，很痛苦……我们的友谊和信任到哪里去了？我又是怎么失去它的，我做了什么？您的火 276
气，是对我而发还是为我而发？”由于卢梭确信，她对他所说的话的含义一清二楚，这种诉诸他的感情的回应激怒了他，他的回击被她称作“一封粗鲁无礼的回信”，发誓他绝不会伤害乌德托夫人和圣朗贝尔，并指责埃皮奈夫人要阴谋离间他们三人。

第四封信在《忏悔录》和《蒙布里昂夫人的历史》中的版本是一致的，但第五封信、也就是最后一封信远非如此。在埃皮奈夫人的小说中，她的语气傲慢而严厉：“勒内，您让我怜悯您。如果我不相信您疯了，或者说您快疯了，我发誓我不会再自找麻烦给您回信，而且我这辈子都再也不要见到您了。”但在卢梭保存的版本当中，她又变得情意绵绵：“尽管您让我怜悯您，但我还是无法逃脱您的信注入我整个灵魂的那种痛苦。我，对您玩弄诡计，玩弄欺诈的手段！我，竟被您指控犯了最肮脏的罪行！再见，我不后悔和您——我不知道我在说什么——再见。我很想原谅您。”通过在《蒙布里昂夫人的历史》抑制这一请求（假定她确实抑制了），埃皮奈夫人改写了整个故事，让自己显得不那么优柔寡断和脆弱。有一点似乎很清楚，就是她确实是出于好意，对卢梭和她表妹的关系感到不安，但又不承认她可能会嫉妒和产生敌意。但她的情人格里姆就不一样了，他不遗余力地找圣朗贝尔的麻烦，毫无疑问是一条毒蛇。

鉴于作为主要信息来源的《蒙布里昂夫人的历史》并不可靠，接下来的事态发展不甚明朗，但除了从头到尾都很享受这场灾难的格里姆之外，所有相关人员都感到困惑和沮丧。根据埃皮奈夫人的说法，卢梭出乎意料地出现在拉舍夫雷特，恳求与她重归于好，并忏悔说他完全错了，之后她许诺如果他以后表现好，就可以原谅他。当她把这次会面的情况报告给格里姆时，他很反感：“你应该听听他说什么，让他知道他的行为是多么的可耻，然后把他赶出门外，禁止他再回来。”

277 卢梭本人似乎没有明白他所做的事到底有多么丢脸。几天后，他又写信给埃皮奈夫人，说他期待着身体一有好转就能见到她，但他的状况确实很糟糕。“每个人都让我无法忍受，首先是我自己。我的身体遭受着所有可能感受到的痛苦，而我的灵魂感受到了死亡的痛苦。”到如今埃皮奈夫人和华伦夫人一样，已经习惯了这类吁求，但当她听说卢梭去奥博讷拜访乌德托夫人被拒之门外时，她肯定会觉得松了一口气。一如既往，《蒙布里昂夫人的历史》中的记录还是更加严酷。没有提到这封信，却记录了另一次让人震惊的交流，据说卢梭再次来到拉舍夫雷特，声言如果埃皮奈夫人拒绝原谅他，他就会自杀，然后收到了她令人震惊的回答：“您应该做点正确的事情，如果您没有勇气做一个有道德的人的话。”

现在，卢梭决定最好写信给圣朗贝尔，重申友谊，并提及乌德托夫人正在避开他。他再次申明他的意图是完全纯洁清白的。“不，不，圣朗贝尔，让-雅克·卢梭的胸膛从来装不下一个背叛者的心，如果我曾经试图从您那里偷走她的心，我会比您想象的更加鄙视自己。”既然站到了这样的道德高度，他也忍不住要抗议一番：“不要认为您已经用您的推理诱导了我……我对您的私通行为表示谴责，您自己也很难赞同这种行为，只要你们俩还是我的亲爱的朋友，在您现在这种状态下，我就绝不可能向您保证我的清白。”难以置信的是，卢梭在责备圣朗贝尔与一个本应忠诚于丈夫的已婚妇女上床的同时，还将自己与这个妇女的暧昧关系合理化了。

这封信花了一个月的时间才送到圣朗贝尔手中，当时他正在沃尔芬比特尔养病；中风让他暂时地半身不遂，但他的回信显得很宽容大度。“不要指责我们的朋友善变或者冷漠，”他写道；“她不会善变，也不会冷漠。她仍然爱着，而且对她曾经爱过的人，她会越来越爱；对您这样的朋友，她不会变化无常。”圣朗贝尔说，如果有人应该受到责备，那就应该怪他，因为是他撮合了卢梭和乌德托夫人，并怀疑他们背叛了他的信任。“把 278
我视为您的朋友，像朋友那样对待我吧，我们的友谊将继续保持下去，成为我一生中最大的快乐之一。”事实上，他们的确保持着良好的关系，这在很大程度上归功于圣朗贝尔。

几周前，当时在巴黎的乌德托夫人以异常尴尬的心情给卢梭写了一封信：“在你的朋友中，我敢于把自己放在你的心里。如果你所知道的一种强烈的感情把我和一个与我密不可分的人结合在一起，在我心中从完美的友谊中拿走了一些东西，那么，剩下的友谊仍然足够甜蜜和温柔，足以让你对我能够给予你的那些感情给予一些回报，而不至于因为我不能自由地付出那些感情而责备我。”卢梭开始最后一次争取获得同情。他起草了一封长信（尽管再一次小心地称呼她为“您”），美德宣言和意在煽动的回忆在信中交替出现：“我不会提醒您，在您的庄园和卧室中发生过什么……什么——我火热的嘴唇再也不会随着我的吻将我的灵魂注入您的心中？……当我们一起散步时，您常常挽着我的手臂，您不会小心翼翼地在我眼前隐藏您的魅力，而且，当我大胆地将嘴唇贴到您的唇上时，有时候至少我是感觉到有回应的。”所以，这可不仅仅是金合欢树下一个简简单单的吻！但卢梭及时地清醒过来，没有寄出这封信。

同时，埃皮奈夫人也在努力平息事态。她鼓励卢梭为拉舍夫雷特的一所新教堂的落成典礼创作一首经文歌；埃皮奈先生请来了一个完整的管弦乐队和一位著名的意大利女歌手。这首歌取得了巨大成功。她还写了一出哑剧，准备在她丈夫的生日当天演出，卢梭再一次为这部剧作了曲（尽管看到乌德托夫人在那里和别人兴高采烈地跳舞让他感到很伤心）。她还煞费苦心地向他保证，格里姆仍然是他的朋友。如果有时候他看上去冷漠和冷淡，那也只是因为他“与生俱来的忧郁”遮蔽住了他真实的灵魂。卢梭对这种性格概述半信半疑，但他还是同意前往拉舍夫雷特进行和解。之前有一次，格里姆明显回避了卢梭的存在，他和埃皮奈夫人坐下来吃双人晚餐，而卢梭却在房间里
279 徘徊，等候在桌子的另一端设置一个位置。而这一次，格里姆确实对他说了话，傲慢骄横又长篇大论地回顾了他自己的优点

和卢梭的缺点。说完后，“他给了我一个和解的亲吻，并轻轻拥抱了我，就像国王给新受封的骑士嘉奖一样”，或者不如说，是“老师训斥学生之后便饶了他一顿板子”。

最后一根稻草是一个卢梭完全没有料到却不得不面对的要求，出现在1757年10月埃皮奈先生的生日宴之后不久。当时人们正对乌德托夫人事件中的最后一波指责议论纷纷。埃皮奈夫人宣布，她已经决定前往日内瓦，请著名的泰奥多尔·特农香医生诊病，她要求卢梭陪同前去。由于他是日内瓦人，还说要搬去那里住，这个要求似乎很合理，狄德罗和格里姆也确信是这样。但卢梭拒绝前往，部分是因为他的健康状况不佳，但最重要的是，他感觉这像是一个赞助人的命令，而这种关系是他一直竭力避免的。

现在卢梭发现自己益发处于守势，抵御着来自各方的压力。整场争吵卢梭都是用信件完成的，而文献记录既让人着迷，又令人沮丧。他给格里姆写了一封特别长的信，为自己的行为辩护，信中古怪地混杂着合理的论据和受伤的自尊。合理的论据是，他不断地需要排尿，这要求马车总是要停下来，而他自己在日内瓦的社会关系还不如埃皮奈夫人自己能建立的社会关系有用，同时泰蕾兹和她的母亲也需要他留下来。受伤的自尊表现为，他感到埃皮奈夫人的行为像一个主人，而不是朋友。诚然，她给了他一个舒适的住所，但作为回报，他不得不时刻听候她的召唤，而他的新朋友们如此不知疲倦地关注着他，以至于“他们经常让我伤心的流泪，哀叹为什么我不是在五百里格[1]

1 旧时长度单位，1里格约等于5公里。

以外”。简而言之，埃皮奈夫人所认为的友谊，对卢梭而言是“两年的奴役”，她的感情并没有减轻过错，而是相反，是一种感情的勒索。“但人们会说，她爱我，她需要她的朋友。噢！我是多么了解‘友谊’这个词的全部含义啊！它是一个好名义，常常被用作奴役别人的报偿，但从奴役开始的那一刻起，友谊就完蛋了。”

280 卢梭后来承认，这些抱怨考虑不周，也忘恩负义，但他也声称有一个更重要的、无法自由陈述的理由。这个不可告人的理由是，根据泰蕾兹从拉舍夫雷特的仆人那里听来的小道消息，他认为埃皮奈夫人怀孕了，打算前往日内瓦秘密地把孩子生下来，并想带卢梭一起去，以转移人们对格里姆的怀疑。关于怀孕的流言可能是误会，尽管这无法得到证实。但她肯定想要特农香医生帮助她治疗正在折磨她的胃溃疡，也医治她的性病。

表明了立场之后，卢梭已确定自此以后他在拉舍夫雷特将是不受欢迎的人，于是开始四处出击。他给圣朗贝尔写信哀叹道：“可以说，在所有我的朋友中存在一个联盟，要滥用我的贫穷，把我交给乐善好施的埃皮奈夫人……我不再作为朋友和她在一起，而成了她的男仆，不管在什么情况下，我都不想那样。”这是卢梭第一次指出有一个反对他的“联盟”或阴谋，这个不详的词在未来会越来越频繁地出现。他在同一天给那位夫人写了一封措辞激烈的信。“这种完全不考虑我本人的状态就想让我走的热情，让我怀疑存在一种联盟，而您就是这个联盟最主要的推动者，”他最后无礼地说道，“当您什么时候不再需要我这个奴隶时，您就将永远拥有我这个朋友。”

不用说，这些过激的信把事情弄得更糟了。埃皮奈夫人真的出发前往日内瓦了，除了通常的随行仆人外，就她自己一人。格里姆抓住这个机会发出毁灭性的雷霆一击。“你竟然敢对我说你被她当成奴隶！这两年多来，我每天都在见证你从这个女人那里得到最体贴、最宽容的友谊……如果我能原谅你，我会认为自己根本不配拥有任何一个朋友。在我有生之年，我永远不要再见你，如果我能够成功地将所有关于你的行为的记忆从脑海中抹去，我会认为自己很幸福。我请求你忘记我，永远不要再打扰我的心灵。”格里姆的信以赤裸裸的威胁结尾：“如果这一正直的要求不能打动你，请记住，我手中有你的信，它们会向所有正派的人证明我的行为是多么的得体。”不久，他真的在巴黎四处展示卢梭的信。卢梭气得暴怒，第二天就把格里姆的信退回，并附了一张尖酸的字条：“我保留我真正的怀疑，我了 281
解你真是太晚了。这就是你闲着没事写的信！我把它寄回给你；它不是给我的。你可以把我的信展示给全世界，公开地憎恨我。那样，你就少了一些虚伪。”

乌德托夫人更富有同情心，但她自己也感到非常震惊。不管她跟圣朗贝尔是怎么说的，显然都不是全部的事实。“那么你对你的朋友有什么不满呢？”她给卢梭写信说道，“原谅我，我的朋友，但我不能像你那样这么快就谴责他们，特别是在我所知甚少的时候。我是不是让自己卷入了这一切？我猜想你怀疑埃皮奈夫人有一些奇怪的不端行为；这里面有什么问题吗？”乌德托夫人显然害怕她的表姐泄露了她与卢梭的关系中她不想为人知的更多细节。由于某种原因，她的信好几天都没有送到卢梭手中，卢梭在焦虑中变得惊慌失措，又写了一封信为自己的美德辩护，并小心翼翼地打了好几个草稿。第二天，他紧张地等待着回信，更加地自怜自哀。“如果我有任何希望能动摇您，我就会来，即便我不能接近您；我会等在您的门前，拜倒在您的身前，并且非常乐意被您马儿的马蹄践踏，被您的马车碾压，因为这样至少可以从您那里夺得一些对我的死亡的遗憾。”让他感到高兴的是，乌德托夫人给了他一封安抚性的回信，这时他采用了一种更快乐、夸张的言辞：“再见！我亲爱的、可爱的朋友，我的笔竟然敢于写下这个词！我的嘴和我的心竟敢于继续说出它！欢乐啊！骄傲啊！”事实上，他就像他自己在《朱莉》里的角色那样写信，现在是把这部尚未完成的小说从他的生活中分离开来的时候了。

也是时候离开退隐庐了，但由于冬天来临了，埃皮奈夫人又离得很远，卢梭希望能在那里再待上几个月。正在亚琛疗养的圣朗贝尔写了一封深思熟虑的信，赞同说狄德罗和格里姆都行为不妥，但力劝卢梭与埃皮奈夫人继续保持良好关系。乌德托夫人同样反复劝说他不要离开退隐庐；她急切地希望能在他做出灾难性的事情之前让他冷静下来。但要与埃皮奈夫人和解
282 已为时太晚，她已经在日内瓦城外的蒙布里昂住下——她的小说因此得名——对卢梭拒绝她的要求比以往任何时候都更加愤慨。（顺便提一句，格里姆在如此专横强硬地对待卢梭之后，又等了一年多才去与她会合。）

此时，卢梭以他一贯夸张的修辞风格给埃皮奈夫人写信说，“如果一个人会因悲伤而死，我就不会再活着了。但我最终还是下定了决心。夫人，我们之间的友谊，已经死了。”他仅仅要求能允许他继续在退隐庐住到春天，“因为我的朋友们希望这样”。

她对这一请求不屑一顾，冷冷地回答说，“既然您想离开退隐庐，也应该这样做，我很惊讶您的朋友们会阻止您。就我自己而言，我从来不向我的朋友咨询我的职责，关于您的职责，我也没有更多要对您说的了。”仅仅在一年半前，卢梭曾热情地写道：“夫人，您会高兴地听到我发现我的住所越来越迷人。除非是您或者我有巨大的改变，否则，我永远不会离开它。”现在，他匆忙在几英里之外的蒙莫朗西租了一所小房子；到十二月中旬，在埃皮奈夫人发出最后通牒的两周后，他就住在那里了。

在以后的岁月里，乌德托夫人和圣朗贝尔与卢梭保持着距离，而他们的感情一直十分深厚，直到圣朗贝尔1803年八十七岁去世时才结束。她当时公正地写道：“他从来不因任何思想或行为而改变自己的原则，即便是和那些不认同这些原则或不像他那样应用这些原则的人生活在一起时也是如此。”毫无疑问，她想到的是卢梭。值得注意的还有，圣朗贝尔本人按照那个时代他的阶级的道德规范，与乌德托夫人的丈夫保持着良好的关系。乌德托夫人的丈夫在圣朗贝尔病重时还帮助照顾他，圣朗贝尔给他留下了一枚“致力于立法的、最有智慧的法国哲学家，即，孟德斯鸠院长”的纪念章。他给乌德托夫人留下的是一尊伏尔泰的半身像，“这是达朗贝尔遗赠给我的，这使它更加珍贵”。他没有提到卢梭。

至于乌德托夫人，她八十岁时还会调情；她自豪地告诉一个熟人说，卢梭从未成功地唤醒过她的激情。“他丑得吓人，爱 283
情并没有使他更有魅力，但他让人感动。我以温柔和善意对待他；他是一个有趣的疯子。他让许多的女人对他瞩目，但不包括我——是我让他倾倒。我一直试图让他与他的朋友们和解，但总是不得不重新开始。”她喜欢向来访者展示那棵那时已因《忏悔录》出名的金合欢树，就是在那棵树下他们俩接了一个吻（或是很多个吻？）。她于1813年去世，比圣朗贝尔晚十年。在她去世前几年，她访问了卢梭的墓地，在墓前跪拜，潸然泪下。

第十六章 284

与启蒙运动决裂

卢梭找的房子很小，破得不成样子，但也足够他和泰蕾兹住了，并且，由于它面积不大，就为摆脱勒瓦瑟夫人提供了一个借口。勒瓦瑟夫人被送到了巴黎的亲戚家。房子的花园预示着冬天过后这里会非常宜人。花园里有一个小塔；卢梭称之为他的“主塔”，用作书房，尽管它完全没有取暖设备。（根据当时的一位外国访客所说，主塔是“法国人对矗立在小山上的小型建筑的一种叫法”。）现在，这所房子是一座小型的卢梭纪念馆。

卢梭的新房东是雅克-约瑟夫·马塔先生，此人是显赫的贵族孔蒂亲王的财务主管；孔蒂亲王后来对卢梭非常重要。马塔住在名为蒙路易的一幢大房子里（卢梭住的房子被称为小蒙路易），曾多次顺便来访。对于一个自称隐士的人来说，卢梭出人意料地善于交际。正如一位仰慕者曾经说的，“对他来说，社会就像一个情妇，让人不断回到她身边，并流着眼泪说再也无法忍受她了。”他与邻居们——一位律师和两位牧师——共度时光。他还见到了他在威尼斯的老朋友卡里奥（现在被称为卡里翁骑士，在西班牙驻凡尔赛使馆任职），和当时已成为法国驻热那亚公使的容维尔。卢梭的威尼斯同事勒布隆也住在附近，但
285 他一直推脱见他，也一直没有抽出时间去见他。他没有提及他是否问过卡里奥，他们俩在威尼斯一起买的那个小女孩后来怎么样了。

286 三个瑞士人罗甘、勒涅普斯和宽代是常客，经常留下来用餐，其他访客都是巴黎人，特别是孔狄亚克和马布利两位神父，以及迪潘先生一家。卢梭与这些人一直保持着良好的关系，包括年轻的舍农索夫人，她在附近租了一间房子。但是，如果这是频繁的社交活动，那么它并不总是令人满意。许多来访者只是熟人，而不是真正的朋友。在《忏悔录》中，卢梭哀叹他发现自己陷入了一种乏味的生活方式之中，“一半属于我，一半属于我根本就不适应的社交圈子”。当那些好心的崇拜者们邀请他去参加宴会，并派马车以便为他节省车费时，他尤其感到恼火，声称不得不给他们的仆人的小费有可能使自己破产。

287 卢梭最想见到的那个人仍然无法接近。乌德托夫人勉强同意他继续给她写信，但她担心他可能会破坏她与圣朗贝尔的关系，所以禁止他来访。不幸的是，她试图保持分寸的做法只会激起卢梭的愤恨，他挑衅地写信给她，将“如您所说的我孩子般的坦率”与她世故的托词相对比。“我首先要告诉您，您最近几封信的模棱两可、含糊其词的风格并没有逃过我的眼睛……对你们那个阶层的人来说，坦率意味着有防备和有保留地、用双关语和半真半假的话礼貌地说出您的想法。”更糟糕的是，她提议向他偿付一份尚未完成的《朱莉》的精美手稿的费用，他

将之理解为这证明她的价值观并不比埃皮奈夫人的更好。“我从您的信里清楚看到，这世上您最看重的还是金钱。您承认的唯一值得感谢的好处就是金钱一类的好处，或者至少，您不会把其他东西与之相提并论。”

可想而知，乌德托夫人感到很受伤，伤心地向他告别，但她很快又改变了主意，来请求他的原谅：“回答我，亲爱的，向我保证你已经忘记了我的尖刻，就像我已经忘了你的一样。”也许，她担心果断的分手会诱发更多骇人的行为，但如果她只是迁就他，他就不会怀疑。他高兴地回信，说她的信已经给了他“我一生中所知道的最纯粹、最真实的快乐”，而且他将把他们的友谊一直带到坟墓里去。

但这段友谊注定破裂。到五月份的时候，她已经受够了。她说圣朗贝尔终于充分了解了她和卢梭的事。“为了我的名誉，我将断绝和你的一切联系。保留任何一点联系，都有可能威胁到它。”这种对世俗名誉的吁求一定让卢梭特别恼火，因为他认为这牵涉到一种讽世的标准。一个女人与丈夫之外的男人上床是可以接受的，但每次只能有一个婚外情人。尽管卢梭和乌德托夫人从来没有真正发生关系，但不能让人们对此产生怀疑。所以，卢梭一生中的一次热烈的激情在他四十多岁的时候结束了。然而，重要的是，不应把这一事件看作主导十七世纪五十年代末这些关键年份的故事；这几年中，他找到了把失望转化为有利于想象的因素的方法。他带着新的活力回到了他的智识 288
计划中，从更悲伤但更明智的视角继续写作《朱莉》。

同时，另一场绝交也在酝酿，这是最让人痛苦的。卢梭自己承认，他与乌德托夫人的事情基本上是一种被投射的幻想；

在这种幻想中，他把自己正在写的小说转化成了现实生活。他与狄德罗的关系则十分不同。这是他与华伦夫人的友谊之后最重要的友谊，它开启了他作为作家和思想家的事业。这段友谊持续了十五年，然后在相互指责和感情伤害中崩溃了。虽然卢梭的确怀疑狄德罗与格里姆、埃皮奈夫人串通一气，但这一裂痕有更深的根源。

部分问题在于性情上的差异，这原本是他们相互吸引的一个源泉。同样真实的是，狄德罗从互惠互利的角度考虑问题，而卢梭认为友谊不需要任何这类算计。“虽然普通的陪伴对我来说令人厌憎，但亲密的友谊是宝贵的，因为有了它就不再有任何义务。遵从自己的内心，一切就都会好起来。”在狄德罗的印象中，拒绝承认义务的做法通常对卢梭有利。遵从自己内心的观念对狄德罗来说也毫无可取之处。在一部虚构作品中，他对“感性”进行了唯物主义的描述——这很容易成为卢梭的写照：“一个感性的人是什么样的？是那种被抛弃在他的隔膜中的人。当一个动人的词传入他的耳朵，或是一些不同寻常的东西映入他的眼帘时，内心的骚动就会被激起……泪流满面，叹息哽咽，嗓音磕巴……不再冷静，不再理智，不再判断，不再直觉，不再机智。”

对卢梭而言，情感是比理智更好的向导。他赞许地描述了自己的行为。奇怪的是，他用的词句与狄德罗的如出一辙：“他最赞赏的情感是通过身体的迹象来区分的。他即便是稍有感动，眼睛里也会立刻充满泪水。”在卢梭本人做出了主要贡献的、日益增长的对感性的崇拜中，眼泪是真诚的证明，因为眼泪被认为是不由自主和无法遏止的，正如一位现代历史学家所说，“灵魂直接浇灌了面容”。

言辞则比较暧昧可疑。在卢梭看来，一个聪明的谈话者可以在对感情没有真实体验的情况下模拟感情；当他写到那些总是能言善辩、总能滔滔不绝地机敏应对的人时，他很可能想到了狄德罗。“即使在感情方面，他们也能说些妙语连珠的话，以至于你会认为他们被深深打动了……思想通常会以现成的短语的方式出现在聪明人面前，但感情不是这样。一个人必须寻找、组合、选择能够表达自己感受的语言，但哪个感情丰富的人会有耐心让情感暂停流动，并在这个语言整理过程中的每时每刻都关注他自身呢？” 289

卢梭知道格里姆是一个戴着面具的人，他也逐渐相信狄德罗也是这样的人。他并没有完全搞错。狄德罗虽然不是有意识地表里不一，但他确实倾向于以自己的方式来重新想象整个世界，甚至在他庆幸自己是一个无懈可击的现实主义者时也是如此。多年后，一位朋友写道：“他是一个正直的人，但执迷不悟。他的头脑如此混乱，以至于他看不到也听不到任何真实的东西。他总是像一个正在做梦的人，并相信他所梦到的一切。”当然，狄德罗对与卢梭关系的每个方面都作了有利于自己的解释。他甚至确信自己一直在殷勤地探访退隐庐——他告诉他的女儿，他曾经“每周步行去那里两三次”——尽管文献记录显示，他几乎没有去过，而且经常让卢梭在四英里以外的圣但尼为了从未发生过的会面而等上一整天。

另一个可以说明两人性情差异的例子是他们对每年在拉舍夫雷特举办的生日宴会的截然不同的记述。他们相隔四年参加了这个宴会。卢梭的描述回顾了“那一段我和富人与文人厮混的倒霉日子里，有时候不得不和他们玩一些沉闷乏味的消遣”。1756年9月，在为纪念埃皮奈先生的生日而举办的宴会后，客人们参观了附近的一个集市，当地的农民正在跳舞。“绅士们屈尊和农村女孩们一起跳舞，但女士们仍保持着她们的尊严。”很快，这些贵族想到一个消遣的主意，就是把大块的姜饼扔到人群中，看人们争相抢夺。卢梭被这丑陋的一幕震惊了，“看到一群因贫穷而堕落的人挤作一堆，喘不过气来，互相野蛮地撕扯，就是为了贪婪地争夺几块已经被踩碎的、沾满尘土的姜饼，能得到什么快乐呢？”

290 狄德罗四年后对同一宴会所作的记述则完全不一样。他只是漫不经心地提到了集市上的人群，却动情地描述了城堡内的社交场景。格里姆当时在场，在窗边摆着姿势，以便让人给他画像；圣朗贝尔懒洋洋地躺在一个角落里读着一本小册子；狄德罗自己和乌德托夫人下棋，还有人在用羽管键琴演奏斯卡拉蒂的一首曲子。然后，举行了一场优雅讲究的晚宴，之后是舞会。这场聚会一直持续到凌晨两点才结束。这种狄德罗喜爱的场合，却让卢梭惊慌失措，充满了不安全感。他在任何人群中都是一个孤独的人，而狄德罗则是一个快乐的参与者。狄德罗从这段经历中受到启发，给他不在场的情妇写道：“如果通过某种魔法，我能突然发现你在我身边……我会扑到你身上，用全部的力量拥抱你，把脸紧紧贴在你的脸上，直到我的心跳平静下来，于是，我可以恢复力量，放松下来，看着你。”卢梭可以生动地描写爱情的力量，但他从未写过类似这样的东西。对他来说，激情需要超越单纯的性欲，而狄德罗喜欢另择蹊径。他在同期给一位朋友的信中这么写道：“在我们最高尚和最纯真的情感的底部存在着一些睾丸。”

几年后，当卢梭离开时髦社会后，他向一位富有同情心的贵族真诚地讲述了他曾经感受到的社会痛苦。

> 我无话可说的时候也不得不说话，在我想走路的时候得在一个地方待着，想站着的时候得坐着，渴望户外的时候被关在一个房间里，想去那儿的时候得去这儿，在别人吃饭的时候吃饭，按照别人的步调散步，回应他们的奉承或讽刺……我身处一群女士当中，必须等着一个优秀的发言者结束他精彩的发言，不敢出去免得他们问我是否要离开，然后在明亮的楼梯上遇到其他漂亮的女士们，被她们拖住；我看着满院子的马车不停地来往，随时都可能把我
> 碾碎；我被那些女仆们盯着，被那些沿墙根站着的仆人们 291
> 嘲笑。啊！想到这些事，我就还忍不住发抖。我找不到任何的小道、拱门或者一个偏僻的小角落，来满足我的目的，简而言之，我无法撒尿，除非是在众目睽睽之下，撒在某条穿着白色袜子的高贵的腿上。

除了性情上的差异以外，卢梭确信狄德罗开始嫉妒他日益增长的名望，这可能是事实。当他们初次见面时，狄德罗才是杰出的知识分子；他把卢梭作为一名弟子带入了现代思想的世界。现在，卢梭是两人中更有名的，还在计划写作抱负不凡的著作，很可能会赢得更大的声誉。对自己在后世的地位一直耿耿于怀的狄德罗会怎样呢？他最好的著作不仅是即兴的和未完成的——他被恰如其分地称为“一个未完成的人”——而且充满

了颠覆性的想法；因为担心会危及伟大的《百科全书》，他不能出版这些著作。狄德罗像桨帆船上的奴隶那样，把自己和《百科全书》拴在了一起。

如果仅停留在个人竞争的层面，还不能完全解释他们友谊的破裂。事实上，卢梭最深层的价值观岌岌可危，而且他也知道这一点。当危机最终来临时，中心并不是乌德托夫人事件——在这件事中，狄德罗只是一个局外人——而是卢梭选择住在退隐庐。狄德罗决定在剧院中赢得名声，可能是因为写作戏剧是入选法兰西学院的一块敲门砖（他从未入选，不过达朗贝尔、孔狄亚克、格里姆和圣朗贝尔都入选了）。1757年3月，他出版了一部剧本，名为《自然之子，或经受考验的美德》，并附有大量评论。他意图推广一种新的家庭戏剧；它将表现日常情景，而不是崇高的古典情景，并将以一种感人的风格表现情感，即所谓感伤喜剧。让他深感失望的是，法兰西喜剧院拒绝演出该剧；直到1771年，它才出现在舞台上。然而，印刷剧本吸引了大量的关注，部分是因为其高尚的道德主张和对古典主义的批判，但更主要是因为它与意大利作家卡洛·哥尔多尼的一部戏剧惊人地相似，剧情似乎就是从那里搬来的。

292 卢梭不关心哥尔多尼，对剽窃的指控也不感兴趣，但他十分在乎这部剧的道德主张，里面的一句台词深深刺痛了他的心："只有恶人才是孤独的。"在《忏悔录》中，他误认为这句台词是狄德罗评论的一部分，但实际上它是由一个角色说出来的；这句台词的语境意涵丰富，对他们友谊的破裂具有重要意义。一个女人告诉她所爱的、威胁要自我放逐一去不返的男人说："你有着最罕见的天才，你欠社会一个交代……我恳求你问问你的心。它会告诉你，好人生活在社会中，只有恶人才是孤独的。”这种将个人才能用于社会的要求可能的确指向了卢梭，但真正的冒犯也许在于她说的另一些话：“你的孩子们将从你那里学会像你一样思考……只有依靠你，他们才会有像你一样的良心。”卢梭抛弃了他的孩子们，所以就丢掉了这样做的任何机会，而狄德罗是极少数知道这一点的人之一。

随着他们的关系越来越紧张，卢梭和狄德罗又轮流让关系进一步恶化了。狄德罗写信说，他病得不能旅行，但期望卢梭来巴黎讨论一个商业计划，最后讽刺地说：“再见，公民！尽管这是一种非常奇特的隐士公民。”卢梭后来称这封信“非常枯燥”，并告诉埃皮奈夫人“它刺痛了我的灵魂”。他直截了当地回答狄德罗说，他决心无论如何都不会再去巴黎了。这时，狄德罗真的生气了——特鲁松以一种有趣的法语表达方式说，他觉得鼻子里进了芥末——并宣称，他不惜损害健康也要去一趟退隐庐。他还挖苦地补充说，卢梭显然乐于强迫他忙碌的巴黎朋友在隆冬时节去拜访他，即便他们付不起马车费——“哲学家们拄着手杖，步行到乡下去，浑身湿透，后背沾满泥浆”。这封信被卢梭描述为“可恶极了”，他命令狄德罗不要来。“在我们的争吵中，”他宣称，“你总是那个攻击者。”他还不祥地总结道：“如果你对一段老交情还有任何尊重，那就不要来，不要将它推向不可避免和不可逆转的决裂。”

事情完全失控了，埃皮奈夫人（在她自己与卢梭绝交前的
几个月中）试图干预，向卢梭保证狄德罗仍然爱他，尽管他并 293
不总是表现出来，但这是徒劳的。卢梭冷冷地回应说，无论他和狄德罗曾经是什么关系，现在他们已成了陌路人。“相信我，

我的好朋友，狄德罗现在一个时髦的上流社会的人。曾几何时，我们两人都很穷，籍籍无名，那时候我们是朋友。我想说格里姆也是这样。但他们都成了重要人物，而我要继续做我自己，所以我们不再适合彼此。”当埃皮奈夫人回信恳求卢梭更加客观地看待这件事时，他回答说：“《福音书》命令一个人被人打了耳光后要转过另一边脸去，但不要乞求原谅……我这辈子都不会再去巴黎了，我乞求上天让我变成一只熊、一个固执的隐士，而不是一个哲学家。”

此时，自诩为圣人般宽容的狄德罗决定他已经受够了。“哦，卢梭！”他责难地写道：“你正在变得邪恶、不公、残酷和凶暴，我悲泣连连。”卢梭的回答平静而果断：他不需要建立在需要报答的服务基础上的友谊。为了提醒他已经失去的东西，他回忆起八年前狄德罗被关押在万塞讷的时候。“忘恩负义的人，我从来没有帮过你的忙，但我爱你……把这个给你的妻子看——她比你更公正——问问她，我的到来是不是让你那受煎熬的心得到了一些抚慰？我在去万塞讷安慰我的朋友时，是否计算过我的步数或注意过天气好坏？”整个让人沮丧的误解的关键可能是威廉·布莱克的一句话：“肉体上的朋友是精神上的敌人。”狄德罗认为自己在无私地帮助他的老朋友，但卢梭感到了一种真正的胁迫。一位狄德罗的现代传记作者指出，他乐于把自己树立为一位非正式的良知主管；另一个传记作者说他从不承认错误，也不承认他对别人事务的干预可能反映出了一种对权力的渴望。

七月，卢梭和狄德罗上演了一场和解，但他们一定都知道这有多么的表面化。狄德罗同意让卢梭为他朗读《朱莉》，但他

事后抱怨说，卢梭“毫无怜悯心地”从早晨十点一直喋喋不休到晚上十一点，甚至吃饭也不允许中断，所以当他读完时，已 294
经没有时间听狄德罗的任何东西了。卢梭在《忏悔录》里仅提到狄德罗称手稿为“多叶的”——这显然是他当场发明的一个词。（卢梭把它理解为“累赘拖沓的”，并承认这一评价是准确的。）此后，他们的联系基本中断了。十二月，狄德罗终于短暂造访了退隐庐。之后，据说他写信给格里姆，说卢梭看上去精神错乱，很可怕，“就好像我身边有一个该下地狱的灵魂”，发出痛苦的呼喊，在狄德罗离开时追着他跑了好远。然而，这封信仅仅出现在《蒙布里昂夫人的历史》一书中，看上去像是又一次试图在回忆中篡改这个故事。

卢梭已经失去了他最重要的朋友，他感情上的伤痛非常类似于失去乌德托夫人时的感受。但是，他也得到了一些补偿。从卢梭的角度看，孤独让他能够做回自己，在某种程度上满足了他对于“自然人”的想象。他逐渐明白，他身上那种为人所谴责的懒惰其实是完全不一样的东西。当他真正相信一项计划时，他能够全力以赴地去攻克它。他无法忍受的是强制性的任务，尤其是为了给别人留下深刻印象而承担的任务。他在《论不平等》中写道：“对于一个加勒比印第安人来说，一名欧洲内阁大臣繁重艰辛又令人羡慕的工作是一幅怎样的奇景啊！懒惰的野蛮人宁愿选择多少残酷的死亡，也不愿选择这样的恐怖生活？”从这时起，他将致力于建设性的闲散，而这与他在加尔文教派的日内瓦所受到的一切教导完全相反。他正在恢复儿时的自由，抗拒文明生活的残酷结构，及其将闲暇视为从工作中窃取的时间并加以强烈谴责的倾向。

于是，卢梭的新生活是一种由长期的沉思闲散所支撑的令人印象深刻的智力劳动，这也反映出他对《百科全书》的工作狂同事日益增加的不满。现在，他的价值观与他们截然不同，他与启蒙运动的决裂已是不可避免的。启蒙运动是以他人为导向的，将其最高价值置于社会互动上；卢梭是以内心为导向的，重视不受社会影响的自由。启蒙运动提倡竞争性的个人主义，并认为这是善好生活的基础。卢梭则寻求这样一种集体
295 精神，它既尊重个人，又会帮助每个人感受到自己成了一个公共整体的一部分。启蒙运动专注于信息收集和理论推断，卢梭则像古代哲学家们一样寻求智慧。启蒙运动倡导技术是进步的基础；卢梭选择了简单的生活，拒绝进步带来的可疑礼物。启蒙运动持怀疑论甚至是无神论观点；而卢梭坚定地信仰上帝和灵魂的存在。此外，尽管哲学家们不断谈论道德，但卢梭确信他们是在玩一种双重游戏，表面上是道德的，但内心是愤世嫉俗的，“这种无根无果的道德……或者说，这种残酷隐秘的替代道德，对他们的新门徒来说是一种深奥的教义，而对他们来说，另一种教义只不过是个面具”。

卢梭与启蒙运动的决裂不仅表现在狄德罗身上，也表现在伏尔泰身上。伏尔泰是这场运动的教父，他比《百科全书》的编辑们要年长一辈，是一位博学的多面手，以诗人和剧作家的身份崭露头角，没完没了地写作关于哲学、政治和科学的文章。他本名弗朗索瓦·马里·阿鲁埃。与家人决裂后，他给了自己一个新的身份，并在通过精明的投资赚得一笔财富后，得以自由地投身于写作。他有着敏锐的头脑和出色的散文风格，以及非凡的宣传才能。他的弟子让-弗朗索瓦·德·拉阿尔普评论

道：“他住在离首都一百里格的地方。只为首都而存在，并存在于首都。他每周都会寄一份小册子到巴黎，静待其命运，直到下一次邮寄。六十年的名望不能让他安心到允许自己休息哪怕一天时间。对他来说，成为本世纪的英雄是不够的，他还想成为当天的新闻，因为他知道，当天的新闻经常会让人们忘记本世纪的英雄。”这种对公众关注的渴望不仅仅是虚荣心，因为伏尔泰深刻地、甚至是英勇地致力于揭露不公正。最令人难忘的是十七世纪六十年代的卡拉斯事件，当时他为一个被宗教偏执狂陷害处决的无辜的人恢复了名誉。卢梭和伏尔泰一样憎恨不公正，但他从来不是舆论的组织者；他更愿意成为一个荒野中呐喊的声音，赞美荒野。

伏尔泰开始认为，他只是偶尔投稿的《百科全书》因其编辑们的小心谨慎和妥协让步遭受到了致命的损害。他还认为，它连篇累牍的、充满事实的文章是反抗压迫的拙劣武器。他本 296
人宁愿生活在颠沛流离之中，以摆脱能够恐吓百科全书作家们的法国当局的掌控，并发表一些短小辛辣的论战文章，指望它们能够挑起事端。1755 年，在与腓特烈大帝争论之后（当时他居住在柏林腓特烈大帝的王宫里），他移居瑞士，在日内瓦的一处名为“谐趣精舍”的庄园安顿下来。几年后，他搬到城外费尼的一个更宏伟的庄园，成为一名族长，利用他的财富和影响力推动了这个村庄的发展。这个村庄刚开始只有六栋房子，但到 1776 年时，已有超过一千名居民，并有了繁荣的贸易。

卢梭和伏尔泰可能从未谋面，但卢梭自从在安纳西阅读这位伟人的著作起就一直仰慕他；而伏尔泰知道卢梭在《论科学与艺术》中批评了进步。在那部书中，卢梭公开挑战伏尔泰

（使用他的真名而非笔名），抱怨说他的名气建立在与他的天才不相称的优雅的戏剧和诗歌上。“告诉我们，大名鼎鼎的阿鲁埃，为我们这虚假的精致，你牺牲了多少强壮的阳刚之美？你在琐碎小事上浪费了多少英勇的精神、多少伟大的事业，以至于耗尽了你？”但卢梭仍然视自己为伏尔泰的一个崇拜者，并告诉一位日内瓦朋友说，他很高兴听到伏尔泰可能会迁居到那里。

转折点发生在1756年8月，卢梭读了伏尔泰的诗歌《里斯本的灾难》之后，深受感动，作出了回应。在前一年的十一月，葡萄牙的首都几乎被一场剧烈的地震夷为平地，数万人在地震中死亡；远在尚贝里的人们都能感觉到震感，钟声响起，烟囱倒塌。牧师们抓住这个机会，宣称里斯本正因其罪而遭受惩罚；而另一个极端是，大多数的哲学家，包括狄德罗，认为这不过是一场随机的地质事件，没有任何意义。但伏尔泰作为一个自然神论者，需要相信自然现象证实了一位仁慈的神的存在，因而，他深受震动。为什么当人们在巴黎跳舞的时候，里斯本会被摧毁？人类显然只不过是“在这堆烂泥上饱受折磨的原子，被死亡所吞噬”。

卢梭与伏尔泰一样，需要相信一个道德上公正的宇宙，但
297 在一封长长的《让-雅克·卢梭致伏尔泰先生的信》中，卢梭提出，如果人们不是愚蠢地挤在城市里，那么地震几乎不会造成什么损害。在他看来，错的是文明，而不是宇宙；他以辛辣的讽刺反驳伏尔泰的论点：“那么，我们是否应该说，世界的秩序必须因我们的反复无常而改变呢……为了防止某个地方发生地震，我们只需要在那里建一座城市？”

问题的关键在于被称为乐观主义的哲学。卢梭住在里昂时

已经在给孔齐耶的信中对其进行了批评。他清楚地看到了这个根本问题:“与其说‘一切都是好的’,不如说‘整体是好的’,或者说‘对整体来说,一切都是好的’。”伏尔泰很快会在《老实人》中辛辣地讽刺这种哲学,在灾难中找到价值似乎确实是一种非常悲观的“乐观主义”,但卢梭论证时的急切表明他已经远离了启蒙运动的科学唯物主义。他真正主张的是宗教信仰:他不仅需要相信存在一个有序的宇宙,还需要相信存在一个能确保个人不朽的慈爱的上帝。他以非凡的雄辩宣称:“我此生已经遭受了太多的痛苦,不能不期待来生。形而上学的所有精妙绝不会让我怀疑灵魂的不朽和仁慈的神意。我感觉到它,我相信它,我想要它,我希望得到它,只要我一息尚存,就要捍卫它。”

此外,隐藏在《第二论文》中的对社会的怨恨在《致伏尔泰的信》中再次出现了。卢梭评论说,伏尔泰虽然很有钱,也很有名,但还是无法停止抱怨,“而我,虽然籍籍无名,穷困潦倒,还被不治之症折磨着,但在我的隐居处却能够快乐地沉思,发现一切都好”。就如和狄德罗之间一样,卢梭和伏尔泰的对立既是哲学上的,也是性情上的,尽管他们的对立中奇怪的颠倒姿态让格里姆取笑说:“赫拉克利特·卢梭用一种让你满怀痛苦和绝望的忧郁来捍卫世界上最好的慰藉之物,而德谟克利特·伏尔泰在他的《老实人》中证明这世界上的一切都很糟糕,但他却让你笑着死去。”顺便说一句,卢梭后来提出了一个奇怪的说法,称《老实人》是伏尔泰专门写来回应他那封关于神意的信的。

伏尔泰的另一次挑衅刺激卢梭发表了一份公开宣言,更加

明确地表明了自己的立场。达朗贝尔在对伏尔泰进行长期访问之后，为《百科全书》写了一篇关于日内瓦的文章。这篇文章
298 让卢梭大为震惊。此文赞许地声称，牧师们已经放弃了他们的传统信仰，转而信奉一种被称为索齐尼主义的宽容而冷漠的信仰，并建议日内瓦通过建立剧院来继续向更先进的现代化迈进，而这是加尔文主义的神权政治所一直禁止的。卢梭在这两点上都看到了伏尔泰的手笔，并被这一百科全书词条的冗长所震惊。他躲进他的主塔，非常兴奋地——“除了我心中的那团火之外，没有其他的火”——写下了长达一百页的《就戏剧问题致达朗贝尔先生的信》(简称为《致达朗贝尔的信》)。他仅仅写了三个星期就于1758年3月完成了。他立刻给他的出版商写信，说他有一部潜在的畅销书要给他——他确实做到了——尽管他还是加上了一句典型卢梭风格的阴郁预言：“亲爱的雷伊，我病得如此厉害，以至于我都无法给你写一封长信，除非奇迹发生，我将不能再给你写信了。”

两篇论文奠定了卢梭作为现代文明有力批判者的地位;《致达朗贝尔的信》则另起新声，是一份世俗先知的个人证词。当时的哲学家们通常在出版著作时隐去名字，以保护自己，而卢梭却自豪地在扉页上自称“让-雅克·卢梭，日内瓦公民”。当他宣称具有“一种很少有作者为我树立了榜样的无私精神”时，他在某种意义上是对的：这本书不是一个职业行动，不是追逐名誉的一个策略，也不是对赞助的寻求。甚至正相反，它很可能会树起强敌，而且肯定会激怒伏尔泰。卢梭继续写到：“从来没有让个人见解玷污了要有益于他人的愿望；正是这种愿望让我投身于写作，我几乎总是写出不利于自己的东西。‘将生命献

于真理'（Vitam impendere vero）是我选择的座右铭，我感觉自己配得上它。”这句拉丁语出自讽刺作家尤维纳利斯。他像卢梭一样，猛烈批判了他那个时代的腐败。

在日内瓦，卢梭看到的是一个在某种程度上幸运地落后于时代的城邦国家，而在法国，他看到的是一个强势奋进的民族国家；在那里，财富和特权都在不受抑制地膨胀，造成了灾难性的后果。他挑衅地断言，古斯巴达的简朴要胜于雅典浮华的非道德。在另外一篇关于这个主题的文章中，他说得更加明白：“在我的同时代的人中，我只看到了无情的主人和呻吟的各族人民，还有跟任何人都无关、却又让每个人都感到悲伤绝望的战争……以及当国家最富裕时最贫穷的国民。”即便日内瓦的牧 299
师们正在放宽对神学的限制是事实，作为出版物的《致达朗贝尔的信》说这样的话也是在给他们制造麻烦。即便剧院在巴黎相对无害是事实（卢梭本人在巴黎也是狂热的戏迷），但在日内瓦，剧院将会成为最糟糕的那一类现代化的特洛伊木马。他断言，观众们不但学不到道德真理，反而会倾向于崇拜聪明的恶棍，嘲笑有德性的人（包括卢梭显然很认同的、莫里哀笔下的厌世者），并为其职业从根本上说有辱人格的表演者鼓掌。

卢梭进而公开谴责，雄辩滔滔，表达了道德上的义愤。他的谴责与他家乡的加尔文主义价值观有许多共同之处，也和柏拉图在《理想国》中对艺术的拒绝颇为类似。

> 演员的才能是什么？就是伪造自己的艺术，披上另一个角色而非他自己的外衣，表现得不同于自己，冷静地展现出激情，自然地说着一些根本不是他所想的话，好像他

真的想到了一样，最后通过取代别人的位置而忘记了自己的位置。演员的职业是什么？就是一种交易；通过这种交易，他在表演中为金钱而献身，忍受人们因购买而获得的权利所带来的耻辱和侮辱，并公开出售自己的整个人身。

这不仅仅是极端保守的道德主义，也反映了卢梭的根本洞见，即，文明奖励非本真（inauthenticity），其最成功的成员是日常生活中的那些角色扮演者。

卢梭很可能曾经经常与狄德罗辩论这个问题，狄德罗认为角色扮演是正常的，后来他在《演员的悖论》中提出，最好的演员在情感上是脱离他们的表演的。所用的语言听起来像是对卢梭的直接呼应，就连卖淫的比喻（这在古代也很常见）也是如此。狄德罗宣称："演员的哭泣就像一个不信教的牧师在宣扬耶稣受难记，就像一个诱惑者跪在他并不爱但又想欺骗的女人面前，就像一个大街上或教堂门口的乞丐在对感动你不抱希望时辱骂你，或者像一个毫不心动的妓女在你怀里的痴缠沉沦。"如果说卢梭对表演的谴责在今天看来是过分假道学了，它也反
300 映他同时代的许多人都有的一种焦虑。在小而稳定的社会里，每个人都知道你是谁；在没有人情味儿的现代城市里，你可以是任何人——只要你能让人们相信。

除了认同自己的家乡之外，卢梭还怀有一种非常明确的怨恨。他认为达朗贝尔甘愿充当伏尔泰的工具，而伏尔泰已在自己日内瓦郊外的庄园上演了戏剧，并急于赞助兴办一个以上演他自己的作品为特色的剧院。在谴责他的这项计划时，卢梭有意识地代表他所来自的工匠阶层说话。日内瓦上城的富裕家庭

越来越多地兴建浮华的豪宅，过着奢华的生活，并向巴黎寻求文化。在著名的伏尔泰的支持下，这座剧院将成为他们转变为法国贵族分支的又一个舞台。卢梭认为，与其建一座巴黎风格的剧院，日内瓦还不如珍爱它既有的机构：男女社交俱乐部，以及人民能够成为参与者而非被动的观众的公共节日——就像他孩提时的那个晚上，民兵完成操练之后自发地跳起舞来，伊萨克·卢梭喊道："让-雅克，爱你的国家。"事实上，正是在《致达朗贝尔的信》中，在一个长长的、十分私人化的脚注中，卢梭讲述了这个故事。"我说的每一句好话，"他在给一位日内瓦朋友的信中说，"都是我从我的祖国得到的。"

卢梭自1754年访问日内瓦以来，就一直与日内瓦政治保持着密切联系。在日内瓦当代政治中，两种意识形态在戏剧问题上相互对峙。贵族们已经数次邀请法国演员来访，并在私宅中演出，而在下城，这被视为与法国亲善的又一迹象，而与法国亲善是不受欢迎的。与此相反，贵族们认为卢梭所颂扬的那些大众节日会诱发颠覆活动。事实上，在整个欧洲，统治精英们都致力于镇压这一类的节日。毫无疑问，卢梭希望他的《致达朗贝尔的信》能够给日内瓦留下深刻的印象。他把信的抄本寄给了那里的二十四个人，其中的含义是显而易见的。几年后，人民党获准组建民兵，并进行了精心设计的演习训练，之后，他们举杯向卢梭致敬，并特意重现了他曾经描述的爱国场景。正如一位年轻牧师向卢梭报告的那样，当时他们围绕着圣热尔 301
韦广场的喷泉跳舞，就像他四十年前所看到的那样，"快乐的歌声不时地被'卢梭万岁'的喊声中断，那是发自他们心底的欢呼"。另一位参与者写信给卢梭，信的措辞预示了法国大革命的口号："爱国主义最美好的快乐感动了我，融化了我的心：团结、平等、博爱和公共信任的快乐……啊，卢梭先生，如果您能够亲眼看见这一切，那对你将是多么美好的一天啊！"

如果说《致达朗贝尔的信》冒犯了贵族们，那么它却取悦了神职人员。一位牧师写信给卢梭，说它实际上是对《登山宝训》的注释解说，并说他应该被尊为先知。"伟大的卢梭，您在这个世界上绝非一无是处。仍有一些凡人在您的沙漠中注视着您，当他们看到您是如何坚持战斗后，他们的勇气就大大增加了。"《致达朗贝尔的信》最热烈的崇拜者只遗憾它描述的是一个理想化的日内瓦，而不是真实的日内瓦。特农香沮丧地写道："哦，如果您看到了我所看到的一切，如果那些好牧师像他们每天他们告诉我的那样告诉您，告诉您我们人民的道德正在我们眼前衰萎，您会如何改变您的论调呢？日内瓦不像斯巴达，就像运动员的保护手套不像歌剧女演员的白手套一样。"

达朗贝尔本人一点也不恼火。他高兴地给马尔泽布写信说："我读了卢梭先生反对我的作品，它带给我很大的乐趣。"然而，对伏尔泰来说，《致达朗贝尔的信》绝对是最后一根稻草。在此之前，他一直认为卢梭是一个古怪的二流作家，并认为卢梭值得被宽容，因为他与百科全书派有联系。卢梭之前关于神意的信不过是刺激了伏尔泰，而伏尔泰认为他在那个主题上是无懈可击的，并且不管怎么说，那封信没有出版。但《致达朗贝尔的信》是不可原谅的。它是对伏尔泰所珍视的文明价值观的正面攻击，不仅如此，它很可能会动员人们反对他的个人计划。从这一刻起，伏尔泰开始憎恨卢梭，而且他是一个强有力的憎恨者。

此外，在比个人怨恨更深的层次上，伏尔泰明白卢梭正在从内部颠覆启蒙运动。“哲学家们分裂了，”他告诉达朗贝尔说，“一群小羊互相撕咬，甚至对狼群已经来吞噬它们也浑然不觉。 302
让我最愤怒的就是你的让-雅克。这个头号疯子如果允许自己接受你的指导，本可以有所作为，但他却自作主张，自顾自地行事。他写了一部糟糕的戏剧，之后又写了反对剧院的文章；他作文反对滋养了他的法国；他在第欧根尼的木桶上找到了四五根烂木板，钻进去开始吠叫。”同年晚些时候，伏尔泰又写信给达朗贝尔：“日内瓦的神父们组成了一个反对戏剧的可怕宗派。我将向第一个踏入我领地的索齐尼派教徒开火。让-雅克是一个他妈的让……他每隔几周就给那些神父们写信，挑唆他们反对戏剧。背叛祖国的逃兵应该被绞死。”讽刺是多方面的：称呼加尔文教派的牧师们为“神父们”；强调他们的索齐尼主义，达朗贝尔曾因此与他们发生过冲突；暗示卢梭真正的祖国不是日内瓦，而是启蒙运动。达朗贝尔仁慈地回信说，“我承认他是一个与祖国作战的逃兵；但他是一个不再有条件去战斗或是造成任何伤害的逃兵；他的膀胱正让他痛苦不堪。”

与此同时，卢梭认为这是针对他个人的，尤其是后来，他写给伏尔泰关于神意的信被出版了（表面上是在柏林出版，而实际上是在日内瓦）。他立即怀疑是格里姆搞的鬼。当他写信告诉伏尔泰这一点时，他忍不住又加了一句伏尔泰永远也不能原谅的侮辱的话。“先生，我一点也不喜欢您……是您使我无法忍受住在我自己的国家；是您让我死在异国他乡，失去了临终前的所有安慰，除了被扔进粪堆以外没有其他的荣誉……总之，我恨您，如您所愿。”

为了完成这项破坏性工作，《致达朗贝尔的信》中还包含了对狄德罗明确无误的抨击。当乌德托夫人报告说，圣朗贝尔已经知道了他们私情的真相，因此她不得不与他断绝联系时，卢梭确信狄德罗已经背叛了他。这一次他似乎是对的，因为狄德罗后来也承认了这一点；他蹩脚地辩解称，他以为圣朗贝尔早已知道了。无论如何，当卢梭六月份收到乌德托夫人的绝交信
303 时，他正好在修改《致达朗贝尔的信》的校样，于是趁机增加了一个评论，解释说没有朋友能帮他改进这部作品。“我曾经有一个严厉而明智的阿利斯塔克，但现在没有了，我也不再想要他，但我会为失去他而感到遗憾不已，我的心比我的文字更想念他。”（阿利斯塔克是一位古希腊语法学家，也是荷马的编辑，可想而知，卢梭的赞颂也是一种贬低。）虽然这段话没有解释与狄德罗的失和，但这等于公开宣布了这件事，因为狄德罗对卢梭的指导是众所周知的，而且卢梭在一个脚注中添加了一段令人震惊的《德训篇》经文。这段经文虽然是拉丁文，但引用了章、节，所以读者能够很容易地查到它，而其含义是冷酷的。“你若开口反对你的朋友，也不用担心，因为可能会和解；除非是指责、骄傲、泄露秘密或背叛的伤害。为了这些事情，每个朋友都会离开。”

每一个认识卢梭的人都感到震惊。即便狄德罗理应受到指责（他们对此表示怀疑），但在针对《百科全书》的批评日益增多、整个事业面临崩溃的关键时刻，这样伤害他也是令人难以容忍的。圣朗贝尔刚刚向卢梭保证要继续和他维系友谊（“我全心全意地拥抱你”），第二天又给卢梭写信，说他已经收到《致圣朗贝尔的信》，认为有关阿利斯塔克的段落是不可原谅的。“狄

德罗也许对你做了错事，我并不知道具体情况，但我知道，这些错事并没有给你这样公开侮辱他的权利。你不是不知道他正在遭受的迫害，而你却继续把一个老朋友的声音加入那些妒忌的呼喊中。”迫害指的是与审查制度的斗争，以及随之而来的可能被起诉的威胁，这持续困扰着正在进行的《百科全书》计划。埃皮奈夫人社交圈里的一个常客德莱尔坦率地告诉卢梭说，他看起来是决心不要任何一个朋友了。

但卢梭对和狄德罗的决裂及其对《百科全书》价值的抨击毫无悔意。“我所有的作品都很成功，”他后来在《忏悔录》中写道：“但这一部对我更为有利；它让公众不相信霍尔巴赫的小圈子的影射。”当一群律师抱怨说，《致达朗贝尔的信》中的一些政治反思与他百科全书派的同志们的观点存在矛盾时，卢梭 304
回答称：“任何一个百科全书作家的意见对他的同事们来说都不是规则。理性的权威才是共同的权威。其他的我都不承认。”

至于狄德罗，他把阿利斯塔克的那段话理解为宣战，不管他和格里姆在此之前是否有意密谋反对卢梭，他们后来肯定是这么做的。为了缓解自己的情绪，狄德罗在一些被称为“记事簿”的笔记中记录了自己对所发生的事情的看法，在其中详细描述了卢梭所犯的“无赖”罪行。这些笔记被锁在他的桌子里，可能并不打算继续写下去，但他经常重读这些笔记。它们表明了他的愤怒之深。“这个人表里不一，像撒旦一样虚荣，忘恩负义，残酷无情，伪善而邪恶……他从我这里汲取思想为自己所用，然后又假模假式地来鄙视我。真的，这个人是个怪物。”

当夏尔·帕利索推出一部名为《哲学家们》的讽刺剧时，卢梭也确实尝试过赔罪补过。这部剧中有一个角色很像他，被描绘成吃着莴苣、四肢着地行走。卢梭写信给出版商，声言对狄德罗的残酷对待比对他自己的描绘更令他生气：“我曾经很荣幸地成为那个值得尊敬的人的朋友，他在这种诽谤中遭到了可耻的抹黑和诋毁。”有人把这封信拿给狄德罗看，毫无疑问卢梭也期盼他看到这封信，但狄德罗认为这是一种虚伪的伎俩，没有理会它。

随着他与大部分重要关系达成和解或最终断绝，卢梭再次安下心来工作。他尝试了一种新策略与乌德托夫人恢复联系，即一系列说教式的“道德书信”，从克服诱惑的角度讨论美德的本质。这些信一直没有寄出。同样从克服诱惑的角度，他终于完成了《朱莉》，并于1758年9月告诉雷伊，这部小说已经可以付印了。半年后，即1759年4月，他意外地交上了好运。王国中最显赫的贵族之一，卢森堡公爵，一直努力想要见他。公爵和他的夫人每一次来到蒙莫朗西的乡间庄园时，都会派一名贴身男仆前来向卢梭致意并邀请他用餐。每一次他都没有回应。接下来，他们又派来一位更令人印象深刻的使者，即孔蒂亲王孔府上的洛伦齐骑士。卢梭仍然谢绝了。最后，在他最意想不
305 到的时候，伟大的公爵在六个仆人的簇拥下亲自登门，卢梭被折服了。他访问了卢森堡公爵的有一百多个房间的城堡，并且还去了好多次。五月，他接受安排在公爵府中暂住，当时他租的房子正在翻修。他们将成为卢梭有生以来最忠实的支持者。在他们的鼓励下，他努力投入两部主要著作《社会契约论》和《爱弥儿》的写作当中。终于，他找到了完全自愿、不以恩人自居的赞助人，而他的名望也即将达到空前的高度。

第十七章 306

最后的安宁和《朱莉》的成功

最初，卢梭和卢森堡一家相处感觉很不自在，因为他们的社会地位简直高到了极点。在英格兰，受制于长子继承制，每个贵族头衔只能有一个继承人，到十八世纪末上议院也只有200人。而在法国，贵族的每个孩子都能继承一个头衔，且头衔还能自由买卖，所以贵族的人数可能多达25万名（统计数据存在争议）；除了最具象征性的税收之外，他们全都不必纳税。这个庞大金字塔的顶端是公爵，就如司汤达在下一世纪所写的那样："只有一种贵族，就是公爵头衔。'侯爵'是可笑的，但你一听到'公爵'这个词就会转过头来。"与他们的地位相称的是，卢森堡家族的富有程度几乎难以想象。对比来看，霍尔巴赫一年有6万里弗尔的收入，已算是极其富有了。但卢森堡家族的不动产年收益至少也达50万里弗尔；在卢森堡公爵1764年去世时，他们拥有的财产总价值据评估远远超过1 100万里弗尔。

而且，与金融家迪潘和埃皮奈不同，夏尔-弗朗索瓦-弗里德里克·德·蒙莫朗西·卢森堡与宫廷关系密切。他在奥地利

王位继承战争中表现突出，后来成为皇家卫队的首领。这是一
307 个非常荣耀的职位，要求他每年有三个月陪同国王旅行。除此之外，他还是时常发生骚乱的诺曼底省的军事长官，在那里他负责镇压潜在的叛乱，也负责警戒和对付来自海峡对面英格兰的任何威胁。1757 年，他被授予法兰西元帅称号，而这是最高的军衔。

因此，卢梭和卢森堡一家在社会地位上有着天壤之别，但矛盾的是，这恰恰是他们能够成为真正朋友的原因。十八世纪的社会是一张复杂的关系网络，由赞助人和被赞助人、上级和下级、主人和仆人之间的相互关系组成，而卢梭的目标是尽可能摆脱这张网络，不依附于任何人，也不做任何人的主人。在新关系的最开始，他写信给公爵说："我想，如果我们两人都像我愿意相信的那样，我们可能会展现出一种罕见、也许是独一无二的奇观，即，尽管我们两个人的地位是如此悬殊以至于似乎根本不会有任何关系，却彼此保持着尊重和友谊（您已经跟我说过这个词了）。但为此，先生，您必须保持现状，让我也保持现状。"值得注意的是，结果正是如此。卢梭在卢森堡公爵去世后这么写道："在我有生之年，我将永远缅怀铭记这位可敬的大人。"他还告诉马尔泽布说，要理解卢森堡一家对他的意义，"您必须知道，在卢森堡先生和夫人期望认识我时，我发现自己正处于被所有的朋友忽视和抛弃的状态，我为此正经受着深深的精神煎熬……我快死了，如果不是他们，我肯定会因悲伤而死去"。

于是，卢梭和泰蕾兹搬进了卢森堡家族庄园内的一栋被称为"小城堡"的可爱的古典别墅。"小城堡"最初由著名画家勒

布伦设计，它周围的花园则由同样著名的勒诺特设计。他们选择了四间套房中最简朴的一间——以蓝、白为装饰主调，干净简洁。卢梭高兴得不得了。“在那里，我感到如同住进了人间天堂，过着无忧无虑的生活，享受着无忧无虑的幸福。”他在以前曾经多次身处天堂——在波塞，在夏梅特，在退隐庐——而且，就像亚当一样，他每次都被驱逐出天堂。这一次，幸福更加持久。当他三年以后不得不离开时，并不是因为和朋友们有任何争执。

夏天结束的时候，蒙路易的房子已经修好，足以让卢梭搬 308
回去住。但他同意保留“小城堡”的钥匙，并继续定期使用它。卢森堡公爵不外出旅行时，他们一家人多数时间都在巴黎，卢梭偶尔会住在他们城里的宅邸里（他离开宅邸就直接钻进马车，这样就能遵守他不再踏足巴黎街道的誓言）。他现在有了几处特别惬意的住所。每当卢森堡一家来蒙莫朗西度过几个星期时，他都自愿与他们共度每一天。通常的安排是，早晨去拜访卢森堡夫人，然后和公爵一起在公园里散步。他们真挚的友谊让卢梭心满意足。卢梭终于找到了一个父亲般的人，尽管此人仅仅比他年长十岁。

卢梭从前的朋友们宣称，对他的新朋友感到厌恶。狄德罗给格里姆（他终于在日内瓦与埃皮奈夫人汇合）写信说：“卢梭已经接受了卢森堡先生安排的住所，这让这里的人都开玩笑地说，他去吮吸卢森堡夫人的奶，以改变他血液里的尖酸味儿。”由于公爵夫人在前一段婚姻中声名狼藉，这个调侃可谓十分尖锐。至于格里姆，他把卢梭与哲学家们疏远归因于卢梭对他们能力的单纯的嫉妒。

> 他与他所有的老朋友们都绝交了。在这些人中，我和哲学家狄德罗曾经有过亲密的交往。他把我们替换成了最高阶层的那些人。我不确定这种改变对他是得还是失，但我相信，他在蒙莫朗西会感到一个充满憎恨和虚荣的人所期望的那种快乐。在他从前的朋友们的陪伴下，他得到了友谊和尊重，但他们的名声和他不得不承认的其中一些人远胜于他的天赋才华，都让他在这种交往中感到痛苦。在蒙莫朗西，他没有任何竞争对手，他享受着王国里最伟大和最杰出的人为他上的香，更不用说还有一群讨人喜欢的女人侍奉在他身边。

格里姆关于大人物和女人的看法是正确的。那些络绎不绝的有头有脸的访客让卢梭出奇地高兴，“维勒鲁瓦公爵先生、丹
309 格里亲王先生、阿尔芒蒂埃尔侯爵先生、蒙莫朗西公爵夫人、布夫莱尔公爵夫人、瓦伦蒂诺诺瓦伯爵夫人、布夫莱尔伯爵夫人和其他一些同样显赫的客人，并没有傲慢地拒绝从城堡到蒙路易的这段朝圣之旅，尽管爬得很累”。但如同他在《爱弥儿》中解释的那样，他发现最上层社会的人能够表现出一种谦逊和坦率，而这是社会上那些贪婪地向上爬的人所没有的。“他们拥有的东西越多，就越能意识到他们所缺乏的是什么……由于拥有了独一无二的优势，他们是如此明智，以至于不会为自身所不具有的天赋感到自负。”这当然是对贵族阶层的一种宽容的看法，因为当时贵族阶层被看作寄生虫而遭受着广泛的憎恶。“正是在这种激动难抑的时刻，当我拥抱卢森堡先生时，曾对他说：‘啊！元帅先生，在认识你之前，我曾经恨过那些大人物；现在

我更恨他们了，因为你让我感受到了他们要让自己受人崇拜是多么轻而易举。’”

卢梭小心地指出，与普通百姓比如当地泥瓦匠皮耶的友谊和与大人物的交往都一样令人满意，参观完城堡之后，他会急切地返回，“与老实人皮耶及其家人共进晚餐，有时候在他家里，有时候在我家里”。卢梭离开蒙莫朗西后，一位前去探访的游客报告说，乡下人都争相打听他的消息，并感叹道：“他是我们所有人的父亲。我们需要酒的时候他就给我们酒，没有任何一种好事是他没为我们做的，我们永远不会忘记他。”他可能确实曾为他们向严厉的卢森堡求过情，因为其中一人宣称：“他是我们在元帅阁下面前的保护人。失去了他，我们就失去了一切；我们会想念他，直到我们咽气。”

卢森堡夫妇确实试图以平等的姿态对待卢梭，他们小心翼翼地很少给予卢梭礼物和恩惠，而这些是埃皮奈夫人永远无法停止给予的。他决心始终如一，拒绝来自各方的礼物，而不仅仅是来自富人的。当一位日内瓦朋友寄来一些钱时，他回信说，尽管人们可能会试图用这种方式来购买他们所缺乏的美德，“但像您这样高贵的灵魂会通过更有价值的关注来表达友谊……打开您的心，合上您的钱包，那才是我需要的朋友”。卢森堡夫妇因为他自己规定的准则而更加尊敬他。公爵夫人从巴黎来信 310
说：“如果你连我送给勒瓦瑟小姐一件棉布印花裙子都不允许，是否可能太不公正了？……好吧，先生，尽管您威胁我，但我仍然全心全意地爱着你，我向你保证我永远不会改变。”几个月后，他感激地写信给她说：“你们没有想成为我的保护人或赞助人，而是我的安慰者和真正的朋友。就我而言，我从来没有给你们唱过赞歌，但我一直温柔地爱着你们。”卢森堡夫人给他回信，感谢他寄来了“世界上最迷人的东西”，即一份《朱莉》的手抄本，并补充说：“我很想见到你；这么久没见简直令我生不如死。一个人怎么会爱自己很少见到的人呢？或者说，一个人怎么会很少见到自己所爱的人呢？因为我的确全心全意地爱着你。”事实上，是《朱莉》这本书让她深深地迷上了卢梭。她鼓励他每次去看她的时候都要大声朗读《朱莉》。

让显赫的卢森堡夫人臣服于他是一个非凡的发展，狄德罗和格里姆有理由为此感到嫉妒。年轻的时候，她特别漂亮，也特别独立，善于用讽刺隽语令仰慕者们惶惑不安。她和她的第一任丈夫布夫莱尔公爵——此人也是一个杰出的军官和公爵——因为性自由或放纵而闻名，结果招来了妒忌和批评。伏尔泰利用她（她的本名是马德莱娜–安热莉克［Madeleine-Angélique］）与抹大拉的玛利亚（Mary Magdalen）同名的事实，写了一首略有些渎神的诗句来赞美她：

> 你的守护神，在使徒中间，
> 亲吻她神圣的夫君的脚；[1]
> 可爱的布夫莱尔，他本可以吻你的脚，
> 而圣约翰自己也会嫉妒！

不论这种与悔悟的圣徒的类比是否恰当，她在布夫莱尔公爵去世后的确决心要改变自己的生活。1750 年嫁给卢森堡先生后，

1　有一种说法是抹大拉的玛利亚是耶稣的妻子。

她过着一种平静而稳定的生活，真诚地忠于她的丈夫，同时还主持着一个出色的沙龙。

十九世纪二十年代，她的传记作家在回顾了许多同时代人关于她个性的记述之后，对她进行了这样一种令人钦慕的描 311 绘：“她不是那种胆小、瘦弱、爱哭的女人；那种女人像一束不被注意的光一样谨慎、拘谨地进入房间，小心翼翼地隐藏起正在吞噬她们的激情。她富有魅力，个子高挑，身材丰美，态度庄严，很有思想，像一位凯旋的将军一样勇往直前。”她最亲密的朋友之一，德方侯爵夫人，对她的描述令人难忘：“所到之处，她都会成为那里的主宰；无论她想给别人留下什么样的印象，她都能够做到；她几乎是用神的方式在发挥着她的天然优势，让我们相信即便她决定了我们的命运，从她全能神的高度选择了选民和被弃绝者，我们也仍然有着自由意志。那些因为不爱她而被她惩罚的人很可能会说：‘如果您想要被爱，您就会被爱。’”但让卢梭高兴的是，她真的欣赏他的直率和简单，并钦佩他的思想。她和她的丈夫有着广泛的阅读兴趣，并拥有一个藏书成千上万册的非凡图书馆，而卢梭被鼓励自由借阅所有藏书。

无论卢梭的新生活在他从前的朋友看来多么类似于一场社交漩涡，但它提供了他所需要的闲暇来思考和完成他的重大计 312 划。从长远来看，他希望能从他的书中获得足够的收入，来保证一种舒适的退休生活。但与此同时，他坚决地拒绝那些会以各种方式束缚他的收入来源，包括一项书评的工作——该工作可以为卢梭微不足道的劳动支付每月800里弗尔的丰厚报酬。相反，他仍然坚持他的乐谱抄写工作，因为这项工作很合他的心意。这项工作是有条理的、重复的，要求精准地抄写那些传统的符号，但它绝不是不用动脑子的。在他的《音乐辞典》的一篇长文章中，卢梭讨论了许多相关的技术选择，他强调说如果音符之间的关系没有被明智地展现出来，那么那些谱写得美妙无比的音符实际上可能很难读懂，并总结说，“最熟练的抄谱者抄出来的乐谱是最容易演奏的，而音乐家本人却想不到为什么会这样”。

可以肯定的是，在这个平淡无奇的职业中，有一种炫耀性的谦逊成分。莫雷莱说，卢梭喜欢来访者发现他忙于抄写乐谱，这样就给他一个机会解释说他不得不靠双手的工作来生活。他拒绝赞助也不仅是个人的道德选择，而且对他所创造的公众形象至关重要。马尔泽布对此看得很清楚：“如果卢梭只是说‘我鄙视贵族’，他们会回答，‘你真是傲慢无礼，你鄙视它只是因为你无法成为它’；或者更确切地说，他们什么也不会说，因为在巴黎或里昂，所有小店员都这样想、这样说。但卢梭说，‘我鄙视财富，而且我对那些可以获得财富的手段不屑一顾’。从那时起，公众的注意力就开始聚焦于他，因为这确实是独具一格的。”

泰蕾兹是一个熟练的女裁缝。她能够从卢梭富有的仰慕者那里接到活儿干，所以也贡献了微薄的收入。然而，她与卢梭的关系令访客们越来越感到困惑。“我们走进他的厨房，”一位年轻的日内瓦人报告说，“和他的仆人以及狗一起坐在桌边，就好像在族长时代一样。”在这位访客看来，泰蕾兹似乎只是一个仆人。这位访客还注意到令人震惊的粗劣红酒。卢梭喝干了两杯，“就好像它是琼浆玉液一样”，并高兴地评论说一位贵族客人称它令人厌恶。另一个访客对泰蕾兹也有相似的反应：“一个女孩，或者女人，和我们一起吃饭。我感觉她是卢梭先生的仆人、管家、厨师，等等。她并不漂亮，从这个角度看，她也 313
不会引起任何人的怀疑。”（拉尔夫·利严厉地评论道，“泰蕾兹 314
不再是卢梭的情妇，这是千真万确的，但这一逻辑远非无懈可击”；实际上，我们无从知道他们是否还睡在一起。）卡萨诺瓦记录了一个故事，说孔蒂亲王与卢梭共度了一个下午，他原本以为就他们两人，结果惊讶地发现在桌上还有第三套餐具。他问卢梭这是为谁准备的，卢梭回答说：“第三个人是另一个我。她既不是我的妻子，也不是我的情妇，也不是我的仆人，也不是我的母亲，更不是我的女儿，但她是所有这些人。”亲王因不得不与一个下等人共进晚餐而感到不快，回答说他要离开，让卢梭“与所有那些其他的自己在一起”。但是，无论卢梭如何重视泰蕾兹，毫无疑问，他对她屈尊俯就的优越姿态是很伤人的。“为了逗卢森堡夫人开心，我把她的惯用语编成了一本字典，而她的那些可笑的近音词误用也在我的生活圈子里变得很出名了。”

有一件事会对他的满足感构成威胁，那就是他糟糕的身体，但就在此时，卢梭的健康状况终于开始好转。一个原因是，他第一次得到了一位他能够信任的专家的意见。有一次他疼痛发作得特别令人担忧，卢森堡夫妇把他搬进了城堡里，并请来了著名的外科医生科姆修士。当科姆进行长达两小时的令人痛苦的探查时，公爵先生同情地站在一旁。检查结束时，他宣布卢梭前列腺肥大，但没有“结石”的迹象，还说他的器官构成正常，他可能会遭受很大痛苦，但会活很长时间。这种神谕式的宣告正是卢梭所需要的。他的病有生理原因，但不会是致命的，实际上他被认为是可以康复的。甚至在检查之前，卢梭已经开始意识到他的病痛至少有一部分是心理因素所致。他给一位新的仰慕者写信说："自从我硬起心肠，不再爱任何人，并把每个人都称为我的朋友之后，我就开始像猪一样变胖了。我知道没有比麻木不仁更好的健康秘诀了。"

在蒙路易和小城堡，卢梭一直在撰写后来被命名为《爱弥儿》和《社会契约论》的手稿，并与他在阿姆斯特丹的出版商雷伊来回传递已经完成的《朱莉》的校样。事实上，这是他所
315 有书中最受欢迎的，也是整个十八世纪最畅销的小说。对他的传记来说，这也是他的主要作品中最具有启示意义的一部，而这不仅仅是因为它反映了他与乌德托夫人的私情。事实上，《朱莉》绝不像埃皮奈夫人的小说那样是一部简单的映射小说。恋情一结束，卢梭就努力将他自认为获得的洞见戏剧化——这些洞见既是社会的，也是心理的。从心理学的角度来看，他想表明，痴迷的激情可以转化为更健康、更有建设性的东西；在社会方面，他想表明，一种尊重成员自由和个性的公共生活模式是可能的。

即使从传记的角度来看，将女主人公与乌德托夫人联系得过于紧密也是一种误导。《朱莉》的前两卷是在那次激动人心的会面发生之前完成的。接下来的三卷是在她的影响下写的，第六卷也即最后一卷完成时卢梭仍打算送给她一份费尽心思礼物，即整部作品的手抄本。（他确实送了，整整两千页整洁的手写稿；她拒绝亲自接受，而是派了一个仆人去取。）但是，如果《朱莉》仅仅是一部实现愿望的幻想小说，它不可能成为那个世纪

最畅销的小说。一位现代作家评论道：“他一生中从未遇到过他所需要的女人，这是有原因的，因为她从未在这个世界上存在过。”朱莉的全部意义在于她来之不易的智慧；这部小说背后的一个深层冲动是渴望重新审视过去的失望，并使之产生不同的结果。

在给自己的小说添加副标题“新爱洛伊丝”时，卢梭意在回顾一个关于家庭教师的中世纪故事：这位家庭教师娶了他的学生，却被为她愤怒的父亲工作的暴徒们残忍地阉割了。故事中的爱洛伊丝成了一名修女，因其对被阉割的阿伯拉尔无望的欲望而饱受折磨。朱莉的不同之处不仅在于她结婚生子，还在于她学会了以一种全新的方式与她从前的情人相处。从另一个角度来看，卢梭的小说是一部最新版的《罗密欧与朱丽叶》，其障碍不再是家庭竞争，而是社会差距；朱莉的父亲德丹治男爵坚守着已经不具有任何真正重要性的瑞士贵族的空洞声望。但是这里没有悲剧，没有毒药，没有双双殉情。尽管她和她从前的情人圣普乐仍然渴望着对方又不愿承认，但他们不再相信， 316
如果他们能结婚，他们会更幸福。

即使在故事的开头，激情也是令人担忧的。当这对恋人允许自己初次亲吻时，朱莉昏厥过去，圣普乐第二天写道：“不，留着你的吻，我无法忍受它们——它们太尖锐，太有穿透力，它们刺穿，它们烧到骨髓——它们会让我发疯。”在这段关系的早期，圣普乐喝多了，斗胆瞥了一眼朱莉的紧身胸衣，在他的下一封信中，他沉浸在羞愧中，但坚持他并没有色迷心窍：“如果我热烈和可怕的爱有时会驱使我用一只胆怯的手去接近迷人的你，告诉我，是否就是一个野蛮的莽夫胆敢亵渎了你的美呢？”尽管如此，他还是要求朱莉狠狠地惩罚自己，这再现了卢梭的生活模式——这种模式可以一直追溯到朗伯西埃小姐以及盛气凌人的小女孩戈登。而圣普乐一有机会，就恋物癖一般地恋慕着朱莉的衣服，就像卢梭狂热地亲吻华伦夫人睡过的床那样。“这件纤薄的胸衣接触和包裹过——多么迷人的形状——前面一对微凸的曲线——哦，性感的样子——鲸鱼骨撑由于受压而变形——美味的印记，我要吻你一千次！”

当他们真正睡在一起时——是朱莉主动使之发生的，即使在那时，他们最喜欢的仍然是灵魂的交流。“我想象不出还有什么比这样更幸福了，”圣普乐后来说，“你的脸贴着我的脸，你的呼吸拂过我的脸颊，你的胳膊搂着我的脖子。我所有的感官是多么平静啊！”在一个发自内心的脚注中，卢梭用自己的声音补充道：“哦，爱情！如果我怀念能够品尝你的时光，并不是为了两情欢愉的那一刻，而是为了那之后的一段时光。”欢愉（Pleasure）是热烈的，但就其本质而言是短暂的，而且往往随之来的就是痛苦。幸福（Happiness）有可能是一种持久的状态，但就其本质而言不可能是强烈的。因此，浪漫爱情必须被淘汰，以免它成为朱莉所说的“腐蚀我的感觉和理性的毒药”。几年后，她告诉圣普乐：“爱情伴随着因为嫉妒和匮乏所引起的持续不安，不适合于婚姻，因为婚姻是一种享受与和平的状态。”圣普乐卑微地臣服于朱莉的力量，崇拜着她的理想化形象，是一个浪漫的情人，却不具备成为配偶的资格。

正如卢梭颇为自豪地承认的那样，《朱莉》并没有很多的
317 情节，但一个令人不安的事件成了一个决定性的转折点。朱莉发现自己怀孕了，暂时允许自己希望一个孩子会让她与圣普乐

的秘密结合合法化。不幸的是，她的母亲发现了她与圣普乐的通信，他的父亲在盛怒之下狠狠地打了她，结果她流产了，她的母亲也死于一场致命的疾病。接着，圣普乐被迫离开。他加入了当时著名的英国海军上将乔治·安森的环球航行，与朱莉分别了六年。早在他回来之前，她就已经嫁给了她父亲选中的人——沃尔玛，并成了一名模范的妻子和母亲。

但是，当圣普乐从他的巨变中归来时，故事出现最令人惊奇的发展。沃尔玛并没有嫉妒妻子的老情人，反而邀请他和他们一起住在洛桑附近的克拉朗庄园中。沃尔玛有一种使他免于嫉妒的淡漠冷静的气质，类似于卢梭所崇拜的古典圣贤，与他自己情绪无常的气质截然不同。成为一个平静的生活观察者总是深深吸引着卢梭，他让沃尔玛说："如果我能够改变自己的本质，成为一只活生生的眼睛，我非常乐意做这个交换。"当他邀请圣普乐留下来时，他知道自己在冒险，但他相信这是治愈朱莉和圣普乐的毁灭性的激情的唯一方法。因此，他竟然鼓励他们在他们发生惊心动魄的初吻的那个树荫下再次接吻，接着，他外出旅行，这样他们的欲望就不会再因为他的在场而受到阻碍。

这是一个精心策划的祛除原有信念的过程，而治愈是成功的。"他爱上的不是朱莉·德·沃尔玛，"沃尔玛说，"而是朱莉·德丹治。"也就是说，他爱的那个朱莉已经不存在了。"他爱的是过去的她，这才是解开谜团的真正关键。拿走记忆，他就不再爱了。"在一个具有象征意义的事件中，圣普乐与朱莉一起驾船驶过湖面，来到一个叫梅耶里的小村庄——他曾经在那里痛苦地凝视着远处的她的家。他给她看了几年前他在岩石上刻下的她的名字的首字母；这些岩石已经成为——正如卢梭委托创作的插图的标题——“昔日恋人的纪念碑”。令人黯然神伤的回忆只能向圣普乐证明，一切都已改变。“都结束了，我对自己说。那些时光，那些快乐的时光已不复存在，它们已经永远消失了。唉，它们再也不会回来了。”

319 正如这个主题所表明的，《朱莉》的真正灵感根本不是乌德托夫人，而是华伦夫人。卢梭将故事背景设定在她的家乡，许多细节是他 1730 年孤身在洛桑逗留，以及 1754 年在湖边的快乐旅行中获得的；他还把身体上的相似之处写得明白无误。朱莉与妈妈一样有着淡金色的头发（乌德托夫人是黑发），还都有着欲盖弥彰的魅力：“狂热而大胆的目光在花束下肆无忌惮地潜入观看，在雪尼尔和薄纱下徘徊不去，使手也感觉到了那柔软的弹力，尽管它不敢真的去抚摸。”最重要的是，她与华伦夫人有着相似的个人魅力，她周围的所有人都会通过这种魅力受到她的良性影响，而那些与她最亲近的人分享着一种共同的联系，就像让-雅克认为他与克洛德·阿内所分享的那种联系一样。“我从她丈夫紧握我的手的方式中感觉到，我们三个都被同样的情感所感染；这个博大灵魂的甜蜜影响正在影响着她周围的一切。”

当然，也存在着差别。华伦夫人抛弃了她的家乡、宗教和丈夫；而朱莉对这三者都很忠诚。华伦夫人有一系列的情人，但没有孩子；朱莉的第一个情人仍然是她的灵魂伴侣，但她对丈夫仍然忠诚不渝，并为他生了孩子。在写作《朱莉》时，卢梭让自己扮演了华伦夫人最初的诱惑者塔韦尔的角色，但扮演的是一个忠实的情郎，而不是一个放荡浪子。他还抹去了华伦夫人和自己之间的年龄差异。她曾经是他的老师，而现在他把自己变成了她的老师。因此，如果说圣普乐是卢梭，那也不像许多读者所认为的那样是字面意义上的。一位朋友问："这不是你自己的故事吗？"他答道："这根本不是我的故事，但我很愿意这故事发生在我身上。"至于沃尔玛，他远不是一个情敌，而是一位提供了父亲般智慧的圣贤，所以圣普乐可以感激地呼喊道："噢，我的恩人！噢，我的父亲！"这样完美无缺的家长是对伊萨克·卢梭的巨大改进，也许他也有一些卢梭从未谋面的华伦男爵的一些特征。这就犹如将华伦夫人还给她那饱受磨难的丈夫，而不是将她让给卑鄙的温曾里德。

由于友情，而非浪漫爱情，构成了幸福的基础，朱莉最深刻和最持久的关系是与表妹克莱尔的友情。现代学者针对十八世纪文化中同性友谊的强度做了许多研究，而卢梭自己无疑也 320
对此有亲身体验，对女人中存在的这种友谊有着敏锐的反应。"看到两个如此动人的美人温柔地拥抱在一起，一个人的脸靠在另一个人的胸脯上，多么令人心醉神迷啊，"圣普乐带着窥淫癖式的热情感叹道，"世界上没有什么比你们相互的爱抚更能激起如此撩人的柔情了。"小说的编辑严厉警告不要怀疑她们有女同性恋的倾向，实际上卢梭在别处暗示，这样的行为主要是为了唤起男性的情欲，"她们以激起色欲而不受惩罚为荣，因为她们知道如何通过那些受到青睐的形象来让男性产生欲望"。无论如何，朱莉和克莱尔之间的情欲纽带被安全地升华了，她们自由地享受着卢梭一直渴望的完美的灵魂开放。"如果我没有猜错朱莉和克莱尔的心，"他告诉一位仰慕者说，"她们彼此是透明的；两人要在对方面前隐藏自己是不可能的。"这与现实生活中乌德托夫人和埃皮奈夫人的表姐妹关系是多么的不一样啊！

卢梭还仔细地为圣普乐提供了一位忠实的朋友，被称为爱德华·博姆斯顿绅士的高尚的英国贵族（在坐马车前往蒙彼利埃途中曾自称为达丁的那个人很有取出荒谬的英国名字的天赋）。博姆斯顿也经历过热烈的爱情，并且已经超越了爱情，因为，尽管看起来可能很奇怪，但是他坚定地拒绝与两个爱慕他的漂亮女人发生关系。“他拒绝享受乐事，这比他品尝乐事的纵欲行为更快乐；他比那些放浪形骸、耗尽生命的人爱得更长久、更自由，更享受人生。”

在这些年里，卢梭一直在努力写他的政治和社会著作，在他对虚构的位于克拉朗的沃尔玛庄园的描述中，他探讨了一个困扰他一生的问题。既然人类除了生活在社会中别无选择，那么，社会如何才能满足他们的需要，而不是伤害和剥削他们？卢梭在很大程度上是一个现代人，他与家庭和出身隔绝，自我定义，从一个地方漂泊到另一个地方，从一套社会关系转移到另一套。在克拉朗，他创造了一个稳定的小社会的幻想，一种道德生物圈；在其中，每个人都知道自己的位置，并喜欢这个位置。沃尔玛被称为“带着搽了粉的假发的老大哥”，他的统治是“一种温和的极权主义”，这不无道理，但应该强调的是兄弟
321 情谊与温和。与当时那些不住在庄园的地主不同，沃尔玛和朱莉的生活尽可能地简朴，并利用一切利润来让庄园变得更好。

十八世纪经济理论的一个标准说法是，富人的奢侈生活为穷人提供了工作。卢梭一贯持相反观点。“奢侈在我们的城市滋养了一百个穷人，在我们的乡村却让十万人死去。”克拉朗的解决方案是，完全退出整个经济系统，创造一种自给自足的经济，

从而摆脱城市对乡村的奴役。（卢梭总是把乡村劳动理想化，对此他除了在夏梅特喂过鸽子之外，没有任何个人经验。）克拉朗的农夫们在劳作时歌唱，“回忆起黄金时代的所有魅力”，葡萄的收获使他们“愈来愈富足和欢乐，并将他们用以发家致富的劳动转变成了持续的节日”。

然而，真正的平等是不可能的，卢梭认为这在现代世界是无法实现的。尽管沃尔玛是开明的，但他也是一个开明的专制者，甚至在收获之后的庆祝活动上，“如果有人碰巧忘乎所以言行不当，也不会遭到斥责，以免扰乱节日，但第二天他一定会被毫不留情地辞退”。更让人吃惊的是，家里的仆人们按照性别被分开，并始终处于主人的监视之下。卢梭自己是一名心怀愤恨的男仆时，花了很多时间想念他得不到的女孩；在克拉朗，仆人们被严格禁止卷入性关系，这被恰当地称为“道德阉割”。在这个家长式的结构中，卢梭想象着他一生中最痛苦的错误之一得到了纠正。当仆人们被指控做错事时，朱莉与他们私下面谈，“通常她会让他们流下难过而羞愧的泪水；她也常常会因为看到他们悔过而心生怜悯和感动”。这正是当年拉罗克伯爵在都灵没能做到的，当时，让-雅克关于被盗丝带的被指控毁了可怜的玛丽昂的生活。如果当时伯爵和蔼地询问他，而不是当众审问，他本会承认偷了那条丝带。如果他的雇主是朱莉，而不是拉罗克伯爵，那该多好啊！

与卢梭思想的各个方面一样，克拉朗的乌托邦也充满了暗示性的悖论。一方面，它呈现了一幅乡村生活的图景，是现代 322
世界所能提供的最接近健康存在的东西。这一愿景对杰弗逊式民主很有吸引力，并在城市化文明中产生了深深的共鸣。另一方面，卢梭始终坚持，真正的自然状态是不可恢复的，人类无药可救地自私和好斗，因为社会使他们成为这样的人。克拉朗是一个简化的社会，将损害降至最低，但损害永远也不能完全消除。因此，在管理各种关系的方式中，特别是与雇员的关系上，总是会有一定程度的计谋和策略。就如圣普乐承认的那样："奴役对人来说是如此不自然，以至于它的存在必定包含着一些不满。"因此，主人通过隐蔽的操纵管理着他的仆人和农场工人，"将控制隐藏在快乐或自我利益的面纱之下，使他们认为他们渴望他们必须去做的一切"。而这正是朱莉个人魅力的关键所在。她对整个共同体而言就像是一个慈爱的母亲，让每一个人在履行他们应尽的职责时，都觉得深受赏识。对十八世纪的女性读者而言，这是一个积极的、能予人力量的愿景。而对现代女权主义者来说就很不一样了。但这个问题要推迟到《爱弥儿》中才会得到卢梭的正面讨论。

除了心理和社会问题，卢梭的小说还贡献了其他的东西：一种富于启发性的自然观。在更早的时候，"自然"仅指宇宙中的所有事物，包括城市，因为人是一种社会动物。然而，在十八世纪，随着卢梭成为一个有影响力的来源，自然开始意味着世界上被人类改变得最少的那些方面。甚至是被朱莉称作爱丽舍宫的她的花园，看起来也是天然野生和未经开垦的，尽管其中的一切都布置得非常巧妙——它是被驯化的爱情（domesticated love）的一个精巧隐喻。在这种意义上，自然越来越被赋予了精神上的价值，就像卢梭在蒙莫朗西树林里漫步时，发现自己在大声呼喊："哦，伟大的存在！哦，伟大的存在！"

日内瓦湖在《朱莉》中扮演了重要角色；朱莉的一个孩子

坠入湖中，她为了救这个孩子感染了致命的疾病，这让这对前恋人之间的情欲紧张得到了解决。远处雄伟的阿尔卑斯山也很重要，尽管卢梭更喜欢被耕种的山麓，而不是高高的山峰。有人已准确地指出，他的目光很少会超过林木线。在青年时代，323 他曾两次穿越阿尔卑斯山，但没有留下任何评论；一位阿尔卑斯山文学作家尖锐地评论说，卢梭在《朱莉》中关于瓦莱地区的描述十分单调苍白，以至于"它会让人想到月亮上的山脉"。但精准的描述并不是重点。卢梭想要唤起人们对灵性化自然的心理效应，在这一点上他取得了辉煌的成功。当圣普乐前往瓦莱旅行时，他发现空气纯净清新，令人振奋——"一个人呼吸得越自由，身体就越觉得轻盈，精神就更宁静。"——他被崇高感所淹没。"有时，风化严重的巨大岩石悬挂在我的头顶；有时，从高处咆哮而下的瀑布以其密集的水花淹没了我；有时，奔腾不息的激流在我面前冲进一个深渊，水深莫测，不敢逼视。"阿尔卑斯山正在成为吸引旅行者的主要景点，正如一位学者所评论的那样，很快每个人都想尽情地呼吸山里的空气，尽情地聆听瀑布奔流的声音。最重要的是心境。一位波兰女伯爵在十八世纪末参加卢梭的朝圣之旅时注意到，卢梭的描述与实际场 324 景几乎没有任何相似之处，但她仍然哭得像个孩子。一代又一代的读者继续将《朱莉》的世界营造成他们自己的世界。迟至十九世纪五十年代，当塞内加尔河畔一个衣衫褴褛的渔夫得知一位访客来自日内瓦时，他从口袋中掏出一本翻旧了的《朱莉》，喊道："那么，阁下，你可以随时前往梅耶里！"

然而，卢梭校对《朱莉》时，并没有自信能获得成功。他特别担心公众会对一个严厉的道德家出人意料创作的浪漫小说做何反应，因为这种类型的小说仍被广泛认为是微不足道的娱乐作品或者更糟糕的东西，尤其是，他的小说里还描写了一位未婚少女自愿与她的情人发了性关系。（在书的序言里，他郑重地建议不应允许未婚女孩阅读此书。）审查制度也是个问题，不同于卢梭那些年的其他作品，《朱莉》中令人不安的内容相对较少。最主要的问题是，他把沃尔玛写成了一个无神论者，目的是表明无神论者不一定就是不道德的，而可以与信仰友好并存。正如他告诉日内瓦牧师韦尔纳的那样，他相当天真地希望，能够让当时彼此冲突的知识分子阵营和解共存。“虔诚的朱莉是给哲学家们的一个教训，无神论者沃尔玛则是给不容异议者的一个教训。”这种宽容对教会来说是完全不可接受的。为了确保此书能在法国公开发行，马尔泽布出于个人兴趣，安排雷伊在把清样送给卢梭之前先寄给他审查。（这样做还有一个好处是，为卢梭节省了沉重的邮费，在当时，邮费是由收信人而非寄信人支付的。）即使在我们来看可能是老生常谈的东西，也可能在政治上引发巨震；有一个这样的威胁在书印好之后不得不被清除。朱莉说：“煤商的妻子比王子的情妇更值得尊敬。”卢梭已经再三考虑，用“王子”一词替换了原先用的“国王”一词，但马尔泽布更进一步，从送给蓬皮杜夫人的那本书中剪掉了这一页，并贴上了他为此专门印刷的另一页。

325 当雷伊的版本在1761年初准备出售时，一个与之竞争的法国版本已经问世，其中包含马尔泽布删减的内容。面对竞争，雷伊吓坏了，担心他的投资会付诸东流，但他原本无需担忧。他被允许进行非官方的销售，事实证明，两家出版商的唯一困难是要满足似乎永无止境的需求。一年后，雷伊告诉卢梭，他靠它赚了一万里弗尔。事实上，《朱莉》的成功绝对令人震惊。到十八世纪末，至少出版了七十个版本（尽管不得不说，在那个时代，新版本并不罕见，盗版书籍很普遍。比起保留昂贵的铅字用于可能永远也不需要的重印，付钱给印刷商从头开始重新制作一个文本要更便宜）。各地城镇都有阅读俱乐部、图书出租馆和书店。在那里，顾客可以在闲暇时出适当的花费阅读，而不必购买；在所有这些地方，人们都如饥似渴地阅读这部小说。《朱莉》的成功是在有明显缺点的情况下取得的：它长达八百页，几乎没有什么事件，都是关于一般性话题的长篇大论。但很快就可以看出，它激发了前所未有的情感投入。一位评论家宣称，书中的激情是如此强烈，以至于他们烧掉了论文。多年后，日尔曼妮·德·斯塔尔评论说，卢梭不仅没有辜负他在美德方面的声誉，反而通过赋予它富有想象的吸引力，成功地“使美德变成了一种激情”。

大多数小说都是匿名出版的，但卢梭自豪地把自己的名字放在了扉页上，正如他在序言中宣称的，“完整地拼写出了让-雅克·卢梭”。他很快就收到了人们寄来的大量邮件；这些人作证说《朱莉》改变了他们的生活。如前文所说，他自己也曾被寻找作者的书中人物所诱惑，而读者感激地参与了这种诱惑，爱上了朱莉和圣普乐，仿佛他们是真实的人。卢梭并没有阻止他们，他后来写道：“谁不崇拜我的朱莉，就不知道什么是值得爱的；谁不是圣普乐的朋友，就不可能成为我的朋友。”

一个不崇拜朱莉的读者已经确定自己不是卢梭的朋友。格里姆在其限量发行的通讯中，严厉谴责《朱莉》是长期以来出

现的最糟糕的书，“作者是一个缺乏天才、想象力、判断力和品位的人”。他的谩骂持续不断；如果不了解格林与卢梭的关系，
326 就无法解释这种怨恨。另一位前朋友狄德罗更有技巧。他试图通过发表对英国人塞缪尔·理查逊的《克拉丽莎》中的模范的过分赞美来指出《朱莉》的劣等性。狄德罗宣称：“他带着火炬，进入洞穴深处；是他教我们认识到体面动机之下微妙而不雅的动机……他对着出现在入口处的崇高的幻影呼气，它所掩盖的狰狞的摩尔人随之出现了。”卢梭本可以回答说，他笔下的人物也被不为人知的动机所困扰，但他也会说，道德操守的崇高愿景并不只是一个幻影。《朱莉》与《克拉丽莎》确实有共同之处。两本书都利用了书信体模式。在书信中，人物之间的交流给人一种即时性的错觉。在这两本书中，家长制做派的父亲强迫女儿嫁给她不爱的人。但相似之处也就到此为止。克拉丽莎在被一个无情的诱惑者下药和强奸之后，因羞耻感而饱受折磨，逐渐衰弱，郁郁而亡。朱莉在故意与她所爱的男人上床后，接受了与别人的婚姻，为所有人创造了美好的生活。《朱莉》里面没有反派。

卢梭收到的许多信件都来自女性，经常为他带来快乐；当观众为《乡村占卜师》泣不成声时，他也曾体会过这种快乐。他特别喜欢一位女士的故事。她在晚餐后准备参加舞会时开始阅读《朱莉》，午夜时下令将马套在她的马车上；半夜两点仆人来提醒她时，她仍然完全沉浸在书中；最后在四点钟上床休息，她还在继续阅读。另一位女士在给卢梭写信说：“我已经哭不出来了，一种剧痛袭上心头，我的心收紧了，垂死的朱莉对我来说不再是一个陌生的存在，我相信自己是她的姐姐、她的朋友、她

的克莱尔。”她补充说，她非常渴望看到据说卢梭所拥有的朱莉的画像，她想在画像前跪拜。在《忏悔录》中，卢梭令人吃惊地吹嘘道：“妇女们首先为这本书及其作者如痴如醉，以至于如果我尝试的话，即使在最高层，也几乎没有人是我无法征服的。”

男人们也反应热烈。对他们来说，《朱莉》揭示了他们不知 327
道如何表达，甚至不知道如何识别的情感。“如果伟大的卢梭不存在，”一位来自普罗旺斯的乡绅写道，“我就什么都不需要了。他确实存在，于是我觉得少了点儿什么。”里昂的一位修士告诉他：“我们的心多么感激您，因为您让我们的感情成长，如果不是您温暖它们，它们就会一直贫瘠荒芜！苏格拉底是思想的助产士，而您是美德的助产士。”二十五岁的夏尔-约瑟夫·潘库克后来成为一名大出版商。他写了一封审慎地没有署名的信，声称他以前曾陷入愤世嫉俗的怀疑主义中，但阅读《朱莉》改变了他。“需要一个神，而且是一个强大的神，把我从悬崖边拉回来，而您，先生，就是创造了这个奇迹的神……自从这次幸运的阅读后，我被对美德的爱所点燃，我原以为已经熄灭的心，比以往任何时候都火热。”毫不奇怪，卢梭赶紧结识了这个令人钦佩的人。

毫无疑问，潘库克别有用心，那就是希望出版这位作家未来的作品，但他的言辞呼应了卢梭从各方面听到的观点。一个巴黎人来信说，他和圣普乐一样，爱上了一个比自己富有得多的年轻女子；她渴望阅读《朱莉》，但因父母禁止阅读小说而沮丧不已。因此，他们一致认为，最好的办法是让他偷偷溜进她的卧室，这样他们就可以一起读它了。“她睡着了，我扑到她怀里，把她吵醒了。你完全可以想象，我们的第一份消遣并不是读书。她允许我在她的嘴唇上亲吻一千次，她让我随意处置的乳房的魅力，点燃了我的感官，以至于在我陶醉的状态下，我正要——但她阻止了我的努力，并以朱莉和她的情人不会不同意的方式对我说话。”简而言之，她提醒他，他是一个值得尊敬的人，而他也证明了自己有能力应对这一挑战。“我们几乎每天晚上都继续见面。我睡在她的卧室里，而且经常和她在一起。我无数次看到她在我的怀里昏厥。我曾有过最强烈的欲望，但我总能克服它们……这要由您来判断，先生，我的行为是否鲁莽轻率，以及这些对我自己的多次胜利是否比冷静的灵魂的胆怯矜持更有价值。”像这样的信件将强烈的情欲与克己的美德结合起来，暗示着乌德托夫人的花园和卧室里令人兴奋不已的痛
328 苦场景正在欧洲各地重演。但作者希望得到同情答复的努力失败了。卢梭严厉地回信说：“我不知道你妄自讲述这些不雅的细节是什么意思，读到它们，很难不认为你是个骗子或阳痿。”他补充说，如果这位女士在她爱人的怀抱中昏厥了，“你只是获得了看着她昏厥的愚蠢快感”。他没有补充说，他自己与乌德托夫人的行为也大同小异。

卢梭的读者赞扬《朱莉》调和了激情与美德，用当时流行的道德术语解释了它的成功，但同样可能从社会学角度来描述它。在当时社会对婚姻的约束仍然强有力的情况下，理想但不可能的爱情被纵容但也被控制了的主题，是非常有吸引力的。如果卢梭把激情颂扬为终极的善，他不可能如此成功。《朱莉》的秘密在于，它在看似煽动性爱的同时，也在冷却性爱，于是产生了一种哀伤多于煽动的情绪。《朱莉》的第一个读者是卢

森堡夫人，尽管她以辛辣尖刻的机智而闻名，但她从未停止过对该书的赞美。她很可能在书中看到了她自己故事的另一个版本：年轻时充满激情，并因此受到指责，晚年则是明智而平静的。正如她的传记作者所说，对像她这样的读者来说，这本书创造了“信件、表白、约会、信任、会面、既渴望又害怕的放弃——简而言之是整首爱情诗——的无限快乐”。

更为深刻的是，卢梭自己可能也没有完全理解，他的直觉是，尽管朱莉接受了她在克拉朗的角色，但它仍然只是一个角色。在她弥留之际，沃尔玛凝视着她的眼睛，感叹道：“朱莉，我亲爱的朱莉！你伤透了我的心……你很高兴死去，你为离开我而感到高兴。”他是对的，因为她离开后留下的那封信透露了她对圣普乐的爱依然强烈，并可能仍会促使她做出一些不可原谅的事情。根据卢梭与读者分享的道德观念，朱莉为圣普乐而离开沃尔玛是不可接受的，更不用说通奸了。对她来说，选择死亡也是不可接受的。但是，当一场事故发生时——当然，这是一场由卢梭的阴谋所造成的事故——她无怨无悔地接受了死亡，摆脱了为成为一个好妻子和好母亲而压抑自己最深层的感情这一难以忍受的压力。这种压力对许多读者来说 329
太熟悉了，当圣普乐拒绝实现朱莉的遗愿，即，让他与克莱尔结婚时，他们一定会感到很满意。从某种意义上来说，他和她在一起可能会很幸福，但这将是一种错误的幸福。因此，即使责任、家庭和道德获胜，浪漫的爱情也会获胜，伴随着直至死亡都隐藏其秘密的所有心酸。至于克莱尔，她沉浸在悲痛之中。“我自己不能哭泣，不能说话，也不能让别人理解我……我在众人中间是孤独的。”《朱莉》是关于社会及其要求的，但在这里和在任何时候，卢梭最深刻的洞察力总是关于孤独的。

奇怪的是，知识分子的评论表现得最具道德性。他们对一个品行端正的年轻女子竟然向一个男人示好表示愤慨，同时又对人物的哲思倾向表示遗憾。卢梭以前的朋友夏尔·博尔德是一个典型。他半开玩笑的预言被认为是根据一份古代手稿："学生将失去所有的羞耻和谦逊，她将与她的老师一起犯下蠢事，牢记格言。她会在他唇上献上初吻，她会邀请他和她上床；她会成为形而上学的孕妇，他们的情书将是哲学的说教。"伏尔泰对《朱莉》的批评也同样充满了讽刺。他声称对一个女孩把自己交给家庭教师的无耻行为感到震惊，特别是当家庭教师比她的社会地位低下的时候，他理所当然地认为圣普乐事实上就是卢梭。"绅士（博姆斯顿）确凿地证明了，一个懂得读写的钟表匠的儿子完全可以和西班牙的大公、英国的公爵和贵族、帝国的王子，以及日内瓦的市政官相提并论……从来没有一个荡妇如此说教，也从来没有人比一个勾引女孩的男仆更像是个哲学家。"但伏尔泰是在逆流而上。他的敌人弗雷隆在欣赏这种道德说教方面更具代表性。"作者知道如何使美德具有吸引力和说服力，最终，人们读了他的书就会变得更好，或者至少想变得更好。"但不是每个人都欢迎《朱莉》的道德影响。一位读者抱怨说，在四年的幸福生活之后，他的情人因为读了《朱莉》就迅速赶走了他。"痛苦不堪，我发誓永远恨您。人们钦佩朱莉的美德对我来说毫无意义，除了在您的信中，她并不存在，人们从未见过像她这样的真实例子。"

330 除了批评和狂热的崇拜之外，还有一些暗中的不敬，如在巴黎流传的匿名诗句：

啊，爱情，在我们生活的时代。
尽管你有温柔的法则。
我们必须读完六卷书
才发现他们只做了两次！
如果这些外国时尚
胜过你的教导，
这对书商来说是件好事
但对那些阴户来说就更糟了。

随着《朱莉》的出版，卢梭发现自己扮演起一个新的角色；这个角色在大众出版的黎明时代刚刚出现。读者们感到他们是在与一个高尚的灵魂进行间接交流，而他成为名人不仅是因为他的作品，也是因为他的人格。无数陌生人写信给他，向他咨询生活问题；还有许多人寻求与他私人接触。在某种程度上，这种关注令人振奋，但也让人不安，因为他已投身于孤独的理想中，正如一位研究成名现象的历史学家所言，他现在是一种特殊的现代隐士，“一个渴望在精神上公开而在身体上保持私密的人，一个害羞的明星”。对他的公众形象的担忧将在未来的岁月里困扰着他。

与此同时，卢梭还有其他计划要完成，而且他确实很快就完成了。在短短十六个月里，三部杰作相继问世出版：1761 年 1 月的《朱莉》；1761 年 10 月的《爱弥儿》；1762 年 4 月的《社会契约论》，离他满五十岁还有两个月。非常值得注意的是，他继续他的实践，在每种新的文类中写一本书，然后继续前进。他认为自己不是专业作家，而是传递信息的人，不断追踪这种信息在个人关系、教育和政治生活中的含义。凭借这一系列令人难忘的出版物，卢梭的名声将达到前所未有的高度。然后，这一切都将轰然倒塌，他将作为一个流亡者和社会的弃儿逃至荒野之中。

卢梭传

一个孤独漫步者的一生

下

Jean-Jacques Rousseau: Restless Genius

II

Leo Damrosch

[美] 利奥·达姆罗什 著

彭姗姗 译

上海人民出版社

第十八章 331

争论者卢梭：《爱弥儿》和《社会契约论》

《朱莉》完成后，下一步是继续写一本关于教育的书。卢梭从和迪潘夫人在一起时就一直在为这本书积累笔记。对于一个从未养育过孩子的中年男人来说，写一本关于这个主题的长篇论著似乎有些奇怪，但卢梭发现这个计划有很多令人信服的理由。他早年有过丰富的家教经验，现在他认为他明白了为何他的方法从来没有奏效过。无论他尝试情感感染、推理，还是愤怒，结果总是反抗，而不是合作。他意识到他的教导开始得太晚了：舍农索是一个阴沉的青少年，甚至年幼的马布利家的男孩们在他遇见他们的时候就已经积习难改。在《爱弥儿》中，他提出了一套截然不同课程：督导（tutor）从一开始就负起责任，并通过微妙的间接方法鼓励孩子根据自己的自然倾向发展。

除了对教育的直接兴趣之外，卢梭已经开始反思自己的童年——过早地引入成人阅读，既受到管教又被忽视——并开始理解早期经历是多么关键。此外，步入中年后，他对于自己没能成为什么样的人有了沉痛的意识。“在六十岁的时候，”他在

332 《爱弥儿》中写道，“还没开始生活就死了，这的确很残酷。”此时他才四十多岁；对他来说，可能还不算太晚。但无论如何，他无法逃脱这样一种意识：尽管他与孩子们意气相投，但在他们面前他却很尴尬和忸怩。“孩子们有时会奉承老人，但从不爱他们。”

最重要的是关于自己的孩子被送到弃婴之家的记忆。“我还有一桩旧罪要在出版物中来赎，”卢梭告诉一位通信者，“之后，公众就再也不会听到我的消息了。”虽然他的个人故事仍是一个严格保密的秘密，但他在《爱弥儿》中间接提到了它：“任何不能履行父亲职责的人都无权成为父亲。无论是贫穷、劳动，还是别人的评判，都不能免除他亲自抚养和养育孩子长大的职责。读者们，你们可以相信我。我预言，任何一个有心的人，如果忽视了这种神圣的职责，都将长久地、痛苦地为自己的错误而伤心哭泣，而且永远得不到安慰。”在《爱弥儿》中创造一个虚构的男孩，并展示在理想的情况下应如何抚养孩子，将是一种忏悔和赎罪。

起初，卢梭设想这本书是一部传统的论文，但它很快就呈现出小说的味道，同时，轶事和对话使得论证变得生动有趣。但是，如果说《爱弥儿》在外观上类似于一部小说，那么，它也不是一部现实的小说，因为这个孩子一进入督导的照料之下，实际上就与他的家庭隔离开来了。当有人抱怨爱弥儿的父亲似乎没有起过作用（母亲至少在婴儿时期给他喂过奶）时，卢梭愉快地回答说：“哦，他没有任何作用。他不存在。”他从自己的经历中知道，真实的孩子非常需要爱，但他对童年的记忆也表明，即使是最有心的父母也不可避免地扭曲了孩子的发展。

他们要么太严厉，在这种情况下，孩子们学会了怨恨暴虐；要么太溺爱，在这种情况下，孩子们学会了操纵。

卢梭认识的父母中，很少有人对他们的后代感兴趣。他特别反感的是，中产阶级和上层阶级的母亲们为了保持身材和取悦丈夫，通常把婴儿托付给奶妈们，而奶妈们往往并不健康，并且漫不经心。而这只是问题的开始。当孩子们断奶回家后，他们由受薪的仆人照料，然后被送到学校学习死记硬背的知识，333
染上了早熟的恶习，最后作为习俗观念的奴隶进入世界。“我们所有的智慧都存在于奴性的偏见中，我们所有的习俗都只是服从、不适和约束。文明人在奴役中出生、生活和死亡：出生时他们把他缝进襁褓，死亡时他们把他钉入棺材。只要保持着人的形态，他就被我们的制度所束缚。”通过逃避或至少是推迟这些压力，爱弥儿将有机会成长为他自己。

卢梭的大多数具体建议都很传统——多洗澡，少学拉丁语，等等——但真正具有独创性的是他声称每个人都有独特的气质，需要自由才能茁壮成长。他关注的不是教学方法，而是教学目的。许多作家都批评过传统教学的机械记忆和严酷纪律。例如，历史学家吉本痛苦地写道：“学校是恐惧和悲伤的洞穴。被俘的青年被锁在书本和桌子上……他们像波斯的士兵一样，在鞭子下劳作。”但通常的解决方案只是治标不治本，建议进行改革，但目标仍然是培养温顺的社会成员。约翰·洛克在他颇具影响力的《教育漫话》中强调了年轻人心智的可塑性，它们就像“白纸或蜡，可以随心所欲地塑造”。他还非常强调纪律。“那些想要管教子女的人应该在孩子很小的时候就开始，并且注意让他们完全遵从父母的意愿。你想让你的儿子过了童年期之后仍旧服从你吗？那么，必须在他刚刚知道服从，并能理解自己处于谁的权威之下时就立刻树立起父亲的权威。”这样的建议不仅对保守派来说似乎不言而喻是正确的；对于进步的思想家来说也是如此，包括埃皮奈夫人——她写了一篇题为《致我儿子的信》的说教性论文，在其中主张严格的纪律。

在卢梭看来，教育儿童害怕权威是一个灾难性的错误。他认为，他们应该面对的唯一力量是残酷的必然性，即，事物本质中所固有的对于自由而言的障碍。这样，他们会选择自己的行动，因为他们明白需要做什么，而不是为了取悦成年人或逃
334 避惩罚。洛克建议通过交替使用“尊重和耻辱”来影响孩子，但卢梭想保护他想象中的孩子免受他人期望的压力。他的意图是展示一个人如何在不牺牲诚实正直的情况下为社会生活做好准备，“用自己的眼睛看，用自己的心感受，除了自己的理性，不受任何权威的支配”。在另一种表述中，“他是一个生活在城市里的野蛮人”；又或者，“他不是人之人（the man of man），而是自然之人（the man of nature）”。

至于通常的教育内容，卢梭认为它值得拥有，但它本身并非目的。他还以一些洞见挑战了传统的教育学；这些洞见被后来的每一个教育机构不断重申及遗忘。像苏格拉底一样，他认为真正的知识来自提问，而不是背诵答案。“我在教我的学生一门艺术；这门艺术非常漫长，非常痛苦，而且肯定不是你的学生所拥有的，那就是无知的艺术……你传授知识，非常好；而我关心的是获得它的方法。”贯穿整部作品的是卢梭在去万塞讷途中迸发的洞察。正如他在《爱弥儿》的开头响亮地宣称的那样——他所有的书都以令人难忘的开篇句子而闻名——“出

自造物者之手的东西，都是好的，而一到了人的手里，就全变坏了。”

《爱弥儿》获得成功多年后，卢梭更充分地重申了他的立场：“这本书……只是一部关于人性本善的专著，旨在展示邪恶和错误是如何与人的构造格格不入，从外部入侵它，并潜移默化地改变它。”传统的宗教教义认为，每个人进入这个已经被罪恶感染的世界时，都需要被强行塑造成一个道德主体。启蒙理论认为，每个人进入世界时都是一张有待被感官体验和父母、老师书写的空白石板——洛克著名的白板。卢梭认为，每个人进入这个世界时，都带着一种需要据其本性成长的性情。孩子有很多东西要学，但前提是他要用自己的方式去学，而通常被认为是教育的大部分东西只会适得其反。“我敢阐述教育中最伟大、最重要、最有用的规则吗？不是为了赢得时间，而是为了失去时间。”

《爱弥儿》中最令人信服的是对生命浪费的深切悲痛，坚持 335
教育不应使生命变得更糟。“在这个世界上时间过得多快啊！”卢梭感叹道，“生命的第一个四分之一在我们知道如何利用它之前就已经消逝，而最后一个四分之一是在我们不再享受它之后。起初，我们不知道如何生活，很快我们就不再能够生活，在这两个无用的端点之间的空间里，我们四分之三的时间被睡眠、劳动、痛苦、束缚和各种痛苦所消耗。人生短暂，与其说是因为它持续的时间如此之短，不如说是因为我们几乎没有时间去享受它。”十八世纪出生的儿童中，有将近一半的孩子在成年之前就死了，并且他们短暂的生命被不必要的约束和殴打毒害着（菲尔丁的《汤姆·琼斯》中的一位家庭教师被形象地命名为施瓦肯［Thwackum］[1]）。“即使我假设这种教育有合理的目标，一个人怎么能看到可怜不幸的人被套上难以忍受的枷锁，像桨帆船上的奴隶一样被判处持续地劳动——费尽气力却并不能确保对他们有任何好处——而不感到愤慨呢？欢乐的岁月在眼泪、惩罚、威胁和奴役中流逝了。”

为了鼓励爱弥儿独立思考，督导向他提出了一系列秘密策划的挑战。当他想出如何种植豆子时，他为自己的成就欣喜若狂，但后来当家庭园丁粗暴地毁掉他的作品时，他震惊了。园丁罗贝尔解释说，爱弥儿掘地时，无意中毁掉了一茬瓜。从这个错误中他学到了私有财产的价值。重点是，孩子需要通过具体的经历来把握伦理原则，这和背诵口头公式是很不一样的。“把诸如国王、帝国、战争、征服、革命和法律之类的词语放进他们嘴里是很容易的，但当问题变成要赋予这些词以清晰的思想时，从与园丁罗贝尔的谈话到所有这些词的解释将会有一段很长的距离。”

还有一次，当一个魔术师让一只浮水的鸭子跟着他手里的一块面包游时，爱弥儿大吃一惊。他回家后，督导帮助他做了一只他自己的鸭子，并通过演示如果将磁铁藏在里面会发生什么来解释这个谜。鸭子身上一定有一块磁铁，而面包里一定有一块金属。爱弥儿为自己的聪明感到骄傲，急忙回到魔术师身边，用自己的一些含有金属的面包重复了这个把戏，当众让魔
336 术师尴尬不已。“男孩高兴得大叫，浑身发抖。人们的鼓掌和喝彩令他头晕目眩，他控制不住自己。”但是教训还没有结束。下

1　这个名字一语双关，因为 thwack 的意思是用棍棒使劲打。

一次爱弥儿出场时，鸭子莫名其妙地远离他的面包，但对魔术师的手甚至他的声音都反应敏捷。众人都在嘲笑，爱弥儿困惑而屈辱地回家了。应督导的邀请，魔术师前来造访，解释了这是如何做到的：他有一个同伙拿着一块磁力很强的磁铁藏在桌子下面。这一经历教会了爱弥儿"虚荣心的首次萌动会引起多少屈辱的后果"，他因此同时学到了两件事，磁性原理和骄必败的原理。

于是，当爱弥儿学会推理时，是在直接的自我利益（self-interest）的背景下进行的。教育作家们通常认为儿童是理性的存在，而卢梭把情感放在第一位，认为自然时期一直持续到十二岁，理性时期直到那时才开始。由于儿童必然是以自我为中心的，所以他们会不断努力，直到得到他们想要的东西。他们需要学习的是，限制是由存在本身施加的，而不仅仅是由成年人武断的法令强加的。卢梭描述了另一个比爱弥儿更任性的男孩。他会在督导最不方便的时候坚持去散步。解决办法是让他自己去，结果他迷路了，被路人奚落，变得很害怕。督导的一个帮手跟在男孩后面，以确保他没有受到伤害，然后带他回家惩戒和悔过。这种情况显然是操纵，尤其是当卢梭补充说，邻居都被训练来扮演他们的角色。有时，督导对自己权力的满足感几乎可以被称为施虐欲；斯塔罗宾斯基确实这么称呼它。但操纵才是重点。在社会中长大的人不可能像自然人一样生活，而督导的作用是创造人为的环境，让爱弥儿在没有意识到这一人为环境的情况下恰当地发展，就像克拉朗的仆人们相信他们在实现沃尔玛的愿望时是遵循着他们自己的愿望一样。

毫无疑问，卢梭认同这位全知全能的导师也是事实。在

《朱莉》中，卢梭把自己变成了一名年轻的家庭教师（tutor），337 赢得了一位理想的智识伴侣和性伴侣——这是他爱上他的音乐课学生时从未发生过的事情——然后体验到了克己的高贵。在《爱弥儿》中，他变成了一个更年长、更明智的指导者，对他从未拥有或没有留住的儿子行使完全的控制，却没有因为他的权力而遭到怨恨，反而得到了毫无保留的崇拜。或者说，在《爱弥儿》中，他实际上将自己一分为二，一个是心胸开阔的年轻的让-雅克，另一个是无私地为孩子奉献一生的替代父亲。

但这种动机是深层的，而不是表面的。《爱弥儿》最令人印象深刻的是其不带感情色彩的现实主义。卢梭说，“我们都不是哲学家，不知道如何把自己放到一个孩子的位置上”，但事实上他做得非常好。在一段精彩的对话中，他展示了说教式课程所产生的恶性循环：

老师：不能这么做。

孩子：为什么不可以呢？

老师：因为这么做不好。

孩子：不好！做什么不好呢？

老师：你被禁止做的事。

孩子：做我被禁止做的事有什么不好？

老师：你会因为不服从而受到惩罚。

孩子：我会用没人知道的方式去做。

老师：你会被监视的。

孩子：我躲起来。

老师：你会被审问的。

孩子：我会撒谎。

老师：人一定不能说谎。

孩子：为什么人不能说谎？

老师：因为这样不好，等等。

卢梭不仅对公开的道德说教持批评态度，而且对享有普遍尊重的《拉封丹寓言》这样的文学文本可以寓教于乐的说法也不以为然。为了说明这一点，他逐条分析了狐狸和乌鸦的寓言；在寓言中，狐狸对乌鸦的声音赞不绝口，以至于乌鸦想唱歌，结果丢掉了自己的奶酪。卢梭提出，这个故事非但没有教会孩子们鄙视奉承，反而鼓励他们寻找愚蠢的受害者。"没有人喜欢被羞辱。他们总是会扮演吸引人的角色，这是自尊（amour- 338
propre）的选择，也是非常自然的选择。"

事实上，任何形式的阅读都受到督导的积极劝阻，因为它会刺激逃避现实的幻想。唯一被认可的书是《鲁滨孙漂流记》，书中能干的主人公务实地掌控着他的岛屿。所以爱弥儿与年轻的让–雅克完全不同。后者爱上了浪漫的女主人公和古罗马人，很早就学会了希望自己是另一个人，生活在别处。青春期会使得事情益发复杂，但在那之前，卢梭说，"我看到（爱弥儿）热情、活泼、生气勃勃，没有痛苦的忧虑或长期而痛苦的远见，全身心地沉浸于他当下的存在中，享受着充实的生活。"这就是卢梭一直渴望却很少实现的纯粹的存在感。然而，虽然要避免早熟的阅读，但他并不反对训练有天赋的孩子演奏复杂的音乐，理由是他们不是在模仿成人的技巧，而是完全掌握了它们。他举了几个例子，并在后来版本的一个注释中补充说："从那时起，一个七岁的小男孩做了更惊人的事情。”这个男孩就是莫扎特。

卢梭想象中的自然人完全满足于孤独的生活，但爱弥儿生活在现代世界，最终必须成为社会的一员。此外，由于公共世界充满嫉妒和竞争，他将需要一种能够提供安全庇护所的情感关系。“我知道绝对的孤独，”卢梭曾写道，“是一种阴郁的状态，与自然相反。关爱的感情滋养灵魂，思想的交流活跃心智。我们最甜蜜的存在是相关联的和集体的，我们真正的‘我’并不完全在我们自己之内。”所以爱弥儿需要一个妻子，而挑战在于找到合适的妻子，预防情欲固定在不合适的对象上的倾向。“与其从童年开始就给我的爱弥儿指定一个配偶，”督导说，“不如等着了解谁会适合他……我的任务是发现自然所做出的选择。”

为了让爱弥儿在等待这个人出现的时候做好准备，督导鼓励他想象一个适度女性化、足够有才智（他自己也不十分聪颖）并且在家庭技能方面训练有素的理想女性。正如伊夫·瓦尔加
339 斯所注意到的，这是一个如此引人注目的幻想中的理想人儿，以至于爱弥儿将避免肤浅的纠缠，等着一旦找到她，就与真实的人儿永久地结合在一起。“我们热爱我们为自己塑造的形象，”卢梭说，“远胜于我们将其所赋予的对象。如果我们看清了我们所爱的事物的本来面目，那么世界上就不会再有爱了。”目标是将爱弥儿的欲望导向积极的方向，而不是过早地将它们与真实的女人联系在一起。“让我们叫你未来的主妇苏菲，”督导说，“这是个预示美好的名字。”没错，因为这个名字源自希腊语的“智慧”，卢梭一定记得他对乌德托夫人说过的话：“苏菲，我亲爱的苏菲，请允许我有时给你一个预示美好的名字。”

在对世故的城市女孩大失所望之后，爱弥儿和他的督导旅行到了一个偏远的山谷，在那里他们受到了一个好客家庭的接待。这个家庭出身良好，但并不富裕，他们的女儿碰巧叫作苏菲。她也一直渴望着找到一位理想的伴侣，看中了卢梭最喜欢的一本书——费奈隆的《特勒马科斯》——中的主人公。在这部作品中，品德高尚的王子表现出容易受到激情的影响，但在他明智的导师的指导下，他能够抑制激情。导师只是表面上的，实际上是伪装后的女神雅典娜。卢梭很可能对雅典娜感兴趣，因为她是理性的化身，没有性生活。

在看到现实生活中的苏菲的那一刻，爱弥儿就产生了浓厚的兴趣，就像他被安排好的那样。卢梭很清楚，他自己会以一种可预见的方式突然迷恋上某种类型的女性，而且他认为浪漫的爱情是一种社会的造物，而非人性中的自然倾向。所以，为了不让自己成为激情的牺牲品，爱弥儿已经精心准备好对适当的年轻女性产生恰到好处的激情。

他喜欢她的模样。当她说话时，她的甜蜜彻底征服了他，就像华伦夫人很久以前征服了让·雅克一样。“爱弥儿一听到这个声音就投降了。这就是苏菲，他不再怀疑了。”但是，如果爱情是甜蜜的，那它也是一种传染病，就像古典道德家们常说的那样。苏菲的魅力像洪流一样涌入张口结舌的爱弥儿的心中，“他吞下了她让他迷醉的毒药”。

一次由督导陪伴着的谨慎的求爱随之而来，因为督导知道延迟会增强欲望；至少，爱弥儿对一些不幸的人表现出慷慨而不是去和苏菲约会，这样，他证明了自己是一个真正的特勒马科斯。这时，苏菲也准备投降了。她用一只胳膊（不是两只胳 340

膊）搂住他的颈项，亲吻他（的脸颊），并宣布："爱弥儿，握住这只手，它是你的了。你什么时候愿意，你什么时候就可以做我的丈夫和主人；我会努力配得上这份荣誉。"她的父亲拍手感叹道："再吻一次，再吻一次。"于是，她亲吻了爱弥儿的另一个脸颊，然后红着脸地藏到母亲怀里。这个短暂的场景包含了卢梭在爱情中所希望的一切。爱弥儿不必做任何公开的事情来赢得苏菲；她自愿屈服，而他将成为她的主人，同时仍然是她的爱人和朋友。

不仅是对现代读者，而且对卢梭的许多同时代人来说，卢梭所描述的苏菲令人吃惊是在于，她的教养和爱弥儿的教养有着天壤之别。爱弥儿被保护着尽可能长时间地不被社会化。但另一方面，苏菲从一开始就被社会化了，擅长习俗上被认为是女性成就的烹饪、缝纫、演奏音乐，等等。卢梭实际上宣称，自然有意让一个女孩全神贯注于衣服和装饰。"她完全在她的娃娃里，她把所有的媚态都放在里面，她不会就这样离开它；她在等待她能成为自己的玩偶的那一刻。"妻子的顺从角色据说是必要的，无论她是否觉得痛苦。"男人往往满身恶习，充满缺点。而她天生要服从这样不完美的男人，必须尽早学会忍受不公正，毫无怨尤地忍受丈夫的错误。"

直到那个世纪末，才出现了对卢梭立场的公开批评——玛丽·沃斯通克拉夫特尖锐地揭露了《爱弥儿》中的一些假设。许多女性已经致力于女性主义思想；而大多数男性哲学家，包括伏尔泰、达朗贝尔和狄德罗，也持有比卢梭更进步的观点。卢梭对女性的不安全感当然是他强装优越态度的根源，但苏菲在《爱弥儿》中的角色也是理论论证的一部分。爱弥儿是在与社会习俗隔绝的情况下被精心抚养长大的，如果他想在社会上占有一席之地，就需要一个已经熟知规则的伴侣。此外，卢梭也有一些相当新的提议：他提出妇女主持家庭，应该成为家庭的情感和道德中心。在自然状态下，她们会享受事实上的平等， 341
独立生活，但在社会生活中，她们的身体弱点使她们容易受到男性力量的伤害，除非她们用自身更微妙的力量来对抗它。“一位妇女统治家庭应该像一位大臣在国家里做的那样，让自己被命令去做她想做的事情。从这个意义上说，最好的家庭总是那些妇女最有权威的家庭。”通过假设一种丈夫和妻子都发挥着重要互补作用的、真正的夫妻伙伴关系，卢梭建议了所谓现代情感家庭——它基于情感关系，而不仅仅是等级权威。一位历史学家说，在十八世纪的背景下，“卢梭很有影响力，因为他为女性提供了更好的待遇”。

在《爱弥儿》一个引人注目的段落中，卢梭描述了一次晚宴。在这次晚宴上，主人小心翼翼地依次为每位客人服务，虽然足够好客，却一点儿没有意识到他们的个性。“但他的妻子会知道你高兴地看着什么，然后把它给你。与邻座交谈时，她的目光也投向桌子的另一端；她区分开两种人，一种是因为不饿而不吃东西的人，另一种是因为笨拙或胆小而不敢下箸或提出要求的人。当他们离开餐桌时，每个人都认为她一直只关注着自己。”在弗吉尼亚·伍尔夫的《到灯塔去》中的著名晚宴上，发生了类似的事情：拉姆齐夫人的技巧也是她的负担，她能凭直觉对每位客人感同身受。胆小而笨拙的卢梭常常有机会对这样的女人表示感谢。

无论如何，当代读者印象最深的是一些更具体的东西。卢梭强调母亲应该亲自给孩子哺乳，而不是把孩子托付给奶妈；母亲们听从了。“我们都说了这一点，”伟大的博物学家布封评论说，“但只有卢梭先生发出了命令，并使自己服从。”在他死后很久，因为这一点，女人们仍然对他推崇备至。马蒙泰尔描述了他的小儿子在被交给奶妈时遭受的一场灾难——奶妈差点让他饿死，他说他的妻子永远无法接受他对卢梭的不断诋毁。
342 “她偏爱卢梭；她对他劝说妇女们给婴儿哺乳、细心照料婴儿以使其人生的第一阶段得到幸福而感到无限感激。她说：‘一个人必须原谅教会我们做母亲的人身上的某些东西。’”

如果说《爱弥儿》中对女性的处理在卢梭有生之年没有激起反对，那么他对宗教的处理则截然不同。可以肯定的是，妇女将以最传统的方式接受宗教教育。“既然妇女的行为要遵从于公众舆论，那么她的信仰就要遵从于权威。每个女孩都应该遵从她母亲的宗教，每个妻子都应该遵从她丈夫的宗教。”但是爱弥儿完全被屏蔽在宗教问题之外，直到他长大到足以理性地解决这些问题；当时机最终到来时，许多正统信仰对男性来说是可以抛弃的。卢梭自己的信仰建立在良心的内在直觉之上，而良心并不要求他接受任何没有意义的东西。后来，在自己的观点遭到广泛攻击后，他写道：“我不认为人们必须压制自己无法解决的反对意见。这种偷偷摸摸的聪明有一种令我反感的坏信仰的气息，它让我担心，从根本上说，真正的信徒太少了。”他的朋友穆尔图担心自己会丧失信仰，卢梭言简意赅地回复：“我要求你的不是信仰，而是好的信仰。”

卢梭宗教思想的核心内容包含在他所写的最有争议的东西中，即《爱弥儿》中一个长篇章节，题为“萨瓦牧师的信仰自白”。青春期的爱弥儿需要一位能像督导为他的心智所做的那样为他的灵魂服务的向导。都灵的盖姆修士是这位向导的主要原型，另一位原型是卢梭在安纳西时短暂从学过的加捷修士。这两个人作为宗教人士都给他留下了深刻的印象，而他们都遭到了心胸狭隘的上级的误解和迫害。正如卢梭认为盖姆所遭遇的那样，《爱弥儿》中的萨瓦牧师也陷入了困境，因为他爱上了一个未婚的女孩，而不是像人们期望的那样和已婚妇女上床。甚至他卑微的身份也是对那个时代价值观的挑战。卢梭的朋友贝纳丹指出，将一个不起眼的神父理想化是非同寻常的。

牧师对神学教义不感兴趣，卢梭认为这种非教条的态度对于在怀疑论时代恢复对宗教的尊重来说至关重要。他所信仰的是他个人版本的自然宗教，认为圣经和教会权威不是关于上帝 343
的唯一知识来源，而上帝的善可以从可见的宇宙中充分推导出来。这种信仰的另一个名字是自然神论，肯定某种存在创造了世界，但不一定是关心个体人类并奖励或惩罚他们行为的个人化的上帝。卢梭的自然神论与通常的自然神论不同之处在于其强烈的情感性。伏尔泰的自然神论更为典型，与其说是一种信仰，不如说是一种理论建构。正如伏尔泰对里斯本地震的焦虑所表明的那样，他的神在哲学上是不可或缺的——当他说如果上帝不存在，就有必要发明一个上帝时，这不仅仅是一句俏皮话——但他认为自然是一个复杂的发条齿轮装置，而不是关于神圣温柔的启示。卢梭则完全不同，他需要信仰作为对抗绝望的堡垒。“在任何其他系统中，我将没有资源地活着，毫无希望地死去，成为最不幸的生物。那么，让我坚持唯一能让我无视财富、命运和他人而保持快乐的系统吧。”

从卢梭的角度来看，这位牧师教导的最重要的方面是坚持灵魂的不朽。与百科全书派的唯物主义哲学相反，他接受了传统的二元论；这一理论认为灵魂和身体是完全不同的。他对狄德罗愿意把包括人类思想在内的一切都归结为物质原因感到愤慨。事实上，卢梭在自己的身体里从未真正感到自在，更愿意把它当成一个可分离的累赘。“我期待着那一天，”牧师感叹道，“当我从身体的桎梏中解脱出来时，我将成为一个没有矛盾和分裂的我。”

虽然牧师的信仰在今天可能显得温和，但它很快会让卢梭陷入困境；攻击将来自他的右翼，而不是左翼。启蒙运动中的无神论者和不可知论者都小心翼翼地隐藏起来。他们不关心神学，主要关心的是反对教会的世俗权力；他们并不介意普通人相信什么，只要那信仰能让他们开心。“罗马世界盛行的各种崇拜模式，”吉本写道，“都被人们认为是同样真实的，被哲学家认为是同样虚假的，被法官认为是同样有用的。”卢梭确实关心信仰，斯塔尔的评论是有一定道理的。她说他是“他那个时代
344 唯一尊重虔诚思想的天才”，但他从来没有考虑过隐藏起来，而是直言不讳地蔑视正统信仰。早在十七世纪四十年代，他就以近乎伏尔泰式的讽刺来描述一些神学概念：“他们用三个人来谈论一个上帝，三个人中没有一个是另外一个，但每个人都是同一个上帝；圣餐的神秘之处在于两英尺的跨度包含了五英寸的跨度；因为原罪，我们为没有犯的错误而非常公正地受到惩罚；说到圣礼的功效，是通过纯粹的肉体涂抹带来精神效果。”在《爱弥儿》中，讽刺消失了，但对教条的不信任依然存在；而且整个论证被挑衅性地置于一个牧师嘴里。因为正如斯塔罗宾斯

基所注意到的，就连对良知的呼吁看起来也很可疑，而良知的要义本应是它传达了神圣的警告和谴责。卢梭的良知几乎可以被用来认可他所做的一切事情。

当卢梭对《爱弥儿》进行最后的润色时，对远处的雷声浑然未觉。他主要关心的是让他的主人公适应社会生活的困难，他从来没有对这个故事的结尾感到满意。多年来，他一直在构思一部奇怪而悲伤的续集，名为《爱弥儿和苏菲》或《孤独者》。一直以来的前提是，求爱的陶醉会让位于更温和但更持久的东西。为了推迟这种扫兴的结局，并增强爱弥儿的自制力，督导命令他在结婚前出国旅行两年。他解释说："你在期待中享受的东西比在现实中所能享受的更多。想象装饰着我们所渴望的东西，而它一旦被拥有，就会被抛弃。"果然，在《孤独者》中，爱弥儿和苏菲结婚几年后，事情开始明朗了。他们的孩子死了，他们搬到了巴黎。在那里他们变得越来越疏远，并开始出轨，苏菲可耻地怀孕了。爱弥儿离开她后，她就消失了。为了养活自己，爱弥儿开始做细木工（督导让他在这方面接受过训练，所以他总是有一技之长）。一段时间后，他在马赛上船，被海盗抓获，又被海盗卖到阿尔及尔为奴。这个故事几乎开始类似于《老实人》。

手稿到这里中断了，尽管卢梭经常谈到它可能如何继续，
但其意义很难确定。有两点似乎很清楚：即使是理想的教育也 345
不能阻止社会毁掉人们的生活，而爱弥儿最大的希望不在于人际关系，而在于像古代斯多葛派那样内心平静。他最需要的是简单地活在当下，就像自然人曾经做过的那样，也像他自己小时候那样。在这部作品中最雄辩的一段话中，爱弥儿说："从希

望的焦虑中解脱出来，确信会逐渐减少欲望的焦虑，看到过去对我来说不再意味着什么，我试图把自己完全置于一个刚开始生活的人的状态。我对自己说，事实上我们除了开始什么都不做；在我们的存在中，除了一连串的当下时刻，没有其他的联系；第一个时刻总是刚刚发生的时刻。我们生命中的每一个瞬间都在死亡与重生。”值得注意的是，随着时间的推移，卢梭本人越来越成功地按照这一理想生活。他仍会经历多年的苦难，但当苦难结束时，他将进入一个相对平静的最后时期。

《爱弥儿》在出版后的几十年里相当流行，许多人试图按照让-雅克的方式来抚养孩子（通常是男孩）。从这个进步的实验中确实出现了一些著名的人物，例如物理学家安培，电流单位安培以他的名字命名；解放者玻利瓦尔，玻利维亚以他的名字命名。更值得注意的是，卢梭建议教给男孩一门手艺，以防他从社会高层跌落；这一建议得到了广泛听取，以至于王储都让儿子接受了锁匠培训。他以这种方式养活自己的能力从未受到考验，因为他在断头台上丢了脑袋（他的许多支持者认为自己是卢梭的信徒）。事实上，《爱弥儿》的含义比最初认识到的更激进。尽管每个人都认为卢梭的教育计划是理想的，而不是实用的，但法国大革命前的一位作家敏锐地看到，实用性不是最重要的考虑因素。“一个像这本书中那样的完美爱弥儿，在目前的社会状态下无疑是不可能的；但至少旧偶像已经被打碎了。”

卢梭这一时期的另一部伟大作品是《社会契约论》。它篇幅更短，更加专业，但从长远来看影响更大。多年来，他广泛阅读政治和社会方面的书籍，打算写一部关于政府和制度的综合
346 性著作，而《社会契约论》是那本从未被写过的巨著的残留部

分。社会契约理论自古就有，但以前的版本设想的是统治者和被统治者之间有一个有约束力的协议。在旧的理论中，契约是一个民族和一个他们宣誓效忠的国王之间签订的。在最近的理论中，契约是公民之间的协议，但他们仍然承诺服从一个有权制定和执行法律的政府。他们的政府可能会对他们不好，但他们已经同意了这个契约，就没有权利抱怨。哲学家们对开明专制的热情就是基于这种观点。他们的方案是一个自由化的方案，在现有制度内工作，以改善它们。但卢梭不想自由化，而是想重新思考政治生活的核心；他不禁注意到，理论家总是设法为现状辩护。"真理不会带来财富，"他讽刺地说，"人民也不会授予大使、教授职位和年金。"

《社会契约论》的挑战劈头就在卢梭最令人难忘的精彩开场白中被宣布了。"人生而自由，却无往不在枷锁之中。"这听起来几乎就像马克思主义的"全世界工人们联合起来；你们失去的只是枷锁"。杰出的政治学家和卢梭研究者莫里斯·克兰斯顿直截了当地指出，"本书的论点是，人不需要被枷锁束缚着"。但这样说过于简化了卢梭的精妙之处，忽略了他的悲观主义，因为紧接其后的句子定下了非常不同的调子。卢梭继续说道："每个自认为是其他人的主人的人，反而比他们更像奴隶。这种变化是怎样形成的？我不知道。是什么才使它成为合法的？我自信能够回答这个问题。"正如《论不平等》所表明的，在任何类型的社会中，总会有不平等和剥削；这些是生活的事实，而不是可以改正的错误。所以目标不是挣脱枷锁——这是不可能的，而是要找到一种方法，让枷锁被自由接受而不是被强加于人。

在提出这个问题的解决方案时，卢梭采取了两个非常有原创性的举措。他发明了一种关于社会契约和主权者的全新思维
347 方式。以前的作家认为契约是历史事件，而卢梭的创新之处在于认为它与历史无关。他认为它意味着一种隐含的理解：这种理解作为此时此地的一种共同承诺持续存在着，而任何一种制度如果缺乏这种承诺都是不合法的。以前的作家把国王称为主权者，即，其臣民（subjects）按字面意义“臣服”（subjected）于他的统治者，而卢梭坚持认为作为一个整体的人民才是主权者。这意味着，他们拥有的任何统治者都只是一个公务员，并且君主制和共和制在概念上并无区别。法国的皇家专制主义、英国的君主立宪制和日内瓦的共和国都有负责执行作为主权者的人民的意志的行政人员。如果今天我们认为这个真理是不言而喻的，这在很大程度上是因为我们是卢梭的继承人。

政府仍然是必要的；人民虽然是主权者，但不能做日常的决定。但重要的是，没有他们的理解和同意，就不能做出任何决定。由于这个原因，卢梭认为，真正的社会契约只能存在于像古希腊那样的城邦。言下之意是，像法国这样的大国根本就是不合法的，并不仅仅因为它是君主制国家；卢梭对代议制政府同样持批评态度。“英国人民自以为是自由的，但他们大错特错了。他们只有在选举议会议员的时候才是自由的；一旦议员选出之后，人民就是奴隶，变得什么都不是了。”由于即使在一个城邦中，人民的完全参与也是不切实际的，社会契约仍然是一个理想，应被用来衡量现存的折中妥协。“从严格意义上说，真正的民主从来没有存在过，也永远不会存在。”

卢梭理论的基础是另一个全新的原则，即每个人在法律上

和道德上都与其他人是平等的。日内瓦小到足以成为一个城邦，名义上由全体公民组成的大议会控制，但大多数居民不拥有公民身份，并且实际权力被委托给两百人议会，再由它委托给贵族的小议会。至于法国这个幅员辽阔、欧洲最大的国家，甚至没有对平等做出口头承诺。那里的法律是由大约三百个法律体系构成的令人困惑的混合体；全体人民被分为三个拥有不同特权的阶层，即，统治和战斗的贵族、祈祷和教导的神职人员和其他所有人。当然，其他人的类别异常复杂，涵括了从拥有比 348
大多数贵族更大实权的商人和官僚，到只能勉强维持生计、被归为“穷人”的广大下层工人。

哲学家们一点也不同情下层阶级。格里姆在批评卢梭的政治著作时，表达了一个典型的观点：“一般人并不是为自由而生，也不是为真理而生，尽管他们嘴里经常念叨这些话。这些无价的东西属于人类的精英，其明确条件是他们在享受这些东西时不要过分夸耀。其余的人生来就是为了奴役和错误。他们的天性置他们于那里，并使他们受到不可战胜的束缚。读读历史，你就会对此深信不疑。”有趣的是，哲学家一贯的敌人帕利索对卢梭的看法要宽容得多。“他是在讲台上怒喝的德摩斯梯尼。他的道德学说从许多方面来看都是真实的、崇高的，同情被压迫者，并且毫不留情地反对压迫者。”

格里姆认为枷锁是自然的，也是不可避免的；卢梭认为它们是不可避免的，但与自然相去甚远。进步人士呼吁建立法治政府而非人治政府是很常见的，但在卢梭看来，这是一个不充分的解决方案，因为正如他在《社会契约论》中所说：“法律总是对有产者有用，对一无所有的人有害。”在《百科全书》的一篇文章中，他说得更明确：“当一个重要人物抢劫了他的债权人或制造了其他事端时，他不总是确信这样做不会受到惩罚吗？……当那个人被抢劫时，警察立即采取行动，而那些被他怀疑的无辜者就要倒霉了。”

正如阿瑟·梅尔泽和其他人所表明的那样，卢梭思想的核心是尊重现代个人主义，同时对其进行毁灭性的批判。十八世纪的进步作家认为，个人之间的竞争有利于整体的利益，而个人会发现合作和竞争都符合他们自己的利益；亚当·斯密在呼吁自由市场的同时也颂扬了社交的好处。卢梭对利己主义（self-interest）采取了更悲观的看法，就像十七世纪的道德学家帕斯
349 卡尔一样。帕斯卡尔冷酷地说，“每个我都是所有其他人的敌人，都想成为他们的暴君。”但是帕斯卡尔把自私归因于原罪，卢梭则把它归因于社会。自然人既没有经历过竞争，也没有经历过暴政，但那些日子已经一去不复返了；现在的解决方案是通过创造一种能超越个人私利（individual self-interest）的公意（volonté générale）来对抗自私（selfisheness）。卢梭刻意用自相矛盾的表述说明，“每一个与其他人结合在一起的个人仍然只服从其本人，并且仍然像以往一样的自由”。更矛盾的是，这个群体变成了一个“公共的大我”（moi commun）。

很多时候，一个人的个人愿望与整体的意愿背道而驰。这是不可避免的。重要的是这是一个意愿（a will），而他接受了这个意愿。卢梭有时被指责助长了现代极权主义，但没有什么比这更让他惊骇了。在他自己的时代，批评家们认为他的思想倾向于相反的方向，倾向于无政府状态，或者充其量（如一位日内瓦的保守者所说的）倾向于“一种可怕的民主”。这位作家准

确地意识到了《社会契约论》中的关键思想，而这些思想将很快激励一代革命者：“人民是每个国家的主权者，他们的权利是不可剥夺的。”十五年后，托马斯·杰斐逊写道：“我们认为这些真理是不言而喻的：人人生而平等，他们被造物主赋予了某些不可剥夺的权利。”

无论如何，极权主义的概念并不属于那个时代，因为卢梭所想的与现代警察国家的监控和思想控制完全不同。相反，他想象的是对共同体利益的自愿承诺。他的想法是给人们一个理由来克服他们自己的自私，即，通过在一种集体的自我（collective ego）中升华他们单独的自我（separate egos）。在卢梭相当奇怪的数学类比中，城市是分母，而每个公民是分子。没有人可以像曾经的自然人那样，本身就是一个完整的整数，但至少他可以是单一整体的一个分数式的部分，而在现代世界，正如克里斯托弗·凯利所说，“人类是分子，但分母未知”。

卢梭从来不认为统一会轻易实现。在《社会契约论》中，最臭名昭著的是，他宣称：“为了使社会契约不至于成为一个空洞的公式，它就默认地包含了这一承诺——只有这一承诺才能使得其他承诺具有力量——即任何人拒不服从公意的，全体就 350
要迫使他服从公意。这恰好意味着，他们将迫使他自由。”（On le forcera d'être libre. 在法语中，这个表达很省事，是无人称的。）这听起来确实是极权主义，但它的意思是，在现代社会中，人们不再知道如何才能真正地自由。很多时候，他们实际上是在伤害自己和同伴，就像吸毒者为了得到更多的毒品而不惜一切代价；不能自拔地重复破坏性行为是没有任何自由的。然而，“他们将迫使他自由”仍然是个人主义局限性的一个令人不安的迹象。正如一位作家所评论的那样，人们很容易想象，在卢梭理想的城市里，一个年轻人可能会在宵禁时被锁在家里，然后走上寻求另一种自由的道路。事实上，他的论点的核心是，自然人曾经享有的自由与社会的存在完全不相容。社会人所能期望的最好的东西是适合公民的有限自由（limited freedom）。与公共的大我融合后，他就放弃了个人自我（personal moi）的自主权。

情感比理性更强大有力。无论卢梭共和国的制度有何缺点，共和国的公民都需要对它们有一种情感上的信仰。为了创造这种信仰，卢梭设想了一个像莱格古士——他被认为是斯巴达宪法的制定者——一样的立法者。当然，现代世界极不可能听从这样一个人的意见，但这正是问题所在。在这一点的论证上，宗教再次以一种几乎不可能不给卢梭带来麻烦的方式出现了。他建议，为了强化人们对他所设计的制度的信仰，立法者应该编造一种“公民宗教”，同时让人们相信这种宗教是他从天上接受的。这种新的信仰可能有许多不同的形式，但绝对不应该是基督教形式。在一个令人震惊的分析中，卢梭提出，由于基督教认为另一个世界比这个世界更优越，“我不知道还有什么比这更违背社会精神的了”。此外，由于它宣扬谦卑和顺从，“它的精神对暴政太有利了，以至于暴政不会不利用它。真正的基督徒是被造来当奴隶的。”当尼采在一个世纪后提出这种说法时，这种说法仍然令人愤慨，而在十七世纪六十年代，这绝对是令人震惊的。重点并不仅仅是暴君为了自己的目的滥用宗教；任
351 何传教士都可以这么讲。更深层的含义是，基督教的人生观完全错了，因为它把实际上是社会产物的侵略性冲动归咎于人性，

并劝告信徒在等待从眼泪的价值中解脱出来时屈服于世俗的权威。出于显而易见的原因，《社会契约论》中关于公民宗教的部分遭到了各个地方既存权威的谴责。还令他们不高兴的是，《朱莉》中的无神论者沃尔玛用几乎预示着马克思的术语认可了他妻子的虔诚，认为这是一种“灵魂的鸦片”。

至于《社会契约论》的政治信息，很久以后才被清晰地听到。直到 1785 年，一位研究卢梭事业的作家还轻蔑地说：“它的大部分都是一部糟糕的小说。令人难以置信的是，一个自称哲学家和人类朋友的人竟然在一个君主制国家中发表了这样的主张，即，唯一合法的政府是共和制政府，国王们只是被‘委托’和‘雇佣’，他们‘不过’是‘人民的官员，以人民的名义执行人民赋予他们的权力’，而‘人民有不可剥夺的权利来限制、修改和在他们愿意时收回这种权力’”。今天，这些都是最老生常谈的话；在十八世纪，它们是等待着爆炸的炸弹，并确实在 1789 年爆炸了。两年后，路易·塞巴斯蒂安·梅西耶出版了一本名为《卢梭被认为是这场革命的第一批作者之一》的书；很快，革命领袖们就把他誉为他们的先知。

到那时，卢梭已经成为一个象征性的人物。他的思想有很多方面，几乎任何团体无论是左翼还是右翼，都可以宣称他属于己方。当然，人们对他的看法也在不断变化。1791 年，一名二十二岁的士兵参加了里昂学院的竞赛（但没有获胜）；竞赛的主题是“为了人们的幸福，向他们灌输什么样的真理和情感是最重要的？”四十年前，一场有奖竞赛开启了卢梭的事业。这位参赛者向《乡村占卜师》致敬，“那部音乐杰作，或者更确切地说是自然情感的杰作。不要害怕你的灵魂会被你流下的眼泪软化。哦，不！正是美德的口音使它们流淌。”几年前，当他还是一名年轻的军校学员，为没有前途的未来而焦虑时，他用极端卢梭式语言写道：“在人群中总是孤独的，我回到自己的内心
352 去做梦，让自己沉浸在浓烈的忧郁之中。”这种情绪没有持续下去，对卢梭的热情也没有持续下去，因为他就是拿破仑·波拿巴。他很快就认定，《社会契约论》根本不是赢得和管理一个帝国的指南。但当他参观卢梭的坟墓时，确实留下了一个令人难忘的进一步评论。“如果这个人从来没有存在过，对法国的和平来说会更好。是他，为法国大革命铺平了道路。”东道主惊讶地回答：“执政官先生，我本以为不该由您来哀叹革命。”“啊，好吧！”拿破仑回答，“未来将表明，如果卢梭和我都不存在，对世界和平是不是最好的。”

随着《爱弥儿》和《社会契约论》的最终校样被修正并送回印刷厂，卢梭确信他的作家生涯已经结束，而且一点也不嫌早。一年前，他曾写信给一个朋友，“看到文人像狼一样互相撕咬，感受到那种让我在将近四十岁时拿起笔的温暖消失了，我在五十岁之前又一次放下了笔，再也不会拿起来了。”他作为理论家的日子结束了，这是事实。但是一种非常不同的写作方式摆在他面前，而且是大量的作品。他的书一直备受争议，很快他就会发现自己成了谩骂式人身攻击的目标。为自己的品格和价值观辩护将令他痴迷，在适当的时候——没有人能预料到——他将发明现代的自传。

第一个敦促似乎来自雷伊。他的想法无非给卢梭作品的预计版本增加一些新东西，从而提高其价值。他在 1761 年底写道：“我冒昧地向您请求一件我已经想了很久的东西，而这将使

我和公众都感到非常高兴。这就是您的生活，我会把它放在你的作品的首位。”雷伊此时也赢得了卢梭的感激；他授予泰蕾兹每年 300 利弗尔的年金，以确保她在卢梭死后生活无忧。卢梭在这封由衷的感谢信中还额外透露了泰蕾兹的识字情况：“她应该自己写信感谢您，她也想这么做，但她的笔被忽视得如此厉害，以至于在您能读懂她的拼写之前，她必须从头开始努力。既然您的礼物让她不得不这样做，她会从学习签自己的名字开 353
始。”泰蕾兹不是文盲，但她的信件（其中一些幸存下来）拼写得如此奇怪，几乎无法阅读。

另一个写作自传的机会更直接地来自官方审查员马尔泽布。他真正关心卢梭的情感状态，更关心他的身体状态。11 月，卢梭的一根导尿管断裂，无法拔出。卢梭确信这将导致致命的梗阻，或者至少会导致膀胱结石。在这段高度焦虑的时间里，《爱弥儿》的校样被延迟送回，他变得惊慌失措，并编造出一个并不存在的耶稣会的阴谋，称他们将阻止《爱弥儿》出版，直到卢梭可能即将去世，之后他们将发布他们自己的虚假版本来诽谤他。马尔泽布成功地打消了他的这种幻想，并同情地写信说，卢梭的疾病似乎既是精神上的也是身体上的，而他孤独的生活方式助长了妄想。

这一善意的暗示激发卢梭写了四封系列的长篇回信，并在很久之后以《致马尔泽布的信》的形式发表。其中，卢梭坚持认为孤独是他真正的天职，他从未像在蒙莫朗西那样快乐过。他天一亮就起床，上午做家务，匆匆吃完午饭，生怕来访者会打扰他，下午则带着他的狗蒂尔克——他唯一的伙伴——在树林里散步。（狗本来叫公爵［Duc］，但卢梭为了避免卢森堡公爵难堪就改了名字。）顺便说一句，在写这些信的时候，忠实的蒂尔克已经生病了，不得不被杀死，这让卢梭很伤心。

尽管《致马尔泽布的信》试图把孤立作为一种美德，但它们也暴露了一个受伤的灵魂。“我有一颗充满爱的心，”卢梭说，“但这是一颗能够自足的心。我太爱人了，以至于不能在他们中做出选择。我爱他们所有人，也正是因为我爱他们，我才痛恨不公正。”反过来说，“正是因为我爱他们，所以才逃离他们；当我看不到他们时，我就少受他们的伤害”。即使是亲密的朋友，也几乎总是以让卢梭失望而告终。几年后，他哀叹道：“我的心里没有一个地方不被某种依恋撕裂。”事实上，英雄式的孤
354 独的天职是一种防御性的逃避，他知道这一点。他告诉马尔泽布，“我为我所经历和目睹的不公正感到痛苦，我经常被别人的榜样和事物的力量拖入的混乱所折磨，我开始蔑视我的时代和我的同时代人，并感到我永远也不能在他们中间找到一个能满足我内心的位置，我逐渐脱离了人类社会，在想象中为自己创造了另一个世界。”

从与马尔泽布结盟的哲学家们的角度来看，这种逃避是不健康和自我毁灭的，但至少在卢梭的例子中，它结出了果实。根据弗洛伊德的说法，艺术家正是因为无法忍受现实的束缚，才把自己的欲望转移到幻想的领域，并通过创造他自己的新现实——艺术作品——来获得他想要的掌控感。卢梭的所有著作从一开始就是这种意义上的艺术作品，寻求解决他自己最深的焦虑和渴望。他为马尔泽布描述去万塞讷途中的转变经历时，就承认了这一点。“我在最不想当作家的时候，几乎是不由自主地成了一名作家……如果只是为了写作而写作，我肯定没人会

读我的作品。”马尔泽布非常明白，卢梭不安的精神与他的天才密切相关。他告诉卢森堡夫人，他骚动的情绪是“他生活的煎熬，却是他作品的源泉”。

雷伊于1762年4月开始从阿姆斯特丹运送《社会契约论》。一个月后，迪歇纳在巴黎将《爱弥儿》准备好了。（卢森堡夫人曾与卢梭商定为《爱弥儿》向卢梭支付6 000利弗尔的天价。）现在，暴风雨来了。卢梭很清楚，“信仰自白”具有挑衅性。他希望它能在法国以外的地方单独出版，但迪歇纳拒绝了。他确实采取了传统的预防措施，在扉页上声称这本书是由拥有荷兰版权的让·尼奥姆在海牙出版的，但没有人被这种声称欺骗。《社会契约论》更令人反感，而且绝不可能获得官方的批准。格里姆评论说，得到一本《社会契约论》的唯一方法是，去荷兰把它装到自己口袋里带回来。然而，尽管当局做出了努力，但秘密副本很快开始传播；法国原则上是一个绝对君主制国家，但在实践中却远非警察国家。正如拉尔夫·利所指出的那样，355 这使得长期以来被学者们接受的观点变成了无稽之谈，即，《社会契约论》在销售目录中的缺席证明它鲜为人知。事实上，有大量的书在非法流通；雷估计，两年内有近20 000份副本在印行。至于《爱弥儿》，它已经获得了在法国印行的许可，尽管审查员马尔泽布现在觉得必须下令没收所有的副本，但他还是一直等到了迪歇纳有时间把它们藏起来。

即使在回想往事时，卢梭似乎也从未明白，卢森堡和马尔泽布鼓励他出版这些煽动性作品的不可告人的动机。路易十四著名的“朕即国家”的意思是，权力集中在皇家官僚机构，而不是从中世纪继承下来的封建领地的杂烩。但是，当他五岁的曾孙于1715年继承王位时，一位摄政王统治了法国，并被迫向贵族阶层让步妥协。几十年过去了（路易十五软弱无能的统治持续至1774年），贵族们反对王室取得了越来越多的成果。许多人认为自己是受启蒙运动启发的进步人士，寻求的不是恢复中世纪，而是要确认孟德斯鸠在《论法的精神》中提倡的三权分立，而这一点很快就会被纳入美国宪法中。

正是在这种背景下，两个最高级别的贵族——卢森堡公爵和孔蒂亲王——对卢梭的政治著作产生了兴趣。毫无疑问，他们喜欢他本人。同时，他们也有自己的目的。孔蒂是波旁王朝的亲王，在1756年蓬巴杜夫人将其驱逐出宫廷之前一直是国王在外交事务上的亲密顾问。而卢森堡是日益壮大的贵族阶层中的一员；贵族们对君主制的孤立状态到震惊，希望国王能采纳
356 贵族的建议，而不是躲在他的专业官僚机构后面。马尔泽布非常赞同这个目标，这就是他为什么如此努力地让卢梭的书在法国出版的原因。他后来写道，他的一生都是在“在其他国家被称为反对党的位置上”度过的。即使是卢梭的“信仰自白”，其含义也不仅仅是神学上的。教会的反动派忠诚地支持皇家专制主义，而进步的贵族则渴望看到它的影响减弱。

然而，在试图利用卢梭的过程中，这些大人物们非常短视。从短期来看，他们把他推到了前面，以应对必然出现的惩罚性反应。从长远来看，正如皮埃尔·塞尔纳所注意到的，《社会契约论》反映了政治思维的重大转变；后来的改革者将提倡一种出身和门第完全无关紧要的社会概念。大革命后，塞居尔伯爵沮丧地回顾过去，认为贵族们在纵容激进思想方面太过自鸣得意。“那些仅仅是笔墨之争，似乎丝毫无损于我们所享有的优越性……由

于缺乏远见，我们同时尝到了贵族的特权和平民哲学的乐趣。”

除了信任他的那些有权有势的朋友之外，卢梭还有另一个自认为安全的理由：他把自己的书限制在一般原则上，避免卷入法国政治。就在几个月前，他拒绝了这样一个机会。当时一位名叫罗谢特的新教牧师和一些同伙因举行秘密仪式而被监禁在法国南部。（当时新教徒只占人口的2%，经常受到官方的骚扰。）他们的支持者恳求卢梭把他雄辩的口才用于这一事业，他婉言谢绝了。他不否认受害者受到了严厉的对待，但是他丝毫没有表现出反抗权威的热情。“禁止集会无疑是王公贵族的权利，毕竟，那些集会对基督教来说并不是必不可少的，人们可以在不放弃自己的信仰的同时不再参加它们。”一年后，伏尔泰在著名的卡拉斯事件中采取了截然不同的态度，开展了一场精彩的宣传活动，展示了一名新教徒是如何因宗教偏见而被陷害、逮捕、折磨和处决的。当然，为一名死者恢复名誉的风险比试图让活着的人出狱的风险要小。“试图将一个人从司法或其部长手中解放出来，”卢梭接着说，“即使他被错误地拘留，也仍然是一种缺乏正当理由的叛乱，当权者总是有权利对它施加惩罚。”几周后，不幸的罗谢特被绞死。

此外，卢梭没有忘记他最近对法国政治发表了他唯一的公 357
开评论，并很快就后悔了。财务大臣艾蒂安·德·西卢埃特在试图限制包税人的权力和寻找向贵族征税的新方法失败后，被赶下台。（为了嘲弄他对开支的削减，关于西卢埃特的漫画肖像开始流传，这使得一种小型艺术形式以他的名字被命名。[1]）在

---

1 Silhouette，既是财务大臣的名字，又指剪影这一手工艺术。

一封很快就在整个巴黎变得声名狼藉的致西卢埃特的公开信中，卢梭郑重地写道："先生，请屈尊接受一个孤独的人的敬意。他不为您所知，但因您的才能而尊敬您，因您的管理而尊重您，并请您荣幸地相信它不会长久地属于您。除了以毁掉国家的首都为代价，您无法拯救这个国家，但您无畏地直面赚钱者们的强烈抗议……流氓的诅咒是正义之士的荣耀。"

虽然没有被官方报复，但正如卢梭在《忏悔录》中承认的那样，散发一封这样的信是极其不明智的。他自己的许多私人关系都是与包税人建立的，更糟糕的是，他给了卢森堡夫人一份这封信的副本，然后才发现她是参与驱逐西卢埃特的"赚钱者"之一。她唯一的评论是冷冷地说："我觉得给西卢埃特先生的信很好，但我担心他不配。"诚然，她在信的最后安慰道："再见，先生，世界上没有人比我更温柔地爱您。"但卢梭怀疑他的失礼行为已深深冒犯了她，他决心不再涉入法国事务。

《爱弥儿》和《社会契约》一发行，当局就采取了果断的行动。出于策略上的原因，他们强调的是宗教问题，而不是政治问题。到目前为止，即使对卢梭来说，警告信号也是很明显的，他给日内瓦的穆尔图写信说："他们说，巴黎高等法院（parlement）为了证明他们反对耶稣会士的热情，打算也迫害任何与他们想法不同的人，而在法国，一个相信上帝的人必须是基督教捍卫者的受害者。"高等法院（不要与英国的议会相混淆[1]）是一个有权势的贵族控制下的上诉法院，是遍布全国

1 parlement 指法国大革命前的高等法院，另一义项与 parliament 相同，是议会的意思。

的十几个类似机构之一。位于巴黎的议会同情天主教会的詹森派，是反对教皇干涉的中心。相反，耶稣会士的“教皇至上主 358
义”——忠诚于阿尔卑斯山以外的教皇——备受憎恶。在与耶稣会士的公开斗争中——两年后，他们将在法国被宣布为非法，并一直持续到1814年——议会需要表明它仍然忠于宗教。早在1759年，它就已经成功地暂时禁止了《百科全书》，并找到了卢梭这个方便的受害者来继续攻击自由思想。

当卢梭为《爱弥儿》加入“信仰自白”时，他认为自己是在捍卫宗教，反对启蒙运动的怀疑论。狄德罗也是这样认为的，正如他写给他的情妇的信中所说：“他赢得了笃信宗教的人的赞同，他们对他感兴趣是由于他说了哲学家们的坏话。由于他们对我们的恨是他们对他们的上帝的爱的一千倍，他们就不在乎他把他们的基督拖进泥潭，只要他不是我们中的一员。”但他们确实在乎，而且很快就出击了。索邦的詹森派对巴黎议会有很大影响，他们开始发表几乎歇斯底里的谴责。根据他们的说法，《爱弥儿》充斥着宗教的敌人们的毒药，而敌人们“只想到掠夺、屠杀、焚烧和蹂躏”。卢梭开始确信，住在蒙莫朗西隔壁的两个人——泰蕾兹轻蔑地称他们为长舌妇——是詹森派的间谍；他们翻墙查看他的文件，甚至起草了对他的逮捕令。一位探讨过这个问题的学者认为他是对的。

6月9日，高等法院发表了一份正式的裁决书，列举了《爱弥儿》渎神之处，并对卢梭厚颜无耻地签署自己的名字而不遵守习惯的匿名做法表示了强烈的谴责。“这本书的作者不怕表明自己的身份，他不能太快被追捕，因为重要的是，鉴于他已经让自己为人所知，那么，正义就会惩罚这个作者和那些可能参与印刷和发行这本书的人，以儆效尤。"《爱弥儿》的副本将“在法院庭院里的大楼梯脚下被撕裂并烧毁”，逮捕卢梭的逮捕令也确实被签发了。马尔泽布有权批准一本书出版，但不能阻止针对它的法律诉讼；从现在起，他完全消失在视线之外。

359 唯一令人欣慰是，卢梭有时间逃走。他的保护者已经预先得到警告，因为当局不是很想造成一个殉道者，也并无兴致对抗一位有权势的公爵和亲王。卢梭本人几乎到最后还在沾沾自喜，对日益紧迫的警告置之不理。就在被逮捕的前两天，他给仰慕者克勒基侯爵夫人写信说：“让-雅克·卢梭不知道如何隐藏。此外，我向你保证，我不可能想象，一个日内瓦的公民在得到荷兰三级会议批准的情况下在荷兰印行了一本书，却要为它向巴黎高等法院负责。”克勒基夫人回答说，他的健康状况绝对经不起监禁。所以，他别无选择，只能逃离。

卢森堡夫妇更坚持让卢梭逃走。他们很清楚，如果卢梭进了监狱，他们共谋出版《爱弥儿》的行为就会为人所知。6月9日午夜过后不久，就在逮捕令正式发布的几小时前，卢森堡夫人派她信任的管家拉罗什去蒙路易叫醒卢梭，并附上一张纸条，上面写着：“以上帝的名义，到这里来。这是您所能给予我的最好的友谊标志。拉罗什会告诉您我在晚上派人来找您的原因。”她附上了一封孔蒂亲王的信，信中说法警将于当天出现在蒙莫朗西逮捕卢梭，而他所能做的最好的事情就是争取到了一个保证，即，如果卢梭已经离开，将不会受到追捕。卢梭按要求匆匆赶到城堡，发现公爵夫人激动异常，远超他以往所见。她和公爵比以往任何时候都更强烈地要求他立即离开法国，当时也在场的孔蒂的情妇——布夫莱尔伯爵夫人也如此要求。

问题是去哪里。似乎最顺理成章的目的地是日内瓦，但卢梭知道《爱弥儿》已深深触怒了那里的宗教机构，事实上，它和《社会契约论》几天后都在日内瓦被公开烧毁。布夫莱尔夫人力劝他去英国，因为她和大卫·休谟是好朋友，可以通过他做出安排，但卢梭不懂英语，此外，尽管他虚构出了令人钦佩的博姆斯顿勋爵，但他对这个国家的评价很低。他很快想到了另一种替代方案——去瑞士。他最近一直在和他的老朋友达尼
埃尔·罗甘通信，商量去伊韦尔东——纳沙泰尔湖西端一个宜 360
人的市镇——拜访他的事，后者已经从巴黎的银行业退休。没有时间可以浪费，这成了他的选择。

回到蒙路易后，泰蕾兹吓坏了，认为卢梭已经被偷偷带走了。拉罗什把她带到城堡。当她看到卢梭时，“她扑进我的怀
里，哭喊声响彻长空”。卢梭说，这一幕如此动人，以至于公爵 361
本人都流下了眼泪。在尽力安抚泰蕾兹之后，卢梭指示她留下来，否则他们的财产很可能会被没收；他答应一找到安全的避难所就马上派人去接她。他没有提到伊韦尔东，这样她就可以如实地说她不知道他在哪里。然后，他和公爵忙着整理文件，烧掉任何看起来不宜泄露的文件。下午晚些时候，他坐上公爵的敞篷车，独自行进。在路上，他遇到了前往城堡的法院官员。他们彬彬有礼地敬礼，但没有采取任何措施阻止他。他的新的流亡生活开始了。

362

第十九章

流亡山区

卢梭坐着马车快速行进，途中只遇到了一次真正的惊吓。在第戎，也就是授予了《第一论文》荣誉并开启了他作家生涯的那个城市，卢梭被命令签上自己的名字。他想过用他母亲的娘家姓贝尔纳作为化名，但“我的手抖得太厉害，不得不两次放下笔，最后卢梭成了我唯一能写的名字”。焦虑的心情是可怕的。“我一直以为我能听到警察在我身后紧追不舍。那天晚上，当一个信使从我的窗户下面经过时，我起初以为他是来逮捕我的。如果被迫害的无辜者遭受这样的折磨，那么，罪行的折磨该是什么样子呢？”然而，接下来的旅程平安无事，他很快就离开了法国。“一到伯尔尼境内，我就让马车停下来，下车，躺下，拥抱并亲吻大地。‘天堂，美德的保护者，’我欣喜若狂地喊道，‘我赞美你，我已经到达了自由的国度。’”马车夫认为他疯了。

这次旅行还有一个有趣的方面。为了摆脱悲伤和恐惧，卢梭创作了一首简短的散文诗，详细阐述了他在蒙莫朗西的最后一夜所阅读的《圣经》文本。他称它为“以法莲的利未人”，几年后他说，“如果它不是我最好的作品，也将永远是我最爱的作品”。363 它在文学价值上的不足，也就是几乎所有的不足，都在心理兴趣上得到弥补。卢梭所选择这个故事取自《士师记》这卷的结尾。一个利未人带着他的妾一起旅行，在便雅悯支派一个善良的成员那里找到了住处。但是一帮流氓开始敲门——弥尔顿回忆同一个故事，称他们为“恶魔之子，满身酒气、蛮横无理地四处游荡”——他们要求把陌生人交给他们，以便强奸他。为了避免这种令人憎恶的恶行，主人给了他们自己还是处女的女儿，利未人随即介入，交出了他的妾。他们粗暴地凌虐她至死。伤心欲绝的利未人把她的尸体切成十二块，给以色列的十二支派各送一块，以揭示这桩骇人听闻的暴行。以色列人集结起一支军队；双方都死了成千上万的人，便雅悯支派几乎灭绝。

卢梭似乎认为，在重新讲述这个骇人听闻的故事时，他是在通过将施虐狂转化为利未人与其妾的田园爱情故事来消解他的敌人们的恶意。他还增加了一个结尾；在这个结尾里，利未人和几个虚构的人物从无政府状态中重新建立了和谐。但正如批评者所注意到的，其中肯定牵涉到了深深的焦虑。他可能把自己视为一个献祭的受害者，他将自己的妾遗弃给了不确定的命运，而在都灵肮脏的“摩尔人”手中的创伤性经历又让他对同性恋强奸的想法深感不安。这可能也与他强调对于弑母的愧疚有关。“便雅悯，可悲的痛苦之子，你把死亡带给了你的母亲，从你前胸滋生的罪也让你毁灭。”[1] 人们通常称一个家庭中最小的

1 便雅悯是以色列始祖雅各和拉结的小儿子。拉结生他时难产，在临死前为他起名“便俄尼”，意思是痛苦之子。雅各却给他起名为“便雅悯”，意思是右手之子，而在以色列文化中，右手代表着智慧和幸运。

孩子为便雅悯，而卢梭就是一个导致他母亲死亡的便雅悯。

在法国边境二十英里外的伊韦尔东，卢梭的老朋友达尼埃尔·罗甘急切地等待着，并很快就让卢梭在一群迷人的侄女们的陪伴下感到宾至如归——他俏皮地称她们为他的罗甘妮里。不幸的是，伊韦尔东所属的瑞士伯尔尼州与日内瓦一样信奉激进强硬的加尔文主义，卢梭很快被告知他将不得不离开。邻近的纳沙泰尔公国（直到1815年才成为瑞士联邦的一部分）更
364 加自由。像许多其他小国一样，它在几个世纪里经常易手。自1707年以来，它一直属于遥远的普鲁士；与可能导致被法国吞并的其他选择相比，它的领导人更喜欢这种效忠。

普鲁士的腓特烈二世喜欢被称为大帝。他一直在积极地进行七年战争，但他自认为是一名艺术家和思想家，并很高兴有机会资助一个正在被法国迫害的作家。当然，卢梭决心不卑不亢。“我说了很多关于您的坏话，”他告诉国王（尽管不清楚这封信是否真的寄出了），“也许我还会说。然而，我已经被赶出了法国、日内瓦和伯尔尼州，我来到您的领土上寻求庇护。”腓特烈似乎还没有真正读过卢梭的任何作品；当他终于抽出时间读到《爱弥儿》时，他并不高兴。“几乎没有确凿的论据，却有许多冒失轻率的东西；这种源于厚颜无耻的大胆行为如此令人恼火，以至于这本书变得令人难以忍受，读者会厌恶地把它扔在一边。”

但是，在纳沙泰尔的总督（王室的批准是通过他传递的）那里，卢梭意外地找到了一个新的赞助人和朋友来取代卢森堡公爵的位置。乔治·基思——卢梭读作“基特”，并一直称他为大人——是一个相当浪漫的人物。现在他已经七十多岁了，是

苏格兰第十位（由于没有继承人，所以也是最后一位）马歇尔伯爵。年轻时，他曾在伟大的马尔伯勒公爵手下与路易十四作战。当乔治一世成为国王时，他参加了1715年的詹姆斯党人叛乱；该叛乱试图复辟斯图亚特王朝，但以灾难告终。基思因叛国罪被判斩首；他设法逃到了法国，但他的财产和财富被没收了。1719年，他回到苏格兰，率领一支士兵参加了一场小规模的叛乱，但这场叛乱同样以灾难告终。他似乎并没有出众的表现；他的一个同事痛苦地写道："我们对马歇尔大人的拙劣远征所能做的就是最终被可耻地驱散。"在苏格兰高地躲藏了几个星期后，他再次设法到达法国。几年后，他在西班牙参加了对直布罗陀英国驻军的攻击行动。那是一场灾难。"我们所获得的一切，"他的兄弟詹姆斯写道，"就是知道这个地方从陆上是无法攻破的。"

当时乔治·基思已经四十多岁了，一个认识他的英国人形
容他"狂野多变、充满激情；做任何事情都凭一时兴起，忽冷 365
忽热；有十足的机智；一个彻底的浪荡子，一个嗜酒如命的人，身体瘦弱，身材中等，渴望出名"。他和他的兄弟詹姆斯继续充当各个大陆强国的雇佣兵，詹姆斯最终成为腓特烈大帝手下的
一名陆军元帅。（顺便说一句，苏格兰头衔"马歇尔"最初也是 366
这个意思，但它已经成为一个世袭头衔，而不再是一个军衔。）乔治在柏林与詹姆斯汇合，与国王建立了亲密而持久的友谊，并担任了几年普鲁士驻法国大使。自1754年以来，他一直处于半退休状态，担任纳沙泰尔的总督；他发现那里的政治令人恼火，冬天令人难以忍受。他从未结过婚，不过他收养了一个漂亮的土耳其穆斯林女孩做女儿。这个女孩名叫埃米图拉，是一

场战役后送给他的礼物。（据推测，她是被送来做妾的，但伏尔泰促狭地评论说："看来她对他来说没有多大用处。"——暗示基思的性欲要么不正常，要么根本就没有。）

基思是一位读者。卢梭的《论不平等》刚出版时，他就很欣赏。他很高兴见到作者，卢梭同样很高兴："我在大人热切的眼睛里看到一种我不知道的东西；它如此深情，以至于我的眼睛立刻就感觉到了，于是我真诚自然地走过去，坐在他的身边，与他共享一张沙发。"不久，卢梭就把他描述为"我的朋友，我的保护者，我的父亲"。他给基思道："大人，我满心都是您；有时候想想您的小儿子。"然而，他拒绝了住在基思位于纳沙泰尔附近的城堡的邀请，并打听到在乡村深处有一个安静的避难所。解决方案来自罗甘的侄女朱莉安娜；她是里昂一位银行家的遗孀，被称为布瓦·德·拉图尔夫人，当时正在伊韦尔东访问。她碰巧在一个山谷里拥有一栋无人居住的房子，于是大家一致同意卢梭在那里定居。

七月初，在到达伊韦尔东不到一个月的时间里，卢梭徒步前往位于汝拉山脉山麓特拉韦尔山谷的莫蒂埃。如果走公路，需要绕远路，而他不慌不忙地说："我只需要翻过一座山就能到达那里。"他走的这条陡峭蜿蜒的小路至少有二十英里长，这提醒我们，尽管他一直抱怨身体不好，但他一生都表现出了非凡的耐力。

十天之后，泰蕾兹来了，让卢梭大为欣慰。他曾从伊韦尔东写信给她，恳切地说她可能会觉得孤独、难以忍受受迫害的生活。她在一封非常感人的信中回答："我的心一直属于你，永远不会改变。只要上帝给你生命，就也给了我生命……即使我

不得不跨越海洋、翻越悬崖绝壁，我也会去与你汇合……是我 367
的心在和你说话，而不是我的嘴唇。”像往常一样，她的拼写是用来表示语音的，令人震惊，但读起来的感觉很清楚：Monquer atous gour êtes pour vous e quies ne changeraes ga mes tan que dieu vous doneuraes des gour eamoiosies.（mon coeur a toujour été pour vous et qui ne changera jamais tant que Dieu vous donnera des jours et moi aussi.）独自旅行时，泰蕾兹不得不抵挡一些年轻人的挑逗，并被逼得落泪，但一位好心的神父说服了一名官员，警告说如果这些人再次行为不端，将被赶出马车。卢梭后来给他写了一封感谢信。当她到达莫蒂埃，“当我们拥抱时，多么激动人心！哦，温柔和喜悦的泪水是多么甜蜜！”

莫蒂埃的周围风景如画。两年后，詹姆斯·鲍斯韦尔描述“一个美丽的野生山谷，被巨大的山脉环绕。这些山脉有的覆盖着皱巴巴的岩石，有的覆盖着丛生的松树，还有的覆盖着闪闪发光的雪”。但鲍斯韦尔是苏格兰高地的仰慕者，而卢梭更喜欢驯化的风景。“尽管这一景象很壮观，”他写给卢森堡公爵，“但 368
它看起来光秃秃的。人们在山谷里很少看到树；它们长得很差，几乎不结果。群山陡峭险峻，许多地方呈现灰色的峭壁，冷杉的黑暗以阴郁的色调打破了灰色的单调。”在四年前写给达朗贝尔的信中，他曾回忆起早年在纳沙泰尔逗留期间在这些山上漫游的情景，对农民的自给自足表示钦佩。“今天，”他在信中感叹道，“当我带着不同的眼光看它时，难道我就再也看不到那片幸福的土地了吗？”现在，他确实用不同的眼光来看它了。“我相信我会再次找到那些在我年轻时令我着迷的东西。一切都变了。这是另一个乡村，另一种空气，另一个天堂，还有其他人。

现在我不再用二十岁的眼睛看我的登山者，我发现他们变老了很多。”

莫蒂埃本身是一个相当不起眼的村庄，只有 400 人（该地区最大的城镇纳沙泰尔只有 3 500 人）。大多数居民是农民，不过一本同时代的旅游指南提到了一些工匠，包括几个钟表匠、一个珠宝商和一个制作灭火器的工匠。但是到目前为止，卢梭的祖先们赖以生存的那种手艺对他来说已经没有什么用处了。他抱怨道：“货币的充裕和商品的稀缺，使得价格每天都在上涨。很快，如果我们想活下去，我们将不得不吃手表和纺织品，因为农业完全被更有利可图的技艺所取代。”

布瓦夫人的房子是莫蒂埃最古老、最简朴的房子之一。六十年后，一位访客注意到，它的屋顶仍然是用木板而不是瓦片盖的，而且楼梯非常不方便以至于人们不得不四肢着地才能爬上去。卢梭和泰蕾兹每天都要爬楼梯，因为一楼还住着其他人。他们的住处包括一间卧室、一间客厅、一间厨房和一个木制阳台（今天仍在）——从阳台可以看到瀑布，听到瀑布声。根据他们离开后的一份清单，卧室里有一张给卢梭的带有幕帘的床和一张给泰蕾兹的较矮的床，一个杉木衣柜，几个书柜，一张供卢梭站着写字的高桌子，几把稻草底的椅子和一对夜壶。厨房设备齐全，有一个炉子、一个带铁门的双层烤炉和一个烤
369 肉叉，还有十三个瓷盘、两个铁锅、一个铁的烤架、一个铜水壶和一个黄铜砂锅，还有椅子、两张桌子和“一个没有装饰的劣质脚凳”。在客厅里，除了通常的家具，还有一把属于布瓦夫人的小羽管键琴；琴显然是微型的，只有一个键盘，因为它放在“扶手椅的扶手上”。

最重要的房间是厨房，因为他们吃饭很认真，而且泰蕾兹是一个非常好的厨师。当地的食物总的来说令人失望，不过葡萄酒倒是不错。“为了获得能入口的面包，必须在家里制作，这是我在勒瓦瑟小姐的帮助下吃到的。肉很难吃……葡萄酒来自纳沙泰尔，非常好喝，红葡萄酒尤其好；我自己坚持喝白葡萄酒，因为它不那么难喝，更便宜，而且在我看来也更健康。完全没有家禽，也没有什么野味，没有水果，甚至没有苹果，只有芳香、丰富和成熟季很长的草莓。”但是泰蕾兹用这些匮乏的材料取得了很大的成就。一位心怀感激的来访者宣称：“不 370
可能比勒瓦瑟小姐做得更好。这里有多汁的蔬菜和在山谷中用野生百里香养殖的羊的腿肉，被烤得恰到好处，散发着美妙的香味。”当鲍斯韦尔来访时，他被警告说要吃一顿非常普通的饭菜，但他很高兴地得到了美味的汤、蔬菜、牛肉和小牛肉、冷猪肉、腌鳟鱼、栗子和梨，以及红葡萄酒和白葡萄酒。卢梭也非常喜欢咖啡。它让他头脑清醒，精力充沛，他经常在半夜两点起床去煮咖啡。他的熟人都知道，好的咖啡是一份很受欢迎的礼物；普罗旺斯的一位绅士把咖啡装在一个红色的丝袋里寄来——丝袋装在一个用封蜡封住的护套里，“为了更安全，整个护套用油布包裹着”。

有趣的访客是一回事；邻居又是另一回事。在蒙莫朗西，卢梭与许多当地人交了朋友，但在莫蒂埃，他几乎完全与来自纳沙泰尔的中产阶级混在一起。这些人在莫蒂埃有乡下的住所，尤其是一个名叫伊莎贝尔·狄韦尔努瓦的二十多岁的迷人女子。“她叫我爸爸，我叫她女儿。”大多数村民都对他持怀疑态度， 371
认为他是一个闯入者，享受着外国国王及其普遍不被信任的行政人员的保护。名声也没有任何可取之处。一位居民很久以后回忆说，他被人鄙视，“因为据说他写书”。

卢梭采用他在蒙莫朗西试验过的一种具有异国情调的着装方式，也并没有让人们更容易接受他。在蒙莫朗西，一位亚美尼亚裁缝给他出了一个穿着全身长袍的主意，这对他的慢性泌尿系统疾病来说很方便。他决定做一件，他写给帮助他完成服装的朋友的信显示出他对优雅装饰的惊人兴趣。当布瓦夫人从里昂寄来一些织物样品时，他回答说：“在我看来，我标记的样品是棕色的，而这个样品的背景是淡紫色的，但这并不重要。穿着一件精致的丁香色长袍，我会看起来像一个来自特弗里斯或埃里温的讨人喜爱的小家伙，我相信这很适合我。”经过多次协商，服装准备好了。卢梭向他的巴黎出版商描述了它的可爱细节，因为出版商希望雕刻新的肖像。“在任何季节，我都戴着一顶有四五英寸高的毛皮镶边的帽子，有时是貂皮的，有时是灰色松鼠皮或鞑靼羔羊毛皮的，等等。至于衣服，下袍总是素色的；上袍在夏天也同样是素色的，但在冬天，我有一件西伯利亚狐狸毛皮镶边的双层长袍，还有一顶同样的毛皮帽子。”正如弗雷德里克·艾格丁格所言，这套服装不仅因为怪异，还因为加尔文教派传教士经常谴责的那种炫耀而招致反对。无论如何，它是与众不同的明显标志。布莱克曾经写过关于他自己的诗句也非常适合卢梭：

> 哦，为什么我生来就有一张不同的脸
> 为什么我生来就不像我的其他族人
> 当我看着每一颗星星！我说话时会冒犯别人

然后我就沉默被动了，失去了所有的朋友。

卢梭的解决办法是强调自己与众不同，并宣称这是一种美德。

卢梭夫人还从布瓦夫人那里得到了各种颜色的丝绸，并开始编织束缚妇女紧身胸衣的系带。“这是为我认识的已婚年轻妇女准备的，条件是她们要给第一个孩子哺乳。不哺乳，就没有系带。”当然，有趣的是，开始哺乳时，系带会被松开。伊莎贝尔的妹妹是受惠的接受者之一；她收到了一封广为人知的信：“在幸福的主持下，系上这个象征着甜蜜和爱的系带，你将与你幸运的丈夫绸缪束薪，并显示出，系上这描绘了母亲职责的手作系带就是承诺要履行这种职责。” 372

系带的制作比长袍吸引了更多关注，卢梭毫不隐讳地评论了他最近女性化的着装和副业。“我正在努力忘掉过去的一切记忆。我穿了一件长袍，我正在做系带：在那儿你可以看到我已经是半个女人了，要是我一直是个女人就好了！”在当时被大量引用的一句俏皮话中，他指出：“我以男人的身份思考，以男人的身份写作，他们不同意；我打算把自己变成一个女人。”

或许这些新的做法也是为了转移人们对卢梭与未婚女子同居这一事实的关注——这在巴黎不是什么大问题，但在保守的瑞士乡下却是丑闻的潜在来源。他所宣扬的故事显然是，泰蕾兹是一个贫穷文士的女儿，在文士死后被托付给卢梭保护，但这骗不了任何人。不到一年，村民们以为她怀孕了（可能是她长胖了），公开表示鄙视。“他们好奇的眼神，他们残酷的双关语，以及他们愚蠢的低语，很快就让我猜出发生了什么。”卢梭向布瓦夫人抱怨说。“从毒舌中能提取出比非洲所有的蛇更多的毒液，”他冷酷地总结道：“除了极少数人之外，我认为莫蒂埃是所有居住地中最卑鄙和最恶毒的一个。”他开始打听其他的居住地，但似乎没有一个是可行的。

莫蒂埃有一个居民必须马上被安抚，幸运的是他渴望被安抚。《爱弥儿》的作者被当地牧师接纳为他的会众成员，这一点至关重要。弗雷德里克·纪尧姆·蒙莫兰非常乐意让一个名人处于自己的教牧关怀之下，并通过说服他回到正统信仰而赢得
373 赞誉。蒙莫兰有着知识分子的自负，喜欢被称为“教授”，因为他希望在尚不存在的纳沙泰尔大学里担任教授一职。他急于迎合通融，从表面上接受了卢梭的说法，即，《爱弥儿》中的宗教批评完全是针对天主教徒和无神论者的，并让他以书面形式声明：“我真诚地隶属于这一真实而神圣的宗教，并将继续下去，直到我死去的那一天。”卢梭随后被允许领圣餐，会众看到他在离开圣桌时流下了眼泪。到目前为止，情况还不错。蒙莫兰甚至把自己的马车借给了泰蕾兹，以便她能在法国边境对面最近的天主教堂里参加弥撒。然而，他立即受到了他的牧师同事们的审查。他开始向卢梭施压，要求他写第二封信，详细阐述神学细节。卢梭坚决拒绝提供这封信。

这个舞台注定有麻烦，没过多久，就来了一个打击，不过是另一种性质的打击。受够了纳沙泰尔的琐碎事务，基思离开了。他最近与英国王室讲和，获得了回国的权利，故而计划在苏格兰定居。卢梭认识他还不到一年，但他们已经成为亲密的朋友。像卢森堡公爵一样，基思也很喜欢被一个正直的人简单地当作一个人来对待（弗雷德里克的哥哥说：“卢梭，只有卢梭，才说他所想的。”）每隔几周，卢梭就会步行十五英里去基

思的湖边城堡。在那里，他享受着一种相当有异国情调的陪伴；除了土耳其女儿，仆人中还包括另一个土耳其人、一个黑人和一个卡尔梅克人。基思亲切地称卢梭为“我的野人儿子”，他们开始认真考虑与休谟一起在基思位于苏格兰的庄园定居的想法，自己种植蔬菜，吃河里的鳟鱼和鲑鱼（“大卫将为牛里脊肉买单，因为他是吃这些肉的人”）。

无论卢梭多么尊重基思离开的决定，他都不得不感到另一位父亲般的人正在抛弃他。更直接的是，他在纳沙泰尔地区的安全很大程度上取决于现在缺席的总督。一旦基思离开，他的下属就处于弱势地位，很难保护卢梭了。此外，卢梭拒绝了一个通过接受腓特烈的慷慨解囊来提高自己地位的机会，他尖锐地写道：“您想给我面包；难道您的臣民中没有缺少面包的人 374
吗？”他还相当大胆地建议，现在是国王放下剑的时候了，对基思他更尖锐地表达了这一点：“让他缔造辉煌的和平，重建他的财政，令疲敝的领土休养生息。如果我还活着，如果他对我也有同样的善意，那您就会看到我是否害怕他的恩惠。”基思冷静地回答说，当这一切发生时，他并不指望自己还活着，但他及时将卢梭的信转交给了国王——这封信至今仍保存在德国国家档案馆。腓特烈带着不情愿的钦佩告诉基思：“我们必须承认，无私的精神不可能比他所做的更进一步了。卢梭的行为如果不是美德本身，也是一条通往美德的漫长道路。”此时，卢梭确实接受了基思的一小笔年金，但拒绝记入他的遗嘱，以确保基思的死亡不会给他带来任何好处。

卢梭一再声称他作为一名作家的日子已经结束了，腓特烈批准他在那里居住的一个条件是达成了一种默契，即他已经结束了争论。然而，为自己辩护的冲动是不可抗拒的。1763年3月，雷伊出版了卢梭秘密创作的一部作品《致克里斯托夫·德·博蒙的信》(简称为《致博蒙的信》)。该信回应了巴黎大主教禁止阅读《爱弥儿》的牧函；牧函禁书的理由是它包含“大量虚假的、可耻的、对教会及其牧师充满仇恨的主张，贬损了对《圣经》和教会传统的应有尊重，是错误的、不虔敬的、亵渎神明的和异端的”。卢梭在回信中挑衅地重申了导致《爱弥儿》遭到谴责的要点：人天生善良，基督教不需要神迹的支持，孩子们不应该鹦鹉学舌般重复那些他们不能理解的教义。再次发表关于这个主题的文章是自找麻烦，但正如一位十八世纪的评论家所言：“让-雅克真正的使徒品质之一是他对迫害的热爱。”在《致博蒙的信》中，卢梭阴郁地说：“我被间谍和不怀好意的人包围着，世界上到处都是因为他们自己对我做的坏事而恨我的人。”这是一个他在今后的岁月里会越来越多地奏响的音符。

卢梭明确地用他那一长串浮夸的头衔称呼这位高级教士，
375 质问说：“我们能说什么共同语言？我们怎样才能相互理解？”在全面回顾了他的宗教立场和他受到的不公正待遇后，他总结道：“主教大人，您公开侮辱了我，而我刚刚证明了您也诽谤了我。如果您是像我这样的单独的个人，我可以让您被一个中立的法庭传唤……但您拥有的地位使您不需要保持公正，而我什么都不是。”这是很激烈的言论，在巴黎引起了轰动。“不管他们怎么说，”达朗贝尔评论道，“一个撤退到莫蒂埃-特拉韦尔的可怜的魔鬼，应该对这些认为其地位使他们有权说和做任何事情都人说一些实话，这不是坏事。”连格里姆都把讽刺放在一边。“在这篇文章中，有一些雄辩的段落和强有力的推理，更奇特的是，有一种不属于日内瓦公民的轻快的机智，因为当他想要机智些的时候总是很笨拙。”关于卢梭的宗教立场，本身没有宗教信仰的格林的评论严厉而准确。“同样奇特但更符合作者性格的是，他在一篇揭露对基督教和启示而言最可怕的困境的文章中，在天堂和大地面前宣称他在灵魂深处是一个基督徒。”

与此同时，卢梭在日内瓦的朋友正努力恢复他在那里的影响，作为他们遏制执政寡头权力的运动的一部分。一场漫长而曲折的斗争发生在被称为“代表”的一方和“否定者”之间；前者是向小议会提出申诉的中产阶级的代言人，而后者是拒绝或“否定”公众具有投诉权利的议会成员。代表中最活跃的是纪尧姆·安托万·德吕克。他是这一事业的热情支持者，不断敦促卢梭打好仗。他的老朋友穆尔图对《致博蒙的信》赞不绝口，热切异常：“哦，我亲爱的，我非常亲爱的同胞，多好的一本书啊！多么好的灵魂！多么坦率！多么崇高！”但日内瓦当局立即禁止了它，理由是它使人对信仰条款产生怀疑，还侮辱了一位杰出的大主教。（卢梭的另一个朋友厌恶地评论说，他们如此渴望遵守良好的礼仪，以至于他们可能会说“撒旦先生”，而不是和基督一起说“退到我后边去吧，撒旦”。）

这一新的禁令激怒了卢梭，他在1763年5月正式放弃了 376
1754年赢得的日内瓦公民身份，这让他的支持者深感震惊，他们现在会发现更难利用他来对抗小议会了。其中一个人严肃地告诉他，他的行为“像雷电一样击中了我，我完全不能理解”。尽管如此，他们不得不承认，他放弃对自己形象至关重要的地位的行为中含有一种高尚的品质。与此同时，他的敌人们只是幸灾乐祸。“卢梭不再是一个公民了，”曾为埃皮奈夫人治疗的医生泰奥多尔·特农香欢呼道：“他的放弃是他骄傲的最后一搏，或者至少是到了极限。”

卢梭对日内瓦事务的参与并没有完全结束，但它已经远离了他的生活中心。他在纳沙泰尔结交了一些新朋友，包括阿布拉姆·皮里，一名退役上校。他在附近的蒙莱西有一个乡间别墅，他称之为他的牛棚。在皮里家，卢梭与皮埃尔-亚历山大·迪佩鲁建立了一种更为重要的联系：后者将成为卢梭忠实的朋友和最可靠的遗稿保管人。迪佩鲁早年生活颇富异国情调。他的法国新教家庭移居到荷兰，然后又搬到南美洲，在那里他们变得异常富有。他本人于1729年出生在苏里南的帕拉马里博。六岁时，他被送到荷兰学习。当他父亲去世，母亲再婚后，她搬到了新丈夫的家乡纳沙泰尔。迪佩鲁在那里定居时只有十九岁，但他从未被当地人真正接受，这既是因为他挥霍无度（每年约2万利弗尔，他的府邸耗资100万利弗尔，耗时数年才建成），也是因为他是一个自由思想者，到处都有私生子。后来认识他的人说，他对纳沙泰尔的习俗仍然很陌生，并“因其资藉豪富及哲学启蒙而倾向于认为自己高人一等”。尽管迪佩鲁有很多优点，但他笨拙而羞怯，部分是由于他听力不好；他还很容易被强势的皮里所支配，最终他娶了皮里的小女儿。

卢梭还有许多其他的来访者。他们络绎不绝，给小小的莫蒂埃带来了许多烦恼。他们也经常让卢梭感到恼火，但偶尔也会有真正欣赏他的作品的人出现。其中一个是名叫雅各布·韦
377 格林的牧师；卢梭谈话中自然流露的原创性及其对涌现出来的每一个话题的独立思考都给他留下了深刻的印象。“所有的一切

都是从一个喷薄的泉眼里流出来的，所有的一切都是他自己的感受和思考，没有用借来的花朵点缀，也没有用老生常谈来淘洗。他自己的精神完全交织在他的学识和经验之中。”但卢梭悲伤地评论说，他正是因为与众不同才树立了敌人。“我并不打算教导，我只是想表达我的观点，但人们不能容忍这一点。他们认为，如果有人与他们想法不同，他们的理解就会受到诽谤，他们就会用仇恨和不公正向他报复。”

其他来访者是年轻的迷恋者。他们希望有一次改变人生的 378
经历。当一位来自日内瓦的年轻牧师皮埃尔·穆尚和几个同伴突然不告而来时，卢梭缩短了拜访基思的时间，匆匆赶回家招待他们。他与他们期望见到的厌世者相去甚远。“他温和的面容上加入了充满激情的目光，眼睛具有无与伦比的活力，当他感兴趣的话题出现时，他的眼睛、他的嘴、他的肌肉和他的手都在为他说话。把他想象成麻烦制造者或永远的审查员是大错特错了；远非如此！他和那些笑的人一起大笑，调侃逗乐，和孩子们聊天，他和他的管家勒瓦瑟小姐开玩笑。”回到家里，穆尚写信向卢梭保证，他是“我的灵魂之父”，并促成了“我生命中的一个纪元”。（当然，在某种程度上，像这样的情绪是自我诱发的。年轻的知识分子苏珊·屈尔绍评论说，当穆尔图和另一个朋友热情地谈论起卢梭时，“他们让我笑死了。我请求卢梭的原谅，但我正看着一对醉鬼互相拥抱，高兴得泣不成声”。）当卢梭给穆尚发去友好的回信时，这个年轻人完全被征服了，表达了两性关系中的钦慕者经常会感受到的爱慕之情。“我只想着您，我只在您的朋友中，我只读您的著作，我只谈论您。我希望灵魂能够像两种液体一样相互渗透，相互融合，相互混淆。”

卢梭也有同样的愿望，不过不是对于穆尚的。1763年春天，一个有趣而神秘的年轻人住进了当地的一家小旅馆，公开宣称想要认识卢梭。他自称是索特恩男爵，并解释说自己是一名匈牙利军官，因信仰新教而逃离宗教迫害。“他身材高大，体格匀称，容貌迷人，温文尔雅，善于交际……个人卫生极佳，说话非常谦逊，总之，具有出身良好的男人的所有特征。”卢梭深深地爱上了他。“我的心不能半途而废。很快他就得到了我完全的友谊和信任，我们变得形影不离。”他们走了很远的路，进行了很长时间的谈话——谈话必须用拉丁语，因为这个新来的人不懂法语。

几乎就在同时，卢梭开始收到警告，说这个新朋友可能是
379 某种间谍。卢梭努力确认他的身份，但没有什么能动摇他的信任。有一件事他总是很自负，那就是他能揣摩一个人的性格。然而，虽然索特恩确实不是间谍，但他也不是索特恩。他是让-伊尼亚斯·索特迈斯特·冯·索特斯海姆，一个书记员而不是军官，逃离匈牙利只是为了逃避巨额债务。

过了相当长的一段时间，卢梭才发现了这一切。与此同时，他被自己的弟子迷住了。“他告诉每个人，也让我明白，他来纳沙泰尔只是为了我，以便通过与我交往在他的青年时期培养美德。”一位思考过这种奇怪关系的学者评论说，索特斯海姆把自己表现为一个寻求督导的爱弥儿。卢梭并没有将这种关系看作同性恋，而是认为它与爱情这种伤害性的激情完全不同，就像他笔下的博姆斯顿对圣普乐说，“爱情的统治已经过去，让友谊的统治开始吧”！

几个月后，索特斯海姆突然离开，随即一件令人不快的事

被披露出来。索特斯海姆住在旅馆时，让一名仆人怀孕了，因此他才突然离开。卢梭的第一反应是断然否认索特斯海姆会做这样的事情，因为他很有绅士风度，干净整洁，而那个女人是一个下流邋遢的荡妇。他对罗甘说，他的朋友有“最纯洁的道德”，难以想象他可能与“最邋遢的臭婊子、瑞士有史以来最可怕的怪物”有染。至少可以说，这种极端的反应是很奇怪的。尽管对这个女人以前的生活一无所知（她的名字是玛丽·朗贝尔），但当她在分娩的痛苦中被审问时，她发誓只和索特斯海姆睡过，然后他写信承认了自己的罪行。

整件事极大地损害了卢梭在莫蒂埃的声誉，因为他的朋友蔑视该地区的清教徒习俗，也是因为他想当然地认为那个不知名的外国人说的是真话，而那个当地女人在撒谎。他深感尴尬，并似乎在经济上帮助了玛丽·朗贝尔，不过尚不清楚她给自己的孩子取名为让-雅克是在讽刺还是感激。至于索特斯海姆，他写信恳求原谅；卢梭冷冷地告诉他，他无意恢复友谊。

还有詹姆斯·鲍斯韦尔，未来的《约翰逊传》作者，380
二十四岁，迷人，任性，洋洋自得的同时又有些缺乏自信。在1764年12月的一次欧洲之旅中，他只在莫蒂埃短暂停留了一下，但他对受人敬仰的长辈一直都有一种猎犬般的忠诚。如果情况允许，他肯定会作为另一个索特斯海姆留下来。虽然他是一个马虎随意甚至肤浅的读者，但他很欣赏卢梭的书，并提前几周做好了准备，好像要去参见一位告解神父一样。“我庄严宣誓，在见到卢梭之前，不像异教徒那样说话，也不近女色。”接触这位伟人应该很容易，因为鲍斯韦尔有一封基思的介绍信。他曾和基思一起从苏格兰到波茨坦游历，基思最终决定在那里生活。但是，由于鲍斯韦尔焦虑且自恋，需要反复证明他与生俱来的吸引力，他宁愿以自己的方式侵犯卢梭的隐私。在莫蒂埃的小旅馆，他反复修改，起草了一封信，用笨拙但实用的法语宣称，他是来自古老家族的苏格兰绅士，拥有“一颗充满感情的心和一种活泼但忧郁的精神”。这是有意要吸引卢梭的语言，也是卢梭赢得了另一个弟子的证词。“如果我的痛苦经历在卢梭先生看来并没有给我带来非凡的优长，那么，我为什么会变成现在这样呢？为什么他要像他那样写作呢？”

卢梭上钩了，送回一张纸条，说虽然身体不适，但允许短暂的访问。鲍斯韦尔一进门，就说泰蕾兹是“一个小小的、活泼的、整洁的法国女孩”，立刻与主人熟悉了起来。“我有一种自由的气质，谈话很顺利，当卢梭先生说的话令我感动异常时，我抓住他的手，重重地拍了拍他的肩膀。我毫不拘束，肆意妄为。”事实上，鲍斯韦尔的举止像年轻版的狄德罗。接下来的谈话并不特别引人注目——鲍斯韦尔的法语不够流利——卢梭一直烦躁地试图摆脱他。但他确实引出了一句令人难忘的话：“我不喜欢这个世界。我生活在一个幻想的世界里，我不能容忍这个世界的现状。”这是卢梭在回忆《朱莉》，书中的女主人公告诉圣普乐，幻想之国是唯一值得居住的地方。

在漫长的冬天里，卢梭经常身体不适，尽管他的病情性质
381 尚不清楚。也许部分是由精神压力引起的，就像在尚贝里时的情况一样。他告诉穆尔图：“日日夜夜，我没有一刻不痛苦，这让我完全失去了理智。”当体力允许的时候，他会故意通过劈柴来出汗，但他经常觉得自己虚弱得无法劈柴。有一次，他料想自己随时会死去，就起草了一份遗嘱。寒冷确实是可怕的。

1762—1763 年的冬天是欧洲整个世纪最残酷的冬天之一（泰晤士河和塞纳河都结冰了）。四月的最后一天，卢梭抱怨天还在下雪，“我总是觉得我再也没有春天了”。在 1764 年的同一天，他同样被雪困住了，1765 年也好不到哪里去。二月下旬，他抱怨说，因严寒被监禁了四个月，“没有踏足街头”。

天气一转暖，卢梭的精神就像往常一样振奋起来，他又开始在山里漫游。迪佩鲁碰巧是一位满怀热忱的业余植物学家；在他的影响下，卢梭开始对这个在尚贝里时让他感到无聊的业余爱好产生了浓厚的兴趣。在十八世纪，植物学是许多人最喜欢的消遣方式。它是科学的一个分支，一个不需要技术培训、为园丁带来乐趣，并且令人愉快的爱好——植物和花卉的标本可以被收集、风干并压成册。卢梭派人去取了书籍和设备，并接受了一位熟练的植物学家——伊莎贝尔的叔叔让·安托万·狄韦尔努瓦——的指导。他开始就这一主题与马尔泽布通信，后者因其父在政治上失宠而失去了审查官的职位，当时正住在自己的乡村庄园里。（顺便说一句，有趣的是，迪歇纳和他的同伴盖伊继续出售《爱弥儿》，只是小心翼翼地换上了假的标题页。正如拉尔夫·利所说，这使人们更加怀疑 1762 年的起诉主要是为了把卢梭吓出这个国家。）记忆数百种植物的名称和属性成了卢梭的新爱好。这种爱好从多方面来说都是令人愉快的：这纯粹是为了知识本身，是户外活动的机会，也是远离争议的避难所。他告诉马尔泽布：“我从来没有在得到一个好的或有用的想法时，没看到绞刑架或断头台在我面前。口袋里装着林奈，脑袋里装着干草，我希望不要被绞死。”

有一次特别愉快的远足，目标是一座名为勒查瑟隆的一英里

382 高的山。一位名叫弗朗索瓦-路易·德舍尔尼的年轻朋友留下了
一篇关于这次旅行的长篇记述。五人组成队伍，带着一头骡子
出发了，骡子驮着被褥和食物，包括肉酱和烤鸡。卢梭作为最年
长的人担任队长，负责维持良好的纪律。名叫克莱克的医生兼治
安官负责物资供应，皮里上校负责操作指南针，迪佩鲁负责携带
保存植物的标本册（卢梭的一些植物标本册保存至今，是精美的
压制标本书），德舍尔尼负责生火和准备咖啡。卢梭轻快地攀达
山顶，而其他人在后面挣扎。在山顶，他们一边吃着午餐，一边
欣赏着旷远的风景。德舍尔尼突然意识到，尽管卢梭抱怨身体不
好，但他似乎特别有活力，兴高采烈。傍晚，他们找到了一个属
于格鲁耶尔奶酪制造商的小木屋，从那里得到了满满一木制罐子
的奶油，这让卢梭欣喜若狂（他把它放进咖啡，还加入了一大份
383 糖）。他们在谷仓的一大堆干草上过夜。第二天早上，卢梭声称
他一夜没合眼，上校愤然反驳道："我的上帝，卢梭先生，您真
让我吃惊！我整晚都听到您在打鼾。从未合上眼的人是我。"

在卢梭的一次乡村散步中，出现了一次令人难忘的往事重
现——这种重现在今天会被称为普鲁斯特式的。他高兴地喊道：
"噢，瞧！有长春花！"这让迪佩鲁困惑不已。卢梭突然记起华
伦夫人在他们到夏梅特的第一天指出长春花的事，于是，他突
然陷入了将近三十年前的往事之中。由于他最近得知她已经去
世，用孔齐耶的话说，"被疾病和贫困压垮了，被不公正的人类
384 抛弃了"，这段经历更加令人感伤。卢梭回信向孔齐耶保证重访
尚贝里，"用鲜花覆盖那个被您合上眼睛的无与伦比的女人的坟
墓"。最后，他确实去了，但是他当时的感受没有被记录下来。

卢梭在人生的这个阶段，一个更痛苦的损失是卢森堡公爵的

去世；卢梭一直惊恐地关注着他日益恶化的健康状况。“我在大人物中交了一个朋友，”他对德莱尔说，“正是他经受住了考验，而死亡刚刚把他从我身边带走了……我活得太久了。”他给卢森堡夫人的吊唁信一反常态，笨拙无能，结尾粗鲁冒失，令人惊讶，“我比您更感悲痛！”在一封给她的管家拉罗什的信中，卢梭解释了其中的逻辑，“我通过自己的悲伤能感受到元帅夫人的悲伤，但她并不缺乏安慰；而我却被所有人抛弃，独自一人留在世上，被悲哀淹没，没有朋友，没有资源，也没有安慰”。这时，泰蕾兹继续照料服侍他，而罗甘、穆尔图、迪佩鲁和（远道而来的）基思只是众多朋友和崇拜者中最突出的几个。当公爵夫人回信时，卢梭不禁感到羞愧：“看在上帝的分上，在我遭遇可怕的不幸时，不要用您的冷漠来加重我的负担！请相信，我永远最温柔地爱您。”

卢梭比以往任何时候都更热衷于通信。除了与众多的朋友和熟人保持联系之外，他还不得不与无穷无尽的完全陌生的人打交道——这些人写信征求他的意见，这种名声的后果在蒙莫朗西曾令人欣慰，现在却令人恼火。据统计，在莫蒂埃的两年半时间里，他收到了200多人的来信，而卢梭本人的信至少有850封幸存了下来，平均每周五封。

很少有陌生人会引起真正的关注。一封非同寻常的信显得经过了深思熟虑来自巴黎的一位女士，她只说自己叫“亨丽埃特”。她的身份从未被追查过，不过她的信件最终被收入了纳沙泰尔数量巨大的卢梭藏品中。她受到今天被称为抑郁症的疾病的困扰。她描绘了这种疾病极为痛苦的细节。“醒来的那一刻是我的存在中最可怕的时刻。我感到心脏一阵剧痛，将我从睡眠中拽了出来，一股刺骨的疼痛粉碎了我的感官，而醒来的害怕 385

和恐惧加剧了这一切……无数阴郁和混乱的想法聚集在一块厚厚的云层中，似乎要把我笼罩起来。我试图推开它们，我挣扎着，环顾四周，思索着我身边的一切，但我看不到任何可以安慰我的东西。”卢梭同情地回信，但声称她的情况令人费解，因为这与他自己的经验相去甚远。他的反应让人意识到，尽管他总是抱怨，但他从未遭受过真正的抑郁症的折磨。“您对我来说是一个令人苦恼和难堪的费解之谜。我相信我了解人心，但我对您一无所知。您在受苦，而我无法解救您。”亨丽埃特回信时，他忽略了，没再回信。

卢梭与另一个人的信件往来是如此广泛，可以写满一本书——事实上，长达三百页。当卢梭还在蒙莫朗西时，一对巴黎女士写信给他，腼腆地自称为朱莉和克莱尔。克莱尔很快退出了，但朱莉（最终透露自己是玛丽安·阿利桑·德·拉图尔）与他保持了多年的通信联系。她比卢梭小十五岁，没有孩子，与放荡的丈夫分居；她似乎从来没有情人，信件的编辑认为与卢梭通信可能是她的一大风流韵事。她总是起头，要求获得关注，坚持直呼其名，如果卢梭表现得无动于衷，就会遭到她的斥责，表现得完全像一个成年版的专横的小戈登。当然，整件事是一场游戏。在一次口角之后，卢梭说：“多给你写信对我来说无疑是非常愉快的工作，但那样我就会失去看到你因我写信少而用各种优雅的表达方式来责备我的快乐。”尽管如此，当莫蒂埃的事情开始变得糟糕时，他发现自己很感激她的关注。“你有一个非常不幸的朋友，”他告诉她，“但你将永远拥有他。”

那么，卢梭的出版物呢？他曾发誓不再尝试任何新作品，但他仍有一些未完成的计划。其中一个是计划已久的作品全集，将由雷伊或迪佩鲁出版。迪佩鲁一度认为他可以获得在纳沙泰尔印行的许可。卢梭此举的动机主要是经济方面的，为了确保老年时有足够的收入。后来，迪歇纳确实在巴黎出了一个版本的全集；这不是卢梭希望创造的令人印象深刻的标准版本，但 386
它确实增加了他的储蓄。他还在为回忆录（作为计划中的全集的导论）写笔记，并努力编写《音乐辞典》。该辞典于 1764 年被送给迪歇纳，最终于 1767 年出版。他总是贬低这部作品，但它实际上是一项令人印象深刻的成就。他没有简单地重印他被收入《百科全书》的文章，而是重写了这些文章，并增加了五百篇全新的文章。此外，自从巴黎论战以来，他对音乐的思考更加深入。特别是，他不再拘泥于音乐需要语言来表达的观点。他现在写道："音乐家的一大优势是，能够描绘出听不到的东西；而画家不可能描画出看不见的东西……睡眠、夜晚的平静、孤独，甚至沉默都进入了音乐的画面。"《辞典》出版时，一位评论者说："一些文章写得很深刻，是普通作曲家力所不及的，即使是最有技巧的作曲家也会感到惊讶。人们无法想象，一个有过如此多感受和思考的人怎么能在此种程度上掌握这样一种艺术，因为这门艺术的效果有多令人愉悦，它的原理就有多枯燥和令人生畏。"

这几年还有两个未发表的计划。一是名为《皮格马利翁》的散文诗，反映了《朱莉》的经验。完成雕像后，艺术家意识到他可能会在创作中迷失自我，因而退缩了——"如果我是她，我就不会再看到她，我不会成为那个爱她的人"——但当雕像有了生命时，他的最后一句话是"我已经给了你我的全部，我将只通过你活着"。在某种程度上，这是卢梭对他的艺术的告别。

另一个计划是他作为政治理论家的声名远播的产物。在《社会契约论》中，他评论说欧洲有一个地方仍有能力成为真正的共和国：偏远的科西嘉岛。该岛被热那亚统治了几个世纪，正在为争取独立而斗争。“这些勇敢的人民以如此的勇气和毅力恢复和捍卫了他们的自由，确实值得某位智者来教导他们如何保全自由。我有一种预感，总有一天这个小岛会震惊全欧洲。”出乎意料的，法国军队中一位名叫马蒂厄·布塔福科的科西嘉军官写信给卢梭，声称代表科西嘉领导人巴斯夸尔·保利，邀
387 请他成为那位智者。这个想法让卢梭兴奋不已。正如特鲁松所说，对于被视为乌托邦式的梦想家或颠覆分子而遭到摒弃的人来说，这是多么高超的报复啊！卢梭警告布塔福科，他的健康状况不允许他访问该岛。但书籍和文件被送到他那里，他起草了几十页的文书，包括一份将每个公民与科西嘉公意联系在一起的效忠誓言：“以全能的上帝和神圣的福音传道者们的名义，通过一个不可撤销的神圣誓言，我以身体、财产、意志和我所有的力量将自己与科西嘉民族结合，完全属于它，属于我自己和所有依赖我的人。我发誓为之而生，为之而死。”

卢梭更重要的论点是，科西嘉应该不惜一切代价抵制现代化，保持其原始的质朴。这不是布塔福科和保利想要的，而且他们可能根本无意采纳卢梭起草的任何文件，而只想借用他的声望。此外，很明显，整件事都是在浪费时间，因为一支法国军队很快就占领了这个岛，而卢梭正确地预见到他们永远不会离开。之后科西嘉岛让欧洲震惊的，不是原始的自由，而是因为拿破仑·波拿巴。当卢梭真正卷入政治事务时，那将是离家乡更近的事情，并带来灾难性的后果。

第二十章 388

又一次被驱逐

卢梭曾希望脱离日内瓦的政治，但现在他有太多的羁绊和义务，无法做到这一点。信件（名字用了密码，因为他的邮件显然被打开了）在日内瓦和莫蒂埃之间的来回传递。他甚至去日内瓦湖南岸的托农，与德吕克和其他人一起参加了一次流产的阴谋家会议。他还对让-罗伯特·特农香于1763年出版的一本名为《乡间来信》的小册子耿耿于怀。特农香（泰奥多尔的表兄弟）是日内瓦的检察长；他对小议会的行为进行了精心辩护，给公众留下了深刻的印象。1764年12月，卢梭像以前一样在完全保密的情况下工作，出人意料地发表了一份出版物，引发了他迄今为止最严重的灾难。它被称为《山中来信》，是对《乡间来信》的论战性的回应，在雷伊版八开本中足有550页（现代版本接近200页）。

卢梭的论点是，小议会背叛了日内瓦的理想，它不承认任何约束，只承认自己的良好意愿。这是一部强有力的著作，充满了细节。他宣称，一个所谓自由共和国的公民已经成了“一 389

个专制权力的奴隶；他们毫无防备地将自己交付给二十五个专制者的怜悯”。他还告诉日内瓦人——不再是他的同胞——这是他们自己的错。你们不是斯巴达人，甚至不是雅典人，“你们是商人、工匠、资产阶级，总是忙于你们的私人利益、你们的工作、你们的商业、你们的收益”。

各地的贵族和行政人员都充满了恐慌，这本书很快在海牙和巴黎被烧毁。《社会契约论》集中论述了一般原则，但现在可以说卢梭想推翻一个现存政府。此外，很快就可以看出，在日内瓦只有少数激进分子对他的观点感到满意。“我们的人公开说，”一位崇拜者告诉他，“您的书是我们必须遵循的福音，其他人说它是自由的火炬，还有人说它是火药库中燃烧的手榴弹。”正是由于这个原因，温和派担心有权调停日内瓦事务的法国会抓住这个机会接管日内瓦。于是，他们与小议会媾和，卢梭被他自认为自己正在帮助的中产阶级公民抛弃了。他决定放弃斗争，语带讽刺地告诉勒涅普斯：“我要表现得像孩子或酒鬼那样，被人推搡后就让自己自由地摔倒，以避免受伤。”

在所有这些麻烦中，全欧洲最有名的作家住在他位于日内瓦郊外的费尼庄园里，一直在竭力反对卢梭。伏尔泰从来不认为卢梭是重要的作家。他非但没有把他看作对手，反而把他看作已成为讨厌鬼的小弟子，加以鄙视。他嘲笑《论不平等》，嘲笑《朱莉》，嘲笑《爱弥儿》，总是不屑一顾地进行贬低（“《爱弥儿》的作者就像一个孩子，他吹肥皂泡或向井里吐口水产生涟漪，自认为做了一件了不起的事情”）。对于卢梭在《致达朗贝尔的信》中抨击伏尔泰在日内瓦建剧院的计划，他不仅对这种干涉感到不满，而且认为这是一个“准备在他下城的平民街道上凯旋”的伎俩。在各种幕后操纵的过程中，伏尔泰沉湎于蔑视下层阶级，错误地引用了卢梭的信件——这些信件不知怎么到了他的手里——来暗示卢梭在威尼斯根本就不是秘书，而只是一个男仆。由于卢梭有着在十几岁时担任男仆的痛苦回忆，这个谎言深深刺痛了他。 390

伏尔泰认为，卢梭的政治杰作不过是“不善于社交的让-雅克·卢梭所写的名为‘社会的契约论’或‘非社会的契约论’的小书”。正如伏尔泰的传记作者所承认的那样，“伏尔泰从来没有想过要把卢梭当作一个论述政府相关主题的作家来认真对待”。《山中来信》出现时，伏尔泰全心全意地站在了寡头的一边。他告诉特农香家族的一个成员说，仅仅烧掉这本书是不够的。“让议会用最严厉的法律惩罚他……作为亵渎上帝的颠覆分子，他亵渎耶稣基督，却自称基督徒；他想推翻他的国家，却自称公民。”（私下里，当卢梭提出，如果圣餐面包真的是基督的身体，那么耶稣在最后的晚餐上一定把自己的头放进了嘴里，伏尔泰可能会露出会心的微笑。但伏尔泰保留了传统的礼仪。据说，他死时是个天主教徒，而不是基督徒。）

就在这个时候，一本八页的小册子出版了。它使卢梭感到震惊，因为以前从来没有发生过这样的事情。这本名为《公民的情感》的小册子号称是一位真诚的日内瓦传教士的作品。它在批判《山中来信》的过程中投下了一枚炸弹。“我们悲痛而羞愧地承认，他是一个仍然带着沉溺声色的致命痕迹的人，打扮成江湖骗子，把这个不幸的女人从一个村庄拖到另一个村庄，从一个山头拖到另一个山头，杀死了她的母亲，把她的婴孩们遗弃在孤儿院门口。”这段话大部分是不真实的，但它的阴险之处在于类似于事实。“致命痕迹”使他的泌尿系统状况听起来像性病，而他从未患过这种病。他的亚美尼亚长袍不是江湖骗子的服装，但肯定是很特别的。泰蕾兹没有被拖走，但她确实陪着他从一个流放地走到另一个流放地。她的母亲事实上还活着，但狄德罗和格林早就指责卢梭的行为会缩短她的生命。而且有
391 一部分是真的。他真的放弃了孩子，即使在发表回应时，他也陷入了可怜的模棱两可。“我从未在任何孤儿院门口或其他地方遗弃过婴儿，或导致任何婴儿被遗弃。”这句话是正确的，只在于婴儿们被带到了孤儿院里面。

卢梭以为自己对文体的判断力万无一失，所以他确信自己知道谁该对此负责。他确信罪魁祸首是牧师雅各布·韦尔纳。他曾经是朋友，现在是保守派阵营中的一个强有力的声音，最近发表了一篇细致的批评，名为《关于卢梭先生的基督教的信》。当卢梭在出版物中这样说的时候，完全无辜的韦尔纳大为震惊，写了一系列信，表现得越来越愤怒，而卢梭对之不屑一顾。奇怪的是，事实上无法解释，卢梭为何从未考虑过伏尔泰，尽管他有明显的复仇动机。卢梭不止一次提到伏尔泰的名字，说他是那些声名狼藉的作品的作者，而当时的习惯是尊重匿名。更糟糕的是，1764 年，迪歇纳出版了卢梭的一封简短的公开信，（正确地）否认他写过一本反耶稣会的小册子——扉页上有他的名字——并很随意地提到，这位匿名作者显然很崇拜伏尔泰，“他是我的迫害者中最热情和最机敏的人”。伏尔泰自豪于自己与迫害为敌的声誉，这种公开的指责激怒了他。从那时起，他就在等待一个合适的机会进行反击，而《山中来信》就提供了这个机会。

当《公民的情感》问世时，伏尔泰向所有人保证，这是卑鄙的诽谤，完全不符合他自己的感情。多年来，他一直宣称自己爱卢梭，并试图在他需要的时候帮助他，同时却在幕后不知疲倦地密谋反对他。而现在，他动用了他一直珍藏着的武器，那就是他一直对所有人保密、只有极少数人知道的弃婴之家的故事。可能是埃皮奈夫人和泰奥多尔·特农香告诉他的。伏尔泰如此有效地掩盖了自己的踪迹，以至于至今有些学者都拒绝相信他写了《公民的情感》。然而，除了大量的间接证据外，决定性的文件最后是韦尔纳为了洗刷自己的罪名而得到的。他在伏尔泰死后从其私人秘书那里得到了这份文件。“我在此声明，已故的伏尔泰先生因卢梭先生在《山中来信》中对他的侮辱和 392
其他暴行而义愤填膺，在名为《公民的情感》的小册子中进行了报复。”

对卢梭来说，谁写了这篇卑鄙的诽谤文章并不重要。他最担忧的是，公众认为他的行为与他所宣扬的相反。全欧洲的父母都把他视为指导者。正如德莱尔所说：“您向我们展示了一位丈夫和父亲的职责，但您既没有成为丈夫，也没有成为父亲。”但现在人们发现，卢梭确实是一位父亲，并以绝对令人震惊的方式摆脱了孩子们。许多人起初倾向于认为这个故事一定是假的，但卢梭知道这不是假的；即使承认自己的错误，也要确立自己的诚实正直，现在这成了他正计划写作的自传背后的动机和原则。他对杜克洛说：“我将描写我自己，如我从前之所是，也如我现在之所是。坏的有时会掩盖好的，尽管如此，我很难相信我的任何一位读者敢说‘我比那个人更好’。”几乎同样的话出现在《忏悔录》的第一页。

当卢梭把目光聚焦在家乡时，他却没有注意到近在咫尺的危险。当卢梭告诉莫蒂埃牧师蒙莫兰说《山中来信》是日内瓦牧师们所挑起的战争中他的首次对敌行动时，显然是在期待支持，但蒙莫兰的一个朋友说："要么是卢梭先生失去了理智，要么是他认为您已经失去了理智。"蒙托兰所承受的压力日益增加，他必须对他不明智地接纳教会的叛徒采取一些措施，于是，他决定进行攻击。新教徒没有正式的等级制度，但他们也有很多纪律，有一个由被称为"可敬者"的牧师和长老组成的协会。1707 年与普鲁士的联合法案明确保证了纳沙泰尔的牧师们有权按照他们认为合适的方式处理他们的事务，而就在几年前，他们成功地驱逐了其中一个名叫珀蒂皮埃尔的人，因为他质疑上帝会永远惩罚罪人。基思熟知他们可能引起的麻烦，于是从波茨坦写信警告说，由于牧师们会"像稻草一样着火"，所以卢梭最好考虑逃走。

1765 年 3 月，可敬者采取了行动。卢梭被指示出席在莫蒂埃召集的特别宗教会议，并被告知他将被逐出教会，除非他公
393 开宣布放弃他著作中的观点，并发誓"他相信耶稣基督为我们的罪而死，并为我们的正义而复活"。卢梭对信仰的理解包含了良心自由，而且他完全反对牧师们严格的神学。正如他的朋友德莱尔所说，"他从神性中删除了任何不符合人性、父性和仁慈的东西"。尽管如此，他别无选择，只能服从。由于害怕被直接审问，他坚持以书面形式提交自己的观点，而宗教会议则在他缺席的情况下召开。与蒙莫兰一起参加会议的还有六位平信徒长老、一位执事以及当地的领主或行政长官雅克-弗雷德里克·马蒂内——他的职务使他可以出席会议。投票时，蒙莫兰

吃惊地发现自己处于少数，于是宣布执事无权投票。这意味着现在票数平分秋色，而蒙莫兰宣布他将亲自打破平局。由于他已经投了一票，所以现在他让自己投了两票，任何人都可以看出这是不妥的，纳沙泰尔的州议会因此撤销了对卢梭的裁决。

卢梭的支持者为他们的胜利欢欣鼓舞，但牧师们并不是那么软弱，卢梭的盟友也没有他们设想的那么强大。事实上，蒙莫朗西的模式正在重演：他被别有用心的朋友们利用了。皮里的秘密目标是努力建立一个独立的纳沙泰尔共和国，而且皮里和迪佩鲁都是共济会会员，是一个由思想自由者们组成的秘密协会的成员，被广泛认为是危险的颠覆性的。他们绝不是在故意误导卢梭。皮里视他为挚友，而迪佩鲁也保持着坚定不移的忠诚，即使卢梭后来对他态度冷淡。但他们鼓励他积极抵抗，并不是在帮助他，他最好听从基思的建议，离开这里。事实上，他确实花了很多时间考虑可能的去处——也许是威尼斯，也许是柏林——但他认为自己病得太重，无法旅行，而且像以前一样没有制定出具体计划。

纳沙泰尔的州议会本来很高兴看到这件事结束，因为腓特烈曾愤怒地警告，要求他们尊重他对卢梭的保护，而且卢梭确实承诺不再写有争议的话题。这一次他可能是认真的。但牧师们并没有准备好接受失败，蒙莫兰尤其痛苦，因为他被夹在中 394
间，被搞得像个傻瓜一样。他自视甚高，循规蹈矩，但并不愚蠢，他明白一个牧师在其教区的信徒中可以发挥的力量。他开始讲道，显然是为了挑起人们对卢梭的敌意；这并不难，因为村民们对一个与特权阶层厮混、吸引恼人的访客、在道德案件中站在与当地妇女相反对的一方，并且因不虔敬的著作而受到逮捕令追捕的外国人没有什么同情心。此外，正如许多证词所表明的那样，泰蕾兹喜欢说长道短，装腔作势地摆谱儿，变得特别令人讨厌。一位来访的牧师写信给穆尔图（当时卢梭已经放弃了他，因为他与伏尔泰的友谊越来越深）：“勒瓦瑟小姐，我开始全心全意地鄙视她，她的恶意和轻率在不遗余力地使他与所有人纠缠不清。”德舍尔尼记得他听到了许多关于“她多嘴多舌”的抱怨，迪佩鲁也说了同样的话，日内瓦的牧师萨拉赞（对卢梭不友好，却是个可敬的人）也是如此：“他们说，人们对卢梭的女管家的反感超过了对他本人的反感。她从未能让任何人喜欢她，完全没有。”

泰蕾兹习惯于盘问来访者，并把他们打发走，如果她想赶走他们的话。社会地位低下的人根本没有机会；她在蒙莫朗西的时候，似乎就已经相当势利眼了。一位来自韦里耶尔——也就是泰蕾兹经常去做弥撒的法国小镇——的纺织品设计师，愤愤不平地写信给卢梭说，在注意到他满是尘土的鞋子后——他一路走到莫蒂埃——泰蕾兹冷冷地告诉他，卢梭病了，不能见他，尽管有人看到卢梭刚从教堂里愉快地散步回家。这位执笔人还说，众所周知，有钱的访客都会贿赂她，以便进去。他对卢梭说：“如果您回信，我会高兴得不得了；如果您不回信，你只是个风行一时的哲学家，我也不会有什么损失，因为世界上有很多这样的哲学家。”卢梭没有回信。

九月，风暴来了。它是由 9 月 1 日一次特别具有煽动性的布道引发的。在这次布道中，蒙莫兰选择了《箴言》第 15 章第 8 节作为他的经文，“恶人的祭物是主所憎恶的，但正直人的祷告却是他所喜悦的”。每个人都知道他的意思是卢梭参加圣餐是主所憎恶的，而且，据进一步的传闻，蒙莫兰“怒气冲冲地谈论中立人士的丑闻”。显然，他是在劝说镇民们不要保持中立，领主马蒂内严厉地写信告诉他不要再挑衅了。蒙莫兰平静地回答说，教育他的羊群是他的神圣职责，他心里并没有任何个人。“我还有比卢梭先生的事更有用、更有趣的其他事，我既不想也不能浪费时间去想卢梭先生的事。” 395

就在这时，一直住在不远处的法国温泉疗养院的维尔德兰夫人来到了莫蒂埃，进行一次推迟很久的访问。卢梭很高兴见到他在蒙莫朗西的老朋友——他们习惯于以“邻居”来称呼对方——但就在那天晚上，有人向他的房子扔石头、试图撬门，还在一对耙子上放了一块大石头作为陷阱。在接下来的两个晚上，骚扰事件不断发生。9 月 3 日凌晨 4 点，维尔德兰夫人突然离开了。当天晚些时候，人们在卢梭散步时嘲笑他，甚至喊着要用枪打死他。

6 日（星期五）是莫蒂埃每月一次的集市日，这一天通常会发生各种不端行为。当晚十点，发生了最严重的袭击事件。扔出的石头比以往任何时候都多，其中一块石头打破了一扇窗户。马蒂内匆匆赶到现场时，在卢梭的卧室门口发现了一块特别重的石头，阳台上也堆了很多石头，以至于马蒂内惊呼：“我的上帝，这是个采石场！”卢梭不能再拖延了，两天后他就去了纳沙泰尔。泰蕾兹在武装警卫的保卫下，留下来照看他们的财物。

尽管有许多目击者的记述，但要确定当时发生了什么并不容易。这一事件很快被从神话的意义上解释为莫蒂埃的石刑，影射着《圣经》中的石刑。伏尔泰并没有忘记那些含义；他发表了一篇戏谑的说教文章，回顾了耶和华从天上降石头在亚摩利人身上，大卫投石杀死歌利亚，以及孩子们朝第欧根尼（他多年来一直给卢梭起的名字）扔石头的事。相当多的人认为整件事被荒谬地夸大了。格林认为，几个醉汉随意胡乱地向房子
396 投掷东西，但“只要有热烈的想象力，就很容易把小石子变成冰雹般袭来的大石头，把两三个醉汉变成一伙刺客”。一个当时只有十四岁的女孩甚至在很久以后声称，村里那些经常习惯于通过戏弄古怪的卢梭来取乐的青少年应对这些石头负责。

在一个不受欢迎的人被嘲笑和羞辱时，当然也会含有传统的喧闹。在卢梭离开一周后，人们在市场的喷泉里发现了一个他的雕像。它带着一份讽刺文件，而这份文件回顾了泰蕾兹在蒙莫朗西蒙受的某种耻辱的传闻，并嘲笑了想要强制执行其统治的“巴伐利亚阉伶”（腓特烈的同性恋倾向是众所周知的）。马蒂内被称为“老狒狒”，因为他的调查造成了不必要的麻烦。马蒂内保留了这份文件作为证据，却把这个雕像肢解后扔进了河里。

村民们立即联合起来反对官员们，而官员们则不太积极地试图查明真相。对最初的侮辱进行调查时，证人作证说，如果卢梭在散步时有人听到说“给我拿支枪来打死那条狗”，那只不过是指一条到处乱跑的大灰狗；如果人们提及一个假先知，他们的意思只不过是错误地预测了下雨而已。三位证人赞同这个故事，其他人就更不乐意提供信息。“阿布拉姆·克莱尔·盖、达维德·耶尔森、菲利贝尔·拉西厄、雅克·拉西厄和达维德·比尼翁都宣誓作证说他们什么都不知道。”至于投掷石头，证人发誓说，屋子里的石头太大，不可能穿过窗户上的洞，所以一定是泰蕾兹自己把它放在那里，以激怒卢梭，让他离开莫

蒂埃。阳台上的石头据说也是她干的。对于法律调查而言，要从一个决心坚持其说法的村庄中提取真相是出了名的困难，所以此事不得不被搁置。基思的一名下属说，他确信他们是在为煽动这一事件的高位者掩饰。

于是，这起投石事件就变成了传说，而卢梭的支持者则暗地里谈论蒙莫兰对异教徒施行的火刑，不仅提到了宗教法庭，还提到了多年前他在处决两名因“魔法和巫术”而被烧死在火 397
刑柱上的莫蒂埃人时的布道。在基思看来，他“很像十字军东征时期的山中老人：他让他的追随者们相信，只要按照他的命令进行暗杀，就能进入天堂”。蒙莫兰本人仍然坚信自己是受害方，多年后还对来访者说，卢梭以最邪恶的忘恩负义来报答他的善意。对卢梭来说，离开是一种解脱。然而，他不知道，一个新的迫害和流放阶段即将开始。

在纳沙泰尔湖的正东是较小的比安湖（现代地图使用其德语名称 the Bielersee）。靠近其西端的是小小的圣皮埃尔岛，最长的地方有半英里，在当时被平均分成田地、葡萄园和树林。伯尔尼的一家医院拥有岛的所有权，通过在岛上耕种获得收入。岛上有一所大房子（由宗教改革前的修道院改建而成），由管家昂热尔和他的妻子萨洛梅居住，并由湖尽头的尼道县县长卡尔·埃马纽埃尔·冯·格拉芬里德管理。那年的初夏时节，卢梭在那里度过了非常愉快的十天，格拉芬里德一直在催促他回去。可以肯定的是，伯尔尼对卢梭的禁令仍然有效，但三年过去了，也许当局会愿意换个角度看问题。9 月 8 日，投石事件发生两天后，卢梭永远离开了莫蒂埃，第二天他就来到了圣皮埃尔岛。一周后，泰蕾兹带着他们的行李与他汇合。

关于岛屿的想法一直吸引着卢梭，而这个岛屿“简直是为一个喜欢自我约束的人的幸福而设的”。《鲁滨孙漂流记》是爱弥儿唯一的书，德莱尔听说卢梭的新避难所后，从意大利来信，直击要害：“你让我想起了鲁滨孙；为什么我不能成为星期五？”充当忠实的星期五的当然是泰蕾兹，除了昂热尔及其妻子之外，还有不少人也在场。秋天是收获的季节，这吸引了大量的工人涌入。卢梭自豪地提到，游客们发现他在树上，腰上挂着满满一袋苹果。他特别享受葡萄收获季，这是他已经在《朱莉》中理想化了的集体活动。这个岛实际上更像沃尔玛的庄园，而不是鲁滨孙的荒岛，它提供的正是卢梭喜欢的东西，孤独的感觉
399 连同文明的便利，在那里他可以舒服地感叹：“大自然啊，我的母亲啊，我在这里处于你的保护之下。”

卢梭投身于植物学中，绘制了该岛有待彻底研究的部分，并梦想编一本《植物志》，将每一种植物都编入目录。在其他时候，他寻求一种无目的的自由联想的空虚。在岛上的逗留对他的影响如此之大，以至于他后来把它作为他最后一本书《一个孤独漫步者的梦》的核心。在这本书中，他描述了自己如何躺在一艘小船上在湖面漂流，连续数小时凝视天空。当风太大而无法划船时，他就会坐在岸边，沉浸在当下的感受中。“海浪的声音和水的激荡抓住了我的感官，赶走了我的灵魂中的所有其他的骚动不安，使它陷入一种美妙的幻想；在这种幻想中，夜幕降临常常令我惊讶。水的退潮和流动，伴随着它连续不断却千变万化的声音，不停地冲击着我的眼睛和耳朵。”在这种近乎催眠的状态下，卢梭终于能够“愉快地感受到自己的存在，无须努力去思考”，各种想法都被“催眠我的连续运动的一致性”

所驱散。表示“催眠”的词是bercait，意思是像婴儿在摇篮中一样被轻轻摇晃。

这些时刻可能只是偶尔为之，卢梭喜欢晚上在一个专门搭建的亭子里举行社交聚会。“我们在亭子里放松，大笑，聊天，唱一些比华丽的现代歌曲更有价值的老歌，然后心满意足地上床睡觉，只希望第二天也能像这样。”其实，这个地方是一个熙熙攘攘的蜂巢，而不是孤独之所。基思说，有人告诉他，“那里发生了如此多的事情，以至于人们可能会认为这个岛将不堪重负而沉没。”在莫蒂埃，卢梭得到了一条新的狗苏丹，以填补令人怀念的蒂尔克的位置。有一次，苏丹陪同他的主人去探险，在离大岛几百码远的小岛上建立了一个新的兔子聚居的殖民地。就像波塞的微型水渠一样，这是一个成为幻想中的神话英雄的机会。“这个小殖民地的创建是一个节日，阿尔戈英雄们[1]的领航员也并不比我更自豪。”在《忏悔录》与《一个孤独漫步者的梦》出版后，圣皮埃尔岛成为朝圣之地，而这一小块迄今无名的露出地表的岩层在十八世纪的地图册中开始被确定为兔子岛。

卢梭无法忍受的是那些只为见他一面而来的名人追逐者。400
他房间里有一个活板门，可以通向下面的空间，他有时会利用它来逃跑。在其他时候，他试图藏在树林里，而且有故事说他对那些设法与他搭讪的仰慕者态度冷淡。“让-雅克·卢梭先生，我向你致敬。”一个陌生人喊道，卢梭回答说：“如果我知道您的名字和姓氏，就像您知道我的一样，我也会这么做。”然后他

1　古希腊神话中，五十名希腊英雄在伊阿宋率领下，乘坐一艘名为“阿尔戈”号的大船进行远征，以夺取金羊毛。他们因此被称为阿尔戈英雄。

401 就消失在树丛中了。当另一位访客礼貌地说道：“先生，我很荣幸成为您最谦卑和顺从的仆人。”卢梭反驳道：“但我，先生，不是您的仆人。”

到了十月中旬，收获季结束了，这个岛陷入了冷清的与世隔绝状态，卢梭觉得自己已经准备好享受这种状态。他拒绝了他“亲爱的爸爸”罗甘关于在伊韦尔东过冬的邀请，解释说：“我指望在这个冬天，在风和冰中找到我迫切需要的和平与安静。”但事实并非如此。伯尔尼管理机构的一些成员向卢梭保证他可以留下来，但结果他们的大多数同事都不同意。县长格拉芬里德不得不“怀着最大的遗憾和最大的痛苦”，命令卢梭立即离开。他同情却于事无补地补充说，“整个宇宙都是一位正直的人的祖国”。

这个决定不难理解；伯尔尼受到来自日内瓦的压力，要防止激进的抗议蔓延到整个瑞士。卢梭预见到了这一点，沮丧地
402 评论说，虽然政府有时可能会撤销他们所做的好事，但他们从未撤销过坏事。在某种程度上，驱逐似乎是不可避免的。正如斯塔罗宾斯基所说，卢梭的一生中有一系列的临时天堂——波塞、夏梅特、退隐庐、蒙路易，而他被不公正地驱逐出了这些天堂。

面对未知的冬季旅程，卢梭绝望地建议，如果他答应放弃纸张、墨水和与外界的联系，就允许他继续留在这里。这当然遭到了拒绝。当局最不希望的就是创造一个殉道者；他们唯一的愿望就是让他离开。于是，他准备离开，最初的想法是去波茨坦，基思正在那里热切地等待着他。岛上的人都记得他在那里的最后一晚是个悲伤的夜晚，他拿着一把鲁特琴，唱了一些

他所创作的告别诗。10 月 26 日，他离开了。

一个世纪后，这个岛本身经历了一场奇特的转变。十九世纪七十年代，作为一个地区公共工程项目的一部分，水位降低了两米多。这个项目以响亮的名字“汝拉山脉水域调整”而闻名。结果，圣皮埃尔岛现在与大陆连在一起了。故而，人们在日内瓦通过一个在卢梭的时代还不存在的卢梭岛来纪念他，在比尔湖通过一个已经不存在的岛来纪念卢梭。至于兔子岛，它已经完全与更大的岛屿融合，变成了树林中的一个小山包。不过，兔子们还在那里。

403

第二十一章

在一个陌生的国度

卢梭流浪的第一站是湖顶端的比尔。他住在一家客栈讨厌的后屋里，晒干的羊皮散发出的臭味令人窒息。他被命令立即离开。接下来他去了巴塞尔，在那里他同样不受欢迎。他沮丧地写信给泰蕾兹——泰蕾兹同意留在岛上，直到能确定一个永久的目的地——“我今天到达这个城镇，没有发生任何重大事故，但喉咙痛，发烧，心如死灰。”唯一令人欣慰的是苏丹，“现在躺在我正在写字的桌子下面的大衣上”，它已经欢快地在马车前面跑了好几英里。他在客栈的桌子上留下了一张忧郁的纸条——“让-雅克·卢梭，被放逐，流浪，生病”，然后乘马车前往阿尔萨斯的斯特拉斯堡。阿尔萨斯虽然是法国的领土，但不在巴黎高等法院的管辖范围内，他不会有任何被捕的危险。

卢梭再也见不到瑞士了，那里的很多人都很高兴看到他离开。泰奥多尔·特农香一如既往地冷酷无情：“这个人让自己变得非常不幸，不知道何处可以容身。这是多么真实的骄者必败啊！”蒙莫兰对被迫给腓特烈写一封卑躬屈膝的信感到特别厌

恶，他毫无诚意地声明自己一直忠于“以如此的智慧和美德统
治着我们的仁慈和光荣的君主”。至于卢梭在纳沙泰尔的支持者 404
们，他们感到异常困窘。该市的一位历史学家后来说，他的离
开标志着“他一个人造成的麻烦的结束”。

秋雨绵绵，斯特拉斯堡之行特别令人不快——卢梭告诉泰蕾兹，这是他一生中最不愉快的一次旅行——但至少他不再逃亡了。出乎意料的是，他发现自己在斯特拉斯堡受到崇拜，最后他在拉弗勒尔旅馆住了五个星期。一部成功制作的《乡村占卜师》上演了。他受邀为此主持排练，正如他告诉迪佩鲁的那样，社会需求很快变得如此繁重，“以至于我不得不中断这一切，重新成为一只熊。”

虽然卢梭很想去波茨坦与基思会合，但他已经被警告说那里的冬天很可怕，此外，也许他怀疑自己会发现很难向国王献殷勤。长期以来，雷伊一直劝他去阿姆斯特丹，但那里的冬天也很寒冷，而且最好的路线是走莱茵河，但莱茵河可能会被冰封住。如果能不被逮捕，卢梭会更喜欢法国；乌德托夫人和圣朗贝尔都向他提供了乡间别墅，他们的情谊令卢梭觉得特别感动，但他不敢接受。十一月底，他对迪佩鲁说：“在充分权衡了一切之后，我决定去英国。”维尔德兰夫人和布夫莱尔夫人一直在催促他这样做；她们说服了首席大臣舒瓦瑟尔颁发护照，确保他在途中能安全通过巴黎。此外，她们还与担任英国驻巴黎大使馆代办的大卫·休谟进行了商议；休谟已经向卢梭保证，他将帮助他定居在这样一个国家：“您会发现一个绝对安全、免受一切迫害的国家，不仅是因为我们法律的宽容精神，还因为那里每个人对您的人格的尊重。”卢梭感激地回答说，他接受休

谟的提议，并将很快出发“投入您的怀抱”。据他所知，他可能会在英国度过余生。

卢梭雇了一辆邮车，独自旅行，于12月9日离开斯特拉斯堡，经过一个星期的悠闲旅程，抵达巴黎。他本想和他的出版商盖伊待在一起，翻阅他的《音乐辞典》的校样，“完全不见任
405 何人”，但他的权贵朋友却有其他想法。孔蒂亲王给他提供了圣殿的住处。他以马耳他骑士团的大团长的身份拥有圣殿，而圣殿治外法权的地位使得巴黎高等法院无法触及它。卢梭几乎无法拒绝。孔蒂的动机不完全是无私的；他担心卢梭会被捕，甚至自首，从而给自己这个《爱弥儿》的早期倡导者带来破坏性后果，而在圣殿，他可以将卢梭置于自己的控制之下。

一旦在那里安顿下来，卢梭立即被来访者淹没了。当然，他见到了休谟，也见到了一些老朋友，包括多次前来拜访的好管闲事的宽代和低声下气的索特斯海姆。但是，在亲王及其情妇布夫莱尔夫人（经常被她的朋友们称为圣殿的神像）的鼓励下，最主要的来访者是一群杰出的祝福者，而他们都很满足于赞助人的角色。对卢梭来说，这比斯特拉斯堡的情形要糟糕得多。他写信给迪佩鲁说：“从我起床到睡觉的那一刻，有各种各样的人前来拜访，我被迫为公众打扮自己。我从来没有遭受过这么多的痛苦，但令人高兴的是，这一切即将结束。”

卢梭一生都在抱怨社会活动，但对许多人来说，他似乎还是在追求社会活动，虽然谴责名声，却又热爱它。密切关注他的日内瓦驻巴黎代表愤然向其上级报告说，护照是以虚假的借口颁发的，因为卢梭远不是一个走投无路的残疾人。“他没有继续隐姓埋名，而是穿着亚美尼亚人的服装去卢森堡公园散步；

有人看到他和女士们一起坐在城墙上的马车里；他在一个华丽的房间里接待那些来见他的人，从九点到中午，从六点到九点，他一直都有观众……在这场胜利中，卢梭似乎健康得很；他冷漠地拒绝见某些人，却尽可能优雅地接见那些被选中的人。”然而，休谟确信卢梭做这一切都是被迫的。“我知道有两位非常讨人喜欢的女士闯入他的房间，使他心烦意乱，以至于他后来都无法吃晚饭了……如果他听到门开了，面容就变得极为痛苦，因为担心有人来访；除非来的人是一个特别的朋友，否则，这种痛苦便不会消失。”

还有三次访问值得一提：一次是因为它终于发生了，两次是因为它们没有发生。卢梭的长期通信者阿利桑夫人得知他在巴黎而没有与她联系，又开始抱怨，但她戏剧性地总结道：“我爱过你，我爱你，并且我将会爱你。”卢梭尖刻地回答说，他已经习惯了她的责备，但决心不见任何人——这充其量是一个善意的谎言。之后，她出现在他的门前，并送来一张纸条，请求在他独自一人时见他。他也以书面形式回答说：“我不是一个人，夫人，但这并不妨碍我以最大的热情接待您，如果您认为进来合适的话。”他们见面时说了些什么并没有相关记录，但他不久后写信给她说，“见到您之后，我对不被你遗忘有了新的兴趣”，并提出愿意保持联系。 406

一个潜在的来访者是极度不快乐的亨丽埃特；她在时隔一年后再次写信恳求卢梭提供建议。“既然我有必要活着，那就教我怎么活下去吧。如果您做不到，还有谁能做到呢？……如果您能使我能忍受自己，我将欠您多大的人情啊！”卢梭似乎没有回应。五年后，当她再一次写信给他时，他不得不承认，他甚至不记得她是谁了。另一个更致命的事件是与狄德罗的会面，一次被期望却未能实现的会面。狄德罗有和解的想法，但不愿意迈出第一步。不用说，卢梭也是如此。当他们显然不会再会面时，狄德罗写信给他的情妇说：“我最好不要让他轻易进入我的心。一旦有人进入那里，不把它撕碎他就出不来，那是一个永远也无法愈合的伤口。”

1766年1月4日，卢梭跟一位老朋友和一位新朋友离开了巴黎。新朋友是他还不太了解的休谟。老朋友是让-雅克·德·吕兹，一个在伊韦尔东有亲戚的商人；卢梭形容他为人冷淡，但内心很温暖。休谟和德·吕兹各有一辆小马车，卢梭在他们前往加来的四天里轮流乘坐它们。在加来过了两晚，他们登上了一艘前往多佛尔的船，卢梭一生中唯一一次离开了欧洲大陆。

这是一次长达十二小时的艰难的跨海航行。休谟饱受晕船症的折磨，整个航程都躲在他的铺位里。卢梭更喜欢待在甲板
407 上，他的耐力让休谟感到惊讶。“他想象自己非常虚弱。他是我见过的最强壮的人之一。在最恶劣的天气里，他晚上在甲板上待了十个小时，当时所有的海员几乎都被冻死了，而他却毫发无伤。”当他们踏上英国土地的那一刻，卢梭情绪激动的表现让休谟吓了一跳。“我整个挂在他的脖子上，紧紧地拥抱着他，只是用吻和泪水覆盖了他的脸；一切尽在不言中。”

休谟会说法语，但不会说眼泪和亲吻的语言。两个人气质上的差异不久就会暴露出来。1766年，休谟五十五岁，比卢梭大一岁，是一个高大、幽默、随和的人，是苏格兰启蒙运动的
408 领军人物，是英国人，但绝对不是英格兰人。鲍斯韦尔通过演

说术课程来去除自己的口音，但休谟的口音仍然如此浓重，以至于他称其为“完全绝望和无法改造的”。(他的法语口音据说也很糟糕。)休谟今天被认为是世界上最伟大的哲学家之一，但在他自己的时代，他主要是作为一位散文家和历史学家而闻名。他的《英国史》的法文译本是卢梭读过的唯一一部他的作品。基于这一点，再加上基思的热情推荐，卢梭从莫蒂埃写了一封热情洋溢的赞美信。“如果您善良的心没有让您更接近人类的话，您宽广的视野、惊人的公正和天才将使您远高于人类。”

休谟的知识怀疑论伴随着政治保守主义；他断言，人类的天性就是接受其族群的假设，而卢梭则反对社会假设，并支持可能颠覆既定秩序的思想。不过，更深的鸿沟是气质上。休谟合群而迷人，被称为“好大卫”，对女性尤其有吸引力。卢梭笨拙而害羞，喜欢有魅力的人，但又对他们心存疑虑；几个月后，他对休谟的疑虑就更大了。休谟曾写道：“陪伴自然是令人欢欣鼓舞的，因为它呈现出所有对象中最生动的一面，即一个像我们自身一样有理性、有思想的人；他向我们传达了他所有的思想活动，并让我们了解他最深的情绪和情感。”这种相互的开放正是卢梭所渴望的，但却永远找不到，他很快就确信休谟和蔼可亲的态度其实是一个玩世不恭的面具。反过来，休谟也形成了一个非常准确的观点，认为卢梭“就像一个不仅被剥去了衣服而且被剥去了皮肤的人，结果发现要在这种情况下与粗鲁和喧闹的因素斗争”。

然而，目前一切都很好，休谟很享受自己对“著名的卢梭的慷慨帮助，卢梭拒绝了欧洲一半的国王和王子的邀请，以便将自己置于我的保护之下”。卢梭住在休谟在伦敦的一个熟人家里，再次接待了许多的来访者——英国朋友后来颇为不屑地谈到休谟“在伦敦把他当作街头杂耍进行展示”的时光——他也经常外出走动。休谟带他去德鲁里巷剧院看大卫·加里克。加
409 里克是那个世纪英国最伟大的演员，出演伏尔泰的悲剧和加里克本人创作的喜剧。卢梭兴奋得从包厢里探出头来，不得不被人拉住，以免摔倒。后来他向加里克保证，这场演出让他在看悲剧时流泪，在看喜剧时大笑，尽管他几乎听不懂任何对话。但似乎卢梭本人才是当晚最吸引人的。休谟注意到，坐在对面包厢里的国王和王后看卢梭的时间比看舞台的更多。那天晚上，有很多人争先恐后地进入剧院，以至于许多女士丢了帽子，先生们丢了假发。

在巴黎，人们理所当然地认为卢梭喜欢当名人，圣朗贝尔的一句俏皮话也传开了：“这并不像您想象的那么糟糕：他带着他的情妇、他的名声一起旅行。”然而，事实上，他觉得糟糕透顶，格格不入。除了一个和他关系友好的表兄弟让·卢梭之外，他在伦敦几乎不认识任何人。他在感情上特别依恋苏丹，休谟对它不屑一顾，认为它“比一只牧羊犬好不了多少”，并痛斥苏丹是泰蕾兹可笑的替代品：“我们的同伴德·吕兹先生说，她是邪恶缺德、喜欢争吵、搬弄是非的，并被认为是他离开纳沙泰尔的主要原因……但她绝对地管理着他，就像保姆管理孩子一样。在她不在的时候，他的狗就取得了支配地位。他对那只动物的感情无以言表，超越了所有想象。”休谟自己也开始对他高度紧张的指控感到心灰意冷，开始居高临下地提到他。一位熟人注意到：“当他叫他时，他对他的学生感到非常厌烦；他一身怪癖，甚至是荒谬无比。”

分开三个月后，泰蕾兹是时候与卢梭团聚了，她也确实上路了。她在圣皮埃尔岛等到卢梭要去英国的消息后，立即出发，在卢梭离开巴黎的同一天离开了纳沙泰尔。由于大雪的延误，她在两周后抵达巴黎，这时卢梭已经搬到伦敦郊外奇西克的临时住处，并正在打听某个偏远乡村的永久避难所。在那里，他见到了几个人，包括曾在莫蒂埃拜访过他的博物学家丹尼尔·马尔萨斯（未来经济学家的父亲），但基本上他只是在原地踏步，并无进展。

有人意外地自告奋勇陪伴泰蕾兹旅行。詹姆斯·鲍斯韦尔 410
在其游学旅行结束时出现在巴黎。这次游学旅行包括受卢梭启发在科西嘉岛逗留的很长一段时间；不久后他将在这次旅行的基础上出版一本广受关注的《科西嘉岛记行》。在莫蒂埃时，鲍斯韦尔对泰蕾兹印象很好，后来甚至给她送去了一条石榴石项链，并相当挑衅地给卢梭写信说："如果我有时给勒瓦瑟小姐写信，您不会气恼吧？我发誓，我并不打算带走您的女管家。我有时会制定一些浪漫的计划，但从不会做不可能的计划。"休谟怀疑会发生些什么。"他对文学如此狂热，"他在给布夫莱尔夫人的信中说，"我担心会发生一些毁掉我们朋友的荣誉的事件。"他提到了一位罗马贵族的故事；他娶了西塞罗和撒路斯提乌斯的前妻，相信"她一定知晓某种可以向他传递口才和天才的秘密"。基思不太了解鲍斯韦尔，更乐观地给卢梭写信说："他是一个真正有荣誉心的人，一位勇敢的骑士。"

无论泰蕾兹是否拥有智慧的秘密，她有很多东西可以教给自以为是的年轻的鲍斯韦尔，而且正如克兰斯顿严肃指出的那样，她已经老得可以做他的母亲了。他们在一起待了一个多星期，因为在等待船只时耽搁了时间。到达多佛尔后，鲍斯韦尔日记中的一条记录清楚地表明了发生的事情。“昨天早上很早就上床睡觉了，而且做了一次：总共做了十三次。”鲍斯韦尔对这一私通事件的完整记录无疑是非常详细的，不幸的是，他尴尬的继承人在二十世纪二十年代将日记卖给一位收藏家时撕毁了这些记录。据这位收藏家称，他在最后一刻读到了缺失的几页，鲍斯韦尔吹嘘自己的床上功夫，但需要一瓶酒来激起他的勇气；当泰蕾兹告诉他他缺乏技巧，需要学习使用他的手时，他感到很难堪。随即，她开始教导他爱的艺术，在他看来是相当粗暴的（“激动地”骑着他，“就像一个糟糕的骑手飞驰下坡”），并说道，“不要幻想你是一个比卢梭更好的情人”，进一步伤害了他。如果这一切真的发生了，这将为泰蕾兹与卢梭的关系带来一种非常有趣的视角，但可能不会出现进一步的证据了。看起来很清楚的是，她后来把这件事告诉了卢梭，很可能
411 把这个故事说成是她品行端正，抵抗住了引诱，就像她很久以前在公共马车里对高福古所做的那样。就鲍斯韦尔而言，他承诺绝不向任何人提及他们短暂的风流韵事，他也遵守了自己的诺言。

鲍斯韦尔一直指望在英国与卢梭建立密切的联系，他在报纸上刊登了一条消息，宣布詹姆斯·鲍斯韦尔的到来，“他是著名的约翰·詹姆斯·卢梭的朋友，科西嘉人的热情支持者，并被授予了他们的立法者的称号”。但是，当他过了一段时间写信询问卢梭的健康状况时，他得到了最不屑一顾的答复，并以一个尖刻的建议结束：“请允许我反过来建议您注意健康，特别是要时不时地给自己放血。我相信这对您有好处。”无论如何，鲍

斯韦尔笔下的主角塞缪尔·约翰逊都会反对与卢梭建立友谊。[1] 约翰逊直言不讳地宣布："我认为他是最坏的人之一，是一个应该被赶出社会的流氓，就像他现在这样。有三四个国家已经驱逐了他，他在这个国家受到保护则是一种耻辱。"

在征求关于住在哪里的意见时，卢梭收到了许多建议，但全都落空了。首先想到的是在伦敦附近找一个村庄，但事实证明这出乎意料的困难。由于卢梭和泰蕾兹不会说英语，并且不愿意自己操持家务，更愿意寄宿在由房东打理家务的家里。他们并没有结婚，对卢梭的中间人所接触到的那些人来说，接受这样一种社会关系是一种冒犯。伏尔泰在《公民的情感》中的揭露，使得在莫蒂埃似乎可以被接受的托词无法再被援用。卢梭一度认为他已经确定了在威尔士的一处偏远住所，但在二月下旬，出现了一种新的可能性。一个法语说得相当好的七十多岁的富有鳏夫理查德·达文波特提议，卢梭和泰蕾兹搬到他在中部地区的宅邸伍顿庄园去——他只是偶尔去那里看看。那里有仆人打理家务，有树林和山丘可供研究植物学，还有任何人所能想要的所有孤独。卢梭感激地接受了达文波特的提议，条件是他要支付适当的租金。三月中旬，他和泰蕾兹开始了一百五十英里的旅程，前往他们的新家。

在伍顿庄园安顿下来后，卢梭起初很高兴。他在3月底给 412
休谟的信中写道："自从我来到这里，这里就一直是冰天雪地。每天都在下雪，风会割伤你的脸。尽管这样，我宁愿住在这个兔子窝中某只兔子的洞里，也不愿住在伦敦最好的公寓里。"同

1　鲍斯韦尔是《约翰逊传》的作者，并因这部杰作被誉为传记之父。

一天，在给他与出版商的长期中间人宽代的信中，他说得更积极：“我在这里仿佛通过一次新的洗礼获得了新生。我在穿越大海的航程中受到了洗礼。我已摆脱了旧时的我，除了包括您在内的一些朋友，我已经忘却了与那个叫作大陆的异国他乡有关的一切。作家、逮捕令、书籍、名声那让人流泪的刺鼻热气，所有这些都是另一个世界的蠢事；我没有参与其中，并且正急于忘却。”

413 伍顿（“woot”与“foot”押韵）位于伯明翰以北三十英里的皮克山区的南端。在现代地图上，它属于斯塔福德郡，但卢梭在那里时，它似乎属于德比郡。这个村庄本身勉强算得上是一个小村落，由连绵起伏的威弗山脚下的几栋房子组成。其居民很清楚它的偏僻，“威弗山下的伍顿，是上帝从未来过的地方”。伦敦的一位才子提及了一个当地地标的绰号：

> 卢梭在德比郡！没有荒唐事
> 如此怪异，
> 他应该寻找魔鬼的屁股
> 却把屁股对准了上帝。

但事实上，在英国最终消失的一个问题是宗教问题，而它一直是莫蒂埃风暴的中心。如果卢梭真的去过教堂，也没有任何相关记录。最近的一个教堂在离山脚很远的埃拉斯通，乔治·艾略特的父亲在将来的某一天会被埋葬在那里。这个教堂的牧师有时会来拜访，但不幸的是，他不太会说法语。

这里的环境满足了休谟在为卢梭的逗留进行协商时提到的

要求：“达文波特先生的房子周围有树林和山丘吗？”确实有的，但气候却令人沮丧。卢梭到那儿几个月后，告诉一位纳沙泰尔的朋友说，春天“姗姗来迟，天寒地冻；这个国家美丽却阴郁；这里的自然屈指可数，萧瑟荒芜”。即使在5月中旬，“树木还是光秃秃的，也听不到夜莺的歌声”。房子后面是一个种植着大树的公园，公园上方是连绵起伏的山丘；稍远处是该地区盛产的铅矿之一。对于后浪漫主义的品位来说——稍晚些时候，华兹华斯和柯勒律治会赞美附近的达夫河谷——这个地区很美，但也可以被看作相当贫瘠荒凉。十七世纪时住在离此不远处的查尔斯·科顿在他续写的《高明的垂钓者》中也承认了这一点。渔夫说：“那里的山丘虽然高大，却荒凉、嶙峋，但地面上却繁殖喂养了上好的牛羊，地下还提供了良好的铅储备。”对此，他的客人维阿托尔颇为酸溜溜地回答说：“他们需要所有这些商品来弥补糟糕的景观。”

当天气终于变得暖和时，卢梭在山间漫步，采集植物，但 414
他沮丧地发现，即使他获得了一些书籍，也很难学到任何东西。“我的官能正在退化，我既没有视力，也没有记忆力了；我并没有渴望有一天能理解植物学，我只是希望自己对植物的研究能像从我窗下经过的羊群一样好。”无论如何，他很难用植物学填满所有的时间。语言障碍是巨大的困难，尽管迪佩鲁鼓励性地建议：“你可以和植物对话”，但他也不得不承认，这安慰不到泰蕾兹。伍顿庄园没有人懂法语；当需要与达文波特的仆人们——他们显然对这些要求苛刻的外国人颇为冷淡——打交道时，“勒瓦瑟小姐就充当我的翻译，她的手指比我的舌头说得更
好”。卢梭的朋友们在信中经常询问泰蕾兹是否快乐以及她是否 415

在学习英语。他们很清楚，她常常会不满意，而她的感受影响了卢梭。他们在英国待了半年后，卢梭报告说：“她没有学会一个英语单词，我在伦敦学了三十来个，但在这里我全忘了，因为那可怕的叽里咕噜的声音我听不懂。”

当然，卢梭夸大了他的无知。他的词汇表仍然存在，集中在厨房的需求上：

> 太阳牌的小蒲［葡］萄干（currans［currants］）和葡萄干
> 糖芬［粉］（pouder［powder］sugar）
> 一夸脱面芬［粉］（flower［flour］）
> 新鲜谜［迷］人的（charned［charmed］）黄油
> 想吃奶酪就吃，很好[1]

他确实定期到村里购买生活用品，并不时给农民和矿工一先令。但是，如果说村民们对他有所尊重的话，他们事后也只记得他是一个和蔼的怪人。一位十九世纪的游客被告知，一个被称为“欧德罗斯霍尔”（Owd Ross Hall），有些人把这两个音合并为德罗斯霍尔［Dross Hall］）的奇怪的法国人，和他一起的女人被称为“泽尔夫人”（Madame Zell）——“法文的小姐”（mademoiselle）一词在他们听来就是如此。卢梭对植物学的兴趣尤其令人难忘。“他对曹药［草药］非常好奇，”一位老人告诉来访者，“我还看到过，他能熟练地用它们来治疗各种疾病。”[2] 亚美尼亚人的服装

1 卢梭用英语记下的笔记，有诸多拼写错误，译者用［ ］号订正。

2 这位老人将 herbs 说成了 yarbs。［ ］号为原作者所订正。

也很引人注目，“他那滑稽的帽子和格纹的长袍”（他们把条纹想成了格子）。然而，没有人能够与卢梭交谈，因为“他不会说英语，只会说一两个词”，而孩子们看到他时往往会惊慌失措。这位来访者认为，“他的长袍和腰带，以及他带着金色流苏和下垂顶部的黑色天鹅绒帽子，使他成为他们眼中最可怕的人物，尤其是他们经常看到他在公园的墙上寻找苔藓，或者在一些人迹罕至的角落里摸索着寻找植物。由于他不能用英语向他们解释来消除他们的恐惧，所以如果可能的话，他们一看到这个可怕的怪人就会跑开。”泰蕾兹与仆人和店主打交道，最终还是学会了一点点英语。一个人记得这样一个故事：当伍顿庄园的女管家被她的丈夫殴打时，“泽尔夫人”对在场的一些年轻妇女喊 416
道：“永远不要结婚！永远不要结婚！你们看！你们看！”

不管卢梭多么希望过一种简朴的田园生活，一切都显得有些不对劲儿。伍顿的第二个冬天，他写道：“只要有几件事就能满足我的愿望，少些身体上的痛苦，气候更温和，天空更纯净，气氛更宁静，最重要的是心更开放，这样当我自己的心需要倾诉时，它就能感觉到自己进入了另一个世界。”斯塔罗宾斯基讽刺地评论说，他只是要求空气永远清新，肃清人类心灵之间的藩篱。

卢梭可能认为伍顿庄园的所有者达文波特（他有时把 Davenport 这个名字拼写成 d’Avenport）是一个能指望的同伴，因为他是一个倾向于自然神论的剑桥毕业生，也是一个对农业感兴趣的进步乡绅。但他每年只在伍顿庄园住两次，每次住几个星期；他更喜欢他在西北三十英里处的柴郡的另一所房子达文波特庄园，那儿的环境不那么偏僻，冬季则在伦敦度过。虽然他一直都很慷慨和善良，但他倾向于以卢梭认为是典型的英国人的方式保持着冷静。“达文波特先生满腔热忱地为我提供帮助，”他告诉永远忠诚的迪佩鲁，“但他从不说什么，也不回应我的倾诉。在我的一生中，我从未见过一个如此矜持、如此深沉神秘的人。”然而，这并不是说他们的关系不融洽，卢梭逐渐变得特别喜欢达文波特的孙子们。也许达文波特也因说法语时的笨拙而受到了抑制，而在他自己的语言中则更加放松。他的一位朋友在访问伍顿后报告说：“他的活泼和他的性格及思想的奇特使我几乎不停地在笑。”

唯一可靠的新朋友是伯纳德·格兰维尔。他最近买下了一英里半外的卡尔威奇修道院，那里有令人印象深刻的花园和一个通过拓宽细小的达夫河而形成的湖。格兰维尔热爱音乐（他与亨德尔一直交好），能说流利的法语；他那迷人的二十岁侄女玛丽·迪尤斯也是如此，卢梭很快就被她迷住了。他们举行音乐晚会，卢梭唱着自己的歌曲，用大羽管键琴为自己伴奏。很
417 快，他就给玛丽发了一些调情的小纸条，例如，她为他的狗做了一个项圈，而他却因为恋物癖而把它据为己有。“我可爱的邻居，您让我有生以来第一次感到不公和嫉妒。我看到您惠赐予我的苏丹的链子，不由地心生羡慕，所以我剥夺了它第一个戴上的特权。”她亲切有礼地回信说：“这个小项圈配不上您如此高的评价。我没有自负到认为自己能够做出值得您接受的东西，这就是我打算送给苏丹的原因。”格兰维尔还把卢梭介绍给了波特兰公爵夫人。她是一位植物学方面的优秀学生，甚至和他一起在山上漫游。虽然她只比他小三岁，但她会“爬过那些我很难跟随她翻越的岩石，去寻找石蚕花和高山虎耳草。”

但随着冬天的临近，访客越来越少，卢梭在1767年1月写道："我一生中从未感受过如此刺骨的寒冷。"格兰维尔证实，"这里的雪深得令人难以置信，"使他无法出门，一个月后，他在巴斯享受泉水沐浴，留下卢梭感叹这个季节"使卡尔威奇荒废了这么久"。唯一处得来的邻居在五英里外的阿什本，是一个聪明的年轻贵族，名叫布鲁克·布思比；卢梭会在将来的某一天把一份重要的手稿委托给他。布思比后来写道："我得到了很好的接待，经常去"，但不幸的是，他对他们的接触没有任何记录，只是说卢梭"主要是穿着亚美尼亚人的服装在山上研究植物"。二十英里外，在利奇菲尔德（塞缪尔·约翰逊的出生地），一个活跃的知识分子圈子以伊拉斯谟·达尔文[1]的植物学研究为中心。丹尼尔·马尔萨斯是这个团体的成员；卢梭与他在伦敦见面后一直保持联系，但几乎没有证据表明卢梭与其他人有过联系。有一个故事说，伊拉斯谟·达尔文暗暗在卢梭会路过的地方凝视植物，以便被后者撞见。"您是植物学家吗，先生？"卢梭用法语问道，之后他们一起结伴而行，但当卢梭得知同伴的名字时，就怀疑自己正在被跟踪或监视。据说他喊道："哈！一个商量好的计划！"并拒绝再见到达尔文。

即使在最好的情况下，伍顿的生活也只是间歇性地令人满 418
意，与此同时，卢梭的思想以另一种方式变得黯淡。因为与朋友们甚至与讲法语的熟人们隔绝开来，他感到冷漠而孤独，被偏执的想法所控制。他对迫害的恐惧本身并非没有道理。卢梭

1　伊拉斯谟·达尔文（1731—1802），医学家、诗人、植物学家，是著名的查尔斯·罗伯特·达尔文的祖父。

是欧洲唯一被有组织地从一个国家驱逐到另一个国家的重要作家，还受到以前的朋友和伙伴以及政府和教会谴责。一位著名的医生在莫蒂埃拜访了卢梭后说：“这个值得尊敬的人正受到世界上最残酷的迫害；他的敌人们想尽一切办法、用尽一切手段来折磨他，毁掉他。”这还是在被投石和被驱逐出圣皮埃尔岛之前。

此外，正如梅利所评论的那样，卢梭被法国和瑞士，乃至整个文坛视为弃民。由于保守的当权派积极追捕他，所以百科全书派可以通过加入其中来表明他们的危险性要小得多。而反对派则神秘得令人不安。卢梭在莫蒂埃的最后一个冬天对迪佩鲁说：“我到处都有强大而杰出的朋友，而且我确信他们全心全意地爱着我，但他们是正直、善良、温和、和平的人，鄙视拐弯抹角的方法。相比之下，我的敌人是热情澎湃、技巧娴熟、钩心斗角、诡计多端、不知疲倦的破坏者，他们像鼹鼠一样在地下操纵。”现在，在一个他无力自卫的陌生国度，卢梭怀疑这些阴谋又开始了。不幸的是，他怀疑的对象是大卫·休谟。坚持认为是雅各布·韦尔纳写了《公民的情感》是不公正和令人难堪的；坚持认为他最大的敌人是休谟，则绝对是灾难性的。

这场危机是分阶段发生的，起初并不公开。这相当于间接证据，但卢梭逐渐确信这是决定性的证据，尽管在每一个例子中他都误解了，或者至少夸大了休谟行为的含义。一个主题是对他的邮件的干扰；这在莫蒂埃发生过，现在又发生了。他的信件上的蜡封似乎经常被损坏，而且修复得很糟糕，至少有一次在伦敦，休谟似乎急于把自己的封蜡模借给卢梭，这样他就
419 可以在偷偷看信后很容易地重新密封了。休谟的传记作者称这是一个“荒谬的指控”，但实际上它是有根据的。泰奥多尔·特

农香的儿子路易-弗朗索瓦碰巧和休谟住在伦敦的同一栋楼里。他惊奇地发现，为了节省卢梭的开支，休谟习惯于拆开所有写给他的信，并把他认为不重要的信退回给寄信人。正如休谟在给达朗贝尔的信中不好意思地承认："比起自费将他的信从邮局职员的好奇心和轻率中拯救出来，我还能做些什么更友好的事呢？我发现自己不得不发现［也就是说，披露］这种琐碎的情况，确实很惭愧。"卢梭必然会感到震惊。他让他的大多数通信者完全停止给他写信，对其他人则恢复了使用密码，就像他在莫蒂埃那样。"我在上一封信中提到的那个人，O，把他的儿子F放在B那里，而B正在去C的路上……我已经警告了D。"这条并不神秘的信息表明，泰奥多尔·特农香已将他的儿子路易-弗朗索瓦（卢梭很不公平地不信任他）安排在英国驻普鲁士大使那里，基思也已经及时得到了提醒。

怀疑的另一个来源是休谟对卢梭的财务和个人事务的窥探。在这里，他的动机可能又是慷慨的；他打算尽其所能确保这位无国籍流亡者的财务安全，但他首先需要知道卢梭所声称的贫困是否被夸大了。事实上确实如此，因为他每年可保证的收入有来自基思的600利弗尔，分别得自雷伊和盖伊的300里弗；还有可能从迪佩鲁那里得到一大笔钱，作为他的作品在纳沙泰尔出版的预付款（在该版本因明确不会出版而被叫停之前，他最终接受了2 400利弗尔）。另一方面，卢梭也确实从未向人要过钱，而且颇为招摇地拒绝过赞助，他完全有权利认为自己的财务状况不关休谟的事。他发现休谟与达文波特串通好让他相信，他们俩雇了一辆马车送他去伍顿将不收取任何费用，因为马车反正都要返回那里，这时候，他尤其觉得受到了冒犯。"慷慨大方无疑是一件非常好的事，”他严厉地写信给达文波特说，“但我认为坦率更有价值。”

420 休谟在财务上帮助卢梭的计划导致了更严重的误解。他的想法是，乔治三世作为一个开明的君主，应该给卢梭每年 100 英镑的年金，相当于 2 000 法国利弗尔。这是一笔慷慨的款项，但并不奢侈；塞缪尔·约翰逊的年金为 300 英镑。然而，从另一角度看来，约翰逊的情况很有趣。接受年金让他相当尴尬，因为几年前，在他著名的字典中，他曾用讽刺的语言定义了“年金”，指出了它与卢梭一直在避免的那种赞助之间的关系：“一种没有等价物的津贴。在英国，它通常被理解为政府向被雇用的人所支付的任何款项，而雇用这些人就是为了让他们背叛其祖国。”

休谟想当然地认为，国王会希望他的慷慨之举保密，以免看起来赞同了卢梭的政治和宗教观点。反过来，卢梭对接受英国国王授予的任何形式的年金感到尴尬，因为他在英国只是个访客，而此前他曾拒绝过普鲁士国王授予的年金——他曾享有过这位国王的保护，并心存感激。他尤其不想要一份秘密的年金，因为这可能会在以后被公之于众，从而损害他诚实正直的声誉。因此，他要求休谟查明是否可以从一开始就将其披露。休谟很不情愿地这样做了，但新的复杂情况使磋商拖延了相当长的时间。

在所有这些事情上，卢梭都有理由感到不安，但其他的怀疑显然是毫无根据的。其中一个担忧是关于一封轻浮的戏仿信，表面上由腓特烈大帝写给卢梭，实际是霍勒斯·沃波尔在巴黎写来取悦他的社交朋友们的。沃波尔是伟大的首相罗伯特·沃波尔的儿子，但与他父亲不同的是，他是个业余的文艺爱好者，

今天最广为人知的是他那些闲聊式的信、一部名为《奥特兰托
城堡》的哥特式小说，以及对“机缘巧合”（serendipity）一词的
发明。这封信被广泛传抄，并很快被印刷出来，它对卢梭的苦
难的描写采取的正是卢梭最反感的路线。沃尔波尔笔下的腓特
烈对卢梭说：“如果您坚持要绞尽脑汁寻找新的不幸，您可以选
择任何您喜欢的不幸；我是国王，可以如您所愿地让它们发生。
正如这些永远不会发生在您的敌人身上那样，当您不再以迫害
为荣时，我就将停止迫害您。”事实上，沃波尔相当欣赏卢梭，
只是本着他自己的格言的精神想取乐，即，对思考者而言，生 421
活是一场喜剧；而对感受者而言，生活是一场悲剧。

卢梭大吃一惊，而且不相信沃波尔能把法语写得这么好（事实上他的朋友已经帮他修改了这封信），所以他认定这封信只有达朗贝尔才能写出来。这不仅疏远了在此之前一直为他辩护的为数不多的哲学家之一，还成为雪崩中第一块落下的石头。休谟向卢梭保证，沃波尔才是真正的作者，颇感羞愧的沃波尔承认了这一点。但卢梭并不相信他们，而是断定沃波尔、达朗贝尔和休谟串通一气，制造阴谋打击自己。很快，他就称他们为可怕的“三人组”，并宣称他们有一个邪恶的计划，尽管他还没有成功破解它。当伦敦的报纸上偶尔出现对卢梭不友善的言论时（虽然不清楚他对所读内容的理解能力如何），他也将这些言论归结为他们的恶毒阴谋。此外，休谟为什么要住在小特农香附近呢？老特农香和伏尔泰难道没有参与阴谋吗？

简而言之，卢梭比在蒙莫朗西时陷入了更深的偏执，那时他曾短暂地相信耶稣会士想要摧毁《爱弥儿》，但这次没有可信赖的朋友能将他从妄想中解救出来。在这种心态下，他开始

重新考虑的不仅仅是休谟可能做了什么，还有他是什么样的人。几年前，当他不是通过休谟的著作认识他时，他曾说休谟“像一个凌驾于人类的弱点之上的人一样，衡量和计算人们的错误”。不幸的是，休谟习惯于目不转睛地盯着他的同伴，看起来像在评判似的，尽管他坚持说他并无此意。卢梭非常善于表达，对别人的感受反应敏锐；而休谟的举止不露声色，以至于他的一个朋友说“他那张乏味空洞的宽脸”。

当卢梭还在伦敦的时候，这种气质上的不和谐导致了一个真正的恐怖时刻。卢梭回忆说：“晚饭后，我们两人在五个人旁边沉默着，这时，我注意到他在盯着我，就像他经常做的那样，以一种难以形容的方式。这一次，他那干巴巴的、炙热的、嘲
422 弄的和长时间的凝视变得更加令人不安。为了摆脱这种目光，我试图回瞪他，但当我的目光与他相遇时，我感到一阵莫名的颤抖，很快我就被迫垂下了目光。好大卫的面容和举止都是一个好人，但我的上帝，这个好人是从那里得到这样一双能让他的朋友动弹不得的眼睛的？”休谟不知道卢梭的感受，只是像他经常做的那样茫然地凝视着，被接下来的事情吓了一跳。他们两人后来都讲述过这一事件，表明他们都准确地记住了这件事，但对它的解释却截然不同。在卢梭的叙述中，他对自己的不信任感突然感到厌恶。“我搂住他的脖子，紧紧地拥抱他，哽咽着，泪如泉涌，断断续续地喊道：‘不！不！大卫·休谟不是叛徒！如果他不是最好的人，那他就得是最坏的人。’休谟彬彬有礼地回应了我的拥抱，轻轻地拍着我的背，用平静的语气重复了几遍：‘怎么啦，我亲爱的先生？诶，我亲爱的先生！怎么样，我亲爱的先生？’”

在休谟看来，他表现出的情感比平时多得多。事实上，他感到相当尴尬，但他理解卢梭需要情感表达。“亲爱的夫人，我希望，”他在给布夫莱尔夫人的信中（用英语写的）说，“您对我的看法没有坏到认为我不会因这一幕而深受感动。我承认，我流下的眼泪和他一样多，而且我拥抱他的热情也不亚于他。”休谟意识到自己的行为很不正常，所以他要求布夫莱尔夫人只把他的信给女性看；“我几乎不知道有哪个男人会不认为这是幼稚傻气的”。对他的苏格兰朋友休·布莱尔，休谟说得更加坚决。“我希望您对我的看法没有坏到认为我在这一场景中仍无动于衷。我向您保证，我亲吻了他，拥抱了他二十次，泪流如注。我想在我一生中没有比这一幕更感人的场景了。”

但对卢梭来说，眼泪还不够多，他对友谊的标准是自发产生的、难以抗拒的情感，而且他没有考虑到休谟的谨慎性情。卢梭觉得，休谟的行为与他在万塞纳哭泣时狄德罗的行为差不多。“他没有和我一起心怀激荡，也没有生气和要求解释，而是保持冷静，用冷漠的爱抚来回应我的激动。”那句尴尬的“现在怎么样，我亲爱的先生”是远远不够的。德莱尔告诉鲍斯韦尔 423
他敏锐的洞见，卢梭对待友谊的方式就像大多数人对待初恋一样，他表达的是一个失望的情人的责备。

在与世隔绝又极其寒冷的伍顿，卢梭开始把休谟当作一个阴险的敌人来思考这一切，然后突然想起了一段被埋没的记忆。424
在从巴黎到加来的旅途中，他和休谟在桑利斯共用一个房间，他突然回想起，或自认为回想起了另一个高度焦虑的时刻。“夜里，我好几次听到他用法语极其激昂地喊，我得到卢梭了。我不知道他是醒着还是睡着了。”说“我得到卢梭了”是什么意思？卢梭告诉维尔德兰夫人，他起初试图从正面解释这句神秘的话，“但他的语气中有一种令人惊恐和阴险邪恶的东西，我永远不会忘记”。对卢梭来说，这是决定性的证据，但当休谟听说这件事时，他完全困惑了，并合理地建议道：“我不能为我在睡梦中说的每一句话负责，更不用说我能意识到是不是用法语做梦了吗？但是，请问，既然卢梭先生不知道我在用如此可怕的声音宣布这些可怕的话语时是睡着了还是醒着，他怎么能确定他自己听到这些话时是醒着的呢？”

休谟的意图无疑是良好的，而卢梭想象中的背叛行为并不存在，所以人们通常把休谟视为一个完全无辜的受害者。但在不质疑他的诚意的情况下，梅利的意见仍有可能是真的，即卢梭的怀疑可能有一些依据。毕竟，休谟是一位外交官，需要保护其职业生涯（1767 年他成为负责北方事务的副国务大臣），而且英国政府肯定对《山中来信》中的煽动性政治观点感到震惊。法国当局也可能期望休谟对卢梭进行非正式的监视。从这个角度来看，英国国王提议的年金可被视为让他保持沉默的进一步手段。卢梭起初表示他会感激地接受它，但当他意识到这是一个通过休谟来实现的秘密安排时，他变得警觉起来；这似乎是一个控制他的计划。而当休谟同意就公开披露养老金进行磋商时，即使卢梭确信自己在某种程度上被利用了，他仍然克制住了自己。休谟愤愤不平地写信给达文波特说：“您会像我一样，对这个人可怕的忘恩负义、凶残和狂热感到震惊。”但是，如果卢梭误判了休谟的良好意图，那么，休谟也反过来也夸大了这些善意，不承认肯定会影响他的行为的那些私人考量。

425 然而，这并不是说休谟是故意犯错的。正如人们常说的那样，一个偏执狂对自己无意识的敌意视而不见，但对他人的敌意却极度敏感。卢梭是个难相处的人物，如果休谟确实感受到了比他想承认的更多的敌意，并意识到自己是在无私行事的同时和善地霸凌卢梭，那也就不足为奇了。对卢梭来说，这一切都曾经在与狄德罗相处时发生过。秉公而论，一位精神分析学家在卢梭身上观察到了一种反复出现的强迫症，即，反复谴责自己被流放，挑起与朋友和敌人的争吵，使自己处于忍受屈辱的地位，同时说服自己是无辜的受害者。克莱芒的理论甚至可以说，卢梭将他的罪恶感投射到一连串的“坏兄弟”身上，而这些兄弟扮演着失踪已久的弗朗索瓦·卢梭的角色。

休谟的凝视一定特别令人不安，因为尽管卢梭渴望对他人开放，但他总是倾向于竖起防御。他很可能担心，休谟，这位仿佛凌驾于人类的错误之上、对这些错误进行评估的行为分析家，可以挖出他神秘的心，从而控制他。我得到卢梭了。在他沉迷于所谓的阴谋时所写下的评论中，卢梭似乎甚至暗示（尽管他用的词非常笼统），角色可能被颠倒：“人类的罪恶在很大程度上是他们处境的结果。不公正伴随着权力，而我们这些被迫害的受害者，如果我们处在追捕者的位置上，也许会像他们一样成为暴君和迫害者。”在《忏悔录》的草稿中，卢梭甚至更语出惊人地说道：“大卫·休谟今天只是在做我曾经对可怜的玛丽昂所做的事情。”

还需要记住的是，卢梭的健康和精神总是在冬天下降，即使是身处他喜欢和信任的人中间，顽固的失眠必然会助长悲观的想法。“我的夜晚是残酷的，”他在给马尔泽布的信中说，“我的身体甚至比我的心更痛苦，完全失去睡眠使我产生了最阴暗沮丧的想法。乡村的空气对这一切产生了压抑阴郁的影响，我常常开始觉得自己活得太久了。”

达文波特意识到正在发生的事情，深感不安，恳请卢梭与休谟开诚布公地谈一谈，以澄清事实，当时休谟已经因卢梭的
426 一封简短的指控信而大为震惊。在达文波特的敦促下，卢梭在这场愈演愈烈的灾难中迈出了下一步。他给休谟写了一封长信，回顾了他认为自己受到的一连串的打击，并宣称休谟一定是为了毁灭他才引诱他到了英国。7 月 10 日，他把信寄了出去，休谟大吃一惊。这封信对他来说似乎是一种“完美的疯狂”，正如他告诉达文波特的那样，现在轮到他感到害怕了。他的名誉就是他的一切，而他手中的这封雄辩的书面谴责，似乎很可能是为了出版而写的。即使不是这样，大家也知道卢梭正在写他的回忆录，许多人有理由担心他们在其中会被描述成什么样。休谟做的第一件事是向他在巴黎的朋友们寄送关于正在发生的事情的记述，其措辞显然如此激烈失控，以至于霍尔巴赫和达朗贝尔都小心翼翼地毁掉了他的信。霍尔巴赫不会对此感到惊讶，因为根据他的朋友莫雷莱的说法，他在休谟启程前往英国之前告诉他：“用不了多久，您就会悲哀地醒悟过来。您不了解这个人。我坦率地告诉您，您将在怀里养一条毒蛇。”在这个圈子的另一个成员马蒙泰尔回忆的版本中，他补充说：“我警告您，您会被他咬伤。”

霍尔巴赫的小圈子急切地宣传这一事件，然后，在确保它广为人知之后，告诉休谟，他别无选择，只能发表一篇文章为自己受损的声誉辩护。休谟很快就这样做了，在一本 130 页的小册子中重印了卢梭和他自己的所有往来信件，其中一些代表了他对这一事件的解释。这本小册子首先以法文出版（由属于

百科全书小圈子之一的让-巴蒂斯特·叙阿尔翻译），名为《休谟先生和卢梭先生之间所发生的争论的简短陈述》，不久后又以英文出版，名为《关于休谟先生和卢梭先生之间的争论的一种简明又真诚的记述》。

休谟的一些朋友确实敦促他保持沉默，包括他的苏格兰同胞亚当·斯密，因为他意识到这一事件很容易变成一种政治武器。“教会、辉格党、詹姆斯党、整个明智的英格兰民族都喜欢羞辱一个苏格兰人，并为一个拒绝接受国王年金的人喝彩。”布夫莱尔夫人承认卢梭的行为是疯狂的，但她不相信他的动机是邪恶的，她警告说休谟攻击他只会伤害他自己。但她沮丧地总结道：“您太固执己见，太过投入，太执着于您的愤怒，而不会听 427
我的。”沃波尔明白霍尔巴赫派力劝休谟出版是要“满足某些人对卢梭的不满”，他也给出了同样的建议，但休谟也没有听进去。小册子出版后，沃波尔对休谟说：“整个欧洲都在嘲笑我们每天被拖进这些无聊的争吵中，而欧洲只是用这些小册子来擦屁股。”

格里姆也理解休谟行动的自毁后果，并且说，如果他处在休谟的位置上，就会对卢梭的谴责惊讶地揉揉眼睛，向他告别，再也不会念及他了。他最后宽宏大量地总结道：“我认为任何人在阅读这些奇怪的记录时都会对不幸的让-雅克产生深深的同情，因为如果他最终得罪了他的朋友，人们必须承认他为此对自己进行了最残酷的惩罚。”狄德罗也采取了一种宽容的观点，他告诉一位访客：“我很了解这两位哲学家。我可以为他们写一出戏，让你流泪，而且这出戏可以为他们俩辩解。”

其他的人就不那么仁慈了。伏尔泰欢欣鼓舞，并加紧开展他坚持不懈的运动，向四面八方发送信件，强调卢梭的邪恶，同时抗议说他本人与对卢梭的攻击毫无关系。事实上，伏尔泰已经发表了《致潘索夫博士的信》，详细评论了卢梭的愚蠢行为，不过他告诉大家这封信一定是某个不愿透露姓名的修士写的。后来他写信给夏尔·博尔德说："这位不愿透露姓名的修士向我发誓，他不是《致潘索夫博士的信》的作者，那么是您吗？您说不是，那一定是这位不愿透露姓名的修士。当然，除了你们两个人，没有人能写出这封信。不存在第三个人。"

更令人痛苦的是卢梭在法国日益减少的盟友们的反应。这一次，他真的成功地把自己逼到了荒野之中。达朗贝尔和杜克洛都放弃了他，甚至连那些与他同甘共苦的贵妇们——卢森堡夫人、布夫莱尔夫人和维尔德兰夫人——也开始转身离开了。卢梭似乎从来没有领会到，他们都非常了解休谟，根本不相信他有罪，尤其是在卢梭冷淡地写信给布夫莱尔夫人之后。在这封信中，卢梭说她有一种偏袒休谟的先入之见，"但偏见与事实无关"。似乎真的没有任何事实，因为正如一位伦敦的讽刺作
428 家所观察到的，证据显然等同于休谟盯着卢梭，然后一边拍着他的背一边说"我亲爱的先生"。维尔德兰夫人告诉宽代，这些麻烦归根结底是泰蕾兹的错，这可能有一些道理。"请相信，它们不是由于我们的朋友的思想造成的，而是由于他不幸地倾向于相信他身边那个愚蠢的女人。"此后不久，维尔德兰夫人就完全不再给卢梭写信了，他的其他巴黎朋友们也是如此，他与其所珍爱的蒙莫朗西时期的最后联系也消失了。泰奥多尔·特农香津津乐道地描述了当时的情况。"我的好朋友卢森堡夫人、德·博沃夫人和布夫莱尔夫人都抛弃了他。她们不再谈论他，除了说他是个邪恶的流氓之外；关于他只有这一种声音。从来

没有一个人比他更快地堕入深渊。”

最悲惨的是，这是卢梭与他最信任和依赖的人——马歇尔伯爵基思的关系的结束。休谟是基思最亲密的朋友之一，这一点卢梭非常清楚。多年来，基思一直梦想着与休谟和卢梭一起永久地定居下来。当卢梭准备去英国时，基思写信说：“你不是在逃离人类，而是在躲避——而且有充分的理由——野胡。大卫不是那些野胡中的一个，他是一个人……他是保护你不被野胡伤害的慧骃。”野胡是《格列佛游记》中邪恶的人形猿类；而慧骃是善良理性的马，它们不会撒谎，“说不存在的东西”。但现在卢梭却宣称休谟是一个恶魔般的骗子，基思感到惊骇不已。他不再回复卢梭的信件，这让他非常震惊。“什么，大人，您一个字都没说，多么的沉默！又是多么残酷啊！……我拜倒在您的脚下，只为求得一个字……笔从我手中滑落。”已经太晚了。卢梭收到了他曾认为永远不会失去的一位朋友的悲伤的告别。“我老了，体弱多病，记忆力也衰退了，”基思写道，“也许我犯了一些错，但为了避免今后再犯，如果我缩减我的通信，请不要认为这是错的，因为我已经和几乎所有的人，甚至是我最亲近的亲戚和朋友都这样做了，以便在平静中结束我的岁月。晚上好。”这封信没有署名。

两年后，这一决裂显然成为永久的，卢梭确实收到了进一步的信息，但从他向迪佩鲁提及此事以及他没有保留这封信来看， 429
这封信不可能是非常令人满意的：“我不知道我怎么忘了告诉您，我终于收到了一封来自元帅大人的信，这让我感到很欣慰。”据目前所知，他们之间没有进一步的交流，尽管基思活到了九十八岁，才于卢梭去世的同一年1778年逝世。在他的遗嘱中，他给卢梭留下了他一直戴着的手表；这块手表也按要求被寄给了泰蕾兹。

卢梭在伍顿度过的第二个冬天到来了。休谟和沃波尔在幕后尽心尽力推动，皇家年金最终通过了；很可能他们都感到懊悔，不过在沃波尔事件中，伪造的腓特烈的信是一个小小的蠢事。而卢梭可能已经开始怀疑自己的行为不妥，但由于这件事已经众所周知，他就无法回头了。他写给休谟的长信，现在已经付梓，以这样的宣称结尾：“如果您是有罪的，我是最不幸的凡人；如果您是无辜的，我将是最卑鄙的人。”卢梭深信自己生来纯真无辜，因此我们很难想象他会承认自己是最卑鄙的凡人。

与此同时，在伍顿，泰蕾兹加强了她自己的活动。没有人说她一句好话。她给布思比的印象是“一个粗俗的老厨娘”；休谟报告说：“我发现达文波特先生对她的性格和行为没有什么好的看法……有人怀疑她滋长了卢梭的所有幻想，以便把他赶出一个没有人可以说话的国家，她累极了。”维尔德兰夫人很清楚泰蕾兹在蒙莫朗西和莫蒂埃留下的坏名声，她从英国朋友那里听到了达文波特的说法，“她恶毒的故事引起了她主人的所有怀疑”。然而，也很可能是卢梭的担心刺激了她的，这种焦虑是相互的。与此同时，1766 年秋天传来消息，她年迈的母亲去世了，这肯定让她感到更加与世隔绝了。

最后，是达文波特的仆人们把卢梭赶走了。他们有六个人，其中包括一个负责照看房子的好心的男管家，一个年老的达文波特从前的护士——泰蕾兹经常和她争吵，还有一个同样好生气的女管家。早在 1766 年 12 月，卢梭就给达文波特写了一封
430 信，令后者颇为吃惊；信中说他觉得在伍顿不受欢迎，也许应该离开。虽然达文波特当时让他消除了疑虑，但到了第二年的 4

月，卢梭已经受够了。“一所房子的主人，先生，”他在一封留在桌子上让达文波特发现的信中愤怒地写道，“必须知道房子里发生了什么，特别是关于他在那里接待的陌生人。如果您不知道自圣诞节以来在我身上发生了什么，您就错了……明天，先生，我要离开您的房子了……压迫我很容易，但要贬低我却很难。”恰好在这个时候，休谟写信告诉达文波特，国王已经批准了卢梭的年金，并补充说：“我希望他能以平静安宁的心态享受国王陛下的慷慨赠予。”不管休谟担心什么，他自己的声誉似乎并没有因为这件事而受损。

现在，卢梭已经陷入了势不可挡的妄想之中，他确信甚至他亲爱的堂兄弟让·卢梭也被带入了休谟的阴谋之中。他在给迪佩鲁的信中写道：“我被周遭的陷阱所包围。”他安排了一条间接路线来发送这封信，同时通过常规邮件发送了一封不同版本的信给其敌人拦截。在四月余下的时间里，他焦急地等待着达文波特的到来，不幸的是，后者因痛风发作而推迟了。由于不知道延期的原因，卢梭惊慌失措，在5月1日和泰蕾兹一起失踪了，不知去向。在达文波特的帮助下，卢梭已经卖掉了他的大量书籍和印刷品，所以他没有留下太多东西，只有三个装有衣服、文件和乐谱的箱子。

达文波特不久后到达并发现了这封信。他感到很震惊，不过他很快证实卢梭确实有一些抱怨的理由。他告诉格兰维尔，女管家“对他和勒瓦瑟小姐表现得如此野蛮”，以至于他们被迫离开了，并在给休谟的信中补充说，“他的女管家对他有绝对的权力，无疑或多或少地影响了他的所有行为”。达文波特的一位朋友帮助他拼凑出了事情的经过。“我和一个热情的九十多岁的老妇人

谈了话。她把烟灰扔进了卢梭的汤里，这虽然不是直接原因，却加速了他的离去。她提到他时带着极高的敬意，但辱骂勒瓦瑟小
431 姐却不遗余力，称她为一个卑鄙的女人、骗子，我怀疑她的判断没有错。那个白发苍苍的男管家似乎很崇拜他，提到他的名字就会流泪；他把他的一件亚美尼亚衣服当作纪念物保存起来，并称会一直保存到他死的那天。他给我讲让-雅克对乡下人和附近的穷人的慈善和仁爱的故事，也让我几乎哭了出来。"

好几天没有人知道卢梭去了哪里，然后在5月5日，他莫名其妙地出现在斯波尔丁的白鹿旅馆。这个毫不起眼的小镇——达文波特称为"英格兰最令人讨厌的可恶地方之一"——位于林肯郡平坦的沼泽地带，往东一百英里远。最有可能的猜测是，他想去找一个叫让-弗朗索瓦-马克西米利安·德·塞尔雅的瑞士人——他与一个英国人结了婚，定居在林肯郡的另一个地方。卢梭从未见过塞尔雅，但迪佩鲁曾推荐他作为可靠的盟友以备不时之需，而且他们已经在此基础上通过信。显然，卢梭打算将未完成的《忏悔录》手稿托付给他，因为卢梭预料假如手稿落入敌人手中，他们会将其销毁。对于他是否设法与塞尔雅取得了联系，我们不得而知，但无论如何，他最终来到了离海岸不远的斯波尔丁，也许他认为在那里可以获得前往欧洲大陆的通道。幸好，他从不知道休谟得知卢梭在哪里时对达文波特说出的评论："他似乎给林肯郡的一位绅士（我忘了他的名字）写了信，并提出要来和他一起生活——这位绅士拒绝了这一荣誉。"很难不得出这样的结论：卢梭写给塞尔雅的秘密信件已经被休谟截获并阅读了！

卢梭继续在斯波尔丁漫无目的地闲逛，甚至允许一个读书

俱乐部的成员们向自己献殷勤（不过他说他不再是作家，并责备他们用拉丁文称呼他）。他确实采取了预防措施，穿上了普通的服装，而不是太具辨识性的亚美尼亚长袍。他现在的计划是去多佛尔，在那里很容易找到一艘驶往法国的船，但他因为坚信自己会在途中被逮捕而犹豫不决。这时，他令人难以置信地写信给英国大法官，恳求他派一名警卫带他去多佛尔，以避开沿途的危险。可想而知，得到的答复是，普通的马车夫就足够 432
了，但现在人们至少知道了卢梭的下落。休谟通知了达文波特，评论说："他显然是疯了，因为他已经疯了很久了。"达文波特试图联系卢梭，鼓励他返回伍顿。然而，突然间，他又开始行动了。5 月 14 日，他离开了斯波尔丁，仅仅两天后，他就走完两百英里的旅程，到了多佛尔。一路上，他花光了钱（达文波特因卖书而欠他一百英镑，但无法与他取得联系把钱给他），通过出售银器来支付路费。

在领悟到自己实际上已经畅通无阻地到达了多佛尔之后，卢梭终于开始怀疑自己的行为是不理智的，甚至想要返回伍顿。但是，又发生了另一个警报：当他偶然读到报纸上一则关于他逃亡的怀有敌意的报道时，他误认为这是达文波特所为。他仍然预料会被迫留在英国，并从多佛尔写信给休谟的上司、国务大臣康韦将军——出于某种原因，他信任康韦。在这封冗长而绝望的信中，他承认他仍然不明白自己被带到英国的原因，尽管"我徒劳地折磨着自己，想把它看透"。关于折磨，他说得很对，但关于秘密计划，他说得不对，更不用说他声称因"囚禁"而饱受煎熬了。在这封信中，他向康韦郑重承诺，只要允许他离开这个国家，他将交出《忏悔录》的手稿，并且对于他所遭遇的事情永远不说或不写一个字。结尾处是一个宣言，其修辞之高尚只有其荒谬性堪与媲美：“我看到我的最后时刻即将来临。如果有必要，我决心去追寻它，要么死去，要么获得自由。再也没有任何中间路线了。”

很久以后，卢梭承认，当时真的受到了“疯狂的攻击”的影响。他记得，当他被告知风向不利于驶向法国时，他认为这也是他的敌人所实施的一个骗局，于是，他从一个好心的陌生人举办的晚宴上冲出来，登上一艘船，用法语义愤填膺地训斥那些迷惑不解的旁观者。当泰蕾兹出面干预时，他甚至开始怀疑她是这一阴谋的同谋；据一位目击者说，“她对约翰·詹姆斯
433 的顽固不化感到恼火，开始对他进行最无情的威胁和辱骂”，直到他温顺地回到晚宴上，“并与那位先生和他的家人交际至深夜”。像往常一样，卢梭能够暂时抛开他的恐惧；这种倾向误导了休谟：他从达文波特那里听说卢梭在伍顿的时候很开心，而他声称自己很痛苦。而且，他在斯波尔丁也表现得非常愉快。但是，这些恐惧都是真实的；只是卢梭能够将它们区分开来。（在读完给康韦的信后，休谟承认，这封信“看起来很理智，他的回忆录也可能是这样，也许和他的其他作品一样才华横溢”。）最后，卢梭和泰蕾兹起航了，并于5月22日在加来登陆。几周前，他曾对迪佩鲁说“我愿意用我的半条命来换取再次踏上坚实的陆地”；“坚实的陆地”是对欧洲大陆的常见称呼，但仍暗示着英国并非坚实的土地。他终于到了那里，但对自己的处境还远没有清楚的认识。在英国，他一直感受到威胁，但实际上根本就没有危险。在法国，他显然打算公开行动，但对他的逮捕令仍然有效，危险是非常真实的。

第二十二章 434

往事重现

在从伍顿到斯波尔丁和多佛尔的最后一次逃亡中，卢梭表现得像个疯子。即使是自始至终都忠诚地站在他身边的迪佩鲁，也意识到他有妄想症，并强烈谴责“这个地狱般的事件”。然而，卢梭最终还是取得了相当程度的平静，甚至在伍顿的黑暗日子里，他也在完成《忏悔录》的前半部分。就在他给观察家们留下非常缺乏自知之明的可悲印象的同时，他也正在进行一种既深刻又原创的自我分析，产生了巨大的影响。《忏悔录》既是对人生的记录，也是对人生意义的再创造，还是一个想象的空间——在这个空间里，作者通过找回早期自我的感受而找到了解脱。他在伍顿写道：“正是过去，才使现在变得可以忍受。”

在莫蒂埃的几年里，卢梭已经逐渐意识到其他人在讨论他的生活细节。他收到一封来自日内瓦的匿名长信，信中提到了他父亲在君士坦丁堡的逗留和在一次街头争端后的流亡，他自己在波塞与朗伯西埃家族相处的时光，他在“一个残暴、野蛮的主人”手下当学徒的日子，他逃离日内瓦并在安纳西的女弄

臣华伦夫人那里避难，以及他在1754年访问日内瓦期间炫耀性地表演给“许多鱼群”喂食。后来，《公民的情感》对卢梭的
435 近期生活进行了恶意的歪曲描述。他认为其中的信息来自埃皮奈夫人（其中一些信息无疑是这样的），他发誓要洗刷自己的罪名，并通过提供自己对她和其他旧友的回忆进行报复。尽管他从未提及更早的《忏悔录》，但卢梭的书名借自奥古斯丁。像奥古斯丁一样，卢梭将承认自己的罪，但与奥古斯丁不同的是，他还将证明自己本性善良。

《忏悔录》的影响无处不在，以至于今天人们很难理解这本书的原创性到底有多高。追溯成长经历，尤其是严肃对待童年经历，在卢梭的时代几乎闻所未闻。早期的一些作家偶尔会讲述一些童年轶事，但与《忏悔录》相比，这些轶事都很单薄，毫无启发性。当伏尔泰在他漫长一生的末期起草自传草稿时，他对自己的早年经历不屑一顾，评论说：“没有什么比婴儿期的细节和在学校度过的时光更乏味的了。”至于狄德罗，他的传记作者说，他“几乎是故意”让自己前三十年的经历“神秘莫测”，并对童年无助和无知的状态表示怜悯。当他提到自己的早期生活时，是为自己早熟的才华感到自豪，而不是为了披露错误和羞辱。“我一生中最甜蜜的时刻之一——它发生在三十多年前，而在我的记忆中恍如昨日——是我父亲看到我从学校回家，怀里抱满了我赢得的奖品，肩上扛着他们给我的皇冠——这些皇冠对我的额头来说太大，已经从我头上滑落了……从他能看到我的最远的距离开始，他就放下了手中的工作，走到门口，泪流满面。”

卢梭很清楚，一个工人阶级男孩努力寻找自我的故事本身

就很不寻常。“许多读者会因为这一个想法就无法继续读下去。他们无法想象一个需要面包的人会值得他们去认识。”但这正是问题的关键：正是他不寻常的历史使他发展成为一个具有挑战性和原创性的思想家。然而，他的局外人角色也解释了为什么人们发现理解他是如此困难，即使是在他已经成名之后。他一直有一种被误解的感觉，甚至在孩提时代也是如此，而成为一名作家起初是一种补偿方式。他在《忏悔录》中承认，“我选择的道路，即写作和隐藏自己，正是适合我的道路”。但是，这种 436
隐藏太成功了，他发现他人的看法对他的自我形象产生了如此严重的威胁。乔治·艾略特问道：“谁能知道他内心最深处的生活有多少是由他所认为的其他人对他的想法构成的，直到这种观点的基本结构受到毁灭的威胁？”卢梭的英国灾难就是一个典型的例证。所以，现在他提出要揭示一切。“我必须让自己不断地出现在读者眼前，这样他就可以在我内心的所有失常和我生活的所有角落里跟随我。”

通过像奥古斯丁那样向大众读者而不是上帝讲话，卢梭开创了一种现代忏悔模式；在这种模式下，私人秘密被暴露给尽可能多的读者。事实上，在《忏悔录》的一开头，他就雄辩有力地大声疾呼，他确信上帝会原谅他：

> 让末日审判的号角在它喜欢的时候响起吧；我将拿着这本书出现在至高无上的审判者面前……永恒的存在啊，在我周围召集起我的无数同胞吧；让他们听到我的忏悔，让他们为我的可耻行为而叹息，让他们为我的悲惨遭遇而脸红。但让他们每个人都在您的宝座脚下以同样的真诚披

> 露他的心灵，然后，看看是否有一个人敢说，“我比那个人更好”。

这一群人是那些买了卢梭的书并自以为是地站在审判立场上的读者们，卢梭要求他们以他为榜样，说出关于他们自己的缺点和过失的真相。

这样的程序似乎根本就不是忏悔。格里姆颇为讥讽地说：“如果卢梭先生有一天成为教皇，他会把忏悔从七圣礼中删除。”另一位作家认为即使是最令人羞愧的披露也是在谋取私利。“他似乎已经形成了一个计划，即，将自己描绘成陷在泥潭中，以便表明他从中逃离了。有一种虚荣心在说：‘我什么都不是，但我成了名人；我是个骗子，但我选择了将生命献于真理（vitam impendere vero）作为座右铭。’”正如布莱克在很久之后所说的那样，“卢梭写的那本名为《忏悔录》的书是为他的罪行致歉和掩饰，而不是忏悔。”但是，即使卢梭否认别人对他的审判权，
437 他也从未停止对自己的审判。《忏悔录》的核心是对很久以前的行为——遗弃孩子、偷丝带——的无法消除的负罪感。卢梭摆脱了原罪，认为人性本善，但他自己的许多行为仍然糟糕得令人费解。当他开始洞察内心的黑暗时，他发明了现代自传。他起初可能认为，通过回顾自己的一生，可以清楚地解释自己是谁以及为什么。但是，他越是探究自己的回忆，就越是被一些毫无意义却又似乎意义深远的事件打断。尽管他确信自己拥有一种本质上表里如一的品质——一种他必须恪守的品质，但他不得不承认，正如他在讲述前往蒙彼利埃的旅途中与拉尔纳热夫人的相遇时所说，“有些时候，我看起来与自己如此不一样，

以至于有人会把我当成另一个性格完全相反的人。”

在自我分析方面，卢梭的伟大前辈蒙田秉持着一种温和的怀疑态度和“我知道什么”的座右铭，追求一种智力上的探索。卢梭的探索更发自内心，正如特鲁松所说：“一种痛苦而矛盾的关于‘我是谁’的现代意识”。沉思着他一生中的奇怪变迁，卢梭开始相信，当他表现得最不可预测时，才是最真实的自己。他反复讲述那些他用“任性”“陶醉”“过度”“狂乱”和“疯狂”来描述的时刻，这些时刻是马塞尔·雷蒙所说的“关于断裂和不连续的心理学”的压力点。他没有挑出典型的事件，而是关注非典型的事件，关注那些奇怪的、令人不安的场景——在这些场景中，他的行为似乎完全不符合他的性格，但又完全是他自己。仿佛他最深层的真实自我从这些裂缝中释放出来了，就像火山喷发口一样。

《忏悔录》通篇都存在着双重视角，而两个视角之间的张力赋予了它一种立体的深度。一方面，卢梭从未放弃过对自我基本核心的信念。但另一方面，他也明白，自我是由人生经验深刻塑造出来的。探究那些似乎最令人难以忘怀的奇特经历，成为他发现自己是谁的方法，而在寻求发现其中的隐藏模式时，他开始走上了一条最终通向精神分析的道路。弗洛伊德作为卢梭的继承人宣称：“向内看，看向你自己的深处，首先学会认识 438
你自己！然后你就会明白为什么你一定会生病，而且将来也许你会免于生病。”

实际上，卢梭所做的不是平息他的罪恶，而是让它变得模糊不清。在传统道德中，你要么犯了罪，要么没有。在卢梭讲述的故事中，复杂的因素数不胜数。他毁了玛丽昂的生活有罪吗？是的，也不是。他是无辜的，因为盗窃有多种原因：屈辱的学徒生涯使他成了一名小偷，对他无法拥有的女孩的无望的渴望，他不愿面对的公开审讯的危机，等等。况且，“盗窃”到底是不是只有一个类别？当他在不同的场合偷了迪科曼的苹果、马布利先生的葡萄酒、维尔切利家的丝带和弗朗克耶买戏票的花费时，他是以同样的方式做小偷吗？不，不是以同样的方式。作出这样的区分是承认人类动机的复杂性，这也是卢梭原创性的一个基本要素。当他最自信的现代阐释者之一说，“卢梭真正想要的既不是丝带，也不是玛丽昂，而是他实际得到的公开曝光场景”，这种说法实在是太过简化了。没有一件东西是他“真正”想要的，在对那些挥之不去的记忆的沉思中，他让过去变得完整。

然而，仅仅从表面价值来看待《忏悔录》中的故事是一种误导。就事实的真实性而言，卢梭尽力做到准确无误，并取得了显著的成功。他提到了大约六百个人的名字；其中，除了六个人之外，其他人都被后来的研究证实是存在的。当然，他并不总是保持时间顺序，而且他也意识到自己通过富有想象力的猜测填补了一些空白。最近关于记忆的研究表明，每个人都通过将具体的回忆与更笼统的自我意识相结合来创造一种个人历史感。某些事件从其他事件中脱颖而出，被认为是特别重要的，正如卢梭所说，“假如我活十万年，这些时刻仍会出现在我面前”。但是，将它们分开的是广阔的、毫无特征的时间片段，这些片段必须通过对一个人的行为倾向的一般感觉来弥合连接，而这种一般的自我形象反过来又影响着一个人理解特定事件的
439 方式。卢梭后来得出结论说，他在《忏悔录》中所追求的真理

是心理上的而不是事实上的，这是很正确的。“我喜欢把我生命中的快乐时光讲得详细一些，有时我还会添枝加叶地美化一番，以抚慰少不更事的遗憾。我描述了我已经忘记的事情，因为在我看来它们一定是这样的，而且它们可能确实是这样的，但我在描述时从来没有违背过我对它们记忆。”

《忏悔录》不仅仅是一份道歉，而是卢梭重新体验最有意义的经历的一种方式。“这不是讲述*有关*过去的现在，”勒热纳说，“而是*在*现在所讲述的过去。”在他晚期的《一个孤独漫步者的梦》中，卢梭为他所做的事情找到了完美的隐喻：“想要回忆这么多甜蜜的梦境，顾不上描述它们，反而沉醉在其中”。当他在伍顿写下那些迷人的年轻女子在安纳西附近和他一起摘樱桃的难忘的经历时，这种令人心酸哀伤的对比给他的笔赋予了活力。“所有的鸟儿都在齐声向春天告别，歌唱一个晴朗夏日的诞生，这是在我这个年龄从未见过的晴朗日子之一，在我现在居住的这片阴郁的土地上也从未见过。”

卢梭很清楚他试图做的事情的原创性——“我正在进行一项没有先例的事业”——他在笔记本上写道：“有必要发明一种和我的计划一样新的语言；因为我应该采用什么语气或风格来解开这种巨大的混乱的感情——如此多样，如此矛盾，往往如此可耻，有时又如此崇高，我因它而激动不已？”有时候，一种顽皮的讽刺使他暴露了自己年轻时的愚蠢，或者以流浪汉小说的方式呈现了一个令人难忘的人。（因此，他把安纳西法官让-巴蒂斯特·西蒙描绘成一个机智聪明的侏儒，头大身子小，更喜欢在床上接待来访者，“因为当人们看到枕头上的漂亮脑袋时，没有人会想到这就是全部”。当他低沉的声音被尖锐刺耳的声音取代的时候，他被误认为是一个女人。）在其他内容中，卢梭忧伤的怀旧占了上风，随后是由于失去幸福而对后来的世故俗气投下含蓄的责备。或者，这种交替可以反过来发生：先是一个痛苦的场景，然后是一个另一种亦庄亦谐的场景。在具有重大影响的朗伯西埃小姐挨板子事件中，她无意中向撒丁国王
440 展示了她的臀部；在因折断梳子遭受惩罚之后，卢梭模拟了英雄式的引水渠。流浪汉小说的主人公可能会为一个女孩偷丝带，或在路上使用化名，但卢梭想知道他为什么要做这些事，以及这些事如何才能与他的自我形象保持一致。而且他的分析也是社会学的。一个流浪汉不断地更换工作，只是为了比追捕自己的司法人员领先一步，但卢梭想弄明白为什么工作本身是压迫性的，为什么法律往往如此不公正。

卢梭对他的心理体验留下了如此丰富的描述，让每一个解释学派都有了有利于自己的论据。在十九世纪，人们提出了各种现在看来很陈旧的诊断：例如“流浪症”，一种病态的流浪或奔忙的冲动。卢梭的确喜欢旅行，但他从中得到了很多乐趣，很难将其视为病态。在二十世纪，精神分析学派占据了主导地位，无数次尝试确定受虐狂、露阴癖和偏执狂的原因。大多数解释者都同意卢梭逐渐变得偏执，但这是他们唯一的共识。他究竟有多么精神失常，有多长时间，出于什么原因，产生了什么后果，这些都是每个分析者根据偏好的理论来回答的问题。在每个例子中，证据的存在只是因为卢梭本人认为它很重要，并试图解释它。尽管把他简化为一个“案例”很容易，但他从来没有经历过丧失能力的精神疾病。恰恰相反，随着时间的推移，他的自知力加深了，他享受生活乐趣的能力增强了，他的

著作的清晰度和力量感也丝毫不减当年。翻开他的任何一本书，包括那些他在生命的最后阶段写的书，都会提醒你，一个天才可以把不幸和神经官能症转化为优势。

精神分析最宝贵的贡献不是任何特定的诊断；即使对一个活着的病人来说，这种诊断也可能是有争议的，而对一个两个世纪前死去的人来说，这只能是假设。更有帮助的是，人们普遍认识到，一个不断抱怨健康状况不佳的人可能是无意识地想要健康。弗洛伊德描述了那些无法放弃神经官能症症状的人，他们因为负罪感希望得到惩罚。有趣的是，另一位分析家谈到了一些疾病的倾向性取代了宗教信仰，“疾病代替了上帝”。在此，像往常一样，想象我们能看到卢梭所不能看到的东西，是一种居高临下的姿态。他是第一个承认受迫害与自我意识密不可分的人，而且在某种意义上他需要它。“被迫害的经历升华了 441
我的灵魂。对真理的热爱对我来说已经变得很宝贵，因为它让我付出了很多。也许起初真理只是一个体系，但现在它已经成了我的最重要的激情。”的确，在一个充满敌意的世界里，受迫害似乎是一种美德的认证，就像他还是个小男孩时在日内瓦经常听到唱的韵文诗篇一样：

> 让我的指控者羞愧，
> 并追捕我的迫害者。

斯塔罗宾斯基说得恰如其分：“他需要‘迫害’这面黑暗之镜，以便看到自己闪亮的纯真面孔。”

描述卢梭原创性的另一种方式是，回忆他那个时代的正常目标是向世界呈现一个协调一致的人物，其粗糙的边缘被磨平或是消除。实现这一目标的方法之一是将人类视为一般类型，另一种方法是以讽刺性的客观态度站在自己的经验之外。吉本在他永远无法完成的自传的多个草稿中做到了这两点。在《忏悔录》中，卢梭认为他的情欲关系，包括失败的情欲关系，为理解提供了一把关键的钥匙，但当吉本描述他（相当冷淡的）情欲感受时，他说“更粗俗的欲望”不值一提，因为“它更适合属于物种的自然历史，而不是个人的回忆录”。而讽刺是他偏好的超然于自我的方法。他在一支准备击退可能的法国入侵的民兵中服役了几年，对此他自嘲地说：“汉普郡掷弹兵队长（读者可能会笑）对罗马帝国的历史学家来说并非一无是处。”

更能说明问题的是题为“我的一生”的简短叙述，这是休谟在知道自己将死于癌症时写的。他用过去时态描述自己，宣称自己从未辜负过自己的人格理想。

> 从历史的角度来总结我自己的性格，我是，或者说曾经是（因为这是我现在在谈论自己时必须使用的语言规范，
> 442 这使我更有勇气说出我的情感）；我认为，我是一个性情温和的人，能控制自己的脾气，具有开放、友好和愉快的幽默感，忠于人，但不容易产生敌意，并且在所有的激情中都非常节制……总而言之，尽管大多数有名望的人都有理由抱怨诽谤，但我从未被他们恶毒的牙齿所触及乃至攻击过……我不能说为自己做这个葬礼演说没有虚荣心，但我希望它不是错误的；这是一个很容易澄清和确定的事实。

情感上的节制是足够真实的，但休谟几乎不会相信他从未被诽谤过；就好像与卢梭的整场可怕的争吵从未发生过一样。至于他在疑惑和痛苦的时刻的感受，比如，众所周知，他在青少年时期遭受的精神崩溃，他根本没有给出任何暗示。休谟以最有利的方式描绘自己，并断言了一种使他的整个存在成为“一个容易澄清和确定的事实”的客观性。

无论卢梭有时如何为自己的失败开脱，但他对自我理解的探索发生在一个休谟从未寻求过、或许也无法认识到的富有想象力层面。他们可能来自不同的星球，休谟对卢梭成就的本质简直是一窍不通，就像卢梭对休谟的哲学之王毫无兴趣一样。当卢梭初次到达伦敦时，休谟告诉一位朋友：“他一生中读书很少，现在已经完全放弃了所有的阅读。他所见甚少，也没有任何好奇心去看或评论；确切地说，他很少思考和研究，也没多少知识。在他的整个生命过程中，他只有感觉。”鉴于休谟对阅读、学习和思考应该为何的概念，我们可以理解他是如何形成这样一种观点的，但这种屈尊俯就的傲慢仍然是令人震惊的。更不用说他会相信卢梭所声称的《忏悔录》将会成为“哲学家们的无价之宝”了。经验主义的哲学家们坚持认为，除了个体（individual）的特殊性，没有任何东西存在，然而当他们谈论心理学时，他们却不介意用最宏大的术语来概括。正是卢梭严肃对待个体性（individuality），抵制了一般性（generality）的诱惑。在写给一个寄给他哲学论文的陌生人的信中，他坚定地说： 443
“我们的感官只向我们展示个体。反思能够将它们分开，判断力能够将它们相互比较，但仅此而已。希望把它们重新结合起来，超出了我们的理解力；这是想推动自己所在的船，而不触及船外的任何东西。”休谟是一位伟大的哲学家，其思想促进了后来哲学的发展。卢梭是一位伟大的创造者，他的写作帮助塑造了我们仍然栖居的充满想象力的世界。

但历史并不是铁板一块，如果说卢梭是内省分析的先知，我们也有其他模式。也许最有趣的对比是与本杰明·富兰克林的对比。卢梭因其名声而对他颇为仰慕，但并不认识他本人。这本被称为《富兰克林自传》的书（始于十八世纪七十年代，但直到十九世纪才出版，“自传”一词就是在那时被发明的）对美国（如果不是在其他地方的话）几代人产生了重大影响，因为它展示了一个白手起家的人是如何成功的。我们以富兰克林想要被记住的方式记住了他：一个徜徉于计划和公共工程世界中的不知疲倦的发明家和组织者，建立了消防部门、邮局、公共图书馆和大学，发明了避雷针、双焦眼镜和富兰克林炉。他的内心生活是另一回事，含糊晦涩到不透明的地步，一位研究过他写的每一个字的学者总结说：“除了猜测，谁还能对这个人做更多的事呢？”但是，如果富兰克林戴着面具，那也是一个很适合他的面孔的面具，他最喜欢把自己融合在一个群体身份之中。他致力于政治，但不是致力于崇高的理论（如卢梭式的“不可剥夺的权利”），而是利益集团之间的妥协——正是卢梭的公意所要防止的。卢梭是一位预言家；富兰克林是一位推动者。

在心理学上，富兰克林体现了适应良好的理想，把人生故事的每一个挫折都扭转过来了。他的出生时间仅比卢梭晚一年，一开始就有惊人相似的经历，只接受过有限的正规教育，有一段令人讨厌的学徒生涯。他甚至也如饥似渴地阅读了普鲁塔克的《名人传》，但卢梭从普鲁塔克那里了解到伟大的时代已经过去了，而富兰克林则认为自己没有理由不成为一名民族英雄。和卢梭一样，富兰克林也对雇主的虐待产生了终生的愤恨，他说他的第一个主人的苛刻待遇促进了“对专断权力的厌恶，而这种厌恶贯穿了我的一生”。但富兰克林并不像卢梭那样，对奴役如何使得一个年轻人在社会化的过程中变得极度非本真（inauthentic）感兴趣。卢梭成了一个游手好闲的小偷，逃离了日内瓦，不知道下一步该做什么，并在接下来的十年里漫无目的地漂泊。富兰克林带着足够的自律和技能逃离了波士顿，很快在费城做起了印刷工，几乎立刻成了勤劳和诚实的代名词。 444

要建立十八世纪社会所推崇的稳定的性格，最好的办法是让自己以符合期望的方式行动。富兰克林很早就明白了这一点，并在十九岁时制定了一个“行为计划”来实现这一目标。他意识到，他已经开始给人留下了一个自信的自由思想者的印象，但他总是忍不住发怒，使得人们疏远了他。因此，他着手去除那些不受欢迎的倾向，并获取正确的倾向；他制作了一张十三种美德的图表，系统地攻克它们，每周一种美德，每年四个周期。这是一个以自己为实验对象的行为主义实验，与卢梭形成了鲜明的对比。卢梭想通过摆脱社会生活所要求的各种习惯来恢复真实的自我，而这些习惯正是富兰克林想要获得的。富兰克林表明，他能够从错误中学习并改正错误（他称之为“勘误表”），而卢梭则表明，错误形成了一种模式，并揭示了自我的深层方面。

毫不夸张地说，富兰克林和卢梭站在我们从十八世纪继承的遗产的两极。当代美国文化说的是卢梭的对白，却过着富兰克林的生活。当我们谈论接触真实自我或成为我们注定要成为的人时，我们就像让-雅克·卢梭一样在说话。当我们投身于事业或努力成为“团队成员”时，我们就像本杰明·富兰克林一样生活。换句话说，富兰克林的《富兰克林自传》鼓励读者构建一种公共生活，而卢梭的《忏悔录》则强烈建议他们进行一次寻找自我之旅。这些是现代生活所存在的根本紧张，而它们的首个伟大分析家是让-雅克·卢梭。

但是，只有通过数个世纪的后见之明，我们才能认识到这些影响。富兰克林的美德和成就在他生前得到了广泛的赞赏，
445 但卢梭的美德和成就起初只是模模糊糊地被领会到了。人们广泛认为《论不平等》《社会契约论》和《爱弥儿》不值一提，因为它们是煽动性的，而且是荒谬的，描述了一种从来不存在的自然状态，一种永远不可能存在的政治制度，以及一种永远不应该存在的教育计划。然而，有思想的人逐渐开始理解卢梭对社会不平等和未能体现人民意愿的政府分析的激进含义。不少人试图用卢梭的原则来教养他们的孩子，教育改革者们也越来越多地引用这些原则。当《忏悔录》在卢梭去世四年后终于出版时，这本书也引起了非常复杂的感情。读者们一直期待着一种对一位著名知识分子的生涯的高尚回顾，其中夹杂着一些没有人听说过的生动有趣的轶事，而他所描述的大部分内容看起来都很琐碎。一位评论家问道：“知道让-雅克曾经和格拉皮南先生在一起，然后当了一个雕刻匠的学徒，然后成了一个江湖骗子的徒弟，然后在一个托钵修会修道院长那里学习，或者知道他偷过芦笋、苹果和几瓶红酒，这与后人有什么关系呢？”

更令人费解的是性方面的披露，因为它们似乎是令人尴尬的反常做法，也因为读者并不习惯于认为这种信息与了解一个

人的生活有关。卢梭在童年时很喜欢被朗伯西埃小姐打屁股，在都灵当众露阴，与他称为妈妈的女人上床，都让人感到不快，但最常被挑出来嘲笑的还是打屁股的事。卢梭称之为“在我的忏悔的晦涩泥泞的迷宫中迈出的第一步，也是最痛苦的一步”，但一位评论家的反应很有代表性：“如果过于真诚的让-雅克不尊重端庄得体，不怕用这种奇怪的想法伤害读者的敏感，他至少应该害怕这个世界赋予揭示邪恶气质的怪异品味的羞耻和蔑视。这种对不由自主但又骇人听闻的弱点的承认，将之不必要地、毫无意义地公之于众，会使一些人感到震惊，使另一些人感到脸红，为最大多数人提供了一个取之不尽的坏笑话的来源，并为卢梭的回忆打上了不可磨灭的荒谬的印记。”

令人惊讶的是，正是卢梭的宿敌格里姆看到了这种披露的意义：它们表明“像卢梭这样的人知道自己最隐秘的情感……并在观察我们自身的艺术方面提供了宝贵的指导，洞察到了我们行为和行动的最隐秘的动机”。两个世纪后，这种理解已经变得非常为人熟悉。乔治·奥威尔曾经说过：“只有当自传揭示了一些不光彩的事情时，才是可信的。把自己描述得很好的人很可能是在撒谎，因为从内心来看，任何生活都只是一连串的失败。”吉本、休谟和富兰克林都不是骗子，但他们突出了自己的成就，尽量轻描淡写自己的失败，呈现出理想化的自我形象。卢梭则以坚定的诚实态度面对他的失败。 446

最重要的是，卢梭展示了一个由记忆中的细节组成的马赛克——有些无关紧要，有些则令人难忘，发人深省——可以建立起对一个独特个人的理解。他在《忏悔录》的开头宣称：“我生来就不像我所见过的任何一个人；我敢于相信，我被造得和世上的任何一个人都不一样。如果我并不比别人好，但至少我是不同的。”在这一关于个性的断言之后，他又提出了一个挑战——这既是一种蔑视，也是一种邀请：“自然用一种模子塑造了我，然后又把这个模子打碎。它这样做，是好还是坏，要等人们阅读过我之后才能做出判断。”另一位作家可能会说“等人们读过我的书之后”；而卢梭坚持说他本人必须被阅读。起初，这让许多读者觉得是恬不知耻的自我主义，但对卢梭来说，主观的视野是唯一真实的视野。即使是他著作中最抽象的《社会契约论》，也是以我（je）开始，以我（moi）结束。他最伟大的成就之一是展示了主观性如何赋予作家的思想以权威和深度，而非使之令人生疑。正如利昂内尔·特里林所说：“这些论文的作者比我们更有力量，因为他是《忏悔录》的主体。他就是那个人；他受苦了；他就在那里。”

第二十三章 447

进入自创的迷宫

《忏悔录》完成了一半，卢梭兴高采烈地逃离了并不存在的危险，回到了真正存在危险的法国。巴黎高等法院对法国北部的大片地区拥有管辖权；它对卢梭的逮捕令仍然非常有效，任何检察官都可以启动一个不可能停下的程序。让·盖埃诺撰写卢梭传记时正值纳粹占领期间，恰当地描绘了那个充满告密者和未经审判就拘留的黑暗时代。就在卢梭回到法国的时候，他的两个朋友被关进了巴士底狱：一个是盖伊，因为他进口了包括《社会契约论》在内的违禁书籍；另一个是勒涅普斯，是因为他被没收的私人文件中暴露出激进观点。

起初，卢梭不知何故让自己忽略了这种威胁。他去了亚眠。他在那里公开露面，并享受了为他举行的宴会。但这种喘息很快就结束了，接下来的三年（从1767年中期到1770年中期）将是他一生中最糟糕的时期。具有悲剧性讽刺意味的是，他最大的麻烦将来自一个自认为按照卢梭及他本人的最大利益行事的赞助人。孔蒂亲王是蒙莫朗西的常客，曾极力鼓励他出

448 版《社会契约论》和《爱弥儿》。孔蒂和他的盟友——已故的卢森堡公爵一起，希望这些书能为放宽皇家政府限制的运动做出贡献。但是，在报复卢梭的风暴爆发之后，至关重要的一点是孔蒂必须对自己参与此事保密，而如果卢梭被审问，他肯定会被揭发出来。因此，孔蒂和他的情妇布夫莱尔夫人的工作就是把他隔绝在社交圈之外，同时让他相信他们是为了他好。也许他们确实相信这一点，但结果是卢梭的偏执幻想加深了，直到他因恐惧而变得疯狂。

离开亚眠后，他住在巴黎附近一位贵族仰慕者那里，自称为“雅克先生”，但仍然公开露面；孔蒂就在那里追上了他。孔蒂在巴黎西北四十英里的瓦兹地区的特里耶（今特里耶沙托镇）拥有一座城堡，他决定把卢梭隔离在那里。特里耶是一个偏僻的地方，是日索尔镇附近的一个小村庄。虽然它属于巴黎高等法院的管辖范围，但诺曼底边界就在附近，必要时可以很容易地撤退。凭借他在宫廷的影响力，孔蒂得到了保证，只要卢梭谨言慎行，就会很安全。“如果您彻底改变您的名字（我说彻底改变，是因为您所取的雅克这个名字还不够），如果您愿意待在那里，不写任何东西，安安静静，默默无闻，您就不会被打扰。”卢梭现在采用了“让-约瑟夫·勒努”这个名字——勒努是勒瓦瑟老太太的婚前姓氏，她在他们在英国的时候就已经去世了——于是泰蕾兹成了他的妹妹。

特里耶的城堡部分建于十三世纪，其中有一座风景如画的石塔；卢梭和泰蕾兹将住在里面。卢梭无疑希望孔蒂（在从瑞士到英国的旅途中，他曾和孔蒂一起在巴黎逗留过）能经常来访，并发展出他与卢森堡公爵曾有过的那种关系，但这是不可能的。与卢森堡不同，孔蒂在很大程度上是一个大领主；虽然他赞同卢梭的政治观点，但他无意成为亲密的朋友。在蒙莫朗西的日子里，当孔蒂意识到泰蕾兹会坐到餐桌上时，他曾拒绝与他共进晚餐；而当卢梭拒绝了亲王亲自射杀的野味礼物时，孔蒂和布夫莱尔夫人觉得受到了严重冒犯。

在那些日子里，孔蒂很可能也不喜欢在下国际象棋时被彻 449
底击败。他的扈从经常向卢梭发出紧急信号，让他开始输，但他还是继续赢，并在事后装模作样地说："大人，我太尊敬尊贵的殿下了，以至于不能不在象棋上打败您。"后来有人建议他至少可以让孔蒂偶尔获胜时，他惊讶地回答说："什么！我确实让了他一个车！"如果亲王不能以这样的优势取胜，他就活该输。但他们现在玩的是另一种游戏。在这场游戏中，卢梭的脆弱是他们关系的基本事实，孔蒂从未让卢梭忘记这一点。他含糊其词地保证会在某个时候去特里耶拜访，但几个月过去了，他一直没有去。

起初，卢梭准备接受这种新的生活，他觉得自己不像在伍顿那样孤立隔绝。他与宽代重修旧好，后者在巴黎为内克尔银行家族工作。在蒙莫朗西的日子里，年轻的宽代一直热衷于为卢梭跑腿，他也很乐意恢复这一角色。他采购了衣物（卢梭的行李几个月后才从英国运来）、餐具和书籍；他不仅从亚眠的一个兽医那里找回了苏丹，还很有远见地将城堡的名字刻在了它 450
的项圈上——当马车夫在路上把它弄丢时，这个做法被发现是无价的。卢梭曾绝望地写道："不幸的苏丹的命运就是这样，我的命运也是这样"；然后，当苏丹被找回来时，他高兴地喊道："我感谢你所做的一切，全心全意地拥抱你。"最棒的是，在阿姆斯特丹出差的迪佩鲁答应在回瑞士的路上前去拜访。

然而，事情很快就出了问题。在伍顿，有脾气暴躁的管家和厨师；在特里耶，所有工作人员都是势利无礼的。一个叫马努里的傲慢的人担任着城堡里最重要的职位——狩猎大师，公开对卢梭的举止和服装表示轻蔑，“比资产阶级还低”，就像卢梭所承认的那样。卢梭从来没有想去打猎，但这于事无补。最糟糕的是看门人，一个叫德尚的尖酸乖戾的家伙；他对布夫莱尔夫人说了些下流话，并在卢梭想出去的时候把他锁在城堡里，想进来的时候把他锁在外面，以此自娱自乐。甚至进入树林和田野都很困难。有时，卢梭被告知附近有危险的强盗，他必须有带枪的人陪同；有时，村民们嘲笑他，被当地神父煽动起来反对一个从不去做弥撒的陌生人。简而言之，这种新的生活方式相当于软禁。

孔蒂最终还是来到了特里耶；他非常正式地与卢梭共进晚餐，以示对他的尊重，并威胁说如果仆人们行为不端，就要惩罚他们。这对卢梭来说不是什么安慰，他认为仆人们只是设法蒙蔽了他们的主人。他忧郁地对宽代说：“在地下蜿蜒的邪恶的根并没有被斩断。”现在他所有的希望都寄托在迪佩鲁的到来上。“除了你，我没有别人，”他在九月给他写信说，“从现在起，对我来说，你就是整个人类。”

不幸的是，迪佩鲁当时才三十多岁，但长期饱受痛风困扰，这回在巴黎因严重的痛风发作而病倒了，在那里躺了两个月。值得一提的是，重病在十九世纪是很正常的，其发病概率在今天看来令人震惊。仅在 1767 年秋天，迪佩鲁和达文波特都因痛
451 风而卧床不起；宽代发着危险的高烧；格兰维尔患有严重的关

节炎，以至于无法写作；维尔德兰夫人除了自己的疾病外，还在照顾因某种消耗性疾病而日渐衰弱、无法恢复的爱女。同时，卢梭也有胃病和严重的牙痛——他自己拔掉有问题的臼齿，治好了牙痛。

十一月，迪佩鲁终于康复，可以去特里耶，但在快乐的第一周之后，他又因痛风的猛烈发作而倒下了，这引发了卢梭一生中最奇怪的事件之一。正如卢梭事后所描述的那样，迪佩鲁因自己长期存在的耳聋和极其痛苦的痛风而感到惊恐，服用了各种卢梭认为是有欠考虑的药物。有一天，当迪佩鲁醒来时，发现一只手和一只脚都肿了，这并不奇怪，但他的头、喉咙和胃都疼痛难忍，而且他非常虚弱，几乎无法站立。正在护理他的卢梭一下子慌了神。“他不停地说他的胃胀满绞痛。他的神情，他的举止，还有他那令人窒息的话语，都是那么的奇怪，以至于我最后彻底被吓住了，决心揭开这个谜底……最后我明白了，他认为自己是被下了毒，是被谁呢？我的上帝！”迪佩鲁怀疑的是卢梭，或者说卢梭是这样认为的，因此这将是“致命的一夜，是我一生中最可怕的一夜”。

被叫来的医生确认病人除了痛风外没有什么大碍，开了一种迪佩鲁不太情愿喝的补药。不幸的是，当他喝下它时，杯底残留着粉末状的东西，卢梭觉得他肯定是把它想象成了毒药。实际上，迪佩鲁显然没有这种想法，但当卢梭泪流满面地扑向他的朋友时，迪佩鲁却没有做出足够热烈的反应。“这个野蛮人竟敢指责我选择在他最软弱的时刻给了他一个足以结束他生命的打击。”卢梭总是关注着自己，丝毫没有考虑迪佩鲁的崩溃状况和对死亡的恐惧。“在那一刻，我感到我对他所有的尊敬、喜爱和温柔都灰飞烟灭了。”

迪佩鲁很快康复了，但朋友之间的关系受到了不可挽回的伤害。他告诉卢梭（以书面形式，尽管他们住在同一个屋檐下），在他完全神志不清的时候，有人指控他怀疑有人下毒，他
452 对此感到深受伤害。卢梭冷冷地回答，虽然迪佩鲁可能忘记自己说过一些无礼的话，但他的行为仍然是不可原谅的。“你说你因为发烧而神志不清。这是事实，但如果你在神志不清时刺伤了我，你事后不后悔吗？何况你还做的事比刺伤我更糟糕。”在最好的情况下，卢梭倾向于怀疑他对别人的感情没有得到回报，而在这段高度焦虑的时期，他自己的痛苦使他不可能理解朋友的痛苦。

在过去，他们的关系主要是书信往来，只是在莫蒂耶和纳沙泰尔期间断断续续地拜访。现在，他们已经连续几个星期在一起了，即使没有中毒的恐慌，他们的性情差异也会变得很明显。到十二月底，卢梭向宽代承认，他和迪佩鲁彻底厌倦了彼此。1 月 3 日，在逗留了两个月之后，迪佩鲁终于离开了。他的健康状况仍然很不稳定，卢梭派他们的老朋友皮里上校从瑞士赶来，护送他回家。一旦他们从远处写信，或多或少恢复了友好的关系，卢梭使用他习惯的称呼“我亲爱的客人”（mon cher hôte），而迪佩鲁则使用“我亲爱的公民”（mon cher citoyen），但在更深层次上，隔阂是永久性的。

卢梭非但没有被朋友们所害，反而因为朋友而格外幸运，但他永远无法真正相信这一点。被父亲抛弃，被华伦夫人拒绝，被格里姆和狄德罗辜负（如果不是背叛的话），使得他很少能长久地信任任何人。“孤独曾经是您的情妇，”一位通信者精明地

说，“而您已经把它当成了妻子。”卢梭的偏执对他来说已经变得太必要了，他继续疏远他仅有的朋友。当孔蒂不断找理由不再去特里耶拜访时，卢梭暴躁地写信给布夫莱尔夫人抱怨；她的答复非常冷淡，以至于他承诺说：“我再也不会用我的抱怨来纠缠您了。”据目前所知，他再也没有收到她的信，他甚至决定停止给宽代和迪佩鲁写信。

生活在一种普遍的恐惧中，卢梭很快就经历了另一场危机。毒药的想法现在牢牢扎根在他的想象中，等待着一些新的暧昧情况。那个一直怀有敌意的守门人德尚得了过去被称为水肿症的严重的心脏病。出于好心，卢梭给了他一些蜜饯、一点做得很好的鱼和一瓶勃艮第葡萄酒。其他人分享了这些美食，没有任何不良影响，但当德尚的病情继续恶化，然后死亡时，卢梭开始确信，城堡的工作人员将会指控他谋杀。人们指责他的书毒害人们的思想，现在在他心中，毒害变成了字面上的。他使自己处于恐惧的状态之中，坚持要求对尸体进行解剖，以排除中毒的可能性。此外，他断定再躲藏下去也没有用，决定去巴黎，迫使当局彻底解决他的法律问题。同时，他提议把自己关进当地的监狱，显然是为了让自己远离他的敌人——不管是真实的还是想象的敌人。 453

如果卢梭去巴黎并挑起法律诉讼，孔蒂的同谋肯定会被公开，亲王对这种前景感到恐惧。他唯一的办法是设法使卢梭平静下来，然后尽可能地带他远离巴黎。他写信给卢梭说：“我以您的友谊请求您，同时也是对我的友谊的认可，请您等我，在我到达那里之前，什么也不要说，什么也不要做……看在上帝的分上，等着我。我星期天会和您在一起。在那之前保持冷静。”孔蒂匆匆赶到特里耶，却没有发现任何可以证实卢梭的恐惧的东西，但同意让他前往里昂，因为卢梭认为那里是一个充满希望的目的地。他年轻时曾睡在那里的河边，后来又在那里与马布利一家住在一起，而且那里是他仍有可信赖的朋友的少数几个地方之一：“爸爸”罗甘迷人的侄女布瓦·德·拉图尔夫人和她迷人的女儿马德莱娜-卡特琳·德莱塞尔。罗甘家族做对了一件事，那就是多年来没有见过卢梭，不像可怜的宽代和迪佩鲁那样。事实上，就在这个时候，迪佩鲁给宽代写了一封感人的信，同情他被拒绝的痛苦。“卢梭先生的性情是永远不会快乐的。我认为，他现在是彻头彻尾不信任别人了，或者几乎是如此……让我们同情他，先生，但不要停止爱他……他是个被宠坏的孩子，没错，但他生来就是这样的。”

卢梭在里昂度过了几个愉快的星期，但那里也在巴黎高等法院的管辖范围内，所以他转移到了东部被称为多菲内省的格勒诺布尔——在那里他会比较安全。然而，现在他完全置身于
455 陌生人之中，他的恐惧再次开始蔓延，部分是因为孔蒂警告说格勒诺布尔的警察在监视他。当他到萨瓦省的尚贝里进行短途旅行时——这是他最后一次离开法国——他匆忙返回了，确信他的老朋友孔齐耶是阴谋的一部分，而这个阴谋“既深沉又神秘”，正蔓延至整个欧洲。

格勒诺布尔的进展并不顺利。一个半疯的人出现了；他声称卢梭几年前在莫蒂埃时曾向他借过一小笔钱，但没有偿还。虽然这个指控显然是荒谬的，但卢梭怀疑这个人是受人指使来恐吓他的。此外，一些当地的崇拜者非常清楚“勒努”其实是卢梭，却在他们举办的一次晚宴上冒犯了他。晚宴上，一个喝

醉酒的教师辱骂了卢梭，对哲学家们做了讽刺性的评论，并提议进行一场公开辩论。卢梭立即猜测这个人也是受人教唆来挑衅他的，他对自己的真实身份被广泛知晓感到愤怒是可以理解的。事实上，这件事传得如此之快，以至于人们在路上为他鼓掌，合唱团在他的窗下唱起了《乡村占卜师》的曲子。“请接受我的告别吧，先生，”卢梭写信给他的主人说，“不要以为我还对寻找一个安宁的避难所抱有愚蠢的希望——在那里我可以避开隐藏的陷阱、侮辱和冒犯。”

让他的新朋友们吃惊的是，卢梭随后突然离开了小镇，匆忙中落下了他的晨袍，还带走了他的公寓钥匙。他们以为他的离开多少与这位教师的行为有关，但还有一个他们没有察觉的更紧迫的原因。泰蕾兹一直在特里耶等着，直到确保找到一个安全的避难所；现在她已经上路了，而卢梭急于让她离开，因为他知道这次不能把当作妹妹了。格勒诺布尔的每个人都知道卢梭是谁，而《公民的情感》已经揭露了泰蕾兹和被遗弃的孩子们的真相。卢梭突然发现自己陷入了困境，于是轻率地宣布泰蕾兹是他的妻子，现在是控制损害的时候了。

他仍然有很多理由不与泰蕾兹结婚。在法国，天主教徒和
新教徒之间结合在法律上是无效的。此外，以假名结婚是被禁
止的，但如果卢梭要恢复他的真名，他就将违反孔蒂亲王的明 456
确命令。最重要的是，他从一开始就告诉泰蕾兹，他永远不会
娶她，他越来越把她当作仆人对待，而且他已经为她预备了在
他去世后的经济支持。但他现在觉得，他的名声取决于是否有
适当的婚姻，或者至少看上去如此。

然而，住在哪里是迫在眉睫的问题。8 月 12 日，卢梭调头

向里昂进发，在多菲内最后一个大城镇停留。这是布尔关，一个在令人讨厌的沼泽地环境中的不起眼的地方，但也只能这样了。他在金泉酒店开了个房间，泰蕾兹终于到了。三天后，他邀请当地市长和一位朋友共进晚餐，并出人意料地请他们见证他向市长所描述的“他一生中最重要的行动”。在发表了关于婚姻责任的感人演讲后，他与泰蕾兹交换了即兴的誓言，这让客人们潸然泪下。然后他们坐下来吃了一顿结婚晚宴。他在婚宴上欢快地唱着歌，并宣布打算在布尔关度过余生。这桩婚姻没有天主教神父主持，也没有签署或保存任何文件，因此不具有法律地位。

对于那些需要被告知他已经结婚的朋友，卢梭强调的是这一事件的道德方面，而不是审慎谋划的一面。他在给穆尔图的信中说：“我的管家、我的朋友、我的妹妹，以及我的一切，终于成为我的妻子了。既然她愿意追随我的命运，分担我一生中所有的不幸，我至少要确保这件事是光荣地完成的。二十五年心灵的结合终于促成了人的结合。”他向另一位通信者保证：“我们一起生活了三十年，其中温柔而纯洁的友情并没有因为婚姻而改变性质；凭着我们之间的纽带，她现在是并且至死都是我的妻子；凭着我们之间的纯洁，她现在是并且至死都是我的妹妹。”

卢梭期望在布尔关的逗留是短暂的，这就是为什么他住在一家旅馆，但他和泰蕾兹在那里度过了压抑沉闷的五个月。他一直在四处寻找可以去的地方。他想到了意大利，也可能是塞浦路斯或米诺卡，甚至是伍顿——因为达文波特和格兰维尔都
457 邀请他回到那里。但大多数想象中的目的地都太遥远了，当他

发现英国驻巴黎大使（他需要从他那里获得护照）有一个叫沃波尔的秘书时，就放弃了对沃顿的任何想法。事实上，这根本不是那个令人讨厌的霍勒斯·沃波尔，而是他的一个堂兄弟；不过，不需要太多的东西就能让卢梭失去平衡。

迪佩鲁不断劝说卢梭和他一起住在他在纳沙泰尔新落成的府邸里，但卢梭未考虑这一提议。他在里昂向德莱塞尔夫人解释说，神秘的“他们”已经邪恶地控制了他从前的朋友们。“他们不仅仅是成功地把迪佩鲁从我身边夺走了，我还把所有的希望都寄托在他身上，我把所有的文件、计划和秘密都托付给他，只有从他那里我才能指望得到解脱，为了他我离开了英国，我最后和最甜蜜的希望就是和他一起生活和死亡。正如我所说，他们把他从我身边带走了，但是是以这样一种难以置信的、突然的、完全不可思议的方式；从来没有过像我在他身上所发现的那样强烈和畸形的异化。”卢梭无法让自己明白，如果这看起来难以置信、不可思议，那是因为它不是真的。迪佩鲁直到生命的最后一刻仍然是他最忠实的朋友。

随着秋去冬来，卢梭的健康状况急剧恶化。他的胃胀得厉害，疼痛难忍，甚至无法弯腰穿鞋。他将此归咎于布尔关糟糕的空气，而按照现代标准，更合理的说法是糟糕的水。像往常一样，我们不可能知道有多少麻烦是身体上的，又有多少是情绪上的，但他寄给一位瑞士医生的描述让人明显地联想到他很久以前在尚贝里的精神崩溃。除了胃部胀满之外，他还提到发烧、头痛、心悸、窒息感、耳鸣和失眠。医生的意见没有留存下来，但从卢梭的回复来看，他被诊断为肝脏有病，他的看法也得到了证实，即他只有很短的时间可以活了。

当务之急是离开布尔关。卢梭留下了一份关于他的困境的精彩总结，用铅笔写在他旅店卧室的门上。他非常喜欢这份总结，所以把抄本寄给了几个朋友。特别引人注目的是，他仍相
458 信高级贵族对他抱有好感，他是被知识分子对手和轻信的公众联手所害。

国王和大人物不会说出他们的想法，但他们会
始终宽宏大量对待我。
真正的贵族，他们热爱荣誉，而且知道我理解荣誉。
尊敬我并保持着沉默……
那些被我揭穿了面具的哲学家们想要摧毁我，
他们将成功……
我所崇拜的人民，在我身上看到的不过是一顶
凌乱的假发和一个受到逮捕的人。
妇女们，被两个鄙视她们的难缠的人（pisse-froid，字面意思是“冷漠地撒尿的人”）
所欺骗，背叛了值得从她们那里得到最好待遇的那个人。

这两个难缠的人是深受上流社会妇女追捧的狄德罗和达朗贝尔（或者可能是格里姆），但在卢梭看来，他们私下很鄙视女性。这篇文章以对伏尔泰的尖锐抨击结束。多年来，伏尔泰的信中一直充斥着矫揉造作的讽刺，如四肢着地行走和第欧根尼的狗。“被我妨碍了睡眠的伏尔泰将会拙劣地模仿这些诗句。他粗俗的侮辱是他身不由己地向我表达的敬意。”

在这个节骨眼上，某位塞萨尔日侯爵和他的妻子提供了一个吸引人的住处，那是在布尔关郊外几英里的一个叫莫贝克的小村庄附近的一所农舍。这个农场被称为“蒙昆”，曾经是一所坚固的庄园，但现在年久失修，冬天无人居住。它坐落在潮湿山谷上方的一个高原上，可以鸟瞰广阔的田野，在晴朗的日子里还可以远眺勃朗峰的巍峨群山。（可以肯定的是，在里昂有一句谚语：“如果你能看见勃朗峰，明天就会下雨。”）因此，1769年2月，卢梭相当乐观地在那里定居；泰蕾兹则不太高兴，因为她仍然向往巴黎，讨厌住在没有人说话的地方。不幸的是，无遮蔽的高地的冬天是可怕的。卢梭在感谢布瓦夫人送来的葡萄酒时说，这有助于他忍受“一个名副其实的冰室，即使是最炽盛的火也只烤着了我的半边身子，另一半身子还是冻着”。他让布瓦夫人为他租了一架小羽管键琴。这架琴是由人背着送进 459
来的。当他暖和到可以弹奏时，这架琴是一种宝贵的消遣。

当春天终于到来时，卢梭恢复了他的漫游式散步。当他开始一次更长的远足时，他给泰蕾兹留下了一封值得注意的信。她显然在考虑永久分居，而他谈到了对这一问题根本层面的不满。“当我们结婚时，我提出了我的条件，你同意了，而我也履行了。只有你温柔的依恋才能让我无视这些条件，不惜牺牲我的生命，冒着死亡的风险，只听从我们的爱情。”他一直担心性关系会危及他的身体，他现在声称泰蕾兹的感情已经减少到他无法再忍受的程度。“你对我的冷淡让我退缩了，当内心排斥我时，挑逗并不足以吸引我。”卢梭喜欢和老练的女士们玩引诱游戏，但泰蕾兹的公开挑逗是不能接受的。然而，在恳求她回来时，他承诺“从现在起只睡一张床，因为我们将共享一个灵 460

魂”。显而易见，她曾期望婚姻会结束分房，但事实并非如此，她对此感到很愤慨。此外，我们很容易想象——虽然没有文献证据——她仍然对失去孩子耿耿于怀。似乎也有可能，她与一位修道士建立了不正当的关系。卢梭忧郁地说，如果她真的决定离开，“无论如何也不要让修道士以任何方式纠缠你或介入你的事务”，格里姆后来说过一个谣言，说卢梭实际上已经惊讶地撞见了她和那个修道士在一起的场景。

在这阴郁的几个月里，卢梭继续努力写作《忏悔录》，尽管其中有许多令人难忘的故事——威尼斯时期、万塞讷启悟、与乌德托夫人的风流韵事、与卢森堡夫妇的友谊、圣皮埃尔岛的田园风光——但故事的细节过多，而且语气越来越偏执。“我头顶的天花板有眼睛，”他在继续写这本书时写道，“我周围的墙壁有耳朵。我被间谍和恶意的、警惕的观察者的包围着，焦虑不安，心烦意乱，匆匆写下几个支离破碎的字，我几乎没有时间重读，更不用说修改了。”

卢梭的焦虑在1769年11月8日的晚上达到了顶峰。他在整理文件时，注意到一处明显的空白。在1756年至1757年的六个月里，他一直住在蒙特莫朗西，却没有一封信幸存下来。发生了什么事？这些信一定是被偷了，但是为什么呢？真正的原因是，卢梭自己把信放错了地方——这些信件最终被找到了，但在这个决定性的夜晚，他突然看到所有的碎片都连在一起了。为了确保即使《忏悔录》的手稿被没收，关于他所遭受的磨难的一些记录也能留存下来，他写了一份被称为“致圣热尔曼的信”的报告，写给一位他几乎不认识但以正直著称的当地绅士。这份文件写得非常清楚，同时，又如拉尔夫·利所说，“其悲剧性的荒谬令人痛苦”。卢梭确信，针对他的阴谋是由舒瓦瑟尔策划的；他曾因一句笨拙的恭维话得罪了这位有权势的首席大臣，而舒瓦瑟尔正通过一个庞大的间谍网络来恐吓并最终摧毁他。

现在，整个事件的顺序对他来说变得清楚了。格里姆和狄德罗原本打算指导卢梭写一些邪恶的书来败坏他的名声，但他逃脱了他们（以及埃皮奈夫人）的魔掌，被卢森堡公爵和公爵夫人收留。他的敌人通过舒瓦瑟尔采取的反击行动是通过巴黎高等法院精心策划了对《爱弥儿》的谴责。在卢森堡一家的帮助下，他又一次逃脱，并在马歇尔伯爵基思那里找到了新的保护人。这一次，他的敌人通过伏尔泰，把他驱逐出瑞士，并在休谟的监管下，把他隔离在英国。然而，他又一次设法逃脱了，孔蒂亲王把他藏在特里耶，但他们在那里也能把他吓得离开。最可怕的是，他们制定了一个计划，将他与可能的刺客达米安联系在一起，因为达米安企图杀害国王的臭名昭著的事件就发生在信件丢失的时候。其中的含意很明显：他们盗取卢梭在那段时期的信件，以便把这些信件替换成能将他与暗杀企图有牵连的文件，并把这些文件在摧毁他的时机成熟时公布于众。关于阴谋的幻想就这样发展成了类似文学作品中的情节的东西，通过卢梭小说般的想象力加以阐述，并投射到他周围的世界中。只是结局仍然未知。 461

因此，现在卢梭惊恐地隐居在多菲内，在漫长的冬天用冻僵的手指写作，并以卡夫卡式的语言要求他的指控者们表明身份。“让我知道，不惜一切代价，我犯了什么罪！”逃离法国的问题已经不存在了。他的敌人们的盟友遍布欧洲，他必须在他们的巴黎据点直接与他们对抗，而不是试图逃离他们。结果可能是致命的，但死亡总比无休止的不确定要好。当然，他知道，他会被告知没有人在攻击他，但在他现在正进行的循环推理中，这只是对他的观点的证明。如果他的敌人拒绝公开指控他，那就证明他们是在秘密行事；他们的阴谋阴暗模糊、神秘莫测，是其恶魔式的聪明的最有力证据。在他余下八年的人生中，他以不可动摇的信念坚持这个离奇的故事。显然他需要相信这一
462 点。这解释了他为何感觉受到了忽视和永久的孤立，也给了他一种将痛苦的内疚感投射到自己以外的人身上的方法，带有一种李尔王式的失落、悲伤和受到忽视的苦楚。

最终，卢梭设法与在附近的温泉疗养地游玩的孔蒂进行了面谈。虽然关于他们的谈话没有相关记录，但看起来似乎孔蒂最终勉强允许了他现身，不再躲藏。4月初，天气一好，卢梭和泰蕾兹就直接去了里昂，在那里，巴黎高等法院可以如愿发泄愤怒。但它没有这样做。事实上，接下来的两个月是一段非常愉快的间歇期。卢梭和名叫奥拉斯·夸涅的年轻人建立了特别愉快的友谊。这个年轻人是布料设计师（里昂的主要产业），也是热情的业余音乐家。根据夸涅的描述，他在一场音乐会上遇到了卢梭，并被邀请前去拜访——这次拜访本应在一刻钟后结束，却持续了五个小时。夸涅唱了一首他自己的作品，卢梭也唱了一些他的作品作为回报，然后他们和泰蕾兹一起坐下来吃了一顿愉快的晚餐。“我们喝酒，”夸涅回忆说，“当我们喝到第二瓶时，我告诉他我恐怕要醉了。他笑着回答说，这样他就能更好地了解我了，因为醉酒会把我的性格表现出来。”

不久，卢梭提议让夸涅为他几年前在莫蒂埃完成的短散文诗《皮格马利翁》创作音乐插曲。这首诗与《乡村占卜师》一

起公开演出，大受好评。从那时起，卢梭在里昂逗留期间，夸涅从没有超过一天没有看见他。他们特别喜欢在布瓦夫人的乡村别墅附近漫游。“一天早上，我们去那里散步时，年轻而优雅的布瓦·德·拉图尔的姑娘们走了过来，敏捷地爬上山。卢梭一边欣赏大自然的美景，一边进行植物学研究，我给他唱了《乡村占卜师》中的浪漫曲，用小提琴为自己伴奏。他激动地喊道，他看到和听到的一切都很浪漫，这是他一生中最快乐的时光之一。”

如果卢梭一直满足于待在里昂就好了，在那里他受到公众
的敬仰、朋友们的爱戴，并且真正地安全！但他的偏执根深蒂
固。巴黎是敌人的堡垒，他们显然想让他在悬而未决的状态中 463
痛苦，而他别无选择，只能把斗争进行到他们的巢穴里。6 月 8
日，他和泰蕾兹再次上路，两周后，他们被安置在巴黎老街普
拉特里耶街的一个公寓里。如果当局愿意，就让他们把他扔进
监狱吧；他已经准备好了最终的决战。但实际上，孔蒂严重夸
大了他们的敌意。事实证明，只要卢梭保持沉默，政府就不希
望打扰他。他的妄想症现在已经登峰造极，太根深蒂固以至于
无法停止，但卢梭的最后几年将是一段非常平静的岁月。

464

第二十四章

在巴黎的最后岁月

“那么，再见了，巴黎，”卢梭十年前在《爱弥儿》中写道，“这闹闹嚷嚷、乌烟瘴气、满是泥泞的著名城市，这女人不信荣誉、男人不信美德的城市。再见了，巴黎。我们寻求爱情、幸福和纯真，我们离开你是越远越好。”几年后，在描述迁往退隐庐的过程时，他决然地说：“就在 1756 年 4 月 9 日，我离开了这座城市，再也不在这里居住了。”但现在，在 1770 年，他很高兴回来了。当然，泰蕾兹更加高兴；对她来说，巴黎就是家。

过去的十年几乎就像没有发生过一样。在等待从未到来的逮捕期间，人们经常看到卢梭在卢森堡公园散步，看戏，或者下棋。一份通讯对他的再次露面做了友好的描述：“几天前，他出现在摄政咖啡馆，很快就吸引了不少人。我们这位愤世嫉俗的哲学家非常谦虚地维持着这个小小的胜利。他似乎并没有被众多的观众吓到，一反常态，非常和蔼可亲地与人交谈。他不再穿得像亚美尼亚人，而是像其他人一样穿得整洁而简单。”格里姆承认卢梭吸引了很多人，但他建议不要把这种关注的浪潮误认为是钦佩赞赏。“当这些人中的一半被问及他们在那里做什么时，他们说是去看让-雅克。当他们被问及这个让-雅克是谁时，他们说他们不知道。” 465

卢梭拜访了许多朋友，不过他确保永远不会遇到那些让他失望的人，当然包括格里姆、狄德罗和达朗贝尔，还有宽代、卢森堡公爵夫人、布夫莱尔伯爵夫人和孔蒂亲王。孔蒂此时的态度，我们不得而知；他可能对卢梭平安无事感到惊讶，或者他可能预料到了这一点，只是对卢梭逃脱了他的监管感到遗憾。在《忏悔录》手稿的一个注释中，卢梭沮丧地评论说，他花了长得难以置信的时间来克服对这位专横的亲王“盲目而愚蠢的信任”。但仍然有很多人是他喜欢见的，包括马尔泽布——卢梭与他一起重拾了对植物学的共同兴趣。他写信给布尔关的圣热尔曼说：“我回到了我的旧居，又见到了老熟人，遵循着我过去的生活方式。我干回了抄写员的老行当，到目前为止，我发现自己的处境几乎与离开前一样。”过去一年中，他的信件的开头都插入了一首关于揭穿冒名顶替的骗子的四行诗，现在他不再用这不祥的诗句了。当他写信给迪佩鲁说他们的友谊可能会恢复时，他的信的标题是日内瓦的宗教改革格言，“黑暗之后的光明”。迪佩鲁最终确实前来拜访，但除了他们深情地谈论基思，我们不知道其他任何关于这次拜访的信息。

当卢梭和泰蕾兹在卢浮宫以北几个街区的普拉特里耶街定居时，他们确实在熟悉的地盘上。十七世纪四十年代初，他曾经常光顾那里的迪潘宅邸（现在仍矗立在68号）；1747年至1750年，他曾住在附近的圣埃斯普里旅馆，就在现在56号的位置。现在他们回到了圣埃斯普里旅馆，同时也在寻找永久性的住所。十二月，他们搬进了至今犹存的60号。1791年，普拉特里耶街与格勒内尔圣奥诺雷街合并，更名为让-雅克·卢梭街。一位来访者对他住在喧闹的街道而不是宁静的乡村表示惊讶，卢梭解释说，他喜欢好吃的水果、蔬菜和家禽，在一个默默无闻的街区可以便宜地买到它们。此外，在那些日子里，树林和
467 田野都很近，步行就可以很容易地抵达，而且他很喜欢皇家园丁在植物园定期主持的采集植物标本的活动。

也是在这个时候，卢梭的健康状况也有所改善。他承认，当他不再听从医生的建议后，神秘的泌尿系统病症大大缓解了。“我是他们虚荣的技艺和无用的治疗活生生的证明。”毋庸置疑，当时的医疗程序往往会使事情变得更糟，而顺其自然往往会更好。正如卢梭当时所说：“医生有时能治好病，我不怀疑这一点，但他们经常杀人，总是折磨人。这是愚蠢的彩票抽奖，我不打算把我的生命赌在上面。”如果他的病症确实有心理因素，也许它作为对名声的反应已经完成了其使命。他在以第三人称写到自己的时候评论说：“他不再有那种反复发作的痛苦，那种瘦弱，那种苍白的肤色，那种十年来他不断忍受的垂死者的样子：也就是说，在他投身写作的全部时间中，这个行当既损害了他的体质，又有悖于他的品位，如果他继续写下去，就会被送进坟墓。”一位来访者评论说，尽管卢梭快六十岁了，但“如果不是他亲口向我保证，我绝不会想到他有那么老。在我看来，他要年轻得多”。人们还注意到，他说话时仍带有日内瓦口音；他戴着刻有他父母名字的波斯文字的戒指——这是由伊萨克·卢梭从君士坦丁堡带回来的。当时的一位朋友回忆说，“他对我说起他的父亲时，从来都是充满柔情的。”

尽管卢梭显然可以在巴黎自由活动而不受惩罚，但他厌倦了公众的关注，重新过起了隐居生活。泰蕾兹如此有效地保护他不受来访者的打扰，以至于他（相当不客气地）称她为地狱看门犬。后来成为大革命时期著名的罗兰夫人的曼侬·菲利庞曾怀着崇敬的心情来到他的门前时，泰蕾兹平静地拒绝了她讨好自己的企图：

> “夫人，卢梭先生住在这里吗？”
>
> “是的，小姐。”
>
> “我可以和他谈谈吗？”
>
> “你想要什么？”
>
> “我想得到他对我几天前写给他的一封信的回复。” 468
>
> “小姐，他不和人说话……我丈夫已经声明了放弃一切，他也已经放弃了一切。他很愿意帮助您，但在他这个年纪，他需要休息。”

许多来访者注意到，泰蕾兹直言不讳地称卢梭为丈夫。她决心不被误认为仆人。

这间公寓很不方便，按法国人的算法是在五楼（按现代美国人的算法是六楼），要走过黑暗而危险的楼梯才能到达。卢梭陪同一位客人走到街上时说：“这不是给您指路，而是为了让您不至于摔断脖子。”对于许多来访者而言，无产阶级的生活方式是惊奇和怜悯的来源。剧作家哥尔多尼写道：“看到这位文人变成了抄写员，他的妻子充当了仆人，我的心被撕裂了。这是一个令人痛心的场景，我无法掩饰我的惊讶和悲痛。”一位贵族崇拜者设法到达了顶楼的小屋——“老鼠的住所，天才的避难所”——被卢梭的谈话迷住了，但很鄙视泰蕾兹。“他丑陋的妻子或仆人不时打断我们，问一些关于洗衣服或汤的可笑问题。他温和地回答她，而如果他说到了一块奶酪，他就会使得这块奶酪也变得高贵起来。”他们的生活其实很简单，但并不是苦行禁欲的，正如卢梭关于饮酒的描述所证实的那样。“有一次，我和我的妻子在晚餐时喝了四分之一瓶葡萄酒；后来变成了喝半瓶，目前我们喝整瓶酒。它使我们感到身子暖和起来。”但葡萄酒也产生了自己的问题。一位访客问道，他年事已高，但为什么还要在泰蕾兹可以轻松地去地窖取酒的情况下痛苦地挣扎着去取呢？“您想让我怎么办呢？”他回答，“她下去，就待在那里不走了。”

在卢梭看来，这种生活方式特别适合抄写乐谱的职业（在那个时代，手工抄写乐谱往往比出版乐谱更容易）。他说：“对我来说，这是一种劳动，也是一种乐趣。我既不高于也不低于我出生时的命运为我设定的身份；我是一个工人的儿子，我自己也是工人。我在做我从十四岁起就一直在做的事情。”他喜欢记录自己抄写的页数，到 1777 年时，页数已经超过 11 000 页，
469 平均每年达 1 500 多页。他忠实地、高标准地完成了这项工作，但正如一位朋友所评论的那样，他永远不可能真正成为一个单纯的熟练工。“他抄写的准确性在那些通常靠这种工作维生的人中是罕见的；毫无疑问，他获得了较高的报酬，许多人出于好奇心以此为借口为他提供这种需要非常勤奋的日常工作。”不过，通过做一些报酬不高不低的小活儿，他摆脱了对赞助人的依赖，而这些赞助人认为自己有权对他提出建议，有权批评和

操纵他。他说："说实话，我很穷，但我没有"被狗项圈磨秃了毛的"光脖子"。

这些年里，卢梭开始结交新朋友，特别是一些年轻又有魅力的同伴，比如一个名叫纪尧姆–奥利维耶·德·科朗塞的金融家和音乐爱好者。这些友谊中最重要的是与一位名叫雅克–亨利·贝纳丹·德·圣皮埃尔的世界旅行者和热情的业余博物学家的友谊。贝纳丹十二岁时第一次作为水手出海，去了西印度群岛的马提尼克岛；然后，他接受了军事工程师的培训，当过几个君主的雇佣兵；过去三年，他一直住在印度洋的毛里求斯岛上。最终，贝纳丹凭借他的热带浪漫小说《保尔和维吉妮》获得了文学声誉，但当卢梭认识他时，他还是一个不安分的年轻人，与卢梭一起在乡间漫游，向他提出奉承的问题。他们经常见面，贝纳丹一本从未完成的关于卢梭的书所做的笔记保存了大量的卢梭谈话轶事，比其他任何人记录的都要多。其中许多轶事已经在本书中被引用了。

贝纳丹第一次访问卢梭的公寓时，穿过一个整齐地摆放着家用器皿的小前厅，走进卢梭抄写乐谱的房间。房间里的家具非常简单：两张铺着蓝白条纹棉布的小床，同样图案的窗帘，一个抽屉柜，几把椅子，还有一个小羽管键琴。一只金丝雀在吊在天花板上的笼子里唱歌，麻雀从敞开的窗户里飞进来啄面包。贝纳丹仔细描述了他对卢梭六十岁时的外貌的第一印象。"他肤色黝黑，脸颊颇为红润，嘴唇很漂亮，鼻子高挺，额头又高又圆，眼睛里洋溢着热情。从鼻孔到嘴角的法令纹是一个人 470
面相的特征，在他身上表现出了极度的敏感性，甚至有些痛苦。人们可以在他的脸上看到忧郁的几个特征：凹陷的眼睛和下垂的眉毛，额头皱纹中深深的忧伤，以及眼睛边缘上千条细微皱纹中充满生气的、甚至有点讥讽意味的欢愉——当他笑的时候，这些细纹就消失了。”

第二次拜访时，贝纳丹偶然提到卢梭的品位引起了一场典型的尖锐交锋。当他们散步时，贝纳丹偶然提到了咖啡的味道。卢梭回答说：“我喜欢这种香味。当他们在我家门口的通道烘焙咖啡时，我的一些邻居会关上门，但我却开着门。”贝纳丹于是寄了一包旅行时买的咖啡给他，收到了这样的答复。“我们彼此几乎还不认识，您就开始送礼了。这使我们的关系太不平等了；我的财富不允许我也这样做。要么把您的咖啡拿回去，要么就永远不要再见面了。”最后，贝纳丹说服卢梭留下了咖啡，并接受了一根西洋参和一本鱼类学书籍作为回报。

考虑到卢梭的情绪波动，贝纳丹列出了两份形容词清单。其中一份描述了一种经常出现的举止做派。“不信任、胆怯、孤独、阴郁、尖刻、骄傲”。但第二份清单定义了他的“自然性格”。“同性恋、仁慈善良、有同情心、敏感、坦率、友好和信任、虔诚、简单”。卢梭自己告诉他，“我有大胆的天性和羞怯的性格”，这意味着社会生活已经用害羞和过度敏感取代了他天生的自信。贝纳丹回忆说，有一次他去拜访卢梭，卢梭几乎没有抬头，而是继续抄写乐谱。然而，当贝纳丹礼貌性地开始读一本书时，卢梭用一种烦恼的声音喊道：“先生喜欢读书”。贝纳丹于是起身准备离开，卢梭坚持陪他走到门口，并说：“对不太熟悉的人应该要这样。”贝纳丹深受伤害，有两个月没再前来。当他再来时，卢梭解释说：“有些日子我想一个人待着。我为见你次数太多而感到恼火，但如果完全不见你，我会更加恼火。”然后，他用一种激动的语气补充说：“我害怕亲近；我已经关闭了我的心——但我有一颗阴郁的心。”

在思考卢梭气质的悖论时，贝纳丹断定，卢梭为体现美德 471
和真理付出了毕生抗争的高昂代价。“年轻人，这些是赫拉克勒斯的箭！如果你们敢拿他的弓，就要当心菲罗克忒忒斯的痛苦，悲痛的哭泣、孤独、被抛弃。”[1] 一个不那么英勇的说法是，卢梭经常受到伤害，以至于他不再愿意袒露自己的感情。同伴关系仍然是令人愉快的，但如果它牵涉到友谊的潜在痛苦，那就不是了。贝纳丹记得，有一次卢梭看到他来了，在楼梯下方喊道：“先生，不要再往前走了，我不能接待您，您对我来说已经太危险了！如果您不介意的话，我仍将是我自己唯一的主人。”但与其他未来的信徒们不同的是，贝纳丹总是会回来。

植物学是一项从未失败的追求，卢梭重新开始了识别植物这一令人愉快的无休止的工作。他对一位瑞典访客说：“这么说您认识我的大师，我的老师，伟大的林奈！告诉他，我不知道地球上有谁比他更伟大。告诉他，我的健康和生命都要归功于他。”卢梭继续享受一整天的乡间远足，正如贝纳丹评论的那样，“他的养生法使他一直保持着充沛的精力、满满的活力和愉快的心情，直到他生命的最后一刻”。他喜欢展示自己的知识。当一个牧羊人向他展示一种他不认识的植物时，他自嘲地评论说：“总有一些东西会伤到专家的自尊心。在巴黎郊区的 1 500
种植物中，除了这一种，没有哪一种是我不认识的。”这些漫步 472

1 赫拉克勒斯是古希腊神话中完成了十二项不可能的任务的英雄、半神，死后将自己的神弓和箭遗赠给了菲罗克忒忒斯。

是感官享受的场合，而不仅仅是分类学。贝纳丹回忆说："他在收集植物时总是会闻一下，我相信，由于自然界中存在着各种气味，如果有足够的专有名词来描述它们，他可以创造一门气味植物学。他教我仅凭气味就能辨认出它们。"卢梭眼睛近视，在其他方面很不方便，但在这里却是一个优势。"近距离观察时，他能分辨出最细小的花朵的花萼内的各个部分，而我用高倍放大镜也几乎看不到。"除了植物，他还特别喜欢鸟儿的啼啭，总是会停下来听夜莺的歌声。他说："我们的音乐家全都模仿了它的高音和低音、它歌声的流动和随想曲般的调子，但它的特征——持久的嘹亮的高音、呜咽声、弥漫在歌声中的那种深入灵魂的叹息声——是没有人能够捕捉到的。"

在这些远足结束后，卢梭回到家中，按他向来的习惯，将叶子和花压在设计精美的标本集中。他给里昂的德莱塞尔夫人写了一系列的信，供她的女儿们在学习植物学时使用，避免使用通常令人困惑的拉丁文名称，试图让初学者理解这门学科。后来成了杰出科学家的女孩们的家庭教师，非常欣赏这些成果："从来没有一个植物学家能如此精致和准确地把植物排列在纸上……他十二开本大小关于苔藓的册子，是一本优雅的小杰作。"对卢梭来说，这些植物学著作未被出版是很重要的。他对贝纳丹说："当一个人为了自己而研究植物学时，它会使人的性格变得甜美，但当一个人为了教别人而研究植物学时，他通常会变得羡慕、嫉妒、不宽容。是我们的私利毁了一切。"这些关于植物学的信件最终在卢梭去世后被出版，受到了广泛的赞誉。"这是一种真正的教学模式，"歌德说，"它完善了《爱弥儿》。"

除了植物学，卢梭当然还有另一个更长久的兴趣，即音乐。

1770 年，在未来的路易十六和玛丽·安托瓦妮特的婚礼上，《乡村占卜师》在枫丹白露上演。卢梭没有参与排演，但他领会到了这种认可；在这十年中，还有更多的演出。他开始创作《达夫尼斯和克洛艾》——这部作品没有完成，并于 1775 年得到许可在法兰西喜剧院上演他的《皮格马利翁》。评论家们承认，这 473
部作品的哲理性多于戏剧性，但他们认为它同样令人感动，尤其是当雕像活过来，向她的爱人伸出手，哭着说“是我，还是我”的时候。理所当然，一位评论家评论说，这个角色给了这位女演员“一个展示大自然赋予她的所有优势的机会”；不过另一位评论家恶意地说，当她一动不动地站着时，就是她职业生涯中最好的表演。

音乐也给卢梭带来了一位杰出的朋友，即作曲家克里斯托夫·维利巴尔德·格鲁克。他把卢梭誉为富有表现力的自然风格的先驱。卢梭参加了格鲁克的《伊菲吉妮亚》的排练，并写信说：“我被它迷住了！您完成了我之前认为不可能完成的任务。”然而，他很快就中断了这种联系。格鲁克只比他小两岁，却是一位伟大的音乐家；也许在这段他偏爱不具挑战性的年轻崇拜者的时间里，这种差距变得太痛苦了。

卢梭还用不那么雄心勃勃的音乐项目来自娱自乐。他为长笛独奏改编了维瓦尔第的《春》，并创作了近百首乐曲为他自己的歌（对这些歌本身并不太感兴趣）以及其他作家（包括法国和意大利的经典诗人）的歌伴奏。朴实无华的暂定书名是《歌曲、浪漫曲和二重奏集》，但后来从泰蕾兹那里获得手稿的出版商于 1781 年以《慰我平生之忧》的名字将其出版，其利润将捐给弃婴院作为死后的赎罪。本杰明·富兰克林是订购者之一。

卢梭自己作为一个表演者的能力从来都不突出，也没有随着时间的推移而提高。当一位访客说服他在他的小羽管键琴前坐下时，“他用颤抖的声音唱了一首平庸的坎蒂列那曲；羽管键琴严重跑调，使得伴奏简直成了一种折磨”。

多年后，一位音乐家在普拉特里耶街遇到了一些妇女，她们满怀深情地怀念卢梭，但仍然不知道他是谁。其中一位妇女年轻的时候，卢梭曾听过她唱歌，然后他们开始交谈。“他告诉我，他会就我的天赋给我建议。我看着他，笑着说，‘所以您唱歌，是吗？’‘是的，’他回答，‘有时我也作曲。’”这位来访的音乐家急切地问她接下来的谈话内容。“他看了我很久，几乎什么都没说。我做我的家务，我唱歌，把他留在他的角落里。”
474 不过，她确实记得一个可爱的插曲。卢梭抱怨她不应该涂抹胭脂——“在您这个年龄，没有必要矫揉造作；我几乎认不出您了”——她顽皮地反驳说，苍白的肤色在任何年龄都需要胭脂，然后跳到他的腿上，开始在他脸上涂抹。“他跑开了，把它擦掉，我想他会在楼梯上笑得喘不过气来。”

通过这些方式，卢梭为自己创造了一种愉快的生活。总的来说，他比多年前更觉得满足。但仍有一个主要的苦恼来源。他回到巴黎的主要动机是要对抗他的敌人们，而他们仍然像以前一样难以捉摸。他辩护的第一步是利用《忏悔录》向世界揭示他的真实本性。在他离开布尔关时，第七卷至第十二卷已经完成，现在他从特里耶附近的一位女修道院院长那里取回了前六卷——他曾把它们交给她保管。他不会出版这一作品，因为他决心不公布那些仍在世的人的令人尴尬的故事，但他会为有影响力的巴黎人私下朗读。因此，从 1770 年 12 月到次年 5 月，他至少在四个场合为人们朗读。这个喜欢在写作时隐藏起来的人最终用自己的声音说出了自己的话，正如勒讷所说：“如果能把这些朗读记录下来，那该多好！”至少有些听众被打动了。一位听众在凌晨三点坐下来，给他的情妇写信：“我原以为会读七八个小时；它持续了十四五个小时……卢梭动人而真实地描述了他的不幸、他的弱点、他的信任换来了忘恩负义，以及他敏感的内心的所有风暴，让我们潸然泪下……写作确实是一种天才的奇观，一种简单、坦率和勇气的奇观。多少巨人沦为了侏儒！多少默默无闻但品德高尚的人仅凭一个诚实人的证词就恢复了他们的权利，并向恶人报了仇！”

还有一次，一位朋友出席了一次朗读会。这次卢梭读了整整十七个小时，只有两次短暂的休息。当他谈到被遗弃的孩子这个话题时，他挑战性地盯着他的听众，没有人做出任何反应；最后，他们亲吻他的手，试图安慰他。“他哭了，我们所有人都流下了热泪。”然而，卢梭后来盘问他的朋友，想知道他真正的 475
反应是什么，“就像那些嫉妒的恋人一样，迫切地想知道会使他们更加不快乐的事情”。毫无疑问，许多听众感到困惑和失望，就像《忏悔录》后来的评论者们一样。孔多塞震惊地发现卢梭是一个“一无是处的小人物”，并鄙夷地表示，他应该向华伦夫人道歉，因为他揭露了她的性关系有失检点，还应向采摘樱桃事件中的女孩们道歉，因为“他在一位年轻女士的身后与她共乘一骑，没有想过要握住她的乳房”。最让孔多塞震惊的是，这样一个人竟然能发展成他所认识的杰出作家。“他能成为现在这样的人真的很不寻常。他四十岁时的思想是一个奇迹。”在现代人看来，《忏悔录》的伟大之处恰恰在于展示了这个一无是处的年轻人如何成了《论不平等》和《爱弥儿》的作者，但当时很少有人能这样看待它。

大多数听众都震惊或尴尬得说不出话来。在手稿的最后一页，卢梭添加了一个说明，描述了1771年5月在埃格蒙伯爵夫人的城堡进行的最后一次朗读。“我读完了，所有人都默默无言。埃格蒙夫人是唯一一个似乎受到了感动的人；她明显地颤抖了一下，但很快又镇定下来，和在场的其他的人一起保持沉默。我从这次朗读和我的声明中所获得的成果就是如此。”他们刚刚听到的宣言确实有可能使他们目瞪口呆，沉默不语：“我公开地、无畏地宣布，无论是谁，即使没有读过我的著作，也能用他自己的眼睛考查我的天性、我的性格、道德、倾向、乐趣和习惯；如果考查后还相信我是一个可耻的人，那么他自己就是一个理应被掐死的人。”

无论如何，不可能再朗读了，因为没有再见过卢梭、也不会再见他的埃皮奈夫人担心《忏悔录》可能包含着比已经公布的更为有害的材料。因此，她写信给警察局长安托万·萨蒂纳——她的朋友，恳求他命令卢梭停止。“我想，您必须充满善意地跟他讲，让他没有怨言，但又要坚定地让他不再这样做。如果您让他做出承诺，我相信他会遵守的。请原谅我，但这关
476 系到我心灵的平静。”萨蒂纳确实召见了卢梭，而卢梭也确实做出了承诺，《忏悔录》就这样从人们的视线中消失了，直到1782年，也就是卢梭去世四年后，才最终出版。贝纳丹几乎无法让他谈起他的过去。“他对我说：‘我们不要谈论人，谈论自然吧。’”与此同时，埃皮奈夫人开始与狄德罗和格里姆合作，用《蒙布里昂夫人的历史》中的伪造信件来败坏卢梭的死后声誉。

卢梭试图以他想要的方式修复自己声誉的努力就这样受挫了，他感到自己比以往任何时候都更远离那些十年前曾风靡欧洲的书籍。1770年，他注意到一个仰慕者的书架上有一排这样的书，感叹道："啊，它们在那里！我在哪里都能见到它们，似乎它们在跟着我。这些家伙给了我多少痛苦——又给了我多少快乐！"他开始轮流攻击和爱抚它们。他说，《爱弥儿》耗费了太多的精力，引起了太多的敌意；《朱莉》给了他一些快乐的时光；但《致达朗贝尔的信》仍然是他的最爱。"这是我在受到第一次打击时，在我一生中最清醒的时候不费吹灰之力所创作的作品。"至于《社会契约论》，"那些自诩完全理解它的人，比我更聪明。这是一本需要重写的书，但我已经没有力气和时间了"。（他确实花了一些时间试图为预期中的波兰新政府制定一个计划，就像他曾经为科西嘉岛所做的那样，但他很快就放弃了这个计划，认为它不可行）。过去，他有时称《爱弥儿》是他最好的书，但现在他已经失去了对它的所有热情。几年后，他对他的出版商雷伊说："我不知道我什么时候会去读它，那将是一个可怕的苦差事，而且几乎没有用，因为我对它的内容只有混乱的记忆。在我的著作中，只有一本我还会愉快地重读，那就是《新爱洛伊丝》。"

但是，如果卢梭不再是一个作家，他也仍然是一个写作者，并将永远是写作者。而正是在写作中，他找到了一种新的方式来处理他对阴谋的感知：以对话的形式进行自我分析。其结果是最奇怪的著作——除了断断续续生动流畅的段落之外，是他所有作品中最难读的；这部著作一般被称为"对话"，但被他命名为《卢梭评判让-雅克：对话录》(《对话录》)。归根结底，折磨他的是成为名人的经历，而他是第一批现代名人之一。他477不仅因其著作而闻名，而且因其性格而闻名——他自己也郑重其事地宣传这种区别——他对自己变成一个传奇感到困惑和惊恐。不仅有诋毁者和不怀好意者，而且如果赞美的目标是一个不真实的自我形象，那么赞美本身也是令人痛苦的。正如拉尔夫·利所说，香火可能是一种刺激物，而不是一种安慰剂。公众形象和真实自我意识之间的分裂在十八世纪是相当新的东西，当时迅速增长的阅读公众开始与他们从未见过的作家建立个人关系。在以后的岁月里，名人的这一方面将变得司空见惯，但对卢梭来说，这感觉像是一种独一无二的关于他个人的不公正。而他是一个不公正的收集者。

人们很容易把卢梭持续的偏执狂斥为荒谬。在他那个的时代，很多人都是这样做的，包括一些很了解他的人，而后来的解释者主要关注的是促进临床诊断。但鉴于他的偏执狂在其精神和情感生活中根深蒂固，关注他自己如何看待它也许更有意思。一旦他确信隔墙有耳，阴险的阴谋家会在最无辜的遭遇中埋下陷阱，他就生活在一种像是被持续围困的状态中。这是一种慢性折磨，没有解脱的希望。他在《对话录》中写道："想象一下，开始时每个人都戴上紧密贴合的面具，武装到牙齿，然后出其不意地袭击敌人，从背后抓住他。他们剥光他的衣服，把他的身体、胳膊、手、脚和头都绑起来，使他不能再动。他们在他的嘴里塞上塞子，弄瞎他的眼睛，把他放在地上，简而言之，他们耗费他们高贵的一生温柔地谋杀他，因为他们担心如果他死于创伤，会过早地停止感觉。"

因此，《对话录》是一次孤注一掷的尝试，试图根据自己对现实的感受重塑卢梭的公众形象。为了实现这一目标，他发明了一种最奇特的形式，即一个叫“法国人”的角色和一个叫“卢梭”的角色之间就一个他们称为“让-雅克”的作家进行争论。这位法国人从未读过让-雅克的书——人们普遍用他的名字“让-雅克”来称呼卢梭——因为他听说这些书是由一个虚伪的怪物写的。另一方面，“卢梭”读过这些书，但对其作者一无所知，并拒绝相信能写出这样的作品的人可能是邪恶的。实际 478
上，他是真正的卢梭，跳出了自己一生的工作，试图以别人的眼光来看待自己。“我有必要说出，如果我是另一个人，我会用什么样的观点来看待一个像我这样的人。”经过三百多页冗长繁复的讨论，结局是法国人读了这些书，并发现它们是有德性的，而“卢梭”拜访了“让-雅克”——既是宾语的我，又是我自己，还是主语的我！——并发现他也品德高尚。他提到，他发现让-雅克在写一篇关于他自己的对话（这有效地抓住了这本书的镜厅特质），一篇关于一篇对话的对话的对话，所有这些都是为了证明让-雅克·卢梭根本上的统一性。

对于任何关心卢梭的人来说，阅读的结果令人心碎。他顽强地试图理解为什么他的生活如此痛苦，认真权衡明显的证据，发明解释以驳斥它们，永远无法停止。但重要的是要注意到，他发现写作是如此令人不快，以至于在将近四年的时间里，他每天只能写几分钟。“我要说的东西是如此清晰，感受如此深刻，以至于我不会惊讶于这部作品的冗长、重复、啰唆和混乱……由于无法持续忍受如此痛苦的工作，我只在非常短暂的时间内致力于它，每当我想到什么就写下来，然后停在那里，同样的东西写十遍，而且从不回忆我已经写过什么。”《对话录》远不是对他性格的连贯一致的辩护，而是成为一种即兴的治疗形式，是一个卢梭可以把他的焦虑倒入其中以便将它们置于一边的容器。那些年认识他的人都很清楚不信任的突然爆发——马尔泽布和克勒基夫人是他怀疑不忠时与之决裂的许多人中的两个——但大多数时候，他给朋友的印象是精力充沛的，甚至是乐观的。

一直存在的在公共场合被人注视的焦虑，可以追溯至卢梭的童年，现在却成了一个持续的负担。他怀疑，几乎所有在街上看过他一眼的人都被教唆讨厌他。当年认识他的一个人对今天所谓的投射做了清晰的描述：“他用怀疑的目光密切注视着人们的眼睛，看他们对他有什么想法，不符合他想法的最轻微的479 手势或微笑，就能穿透他的灵魂深处。他经历了其他人所不知道的致命的痛苦。我们看到他一下子从快乐变成了极度的痛苦，在三分钟的时间里快乐和不快乐，而他周围的一切没有任何变化。他惊恐的想象力造就了这一切。”在《对话录》中，他把自己描述为“被活埋在活人中间”，过着一种死后的生活，一个无法停止在这个世界游荡的幽灵，而这个世界只会带着恐惧看待他。

一旦对卢梭归来最初的兴奋劲儿过去了，大多数巴黎人很可能就根本不关注卢梭了。1775 年，拉阿尔普评论说，尽管他的书一如既往地被人们津津有味地阅读，但“他今天散步时可以沿着杜伊勒里宫的大道或者林荫大道走过，没有人会注意到他”。科朗塞认为他的错觉是遗传的，举例说卢梭有一个五官与他惊人地相似的表兄弟，莫名其妙地指控一个无辜的马车夫走了一条不熟悉的路，以便把他交给犯罪同伙。无论如何，正如弗朗索瓦丝·巴尔吉耶所言，卢梭的自恋在他一生中灾难性地掉转了方向。在早期，它为他的创造性思维注入了活力，当时他自豪地将自己与普通人群区分开来——我反对他们。现在，力量的方向颠倒了——他们反对我。

有一个奇怪的证据片段——如果它是证据的话——从卢梭的最后几年幸存下来，表明他的受虐狂可能已经找到了一个新的（如果是常见的）宣泄口。1783 年，一位作家声称，在生命的最后阶段，“卢梭经常去佩利康街和莫比街”付少许费用“挨鞭子”。《忏悔录》已于前一年出版，这位作者可能只是详细描述了书中的暗示。但同样有趣的是，在卢梭去世后不久，这种谣言就在流传。可以肯定的是，在《忏悔录》中，他郑重声明，羞耻心使他从未要求一个女人给他想要的东西，这意味着他一生的挫败感。但也许他的意思是，他永远无法向一位女士提出要求。

当卢梭最终决定他没有什么可以补充到《对话录》中去的时候，他做出了另一个异想天开的举动。在多次前往圣母院侦察后，他得出结论，星期六下午唱诗班总是空无一人。1776 年
2 月 24 日，他带着手稿，打算把它偷偷放在高高的祭坛上。在 480
包裹的外面，他写下了“委托给神意的贵重之物”，并进一步题词：“受压迫者的保护者，正义和真理的上帝，请接受这一放在您的祭坛上的贵重之物。它由一个外国人托付给您庇佑，这个人在地球上孤立无援，没有任何捍卫者，被整整一代人侮辱、嘲弄、诽谤和背叛……请您俯允保管我的贵重之物，使它落在一双年轻而忠诚的手中，把它从欺诈中传给更好的一代。”卢梭显然认为这双年轻的手是最近登基的国王的手。但令他大为惊

讶的是，围着唱诗班的栅栏被关闭并上了锁；这是他以前从未见过的。他认为这是一个可怕的信号。上天正在拒绝他的吁请。他像一个梦游者一样游荡了几个小时，直到逐渐清醒过来。不仅国王不可能读这么长的文献，更有可能是卢梭的敌人们先拿到它。上天非但没有拒绝他，反而使他免于一场灾难性的错误。

这时，卢梭找到了他的老朋友孔狄亚克，少数他仍然信任的作家之一，并把手稿交给了他。两个月后，他还将三部对话录中的第一部（这是他匆忙中抽时间抄写的所有部分）交给了布鲁克·布思比。他在伍顿认识的这位年轻的英国人正好路过巴黎，卢梭认为把手稿带出国可能是保护它的一种方法。首次出版是在 1780 年，当时布思比在利奇菲尔德刊印了第一部对话的精确版本。

还有最后一项徒劳的努力。卢梭写了多份“致所有仍然热爱正义和真理的法国人”的公开信，并开始默默地把它们递给街上的陌生人，还把它们放进给他余下的通信者的信中。在这份奇怪的文件中，他听起来比以往任何时候都更像一个卡夫卡笔下的人物。“最起码应该……告诉我我的罪行是什么，我是如何被审判的，被谁审判的！”结果是在所难免的。有些人拒绝接受这封信，有些人笑了，而那些读过这封信的人，“以一种使我
481 在悲痛中发笑的天真和老实告诉我，这封信不是写给他们的”。他笑了，因为他们似乎是在承认他们不再热爱正义和真理了。

这个可悲的故事可能表明，到现在为止，卢梭已经完全精神错乱了，但事实远非如此。仅仅几个月后，他就开始写一种全新的书，一系列极好的散文，题目是《一个孤独漫步者的梦》（《梦》）。诚然，第一篇散文以完全孤立的断言开始，“我在这

里，在这世界上孑然一身”。怀着这种心情，卢梭宣称他准备完全无视人类的其余部分。“从今往后，我身外的一切对我来说都是陌生的。在这个世界上，我不再有邻居，不再有伙伴，不再有兄弟。我孑然一身在这陌生的地球上，就像是从另外一个星球上掉下来的。”他甚至戏仿了启蒙运动的行为主义，声称将人类视为没有灵魂的机器人，“只靠外界的推动行事的机械生物，其行为只能按照运动的法则来计算”。

尽管如此，《梦》的大部分是深思熟虑的，甚至是欢快的，而且它们的表达也非常生动流畅。作为一个整体，它们代表了一种真正的新形式，有时是叙事体的，有时是散文式的，有时是分析性的。有人认为，这十次“散步”的每一次都有一种独特的音乐调性，从中发展出了一系列的内部变化。在以前的用法中，书名中的“Rêverie”往好里说是指漫无目的的白日梦，往坏里说是指妄想。1771 年的一本词典将这个词定义为“荒谬的想象”和“让人忧心忡忡的焦虑和忧愁”。但卢梭帮助创造了一种积极的评价，即对经验的开放——因为它绕过了有意识的思考，所以更加直接和深刻。正如一位法国作家所评论的那样，“散步者”（promeneur）这个词虽然带有散步或闲逛的暗示，但太有目的性了。“漫游者”（wanderer）可能是更好的术语。事实上，这本书的大部分内容是他在漫游过程中形成的，他会在为此目的而携带的扑克牌背面记下点点滴滴的想法。

在不同的地方，《梦》对《忏悔录》进行了评论，或者说超越了《忏悔录》。针对玛丽昂的无可饶恕的罪行又出现了，并引发了一场关于虚构和谎言之间的许多灰色地带的微妙讨论。将生命献于真理不再是一个简单的理想，卢梭说：“德尔斐神庙的 482

‘认识你自己’并不是一句像我写《忏悔录》时所认为的那样容易遵循的格言。”自我认识的概念本身，曾经看起来如此简单明了，现在却变得越来越模糊。“我是什么？我自己？这就是仍然有待发现的东西。”

有时，卢梭甚至接近于阐明我们现在所熟悉的无意识动机的概念了。他描述说，他意识到自己已经开始避免经过某个街角，因为一个可爱的小男孩总是在那里向他要钱，他以非凡的洞察力分析了其中的含义：“这是我在反思时发现的，因为在此之前，这一情况从未在我的想法中清清楚楚地呈现过。这一观察使我想起了许多其他的观察，都使我确信，我的大多数行为的真正的第一动机并不像我长期以来所认为的那样清晰。”弗洛伊德讲的一个故事中有惊人的相似之处，他意识到他在压制关于一家熟悉的商店的位置的记忆，因为它就在一个他欠了债的好心的赞助人的附近。

最重要的是，《梦》与一种新的意义上的记忆有关：不是对过去行为的真实重建，而是对存在于想象深处的存在状态的恢复。因此，这本书的高潮是回到圣皮埃尔岛的田园时光，诗意地唤起沉浸在大自然中的快乐。卢梭不得不从意大利语中借用这个词来形容他在那里享受的美妙宜人的“无所事事”（far niente），因为法语中没有这个词（当然，英语也没有）：“珍贵的无所事事是这些快乐中最重要的。我想尝尝它所有的甜蜜，而我在那里逗留期间所做的一切，不过是一个闲散的人的美妙和必要的消遣。”

加尔文主义教导说，闲散是一种罪，而启蒙运动的自由主义则强调劳动的价值。亚当·斯密的《国富论》中有一段令人不安的文字，正是在卢梭写作《梦》时发表的；这段话谴责“闲逛的习惯和懒惰粗心的施行的习惯”，而这种习惯将从一个任务转向另一个任务的劳动者与整天不停地做一件事的现代工厂工人区别开来。随着时间的推移，斯密的理论成为现代经济的基石，对许多人来说，卢梭的态度开始越来越具有吸引力。483
启蒙运动传达的信息是，竞争是生存的关键，是推动一切前进的引擎。卢梭确实相信工作——他告诉贝纳丹，工作是“给人类的神圣礼物”，他一直在为自己选择的计划而忙碌，但他也坚持认为，知道如何无所事事应该是理想，或者至少不要在胁迫下做事。正如他在《梦》中所说：“我从不相信人的自由在于做他想做的事，而是在于不做他不想做的事。”

当然，他自己的经历表明了潜在的代价。我们可以再次将他与另一个成名的逃跑学徒进行对比：本杰明·富兰克林认为，我们可以做任何我们想做的事情，但只能通过创造一个有吸引力的社会角色，并通过习惯将其铭记于心，直到它成为第二天性，并利用它让其他人合作。对卢梭来说，只有一种天性，即文明在被发明时背叛的那一种；他认为通过尊重它，我们可以忠实于我们自身的本真存在。但代价是孤立无援。

卢梭长期以来一直认为，自然人充分享受着存在的感觉；在《梦》中，他谈到了一个人可能如何重获它。启蒙运动试图把科学转化为技术，“从而使我们自己”如笛卡尔早先写的那样“成为自然的主人和拥有者”。对卢梭来说，自然是一位母亲，而不是一项技术挑战——“在共同母亲的庇护下，我试图躲在她的怀抱里，免受她的孩子们的攻击”——他想要的是能够吹走社会束缚的新鲜空气。有时，他感到与自然界几乎神秘地融为一体，就像他在比尔湖的小船上随意漂浮时一样，但这只有在他放下思考的自我、成为环境中的一个自在的简单有机体时才会发生。为此，做白日梦是一种解放的技术。

后世的人越来越重视在思维静止、记忆涌现时获得的自我意识的深化；用华兹华斯的话说，就是：

> 它们闪现在内心的眼睛里
> 这就是孤独的幸福。

484 即使在卢梭那个时代雄心勃勃、自我驱动的哲学家中，这样的感觉状态也显得很有吸引力。是狄德罗，而不是卢梭，在《百科全书》中近乎渴望地写到了一种“美妙的休息”；在这种休息中，头脑停止思考，快乐传遍全身，时间似乎不再流动，人们只意识到“自己存在的甜蜜”。

最后一卷从未完成的《梦》开篇就是1778年的圣枝主日，距离卢梭第一次见到华伦夫人的那一天已经过去了五十年。关于她的记忆一直萦绕着他。“啊，我有了她便感到心满意足，要是我能使她因为有了我也感到心满意足就好了！我们将在一起度过多么平静而美好的日子啊！”但是，他在想象中再现的与其说是华伦夫人，不如说是他自己年轻时的生活——“在我生命中那短暂的时间里，我完全是我自己……当我被一个善良而温柔的女人爱着的时候，我做我想做的事，我是我想成为的人。”在梦中，他可以重新获得一个被爱着的孩子的安全感，一个理想化的自然可以承担起妈妈曾经扮演的角色。加斯东·巴什拉在《梦想的诗学》中说，精神分析肯定了“本质上是孤儿的孩子的孤独状态”的神话，“不管发生了什么，他在最初的世界中是自在的，并被众神所爱”。卢梭正是这样一个孤独的孤儿，《论不平等》中的原始主义是这种状况的理智化版本。在夏梅特和圣皮埃尔岛，他相信——至少在回想往事时——他成功地实现了这一点。

在最后几年里，访客们继续发现卢梭出奇地快乐，正如他告诉贝纳丹的，“我从来没有快乐过，直到我放弃所有希望的那一刻”。这句话可能暗示全面隐退于世界，但也有一个具体的指涉。在《梦》中，他提到最近发生的一件“从未料到的令人伤心的”事件驱散了所有残存的希望之光，让他顺从了自己的命运。最可能的猜测是，他指的是1776年8月孔蒂亲王的猝然薨逝。虽然他们已经完全失去联系六年了，但孔蒂仍然是反抗皇家专制主义的一个非常明显的象征，改革者们仍然希望他能加入一个新的政府。因此，这很可能意味着，卢梭期待着孔蒂掌权的那一天，会撤销巴黎高等法院仍然高悬的逮捕令，最终恢 485
复他的名誉。孔蒂的死终结了这种希望。

1776年10月24日，孔蒂去世两个月后，卢梭遭遇了一场奇怪的事故，而最有意思的是他从中得到的思考。当时他结束了一天漫长的步行，正沿着一条狭窄的街道走在回家的路上，一辆贵族的马车向他疾驰而来，旁边是一只巨大的、飞奔的丹麦狗。他没能及时躲开，被狗撞倒了，重重地摔在鹅卵石街道上，血流如注，不省人事。马车一直没有减速，但路人急忙来帮助他，在他苏醒后，他被脑震荡弄得晕头转向，不知道发生了什么事，甚至不知道自己受伤了。然而，当他回到家时，泰蕾兹看到他受伤的样子吓得大叫起来。过了一段时间，他才恢复过来。

贝纳丹将这只狗描述为“那些高大的丹麦狗之一，富人的虚荣心使它在他们的马车前的街道上跑来跑去，给步行的人带来不幸”，这在更早的时候可能会引起卢梭的政治不满。在一篇关于经济学的论述中，他曾痛苦地写道：“五十个做着他们自己的事情的老实正直的行人也不能令一个游手好闲的傻瓜的马车耽搁片刻，而只会被后者碾压。”科朗塞补充说，那条狗属于圣法尔若男爵，它“以步枪子弹的速度”向前猛冲。科朗塞第二天来探望时，被卢梭的样子吓坏了：他的脸肿胀得很厉害，从鼻子到下巴的伤口都被纸条盖住了。然而，他发现卢梭并没有用他一贯偏执的想法来解释这一事件，于是松了一口气。“我非常高兴他原谅了这条狗；毫无疑问，如果它是一个人的话，他是不会原谅的；他不可避免认为这是蓄谋已久的敌人的一次打击。他只是把这条狗看作一条狗，他说：‘它试图采取正确的路线来避开我，但我遵从自己的内心行动，就做了相反的事情。他做得比我好，而我因此受到了惩罚。’”狗主人发现受伤的是谁后，提出了经济赔偿，但卢梭拒绝了。

这件事最令人难忘的是卢梭在《梦》中对它富有想象力的运用。他无疑想起了蒙田在两百年前写的散文中的一段话——
486 这段话奇怪地预言了他自己的经历。蒙田从马背上摔了下来，当他恢复意识时，不知道发生了什么，只有一些朦胧的想法似乎从外面的某个地方飘进来了。卢梭的叙述更全面，值得详细引用。

> 夜幕开始降临。我看到了天空，一些星星和绿叶。第

一感觉这是一个美妙的时刻。只有通过这个，我才意识到了自己。在那一瞬间，我被赋予了生命；在我看来，我用我脆弱的存在填满了我所感知到的所有物体。我完全沉浸在当下，什么都不记得了；我对自己的个体状况毫无概念，也不知道刚刚在我身上发生了什么；我不知道我是谁，也不知道我在哪里；我没有感到痛苦、恐惧或不安。我看着自己的血液流动，就像看着一条小溪一样，完全没有想到这些血是我的血。我整个人都感到一种令人陶醉的平静；每当我回想起这种平静，都无法在所有熟悉的快乐活动中找到任何可与之媲美的东西。

对卢梭来说，这件事是一个转折点，表明了当下的意义。他一直被过去所困扰，因未来而心神不宁；现在他沉浸在一种存在的状态中，在这种状态中他简直没有过去。根据当时的心理学，他确实不再是任何人，因为人们完全是由其记忆的连贯一致性来定义。你能记住的东西就是你是谁；反之，你不再能记住的东西就不再是你的一部分。但是，根据卢梭的直觉，他终于成了真正的自己，不再被其他人的影响和期望所扭曲，甚至不会再赋予他们任何意义。

然而，从这时起，卢梭的健康状况开始恶化，很可能神经系统受到了一些损伤。"在很长一段时间里，"科朗塞回忆说，"我注意到他的体格发生了惊人的变化。我经常看到他处于抽搐状态，使得他的脸无法辨认，他的表情真的很可怕。在那种状态下，他的目光似乎围绕着周围的环境，他的眼睛似乎一下子看到了所有的东西，但其实什么也没看到。他在椅子上转过身，

487 把手臂放在椅背上，就这样悬挂着，像钟表的钟摆一样做加速运动。”根据现代医学的解释，这些症状可能指向癫痫发作。

到1778年初，巴黎公寓的生活已经变得难以应付。疲惫地爬楼梯让人望而生畏，卢梭的手颤抖得无法继续抄写音乐，而泰蕾兹不断抱怨自己身体不好（从里昂来访的德莱塞尔夫人评论说，泰蕾兹正遭受着更年期所带来的“潮热”的折磨）。随着收入减少，卢梭夫妇不得不接受一些富有的朋友或崇拜者的帮助，他们开始考虑各种可能性。一些原本很有吸引力的地方太远了，因为现在看来旅行几乎不可能了。当一位贵族提出在里昂附近的乡村隐居时，卢梭向他表示了感谢，但解释说他和泰蕾兹都病得很重，不适合那种旅行了，他觉得死亡近在眼前。“先生，您正在重新点燃一根快要熄灭的灯芯，但灯里已经没有油了，只要有一丝风，它就会永远熄灭。”1778年5月，在莫蒂埃与他决裂的穆尔图碰巧路过巴黎，卢梭把包括《忏悔录》第二部分在内的大部分论文都交给了他，让他保管并最终出版。

解决方案来自一位叫吉拉尔丹的侯爵。他是一位崇拜者，和其他人一样，通过带乐谱去抄写的计策结识了卢梭，现在他提议卢梭和泰蕾兹到他位于巴黎以北二十五英里的埃默农维尔城堡居住。一个共同的熟人向卢梭保证，吉拉尔丹会是一个体贴周到的主人。5月20日，卢梭突然离开了，没有费心去通知贝纳丹或科朗塞。几天后，泰蕾兹加入了他的行列。他们在大城堡附近的一间客房里舒适地安顿下来，那里有树木遮挡，旁边是一条蓄满水的护城河。

吉拉尔丹按照朱莉的爱丽舍宫的风格开发了大量的花园；有几座当时流行的神殿和纪念碑，但大部分是迷人的自然景观，

牛羊在其中自由漫步。卢梭被迷住了。他带着吉拉尔丹的一个小儿子作为助手去采集植物，似乎比往常更少想到死亡。他派
人去巴黎买来了关于草、苔藓和蘑菇的书，甚至还谈到要重新 488
开始《达夫尼斯与克洛艾》和《爱弥儿和苏菲》的创作。有一天，一位访客说人是邪恶的，他用他的根本原理回答说：“人们是邪恶的，是的，但人是好的。”那天晚上，城堡里有一场音乐会，他用钢琴为他自己配曲的莎士比亚《奥赛罗》中的《柳树之歌》伴奏。

第二天，卢梭像往常一样一大早就出去散步，然后回来和泰蕾兹一起喝加了奶的咖啡。他正准备去城堡和吉拉尔丹的女儿一起上音乐课时，突然出现了令人惊恐的症状。他抱怨说脚底刺痛，感觉像有冷水顺着他的脊柱流下来，并伴有胸痛。接下来是剧烈的头痛，他抱怨说他的头骨要爆裂了。当他不久后倒在地上时，泰蕾兹无法使他苏醒过来，于是出去求救。什么也做不了。卢梭于 1778 年 7 月 2 日去世，在他六十六岁生日之后的第四天。

谣言很快就传开了，说卢梭是自杀的，不是服毒就是用手 489
枪，但由五位医生进行尸检发现的死因是大面积脑出血。他们诊断是中风发作，但现代观点倾向于认为，这是他多次跌倒造成的后果，其中可能包括与大丹麦狗的意外事件。众所周知，他在巴黎的最后几个星期里曾发作过几次眩晕，令人很担忧。顺便一提，在尸检过程中，没有发现卢梭确信可以解释他泌尿系统问题的畸形痕迹。

吉拉尔丹安排对尸体进行防腐处理，伟大的雕塑家让-安托万·乌东匆匆从巴黎赶来制作死亡面具。卢梭被安放在一个衬

490 铅的棺材里，并在午夜时分以适当的仪式埋葬在城堡观赏湖中
一个名叫白杨岛的小岛上。第二天，卢梭的医生写道：“埃默农
维尔不再属于吉拉尔丹了，卢梭永远占有了它。”

泰蕾兹在埃默农维尔待了一段时间，第二年她与吉拉尔丹
的男仆、英国人约翰·亨利·巴利建立了关系，后者希望能分
享她从卢梭的书中获得的收入。她当时五十八岁，他三十四岁。
收入的钱并不多，她于1801年在附近的普莱西–贝尔维尔村去
世时，享年八十岁，生活极其贫困。这是一个悲伤的故事，但
她一直怀念着卢梭，直至生命尽头。很久以后，一位访客被一
位老妇人领到她的无名墓前，她记得泰蕾兹总是深情地谈论
卢梭。“他被埋在埃默农维尔的湖里，因为他不属于我们的宗
教。他好像写过书。唉，可怜的女人，这给她带来了这么大的
伤害！她告诉我，她被迫和他一起逃亡，我不知道是逃到哪里。
491 尽管如此，她和他在一起并没有不幸福；她总是说他是一个非
常好的人。”

据报道，卢梭去世不久，泰蕾兹曾说：“如果我的丈夫不是
圣人，谁还能成为圣人呢？”络绎不绝的崇拜者开始参观埃默农
维尔的坟墓。1794年，当他确实成为法国大革命的某种世俗圣
人时，他的遗体被转移到巴黎新近落成的先贤祠，场面极为壮
观。根据当时的官方报告：“月亮洒下皎洁的清辉，使这支队伍
有如那些古老神秘仪式的行列——其参加者都是纯洁的，或被
493 洗去了他们的缺点。”特别值得注意的是，来自他家乡的一个代
表团举着一面横幅行进，横幅上写着“贵族的日内瓦驱逐了他，
新生的日内瓦为他的记忆报了仇”。他漂亮的木制坟墓位于地穴
中，在一片石海中令人眼前一亮，正对着伏尔泰的坟墓，这也

许能满足他的讽刺感。上方，在大穹顶之下，一座卢梭的纪念碑与纪念他的朋友兼敌人狄德罗的纪念碑相对矗立。

在接下来的几代人中，卢梭的影响继续扩散，而且不仅仅是在知道他的书的人中间扩散。浪漫主义强调原创性、想象力以及与自然的统一，深受他的影响。人们越来越认识到，政府应该反映人民的意愿，同时坚信社会不平等从本质上讲是不公正的；而这些都深深地根源于他的思想。童年是对发育成长有持续重大影响的关键阶段的观念，其内核来自卢梭。而精神分析，寻找自我的隐秘基础，是对他在《忏悔录》中所发起的探索的推进。

卢梭从未想过要建立一个体系，他也没有这样做。他的使命是揭露那些使人类生活如此艰难的不可调和的冲突，而传统的政治、教育和心理学体系都试图予以消除。在和乌德托夫人亲密相处的日子里，有一次，在乌德托夫人家里，他从水果金字塔的底部拿走了一个桃子，整座金字塔都倒了下来。她评论说："这就是您对我们所有的体系所做的事情，您轻轻一碰就推倒了，但谁会把您推倒的东西建起来?"通过推倒，他向后来者提出了挑战，要求他们以新的方式重新建立，而他的质疑风格已经与我们的文化密不可分。一位熟人评论道："卢梭的朋友们就像是通过他的灵魂彼此联系在一起。正是卢梭的灵魂，使他们跨越了国家、等级、财富甚至几个世纪联合起来。"许多几乎没有听说过他的人在深层次上都是卢梭的朋友。 494

卢梭不安分的精神曾经临时安居的家园仍然存在着。夏梅特的房子依然矗立。蒙莫朗西的树林也是如此，在那里他与乌德托夫人交换了负罪的热吻；在小蒙路易，他完成了《爱弥儿》和《社会契约论》；在瑞士莫蒂埃的房子，他被投石赶了出来；在圣皮埃尔岛，他对海浪催眠般的拍击声做出了回应。也许最动人的景色来自偏远小村庄伍顿上方宁静的威弗山；在那里，他一边采集植物，一边为想象中的故友背叛而感到极度痛苦。对卢梭来说，那是一段痛苦的时光，对泰蕾兹来说也是如此。然而，正是在那里，《忏悔录》成形了，将记忆中的痛苦和幸福转化成了个人精神成长的愿景。尽管有种种错误的转折和失望，卢梭的一生还是具有深刻的示范意义。他忠实于自己最重要的冲动，意味着他一生都在为挣脱社会的枷锁而奋斗，包括他自己的成功所铸造的闪闪发亮的枷锁。他的信息的核心在《忏悔录》的开头就宣告了：永远不会有第二个让-雅克·卢梭。然而，在向我们揭示他自己时，他举起了一面镜子，从中我们可以看到自己的相似之处，因为我们每个人都是如此。在我们的个性中，我们每个人都以自己的方式与他相似，而他展示了他的探索如何能成为我们自己的探索。

卢梭生平年表

1712 年　6 月 28 日，让-雅克·卢梭出生于日内瓦，父母是伊萨克和苏珊·卢梭；7 月 7 日他的母亲去世，姑妈苏逊负责照顾他。

1718 年　与父亲、姑姑和哥哥搬到圣热尔韦区的库唐斯大街。

1722 年　他的父亲为避免被捕而离开日内瓦后，他在波塞村的朗伯西埃牧师家寄宿。

1725 年　跟随雕刻匠迪科曼做学徒。

1726 年　他的父亲在尼永镇再婚。

1728 年　十六岁，放弃未完成的学徒生涯，逃离日内瓦；在安纳西遇到华伦夫人；前往都灵（萨瓦首府）皈依天主教，并在那里从事低级工作；深受一位明智的神父盖姆修士的影响。

1729 年　回到安纳西，与华伦夫人同居。

1730 年　流浪了一年，在洛桑和纳沙泰尔试图成为一名音乐教师。

1731 年　在巴黎短暂停留，十分失望；回到现在住在尚贝里的华伦夫人身边，开始在土地登记处担任职员，为期八个月。

1734 年　华伦夫人的管家和情人克洛德·阿内死亡（可能是自杀），他生前不得不与卢梭分享她。

1735 年　断断续续地住在夏梅特的一所乡间别墅里。

1737 年　二十五岁，达到日内瓦的成年年龄，收回部分微薄的遗产；前往蒙彼利埃，治疗想象中的健康问题。

1738 年　回到尚贝里，发现自己的位置被另一个年轻人温曾里德取代；独自住在夏梅特，博览群书。

1740 年　在里昂担任马布利先生的小儿子们的家庭教师，在那里接触到了启蒙思想。

1742 年　三十岁，移居巴黎，希望成为一名音乐家。

1743 年　担任法国驻威尼斯大使蒙泰居伯爵的秘书，并对意大利音乐产生了浓厚兴趣；由于蒙泰居的无能，他承担了大使馆的大部分工作。

1744 年　被蒙泰居解雇，回到巴黎，进入达朗贝尔和孔狄亚克所在的圈子，与成为其智识导师的狄德罗建立起密切关系。

1745 年　与二十三岁的泰蕾兹·勒瓦瑟结为终身伴侣（卢梭即将年满三十三岁）；创作歌剧芭蕾《多情的缪斯》，但未能上演。

1746 年　第一个孩子出生，和之后的四个孩子一样，被送到了弃婴之家；在迪潘夫人处担任秘书工作。

1747 年　多年未谋面的父亲去世。

1749 年　为狄德罗和达朗贝尔编辑的《百科全书》撰写关于音乐的文章；在去万塞讷探望因颠覆性著作而被监禁的狄德

罗的路上，他萌生了写作《论科学与艺术》(简称为《第一论文》)的想法。

1750年　该论文荣获得第戎学院一等奖，继而出版，在三十八岁时成名。

1752年　歌剧《乡村占卜师》在宫廷演出，大获好评；多年前创作的喜剧《纳西索斯》(或《自恋者》)也上演了。

1753年　出版《关于法国音乐的来信》；此书成了关于法国和意大利音乐各自优点的争论的中心。

1754年　访问日内瓦，重新皈依新教以重获公民身份；最后一次见到华伦夫人。

1755年　出版第二篇论文《论人类不平等的起源》(简称为《论不平等》或《第二论文》)，证实了卢梭作为思想家的原创性。

1756年　应埃皮奈夫人的邀请，与泰蕾兹搬到巴黎附近的拉舍夫雷特的退隐庐；开始创作小说《朱莉》(即《新爱洛伊丝》)。

1757年　与乌德托夫人的柏拉图式恋情在相互指责中结束；也与埃皮奈夫人及其情人格里姆，以及狄德罗决裂。

1758年　搬到蒙莫朗西村的蒙路易；在《就戏剧问题致达朗贝尔先生的信》中为日内瓦的习俗辩护(并招致伏尔泰的敌意)。

1759年　与卢森堡公爵和公爵夫人建立了密切的友谊，经常住在他们庄园里的小城堡里。

1761年　《朱莉》出版并获得巨大成功。

1762年　出版《社会契约论》和《爱弥儿》；这两本书立

即在巴黎和日内瓦遭到宗教和政治方面的谴责；逮捕令发出后，卢梭逃离了法国。在马歇尔伯爵基思的保护下，与泰蕾兹定居在纳沙泰尔附近的莫蒂埃村；与新朋友迪佩鲁一起对植物学产生了浓厚的兴趣。

1763年　出于对日内瓦政治发展的厌恶，放弃日内瓦公民身份；作为宗教自由思想者的恶名因《致克里斯托夫·德·博蒙的信》而加剧。

1764年　作为对日内瓦政治的犀利批判，《山中来信》惊动了整个欧洲的保守派；伏尔泰的匿名作品《公民的情感》揭露了卢梭遗弃孩子的秘密。

1765年　新教牧师组织了一场反对卢梭的运动；他的房子被投掷石块，他被赶出了莫蒂埃；在圣皮埃尔岛短暂停留后，他被命令离开。

1766年　与大卫·休谟一起前往英国，与泰蕾兹在斯塔福德郡的伍顿定居；开始撰写《忏悔录》；开始确信休谟在密谋对付他，并写了一封长长的指控信；休谟将其公开。

1767年　惊慌失措地回到法国，而1762年的逮捕令在法国仍然有效；在孔蒂亲王的保护下，化名住在特里耶的一座城堡里；迪佩鲁来访，但也被怀疑是背叛者。

1768年　被偏执狂压垮，离开特里耶，搬到里昂，然后是格勒诺布尔，最后是法国东部的布尔关；在与泰蕾兹相处二十三年后，与她举办了一场形式上的婚礼（没有法律效力）。

1769年　在布尔关附近的蒙昆农场度过了严冬；《忏悔录》基本完成。

1770年　恢复真名，搬到巴黎与敌人对峙，但敌人没有出现；靠抄写乐谱维持生计；变得离群索居，但与贝纳丹·德·圣皮埃尔建立了深厚的友谊，与他一起在巴黎郊外的乡村采集植物。

1771年　试图通过朗诵《忏悔录》来恢复自己的名誉，但被警察勒令停止。

1772年　开始了自我辩解的新尝试，即《卢梭评判让-雅克：对话录》；断断续续地写作这本书。

1776年　试图将《对话录》手稿存入巴黎圣母院，但未成功；备受诋毁，放弃了恢复其名誉的希望；开始创作未完成的最后一部作品《一个孤独漫步者的梦》；在街上被一条大狗撞倒，受到了永久性的伤害。

1778年　由于健康状况不佳，接受吉拉尔丹侯爵的邀请，住在位于巴黎郊外的埃默农维尔城堡；7月2日死于脑出血，享年六十六岁。被埋葬在城堡观赏湖中的白杨岛上。

1780年　《对话录》出版。

1782年　《忏悔录》的前半部分出版。

1789年　《忏悔录》的剩余部分出版。

1794年　卢梭的遗体被隆重转移到位于巴黎的先贤祠。

1801年　泰蕾兹在赤贫中去世。

注　释

缩略词

如同导言中所提及的，如非特别说明，所有译自法文（有时译自德文）的译文都出自我本人。

下述作品以缩略语标出：

《年鉴》　《卢梭学会年鉴》（*Annales de la Société de Jean-Jacques Rousseau,* Geneva, 1905—　）

贝纳丹　雅克-亨利·贝纳丹·德·圣皮埃尔：《让-雅克·卢梭的生活与作品》，莫里斯·苏里奥编（Jacques-Henri Bernardin de Saint Pierre, *La vie et Ouvrages de Jean-Jacques Rousseau,* ed. Maurice Souriau, Paris: Cornély, 1907）

《通信全集》　《让-雅克·卢梭通信全集》，拉尔夫·利编，五十二卷（*Correspondance Complète de Jean-Jacques Rousseau,* ed. R. A. Leigh, 52 vols., Geneva: Institut et Musée Voltaire, 1965–1971; Oxford: Voltaire Foundation, 1971–1998）

《文学通信》　弗里德里希·梅尔希奥·格里姆:《关于文学、哲学及评论的通信》, 莫里斯·图尔纳编（Friedrich Melchior Grimm, *Correspondance Littéraire, Philosophique et Critique,* ed. Maurice Tourneux, Paris: Garnier, 1877–1882）

克兰斯顿　莫里斯·克兰斯顿（Maurice Cranston）, 三卷本传记:《让-雅克: 早年的生活与工作》（*Jean-Jacques: The Early Life and Work,* New York: Norton, 1982）、《高贵的野蛮人》（*The Noble Savage,* Chicago: University of Chicago Press, 1991）、《孤独的自我》（*The Solitary Self,* Chicago: University of Chicago Press, 1997）

《辞典》　雷蒙·特鲁松和弗雷德里克·S. 艾格丁格:《让-雅克·卢梭辞典》（Raymond Trousson and Frédéric S. Eigeldinger, *Dictionnaire de Jean-Jacques Rousseau,* Paris: Champion, 1996）

盖埃诺　让·盖埃诺, 两卷本传记:《让-雅克·卢梭》（Jean Guéhenno, *Jean-Jacques Rousseau,* trans. John and Doreen Weightman, London: Routledge, 1967）

《回忆》　雷蒙·特鲁松:《让-雅克·卢梭: 评论的回忆》（Raymond Trousson, *Jean-Jacques Rousseau: Mémoire de la Critique,* Paris: Presses de l'Université de Paris-Sorbonne, 2000）

《全集》 让–雅克·卢梭:《全集》,马塞尔·雷蒙等编,五卷(Jean-Jacques Rousseau, *Œuvres Complètes,* ed. Marcel Raymond et al., 5 vols., Paris: Gallimard, Bibliothèque de la Pléiade, 1959–1995)

特鲁松 雷蒙·特鲁松,两卷本传记:《让–雅克·卢梭:通往荣耀之旅》和《让–雅克·卢梭:幸福之大悲哀》(Raymond Trousson, *Jean-Jacques Rousseau: La Marche à la Gloire* and *Jean-Jacques Rousseau: Le Deuil Éclatant du Bonheur,* Paris: Taillandier, 1988–1989),2003年重版单卷本《让–雅克·卢梭》,但我参考的是两卷本。

导言

2 **“康德思考”**:让·斯塔罗宾斯基:《让–雅克·卢梭:透明与障碍》(Jean Starobinski, *Jean-Jacques Rousseau:Transparency and Obstruction,* trans. Arthur Goldhammer, Chicago: University of Chicago Press, 1988),第115页(改写自埃里克·韦尔[Eric Weil]的一句话)。

“我宁愿做一个”:《爱弥儿》第2卷,《全集》第4卷,第323页。

3 **“我在自身中发现”**:《致马尔泽布的信》(*Lettres à Malesherbes*)第3号,《全集》第1卷,第1140页。

“除了本人”:《忏悔录草稿》(*Ébauches des Confessions*),《全集》第1卷,第49页。

"德尔斐神庙":《一个孤独漫步者的梦》(*Les Rêveries du Promeneur Solitaire*)第四次散步,《全集》第1卷,第1024页。

第一章　天才儿童的孤寂

7　**"我1712年生于日内瓦……不幸之中的第一个"**:《忏悔录》第1卷,《全集》第1卷,第6—7页。

"他没被教过":《爱弥儿》第4卷,《全集》第4卷,第505页。

8　**"与母亲争吵的儿子"**:卢梭致圣布里松侯爵(the marquis de Saint-Brisson),1764年7月22日,《通信全集》第20卷,第315页。

他所认为的父亲年龄:《忏悔录》第7卷,《全集》第1卷,第339页(伊萨克·卢梭于1747年去世时是75岁,但让-雅克认为他是60岁。)

9　**迪迪埃的后代**:欧仁·里特尔的《让-雅克·卢梭的家族及其青年时代》(Eugène Ritter, *La Famille et la Jeunesse de J.-J. Rousseau*,《年鉴》第16卷[1924—1925])中给出了关于卢梭祖先的全面记叙;本节的材料引自这一卷。克兰斯顿(第1卷第1章)也做了很好的概述。

"而上天也赞许了":《忏悔录》第1卷,《全集》第1卷,第6页。

10　**樊尚·萨拉赞,对戏剧的兴趣**:《让-雅克·卢梭的家族及其青年时代》,第68—83页。

平均婚龄:参见丹尼埃尔·罗什:《启蒙时代的法国》

(Daniel Roche, *France in the Enlightenment,* trans. Arthur Goldhammer, Cambridge: Harvard University Press, 1998)，第 183、491 页；安妮–玛丽·皮乌兹：《十七至十八世纪的日内瓦及其周边：经济史研究》(Anne-Marie Piuz, *A Genève et Autour de Genève aux XVIIe et XVIIIe Siècles: Études d'Histoire Economique,* Lausanne: Payot, 1985)，第 18 页。

11 **苏珊还带来了 6 000 里弗尔：**《让–雅克·卢梭的家族及其青年时代》，第 103—104 页。

"全世界最伟大的流浪者"：《文学通信》，第 4 卷，第 77 页 (1759 年 2 月 1 日)。关于卢梭那些流浪的亲戚们，参见弗朗索瓦·若斯特：《瑞士人让–雅克·卢梭：关于其个性及思想的研究》(François Jost, *Jean-Jacques Rousseau Suisse: Étude sur sa personnalité et sa pensée,* Fribourg: Editions Universitaires, 1961)，第 2 卷，第 18 页；《让–雅克·卢梭的家族及其青年时代》，第 101—102 页。

去君士坦丁堡还是走得太远了：特鲁松，第 1 卷，第 29 页。

"闪耀着虔诚和博学之光"：《让–雅克·卢梭的家族及其青年时代》，第 117 页。

即兴诗歌……法国驻日内瓦外交官：《忏悔录》第 1 卷，《全集》第 1 卷，第 7 页。

富有的教父……"1712 年 7 月 7 日"：《让–雅克·卢梭的家族及其青年时代》，第 11、103—104、125 页。

12 **"我不知道……心肝宝贝"：**《忏悔录》第 1 卷，《全集》第 1 卷，第 8、10 页。

"一位优雅聪明……消失大半"：同上，第 12、61 页。

口述了一封信……另一封信：1764年12月5日及27日（第二封信来自夏洛特·博洛梅［Charlotte Bolomey］，很可能也是她根据苏珊的口述写了第一封信），《通信全集》第22卷，第169、297页。

“亲爱的姑妈，我不怨您”：《忏悔录》第1卷，《全集》第1卷，第8页。

13 **“因为她”：**卢梭致马德莱娜-卡特琳·德莱塞尔（Madeleine-Catherine Delessert），约1774年4月，《通信全集》第39卷，第234页。

“好心的雅克利娜”：《让-雅克·卢梭的家族及其青年时代》，第122—123页。

“我时常在痛苦中”：1761年7月22日，《通信全集》第9卷，第70页。雅克利娜当时65岁。

日益增加的现金压力：克兰斯顿给出了财务细节，第1卷，第23页。

14 **陀思妥耶夫斯基等朝圣者：**贝尔纳·加涅班：《卢梭画册》（Bernard Gagnebin, *Album Rousseau*, Paris: Gallimard, 1976），第11、17页。

每十个人中间就有两个人：路易·宾兹：《日内瓦简史》（Louis Binz, Brève Histoire de Genève, Geneva: Chancellerie d'État, 1981），第36—38页；阿尔弗雷德·迪富尔：《日内瓦史》（Alfred Dufour, *Histoire de Genève,* Paris: Presses Universitaires de France, 1997），第90—91页。

人民的一员：《忏悔录草稿》，《全集》第1卷，第1150页；“那些被称为‘艺术家’”：《爱弥儿》第3卷，《全集》第4

卷，第 457 页。

“一个日内瓦的钟表匠”：致泰奥多尔·特农香（Théodore Tronchin）的信，1758 年 11 月 26 日，《通信全集》第 5 卷，第 241 页。

“甚至较低阶层的人”……洛克和孟德斯鸠的著作：威廉·考克斯：《瑞士国民政治及文明状况概述》（William Coxe, *Sketches of the National Political and Civil State of Swisserland*, 1789）；约翰·穆尔：《法国、瑞士和德国社会及风俗一览》（John Moore, *A View of Society and Manners in France, Switzerland and Germany*, 1779）；两书都转引自梅维斯·库尔森：《往南去日内瓦：二百年间的英语旅行者》（Mavis Coulson, *Southwards to Geneva: 200 Years of English Travellers*, Gloucester: Alan Sutton, 1988），第 21、23 页。

政治鼓动者比其他街区都要多：海伦娜·罗森布拉特：《卢梭与日内瓦：从〈第一论文〉到〈社会契约论〉》（Helena Rosenblatt, *Rousseau and Geneva: From the First Discourse to the Social Contract*, Cambridge: Cambridge University Press, 1997），第 31 页。

“一帮罗圈腿的钟表匠”：《方特希尔的威廉·贝克福德的旅行日记》（*The Travel Diaries of William Backford of Fonthill*, ed. Guy Chapman, Cambridge: Constable, 1928），第 319 页。贝克福德关于萨莱沃旅行的记述无法确定精确的日期，但可能是写于 1777 年。

15 **“一副肥胖变形的乡巴佬面容”**：克兰斯顿，第 1 卷，第 326 页。

“不久以后，我们读书的兴趣”：《忏悔录》第 1 卷，《全集》第 1 卷，第 8 页。克莱尔·埃尔姆奎斯特的《卢梭：父与子》(Claire Elmquist, *Rousseau: Père et Fils,* Odense: Odense University Press, 1996) 对卢梭与父亲之间的复杂关系做了敏锐的考察。

16 **“我上过最早、也是最好”**:《忏悔录草稿》,《全集》第 1 卷，第 1160 页。

“我心中时时向往着”:《忏悔录》第 1 卷,《全集》第 1 卷，第 9 页。

“我的大师和抚慰者”：致埃皮奈夫人的信，1754 年 5 月 26 日,《通信全集》第 2 卷，第 265 页；熟悉普鲁塔克：贝纳丹，第 116 页。

只占总人口的少数:《十七至十八世纪的日内瓦及其周边：经济史研究》，第 13 页;《启蒙时代的法国》，第 167—168、176、179—180、194 页。

17 **卢梭家的人从来没有被选入**:《让-雅克·卢梭的家族及其青年时代》，第 52—53 页。

在工人街区长大：种种细节来自路易·库尔图瓦:《郊区的童年时代或库唐斯的卢梭》(Louis J. Courtois, *Enfance Faubourienne ou Jean-Jacques à Coutance,* Geneva: Jullien, 1933)，第 6 页；皮埃尔-保罗·克莱芒:《让-雅克·卢梭：从负罪之爱到荣耀之爱》(Pierre-Paul Clément, *Jean-Jacques Rousseau: De l'Éros Coupable à l'Éros Glorieux,* Neuchâtel: Le Baconnière, 1976)，第 394 页注释。

“从未行使过主权的主权者”：转引自马塞尔·雷蒙:《卢梭与日内瓦》，收入萨米埃尔·博-博维等编:《让-雅克·卢梭》

（Marcel Raymond, "Rousseau et Genève," in *Jean-Jacques Rousseau,* ed. Samuel Baud-Bovy et al., Neuchâtel: Le Baconnière, 1962），第 226 页。

被劝诱出版了《日内瓦共和国法令》： 巴尔巴拉·罗特-洛克内：《从改革到革命》（Barbara Roth-Lochner, "De la Réforme à la Révolution," in Claude Lapaire et al., *Liberté, Franchises, Immunités, Us et Coutumes de la Ville de Genève,* État et Ville de Genéve, 1987），第 79 页。

"那位生我养我的有德公民"：《论不平等》的献辞，《全集》第 3 卷，第 118 页。

"今天，瑞士的一个"： 吉拉尔（Girard）修士的《法语同义词》（*Synonymes Français*，1736），公民条；引自卢梭的《新爱洛伊丝》（*La Nouvelle Héloïse*），亨利·库莱（Henri Coulet）编（Paris: Gallimard, 1993），第 1 卷，第 511 页注释。

18 **"晚餐后，大多数人集中在"：**《致达朗贝尔的信》（*Lettre* à d'Alembert），《全集》第 5 卷，第 123—124 页。

20 **"当他拥抱我时"：**《忏悔录》第 1 卷，《全集》第 1 卷，第 7 页。

"我马上就认出他了"： 马尔塞·德·梅齐埃（Marcet de Mézières）在 1754 年所说，《让-雅克·卢梭的家族及其青年时代》，第 160 页。

"喜欢玩乐的人"：《忏悔录》第 2 卷，《全集》第 1 卷，第 61 页。

"在还没大到足够成为"：《忏悔录》第 1 卷，《全集》第 1 卷，第 9 页。

"应父亲纠正其浪荡行为"： 引自亚历克西·弗朗索瓦（Alexis

François),《再论卢梭的家族》(“Encore la Famille de Rousseau”),《年鉴》第 31 卷 (1946—1949),第 254—257 页。

“我几乎见不到他的面”:《忏悔录》第 1 卷,《全集》第 1 卷,第 9 页。

“儿童只是习惯性地依恋”:《爱弥儿》第 4 卷,《全集》第 4 卷,第 500 页。

“我记得”:《忏悔录》第 1 卷,《全集》第 1 卷,第 9—10 页。

21 **“我只怕太过幸福”**:《朱莉》第 1 卷,第六十三封信,《全集》第 2 卷,第 176 页。这一段与弗朗索瓦事件的关联由卡米拉·登曼 (Kamilla Denman) 指出,参见《卢梭著作中对兄弟关系的修复:让-雅克的失踪的哥哥》,(“Recovering Fraternité in the Works of Rousseau: Jean-Jacques' Lost Brother,” *Eighteenth-Century Studies* 29 [1995–1996]: 191–210); 也参见《让-雅克·卢梭:从负罪之爱到荣耀之爱》,第 2 章。

“我的父亲”:《忏悔录》第 1 卷,《全集》第 1 卷,第 10 页。

“卢梭和他的父亲”:雷蒙·特鲁松、弗雷德里克·艾格丁格:《让-雅克·卢梭的日常:年表》(Raymond Trousson and Frédéric Eigeldinger, *Jean-Jacques Rousseau au Jour le Jour: Chronologie,* Paris: Champion, 1998),第 14 页。

“地球上还有任何”:《朱莉》第 5 卷,第三封信,《全集》第 2 卷,第 569 页。

22 **“假如他再壮实一点”**:《梦》第四次散步,《全集》第 1 卷,第 1036—1037 页。

“我们珍爱我们的孩子”:《朱莉》第 4 卷,第一封信,《全集》第 2 卷，第 399 页。

“像所有其他孩子一样”：《爱弥儿》第 4 卷，《全集》第 4 卷，第 505 页。《卢梭：父与子》第 17 章探讨了爱弥儿与扮演父亲角色的督导之间情感联系的缺乏。

“我记得我父亲”：《爱弥儿》第 4 卷，《全集》第 4 卷，第 689 页。

23 **“我路过的时候”：**贝纳丹，第 40 页。

第二章　天真的终结

25 **波塞：**这个村子在《爱弥儿》中也被提到了，参见《爱弥儿》第 2 卷，《全集》第 4 卷，第 369 页。

正式的调查：《让-雅克·卢梭的家族及其青年时代》，第 143—148 页；皮埃尔-莫里斯·马松：《让-雅克·卢梭的宗教》（Pierre-Maurice Masson, *La Religion de Jean-Jacques Rousseau*, 3 vols., Paris: Hachette, 1916），第 1 卷，第 21—23 页。

26 **女仆被辞退：**《忏悔录》第 1 卷，《全集》第 1 卷，第 16 页。

“唯一的儿子”：同上，第 10 页。关于卢梭哥哥的命运，参见《全集》第 1 卷，第 1238 页注释 3。

“性情温和……毁灭我们似的”：《忏悔录》第 1 卷，《全集》第 1 卷，第 13 页。

“因为，离开”：《爱弥儿》第 2 卷，《全集》第 4 卷，第 385 页。

“一些当时人们……教得很不错”：《忏悔录》第 1 卷，《全集》第 1 卷，第 12—13 页。

27 **“我又看见女佣”**：同上，第 21 页。

“在一个既高尚”：《梦》第三次散步，《全集》第 1 卷，第 1013 页。

“无论谁张开嘴说话”：《让-雅克·卢梭的宗教》，第 1 卷，第 28 页；关于日内瓦的宗教习俗，参见第 5—10 页。

“当我听到”：“旋律的统一”，《音乐辞典》(*Dictionnaire de Musique*)，《全集》第 5 卷，第 1143 页。

28 **“当我有时磕巴时”**：《忏悔录》第 1 卷，《全集》第 1 卷，第 14 页。

“如果要我描写”：《爱弥儿》第 4 卷，《全集》第 4 卷，第 554 页。

“他把所有不能做出规定回答”：《让-雅克·卢梭的宗教》，第 1 卷，第 34 页。

“每次听讲道的时候”：《忏悔录》第 2 卷，《全集》第 1 卷，第 62 页。

“我惊惶固然是惊惶……心神安宁了”：《爱弥儿》第 2 卷，《全集》第 4 卷，第 385—386 页。

“我小时候”：致皮埃尔-洛朗·德·贝卢瓦（Pierre-Laurent de Belloy）的信，1770 年 3 月 12 日，《通信全集》第 37 卷，第 323 页；卢梭在《忏悔录》中也讲了类似的事，见《忏悔录》第 11 卷，《全集》第 1 卷，第 566 页。

29 **“在疼痛中”**：《忏悔录》第 1 卷，《全集》第 1 卷，第 15 页。

一位作家提出……另一位作家：乔治-阿蒂尔·戈尔德施密特：《让-雅克·卢梭或孤独的灵魂》(Georges-Arthur Goldschmidt, *Jean-Jacques Rousseau, ou l'Esprit de Solitude,* Paris:

Phébus, 1978），第 170 页；菲利普·勒热纳：《自传契约》（Philippe Lejeune, *Le Pacte Autobiographique*, Paris: Seuil, 1975），第 65—66 页。

“这第二次惩罚”：《忏悔录》第 1 卷，《全集》第 1 卷，第 15 页。

治安报告：引自帕特里克·瓦尔德·拉索斯基：《打屁股或终极宠爱》，（Patrick Wald Lasowski, “La Fessée ou l'Ultime Faveur”, *Magazine Littéraire*, special issue on Rousseau, Sept. 1997），第 30 页；正如《自传契约》，第 70—75 页。

“跪在一个傲慢的情妇”：《忏悔录》第 1 卷，《全集》第 1 卷，第 17 页。关于 Jouissance 在历史上的用法，参见《罗伯特法语历史词典》（*Le Robert Dictionnaire Historique de la Langue Française*, Paris: Robert, 1998），第 2 卷，第 1925 页。

30 **“我喜爱”**：《忏悔录草稿》，《全集》第 1 卷，第 1157 页。

“一个八岁的男孩”：《忏悔录》第 1 卷，《全集》第 1 卷，第 15 页。

就像皮埃尔-保罗·克莱芒提出的：《让-雅克·卢梭：从负罪之爱到荣耀之爱》，第 9 章。

“对弗洛伊德来说”：引自乔治·迈：《卢梭》（Georges May, *Rousseau*, Paris: Seuil, 1985），第 8 页（原文为“Le Postérieur de Jean-Jacques est-ils le soleil de Freud qui se Lève?”）。

“朗伯西埃小姐在草地……比母亲更亲的人”：《忏悔录》第 1 卷，《全集》第 1 卷，第 22 页。

“我对每个贪淫好色的人”：同上，第 16 页。小萨克勒克斯地区（Petit Sacconex）在卢梭跟父亲和姑妈一起居住的圣热尔韦区外边，他应该不太可能从波塞走到那里去。

31 **勒热纳评论：**《自传契约》，第 83 页。

克莱芒注意到：《让-雅克·卢梭：从负罪之爱到荣耀之爱》，第 73 页。

“这件事情到现在”：《忏悔录》第 1 卷，《全集》第 1 卷，第 19—20 页。

我们恰巧知道：弗朗索瓦，《再论卢梭的家庭》，第 249—250 页。

“因为他的行为……撒了谎”：《爱弥儿》第 2 卷，《全集》第 4 卷，第 321、336 页。

32 **“大声喊道……三十岁的恺撒”：**《忏悔录》第 1 卷，《全集》第 1 卷，第 24 页。

一位有事业心的家具师：《辞典》，第 91 页。

“他或者成为一个”：德若贝尔：《我的瑞士旅行及周游日志》（L. C. F. Desjobert, *Journal de ma Tournée et de mon Voyage en Suisse*）记述了他从莫蒂埃的牧师蒙莫兰那里听说的这句话，《通信全集》第 26 卷，第 374 页。多年以前，卢梭曾和蒙莫兰有过一次激烈的争吵，但蒙莫兰一直为卢梭曾与他一起分享过秘密而感到自豪，故而，没有理由不相信这个故事。

33 **“但过后总是”：**《致达朗贝尔的信》，《全集》第 5 卷，第 103 页。

34 **“我的舅舅”：**这句话的一个版本见《忏悔录》第 1 卷，《全集》第 1 卷，第 25 页，“因为丈夫花心，为了寻求慰藉”这段话仅见于纳沙泰尔手稿（Neuchâtel manuscript）：《年鉴》第 4 卷，第 36 页。

“我把我的心”：《忏悔录》第1卷，《全集》第1卷，第27页。

他确实拒绝了跟她讲话：《忏悔录》第1卷，《全集》第1卷，第25页。

“她可以随随便便……戈登把卢梭嗒嗒了”：《忏悔录》第1卷，《全集》第1卷，第27页。七星文库版认为tic tac意指打屁股，另一个版本则认为这句土话当时只是一种嘲弄，并没有特别的所指：卢梭，《忏悔录》(Jacques Voisine ed., Paris: Garnier, 1964)，第29页。

35 **“我全身的感官”**：《忏悔录》第1卷，《全集》第1卷，第28页。

“尽管它们都十分强烈”：《忏悔录》稿本的记述，《全集》第1卷，第1247页注释。

日内瓦国家档案中：《全集》第1卷，第1209—1210页。

36 **历史学家已经查明**：康拉德·安德烈·贝利：《低街与莫拉尔：十八至二十世纪的日内瓦》(Conrad André Beerli, *Rues Basses et Molard: Genève du XVIIIe au XXe Siècle*, Geneva: Georg, 1983)，第248—252页。

一位瑞典旅行者：同上，第332—334页。

“外国人一到日内瓦”：《致达朗贝尔的信》，《全集》第5卷，第85页。

“优越的地理位置”：《论不平等》，《全集》第3卷，第115页。

37 **公鸡的打鸣声**：《十七至十八世纪的日内瓦及其周边：经济史研究》，第9页。

“就磨掉了”：《忏悔录》第1卷，《全集》第1卷，第30页。

没能抽出时间：同上，第24页。

“我肯定堕落”：同上，第31页。

“虽然死在”：同上，第7页。

全欧洲的学徒：参见罗伯特·达恩顿：《屠猫狂欢：法国文化史钩沉》（Robert Darnton, *The Great Cat Massacre, and Other Episodes in French Cultural History,* New York: Basic Books, 1984），第2章。

38 **“他的力量”**：《卢梭评判让-雅克：对话录》第2卷，《全集》第1卷，第818页。

“我觉得”：《忏悔录》第1卷，《全集》第1卷，第35页。

“人类大沙漠”：《自传契约》，第138页。

“我觉得”：《忏悔录》第1卷，《全集》第1卷，第34—35页。

“我认为他对我的严厉”：本杰明·富兰克林：《自传及其他著作》（Benjamin Franklin, *The Autobiography and Other Writings,* Kenneth Silverman ed., London: Penguin Books, 1986），第21页。

39 **“连续劳动……懒习惯”**：《论不平等》，《全集》第3卷，第145、128页。

“这个小馋鬼……什么也不敢买”：《忏悔录》第1卷，《全集》第1卷，第37页。

“不论是好书还是坏书……性情腼腆”：《忏悔录》第1卷，《全集》第1卷，第39—41页。

40 **“我满了十六岁”**：同上，第41页。

密集的宗教仪式：《让-雅克·卢梭的宗教》第1卷，第

2页。

“一个被墙围起来的空间”：舍瓦利耶·德·若古：《百科全书》（Chevalier de Jaucourt, *Encyclopédie*）第17卷（1765），第279页。

“那个名叫米努托利”：《忏悔录》第1卷，《全集》第1卷，第42页。米努托利喜欢提前半小时关闭城门在《忏悔录》的稿本中已经写到了。3月14这个日期可以从后文提到的圣枝主日（Palm Sunday）推测出来，因为这件事发生过后的一星期就是圣枝主日了（《全集》第1卷，第1252—1253页）。

“凶险和致命的兆头”：《忏悔录》第1卷，《全集》第1卷，第42页。

“我自由了”：同上，第45页。

41 **“我本可以”**：同上，第43页。

正如马塞尔·雷蒙所说：《让-雅克·卢梭：寻找自我与白日梦》（*Jean-Jacques Rousseau: La Quête de Soi et la Rêverie,* Paris: Corti, 1962），第15页。

“我从未真正适合过文明社会”：《梦》第六次散步，《全集》第1卷，第1059页。

第三章 “我渴望一种懵懂无知的幸福”

43 **“他是一个上城的孩子”**：《忏悔录》第1卷，《全集》第1卷，第42页。

“住在我认识的农民家里”：《忏悔录》第2卷，《全集》第1卷，第46页。

45 **“多年之后”**：贝纳丹，第103—104页。

“受到城堡主人”：《忏悔录》第2卷，《全集》第1卷，第45页。

让许多人改变信仰：维尔梅尔：《让-雅克·卢梭在萨瓦》(F. Vermale, *Jean-Jacques Rousseau en Savoie,* Chambéry: LibrairieDardel, 1922)，第13页。

“他是这样一个传教士”：《忏悔录》第2卷，《全集》第1卷，第47页。

“又使我想起吃午饭”：《忏悔录》第1卷[1]，《全集》第1卷，第63页。

46 **“我看到一张楚楚动人的脸孔”**：《忏悔录》第2卷，《全集》第1卷，第49页。

“我虽然不是人们所说的那种美少年”：《忏悔录》第2卷，《全集》第1卷，第48页；一口烂牙：《全集》第1卷，注释1256；“可怕的牙齿”：《对话录》对话二，《全集》第1卷，第777页。

47 **“当他冷静的时候”**：《朱莉》，附录2：“版画的主题”，《全集》第2卷，第762页。

“她的态度和蔼可亲”：《忏悔录》第2卷，《全集》第1卷，第49—50页。

“一头金发……一个虔诚的妇人”：“版画的主题,”《全集》第2卷，第761页。

48 **“我发现所有图画中”**：《致弗朗索瓦·宽代》，1760年11月

---

1 有误。应为《忏悔录》第2卷。

5 日,《通信全集》第 7 卷,第 295 页。

"饱满的胸脯下的":特鲁松,第 1 卷,第 83 页。

49 **把其他的改宗者送到**:《让-雅克·卢梭在萨瓦》,第 29 页。

"这就是一系列的反弹":特鲁松,第 2 卷,第 58 页。

"绅士们见到了华伦夫人":《忏悔录》第 2 卷,《全集》第 1 卷,第 55 页。

50 **"之前说定的学徒条款"**:《全集》第 1 卷,第 1211 页。

道路也更像是乡村小路:《启蒙时代的法国》,第 44 页。

"我年纪轻":《忏悔录》第 2 卷,《全集》第 1 卷,第 57—58 页。

51 **花了几乎三周时间**:埃米尔·加亚尔:《让-雅克·卢梭在都灵》(Émile Gaillard, "Jean-Jacques Rousseau à Turin)",《年鉴》第 32 卷(1950—1952),第 56—57 页。

沃波尔和吉本:爱德华·派亚特:《阿尔卑斯山的通道》(Edward Pyatt, *The passage of the Alps,* London: Robert Hale, 1984),第 56—59 页。

"都灵的宫廷":艾迪生:《关于意大利的评论》,收入《约瑟夫·艾迪生作品杂集》(Addison, *Remarks on Italy*[1705], in *The Miscellaneous Works of Joseph Addison,* ed. A. C. Guthkelch, London: Bell, 1914),第 2 卷,第 197 页。

"房屋是用灰泥和砖头砌的":格雷:致理查德·韦斯特的信,1739 年 11 月 16 日,《托马斯·格雷通信集》(Gray, letter to Richard West, 16 Nov. 1739, *Correspondence of Thomas Gray,* ed. Paget Toynbee and Leonard Whibley, Oxford: Clarendon Press, 1935),第 1 卷,第 127 页。

“对于任何一个”：菲亚特汽车创始人的乔瓦尼·阿涅利（Giovanni Agnelli），转引自《快报》（*L'Express*），2000年7月13日，第50页。

52 **这扇门今天**：这扇大门开在托里（Torri）街上，现在是帕拉蒂内城门街（Via Porta Palatina）9号。协会在1873年卖掉了这幢大楼，因为维修费太过高昂。《让-雅克·卢梭在都灵》，第58页。

“四五个面貌凶恶的壮汉……碰个正着”：《忏悔录》第2卷，《全集》第1卷，第60—61页。

53 **登记处**：《让-雅克·卢梭在都灵》，第58—60页。

“不管怎么说”：《忏悔录》第2卷，《全集》第1卷，第66页。

还没有被日内瓦教会正式批准和接纳：《让-雅克·卢梭的宗教》，第1卷，第36页。

“当我还是一个孩子的时候”：《梦》第三次散步，《全集》第1卷，第1013页。

54 **“一种黏糊糊的白色东西……以补偿男性对她们的冒犯”**：《忏悔录》第2卷，《全集》第1卷，第67—69页。

“在教养院”：格林：《让-雅克·卢梭：关于其生平和著述的批判性研究》（F. C. Green, *Jean-Jacques Rousseau: A Critical Study of His Life and Writings,* Cambridge: Cambridge University Press, 1955），第22页。

“差点儿被耶稣会士鸡奸了”：海登·梅森：《伏尔泰传》（Haydn Mason, *Voltaire: A Biography,* Baltimore: Johns Hopkins University Press, 1981），第20、52—54页。

55 **“禽兽不如的畜生”**：《忏悔录》第2卷，《全集》第1卷，第67页。

就像他的现代编辑们所评论的：《全集》第1卷，第1265页。

这表明书记可能搞错了日期：贝尔纳·加涅班：《忏悔录中的真相与真实性》，收入让·法布勒等编《让-雅克·卢梭及其著作：难题与研究》(Bernard Gagnebin, “Vérité et Véracité dans *Les Confessions*,” in *Jean-Jacques Rousseau et Son Oeuvre: Problèmes et Recherches*, ed. Jean Fabre et al., Paris: Klincksieck, 1964)，第11—12页。

“乔瓦尼·贾科莫·佛朗哥·罗梭”：引自《让-雅克·卢梭在都灵》，第62—71页；他给出了相关文件证据的完整说明。也参见《让-雅克·卢梭的宗教》第1卷，第50—51页。

56 **有迹象表明**：《让-雅克·卢梭的家族及其青年时代》，第164—165页；也参见拉纳尔德·格里姆斯利：《让-雅克·卢梭：自我意识的研究》(Ronald Grimsley, *Jean-Jacques Rousseau: A Study in Self-Awareness*, Cardiff: University of Wales Press, 1961)，第27页注释。

“他们叮嘱我”：《忏悔录》第2卷，《全集》第1卷，第70页。

“这些皮埃蒙特的面包……节俭者”：同上，第71—72，第1265页。

“我们全都睡在”：同上，第71页。

57 **“讲讲他的故事……有一头棕色头发”**：同上，第73页。

“我往往趁她不注意”：同上，第74页。

“但壁炉架上的那面镜子”：同上，第 75 页。

“如果说我曾经大胆地”：同上，第 1160 页。

58 **“说话……不说一句话么”**：《爱弥儿》第 5 卷，《全集》第 4 卷，第 745—746 页。

“永远热情”：济慈：《希腊古瓮颂》。

59 **“小孩子”**：《全集》第 1 卷，第 79 页。

“今后，纵使我占有了许多女人”：同上，第 76—77 页。

“我焦躁不息的性情……满足自己的悦乐”：《忏悔录》第 3 卷，《全集》第 1 卷，第 108—109 页。

“我确信”：《爱弥儿》第 4 卷，《全集》第 4 卷，第 662 页。

60 **“她的一生”**：《忏悔录》第 2 卷，《全集》第 1 卷，第 83 页。

伯爵夫人的遗嘱：《让-雅克·卢梭在都灵》，第 81—96 页。加亚尔从都灵的档案找寻并追踪到维尔切利伯爵夫人的婚约文件及遗嘱之前，她及其家庭的身份一直都是模糊不清的。

61 **“她不是按照我这个人来评判我”**：《全集》第 1 卷，第 82 页。

“他们让她看”：同上，第 85 页。

“一个人有勇气”：《自传契约》，第 54 页。

62 **镜面形象**：《让-雅克·卢梭：透明与障碍》，第 122 页。

“华伦夫人给我”：《忏悔录》第 2 卷，《全集》第 1 卷，第 60 页。

“所有人都在场”：同上，第 86 页。

63 **“他使我认识到”**：《忏悔录》第 3 卷，《全集》第 1 卷，第 91 页。

“我有一个充满爱的灵魂”：同上，第 92 页。

64 **“这位善良的神父”**:《爱弥儿》第4卷,《全集》第4卷，第606页。

“为了挽救”：同上，第562页。

65 **“大汉……很长一段时间”**：同上，第89—90页。

诸多评论：尤其参见让·斯塔罗宾斯基大师级的阐释《批评的关系》(*La Relation Critique,* Paris: Gallimard, 1970)，第98—154页。

“金发女郎的温柔神情……没有觉察到我在身边”:《全集》第1卷，第94页。

66 **这表明**：意思是索拉尔家族有这个传统；参见《让-雅克·卢梭在都灵》，第113页。

“这一刻至为稀罕”:《全集》第1卷，第96页。

67 **“我憎恶大人物”**:《致马尔泽布的信》,《全集》第1卷，第1145页。

“他把我带到城外”:《爱弥儿》第4卷,《全集》第4卷，第565页。

68 **“我回想起”**:《忏悔录》第3卷,《全集》第1卷，第99页。

第四章　卢梭找到了一位母亲

69 **“你到家了……绝不抛弃他”**:《忏悔录》第3卷,《全集》第1卷，第113、103—104页。

70 **“情绪的变化”**:《爱弥儿》第4卷,《全集》第4卷，第490页。

称呼她妈妈:《全集》第1卷，第1280页注释。

由于华伦夫人成为了卢梭精神生活中：除非特别注明，所有信息和引文都出自阿尔贝·德·蒙泰：《华伦夫人与沃州地区》（Albert de Montet, *Madame de Warens et le Pays de Vaud,* Lausanne: Georges Bridel, 1891）；弗朗索瓦·米尼耶：《华伦夫人与让–雅克·卢梭》（François Mugnier, *Mme de Warens et J.-J. Rousseau,* Paris: Calman Levy, 1891）。

71 **"被强烈的热情俘获了"：**她丈夫的陈述在《通信全集》中全文刊出了，第 1 卷，第 266—291 页。

73 **"她离开她的家庭"：**《1732 年 8 月得到教皇陛下一半慈善捐赠的新信仰改宗者的情况》（*État des nouveaux convertis auxquels on a distribué la moitié de la charité faite par sa Sainteté au mois d'août 1732*），引自《让–雅克·卢梭的宗教》，第 1 卷，第 63 页。

74 **"放弃了一笔巨额财富……都泪眼汪汪地来亲吻她"：**给克洛德·布代神父的信（to père Claude Boudet），1742 年 4 月 19 日，《通信全集》第 1 卷，第 146—147 页。

"对她来说"：克兰斯顿，第 1 卷，第 70 页。

写下了他的回忆：孔齐耶致一个不知名的通信者的信，约 1786—1787 年，《通信全集》，第 1 卷，第 292—293 页。

75 **克莱尔守寡后感到轻松：**《朱莉》第 4 卷，第二封信，《全集》第 2 卷，第 407 页。

"当她思考她的计划时"：《忏悔录》第 3 卷，《全集》第 1 卷，第 107 页。

"这些花费"：《全集》第 1 卷，第 105 页。

76 **"湖在城市顶部"：**让、勒妮·尼古拉斯：《十七至十八世纪萨瓦的日常生活》（Jean and Renée Nicolas, *La Vie Quotidienne en*

Savoie aux XVIIe et XVIIIe Siècles, Paris: Hachette, 1979），引用检察官巴菲力（Barfelly）的话，第139、141页。

“在这里，你只会碰到”：致菲利普·格雷（Philip Gray），1739年10月25日，《托马斯·格雷通信集》第1卷，第124页。

“我出生在”：《萨瓦的小男孩，或克洛德·努瓦耶的生活》（*Le Petit Savoyard, ou la Vie de Claude Noyer*，约1756），《全集》第2卷，第1200页。

“她是我最慈爱的母亲……不走的客人”：《忏悔录》第3卷，《全集》第1卷，第106—107页。

“我经常害怕”：《全集》第1卷，第1280页。

77 **“甚至，想到她曾经在脚下……吞了下去”**：《全集》第1卷，第108页。

“如果在我们争吵时……吸吮它们”：同上，第110页。

78 **“我会不时亲吻”**：同上，第112页。

“尽管我的外表”：同上，第113页。

79 **“一个很好的小男人……来到这里的人来说”**：同上，第117页。

“他身上给人印象深刻……不愿屈服于别人的节奏”：同上，第118—119页。

80 **“与其说是自己不想娶妻”**：《朱莉》第6卷，第六封信，《全集》第2卷，第668页。关于加捷（Gâtier）的不光彩事情不太可能是真的，参见《全集》第1卷，第1289—1290页。

“让我们想想”：让-约瑟夫·杜瑞蒂尼：《二百年前的宗

教改革庆典布道》(Jean-Joseph Turretini, *Sermon sur le jubilé de la Réformation étabie il y a deux cents ans* [1728]),引自让-路易斯·勒巴:《卢梭与他青少年时代的加尔文教派圈》(Jean-Louis Leuba, "Rousseau et le Milieu Calviniste de sa Jeunesse"),收入勒巴等编《让-雅克·卢梭和当时的信仰危机》(*Jean-Jacque Rousseau et la Crise Contemporaine de la Conscience*, ed. Leuba et al., Paris: Beauchesne, 1980),第28—29页。

"允许我向我们":1743年10月5日,《通信全集》第1卷,第198页。

81 **"迄今为止我能想起来的"**:《全集》第1卷,第121页。卢梭1742年的见证书收入《通信全集》第1卷,第146—151页。

找不到其他更好的禀赋了:《全集》第1卷,第1291页。

82 **"在我经历过……唱这首圣歌"**:同上,第122—123页。

"谈话中总是带着戏谑……都像神谕":同上,第125页。

83 **"我转过街角"**:同上,第129页。

84 **学者们找遍了存世的档案记录**:同上,第1293—1294页。

"但不要让她":安尼巴莱·马费伊伯爵致路易-伊尼亚斯·德·弗格利佐伯爵的信(Comte Annibale Maffei to Comte Louis-Ignace de Foglizzo),1730年7月24日,《通信全集》第1卷,第301页。

"我已经听到传言说":弗朗索瓦·米托内致弗格利佐伯爵的信(François Mitonet to count de Foglizzo),1730年7月31日,同上,第303页。

"我们的行动":维托里奥·阿梅迪奥致马费伊的信(Victor-

Amédée II to Maffei），1730 年 9 月 2 日，同上，第 310—311 页。

85 **“当她那张被西班牙烟草”**：《忏悔录》第 4 卷，《全集》第 1 卷，第 134 页。关于室内杂工（Contrepointière）的定义，参见《全集》第 1 卷，第 1298 页。

“不，不，你别这么……最完美的样子”：《全集》第 1 卷，第 135—136 页。

86 **“我爬上树……露出怒容”**：同上，第 137—138 页。

“一些年轻人的愚蠢行为”：同上，第 135 页。

“我们一句”：同上，第 138 页。

87 **记录显示**：同上，第 1296—1297 页。

第五章　流浪之年

88 **“我想象不出来”**：《忏悔录》第 4 卷，《全集》第 1 卷，第 144 页。

89 **“我的好父亲……尽到了责任”**：《全集》第 1 卷，第 145 页。

“尽管您做出的”：1731 年 5 月或 6 月，《通信全集》第 1 卷，第 12 页。在这封信中，卢梭提到自从一年前在尼永见过面之后，他就再也没有跟他的父亲有过交流了。

“一位父亲”：《朱莉》第 1 卷，第六十三封信，《全集》第 2 卷，第 175 页。

90 **“我强烈需要”**：《全集》第 1 卷，第 146 页。

第一封信的片段：《通信全集》第 1 卷，第 1—2 页。

91 **“配上低音”**：《忏悔录》第 4 卷，《全集》第 1 卷，第 148—149 页。这位音乐史学家是米歇尔·奥戴（Michael O’Dea），参见其著作《让–雅克·卢梭：音乐、幻想和欲望》(*Jean-Jacques Rousseau: Music, Illusion and Desire*, London: Macmillan, 1995)，第12页。

"所有人都为我"：《全集》第1卷，第149页。

斯塔罗宾斯基认为这场可怕的音乐会：《让–雅克·卢梭：透明与障碍》，第59—61页。

"只有一家"：《全集》第1卷，第150页。

92 **"在去维韦的旅途中"**：同上，第152页。

"我前往维韦"：同上，第152页。

他的家庭对这个浪子不会再有什么优待了：特鲁松，第1卷，第106页。

93 **"我在教的过程中"**：《全集》第1卷，第153页。

"我没有提任何要求"：同上，第154页。

"这是我平生唯一一次"：同上，第156页。

"出纳捐赠"：同上，第1303页注释。

94 **贝尔内主教**：在卢梭写给约瑟夫·皮科内（Joseph Piccone）伯爵的一封信（1739年3月5日）中提到了，《通信全集》第1卷，第93页。

95 **"请放心……任何低贱的事"**：1731年5或6月，同上，第7—9页。

"久久压制着我的厄运……最紧要的关头"：1731年5月或6月，同上，第12—14页。

96 **"我在战火和硝烟……旧帽子的人"**：《全集》第1卷，第159页。

伏尔泰在《老实人》：《老实人》第22章。这段中有关巴黎的细节引自让·沙涅奥：《巴黎新史：十八世纪的巴黎》（Jean Chagniot, *Nouvelle Histoire de Paris: Paris au XVIIIe Siècle,* Paris: Hachette, 1988），第 171—181、217—239 页。

97 **“伟大的羞怯者”**：加斯东·巴什拉：《水与梦》（Gaston Bachelard, *L'Eau et les Rêves,* Paris: Corti, 1942），第 218 页。

“如果我可以这样说的话……找到它”：《全集》第 1 卷，第 162—163 页。

98 **“老家伙……我有时还依然会笑出声来”**：同上，第 161 页。

99 **我的心里逐渐发展”**：同上，第 164 页。

“什么能够证明”：阿方斯·卡勒里（Alphonse Callery），转引自《全集》，第 1309 页注释。

“一直到跑过了木桥”：同上，第 166 页。

100 **“道德最败坏的”**：同上，第 168 页。

“那天白天”：同上，第 168—169 页。

“我已经饿得骨瘦如柴了”：同上，第 170 页。

101 **“她年纪已不小了……有着炽热情感的小说”**：同上，第 171 页。

102 **“一马平川的乡村”**：同上，第 172—173 页。

“一道蓝色的峡谷”：威廉·华兹华斯：《序曲》（William Wordsworth, *The Prelude,* 1805），第 13 卷，第 56—59 行。

“她没有说话”：《全集》第 1 卷，第 173 页。

第六章　在妈妈家里

104 **“阿尔卑斯的门户”**：克里斯蒂安·索雷尔等：《尚贝里的历

史》(Chiristian Sorrel et al., *Histoire de Chambéry*, Toulouse: Privat, 1992)，第 10 页。关于尚贝里的其他细节引自尼古拉斯：《日常生活》(Nicolas, *La Vie Quotidinene*)，第 139—140、144—147、153 页。

105 **有一个女工**：她的名字是玛丽·盖伊（Marie Gay）；日期是 1734 年 2 月（尼古拉斯：《日常生活》，第 52 页）。关于读写能力的信息：同上，第 313—318 页。

106 **“没有花园”**：《忏悔录》第 5 卷，《全集》第 1 卷，第 176 页。

“回家”：《全集》第 1 卷，第 176 页。

“在安纳西”：同上，第 196 页。

“母爱的翅膀”：《让-雅克·卢梭的家族及其青年时代》，第 15 页。

107 **其姑妈是安纳西女修道院的院长**：米尼耶：《华伦夫人与让-雅克·卢梭》，第 9 页注释。

“她中等身高……是否诚实”：孔齐耶，与一位不知名者的通信，约 1786—1787 年，《通信全集》第 1 卷，第 293—294 页。

“尽管他和她一样年轻”：《全集》第 1 卷，第 201 页。

108 **“我在他面前不敢忘我”**：同上，第 177—178 页。

土地登记处：关于这些改革，参见《启蒙时代的法国》，第 27—33 页。

“这个闭塞之地”：乔治·多马：《卢梭在尚贝里》(Georges Daumas, “Rousseau à Chambéry”)，《年鉴》第 33 卷（1953—1955），第 220—225 页。

“思考加上实地运用”：《全集》第 1 卷，第 179 页。

109 **“每天干八小时”**：同上，第 188 页。

“社交生活中哪怕最小的责任”：《致马尔泽布的信》第一封，《全集》第 1 卷，第 1132 页。

“在任何一种可以想到的事情上”：《梦》第六次散步，《全集》第 1 卷，第 1053 页。

埃里克·埃里克森（Erik Erikson）写过：在诸多著作中，尤其是《青年路德》（*Young Man Luther*, New York: Norton, 1958）；《身份、青年与危机》（*Identity, Youth, and Crisis*, New York: Norton, 1968）和《甘地的真理》（*Gandhi's Truth*, New York: Norton, 1969）。

“值得叙述的事情不多”：《全集》第 1 卷，第 178 页。

110 **“歌唱得好”**：同上，第 187 页。

他告诉一个朋友：贝纳丹，第 57 页。

111 **“因此，我决定”**：1732 年 6 月 29 日（？），《通信全集》第 1 卷，第 16 页。

“手上如果没有”：尼古拉斯：《日常生活》（Nicolas, *La Vie Quotidienne*），第 190—191 页。

“在最惬意的社交圈中”：《全集》第 1 卷，第 186 页。

112 **“迫害已故的卡顿神父”**：安托万·贝尔菲斯（Antoine Belfis）神父致其前盟友博纳旺蒂尔·若朗（Bonaventure Jorand），转引自乔治·多马，《在忏悔边缘》（“En Marge des Confessions”），《年鉴》第 33 卷（1953—1955），第 218 页；关于卡纳瓦（Canevas），参见第 210—211 页。

“我一下子被抛进了上流社会中……这个小城就是尚贝里”：

《全集》第 1 卷，第 188 页。

“名字可能是”：特鲁松，第 1 卷，第 122 页。

“尚贝里最美的女人”：《忏悔录》第 5 卷，《全集》第 1 卷，第 190 页。

“但如果您看完”：日期不明的信，可能写于 1734 年，或许是写给卡特琳–弗朗索瓦丝·德·夏勒（Catherine-Françoise de Challes），《通信全集》第 1 卷，第 22 页。

113 **“有时候引起我的注意”**：《全集》第 1 卷，第 189 页。

“但那位先生看到的”：同上，第 192 页。

“是希腊雕像的典范……让我明白她的心意”：同上，第 190—191 页。

“她那些新奇的想法”：同上，第 194 页。

114 **“她总是认为”**：同上，第 198 页。

“这是我头一次”：同上，第 197 页。

“多美的梦”：伊波利特·比弗努瓦尔：《夏梅特与让–雅克·卢梭》（Hippolyte Buffenoir, *Les Charmettes et Jean-Jacques Rousseau*, Paris: Paul Cornau, 1902），第 11—12 页。

“完全没有娼妓的本性”：克兰斯顿，第 1 卷，第 109 页。

“一个性生活混乱”：格里姆斯利：《自我意识的研究》，第 102 页。

115 **“由于她完全”**：《全集》第 1 卷，第 197 页。

“人们完全可以相信”：奥利维耶·马蒂：《卢梭：从婴孩到不惑之年》（Olivier Marty, *Rousseau de l'Enfance à Quarante Ans*, Paris: Debresse, 1975），第 139 页。

“和妈妈在一起时”：《忏悔录》第 6 卷，《全集》第 1 卷，第

253—254 页。

“在肉体的快乐享受中……我会当场死去的”：《忏悔录》第5卷，《全集》第1卷，第219页。

116 **“我不知道克洛德·阿内……流着眼泪拥抱”：**同上，第201页。

“在他得病后的第五天”：同上，第205页。

很容易想象：《让-雅克·卢梭：从负罪之爱到荣耀之爱》，第187页。米尼耶最早注意到3月的山龙蒿难以采集，参见《华伦夫人与让-雅克·卢梭》，第119页。

117 **一件奇事：**《朱莉》，第1卷，第四十三至四十四封信，第4卷，第十封信。

“更糟糕的是……真正康复的”：可能写于1733年8月13日的信，《通信全集》第1卷，第20页；拉尔夫·利注意到卢梭显然发明了lactifié（康复）这个词。《忏悔录》第5卷提到了这次生病，参见《全集》第1卷，第184页。

118 **“这位高级教士去世后”：**致克洛德·布代，1742年4月19日，《通信全集》第1卷，第149页。

一个留存至今的笔记本：拉尔夫·利提及，《通信全集》第1卷，第25页注释。

“我热烈地祈祷着”：1734年12月18日的信，《通信全集》第1卷，第314页。米尼耶详细讲述了1734年的事件，参见《华伦夫人与让-雅克·卢梭》，第5章。

“这个过失……以免她担忧”：《通信全集》第1卷，第26—27页。

119 **“六个月了”：**同上，第24页。

“她的行为没有”：同上，第 109 页（可能写于 1739 年）。

120 **“这位男爵夫人”**：同上，第 293 页（可能写于 1786 年或 1787 年）。

“我确实对雕刻师行业……不虚度一分一秒”：同上，第 29—31 页。

121 **“我们是悲惨的罪人”**：《日内瓦教会的礼仪或举行神圣仪式的方式》（La Liturgie ou la Manière de Célébrer le Service Divin dans l'Église de Genève, 1743），转引自《卢梭与他青少年时代的加尔文教派圈》，第 42 页。

“我宣誓”：《华伦夫人与让-雅克·卢梭》，第 11 页。

“虔信费奈隆的风格”：《梦》第三次散步，《全集》第 1 卷，第 1013 页。

卢梭关于人类幸福的理想化描绘的基础：斯塔罗宾斯基：《活的眼睛》（*L'Oeil Vivant*）[1]，第 155—161 页。

安纳西的神学院前的街道：莱昂德尔·瓦亚：《萨瓦》（Léandre Vaillat, *La Savoie*, Paris: Perrin, 1912），第 321 页。

“我就这样在音乐”：《全集》第 1 卷，第 218 页。

122 **“不管一个人是多么的矜持”**：同上，第 212 页。

加布里埃尔·巴格雷：拉尔夫·利概述了他多姿多彩的职业生涯，参见《通信全集》第 1 卷，第 36 页。

123 **“由于身体”**：《全集》第 1 卷，第 221 页。

“我完全成了她的作品……一切上的占有”：同上，第

1 《朱莉》中的沃尔玛说：“如果我能够改变自己的本质，成为一只活的眼睛，我非常乐意做这个交换。”参见《朱莉》第 4 卷，第十二封信。

222 页。

“我打算请求”:《通信全集》第 1 卷，第 32 页。

124 **“但地方很封闭和偏僻”**:《全集》第 1 卷，第 224 页。

第七章　夏梅特的田园生活

125 **一份租约保存至今**：乔治·多马:《夏梅特的田园生活是一个神话吗？》(Georges Daumas, “L’Idylle des Charmettes est-elle un Mythe?”),《年鉴》第 34 卷 (1956—1958)，第 83—105 页；关于农场的出产和牲畜，参见《辞典》，第 134 页。

127 **“完全的自由”**:《梦》第十次散步,《全集》第 1 卷，第 1099 页。

“我一生中仅有的……它一刻也没有离开过我”:《忏悔录》第 6 卷,《全集》第 1 卷，第 225—226 页。

128 **“不能消化任何东西”**:《全集》第 1 卷，第 227 页。

医生的数量也不多：尼古拉斯:《日常生活》，第 41 页。

129 **“这件事看起来……最不感到无聊的时候”**:《全集》第 1 卷，第 228、235 页。

“作为一个病人”：致埃皮奈夫人的信，1757 年 3 月 26 日，《通信全集》第 4 卷，第 200 页。

“因为我怀疑自己活不到明年春天”:《全集》第 1 卷，第 231 页。

“反复读”:《忏悔录》第 6 卷,《全集》第 1 卷，第 232 页。

“在年轻时知道了”：贝尔纳·拉米:《关于科学的谈话》(Bernard Lamy, *Entretiens sur les Sciences*, ed. François Girbal and Pierre

Clair, Paris: Presses Universitaires de France, 1966），第 65 页。

130 **“我不再琢磨”**：《全集》第 1 卷，第 232 页。

“当我看到草木”：同上，第 233 页。

“我总是特别喜欢”：同上，第 233—234 页。

“向我眼前所见……一起的魅力”：同上，第 236—237 页。

“很可能是他的疾病”：同上，第 1350 页注释。

131 **“妈妈，妈妈……尚未去过的”**：同上，第 244—245 页。

让–萨米埃尔–鲁道夫·温曾里德（Jean-Samuel-Rodolphe Wintzenried）：关于可用材料的评述，参见《全集》第 1 卷，第 1361—1362 页；《通信全集》第 1 卷，第 89—90 页；《辞典》，第 943—944 页。

“他爱大声嚷嚷”：《全集》第 1 卷，第 262 页。

132 **“耗资巨大的计划”**：孔齐耶：致不知名的通信者，约 1786—1787 年，《通信全集》第 1 卷，第 294 页。

“他富有智慧”：1757 年的总督（intendant général）备忘录，转引自《华伦夫人与让–雅克·卢梭》，第 419—420 页。

“我对她的感情……我所喜爱的人的玩乐”：《全集》第 1 卷，第 264—266 页。

“我一生中的一次突然和彻底的”：同上，第 263 页。

“这会让这个聪明善良的小孩”：《忏悔录》第 1 卷，《全集》第 1 卷，第 19 页。

133 **“我已经开始自我要求”**：《忏悔录》第 6 卷，《全集》第 1 卷，第 266 页。

“以报答这位夫人……直至死亡”：《全集》第 1 卷，第 1212—1213 页。

134 **“他经常和我谈起”**：《忏悔录》第5卷，《全集》第1卷，第215页。

“关在我的小旅馆里”：1737年7月24—26日，《通信全集》第1卷，第44—45页。

“她落落大方地收下了”：《忏悔录》第6卷，《全集》第1卷，第247页。

135 **“曾把我叫作……有联系”**：《全集》第1卷，第216—217页。

“我们注意到”：马德莱娜·雅凯里（Madeleine Jacquéry）致卢梭，1762年7月28日，《通信全集》第12卷，第121页。卢梭似乎没有回复这封信。

136 **无病呻吟**：《忏悔录》第6卷，《全集》第1卷，第258页。

“一堆凝固性的淋巴细胞”：马修·贝利：《对身体中一些最重要部位的病理解剖》（Matthew Baillie, *The Morbid Anatomy of Some of the Most Important Parts of the Body*, London, 1793），第14页。

“夫人，请允许我……其他的做法了”：1737年9月13日，《通信全集》第1卷，第48—49页。

137 **詹姆斯二世党人在阿维尼翁和蒙彼利埃很有名**：参见《让-雅克·卢梭：从负罪之爱到荣耀之爱》，第155页；杰弗里·本宁顿（Geoffrey Bennington）对卢梭化名的含义做了有趣的考察，参见《达丁：卢梭的名字》（*Dudding: Les Noms de Rousseau*, Paris: Galilée, 1991）。

138 **“瞧，拉尔纳热夫人……此中乐趣就死去了”**：《忏悔录》第6卷，《全集》第1卷，第249、253—254页。

“她让我重新获得了”：同上，第252页。

“他自己都没有意识到的”：费奈隆：《特勒马科斯历险记》

（Fénelon, *Les Aventures de Télémaque*, ed. Jeanne-Lydie Goré, Paris: Garnier, 1968），第 6 卷，第 174 页。

卢梭的裸露癖：《活的眼睛》，第 107 页。

139 **“我的脚步声……必有一失”：**《全集》第 1 卷，第 256 页。

“在到达蒙彼利埃之前”：贝纳丹，第 52 页；也参见《全集》第 1 卷，第 256—257 页。

“微笑着看着我”：贝纳丹，第 47—48 页。

140 **“蒙彼利埃是一座”：**致让-安托万·沙博内尔（Jean-Antoine Charbonnel），1737 年 11 月 4 日，《通信全集》第 1 卷，第 61 页。

“我不喜欢不毛之地”：致米拉博（Mirabeau）侯爵，1767 年 1 月 31 日，《通信全集》第 32 卷，第 84 页。

“这里的食物……你懂我”：1737 年 10 月 23 日和 12 月 4 日，《通信全集》第 1 卷，第 53—59、63—64 页。

141 **“我生平第一次”：**《全集》第 1 卷，第 260 页。

“我上楼去”：同上，第 261 页。

142 **“他觉得他的名字”：**同上，第 265 页。

“城堡管理员”：克兰斯顿，第 1 卷，第 135 页。

“和他藐视的一个”：同上，第 140 页；法律文件，1739 年 10 月 24 日，收入《通信全集》第 1 卷，第 316 页。

“夫人，抓到四只老鼠”：《全集》第 2 卷，第 1122 页。

“我亲爱的妈妈，既然您住在”：1739 年 3 月 3 日，《通信全集》第 1 卷，第 88 页。

“最体贴的……使痛苦变得甜蜜”：1739 年 3 月 18 日，同上，第 98—99 页。

143 **“啊，要是我在她的心中”**：《梦》第十次散步，《全集》第1卷，第1098页。

“为什么不能让我”：《爱弥儿和苏菲》第1卷，《全集》第4卷，第895页；《让-雅克·卢梭：从负罪之爱到荣耀之爱》，第188页。

“因为缺乏两人之间”：《忏悔录》第6卷，《全集》第1卷，第269页。

“我不知道为什么”：《全集》第1卷，第242页。

144 **“阅读每一位作家……利用到极致”**：同上，第234、239、237页。

“天才总是”：贝纳丹，第149页。

145 **“对我来说”**：《全集》第1卷，第238页。

“一张图表会让”：1738年9月20日，《通信全集》第1卷，第79页。

“在空气中放屁”：《全集》第1卷，第241页。

“‘我’是可恶的……憎恶自己”：帕斯卡尔：《思想录》（Pascal, *Pensées*），据莱昂·布伦瑞克（Léon Brunschvicg）的编号，第451、455、468号。

“如果不是妈妈……怀疑过我会得救”：《全集》第1卷，第243页。

146 **“无罪的天主教教义”**：尼古拉斯·博诺特：《让-雅克·卢梭：历史学视野与自传：文学的社会学研究》（Nicolas Bonhôte, *Jean-Jacques Rousseau: Vision de l'Histoire et Autobiographie: Étude de Sociologie de la Littérature*, Lausanne: L'Age d'Homme, 1992），第210页。

一把火把它烧掉了：《忏悔录》第 7 卷，《全集》第 1 卷，第 293 页。

"由尚贝里的卢梭先生作曲"：《全集》第 2 卷，第 1163 页，第 1906 页注释；《通信全集》第 1 卷，第 48 页注释。

《华伦夫人的果园》：《全集》第 2 卷，第 1123—1129 页。

"陈腐无趣的辞藻"： 让-路易·勒塞克勒：《卢梭与小说的艺术》（Jean-Louis Lecercle, *Rousseau et l'Art du Roman*, Paris: Librairie Armand Colin, 1969），第 42 页。

147 **"我坦率地告诉你……安宁和满足"：**《通信全集》第 1 卷，第 72 页。

《沙特勒斯修道院修道士赞美诗》：《全集》第 2 卷，第 1120—1122 页。

写过一首晨祷词：《全集》第 4 卷，第 1034—1039 页。

法国驻日内瓦代办：《通信全集》第 1 卷，第 93—95 页（也参见《全集》第 1 卷，第 1214—1217 页。

148 **"我在很小的时候"：**《通信全集》第 1 卷，第 93—94 页（也参见《全集》第 1 卷，第 1218—1220 页。

"那次讨厌的贝桑松之旅"： 1739 年 3 月 3 日，《通信全集》第 1 卷，第 88 页。

这份计划让人难以置信地： 同上，第 96—97 页。

第八章　开阔眼界：里昂和巴黎

149 **"使他不再无所事事"：** 1740 年 8 月 22 日，《通信全集》第 1 卷，第 124—125 页。

“我将努力配得上”：1740 年 4 月，同上，第 120 页。

150 **“全心全意”**：1740 年 4 月 25 日，同上，第 121—122 页。

“一座没有历史的城市”：莫里斯·加登：《十八世纪的里昂和里昂人》（Maurice Garden, *Lyon et les Lyonnais au XVIIIe Siècle*, Paris: Flammarion, 1975），第 63、351、352 页。第 180 页上的表格表明，1789 年有 60% 的工人从事纺织业，而几乎一半的工人从事丝绸业。

给学院的一个名叫夏尔·博尔德的成员写了：《致博尔德先生书简》（“Épitre à M. Bordes”），《全集》第 2 卷，第 1132 页。[1]

151 **“我不喜欢”**：《爱弥儿》第 3 卷，《全集》第 4 卷，第 477 页。

“高贵而慷慨……最有作为的人”：《忏悔录》第 7 卷，《全集》第 1 卷，第 280—281 页。

“我是一个被命运抛弃的……因为我而改变”：《全集》第 2 卷，第 1139—1140 页。

“他似乎瞥见”：盖埃诺，第 1 卷，第 111 页。

152 **“模样儿长得很漂亮……学不进去”**：《忏悔录》第 6 卷，《全集》第 1 卷，第 267 页。

“我什么都明白”：同上，第 268 页。

153 **“没有什么事情……很难对我产生影响”**：《全集》第 4 卷，第 10、13、21、31 页。

154 **“一瓶阿尔布瓦出产的”**：《全集》第 1 卷，第 269 页。

---

1 此条原书放入第 151 页，误。

“我并不感到惊讶”：贝纳丹，第 115 页。

Barbarus hic：《全集》第 2 卷，第 1890 页。

“被命运放逐”：《给弗勒里厄夫人》(“Pour Madame de Fleurieu”)，同上，第 1133 页。

155 **“全都劳而无功”**：《全集》第 1 卷，第 268 页。

“她一无所有”：《忏悔录》第 7 卷，《全集》第 1 卷，第 282 页。塞尔（Serre）小姐十一岁（卢梭记得她是十四岁），参见《忏悔录》第 4 卷，《全集》第 1 卷，第 171 页。

“小姐，我明白”：《通信全集》第 1 卷，第 103—106 页。

156 **“我全心全意地拥抱你”**：1764 年 12 月 5 日，《通信全集》第 22 卷，第 170 页。

“青年时期的迷途”：《通信全集》第 1 卷，第 106 页注释。

“致法妮”（To Fanie）：收入致孔齐耶的信，1742 年 3 月 14 日，《通信全集》第 1 卷，第 144—145 页。

一封长信：致孔齐耶，1742 年 1 月 17 日，同上，第 132—139 页。

157 **“我的风趣机智”**：贝纳丹，第 5 页。

158 **“当他去见妈妈”**：特鲁松，第 1 卷，第 104 页。

“没有什么比区分”：《爱弥儿》第 2 卷，《全集》第 4 卷，第 342—343 页。

“乱糟糟的街”：《忏悔录》第 7 卷，《全集》第 1 卷，第 282 页。

159 **“在我们看来”**：转引自伊丽莎白·巴丹泰：《知识分子的激情》(Elisabeth Badinter, *Les Passions Intellectuelles*, 2 vols., Paris: Fayard, 1999, 2002)，第 1 卷，第 225 页。

160 **“你必须勇敢地”**：转引自盖埃诺，第1卷，第123页。

“更懂得如何用拳头”：转引自阿瑟·威尔逊：《狄德罗》（Arthur M. Wilson, *Diderot,* New York: Oxford University Press, 1972），第16页。

“身材粗壮”：舍韦尼（Cheverny）伯爵让-尼古拉斯·迪福（Jean-Nicolas Dufort）的回忆，提及1768年的一件事，转引自威尔逊：《狄德罗》，第543页。

161 **走在一条满是镜子的长廊**：阿兰·格罗里夏尔：《我在哪里？我是什么：根据〈梦〉中的一段文本对让-雅克·卢梭作品中空间问题的思考》，收入《1978年的卢梭和伏尔泰：尼斯国际学术研讨会论文集》（Alain Grosrichard, "Où suis-je? Que suis-je: Réflexions sur la question de la place dans l'oeuvre de Jean-Jacques Rousseau à partir d'un texte des Rêveries," in *Rousseau et Voltaire en 1978: Actes du Colloque International de Nice,* Geneva: Slatkine, 1981），第356页。

“有天才的想象力”：安德烈·莫雷莱：《莫雷莱修士回忆录》（André Morellet, *Mémoires de l'Abbé Morellet,* ed. Jean-Pierre Guicciardi, Paris: Mercure de France, 1988），第58页。

“他说话的热情和激烈程度……青一块紫一块的”：转引自威尔逊：《狄德罗》，第630、632、695页。

“扔向旧制度的”：转引自彼得·弗朗斯编：《新牛津法语文学手册》（*The New Oxford Companion to Literature in French,* ed. Peter France, Oxford: Clarendon, 1995），第845页。

162 **“他的神情”**：威尔逊：《狄德罗》，第350页。

“我有一副能够躲避艺术家的面具”：狄德罗：《1767年

沙龙》(Diderot, *Salon de 1767*, ed. Jean Seznec and Jean Adhémar, Oxford: Clarendon, 1963)，第 67 页。

163 **“他每下一步棋”**：雅各布·若纳斯·比约恩斯托尔致卡尔·克里斯托弗·基约韦尔（Jacob Jonas Björnstahl to Carl Christoffer Gjörwell)，1770 年 9 月 1 日,《通信全集》第 38 卷，第 95 页。

“你输了会感到难受”：安托万·布雷:《卢梭轶事》，手稿(Antoine Bret, manuscript, “Annecdotes sur Rousseau,” trans. by A. C. Keys),《年鉴》第 32 卷（1950—1952)，第 184 页。

“人们追求优越”：狄德罗:《1767 年沙龙》，收入《狄德罗全集》(*Œuvres Complètes de Diderot*, ed. J. Assézat, Paris: Garnier, 1876)，第 11 卷，第 127 页。

兄弟仇敌（frères ennemis)：让·法布雷:《两个兄弟仇敌：狄德罗与让-雅克》(Jean Fabre, “Deux Frères Ennemis: Diderot et Jean-Jacques,” in *Lumière et Romantisme*, 2nd ed., Paris: Klincksieck, 1980)，第 19—65 页。

“既然音乐家”:《忏悔录》第 7 卷,《全集》第 1 卷，第 288—289 页。

“进入豪门大宅”：同上，第 291 页。

“一开始是静悄悄的”：伏尔泰:《老实人》，第 22 章。

164 **圣普乐的描述**:《朱莉》，第 2 卷，第十四至十五封信。

“无论是人”：贾科莫·卡萨诺瓦:《我的生平》(Giacomo Casanova, *History of My Life*, trans. Willard Trask, New York: Harcourt, Brace & World, 1966)，第 2 卷，第 223 页；第 8 卷，第 249 页。

“一个人必须”：热尔梅娜·德·斯塔尔：《关于让-雅克·卢梭性格和著作的书信》（Germaine de Staël, *Lettres sur les Œvrages et le Caractère de J.-J. Rousseau*, ed. Marcel Françon, Geneva: Slatkine Reprints, 1979），第 42 页。

“辛辣讽刺的笑声”：《朱莉》，第二版序言，《全集》第 2 卷，第 21 页。

“那些把自己暴露……微薄的黑面包”：《朱莉》第 2 卷，第十七封信，《全集》第 2 卷，第 248、250、252、256 页；以及第 2 卷，第二十七封信，《全集》第 2 卷，第 303 页。库莱（Coulet）举出了“来自另一个世界的人”（gens de l'autre monde）的十八世纪的例子，参见《新爱洛伊丝》，第 1 卷，第 513 页。

165 **“我第一次见到她……没有再看她一眼”**：《忏悔录》第 7 卷，《全集》第 1 卷，第 291—292 页。

“睁开您的眼睛”：特鲁松引用了这首诗（第 1 卷，第 182 页），认为它确实是卢梭的作品，不过这并不确定。

“我非常痛苦地得知”：1743 年 4 月 9 日，《通信全集》第 1 卷，第 182 页。

166 **“他是人们可能找到的”**：路易·德·巴绍蒙：《1762 年以来为法国的文学共和国史编纂的秘密回忆录》（Louis de Bachaumont, *Mémoires Secrets pour servir à l'Histoire de la République des Lettres en France depuis 1762*），1769 年 2 月 26 日，收入皮埃尔-保罗·普朗：《当时报纸所讲述的让-雅克·卢梭》（Pierre-Paul Plan, *J.-J. Rousseau Raconté par les Gazettes de son Temps*, Paris: Mercure de France, 1912），第 96 页。

“即使迪潘夫人”：《忏悔录》第 7 卷，《全集》第 1 卷，第 293 页。

英雄芭蕾……诗人的恋情：同上，第 294 页。

第九章　威尼斯的面具

168 **“我对他的面相”**：路易–加布里埃尔–克里斯托弗·德·蒙泰居致蒙泰居伯爵皮埃尔–弗朗索瓦（Louis-Gabriel-Christophe de Montaigu to Pierre-François, comte de Montaigu），1743 年 6 月 29 日，《通信全集》第 1 卷，第 187 页。

“多年来”：同上，第 188 页。

169 **“顺便看望我可怜的妈妈”**：《忏悔录》第 7 卷，《全集》第 1 卷，第 295 页。

“他去尚贝里的旅程”：《华伦夫人与让–雅克·卢梭》，第 216 页。

“我很高兴认识了”：容维尔致蒙泰居（Jonville to Montaigu），1743 年 9 月 26 日，《通信全集》第 1 卷，第 196 页。

170 **“尽管自从我来到这里”**：1743 年 9 月 21 日，同上，第 194 页。拉尔夫·利的注释（第 195—196 页）概述了这次财务危机。

“他到达这里两天”：蒙泰居致皮埃尔–约瑟夫·阿拉里修士（Montaigu to the abbé Pierre-Joseph Alary），1744 年 8 月 15 日，《通信全集》第 2 卷，第 50 页。

“如果他从来没当过男仆”：盖埃诺，第 1 卷，第 140 页。

“大使馆秘书”：卢梭致信华伦夫人说，她给他写信时应该使用这个头衔，参见 1743 年 10 月 5 日，《通信全集》第 1 卷，第 198 页。

被翻译成密码：《全集》中有所描述，参见第 3 卷，第 250—251 页。

171 **"外交事务办事员"：** 迪泰伊的书记员致蒙泰居（J.-G. du Theil's clerk to Montaigu），1743 年 11 月 28 日，《通信全集》第 1 卷，第 215 页；《忏悔录》第 7 卷，《全集》第 1 卷，第 304 页。

"我真是被卢梭先生的坏脾气"： 蒙泰居致路易-加布里埃尔-克里斯托弗·德·蒙泰居（Montaigu to L. G. C. de Montaigu），1743 年 11 月 19 日，《通信全集》第 1 卷，第 210 页。

卢梭就很容易： 同上，第 55 页。

173 **"那参议员脸色……我的功劳呢"：**《忏悔录》第 7 卷，《全集》第 1 卷，第 302 页。

"波旁家族"： 同上，第 306 页。

"圣马可广场上"： 同上，第 305 页。

"明天凌晨一点"： 诺蒂修士致卢梭（abbé Nauti to Rousseau），1743 年 12 月 30 日，《通信全集》第 1 卷，第 221 页。

"一座神话般"： 亨利·策纳（Henri Zerner）为菲利普·莫尼耶（Philippe Monnier）的《十八世纪的威尼斯》（*Venise au XVIIIe Siècle*, Brussels: Complexe, 1907; reprint, 1981）所写的序言，未标页码。

174 **"面具不是一种伪装"：** 莫尼耶：《十八世纪的威尼斯》，第 34 页。

“我稍稍改变了”：致蒙泰居伯爵夫人，1743 年 11 月 23 日，《通信全集》第 1 卷，第 213 页。

“这里更加无忧无虑的……美丽的部分”：约翰·沃尔夫冈·冯·歌德：《意大利游记 1786—1788》(Johann Wolfgang von Goethe, *Italian Journey 1786–1788*, trans. W. H. Auden and Elizabeth Mayer, New York: Pantheon, 1962)，第 68、71、75、88 页。

“听着他们的船歌……一样唱出来”：《全集》第 1 卷，第 314 页。

“一种威尼斯凤尾船”：“船夫曲”(barcarolle)，《音乐辞典》，《全集》第 5 卷，第 650 页。

175 **“他们从远处传来的声音”**：歌德：《意大利游记 1786—1788》，第 77 页。

“当我睁开眼睛……一样唱出来”：《全集》第 1 卷，第 314 页。

他最喜欢的总是声乐旋律：马德琳·埃利斯：《卢梭的威尼斯故事：一篇关于〈忏悔录〉中艺术与真理的论文》(Madeline Ellis, *Rousseau's Venetian Story: An Essay upon Art and Truth in Les Confessions*, Baltimore: Johns Hopkins University Press, 1966)，第 122 页。

“来吧，苏菲”：《全集》第 1 卷，第 315 页。

“璀璨的灯光”：《致博尔德书简片段》(“Fragment d'une Épitre à M. B[ordes]”)，《全集》第 2 卷，第 1145 页。七星文库版的编辑（第 1897—1898 页）把这封信的日期定为 1744 年 4 月，并认为这位歌手是被称为卡蒂纳（Cattina）的卡泰丽娜·阿斯基耶里（Caterina Aschieri）。

“早晨来点弥撒”：莫尼耶：《十八世纪的威尼斯》，第 28 页；

夏尔·德·布罗斯（Charles de Brosses）报告了三座女修道院的故事，同上，第 201 页。

176 **“但不是我喜欢的……解除了她的顾虑”**：《全集》第 1 卷，第 317 页。

合理地认为：雅克·博雷尔：《让–雅克·卢梭的天才与疯狂》（Jacques Borel, *Génie et Folie de J.-J. Rousseau*, Pari: Corti, 1966），第 84 页；邦苏桑：《卢梭的疾病》（D. Bensoussan, *La Maladie de Rousseau*, Paris: Klinckgieck, 1974），第 46 页。

“不管你是谁”：《全集》第 1 卷，第 320 页。

蒙泰居先生自己的提议，《通信全集》第 2 卷，第 38 页注释。

“她那双东方人一样的……我全都服从”：《全集》第 1 卷，第 318—319 页。

177 **“那些用钱就能买来到女人”**：《忏悔录》第 1 卷，《全集》第 1 卷，第 36 页。

“我可以忍受他们”：《忏悔录》第 7 卷，《全集》第 1 卷，第 320 页。

“她的袖口……去学习数学吧”：同上，第 320—322 页。

178 **瞎了一只眼睛的唱诗班女孩**：克里斯托弗·凯利：《卢梭的榜样人生：作为政治哲学的〈忏悔录〉》（Christopher Kelly, *Rousseau's Exemplary Life: The Confessions as Political Philosophy*, Ithaca: Cornell University Press, 1987），第 172—183 页。

“真正的爱情”：《朱莉》第 1 卷，第 50 页，《全集》第 2 卷，第 138 页。

“请你永远不要……更能享受生活”：《朱莉》，附录，《爱德华·博姆斯顿大人的爱情》(“Les Amours de Milord Édouard Bomston”),《全集》第2卷,第753、760页。

179 **“声言这是了解他的性格”**:《全集》第1卷,第1401页。

更多的女人是仰卧着:夏尔·德·布罗斯,转引自特鲁松,第1卷,第200—201页。

“他满脑子就是”:转引自特鲁松,第1卷,第197页。

“卑鄙可耻的母亲……她的保护者”:《忏悔录》第7卷,《全集》第1卷,第323页。

180 **“我有机会……最优秀的人民”**:《忏悔录》第9卷,《全集》第1卷,第404—405页。

181 **“他总是一次性做三只鞋子”**:贝纳丹,第44页(引用一个熟悉蒙泰居的“值得信任的人”)。

“我的办公桌一端的椅子”:蒙泰居致阿拉里修士(Montaigu to the abbé Alary),1744年8月15日,《通信全集》第2卷,第50—51页。

“几乎像一个”:盖埃诺,第1卷,第139页。

182 **“我哈哈大笑”**:《全集》第1卷,第312页。

“像对待一个”:蒙泰居致阿拉里(Montaigu to Alary),1744年8月15日,《通信全集》第2卷,第50页。

“我将返回巴黎”:致迪泰伊(to J.-G. du Theil),1744年8月15日,同上,第48页。

“对一个诚实的人”:致迪泰伊,1744年10月11日,同上,第67页。

183 **“我的投诉尽管正义”**:《全集》第1卷,第327页。

一些仆人在蒙泰居不付工钱:勒布隆(Le Blond),1749年9月13日信,转引自《全集》第3卷,第1844页注释。

第十章　生命伴侣和有罪的秘密

184 **"取道瑞士"**：托马斯·伯奇：《波义耳传》（Thomas Birch, *Life of Boyle*[1744]），转引自爱德华·派亚特：《阿尔卑斯山的通道》（Edward Pyatt, *The passage of the Alps*, London: Robert Hale, 1984），第 51 页。

道德败坏的冒险家：蒙泰居致谢尼翁修士（Montaigu to the abbé Chaignon），1744 年 10 月 10 日，《通信全集》第 2 卷，第 65 页。

185 **"先生，前天"**：樊尚·卡伯霍尼耶·德·高夫库尔致谢尼翁修士（Vincent Capperonnier de Gauffecourt to the abbé Chaignon），1744 年 9 月 12 日，《通信全集》第 3 卷，第 417 页。

"迪维拉尔去找"：《忏悔录》第 7 卷，《全集》第 1 卷，第 324 页。

"有一天和他一起"：《忏悔录》第 1 卷，《全集》第 1 卷，第 29 页。

"大家都认为"：《忏悔录》第 7 卷，《全集》第 1 卷，第 325 页。

186 **"他没有西班牙人……感官之火诞生"**：同上，第 327—329 页。

"卢梭一生中都感觉"：司汤达（Stendhal）致他的姐妹波利娜（Pauline）的信，1804 年 7 月 12 日，《通信集》（*Correspondance*, ed. H. Martineau and V. del Litto, Paris: Gallimard, 1962），第 1 卷，第 128 页。

"我可怜的兄弟……再见，妈妈"：1745 年 2 月 25 日至 3 月

1 日，《通信全集》第 2 卷，第 73—77 页。

187 **“我第一次在餐桌上……我不想找的东西”**：《忏悔录》第 7 卷，《全集》第 1 卷，第 330—331 页；泰蕾兹的出生证明幸存于奥尔良（Orléans），表明她出生于 1721 年 9 月 21 日：沙利·居约：《为泰蕾兹·勒瓦瑟辩护》（Charly Guyot, *Plaidoyer pour Thérèse Levasseur,* Neuchâtel: Ides et Calendes, 1962），第 19 页。

188 **“我需要的补充品”**：《忏悔录》第 7 卷，《全集》第 1 卷，第 332 页。斯塔罗宾斯基最先揭示了意义的模棱两可，参见《让-雅克·卢梭：透明与障碍》，第 179 页；它们成为了雅克·德里达（Jacques Derrida）扩展分析的重点，参见《论文字学》（*Of Grammatology,* trans. Gayatri Spivak, Baltimore: Johns Hopskins University Press, 1976），第 141—164 页。亦参见《全集》第 1 卷，第 1407 页注释。

“危险的补充品”：《爱弥儿》第 4 卷，《全集》第 4 卷，第 663 页。

“从我见到她那一刻”：《忏悔录》第 9 卷，《全集》第 1 卷，第 414 页。

“只投入一半”：《让-雅克·卢梭：从负罪之爱到荣耀之爱》，第 229 页；与玛丽昂的类比见第 224—225 页。

189 **“玛丽昂不仅”**：《忏悔录》第 2 卷，《全集》第 1 卷，第 84 页。

下层阶级的情妇：参见《屠猫狂欢：法国文化史钩沉》，第 165—167 页。

“他有娜妮特”：《忏悔录》第 7 卷，《全集》第 1 卷，第 346 页。

190 **警察局长：**《忏悔录》第 8 卷，《全集》第 1 卷，第 353 页。

"几乎成了我的家"：《忏悔录》第 7 卷，《全集》第 1 卷，第 333 页。

"他看得出"： 莫雷莱：《莫雷莱修士回忆录》（Morellet, *Mémoires*），第 115 页。

"一个娇小、活泼"： 鲍斯韦尔 1764 年 12 月 3 日的日记，收入弗雷德里克·波特尔编：《鲍斯韦尔的游学旅行：德国和瑞士》（*Boswell on the Grand Tour: Germany and Switzerland*, ed. Frederick A. Pottle, New York: McGraw-Hill, 1953），第 220 页。（法语谈话由波特尔翻译；拉尔夫·利在《通信全集》[第 22 卷，第 355 页] 中给出了原文。）

"窗台就是……为对方而生的"：《忏悔录》第 8 卷，《全集》第 1 卷，第 353—354 页。

191 **"在瑞士"：**《忏悔录》第 7 卷，《全集》第 1 卷，第 332 页。

"我毫不犹豫而且痛痛快快地"： 同上，第 345 页。

192 **在尚贝里，约有 1/4 的新生儿被遗弃：** 尼古拉斯：《日常生活》，第 119 页。

"圣让-勒龙（Saint-Jean-le Rond）教堂"： 转引自莱昂·拉勒芒（Léon Lallemand）原始招供记录，参见《弃婴的历史》（*Histoire des Enfants Abandonnés et Délaissés,* Paris: Picard, 1885），第 157 页。我关于弃婴的记述基于拉勒芒的著作（第 131—137 页）和卡米耶·布洛克的《大革命前夕法国的救济与国家》（Camille Bloch, *L'Assistance et l'État en France à la Veille de a*[1]

1 原文如此。疑为"*La*"。

Révolution, Paris: Picard, 1908），第 57—120 页。

“母爱的坟墓”：阿卡德米·德·沙隆（Académie de Châlons, 1777），转引自布洛克：《救济》，第 119 页。

193 **约瑟夫·卡特琳·卢梭**：《全集》第 1 卷，第 1421—1422 页。

致弗朗克耶夫人（Mme de Francueil）的信：1751 年 4 月 20 日，《通信全集》第 2 卷，第 142—144 页。

194 **“哦！对这件事”**：转引自《全集》第 1 卷，第 1417 页。

“毫无瑕疵的忠诚”：致卢森堡公爵夫人，1761 年 1 月 12 日，《通信全集》第 9 卷，第 15 页。

“因为她给她的男主人生下的孩子”：《百科全书杂志》（*Journal Encyclopédique*），1791 年 4 月 30 日，再版于《通信全集》第 2 卷，第 310 页。

195 **泰蕾兹后来记得是四个孩子**：卢梭去世后，吉拉尔丹（Girardin）侯爵徒劳地尝试追踪这些孩子，似乎听泰蕾兹说是“四个孩子”（亨利·拉里约德致吉拉尔丹［Henri Laliaud to Girardin］，1779 年 10 月 16 日，《通信全集》第 44 卷，第 54 页）。

“都会长久地”：《爱弥儿》第 1 卷，《全集》第 4 卷，第 263 页。

“让-雅克一生中”：《忏悔录》第 8 卷，《全集》第 1 卷，第 357 页。

第十一章　作家的学徒生涯

196 **“我决定”**：致达尼埃尔·罗甘（Daniel Roguin），1745 年 7

月 9 日，《通信全集》第 2 卷，第 83—85 页。

“如果你有困难”：不能确定日期的回信，同上，第 86 页。

197 **据一位现代专家的描述**：《辞典》中的帕克特（D. Paquette），第 633 页。

“这部作品在同类作品中”：《全集》第 2 卷，第 1051 页。

“我可以说”：《忏悔录》第 7 卷，《全集》第 1 卷，第 294—295 页。

他们在餐桌上几乎都不看对方：让·弗朗索瓦·马蒙泰尔：《回忆录》（Jean François Marmontel, *Mémoires*, ed. John Renwick, Clermont-Ferrand: Bussac, 1972），第 1 卷，第 97—105 页。

198 **“我感到震惊的是”**：让·菲利普·拉莫：《〈百科全书〉中关于音乐的错误》（Jean Philippe Rameau, *Erreurs sur la Musique dans l'Encyclopédie*, 1755），转引自《全集》第 1 卷，第 1409 页。

“从孩提时代起”：《就〈多情的缪斯〉告读者》（*Avertissement to Les Muses Galantes*），《全集》第 2 卷，第 1051 页。

“如果说他曾经”：狄德罗：《拉摩的侄儿》（Diderot, *Le Neveu de Rameau*, in the Pléiade Œuvres, ed. André Billy, Paris: Gallimard, 1951），第 399 页。

一个同时代的人说他：沙巴龙和皮龙（Chabanon and Piron），转引自达尼埃尔·帕克特：《让-菲利普·拉莫：勃艮第音乐家》（Daniel Paquette, *Jean-Philippe Rameau, Musicien Bourgignon*, Saint-Seine-l'Abbaye: Éditions de Saint-Seine-l'Abbaye, 1984），第 87、91 页。

199 **“迷人的火焰……嫉妒心重的对手”**：《全集》第 2 卷，第 1060、1061 页。

“我从来没见过……跟他们战斗”：致普莱西（to J.-B. du Plessis），1745 年 9 月 14 日，《通信全集》第 2 卷，第 87 页。

“一个老音乐家害怕”：帕克特：《拉莫》，第 52 页。

“它不仅模仿”：《论语言的起源》（*Essai sur l'Origine des Langues*），第 14 章，《全集》第 5 卷，第 416 页。

200 **“我已经努力了十五年”**：卢梭致伏尔泰，1745 年 12 月 11 日，《通信全集》第 2 卷，第 92 页。

“我清楚地知道”：伏尔泰致卢梭，1745 年 12 月 15 日，同上，第 94 页。

“给交响乐师”：《全集》第 1 卷，第 1411 页。

“两个月的工作”：夏尔·马勒布（Charles Malherbe），同上。

201 **“心灰意冷地回到”**：《忏悔录》第 7 卷，《全集》第 1 卷，第 337 页。

“象征性的死亡……仇恨的对象”：让·斯塔罗宾斯基为卢梭的《论语言的起源》（Rousseau, *Essai sur l'Origine des Langues*, Paris: Gallimard, 1990）所写的导言，第 14 页。

法国音乐比意大利音乐更加动人：《关于意大利和法国歌剧的信》（*Lettre sur l'Opera Italien et Français*），《全集》第 5 卷，第 255 页。

自称是“弟子”：克洛德·瓦雷纳（Claude Varenne），1747 年 10 月 17 日，《通信全集》第 2 卷，第 95—101 页。

“想到那只不幸的”：以“我的肖像”（“Mon Portait”）为题的诸多日期不详的笔记，《全集》第 1 卷，第 1129 页。

202 **“很欢乐”**：同上，第 342 页。

“他嘴里满是恭维的话”：《反忏悔录：蒙布里昂夫人的历

史》(*Les Contre-Confessions: Histoire de Madame de Montbrillant*, ed. Georges Roth, rev. Elisabeth Badinter, Paris: Mercure de France, 1989),第 450—451 页。

“差不多这个时期”:《全集》第 1 卷,第 339 页。

“有一天晚上……征服了自我”:同上。

203 **塔韦尔(Tavel)先生:**塔韦尔致于戈南(Tavel to J.-F. Hugonin),1746 年 3 月 17 日,《通信全集》第 2 卷,第 288 页。

“她的每一封信”:《全集》第 1 卷,第 339 页。

“至于我自己”:1747 年 10 月 17 日,《通信全集》第 2 卷,第 102 页。

204 **“时光流逝……他们的掠夺”:**《忏悔录》第 7 卷,《全集》第 1 卷,第 340 页。

“可能会帮助我”:1735 年秋,《通信全集》第 1 卷,第 30 页。

“他雇了一个”:乔治·桑:《我一生的故事》(George Sand, *Histoire de ma Vie*, Paris: Lecou, 1854),第 1 卷,第 129 页。

205 **“体力活儿”:**阿尼塞·塞内沙尔:《让-雅克·卢梭,迪潘夫人的秘书》(Anicet Sénéchal, “Jean-Jacques Rousseau, Secrétaire de Madame Dupin”),《年鉴》第 36 卷(1963—1965),第 207 页。

她承认了这一事实:《忏悔录》第 3 卷,《全集》第 1 卷,第 116-117 页。

“但是告诉我”:奥利维耶·德·科朗塞(Olivier de Corancez)记述,《关于让-雅克·卢梭的回忆录》,收入《传记和文学回忆录》(“Mémoires de J.-J. Rousseau,” in *Mémoires Biographiques* *et Littéraires*, ed. Mathurin de Lescure, Paris: Firmin-Didot, 1881）

“同我一样”:《忏悔录》第7卷,《全集》第1卷，第347页。

206 **“一个非常聪明……神秘朦胧的前身”**:《屠猫狂欢：法国文化史钩沉》，第168、180页。

“与那位贤明的哲学家的谈话”:《传记片段》(“Fragment Biographique”)，可能写于1755—1756年,《全集》第1卷，第1115页。

“他快活的样子”：转引自巴丹泰:《知识分子的激情》，第1卷，第259页。

207 **“狄德罗非常喜欢这种”**:《忏悔录》第7卷,《全集》第1卷，第347页。

“没有什么比我自己……都没有我善变”:《嘲笑者》(*Le Persifleur*),《全集》第1卷，第1108、1110页。

“在欧洲，鲜有备受好评的书”:《爱弥儿》第2卷,《全集》第4卷，第674页。

209 **“他有一架羽管键琴”**:《忏悔录》第8卷,《全集》第1卷，第352页。

卢梭甚至确信:《忏悔录》第2卷,《全集》第1卷，第59页。

“在他的公寓里包养了……哭笑不得的女孩”:《忏悔录》第8卷,《全集》第1卷，第354—355页。

“柏拉图和让-雅克·卢梭”：狄德罗:《宿命论者雅克》(Diderot, *Jacuqes le Fataliste*, in the Pléiade *Œuvres*)，第658页。

210 **“让那些怀念从前美好时光的人”**：伏尔泰:《凡夫俗子》,

收入雅克·范登赫费尔编《杂著集》(Voltaire, *Le Mondain*, in *Mélanges*, ed. Jacques van den Heuvel, Paris: Gallimard, 1961)，第203—204页。

"致命毒药":《朱莉》第1卷，第五十一封信,《全集》第2卷，第141页。

"漂亮的法国女人"：卢梭致皮埃尔–亚历山大·迪佩鲁(Pierre-Alexandre Du Peyrou)，1764年11月4日,《通信全集》第22卷，第6页。

"在两三个小时里"：安托万·布雷：手稿,《通信全集》第2卷，第311页。

第十二章　成名伊始

212 **"先生，您看"**:《忏悔录》第8卷,《全集》第1卷，第350页。

"我看到了一个不同的……好像喝醉酒一样"：同上，第351页;《致马尔泽布的信》第二封,《全集》第1卷，第1135页。

"疯子们，你们做了":《论科学与艺术》,《全集》第3卷，第14页。

勤勉的学术研究：加利亚尼:《卢梭、万塞讷启悟和现代的批判》，收入《伏尔泰和十八世纪研究》(R. Galliani, "Rousseau, l'Illumination de Vincennes, et la Critique Moderne," *Studies on Voltaire and the Eighteenth Century*, Oxford: Voltaire Foundation, 1986)，第245辑，第403—447页。

213 **“我原本把自己”**：奥古斯丁：《忏悔录》(Augustine, *Confessions*, trans. R. S. Pine-Coffin, Harmondsworth: Penguin, 1961)，第 8 卷，第 7 节，第 169 页。

“我当时在万塞讷……都是假的”：马蒙泰尔：《回忆录》，第 1 卷，第 204 页。

214 **“我对我的世纪和同时代的人”**：《致马尔泽布的信》第二封，《全集》第 1 卷，第 1135 页。

像浪子追求女人一样：狄德罗：《拉摩的侄儿》，第 395 页。

“他的思想总是”：乔治·普莱：《人性时代研究》(Georges Poulet, *Studies in Human Time,* trans. Elliott Coleman, Bltimore: Johns Hopkins University Press, 1956)，第 186 页。

希腊格言：因以赛亚·伯林的《刺猬与狐狸：关于托尔斯泰历史观的论文集》(Isaiah Berlin, *The Hedgehog and the Fox: An Essay on Tolstoy's View of History,* New York: Simon & Schuster, 1953) 而闻名于世。

“我的一些句子……忘记很多词句”：《忏悔录》第 3 卷和第 8 卷，《全集》第 1 卷，第 114、352 页。

215 **“学院评定卢梭先生的论文”**：《1750 年 8 月 23 日会议纪要》(“Compte rendu de la séance du 23 août 1750”)，《通信全集》第 2 卷，第 297 页。关于第戎学院的全面考察，参见马塞尔·布沙尔：《第戎学院与卢梭的第一论文》(Marcel Bouchard, *L'Académie de Dijon et le Premier Discours de Rousseau.* Publications de l'Université de Dijon, Paris: Société des Belles Lettres, 1950)。

216 **自我批判**：马克·胡里翁：《启蒙运动的自我批判：卢梭

与哲学家们》(Mark Hulliung, *The Autocritique of Enlightenment: Rousseau and the Philosophes,* Cambridge: Harvard University Press, 1994)。

"猜疑、冒犯":《论科学与艺术》,《全集》第 3 卷，第 8—9 页。

"尽管政府":《全集》第 1 卷，第 6—7 页。

"要是他能":《忏悔录草稿》(*Ébauches des Confessions*),《全集》第 1 卷，第 1160 页。

217 **"先生，这幅令人赞赏的画像":** 卢梭致莫里斯·康坦·德·拉图尔（Maurice Quentin de La Tour），1764 年 10 月 14 日,《通信全集》第 21 卷，第 255 页。

"我们时代的加图（Cato）和布鲁图（Brutus）": 狄德罗：《关于画的论文》(Diderot, *Essai sur le Peinture, Œuvres,* ed. Billy), 第 1134 页。

"这篇论文……年轻金融家":《阿尔让松侯爵的日记和回忆录》(*Journal et Mémoires du Marquis d'Argenson*)，转引自伯努瓦·梅利:《让-雅克·卢梭：一位与世决裂的知识分子》(Benoît Mély, *Jean-Jacques Rousseau: Un Intellectuel en Rupture,* Paris: Minerve, 1985)，第 61—62 页。

218 **"我的对手们……叶子上浇水":**《传记片段》,《全集》第 1 卷，第 1115 页。

狄德罗热情洋溢地写道： 法文原文为"la philosophie s'avance à pas de géant, et la lumière l'accompagne""la saine philosophie, dont les lumières se répandent partout ..."引自《百科全书》Bramines 和 Capuchon 词条，转引自罗兰·莫尔捷《启蒙世纪的光明

与阴影》(Roland Mortier, *Clartés et Ombres du Siècle des Lumières*, Geneva: Droz, 1969),第 30—31 页。

“一个古老的寓言”:《全集》第 3 卷,第 17 页。卢梭在普鲁塔克的书中发现了这个故事,但似乎误解了它的意思(《全集》第 3 卷,第 1247 页注释)。

219 **“在那里”**:狄德罗:《1765 年的沙龙》(Diderot, *Salon de 1765*, ed. Else Marie Bukdahl and Annette Lorenceau, Paris: Hermann, 1984),第 231 页。

“膏粱厚味的美食”:莫雷莱:《莫雷莱修士回忆录》,第 130 页。

“人们可以从他胆怯的”:马蒙泰尔:《回忆录》,第 1 卷,第 109—110 页。

“我发现他们”:《爱弥儿》第 4 卷,《全集》第 4 卷,第 568 页(萨瓦牧师)。

“哲学的制服”:《文学通信》,第 5 卷,第 103 页(1762 年 6 月 5 日)。

“人们能指望”:《梦》,第三次散步,《全集》第 1 卷,第 1016 页。

“教条地建立”:莫雷莱:《莫雷莱修士回忆录》,第 131 页。

“他们嘲笑”:爱德华·吉本:《回忆我的一生》(Edward Gibbon, *Memoirs of My Life*, ed. Betty Radice, Harmondsworth: Penguin, 1984),第 136 页。

220 **“我是一个好的百科全书派成员”**:转引自威尔逊:《狄德罗》,第 152 页。

“他们的哲学”:《梦》第三次散步,《全集》第 1 卷,第

1016 页。

“他们在开玩笑”：《埃皮奈夫人的回忆录和通信》(*Mémoires et Correspondance de Mme d'Épinay,* Paris: Volland, 1818)，第 2 卷，第 65 页。

他的衣橱清单：《通信全集》第 2 卷，第 304—309 页。

221 **“肾绞痛发作”**：致华伦夫人，1748 年 8 月 26 日，同上，第 108 页。

“我的儿子”：《爱弥儿》第 4 卷，《全集》第 4 卷，第 499 页。

“让我想起”：《忏悔录》第 8 卷，《全集》第 1 卷，第 359 页。

222 **卢梭抓住机会**：《忏悔录》第 1 卷，《全集》第 1 卷，第 38—39 页。

“根本不记得”：乔治·桑：《我一生的故事》，第 1 卷，第 27 页注释。

“我把我灵魂”：《忏悔录》第 8 卷，《全集》第 1 卷，第 362 页。

“在余生中”：《梦》第三次散步，《全集》第 1 卷，第 1014 页。

“以难以置信的喜悦”：《忏悔录》第 8 卷，《全集》第 1 卷，第 363 页。

便携式手表：《启蒙时代的法国》，第 88 页。

“我们由此看到”：格拉菲尼夫人致弗朗索瓦–安托万·德沃（Mme de Graffigny to François-Antoine Devaux），1753 年 2 月 28 日，收入英格利希·肖沃尔特：《格拉菲尼夫人与卢梭：两篇论文之间》(English Schowalter, *Madame de graffigny and Rousseau: between the two Discours,* Oxford: Voltaire Foundation, 1978)，第 75 页。

223 **“我们进去的时候……不管是谁”**：伊塞兰：《1752 年巴黎日

记》(Iselin, *Pariser Tagebuch,* 1752)，1752 年 6 月 10 日和 14 日，《通信全集》第 2 卷，第 315—317 页。

“我会自己”：卢梭致克雷基（Créqui）侯爵，约 1752 年 11 月，同上，第 201 页。

“不再有那群乌合之众”：《致马尔库西教区牧师勒唐先生书简》(“Épitre à M. de l'Étang, Vicaire de Marcoussis”),《通信全集》第 2 卷，第 1152 页。

“大地生长的东西”：卢梭致弗朗克耶夫人，1751 年 4 月 20 日,《通信全集》第 2 卷，第 143 页。

224 **“人们看到女演员”**：《朱莉》第 2 卷，第二十三封信,《全集》第 2 卷，第 285 页。

“他的体质”：勒涅普斯（Lenieps）在卢梭的《最后的回信》(*Dernière Réponse*) 的空白页上所写，参见《通信全集》第 3 卷，第 321 页。

像个有罪的罪犯一样溜走了：《忏悔录》第 8 卷,《全集》第 1 卷，第 377 页。

225 **“我敢肯定”**：《全集》第 1 卷，第 379 页。

“先生，您在大获胜利”：皮埃尔·耶吕特致卢梭（Pierre Jélyotte to Rousseau），1752 年 10 月 20 日,《通信全集》第 2 卷，第 197 页。

“我没想到”：《全集》第 1 卷，第 381 页。

“一个最没有气势的”：《关于让-雅克·卢梭的回忆录》，第 278 页。

226 **“这样，我们的哲学家”**：迪佐：《我和让-雅克·卢梭的关系》(J. Dusaulx, *De Mes Rapports avec J.-J. Rousseau,* Paris: Didot,

1798)，第 28 页。

“人们很难想象”：霍尔巴赫的评论，甘于涅（Guinguiné）记述，《全集》第 1 卷，第 1444—1445 页。

“科莱特小姐”：夏尔–皮埃尔·科斯特·达诺巴特：《向 J.-J. 卢梭友善地提出的一种皮浪式的怀疑》（Charles-Pierre Coste d'Arnobat, “Doutes d'un Pyrrhonien Proposés Amicalement à J.-J. Rousseau”），《回忆》，第 104—105 页。

“从技术角度看”：《对话录》，对话一，《全集》第 1 卷，第 682 页。

227 **“我几乎是以冷漠的态度”**：《忏悔录》第 8 卷，《全集》第 1 卷，第 398 页。

“《乡村占卜师》”：转引自《全集》第 2 卷，第 91 页。

“你应该很了解他”：一份 1809 年的回忆，转引自《通信全集》第 2 卷，第 198 页注释。

“人们在国王面前……收回这些东西”：向约瑟夫·德默里（Joseph d'Hémery）的匿名报告，1753 年 3 月 30 日，《通信全集》第 2 卷，第 328—333 页。

228 **“在一行或两行的结尾”**：《关于交响乐作曲家的信》（“Lettre d'un Symphoniste”），《全集》第 5 卷，第 277 页。

229 **“诗人们”**：《关于法国音乐的来信》（*Lettre sur la Musique Française*），《全集》第 5 卷，第 292 页。

“因为与其说……‘另一个敏感的人在这里’”：《论语言的起源》（*Essai sur l'Origine des Langues*），第 15—16 章，《全集》第 5 卷，第 419 页。

“这些对外国人”：“音乐”（Musique），《音乐辞典》，《全集》

第 5 卷，第 924 页。

230 **“对我来说是民族的”**：《关于让-雅克·卢梭的性格和著作的书信》(*Lettres sur les Ouvrages et le Caractère de J.-J. Rousseau,* ed. Marcel Françon, Geneva: Slatkine Reprints, 1979)，第 87 页。

“一头飞奔的母牛”：《朱莉》第 2 卷，第二十三封信，《全集》第 2 卷，第 286 页注释（卢梭的脚注）。

狗叫起来都走调：尤丽叶·冯·邦德利致齐默尔曼（Julie von Bondeli to J. G. Zimmermann）记述，1764 年 12 月 8 日，《通信全集》第 22 卷，第 194 页。

“我有幸”：《忏悔录》第 5 卷，《全集》第 1 卷，第 185 页。

“我的结论是”：《关于法国音乐的来信》，《全集》第 5 卷，第 328 页。

卢梭没有完全掌握拉莫：参见辛西娅·韦尔巴：《音乐与法国启蒙运动：对话的重建，1750—1764》(Cynthia Verba, *Music and the French Enlightenment: Reconstruction of a Dialogue, 1750–1764,* Oxford: Clarendon Press, 1993)，第 20—29 页；《让-雅克·卢梭：音乐、幻想和欲望》，第 16—18 页。

“这封信里有太多”：查尔斯·勃尔尼：《音乐通史》(Charles Burney, *A General History of Music,* London, 1789)，第 4 卷，第 615 页。

“别人用脚踢着屁股”：阿尔让松（Argenson）侯爵记录，1753 年 12 月 15 日，《通信全集》第 2 卷，第 324 页。

231 **“由于他总是围绕着真理……愤怒的源头”**：雅克·卡佐特：《对于卢梭关于法国音乐的信的评论》(Jacques Cazotte, *Observations sur la Lettre de J.-J. Rousseau au Sujet de la Musique*

Française[1753]),《回忆》，第 103 页。

“音乐的自由”：达朗贝尔：《论音乐的自由》(D'Alembert, *De la Liberté de la Musique*)，约 1760 年，转引自特鲁松，第 1 卷，第 313 页。

“由于他的精致”：《全集》第 2 卷，第 977 页。

232 **“你觉得我今天”**：同上，第 983 页。

“当一个人爱得深时”：同上，第 1016、1018 页。

“忘了告诉你”：卢梭致勒涅普斯，1753 年 1 月 16 日，《通信全集》第 2 卷，第 211 页。

“自己想失败”：导论，《全集》第 2 卷，第 87 页。

“卢梭先生强烈希望”：《关于这个时代一些作品的信》(*Lettres sur Quelques Écrits de ce Temps*)，转引自《全集》第 2 卷，第 89 页。

233 **伏尔泰的讽刺诗**：转引自威尔逊：《狄德罗》，第 197 页。

“这里的关键……这个世纪”：《纳西索斯》的序言，《全集》第 2 卷，第 959、974 页。

第十三章　卢梭的原创性

234 **“我身上有一个”**：《致马布利先生的陈情书》(“Mémoire à M. de Mably”),《全集》第 4 卷，第 21 页。

“又长又乱……适合我的路线”：《忏悔录》第 3 卷，《全集》第 1 卷，第 114、116 页。

235 **“这篇文章”**：《论英雄的美德》(*Discours... sur la Vertu du Héros*),《全集》第 2 卷，第 1262 页。

“像那样的一篇‘擦屁股纸’（toche-cul）”：卢梭致马克-米歇尔·雷伊（Marc-Michel Rey），1769 年 1 月 31 日，《通信全集》第 37 卷，第 36 页。

“伟大而忧郁的体系”：为未出版的《致博尔德的第二封信》（“Seconde Lettre à Bordes”）所写的序言，《全集》第 3 卷，第 105 页。

“我自己没有任何的地位”：《忏悔录草稿》，《全集》第 1 卷，第 1150 页。

“我选择的生活方式”：致符腾堡王子的信（to the prince de Wurtemburg），1764 年 4 月 15 日，《通信全集》第 19 卷，第 301 页。

236 **“让我们把”**：《论不平等》，《全集》第 3 卷，第 132—133 页。

克洛德·列维-斯特劳斯（Claude Levi-Strauss）甚至声称：《让-雅克·卢梭，人类科学的创始人》，收入博-博维等编：《让-雅克·卢梭》（“Jean-Jacques Rousseau, Fondateur des Sciences de l'Homme”, in Jean-Jacuqes Rousseau, ed. Baud-Bovy et al.），第 239—248 页。

“所有人天生”：帕斯卡尔：《思想录》，据布伦瑞克的编号，第 451 号。

“自尊（Amour-propre）就是”：弗朗索瓦，拉罗什富科公爵：《格言》（François, duc de La Rochefoucauld, *Maximes*），第 563 号（最终版本，1678 年）。

237 **“没有艺术”**：托马斯·霍布斯：《利维坦》，第 1 卷，第 13 页。

“羊群冲动”：安东尼·阿什利·库珀，沙夫茨伯里伯爵三世：《人的特质、礼仪、观点、时代》(Anthony Ashley Cooper, third earl of Shaftesbury, *Characteristics of Men, Manners, Opinions, Times*, ed. J. M. Robertson. London: Grant Richards, 1900)， 第 1 卷，第 75 页。

“血液中流淌着”：大卫·休谟：《人性论》(David Hume, *A Treatise of Human Nature*, ed. Ernest C. Mossner, London: Penguin, 1984)，II. Ii. 4，第 402 页。

“我宁愿做一个”：《爱弥儿》第 4 卷，《全集》第 4 卷，第 325 页。

朱莉所说：《朱莉》第 3 卷，第十八封信，《全集》第 2 卷，第 362 页。

238 **“他的想象力”**：《论不平等》，《全集》第 3 卷，第 144 页。

“思考的状态”：同上，第 138 页。

“卢梭将人类追溯”：亨利·富泽利：《评让-雅克·卢梭的著作和行为》(Henri Fuseli[or Füssli], *Remarks on the Writing and Conduct of J.-J. Rousseau*. London, 1767)，第 25 页。

热尔梅娜·德·斯塔尔注意到：《关于让-雅克·卢梭的性格和著作的书信》，第 7 页。

239 **“一种由于社会惯例”**：《论不平等》，《全集》第 3 卷，第 158 页。

“这是属于我的”：同上，第 164 页。

“我的，你的”：帕斯卡尔：《思想录》，据布伦瑞克的编号，第 293 号。

“平等消失了”：《全集》第 3 卷，第 171 页。

240 **“原始人没有”**：塔西佗：《罗马帝国编年史》(Tacitus, *The Annals of Imperial Rome*, trans. Michael Grant, Harmondsworth: Penguin, 1977)，第 132 页。

“共同生活的习惯……致命毒素”：《论不平等》，《全集》第 3 卷，第 168—170 页。

“反人类的新书”：伏尔泰致卢梭，1755 年 8 月 30 日，《通信全集》第 3 卷，第 175—176 页。

241 **“在城市里生活”**：蒂蒙（Timon [1756]），收入《回忆》，第 151 页。

“就像那些饥肠辘辘的狼”：《论不平等》，《全集》第 3 卷，第 175—176 页。

“这就是一种巴不得”：转引自同上，第 1339 页（此论文的编者斯塔罗宾斯基评论说“财产所有者的反应 [Réaction de Propriétaire]”）。

“沉思的人”：狄德罗致勒莫尼耶修士（the abbé Le Monnier），1755 年 9 月 15 日，收入狄德罗：《通信集》，洛朗·韦尔西尼编（*Correspondance*, ed. Laurent Versini, Paris: Robert Laffont, 1997 ），第 51 页。

“谁不想运用理智”：“自然权利”，《百科全书》，转引自特鲁松，第 1 卷，第 331 页。

242 **“这个人蔑视书籍”**：特鲁松，第 1 卷，第 330 页。

“一种不再存在”：《论不平等》，《全集》第 3 卷，第 123 页。

“一旦你通过别人的眼睛看问题”：《爱弥儿》第 2 卷，《全集》第 4 卷，第 309 页。

在自身之中……在自己之外：《论不平等》，《全集》第 3 卷，第 193 页。

“第一个时期”：同上，第 187 页。

243 **“这些话的巨大回音”**：让·斯塔罗宾斯基：为《论不平等》所写的导论，同上，第 49 页。

如阿瑟·梅尔泽：《人的善良天性：论卢梭的思想体系》（*The Natural Goodness of Man: On the System of Rousseau's Thought*, Chicago: University of Chicago Press, 1990）。

“我憎恶奴役”：《致克里斯托夫·德·博蒙的信的片断》（“Fragments de la Lettre à Christophe de Beaumont”），《全集》第 4 卷，第 1019 页。

“个人的自由”：西格蒙德·弗洛伊德：《文明及其不满》（Sigmund Freud, *Civilization and Its Discontents*, trans. James Strachey, New York: Norton, 1961），第 42 页。

第十四章　在日内瓦被崇拜，在巴黎被冷落

245 **“已年过六旬”**：《忏悔录》第 8 卷，《全集》第 1 卷，第 390 页。

“你可以在我身上验证”：华伦夫人致卢梭，1754 年 2 月 10 日，《通信全集》第 2 卷，第 250 页。

“我又见到她了……高贵的手”：《忏悔录》第 8 卷，《全集》第 1 卷，第 392 页。

246 **“在这个著名的男人”**：特鲁松，第 1 卷，第 346—347 页。

“我一直责怪让-雅克”：孔齐耶致一个不知名的通信者，约 1786—1787 年，《通信全集》第 1 卷，第 295 页。

“尽管我并不完全了解”：温曾里德·德·库尔蒂耶（Wintzenried de Courtilles）致华伦夫人，1754年10月8日，《通信全集》第3卷，第370—371页。

247 **“在早年被带到法国……我们教会的怀抱”**：宗教法庭登记文档，1754年7月25日，《全集》第1卷，第1220—1221页。

“如此慷慨地”：转引自对这一事件做出描述的居约的《为泰蕾兹·勒瓦瑟辩护》，第49—51页。

“像一个被感召的人”：布里索·德·瓦尔维勒：《回忆录》（Brissot de Warville, *Mémoires*, ed. M. de Lescure, Paris: Firmin-Didot, 1877），第260页（亦参见《全集》第3卷，第329页）。

“我所渴望的是一个朋友”：卢梭致韦尔纳（Vernes），1758年3月25日，《通信全集》第5卷，第65页。

“精神充满了激情”：《忏悔录》第8卷，《全集》第1卷，第394页。

248 **“这座城市”**：卢梭致迪潘夫人，1754年7月2日，《通信全集》第3卷，第16页。

正如克兰斯顿所指出的：克兰斯顿，第1卷，第340页；第17章非常全面的考察了日内瓦政治的细节。

249 **“日内瓦低街上的人们……亲切的笑容”**：让·东泽尔（Jean Donzel）追忆，《全集》第3卷，第330页。

“他更愿意与普通的公民交往”：弗朗西斯·迪韦尔努瓦：《日内瓦革命的政治史略》（Francis d'Ivernois, *Tableau Historique et Politique des Révolutions de Genève*[1782]），《通信全集》第3卷，第345页。

“希望在一些小事上”：乔治-路易·勒萨热（Georges-Louis

Le Sage）记录的笔记，《全集》第 3 卷，第 332 页。

“为他作为人类之友的声誉”：泰奥多尔·卢梭（Théodore Rousseau，一个亲戚）的回忆，同上，第 328—329 页。

“我们花了七天时间”：《忏悔录》第 8 卷，《全集》第 1 卷，第 393 页。

250 **“我想”**：卢梭致雷伊，1761 年 11 月 29 日，《通信全集》第 9 卷，第 284 页。雷蒙德·伯恩：《卢梭与文学财产：从〈论不平等〉到〈爱弥儿〉》（Raymond Birn, “Rousseau and Literary Property: From the Discours sur l'Inegalité to Émile,” *Leipziger Jahrbuch zur Buchgeschichte* 3[1993]）考察了卢梭和雷伊之间的关系。

251 **“一群服从火鸡管理的鹰”**：玛丽-约瑟夫·谢尼埃：《对思想审查者的谴责》（Marie-Joseph Chénier, *Dénonciation des Inquisiteurs de la Pensée*），转引自达尼埃尔·罗什：《审查与出版业》，收入罗伯特·达恩顿和达尼埃尔·罗什编《印刷中的革命：1775—1800 年的法国出版业》（Daniel Roche, “Censorship and the Publishing Industry,” in *Revolution in Print: The Press in France, 1775–1800*, ed. Robert Darnton and Daniel Roche, Berkeley: University of California Press, 1989），第 13 页。

“因为法律”：转引自雷蒙德·伯恩：《马尔泽布与对出版自由的呼吁》（“Malesherbes and the Call for a Free Press”）收入《印刷中的革命：1775—1800 年的法国出版业》，第 50 页。

“我承认”：（J. A. C. Cérutti）的回忆，《通信全集》第 3 卷，第 347—348 页。格里姆也讲述了这个故事，细节略有差别，但大体是相同的（《通信全集》第 3 卷，第 31 页注释引用）。这封吊唁信遗失了，但卢梭和霍尔巴赫的证词都能确认其存在。

252 **“他以一种与写作”**：《百科全书杂志》(*Journal Encyclopédique*)，转引自特鲁松，第1卷，第382页。

“没有人”：《文学通信》第4卷，第343页（1761年2月1日）。

253 **“伏尔泰想”**：朱利安-路易·若弗鲁瓦：《文学之年》（Julien-Louis Geoffroy, *L'Année Littéraire*[1783]），收入《回忆》，第513—514页。

“在此之前”：《文学通信》第5卷，第103页（1762年6月15日）。

“人们必须像我一样”：《著作集》(*Œuvres*, Paris: Belin, 1821)，第4卷，第464页；收入《回忆》，第284页。

伊丽莎白·巴丹泰：《知识分子的激情》(Elisabeth Badinter, *Les Passions Intellectuelles*)，第1卷，第453—454页。

254 **“永远做我自己”**：《忏悔录》第8卷，《全集》第1卷，第378页。

“诚实是被”：彼得·伯格：《与社会学同游：人文主义视角》(Peter Berger, *Invitation to Sociology: A Humanistic Perspective*, New York: Doubleday Anchor Books, 1963)，第109页。

“杜克洛（Duclos）说……为了本质而呈现”：特鲁布莱（Trublet）修士的日记，《全集》第3卷，第350页；卢梭在《论不平等》(《全集》第3卷，第174页）中使用了“本质”（être）和“表象”（paraître）这两个术语，二者之间的紧张构成了《让-雅克·卢梭：透明与障碍》的核心主题。

“我深刻的思考……最高贵的骄傲”：《忏悔录》第9卷，

《全集》第 1 卷，第 416—417 页。

“作者对他的土地”：《关于一篇新的批驳［克洛德-尼古拉斯·勒卡作］的信》(*Lettre... sur une nouvelle Réfutation*[by Claude-Nicolas Lecat])，《全集》第 3 卷，第 99—100 页。

255 **“我们在烹饪时”**：《最后的回信》(*Dernière Réponse*)，《全集》第 3 卷，第 79 页。

“我已经试图……为此生气”：卢梭致拉斯蒂克（Lastic）伯爵、梅纳尔（Menars）侯爵夫人和埃皮奈夫人，1755 年 12 月 20 和 25 日，《通信全集》第 3 卷，第 231—238 页。

“那个抢黄油的人”：《朱莉》第 5 卷，第七封信，《全集》第 2 卷，第 610 页，第 1713—1714 页注释。

第十五章　一次恋爱事件

256 **他拒绝说**：卢梭致泰奥多尔·特农香，1757 年 2 月 27 日，《通信全集》第 4 页，第 162 页。

257 **“战争状态”**：《全集》第 3 卷，第 601—612 页；参见莫里斯·克兰斯顿：《卢梭论战争与和平》，收入《卢梭与十八世纪：拉尔夫·利纪念论文集》(Maurice Cranston: “Rousseau on War and Peace,” in *Rousseau and the Eighteenth Century: Essays in Memory of R. A. Leigh*, ed. Marian Hobson et al., Oxford: Voltaire Foundation, 1992)，第 189—196 页。

“推理是如此狂热”：《让-雅克·卢梭的宗教》，第 1 卷，第 219 页。

“我相信”：《忏悔录》第 8 卷，《全集》第 1 卷，第 396 页。

“我离开了”:《忏悔录》第9卷,《全集》第1卷,第403页。

259 **“优雅地盖住了”**:吕特·普洛·魏因雷布:《笼中之鹰:女作家路易丝·德·埃皮奈》(Ruth Plaut Weinreb, *Eagle in a Gauze Cage: Louise d'Épinay, Femme de Lettres*. New York: AMS Press, 1993),第22页。

260 **“低着头默默地走着”**:《蒙布里昂夫人的历史》,第3卷,第18页。

“我的愿望”:《忏悔录》第9卷,《全集》第1卷,第403页。

261 **女管家……照顾单身汉家庭的女人**:《罗伯特法语历史词典》(*Le Robert Dictionnaire Historique de la Langue Française*,第2卷,第1620页)认为这个意思自1690年就开始使用了。

“那些转瞬即逝……从来不服从我”:《致马尔泽布的信》第三封,《全集》第1卷,第1139—1141页。

262 **“我不知道……筋疲力尽了”**:德莱尔(Deleyre)致卢梭,1756年7月3日,《通信全集》第4卷,第20—21页。

263 **领先时代两个世纪的女性主义者**:《知识分子的激情》第2卷,第249—250页。

“她脑子想的”:《忏悔录》第9卷,《全集》第1卷,第411页。

“气候、季节”:同上,第409页。

264 **“卢梭先生认为”**:让-巴蒂斯特·托洛致加布里埃尔·塞涅·德·科雷封(Jean-Baptiste Tollot to Gabriel Seigneux de Correvon),1754年8月,《通信全集》第3卷,第341页。

“这个提议……都不一样”:1756年3月10日和12日,《通信全集》第 3 卷，第 292、296 页。拉尔夫·利引用了埃皮奈夫人小说中的回信（第 294—295 页注释），并表明她实际上所写的回信必定要温和得多。

“如果你有一次拒绝”：转引自巴丹泰：《知识分子的激情》第 2 卷，第 295 页注释。

“我不漂亮”：路易丝·德·埃皮奈：《我的肖像》，《我的幸福时光》（“Mon Portrait,” *Mes Moments Heureux*, Paris: Sauton, 1869），第 3 页。

265 **“我，五头熊的女王”**：同上，第 133 页。

“这头卓越的熊”：埃皮奈夫人致圣朗贝尔（Saint-Lambert）侯爵，1756 年 2 月 28 日，《通信全集》第 3 卷，第 288 页。

“激动地”：《忏悔录》第 9 卷，《全集》第 1 卷，第 437 页。

“向她献些小殷勤”：同上，第 412 页。

266 **“在一年中最美好的季节里……疯狂的情郎”**：同上，第 426—427 页。

“所有超越于理性的”：塞缪尔·约翰逊：《拉塞拉斯》（Samuel Johnson, *Rasselas*. 1759），第 44 章。

“有些灵魂”：《克莱尔和马塞兰的爱情》（“Les Amours de Claire et de Marcellin”），《全集》第 2 卷，第 1195 页。

“我最初和最严重的”：《小萨瓦人》（“Little Savoyard”），《全集》第 2 卷，第 1200 页。

267 **“先生，那很好”**：《全集》第 1 卷，第 436 页。

268 **“虽然我不太喜欢”**：同上，第 439 页。

“一头浓密乌黑的”：同上。

“她来了”：同上，第 440 页。

司汤达描述：《论爱情》(*De l'Amour*, ed. Pierre-Louis Rey, Paris: Pocket Classiques, 1998 ），第 2 章，第 31 页。

“用爱去爱”：《忏悔录》第 8 卷,《全集》第 1 卷，第 360 页。

269 **“最后一个”：** 夏尔·科莱（Charles Collé），转引自《卢梭：从婴孩到不惑之年》，第 399 页注释。

270 **狄德罗也几乎没有注意到它：** 根据阿瑟·威尔逊（Arthur M. Wilson），狄德罗的所有著述中只有两处偶然提及了这场战争。（威尔逊：《狄德罗》，第 248 页）。

“为确保自己的帝国”：《朱莉》第 4 卷，第三封信,《全集》第 2 卷，第 412 页。

“由于她言谈举止的风格”： 埃皮奈夫人：《*** 夫人的肖像》,《我的幸福时光》(“Portrait de Madame***,” *Mes Moments Heureux* ），第 218—219 页。

“十万种……抄录一份”： 狄德罗致索菲·沃兰（Sophie Volland），1762 年 7 月 14 日和 1760 年 9 月 30 日,《通信集》，第 236、375 页。《乳房赞歌》(“Hymne aux Tétons” ）实际上是让-皮埃尔-尼古拉斯·迪科曼（Jean-Pierre-Nicolas du Commun）写的。

“爱情是她……所爱之人的印记”：《文蒂米耶夫人评判乌德托夫人》，收入伊波利特·比弗努瓦尔：《乌德托伯爵夫人：她的家人，她的朋友》(“Madame d'Houdetot Jugée par Madame de Vintimille,” in Hippolyte Buffenoir, *La Comtesse d'Houdetot: Sa Famille, Ses Amis*, Paris: Leclerc, 1905 ），第 84—85 页。

271 **“她遵循那个年代的习惯”：** 雷米萨（Rémusat）夫人的回忆，

收入《乌德托伯爵夫人：她的家人，她的朋友》，第302—303页。

“她改变了语气……交融在一起了”：《忏悔录》第9卷，《全集》第1卷，第443—444页。

是羡慕而不是欲望：《让-雅克·卢梭：从负罪之爱到荣耀之爱》，第125页。

272 **“我在她的腿上……站不稳了”**：《全集》第1卷，第444—445页。卢梭的研究者们都认为，根据卢梭在别处使用的术语，这段话所指的只会是手淫。

“她能看到的”：同上，第446页。

“一个被激发出”：同上，第463页。有一些证据表明，这些信没有被乌德托夫人本人销毁，但是在她去世后被她的侄女烧毁了。

“您还记得”：卢梭致乌德托夫人，1757年7月，《通信全集》第4卷，第225—226页。

273 **“不，妈妈”**：《忏悔录》第6卷，《全集》第1卷，第264页。

用的是表示亲密的“你”：《忏悔录》第9卷，《全集》第1卷，第463—464页。

“正好因为”：伊丽莎白·巴丹泰为《反忏悔录：蒙布里昂夫人的历史》(*Les Contre-Confessions: Histoire de Madame de Montbrillant par Madame d'Épinay*, Paris: Mercure de France, 1989)所写的序言，第10页。巴丹泰的导论是对整个问题最公正全面的考察；她的文本遵循乔治·罗什的版本。

274 **“一种延时”**：威尔逊：《狄德罗》，第608—611页；也参见弗班克：《狄德罗评传》(P. N. Furbank, *Diderot: A Critical Biography*, New York: Knopf, 1992)，第 352—353 页。埃皮奈夫人最有力的辩护者是《笼中之鹰》的作者魏因雷布 (Weinreb)。

“要知道，夫人”：《蒙布里昂夫人的历史》，第 3 卷，第 151—152 页。

“我对那个小女人说”：同上，第 147 页。

275 **“如果您能说服”**：卢梭致乌德托夫人，1757 年 7 月 12 日，《通信全集》第 4 卷，第 227 页。

圣朗贝尔睡着了：《忏悔录》第 9 卷，《全集》第 1 卷，第 462—463 页。七星版编辑将这一事件的时间定为 1758 年春 (《全集》第 1 卷，第 1464 页注释)，但特鲁松和艾格丁格在《让-雅克·卢梭的日常》(*Jean-Jacques Rousseau au Jour le Jour*，第 88 页) 中倾向于接受卢梭所记录的时间，即 1757 年 7 月中旬。

“我还不能告诉你……原谅您”：1757 年 8 月 31 日的往来书信，《蒙布里昂夫人的历史》，第 3 卷，第 178—183 页；《通信全集》第 4 卷，第 246—252 页 (遵循卢梭的手写抄件；也参见《忏悔录》第 9 卷，《全集》第 1 卷，第 450—453 页)。

276 **“你应该听听他”**：《蒙布里昂夫人的历史》，第 3 卷，第 195 页。

277 **“每个人都让我”**：卢梭致埃皮奈夫人，1757 年 9 月 (?) 6 日，《通信全集》第 4 卷，第 253—254 页。

“您应该做点”：《蒙布里昂夫人的历史》，第 3 卷，第 198 页。

“不，不，圣朗贝尔”：卢梭致圣朗贝尔，1757 年 9 月 15 日，《通信全集》第 4 卷，第 258 页。

“不要指责我们的朋友……最大的快乐之一”：圣朗贝尔致卢梭，1757 年 11 月 11 日，同上，第 281—282 页。

278 **“在你的朋友中”**：乌德托夫人致卢梭，1757 年 9 月 29 日，同上，第 267—268 页。

“我不会提醒您”：卢梭致埃皮奈夫人，约 1757 年 10 月 10 日，同上。卢梭后来在手稿上写道：“这封信从未被寄出”（第 280 页注释）。

“与生俱来的忧郁”：埃皮奈夫人致卢梭，1757 年 9 月 26 日，同上，第 264 页。

279 **“他给了我”**：《忏悔录》第 9 卷，《全集》第 1 卷，第 473 页。

“他们经常让我……友谊就完蛋了”：卢梭致格里姆，1757 年 10 月 26 日，《通信全集》第 4 卷，第 299—301 页。

280 **“可以说”**：卢梭致圣朗贝尔，1757 年 10 月 28 日，同上，第 311 页。

“这种完全”：卢梭致埃皮奈夫人，1757 年 10 月 29 日，[1] 同上，第 316—317 页。

“你竟然敢对我说”：格里姆致卢梭，1757 年 10 月 31 日，同上，第 323 页。这封信只从《蒙布里昂夫人的历史》中得知，但拉尔夫·利给出理由相信它是真实的（《通信全集》第 4 卷，第 324 页注释）。

281 **“我保留”**：卢梭致格里姆，1757 年 11 月 1 日，《通信全集》

1 作者在正文中说这封信与上一封信写于同一天，与注释不符。

第 4 卷，第 325 页。

“那么你对你的朋友”：乌德托夫人致卢梭，1757 年 11 月 2 日，同上，第 331 页。

“如果我有任何希望”：卢梭致乌德过夫人，1757 年 11 月 3 日，同上，第 336 页。

“再见！我亲爱的”：卢梭致埃皮奈夫人，1757 年 11 月 4 日，同上，第 339 页。

282 **“如果一个人”**：卢梭致埃皮奈夫人，1757 年 11 月 23 日，同上，第 372 页。

“既然您想离开”：埃皮奈夫人致卢梭，1757 年 12 月 1 日，《蒙布里昂夫人的历史》，第 3 卷，第 278 页；卢梭致乌德托夫人的一封信（1757 年 12 月 10 日）也转引了，参见《通信全集》第 4 卷，第 388 页。

“夫人，您会高兴地”：卢梭致埃皮奈夫人，1756 年 4 月 19 日，同上，第 5 页。

“他从来不因”：《乌德托伯爵夫人对圣朗贝尔先生的回忆和评论》，收入《乌德托伯爵夫人：她的家人，她的朋友》，第 269 页。

“致力于立法的”：《圣朗贝尔先生的遗嘱》（“Testament de M. de Saint-Lambert”），同上，第 258 页。

“他丑得吓人”：加斯帕尔·德·沃格特（Gaspard [or Caspar] de Voght）男爵的回忆，转引自克卢特：《乌德托夫人致沃格特男爵的未刊信件》（O. Kluth, “Lettres Inédites de Madame d’Houdetot au Baron Voght”），《年鉴》第 28 卷（1939—1940），第 43—44 页。

283 **她喜欢向来访者展示：**关于乌德托夫人生平的回忆，《全集》第 5 卷，第 277 页。

第十六章　与启蒙运动决裂

284 **“法国人对矗立在”：**塞克伯爵约瑟夫·泰莱基（Joseph Teleki, comte de Szek）的日记，《通信全集》第 8 卷，第 360 页。

“对他来说”：伊莎贝尔·德·沙里埃：《对让–雅克·卢梭的颂扬》（Isabelle de Charrière, *Éloge de Jean-Jacques Rousseau*[1790]），《回忆》，第 588 页。

286 **“一半属于我”：**《忏悔录》第 10 卷，《全集》第 1 卷，第 514 页。

287 **“如您所说的……相提并论”：**卢梭致乌德托夫人，1758 年 1 月 5 日，《通信全集》第 5 卷，第 4—7 页。

伤心地向他告别：乌德托夫人致卢梭，1758 年 1 月 7 日，同上，第 9 页。

“回答我，亲爱的”：乌德托夫人致卢梭，1758 年 1 月 10 日，同上，第 13 页。

“我一生中所知道的”：卢梭致乌德托夫人，1758 年 1 月 11 日，同上，第 17 页。

“为了我的名誉”：乌德托夫人致卢梭，1758 年 5 月 6 日，同上，第 72 页。

288 **“虽然普通的陪伴”：**《致马尔泽布的信》第一封，《全集》第 1 卷，第 1132 页。

“一个感性的人”：狄德罗：《达朗贝尔的梦想》，收入《著作集》(“Rêve de d'Alembert,” in *Œuvres*, ed. André Billy, Paris: Gallimard, 1951)，第925页。

“他最赞赏的情感……关注他自身呢”：《对话录》，对话二，《全集》第1卷，第825、861—862页。

“灵魂直接浇灌了面容”：西蒙·沙玛：《公民：法国大革命编年史》(Simon Schama, *Citizens: A Chronicle of the French Revolution*, New York: Alfred A. Knoph, 1989)，第150页。

289 **“他是一个正直的人”**：若弗兰夫人致波兰国王(Mme Geoffrin to the king of Poland)，1774年5月8日，转引自皮埃尔·德·塞居尔：《圣奥诺雷街的王国：若弗兰夫人和她的女儿》(Pierre de Ségur, *Le Royaume de la Rue Saint-Honoré: Madame Geoffrin et sa Fille*. Paris: Calmann Lévy, 1897)。

“每周步行去那里两三次”：安热莉克·德·范德尔(出生时叫狄德罗)(Angélique de Vandeul [née Diderot])：《狄德罗传》，收入弗朗索瓦·蒂卢编《狄德罗作品选集》(*Vie de Diderot*, in *Œuvres Choisies de Diderot*, ed. François Tulou. Paris: Garnier, 1908)，第1卷，第39—40页。

“那一段我和富人……什么快乐呢”：《梦》第九次散步，《全集》第1卷，第1092—1093页。

290 **“如果通过某种魔法”**：狄德罗致索菲·沃兰(Sophie Volland)，1760年9月15日，《通信集》，第216—221页。

“在我们最高尚”：狄德罗致艾蒂安-诺埃尔·达米埃维尔(Étienne-Noël Damilaville)，1760年11月3日，同上，第297页。

“我无话可说的时候”：卢梭致米拉博侯爵，1767年3月25日，《通信全集》第32卷，第239页。

291 **“一个未完成的人”：** 雅克·巴曾：《为何是狄德罗？》，收入《文学经验的多样性》（Jacques Barzun, “Why Diderot?” in *Varieties of Literary Experience*, ed. Stanley Burnshaw, New York: New York University Press, 1962），第33页。

292 **“你有着最罕见的天才……像你一样的良心”：**《自然之子》（*Le Fils Naturel*），第4卷，第1节，收入狄德罗：《全集》（Diderot, Œuvres Complètes, ed. Roger Levinter, Paris: Club Français, 1970），第3卷，第89—90页。托马斯·卡瓦纳（Thomas Kavanagh）指出了关于抚养孩子的评论的相关性，参见《写作真理：卢梭的权威与欲望》（*Writing the Truth: Authority and Desire in Rousseau*, Berkeley: University of California Press, 1987），第148页。

“再见，公民”： 狄德罗致卢梭，1757年3月10日，《通信全集》第4卷，第169页。

“非常枯燥”： 卢梭致狄德罗，1757年3月23日，同上，第194页。

“它刺痛了”： 卢梭致埃皮奈夫人，1757年3月13日，同上，第171页。

鼻子里进了芥末： 特鲁松，第1卷，第420页（il sentait la moutarde lui monter au nez）。

“哲学家们拄着手杖”： 狄德罗致卢梭，1757年3月14日，《通信全集》第4卷，第173页。

“可恶极了”： 卢梭致狄德罗，1757年3月23日，同上，第194页。

“在我们的争吵中”： 卢梭致狄德罗，1757年3月16日，同上，第178、180页。

293 **“相信我”**：狄德罗致埃皮奈夫人，1757年3月16日，同上，第183页。

“《福音书》命令”：卢梭致埃皮奈夫人，1757年3月17日，同上，第186页。

“哦，卢梭”：狄德罗致卢梭，1757年3月21日，同上，第191页。

“忘恩负义的人”：卢梭致狄德罗，1757年3月23日，同上，第195页。

“肉体上的朋友”：威廉·布莱克：《米尔顿》（William Blake, *Milton*），第1卷，第4版，收入《威廉·布莱克诗歌散文全集》（*The Complete Poetry and Prose of William Blake*, ed. David V. Erdman, New York: Doubleday Anchor Books, 1988），第98页。

狄德罗的现代传记作者：弗班克：《狄德罗》，第312页；威尔逊：《狄德罗》，第544页。

“毫无怜悯心地”：《蒙布里昂夫人的历史》，第3卷，第169页。

294 **“多叶的”**：《忏悔录》第9卷，《全集》第1卷，第461页。

“就好像我身边”：《蒙布里昂夫人的历史》，第3卷，第257—258页。一些卢梭研究者倾向于认为这封信是真的（《全集》第1卷，第1509页注释），但韦尔西尼（Versini）未将它收录进他编纂的《狄德罗通信集》（*Correspondance*）。

“对于一个加勒比”：《论不平等》，《全集》第3卷，第192—193页。

295 **“这种无根无果的道德”**：《梦》第三次散步，《全集》第1

卷，第 1022 页。也参见卢梭所讲述的据说是格里姆教给埃皮奈夫人的愤世嫉俗的行为准则，而狄德罗拒绝讨论这些准则，《忏悔录》第 9 卷，《全集》第 1 卷，第 468 页。

“他住在离首都”：让-弗朗索瓦·德·拉阿尔普致俄罗斯大公（Jean-François de La Harpe to the Grand Duke of Russia，伏尔泰与卢梭形成对照），1776 年夏，《通信全集》第 40 卷，第 80 页。

伏尔泰开始认为：参见梅森：《伏尔泰》，第 73—74、97—99 页；关于伏尔泰在谐趣精舍（Les Délices）和费尼（Ferney）的论述，参见第 119—120、139 页。

296 **卢梭和伏尔泰可能从未谋面**：英格利希·肖沃尔特（English Schowalter）考察了相当薄弱的证据，参见《格拉菲尼夫人与卢梭》（*Madame de graffigny and Rousseau*），第 27—34 页；也参见《辞典》，第 930—931 页。

“告诉我们”：《论科学与艺术》，《全集》第 3 卷，第 21 页。

远在尚贝里的人们都能感觉到震感：尼古拉斯：《日常生活》，第 330—331 页。

随机的地质事件：威尔逊：《狄德罗》，第 247 页。

“在这堆烂泥上”：伏尔泰：《咏里斯本灾难》，收入《杂著集》（“Poème sur le Désastre de Lisbonne,” in *Mélanges*, ed. Van den Heuvel），第 308 页。

297 **“那么，我们是否应该说”**：《致伏尔泰的信》，《全集》第 4 卷，第 1062 页。

“与其说‘一切都是好的’……发现一切都好”：《全集》第 4 卷，第 1068、1074—1075 页。

“赫拉克利特·卢梭”：《文学通信》第6卷，第133页（1764年12月1日）。

《老实人》是伏尔泰专门写来：致符腾堡王子的信（the prince de Wurtemburg），1764年3月11日，《通信全集》第19卷，第210页；以及《忏悔录》第9卷，《全集》第1卷，第430页（卢梭在书中宣称他从未读过《老实人》，这不大可能是真的）。

298 **“除了我心中的”**：《忏悔录》第10卷，《全集》第1卷，第495页。

“亲爱的雷伊”：卢梭致雷伊，1758年3月9日，《通信全集》第5卷，第50页。

“一种很少……配得上它”：《致达朗贝尔的信》，《全集》第5卷，第120页。

“在我的同时代的人中”：《两个共和国的对比：斯巴达和罗马》（“Parallèle entre les deux républiques de Sparte et de Rome”），《全集》第3卷，第538页。这篇文章日期不详，但与《致达朗贝尔的信》有诸多相同之处。在后者中，卢梭宣称他喜爱斯巴达，而不喜爱雅典，并在余生不断重复这一点（《全集》第5卷，第122页）。

299 **“演员的才能是什么”**：《致达朗贝尔的信》，《全集》第5卷，第73页。

“演员的哭泣”：狄德罗：《演员的悖论》（*Paradoxe sur le Comédien*，1773年，直到1830年才出版），《著作集》（*Œuvres*, ed. Billy），第1011页。

300 **“让-雅克”**：《致达朗贝尔的信》，《全集》第5卷，第124页。

“我说的每一句好话”：卢梭致让·萨拉赞（Jean Sarasin），1758年11月29日，《通信全集》第5卷，第243页。

两种意识形态在戏剧问题上相互对峙：参见马塞尔·雷蒙：《卢梭与日内瓦》，收入博-博维等编：《让-雅克·卢梭》（Marcel Raymond, “Rousseau et Genève,” in *Jean-Jacques Rousseau*, ed. Baud-Bovy et al.），第209页。

统治精英们都致力于：参见《启蒙时代的法国》，第82—83页。

301 **“快乐的歌声”**：达维德·肖韦致克里斯托夫勒·博沙托（David Chauvet to Christofle Beauchâteau），1761年6月8日，《通信全集》第9卷，第7—8页。

“爱国主义”：让-路易·摩勒（Jean-Louis Mollet）致卢梭，1761年6月10日，同上，第9页。

“伟大的卢梭”：安托万-雅克·鲁斯唐（Antoine-Jacques Roustan），1759年8月，《通信全集》第6卷，第151页。

“哦，如果您看到”：特农香致卢梭，1758年11月13日，《通信全集》第5卷，第220—221页。

“我读了卢梭先生”：达朗贝尔致马尔泽布，1758年7月22日，同上，第120页。

“哲学家们分裂了”：伏尔泰致达朗贝尔，1761年3月19日，收入泰奥多尔·贝斯特曼编：《伏尔泰全集》（*The Complete Works of Voltaire*, ed. Theodore Besterman, Geneva: Institut Volataire; Oxford: Voltaire Foundation, 1960–　），第107卷，第107页。

302 **“日内瓦的神父们”**：伏尔泰致达朗贝尔，1761年10月20

日，同上，第 108 页，第 41 页。

“我承认”：达朗贝尔致伏尔泰，1761 年 10 月 31 日，同上，第 78 页。

“先生，我一点也不喜欢您”：卢梭致伏尔泰，1760 年 6 月 17 日，《通信全集》第 7 卷，第 136 页。

303 **“我曾经有一个”**：《致达朗贝尔的信》，《全集》第 5 卷，第 7 页。

“你若开口”：《德训篇》第 22 章，第 22 节，詹姆斯国王版本。（卢梭引用了通行版本的拉丁文《圣经》第 22 章第 27 节；该旁经收录进了天主教《圣经》中，但未收录进多数新教《圣经》。）

“我全心全意地拥抱你”：圣朗贝尔致卢梭，1758 年 10 月 9 日，《通信全集》第 5 卷，第 168 页。

“狄德罗也许”：圣朗贝尔致卢梭，1758 年 10 月 10 日，同上，第 169 页。

德莱尔坦率地告诉卢梭说：德莱尔致卢梭，1758 年 10 月 29 日，同上，第 193—194 页。

“我所有的作品”：《忏悔录》第 10 卷，《全集》第 1 卷，第 501 页。

304 **“任何一个百科全书作家”**：《卢梭致法律界人士》（“Rousseau à des gens de loi”），1758 年 10 月 15 日，《通信全集》第 5 卷，第 179 页。

“这个人表里不一”：《狄德罗的记事簿》（“Les Tablettes de Diderot”），《回忆》，第 175 页；也参见《通信全集》第 5 卷，第 282—283 页，引用了狄德罗的朋友迈斯特（J. H.

Meister）的话：迈斯特看见他想要恢复关于这次争吵的记忆时，从他的桌子里取出笔记。

“我曾经很荣幸地”：卢梭致迪歇纳（Duchesne），1760 年 5 月 21 日，《通信全集》第 7 卷，第 98 页。

第十七章　最后的安宁和《朱莉》的成功

306 **贵族的人数可能多达 25 万名**：罗伯特：《企鹅版世界史》（J. M. Roberts, *The Penguin History of the World,* London: Penguin, 1995），第 542 页；这一数据被广泛接受，但盖伊·肖锡南-诺加雷（Guy Chaussinand-Nogaret）的《十八世纪的贵族：从封建社会到启蒙运动》（*La Noblesse au XVIIIe Siècle: De la Féodalité aux Lumières,* Brussels: Éditions Complexe, 1984），第 46—47 页，对一手资料的详尽研究表明，这一数据更接近 13 万。

“只有一种贵族”：司汤达：《红与黑》，第 30 章的题记。

卢森堡家族的富有程度：基于 1764 年公爵去世时的评估；卢森堡夫人从之前的婚姻中获得大约每年 10 万里弗尔的收入。参见《让-雅克·卢梭：一位与世决裂的知识分子》，第 106 页；以及伊波利特·比弗努瓦尔：《卢森堡元帅夫人》（Hippolyte Buffenoir, *La Maréchale de Luxembourg,* Paris: Émile-Paul Frères, 1924），第 20 页。

307 **“我想，如果我们两人”**：卢梭致卢森堡公爵，1759 年 5 月 27 日，《通信全集》第 6 卷，第 108 页。

“在我有生之年”：《忏悔录》第 10 卷，《全集》第 1 卷，第 534 页。

“您必须知道”：《致马尔泽布的信》第四封，《全集》第1卷，第1144页。

“在那里”：《忏悔录》第10卷，《全集》第1卷，第521页。

308 **“卢梭已经接受了”**：1759年6月5日，狄德罗：《通信集》，韦尔西尼编（*Correspondance*, ed. Versini），第106页。

“他与他所有的老朋友们”：《文学通信》，1762年6月15日，《回忆》，第275页。

“维勒鲁瓦公爵”：《忏悔录》第10卷，《全集》第1卷，第527页。

309 **“他们拥有的东西越多”**：《爱弥儿》第4卷，《全集》第4卷，第537页。

“正是在这种激动难抑……在我家里”：《全集》第1卷，第527—528页。

“他是我们所有人的父亲……我们咽气”：玛丽安娜·德·拉图尔（Marianne de La Tour）致卢梭，1763年11月1日，《通信全集》第18卷，第91页。

“但像您这样高贵的灵魂”：卢梭致雅克-弗朗索瓦·德吕克（Jacques-François Deluc），1758年3月29日，《通信全集》第5卷，第68页。

310 **“如果你连我”**：卢森堡夫人致卢梭，1759年9月3日，《通信全集》第6卷，第158页。

“你们没有想成为”：卢梭致卢森堡夫人，1760年1月24日，《通信全集》第7卷，第21页。

“世界上最迷人的东西”：卢森堡夫人致卢梭，1760年1月28日，同上，第22页。

“你的守护神”：伏尔泰：《致名叫马德莱娜的布夫莱尔夫人》（*À Madame de Boufflers, qui s'appelait Madeleine*），约 1749 年，收入《伏尔泰全集》，第 31b 卷，第 528 页。

311 **“她不是那种”**：《卢森堡元帅夫人》，第 10 页。

“所到之处”：来自德方（Deffand）侯爵夫人的通信，转引自同上，第 15 页。

312 **“最熟练的抄谱者”**：“抄谱者”（Copiste），《音乐辞典》，《全集》第 5 卷，第 735 页。

莫雷莱说：莫雷莱：《莫雷莱修士回忆录》，第 114 页。

“如果卢梭只是说”：马尔泽布致萨斯菲尔德（Sarsfeld）伯爵，1766 年 11 月 28 日，《通信全集》第 31 卷，第 223 页。

“我们走进……琼浆玉液一样”：弗朗索瓦·法夫尔致保罗-克洛德·穆尔图（François Favre to Paul-Claude Moultou），1759 年 12 月 11 日，《通信全集》第 6 卷，第 225 页。

“一个女孩”：塞克伯爵约瑟夫·泰莱基（Joseph Teleki, comte de Szek）的日记，1761 年 3 月 6 日，《通信全集》第 8 卷，第 360—361 页。

314 **“泰蕾兹不再是”**：同上，第 362 页注释。

“第三个人”：卡萨诺瓦：《我的生平》，第 5 卷，第 224 页；特拉斯克（Trask）的脚注表明，这件轶事存在争议，但不清楚为什么会有争议；参见伊夫·瓦尔加斯：《卢梭：性之谜》（Yves Vargas, *Rousseau: l'Enigme du Sexe*, Paris: Press Universitaires de France, 1997），第 24 页。

“为了逗卢森堡夫人”：《忏悔录》第 7 卷，《全集》第 1 卷，第 332 页。

科姆进行长达两小时的令人痛苦的探查：《忏悔录》第 11 卷，《全集》第 1 卷，第 571—572 页。

“自从我硬起心肠”：卢梭致维尔德兰（Verdelin）侯爵夫人，《通信全集》第 7 卷，第 58 页。

315 **“他一生中”**：让–路易·勒策尔克勒：《让–雅克笔下的女人》，收入让·斯塔罗宾斯基等编《让–雅克·卢梭：四项研究》（Jean-Louis Lecercle, “La Femme selon Jean-Jacques,” in Jean Starobinski et al., *Jean-Jacques Rousseau: Quatre Études*, Neuchâtel: La Baconnière, 1978），第 53 页。

316 **“不，留着你的吻”**：《朱莉》第 1 卷，第十四封信，《全集》第 2 卷，第 65 页。

“如果我热烈的”：《朱莉》第 1 卷，第五十封信，同上，第 140—141 页。

“这件纤薄的胸衣”：《朱莉》第 1 卷，第五十四封信，同上，第 147 页。

“我想象不出……一段时光”：《朱莉》第 1 卷，第五十五封信，同上，第 148—149 页。

“腐蚀我的感觉”：《朱莉》第 1 卷，第四封信，同上，第 39 页。

“爱情伴随着”：《朱莉》第 3 卷，第二十封信，同上，第 372 页。

317 **“如果我能够改变”**：《朱莉》第 4 卷，第十二封信，同上，第 491 页。

“他爱上的不是”：《朱莉》第 4 卷，第十四封信，同上，第 509 页。

“都结束了”：《朱莉》第 4 卷，第十七封信，同上，第 520—521 页。

318 **“摒弃盛装”**：《全集》第 2 卷，第 768 页。

“每次看到她”：迈斯特记录，《通信全集》第 20 卷，第 127 页。

319 **“狂热而大胆的”**：《朱莉》第 1 卷，第二十三封信，同上，[1] 第 82 页。

“我从她丈夫紧握”：《朱莉》第 5 卷，第三封信，同上，第 559 页。

“这不是你自己的故事吗”：贝纳丹，第 139—140 页。

“噢，我的恩人”：《朱莉》第 5 卷，第八封信，《全集》第 2 卷，第 611 页。

320 **“看到两个”**：《朱莉》第 1 卷，第三十八封信，同上，第 115 页。

“她们以激起色欲”：《爱弥儿》第 5 卷，《全集》第 4 卷，第 719 页；参见编辑对《朱莉》相应段落的注释，《全集》第 2 卷，第 1408—1409 页。

“如果我没有猜错”：卢梭致布瓦·德·拉图尔（Boy de La Tour）夫人，1762 年 5 月 29 日，《通信全集》第 10 卷，第 310 页。

“他拒绝享受”：《朱莉》，附录，《爱德华·博姆斯顿绅士的爱情故事》（“Les Amours de Milord Edouard Bomston”），《全集》第 2 卷，第 760 页。

---

1 原文如此。误，应为“《全集》第 2 卷”。

“带着搽了粉的”：特鲁松，第 2 卷，第 26 页。

“一种温和的极权主义”：博诺特：《卢梭：历史学视野》（Bonhôte, *Rousseau: Vision de l'Histoire*），第 98 页。

321 **“奢侈在我们的城市”**：《致博尔德的最后回信》（“Dernière Réponse à M. Bordes”），《全集》第 3 卷，第 79 页。

“回忆起黄金时代……持续的节日”：《朱莉》第 5 卷，第七封信，《全集》第 2 卷，第 603 页。

“如果有人碰巧”：《朱莉》第 5 卷，第七封信，同上，第 609 页。

“道德阉割”：亚历克西斯·费罗南柯：《让-雅克·卢梭与不幸的思想》（Alexis Philonenko, *Jean-Jacques Rousseau et la Pensée du Malheur*. Paris: Vrin, 1984），第 2 卷，第 194 页。

“通常她会让”：《朱莉》第 4 卷，第十封信，《全集》第 2 卷，第 465—466 页。七星版的编辑们注意到了与都灵事件的相似。

322 **“奴役对人来说是……去做的一切”**：《朱莉》第 4 卷，第十封信，同上，第 460、453 页。

“哦，伟大的存在”：《致马尔泽布的信》第三封，《全集》第 1 卷，第 1141 页。

他的目光很少会超过：大卫·艾伦：《英国的自然主义者》（David E. Allen, *The British Naturalist*, London: A. Lane, 1976），第 54 页。

323 **“它会让人想到”**：克莱尔-埃利亚内·昂热尔：《十八和十九世纪法国和英国的阿尔卑斯山文学》（Claire-Eliane Engel, *La Littérature Alpestre en France et en Angleterre aux XVIIIe et XIXe*

Sièces, Chambéry: Dardel, 1930），第22—24页。

“一个人呼吸得……不敢逼视”：《朱莉》第1卷，第二十三封信，《全集》第2卷，第77—78页。

一位学者所评论：达尼埃尔·莫尔内：《从让–雅克·卢梭到贝尔纳丁·德·圣皮埃尔的法国的自然情怀》（Daniel Mornet, *Le Sentiment de la Nature en France de J.-J. Rousseau à Bernardin de Saint-Pierre*, Paris: Hachette, 1907），第55页。

一位波兰女伯爵：转引自吕西安·拉蒂翁：《让–雅克·卢梭和瓦莱：历史的和批判的研究》（Lucien Lathion, *Jean-Jacques Rousseau et le Valais: Étude Historique et Critique*, Lausanne: Éditions Rencontre, 1953），第11页。

324 **“那么，阁下”**：马塞尔·雷蒙，为加涅班的《卢梭及其著作》（Gagnebin, *Rousseau et Son Oeuvre*）[1] 所写的导论，第23页。

“虔诚的朱莉”：卢梭致雅各布·韦尔纳，1761年6月24日，《通信全集》第9卷，第27页。

“煤商的妻子”：《朱莉》第5卷，第十三封信，《全集》第2卷，第633页；卢梭在《忏悔录》第10卷中描述了这件事，参见《全集》第1卷，第512页。

325 **至少出版了七十个版本**：参见乔–安·麦凯克伦《新爱洛伊丝：一些文献学问题》（Jo-Ann E. McEachern, “La Nouvelle Héloïse: Some Bibliographical Problems,” *Eighteenth-Century Fiction* 1[1989]），第305—317页；雷伊（Rey）在1761年12月7

1 据第55页注释，此书编者应为让·法布勒（Jean Fabre）等，而非加涅班（Gagnebin）。

日的一封信中记述说挣了一万里弗尔，参见《通信全集》第 9 卷，第 299 页。克兰斯顿的第 2 卷全面描述了《朱莉》出版情况的复杂细节，参见第 244 页以下。

激情是如此强烈……烧掉了论文：《百科全书杂志》（1761 年 6 月 1 日，第 112 页），转引自莫尔内：《自然情怀》，第 201 页。

“使美德”：斯塔尔：《论性格和著作的书信》（de Staël, *Lettres sur les Ouvrages*），第 4 页。

“完整地拼写出了”：《全集》第 2 卷，第 26—27 页。

被寻找作者的书中人物所诱惑：阿诺·特里佩：《文学的幻想》（Arnaud Tripet, *La Rêverie Littéraire*, Geneva: Droz, 1979），第 39 页。

“谁不崇拜我的朱莉”：卢梭致皮埃尔–洛朗蒂·德·贝卢瓦（Pierre-Laurent de Belloy），1770 年 2 月 19 日，《通信全集》第 37 卷，第 241 页。

“作者是一个”：《文学通信》，1761 年 1 月 15 日，第 2 号（未收入图尔纳［Tourneux］版本），《通信全集》第 8 卷，第 344 页。

326 **“他带着火炬”**：狄德罗：《理查逊礼赞》，《著作集》（*Éloge de Richardson, Œuvres*, ed. Billy），第 1061 页。

开始阅读《朱莉》：《忏悔录》第 11 卷，《全集》第 1 卷，第 547 页。

“我已经哭不出来了”：波利尼亚克（Polignac）侯爵夫人致卢梭，1761 年 2 月 3 日，《通信全集》第 8 卷，第 56—57 页。这封信未署名，拉尔夫·利的注释提出了几位可能的作者，但卢梭的《忏悔录》似乎清楚说明了是波利尼亚克侯爵夫人，参见《全集》第1卷，第547—548页。

“妇女们首先”：《忏悔录》第11卷，同上，第545页。

327 **“如果伟大的卢梭”**：博尔姆（Bormes）男爵致卢梭，1761年3月27日，《通信全集》第8卷，第280页。

“我们的心多么感激您”：雅克·佩尔内蒂（Jacques Pernetti）修士致卢梭，1761年2月26日，同上，第178页。

“需要一个神”：夏尔-约瑟夫·潘库克（Charles-Joseph Pancoucke）致卢梭，1761年2月10日，同上，第77—79页。罗伯特·达恩顿在《读者对卢梭的回应：构造浪漫主义的敏感性》（“Readers Respond to Rousseau: The Fabrication of Romantic Sensitivity”）中讨论了潘库克的信和大量的其他信，参见《屠猫狂欢：法国文化史钩沉》，第6章。

“她睡着了……更有价值”：拉沙佩勒（La Chapelle）致卢梭，1764年8月23日，《通信全集》第21卷，第58页。

328 **“我不知道”**：卢梭致拉沙佩勒，1764年9月23日，同上，第179—180页。

“信件、表白”：《卢森堡元帅夫人》，第86—87页。

“朱莉，我亲爱的朱莉”：《朱莉》第6卷，第十一封信，《全集》第2卷，第719页。洛里·马尔索的《卢梭的颠覆性女性》（Lori J. Marso, “Rousseau’s Subversive Women”）强调了朱莉被囚禁在她的角色中，参见林达·兰格编：《对让-雅克·卢梭的女性主义阐释》（*Feminist Interpretations of Jean-Jacques Rousseau*, ed. Lynda Lange. University Park: Pennsylvania State University Press, 2002），第245—276页。

329 **“我自己不能哭泣”**：《朱莉》第6卷，第十三封信，《全集》第2卷，第743—744页。

“学生将失去”：《根据一份古代手稿对新爱洛伊丝的预言》（1761），收入《回忆》（Prédiction tirée d'un vieux manuscrit sur La Nouvelle Héloïse [1761], in Mémoire），第224页。

“绅士（博姆斯顿）确凿地证明了……更像是个哲学家”：《就日内瓦公民让-雅克·卢梭的新爱洛伊丝致伏尔泰先生的信》（1761），收入《回忆》（Lettres à M. de Voltaive Sur La Nouvelle Héloise ou Aloïsia de Jean-Jacques Rousseau Citoyen de Genève [1761], in Mémoive），第240、242页。

“作者知道”：《文学之年》（1761），收入《回忆》，第251、256页。

“痛苦不堪”：匿名作者致卢梭，1761年4月20日，《通信全集》第8卷，第305页。

330 **“啊，爱情”**：亨利-尼古拉斯·拉特拉尼致弗朗索瓦-安托万·德沃（Henri-Nicolas Latran to François-Antoine Devaux），1770年10月4日，《通信全集》第38卷，第356页。

“一个渴望”：利奥·布劳迪：《声望的狂热：名声及其历史》（Leo Braudy, *The Frenzy of Renown: Fame and Its History*, New York: Vintage, 1997），第375页。

第十八章　争论者卢梭：《爱弥儿》和《社会契约论》

331 **“在六十岁的时候”**：《爱弥儿》第2卷，《全集》第4卷，第306—307页。

332 **“孩子们有时会”**：《爱弥儿》第 1 卷，同上，第 265 页。

“我还有一桩旧罪”：卢梭致图桑–皮埃尔·勒涅普斯（Toussaint-Pierre Lenieps），1760 年 12 月 11 日，《通信全集》第 7 卷，第 351 页。同一天，卢梭给迪潘夫人的信中也谢了类似的话，同上，第 352 页。

“任何不能履行”：《爱弥儿》第 1 卷，《全集》第 4 卷，第 262—263 页。

“哦，他没有任何作用”：詹姆斯·鲍斯韦尔（James Boswell），1764 年 12 月 15 日日记，收入《鲍斯韦尔的游学旅行：德国和瑞士》（*Boswell on the Grand Tour: Germany and Switzerland*），第 258 页（鲍斯韦尔用法文记录了这次谈话，波特尔［Pottle］翻译）。

333 **“我们所有的智慧”**：《爱弥儿》第 1 卷，《全集》第 4 卷，第 253 页。

“学校是恐惧”：《回忆我的一生》，第 73 页。

“白纸……父亲的权威”：詹姆斯·阿克斯特尔：《约翰·洛克教育著作集》（*The Educational Writings of John Locke*, ed. James L. Axtell, Cambridge: Cambridge University Press, 1968），第 145、325 页。

334 **“尊重和耻辱”**：同上，第 152 页。

“用自己的眼睛看”：《爱弥儿》第 4 卷，《全集》第 4 卷，第 551 页。

“他是一个”：《爱弥儿》第 3 卷，同上，第 484 页。

“他不是人之人”：《爱弥儿》第 4 卷，同上，第 549 页。

“我在教”：《爱弥儿》第 2 卷，同上，第 370—371 页。

“出自造物者之手”:《爱弥儿》第1卷，同上，第245页。

“这本书”:《对话录》，对话三，《全集》第1卷，第934页。

“我敢阐述”:《爱弥儿》第2卷，《全集》第4卷，第323页。

335 **“在这个世界上”**:《爱弥儿》第4卷，同上，第489页。

“即使我假设”:《爱弥儿》第2卷，同上，第301—302页。

“把诸如国王”：同上，第350页。

336 **“男孩高兴得……屈辱的后果”**:《爱弥儿》第3卷，《全集》第4卷，第438、440页。

自然时期一直持续到:《爱弥儿》的“法夫尔手稿”(“Favre manuscript”)，同上，第60页。

斯塔罗宾斯基确实这么称呼它:《让–雅克·卢梭：透明与障碍》，第127页。

337 **“我们都不是”**:《爱弥儿》第2卷，《全集》第4卷，第355页。

“不能这么做”：同上，第317—318页。

“没有人喜欢”：同上，第356页。

338 **“我看到(爱弥儿)”**：同上，第419页。

“从那时起”:《爱弥儿》第2卷(提到了莫扎特于1763—1764年访问巴黎)，收入卢梭为一个计划中的作品集所抄录的带注释的副本，《全集》第4卷，第1398页注释。

“我知道绝对的孤独”:《对话录》，对话二，《全集》第1卷，第813页。

“与其从童年开始”:《爱弥儿》第5卷，《全集》第4卷，第765页。

正如伊夫·瓦尔加斯所注意:《卢梭：性之谜》，第57—58页。

339 **“我们热爱”**:《爱弥儿》第4卷,《全集》第4卷，第656页。

“让我们叫你”：同上，第657页。

“苏菲，我亲爱的”：卢梭致乌德托夫人，1757年11月23日,《通信全集》第4卷，第581页。特鲁松的第2卷（第492页注释）注意到了语词的重复。

“爱弥儿一听到……迷醉的毒药”:《爱弥儿》第5卷,《全集》第4卷，第776页。

340 **“爱弥儿，握住这只手”**：同上，第813页。

“她完全”：同上，第707页。

“男人往往满身恶习”：同上，第710页。

玛丽·沃斯通克拉夫特（Mary Wollstonecraft）:《为女性权利辩护》（*A Vindication of the Rights of Women*，1792）。

341 **“一位妇女统治”**:《爱弥儿》第5卷,《全集》第4卷，第766—767页。

现代情感家庭：苏珊·莫勒·奥金:《女性与情感家庭的形成》（Susan Moller Okin, “Women and the Making of the Sentimental Family,” *Philosophy and Public Affairs II* [1982]），第69—88页。

“卢梭很有影响力”：萨拉·马扎:《女性、资产阶级和公共空间》（Sarah Maza, “Women, the Bourgeoisie, and the Public Sphere,” *French Historical Studies 17* [1992]），第949页。

“但他的妻子”:《爱弥儿》第5卷,《全集》第4卷，第732页。洛里·马尔索（Lori J. Marso）强调了这一段落的重要性，参见《(无)男子气概的公民：让-雅克·卢梭和斯塔尔笔下的颠覆性女性》(*[Un]Manly Citizen: Jean-Jacques Rousseau's and Germaine de Staël's Subversive Women*, Baltimore: Hopkins University Press, 1999)，第39—42页。

"我们都说了这一点"：布丰伯爵乔治·路易·勒克莱尔（Georges Louis Leclerc, comte de Buffon），转引自《巴黎日记》1778年10月30日，《通信全集》第40卷，第187页注释。

"她偏爱卢梭"：马蒙泰尔：《回忆录》，第1卷，第292页。

342 **"既然妇女的行为"**：《爱弥儿》第5卷，《全集》第1卷，第292页。

"我不认为"：卢梭致弗雷德里克·纪尧姆·蒙莫兰（Frédéric-Guillaume de Montmollin），从未被寄出的信，1762年11月14日，《通信全集》第14卷，第40页。

"我要求你的"：卢梭致穆尔图，1769年2月14日，《通信全集》第37卷，第57页。

贝纳丹指出：贝纳丹，第7页。

343 **"在任何其他系统中"**：《梦》第三次散步，《全集》第1卷，第1019页。

"我期待着"：《爱弥儿》第4卷，《全集》第4卷，第604—605页。

"罗马世界"：爱德华·吉本：《罗马帝国衰亡史》(Edward Gibbon, *The History of the Decline and Fall of the Roman Empire*, ed. J. B. Bury, London: Methuen, 1909–1914)，第1卷，第31页。

"他那个时代"：《关于让-雅克·卢梭的性格和著作的书信》，第72页。

344 **“他们用三个人”**：《致马布利先生的陈情书》(“Mémoire à M. de Mably”)，《全集》第4卷，第8页。

正如斯塔罗宾斯基所注意到的：《活的眼睛》，第140—142页。

“你在期待中”：《爱弥儿》第5卷，《全集》第4卷，第821页。

345 **“从希望的焦虑中”**：《爱弥儿和苏菲》，同上，第905页。

按照让-雅克的方式：参见《辞典》，第289页。

“一个像这本书中”：路易-塞巴斯蒂安·梅西耶：《让-雅克·卢梭全集》(Louis-Sébastien Mercier, *Œuvres Complètes de J.-J. Rousseau*, 1788)，收入《回忆》，第531页。

346 **“真理不会带来财富”**：《社会契约论》(*Du Contrat Social*)，第2卷第2章，《全集》第3卷，第371页。

“人生而自由……回答这个问题”：《社会契约论》，第1卷第1章，同上，第351页。

“本书的论点是”：克兰斯顿，第2卷，第306页。

347 **“英国人民”**：《社会契约论》，第3卷第15章，《全集》第3卷，第430页。

“从严格意义上说”：《社会契约论》，第3卷第4章，同上，第404页。

348 **“一般人并不是”**：《文学通信》第10卷，第129页(1773年1月，评论卢梭的《论波兰政府》[*Considerations on the Government of Poland*])。

“他是在讲台上”：夏尔·帕利索：《我们的文学史回忆录》(Charles Palissot, *Mémoires pour Servir à l'Histoire de notre Littérature,*

1769），收入《回忆》，第 402 页。

“法律总是”：《社会契约论》第 1 卷第 9 章，《全集》第 3 卷，第 367 页。

“当一个重要人物”：《论政治经济学》（*Discours sur l'Économie Politique*），《全集》第 3 卷，第 271—272 页。

卢梭思想的核心：梅尔泽：《人的善良天性》（Melzer, *Natural Goodness of Man*）；我也受惠于凯利：《卢梭的榜样人生：作为政治哲学的〈忏悔录〉》；詹姆斯·米勒：《卢梭：民主的梦想者》（James Miller, *Rousseau: Dreamer of Democracy*, New Haven: Yale University Press, 1984）；以及艾伦·布鲁姆：《卢梭对自由宪政的批评》，收入克利福德·奥温和纳坦·塔科夫编：《卢梭的遗产》（Alan Bloom, "Rousseau's Critique of Liberal Constituitonalism," in *The Legacy of Rousseau*, ed. Clifford Orwin and Nathan Tarcov, Chicago: University of Chicago Press, 1997），第 143—167 页。

“每个我都是所有其他人的敌人”：帕斯卡尔：《思想录》，据布伦瑞克的编号，第 455 号。

349 **“每一个……公共的大我”**：《社会契约论》第 1 卷第 6 章，《全集》第 3 卷，第 360—361 页。

“一种可怕的民主……不可剥夺的”：奥拉斯–贝内迪克特·佩里内·德·弗朗谢致 M. C. F. 德·萨科奈（Horace-Bénédict Perrinet de Franches to M. C. F. de Sacconay），1766 年 1 月 24 日，《全集》第 28 卷，第 223 页。

“我们认为这些真理”：《独立宣言》（"Declaration of Independence"），1776 年 7 月 4 日。

“人类是分子”：凯利：《卢梭的榜样人生：作为政治哲学的〈忏悔录〉》，第 146 页。

“为了使社会契约”：《社会契约论》第 1 卷第 7 章，《全集》第 3 卷，第 364 页。

350 **正如一位作家所评论的那样**：布罗尼斯拉夫·巴奇科：《卢梭与社会边缘性》（Bronislaw Baczco, “Rousseau and Social Marginality,” *Daedalus* 107, no. 3 [summer 1978]），第 38 页。

“我不知道……当奴隶的”：《社会契约论》第 4 卷第 8 章，《全集》第 3 卷，第 465、467 页。

351 **“灵魂的鸦片”**：《朱莉》第 6 卷，第八封信，《全集》第 2 卷，第 697 页。

“它的大部分”：《文学之年》（1785），收入《回忆》，第 522 页。

梅西耶（Louis-Sébastien Mercier）出版了一本：詹姆斯·在《让-雅克·卢梭：被认为是革命的第一批作者之一》（James Swenson, *On Jean-Jacques Rousseau: Considered as One of the First Authors of the Revolution*, Stanford: Stanford University Press, 2000）中探讨了更广泛多含义。

“为了人们的幸福……浓烈的忧郁之中”：转引自希利：《卢梭与拿破仑》（F. G. Healey, *Rousseau et Napoléon*, Geneva: Droz, 1957），第 16、23 页。

352 **“如果这个人”**：转引自斯坦尼斯拉斯·德·吉拉尔丹（Stanislas de Girardin），《回忆录》（*Mémoires*, Paris: 1834），第 1 卷，第 189 页。

“看到文人”：卢梭致雅各布·韦尔纳，1760 年 11 月 29 日，

《通信全集》第 7 卷，第 332 页。

“我冒昧地向您”：雷伊致卢梭，1761 年 12 月 31 日，《通信全集》第 9 卷，第 368 页。

“她应该自己”：卢梭致雷伊，1762 年 5 月 9 日，《通信全集》第 10 卷，第 235 页。

353 **“我有一颗……他们的伤害”**：《致马尔泽布的信》第四封，《全集》第 1 卷，第 1144 页。

“我的心里”：卢梭致萨米埃尔–安德烈·蒂索（Samuel-André Tissot），1765 年 4 月 1 日，《通信全集》第 25 卷，第 3 页。

354 **“我为我所经历”**：《致马尔泽布的信》第二封，《全集》第 1 卷，第 1134—1135 页。

“在我最不想”：同上，第 1136 页。

“他生活的煎熬”：马尔泽布致卢森堡夫人，1761 年 12 月 25 日，《通信全集》第 9 卷，第 357 页。

格里姆评论：转引自拉尔夫·利：《让–雅克·卢梭传记中未解决的问题》（R. A. Leigh, *Unsolved Problems in the Bibiography of J.-J. Rousseau*, Cambridge: Cambridge University Press, 1990），第 12—13 页。

355 **正如拉尔夫·利所指出的**：同上，第 14、24 页，批判了源自达尼埃尔·莫尔内（Daniel Mornet）1910 年的一篇文章的标准观点。

“在其他国家”：马尔泽布致布勒特伊（Breteuil）男爵，1776 年 7 月 27 日，转引自《让–雅克·卢梭：一位与世决裂的知识分子》，第 128 页。

356 **正如皮埃尔·塞尔纳（Pierre Serna）所注意到的**：《贵族》，

收入米歇尔·沃韦勒编：《启蒙运动肖像》（"The Noble," in *Enlightenment Portraits,* ed. Michel Vovelle, trans. Lydia G. Cochrane, Chicago: University of Chicago Press, 1997），第 76—77 页。

"那些仅仅是"：塞居尔（Ségur）伯爵，《回忆录》，转引自肖锡南-诺加雷：《十八世纪的贵族》（Chaussinand-Nogaret, *La Noblesse au XVIIIe Siècle*），第 16 页。

当时新教徒只占总人口的 2%：《启蒙时代的法国》，第 364—365 页。

"禁止集会……施加惩罚"：卢梭致让·里博特（Jean Ribotte），1761 年 10 月 24 日，《通信全集》第 9 卷，第 200—201 页。

357 **"先生，请屈尊"**：《通信全集》第 6 卷，第 214 页（也参见《忏悔录》第 9 卷，《全集》第 1 卷，第 531—532 页）。

"我觉得给西卢埃特先生"：卢森堡夫人致卢梭，1760 年 5 月 26 日，《通信全集》第 7 卷，第 110 页。

"他们说，巴黎议会"：卢梭致穆尔图，1762 年 6 月 7 日，《通信全集》第 11 卷，第 36 页。

358 **"他赢得了笃信宗教的人"**：1762 年 7 月 18 日，狄德罗：《通信集》，第 383—384 页。

"只想到掠夺"：《巴黎神学院的审查》（*Censure de la Faculté de Théologie de Paris,* 1762），转引自菲利普·勒菲弗：《詹森派和天主教徒反对卢梭》（Philippe Lefebvre, "Jansenistes et Cathololiques contre Rousseau"），《年鉴》第 37 卷（1966—1968），第 129 页。

泰蕾兹轻蔑地称他们为长舌妇：《忏悔录》第 10 卷，《全集》

第 1 卷，第 506 页。

一位探讨过这个问题的学者：勒菲弗尔：《詹森派和天主教徒》（Lefebvre, "Jansenistes et Catholoriques"），第 131—135 页。

"这本书的作者……并烧毁"：《高等法院的判决》（*Arrêt de la Cour de Parlament*），《通信全集》第 2 卷，第 265—266 页。

359 **"让-雅克·卢梭不知道"：**卢梭致克勒基（Créqui）夫人，1762 年 6 月 7 日，同上，第 39 页。

"以上帝的名义"：卢森堡夫人致卢梭，1762 年 6 月 8 日，同上，第 45 页。

360 **"她拥抱了我"：**《忏悔录》第 11 卷，《全集》第 1 卷，第 583 页。

"她扑进我的怀里"：同上，第 582 页。

第十九章　流亡山区

362 **"我的手抖得……是什么样子呢"：**卢梭致卢森堡夫人，1762 年 6 月 17 日，《通信全集》第 2 卷，第 99 页。

"一到伯尔尼境内"：《忏悔录》第 11 卷，《全集》第 1 卷，第 587 页。

"如果它不是"：同上，第 586 页。

363 **"恶魔（Belial）之子"：**约翰·弥尔顿：《失乐园》，第 1 卷，第 501—502 页。

正如批评者所注意到的：我特别受惠于弗朗索瓦·范拉尔：《让-雅克·卢梭：从幻觉到写作》（François Van Laere, *Jean-Jacques Rousseau: Du Phantasme à l'Écriture,* Paris: Minard, 1967）；

以及托马斯·卡瓦纳：《写作真理》(Thomas Kavanagh, *Writing the Truth*)，第 102—123 页，《让-雅克·卢梭：从负罪之爱到荣耀之爱》(第 50—51 页) 中也有一些简短但有启发性的评论。

“便雅悯，可悲的痛苦之子”：《以法莲的利未人》(“The Levite of Ephraïm”)，《全集》第 2 卷，第 1208 页。

他的罗甘妮里(roguinerie)：达尼埃尔·罗甘(Daniel Roguin) 致卢梭，1762 年 7 月 10 日，《通信全集》，第 12 卷，第 9 页。

364 **“我说了很多”**：卢梭致腓特烈大帝(Frederick the Great)，1762 年 7 月 10 日，同上，第 1 页。

“几乎没有”：腓特烈致萨克森-哥达公爵夫人(Frederick to the duchess of Saxe-Gotha)，1763 年 2 月 10 日，转引自《让-雅克·卢梭：一位与世决裂的知识分子》，第 327 页注释。

卢梭读作“基特”(Keet)：他的朋友贝纳丹在听完卢梭的谈话后，把它写作“Kheit”(贝纳丹，第 45 页)。他知道某个地方有个“h”，但他没有听到这个“h”。

“我们对马歇尔大人……渴望出名”：伊迪丝·卡瑟尔：《腓特烈大帝的苏格兰朋友：末代马歇尔伯爵》(Edith Cuthell, *The Scottish Friend of Frederic the Great: The Last Earl Marischall*, London: Stanley Paul, 1915)，第 1 卷，第 122、143—147 页。

366 **“看来她对他来说”**：伏尔泰致德尼(Denis) 夫人，1751 年 8 月 24 日，《伏尔泰全集》，第 104 卷，第 17 页。

“我在大人热切的眼睛”：《忏悔录》第 12 卷，《全集》第 1 卷，第 597 页。

“我的朋友”：卢梭致布夫莱尔（Boufflers）伯爵夫人，1763年12月28日，《通信全集》第18卷，第243页；卢梭在《山中来信》（*Lettres écrites de la Montagne*）中重复了这句话，只是形式略有变动，参见《全集》第3卷，第797页。

“大人，我满心”：卢梭致基思（Keith），1764年12月8日，《通信全集》第22卷，第185页。

“我只需要”：《忏悔录》第12卷，《全集》第1卷，第592页。

“我的心一直”：泰蕾兹·勒瓦瑟致卢梭，1762年6月23日，《通信全集》第11卷，第141页。

367 **Monquer atous**：泰蕾兹原本的拼写由米尼耶（Mugnier）抄录，参见《华伦夫人与卢梭》，第316页。

卢梭后来给他写了一封感谢信：卢梭致巴蒂斯特–菲利普–艾梅·格吕梅（Baptiste-Philippe-Aimé Grumet）修士，1762年11月30日，《通信全集》第14卷，第139页。

“当我们拥抱时”：《忏悔录》第12卷，《全集》第1卷，第595页。

“一个美丽的野生山谷”：詹姆斯·鲍斯韦尔（James Boswell）1764年12月3日的日记，收入《鲍斯韦尔的游学旅行：德国和瑞士》，第220页。

368 **“尽管这一景象”**：卢梭致卢森堡，1763年1月28日，《通信全集》第15卷，第113页。

“今天”：《致达朗贝尔的信》，《全集》第5卷，第57页。

“我相信我会”：卢梭致卢森堡，1763年1月20日，《通信全集》第15卷，第48页。

一本同时代的旅游指南：萨米埃尔·弗雷德里克·奥斯特瓦尔德：《关于纳沙泰尔和瓦朗然公国的山脉与谷地的描述》（Samuel Frédéric Ostervald, *Description des Montagnes et des Vallées qui font Partie de la Principauté de Neuchâtel et Valangin,* Fauché: Neuchâtel, 1766），第 17 页。

“货币的充裕”：卢梭致勒涅普斯（Lenieps），1764 年 7 月 15 日，《通信全集》第 20 卷，第 281 页。

六十年后，一位访客：皮埃尔-弗朗索瓦·贝洛（Pierre-François Bellot），1823 年关于一次访问的笔记，《通信全集》第 26 卷，第 378—379 页。

根据他们离开后的一份清单：1765 年 9 月 28 日，《通信全集》第 26 卷，第 380—382 页。

369 **“为了获得能入口的面包”：**卢梭致卢森堡，1763 年 1 月 20 日，《通信全集》第 15 卷，第 120 页。

“不可能比勒瓦瑟小姐”：弗朗索瓦-路易·德舍尔尼（François-Louis d'Escherny），转引自弗雷德里克·艾格丁格：《“我花园中的石块”：让-雅克·卢梭的纳沙泰尔岁月与 1765 年危机》（Frédéric Eigeldinger, *"Des Pierres dans mon Jardin": Les Annés Neuchâtelois de J.-J. Rousseau et la Crise de 1765,* Paris and Geneva: Champion-Slatkine, 1992），第 18 页。

370 **当鲍斯韦尔来访：**《鲍斯韦尔的游学旅行：德国和瑞士》，第 258—259 页（1764 年 12 月 15 日）。

他经常在半夜两点起床去煮咖啡：尤丽叶·冯·邦德利德（Julie von Bondeli）向齐默尔曼（J. G. Zimmerman）描述她从卢梭的一位访客那里听到的事，1762 年 8 月 21 日，《通信全集》第 12 卷，第 236 页。

"为了更安全"：达斯蒂耶·德·克罗默西耶尔（H.-C. d'Astier de Cromessière）致卢梭，写于卡庞特拉（Carpentras），1763 年 8 月 22 日，《通信全集》第 17 卷，第 177 页。

"她叫我爸爸"：《忏悔录》第 12 卷，《全集》第 1 卷，第 601—602 页。

371 **"因为据说他写书"**：一个老洗衣妇，阿米·马莱（Ami Mallet）记述，转引自《论让-雅克·卢梭在莫蒂耶和拉韦尔的足迹》("Sur les Pas de J.-J. Rousseau à Môtiers-Travers")，《年鉴》第 26 卷（1937），第 313—314 页。

"在我看来"：卢梭致布瓦（Boy）夫人，1762 年 10 月 9 日，《通信全集》第 13 卷，第 184 页。

"在任何季节"：卢梭致迪歇纳，1763 年 10 月 15 日，《通信全集》第 18 卷，第 38 页。

正如弗雷德里克·艾格丁格所言：《"我花园中的石块"：让-雅克·卢梭的纳沙泰尔岁月与 1765 年危机》，第 79 页。

"哦，为什么我生来"：布莱克致托马斯·巴茨（Black to Thomas Butts），180（？）[1] 年 8 月 16 日，收入布莱克：《威廉·布莱克诗歌散文全集》，第 733 页。

372 **"这是为我认识的"**：卢梭致布瓦夫人，1762 年 10 月 9 日，《通信全集》第 13 卷，第 184 页。

"在幸福的主持下"：卢梭致安娜-玛丽·狄韦尔努瓦（Anne-Marie d'Ivernois），1762 年 9 月 13 日，同上，第 60 页。拉尔

1 原文如此，疑缺一个数字。

夫·利（第 61 页注释）说，这封信变成了卢梭通信中最著名的篇章之一。

“我正在努力忘掉”：卢梭致维尔德兰侯爵夫人，1762 年 9 月 4 日，同上，第 10 页。

“我以男人的身份”：尤丽叶·冯·邦德利德（Julie von Bondeli）向齐默尔曼（J. G. Zimmerman）报告，1762 年 8 月 21 日，《通信全集》第 12 卷，第 236 页。

贫穷文士的女儿：冯·邦德利德（Julie von Bondeli）致齐默尔曼（Zimmerman），同上，第 235 页。

“他们好奇的眼神……最恶毒的一个”：卢梭致布瓦夫人，1763 年 8 月 14 日，《通信全集》第 17 卷，第 153 页。

373 **“我真诚地隶属于”**：卢梭致蒙莫兰（Montmollin），1762 年 8 月 24 日，《通信全集》第 12 卷，第 246 页。

会众在看到他离开圣桌时流下了眼泪：伊莎贝尔·居耶内（Isabelle Guyenet）的一个亲戚记述，《通信全集》第 13 卷，第 170 页注释。

蒙莫兰甚至把自己的马车：卢梭致迪穆兰（B. C. A. Dumoulin），1763 年 1 月 16 日，《通信全集》第 15 卷，第 42 页。

“卢梭，只有卢梭”：普鲁士的亨利（或海因里希）致符腾堡王子（Henri[or Heinrich] of Prussia to the prince de Wurtemberg），1765 年 6 月 23 日，《通信全集》第 26 卷，第 60 页注释。

“我的野人儿子”：基思致卢梭，1764 年 4 月 13 日，《通信全集》第 19 卷，第 296 页。

“大卫将为牛里脊肉”：基思致卢梭，1762 年 10 月 2 日，

《通信全集》第 13 卷，第 149 页。

374 **“您想给我面包”**：卢梭致腓特烈二世，1762 年 11 月 1 日，《通信全集》第 14 卷，第 1 页。

“让他缔造”：卢梭致基思，同上，第 3 页。

基思冷静地回答：基思致卢梭，1762 年 11 月 3 日，同上，第 7 页。

“我们必须承认”：腓特烈二世致基思，1762 年 11 月 26 日，同上，第 116 页。

“大量虚假的”：《巴黎大主教阁下的训谕》，收入洛奈编：《让-雅克·卢梭全集》（*Mandement de Mgr. l'Archevêque de Paris,* in *Œuvres Complètes de J.-J. Rousseau,* ed. M. Launay, Paris: Seuil, 1967），第 3 卷，第 336 页。

“让-雅克真正的使徒品质”：《文学之年》（1785）中的匿名作家，收入《回忆》，第 524 页。

“我被间谍和不怀好意的人”：《致克里斯托夫·德·博蒙的信》（*Letter à Christophe de Beaumont*），《全集》第 4 卷，第 963 页。

“我们能说什么共同语言……什么都不是”：同上，第 927、1007 页。

375 **“不管他们怎么说”**：达朗贝尔致朱莉·德·莱斯皮纳斯（Julie de Lespinasse），1763 年 5 月，《通信全集》第 16 卷，第 368 页。

“在这篇文章……一个基督徒”：《文学通信》第 5 卷，第 290—292 页（1763 年 5 月 15 日）。

“哦，我亲爱的”：穆尔图致卢梭，1763 年 3 月 23 日，《通信全集》第 15 卷，第 316 页。

“撒旦先生”：安托万－雅克·鲁斯唐（Antoine-Jacques Roustan）致卢梭，1763 年 5 月 8 日，《通信全集》第 16 卷，第 154 页（指《马太福音》第 16 章第 23 节，另外两篇福音书中也重复了这些话）。

376 **“像雷电一样击中了我”**：马克·沙皮伊（Marc Chappuis）致卢梭，1763 年 5 月 18 日，同上，第 198 页。

“卢梭不再是”：泰奥多尔·特农香致雅各布·韦尔纳，1763 年 5 月 18 日，同上，第 204 页。

“因其资藉豪富”：尚布里耶·朵莱勒（Chambrier d'Oleyres），转引自沙利·居约：《卢梭的一个朋友和捍卫者：皮埃尔－亚历山大·迪佩鲁》（Charly Guyot, *Un Ami et Défenseur de Rousseau: Pierre-Alexandre Du Peyrou*, Neuchâtel: Ides et Calendes, 1958），第 15 页。我对迪佩鲁的记述基于居约的著作。

377 **“所有的一切”**：雅各布·韦格林：《关于约翰·雅各布·卢梭的回忆》（Jacob Wegelin, *Denkwürdigkeiten von Johann Jakob Rousseau*），《通信全集》第 18 卷，第 257、259 页。

378 **“他温和的面容”**：皮埃尔·穆尚致让娜·穆尚（Pierre Mouchon to Jeanne Mouchon），1762 年 10 月 4 日，《通信全集》第 13 卷，第 167 页。

“我的灵魂之父”：穆尚致卢梭，1762 年 10 月 20 日，同上，第 231 页。

“他们让我笑死了”：苏珊·屈尔绍致尤丽叶·冯·邦德利（Suzanne Curchod to Julie von Bondeli），另一位牧师是苏黎世的莱昂哈德·乌斯泰里（Leonhard Usteri of Zurich），1762 年

10月10日，同上，第198页。

“我只想着您”：穆尚致卢梭，1762年11月5日，《通信全集》第14卷，第12页。

“他身材高大……形影不离”：《忏悔录》第12卷，《全集》第1卷，第616页。

379 **“他告诉每个人”**：同上。

一位思考过这种奇怪关系的学者评论：马德莱娜·安瑞博·西蒙斯：《友谊与激情：卢梭与索特斯海姆》(Madeleine Anjubault Simons, *Amitié et Passion: Rousseau et Sauttersheim,* Geneva: Droz, 1972)，第16页；关于与基督的记述（见《山中来信》）的对比，参见第23页。

“爱情的统治”：《朱莉》第6卷，第三封信，《全集》第2卷，第653页。

下流邋遢的荡妇：《忏悔录》第12卷，《全集》第1卷，第617页。

“最纯洁的道德”：卢梭致罗甘，1763年8月18日，《通信全集》第17卷，第163页。

但当她在分娩的痛苦中：西蒙斯：《友谊与激情》，第37页；为她的孩子取名让-雅克，第41页。

380 **“我庄严宣誓”**：1764年10月21日，《鲍斯韦尔的游学旅行：德国和瑞士》，第150页。

“一颗充满感情的心……像他所写的那样写作呢”：鲍斯韦尔致卢梭的信，1764年12月3日，译文同上，第218—219页。现代编辑波特尔（Pottle）也刊印了鲍斯韦尔所想出的作为展示自己的最佳方式的草稿。法文原文参见《通信全集》第22卷，第156—157页。

“一个小小的……这个世界的现状”：同上，第220—224页。影射《朱莉》第6卷，第八封信，《全集》第2卷，第693页。

381 **“日日夜夜”**：卢梭致穆尔图，1762年1月18日，《通信全集》第10卷，第40页。

劈柴：卢梭致迪歇纳，1764年2月26日，《通信全集》第19卷，第183页。

“我总是觉得”：卢梭致维尔德兰夫人，1763年4月30日，《通信全集》第16卷，第129页。

关于结冰的河流，参见拉尔夫·利的注释，《通信全集》第15卷，第39页注释。

被雪困住：罗甘在一封致卢梭的信中提及，1764年5月1日，《通信全集》第20卷，第3页。

“没有踏足街头”：卢梭致达尼埃尔·罗甘（Daniel Roguin），1765年2月28日，《通信全集》第24卷，第108页。

正如拉尔夫·利所说：拉尔夫·利：《未解决的问题》，第11页。

“我从来没有”：卢梭致马尔泽布，1764年11月11日，《通信全集》第22卷，第44页。

383 **“我的上帝，卢梭先生”**：德舍尔尼（D'Escherny）的回忆录，《通信全集》第20卷，第322—323页。

“噢，瞧！”：《忏悔录》第6卷，《全集》第1卷，第226页。

“被疾病和贫困”：孔齐耶致卢梭，1762年10月4日，《通信全集》第13卷，第164页。

384 **“用鲜花覆盖”**：卢梭致孔齐耶，1763 年 5 月 5 日，《通信全集》第 16 卷，第 145 页。

“我在大人物中”：卢梭致德莱尔，1764 年 6 月 3 日，《通信全集》第 20 卷，第 136 页。

“我比您更感悲痛”：卢梭致卢森堡夫人，1764 年 6 月 5 日，同上，第 141 页。

“我通过自己的悲伤”：卢梭致拉罗什（La Roche），1764 年 5 月 27 日，同上，第 98 页。

“看在上帝的分上”：卢森堡夫人致卢梭，1764 年 6 月 10 日，同上，第 175 页。

据统计：艾格丁格：《“我花园中的石块”：让-雅克·卢梭的纳沙泰尔岁月与 1765 年危机》，第 167—169 页。

“醒来的那一刻”：亨丽埃特（Henriette）致卢梭，1764 年 3 月 26 日，《通信全集》第 19 卷，第 245 页。

385 **“您对我来说”**：卢梭致亨丽埃特，1764 年 11 月 4 日，《通信全集》第 22 卷，第 9 页。

可以写满一本书：让-雅克·卢梭和拉图尔夫人：《通信集》（Jean-Jacques Rousseau and Madame de La Tour, *Correspondance*, ed. Georges May, Arles: Actes Sud, 1998）。

信件的编辑：同上，第 9 页。

“多给你写信”：卢梭致阿利桑（Alissan）夫人，1764 年 10 月 21 日，《通信全集》第 21 卷，第 285 页。

“你有一个非常不幸”：卢梭致阿利桑（Alissan）夫人，1765 年 2 月 10 日，《通信全集》第 23 卷，第 337 页。

386 **“音乐家的一大优势”**：“歌剧”（Opéra），《音乐辞典》，《全集》第5卷，第958—959页。

"一些文章"：巴绍蒙：《1762年以来为法国的文学共和国史编纂的秘密回忆录》，1767年12月10日，转引自普朗：《当时报纸所讲述的让-雅克·卢梭》，第90页。

"如果我是她……通过你活着"：《皮格马利翁》(*Pygmalion*)，《全集》第2卷，第1228、1231页。

"这些勇敢的人民"：《社会契约论》，第2卷第10章，《全集》第3卷，第391页。

387 **正如特鲁松所说**：特鲁松，第2卷，第254页。

"以全能的上帝"：《科西嘉制宪意见书》(*Constitution pour la Corse*)，《全集》第3卷，第943页。

第二十章　又一次被驱逐

389 **"一个专制权力的奴隶"**：《山中来信》，《全集》第3卷，第835页。

"你们是商人"：同上，第881页。

"我们的人公开说"：弗朗索瓦-亨利·狄韦尔努瓦（François-Henri d'Ivernois）致卢梭，1764年12月21日，《通信全集》第22卷，第262页。

"我要表现得"：卢梭致勒涅普斯（Lenieps），1765年2月10日，《通信全集》第23卷，第339页。

"《爱弥儿》的作者"：伏尔泰：《致让-雅克·潘索夫的信》（Voltaire, *Lettre au Docteur Jean-Jacques Pansophe,* 1766），收入《回忆》，第359页。

“准备在他下城的”：伏尔泰致达朗贝尔，1761年4月20日，《伏尔泰全集》第107卷，第167页。

390 **“并不善于社交的”**：《彼得大帝和让-雅克·卢梭》(“Pierre le Grand et J.-J. Rousseau”)，转引自《全集》第1卷，第1467页注释。

“伏尔泰从来没有想过”：泰奥多尔·贝斯特曼：《伏尔泰》(Theodore Besterman, *Voltaire,* New York: Harcourt, Brace, 1969)，第298页。

“让议会用”：伏尔泰致弗朗索瓦·特农香(François Tronchin)，1764年12月25日，《伏尔泰全集》第56卷，第230页。

当卢梭提出，如果圣餐面包：《致克里斯托夫·德·博蒙的信》(*Letter à Christophe de Beaumont*)，《全集》第4卷，第999页；伏尔泰致达朗贝尔，1763年5月1日，《伏尔泰全集》第110卷，第197页。

他死时是个天主教徒：约翰·麦克曼纳斯：《伏尔泰临终前的反思：十八世纪法国的死亡艺术》(John McManners, *Reflections at the Death Bed of Voltaire: The Art of Dying in Eighteenth-Century France,* Oxford: Clarendon Press, 1975)，第22页。

“我们悲痛而羞愧地承认”：《公民的情感》(*Sentiment of the Citizens*)，《通信全集》第23卷，第381页。

391 **“我从未在任何孤儿院门口”**：卢梭加了注释的《公民的情感》(他让迪歇纳出版这个版本)，同上，第381页注释。

“他是我的迫害者中”：《日内瓦的卢梭先生的信》(Lettre de M. Rousseau de Genève)，《通信全集》第20卷，第102页。

“我在此声明”：让·路易·瓦格尼埃（Jean Louis Wagnière），收入一封韦尔纳致迪佩鲁（Vernes to Du Peyrou）的信中（寄给他以便插入一个新版本的《忏悔录》），1790 年 1 月 9 日，《通信全集》第 23 卷，第 384 页；也参见《全集》第 1 卷，第 1597 页注释。

392 **“您向我们展示了”**：德莱尔致卢梭，1763 年 6 月 16 日，《通信全集》第 16 卷，第 315 页。

“我将描写我自己”：卢梭致杜克洛，1765 年 1 月 13 日，《通信全集》第 23 卷，第 100 页。

“要么是卢梭先生”：弗雷德里克·纪尧姆·蒙莫兰：《就让-雅克·卢梭先生致 *** 先生的信》(Frédéric-Guillaume Montmollin, *Lettre à Monsieur *** rélative à J.-J. Rousseau,* 1765），第 109 页。

“像稻草一样着火”：基思致卢梭，1765 年 3 月 8 日，《通信全集》第 24 卷，第 174 页。

393 **“他相信耶稣基督”**：纳沙泰尔的可敬者（the Vénérable Classe de Neuchâtel）的审议，1765 年 3 月 13 日，同上，第 347 页。

“他从神性中删除了”：德莱尔致吉拉尔丹侯爵，1778 年 8 月 5 日，《通信全集》第 5 卷，第 291 页。

皮里的秘密目标：艾格丁格：《“我花园中的石块”：让-雅克·卢梭的纳沙泰尔岁月与 1765 年危机》，第 127 页。

卢梭确实承诺：州议会记录（records of the Conseil d’État），《通信全集》第 25 卷，第 51 页注释。

394 **“勒瓦瑟小姐”**：雅各布·海因里希·迈斯特致穆尔图，1764 年 10 月 5 日，《通信全集》第 21 卷，第 219 页。

“她多嘴多舌”：德舍尔尼（d'Escherny）的回忆录，《通信全集》第 26 卷，第 365 页。

迪佩鲁也说了同样的话：正如告诉布里索（J. P. Brissot）的那样，同上，第 358 页。

“他们说”：萨拉赞（Sarasin）致蒙莫兰，1766 年 2 月 12 日，《通信全集》第 28 卷，第 295 页。

“如果您回信”：达尼埃尔·米勒（Daniel Muller）致卢梭，1763 年 4 月 12 日，《通信全集》第 16 卷，第 53—54 页。米勒此前也给卢梭写过一封信，参见《通信全集》第 13 卷，第 16—18 页。

具有煽动性的布道，1765 年 9 月 1 日：在随后的官方调查中作了概述（但未记录细节），参见《通信全集》第 26 卷，第 325—326 页。

395 **“怒气冲冲地”**：默龙（Meuron）致基思，1765 年 9 月 7 日，同上，第 313 页。

“我还有比卢梭先生的事”：蒙莫兰致马蒂内（Martinet），1765 年 9 月 4 日，同上，第 294 页。

“我的上帝”：《忏悔录》第 12 卷，《全集》第 1 卷，第 635 页。

戏谑的说教文章：艾格丁格：《“我花园中的石块”：让-雅克·卢梭的纳沙泰尔岁月与 1765 年危机》中重印了这篇文章，第 13—16 页。

“只要有热烈的想象力”：《文学通信》第 6 卷，第 405 页（1765 年 11 月 15 日）。

396 **一个当时只有 14 岁的女孩**：让-皮埃尔·加伯雷尔：《卢梭

与日内瓦人》(Jean-Pierre Gaberel, *Rousseau et les Genevois*[1858])记述，参见《通信全集》第26卷，第359页。

一个他的雕像：大卫–弗朗索瓦·克莱尔（David-François Clerc）记述，1765年10月10日，《通信全集》第26卷，第341页。

“给我拿支枪来……什么都不知道”：1765年9月5日的司法调查，同上，第327—328页。

基思的一名下属：萨米埃尔·默龙致芬肯施泰因伯爵（Samuel Meuron to the graf von Finckenstein），1765年10月24日，《通信全集》第27卷，第173页。

“魔法和巫术”：法律文件，转引自艾格丁格：《“我花园中的石块”：让–雅克·卢梭的纳沙泰尔岁月与1765年危机》，第145页。

397 **“很像十字军东征时期”：**基思致萨米埃尔·默龙（Samuel Meuron），1765年9月24日，《通信全集》第27卷，第37页。

对来访者说：德若贝尔（L. C. F. Desjobert）的回忆录，描述了1777年对莫蒂埃的一次访问，《通信全集》第26卷，第373页。

“简直是为一个”：《梦》第五次散步，《全集》第1卷，第1040页。

“你让我想起了鲁滨孙”：德莱尔致卢梭，1765年11月11日，《通信全集》第27卷，第252页。

游客们发现他在树上：提到了两次，参见《忏悔录》第12卷，《全集》第1卷，第644页；《梦》第五次散步，《全集》

第1卷，第1044页。

399 **“大自然啊”**：《忏悔录》第12卷，《全集》第1卷，第644页。

“海浪的声音”：《梦》第五次散步，《全集》第1卷，第1044页。

“我们在亭子里放松”：同上，第1045页。

“那里发生了如此多的事情”：基思致卢梭，1765年10月26日，《通信全集》第27卷，第184页。

“这个小殖民地”：《梦》第五次散步，《全集》第1卷，第1044页。

兔子岛：例如，约翰·海因里希·魏斯：《格朗、艾希勒和朔伊尔曼刻制的瑞士地图集》（Johann Heinrich Weiss, *Atlas Suisse, gravée par Guerin, Eichler, et Scheurmann*[Aarau, 1786–1802]），纳沙泰尔湖和特拉韦尔山谷地图。

400 **“让–雅克·卢梭先生……不是您的仆人”**：菲利普–西里亚克·布里代尔：《从巴塞尔到比尔的行程》（Philippe-Cyriaque Bridel, *Course de Bâle à Bienne*, 1789），《通信全集》第27卷，第329页。

401 **“我指望在这个冬天”**：卢梭致罗甘，1765年10月4日，同上，第79页。伯尔尼（Berne）的记录证实收获季在10月10日前结束：同上，第101页注释。

“怀着最大的遗憾”：格拉芬里德（Graffenried）致卢梭，1765年10月16日，同上，第124—125页。

伯尔尼受到来自日内瓦的压力：贝尔纳·加涅班：《伏尔泰是否导致卢梭被驱逐出圣皮埃尔岛？》（Bernard Gagnebin,

"Voltaire a-t-il Provoqué l'Expulsion de Rousseau de l'Ile Saint-Pierre?"),《年鉴》第 30 卷(1943—1945),第 111—131 页。(加涅班的结论是,伏尔泰并没有主动促使卢梭被驱逐,但很高兴看到它发生。)

沮丧地评论说: 卢梭致盖伊,1765 年 10 月 1 日,《通信全集》第 27 卷,第 55 页。

402 **正如斯塔罗宾斯基所说:**《活的眼睛》,第 143 页。

卢梭绝望地建议: 卢梭致格拉芬里德(Graffenried),1765 年 10 月 20 日,《通信全集》第 27 卷,第 147—149 页。

记得他在那里的最后一晚: 西格蒙德·瓦格纳:《被称为卢梭岛的圣皮埃尔岛》(Sigmund Wagner, *L'Île de St. Pierre, dite l'Île de Rousseau*[1795], ed. Pierre Kohler, Lausanne: Éditions SPES, 1926),第 76—78 页。

第二十一章　在一个陌生的国度

403 **"我今天到达这个城镇":** 卢梭致泰蕾兹,1765 年 10 月 30 日,《通信全集》第 27 卷,第 197—198 页。

"让-雅克·卢梭": 齐默尔曼(J. G. Zimmerman)向伊萨克·伊塞兰(Isaac Iselin)报告,1765 年 11 月 13 日,同上,第 346 页。

"这个人让自己": 特农香致苏珊·内克尔(Suzanne Necker),1765 年 10 月 30 日,同上,第 199 页。

"以如此的智慧和美德": 蒙莫兰致腓特烈,1765 年 12 月 12 日,《通信全集》第 28 卷,第 39 页。

404 **“他一个人造成的麻烦的结束”**：夏尔–戈德弗鲁瓦·德·特里博莱：《纳沙泰尔和瓦朗然的历史》(Charles-Godefroi de Tribolet, *Histoire de Neuchâtel et Valangin,* Neuchâtel: Wolfurath, 1846)，第 169 页。

卢梭告诉泰蕾兹：1765 年 11 月 4 日，《通信全集》第 27 卷，第 217 页。

他受邀为此主持排练：匿名的斯特拉斯堡日记，1765 年 11 月 9 日，同上，第 314 页。

“以至于我不得不”：卢梭致迪佩鲁，1765 年 11 月 25 日，同上，第 298 页。

乌德托夫人和圣朗贝尔都向他提供了乡间别墅：维尔德兰夫人致卢梭，1765 年 11 月 28 日，同上，第 313 页。

“在充分权衡了一切”：卢梭致迪佩鲁，1765 年 11 月 30 日，同上，第 314 页。

“您会发现”：休谟致卢梭，1765 年 10 月 22 日，同上，第 161 页（休谟的初稿是用英文写的，在寄出前他翻译成了法文）。

“投入您的怀抱”：卢梭致休谟，1765 年 12 月 4 日，《通信全集》第 28 卷，第 17 页。

“完全不见任何人”：卢梭致盖伊，1765 年 12 月 7 日，同上，第 21 页。

405 **索特斯海姆**：在他稍后致卢梭的一封信中提及，1766 年 7 月 15 日，《通信全集》第 30 卷，第 87 页。

“从我起床到睡觉”：卢梭致迪佩鲁，1766 年 1 月 1 日，《通信全集》第 28 卷，第 146 页。

“他没有继续隐姓埋名”：让-皮埃尔·克罗默兰致皮埃尔·卢林（Jean-Pierre Crommelin to Pierre Lullin），1766年1月4日，同上，第158—159页。

“我知道有两位”：休谟致休·布莱尔（Hugh Blair），1765年12月28日，同上，第115页。

406 **“我爱过你”**：阿利桑夫人致卢梭，1765年12月21日，同上，第75页。

“我不是一个人”：卢梭致阿利桑夫人，1765年12月28日，同上，第111页。

“见到您之后”：卢梭致阿利桑夫人，1766年1月2日，同上，第148页。

“既然我有必要活着”：亨丽埃特（Henriette）致卢梭，1765年12月18日，同上，第68页。

他不得不承认：卢梭给亨丽埃特的回信，1770年10月25日，《通信全集》第38卷，第124页。

“我最好不要让他”：狄德罗致索菲·沃兰（Sophie Volland），1765年12月20日，韦尔西尼编：《通信集》，第576页。

为人冷淡：卢梭致迪佩鲁，1765年11月30日，《通信全集》第27卷，第314页。

“他想象自己”：休谟致布夫莱尔夫人，1766年1月19日，《通信全集》第28卷，第203页。

407 **“一个大胃王”**：亚历山大·卡莱尔（Alexander Carlyle）的轶事，转引自欧内斯特·莫斯纳：《大卫·休谟传》（Ernest C. Mossner, *The Life of David Hume*, Oxford: Clarendon Press, 1970），第245页。

"我整个挂在"：卢梭致休谟（在他们吵架之后，描述这件事），1766年7月10日，《通信全集》第30卷，第29页。

408 **"完全绝望"**：休谟致约翰·威尔克斯（John Wilkes），1754年10月16日，格雷格编《大卫·休谟书信集》（*Letters of David Hume*, ed. J. Y. T. Greig, Oxford: Clarendon Press, 1932），第1卷，第205页。关于休谟的法语口音，参见莫斯纳：《大卫·休谟传》，第214页。

"如果您善良的心"：卢梭致休谟，176[1]年2月19日，《通信全集》第15卷，第199页。卢梭在《忏悔录》（《全集》第1卷，第630页）中提到，《英国史》是他唯一读过的休谟著作。

"陪伴自然是"：休谟：《人性论》，第2卷第2章第4节，第402页。

"就像一个"：休谟致休·布莱尔，1766年3月25日，《通信全集》第29卷，第58页。

"著名的卢梭"：休谟致布莱尔，1765年12月28日，《通信全集》第28卷，第112页。

"在伦敦把他当作街头杂耍进行展示"：布鲁克·布思比：《对新老辉格党人的呼吁的评论》（Brooke Boothby, *Observations on the Appeal from the New to the Old Whigs*, London, 1792），第89页。

卢梭在德鲁里巷剧院：休谟致约翰·霍姆（John Home），1766年2月2日，《通信全集》第28卷，第267页及267—

1 原文如此。年份漏了一个数字。

268 页注释。

409 **丢失的帽子和假发：**《公报及新每日广告报》（*Gazetteer and New Daily Advertiser*），1766 年 1 月 25 日，《通信全集》第 29 卷，第 297 页。

“这并不像您想象的”：转引自狄德罗致索菲·沃兰，1765 年 12 月 10 日，韦尔西尼编：《通信集》，第 571 页。

“比一只牧羊犬”：休谟致休·布莱尔，1765 年 12 月 28 日，《通信全集》第 28 卷，第 114 页。

“我们的同伴德·吕兹先生”：休谟致布夫莱尔夫人，1766 年 1 月 19 日，同上，第 203—204 页。

“当他叫他时”：威廉·鲁埃致威廉·缪尔（William Rouet to William Mure），1766 年 1 月 25 日，同上，第 225 页。

410 **“如果我有时给”：**鲍斯韦尔致卢梭，1764 年 12 月 31 日，《通信全集》第 22 卷，第 345 页。

“他对文学如此狂热”：休谟致布夫莱尔夫人，1766 年 2 月 12 日，《通信全集》第 28 卷，第 287 页。

“他是一个真正有荣誉心”：基思致卢梭，1766 年 3 月 3 日，《通信全集》第 29 卷，第 13 页。

正如克兰斯顿严肃指出的那样：克兰斯顿，第 3 卷，第 98 页。

“昨天早上”：弗兰克·布雷迪和波特尔编：《鲍斯韦尔的游学旅行：意大利、科西嘉和法国》（*Boswell on the Grand Tour: Italy, Corsica, and France*, ed. Frank Brady and F. A. Pottle, New York: McGraw-Hill, 1955），第 279 页。

据这位收藏家称：他是拉尔夫·艾沙姆（Ralph Isham）上

校；他后来将鲍斯韦尔的文件卖给了耶鲁大学。弗雷德里克·波特尔的《詹姆斯·鲍斯韦尔：早年岁月》（Frederick A. Pottle, *James Boswell: The Earlier Years,* New York: McGraw-Hill, 1966）考察了艾沙姆的故事，参见第276—278页；《通信全集》中重印了艾沙姆的记述，参见第28卷，第347—350页。

411 **“他是著名的”**：《伦敦纪事报》（*London Chronicle*），1766年2月11日，《通信全集》第28卷，第297页注释。

“请允许我反过来”：卢梭致鲍斯韦尔，1766年8月4日，《通信全集》第30卷，第203页，第204页注释。

“我认为他是最坏的人”：詹姆斯·鲍斯韦尔：《约翰逊传》（James Boswell, *Life of Johnson,* ed. G. B. Hill and L. F. Powell, Oxford: Clarendon Press, 1934），第2卷，第11页。

412 **“房子虽然小”**：卢梭致吕兹（Luze）夫人，1766年5月10日，《通信全集》第29卷，第199页。

“自从我来到这里”：卢梭致休谟，1766年3月29日，《通信全集》第29卷，第67页。

“我在这里”：卢梭致宽代，1766年3月29日，同上，第69页。

413 **“威弗山下的伍顿”**：一份十八世纪初的旅游指南，转引自路易-J. 库尔图瓦：《让-雅克·卢梭在英国的旅居》（Louis-J. Courtois, *Le Séjour de Jean-Jacques Rousseau en Angleterre,* Geneva: Slatkine Repints, 1970），第42页。

“卢梭在德比郡”：《圣詹姆斯纪事报》（*St. James's Chronicle*），1766年5月15日，《通信全集》第29卷，第304页。

“达文波特先生的”：休谟致威廉·菲茨赫伯特（William Fitzherbert），1766年2月25日，《通信全集》第28卷，第328页。

“姗姗来迟”：卢梭至吕兹夫人，1766年5月10日，《通信全集》第29卷，第198—199页。

“那里的山丘虽然高大”：艾萨克·沃尔顿和查尔斯·科顿：《高明的垂钓者》（Izaak Walton and Charles Cotton, *The Compleat Angler*, ed. Howell Raines, New York: Random House, 1996），第276页。

414 **“我的官能”**：卢梭致波特兰（Portland）公爵夫人，1766年10月20日，《通信全集》第31卷，第40页。

“你可以和植物对话”：迪佩鲁致卢梭，1766年2月27日，《通信全集》第28卷，第339页。

“勒瓦瑟小姐就充当”：卢梭致休谟，1766年3月29日，《通信全集》第29卷，第66页。

415 **“她没有学会”**：卢梭致迪佩鲁，1766年6月21日，同上，第266页。

“太阳牌的小蒲［葡］萄干”：卢梭的词汇笔记，《通信全集》第30卷，第3页。

他们事后也只记得：《对话录》，对话二，《全集》第1卷，第905页。

“欧德罗斯霍尔……你们看”：威廉·豪伊特：《访问名胜》（William Howitt, *Visits to Remarkable Places*, London: Longman, 1840），第508—511页；也参见《通信全集》第33卷，第267—271页。

416 **“只要有几件事”**：卢梭致米拉博侯爵，1767年1月31日，《通信全集》第32卷，第83页。

斯塔罗宾斯基讽刺地评论说：《让-雅克·卢梭：透明与障碍》，第83页。

“d'Avenport”：卢梭致迪佩鲁，1766年6月14日，《通信全集》第29卷，第260页。

他每年只在伍顿庄园住两次：达文波特致卢梭，1767年3月24日，《通信全集》第32卷，第236页；关于达文波特的教育和兴趣，参见布鲁姆：《让-雅克·卢梭在斯塔福德郡，1766—1767》(J. H. Broome, *Jean-Jacques Rousseau in Staffordshire, 1766–1767*, Keele, U. K.: Keele University Library, 1966)；以及库尔图瓦：《让-雅克·卢梭在英国的旅居》，第50—53页。

“达文波特先生满腔热忱地”：卢梭致迪佩鲁，1767年2月14日，《通信全集》第32卷，第140页。

“他的活泼”：努勒哈姆子爵致帕默斯顿子爵夫人(viscount Nuneham to viscountess Palmerston)，1768年9月17日，《通信全集》第36卷，第97页。

他们举行音乐晚会：《通信全集》第32卷，第254页注释。

417 **“我可爱的邻居”**：卢梭致玛丽·迪尤斯(Mary Dewes)，1766年12月9日，《通信全集》第31卷，第247页。

“这个小项圈”：玛丽·迪尤斯致卢梭，1766年12月17日，同上，第276页。

“爬过那些”：卢梭致迪佩鲁，1767年10月17日，《通信全集》第34卷，第146页。

“我一生中从未”：卢梭致迪佩鲁，1767年1月8日，《通信全集》第32卷，第30页。

“这里的雪”：格兰维尔（Granville）致卢梭，1767年1月16日，同上，第48页。

“使卡尔威奇（Calwich）荒废”：卢梭致格兰维尔（Granville），1767年2月28日，同上，第185页。

“我得到了很好的接待”：布鲁克·布思比（Brooke Boothby）回忆录，《通信全集》第33卷，第277页。

“您是植物学家吗”：威廉·豪伊特：《访问名胜》（William Howitt, *Visits to Remarkable Places*），第513页；以及《通信全集》第33卷，第270页。

418 **“这个值得尊敬的人”**：萨米埃尔-安德烈·蒂索致亚历山大·德·戈洛夫金伯爵（Samuel-André Tissot to comte Alexandre de Golowkin），1765年3月22日，《通信全集》第24卷，第277页。

正如梅利所评论的：《让-雅克·卢梭：一位与世决裂的知识分子》，第224页。

“我到处都有强大”：卢梭致迪佩鲁，1765年2月7日，《通信全集》第23卷，第310页。

419 **“荒谬的指控”**：莫斯纳：《大卫·休谟传》（Mossner, *The Life of David Hume*），第523页。

路易-弗朗索瓦·特农香的记述：迈斯特向博德纳（J. J. Bodner）报告，1766年11月17日，《通信全集》第31卷，第173页。

“比起自费”：达朗贝尔在一封致叙阿尔（J. B. A. Suard）的信

中附上了休谟的笔记，1766 年 11 月 29 日，同上，第 225—226 页注释。

“我在上一封信中”：卢梭致狄韦尔努瓦（F.-H. d'Ivernois），1766 年 5 月 31 日，《通信全集》第 29 卷，第 240 页。

他最终接受了 2 400 利弗尔：迪佩鲁致卢梭，1768 年 3 月 8 日，《通信全集》第 34 卷，第 190 页。

“慷慨大方无疑是”：卢梭致达文波特，1766 年 3 月 22 日，《通信全集》第 29 卷，第 48 页。

420 **“一种没有等价物的津贴”**：塞缪尔·约翰逊：《英语大辞典》（Samuel Johnson, *Dictionary of the English Language*, 1755）。

“如果您坚持要绞尽脑汁”：沃波尔的《普鲁士国王》信件，1765 年 12 月，《通信全集》第 28 卷，第 345 页。

421 **“三人组”**：卢梭致迪佩鲁，1766 年 5 月 31 日，《通信全集》第 29 卷，第 237 页。

“像一个凌驾于”：卢梭致布夫莱尔夫人，1761 年 8 月 20 日，《通信全集》第 12 卷，第 217 页。

“他那张乏味空洞的宽脸”：洛尔·沙勒蒙（Lord Charlemont）记载的轶事，参见莫斯纳：《大卫·休谟传》，第 446 页。

“晚饭后……亲爱的先生”：卢梭致休谟，1766 年 7 月 10 日，《通信全集》第 30 卷，第 35 页。

422 **“亲爱的夫人，我希望”**：休谟致布夫莱尔夫人，1766 年 4 月 3 日，同上，第 90 页。

“我希望您对我的看法”：休谟致休·布莱尔，1766 年 3 月 25 日，同上，第 59 页。

“他没有和我”：卢梭致维尔德兰夫人，1766 年 4 月 9 日，

《通信全集》第 29 卷，第 101—102 页。

423 **“独眼巨人的脸”：**卢梭致穆尔图，1770 年 3 月 28 日，《通信全集》第 37 卷，第 350 页。

“他们用巧妙地涂黑”：《对话录》，对话二，《全集》第 1 卷，第 782 页。

贝纳丹论拉姆塞版画：贝纳丹，第 32—33 页注释。

德莱尔告诉鲍斯韦尔：1766 年 12 月 8 日，《通信全集》第 31 卷，第 243 页。

424 **“夜里，我好几次”：**卢梭致休谟，1766 年 7 月 10 日，《通信全集》第 30 卷，第 44 页。

“但他的语气中”：卢梭致维尔德兰夫人，1766 年 4 月 9 日，《通信全集》第 29 卷，第 101 页。

“我不能为我在睡梦中”：休谟在回应卢梭的记述时的脚注，参见《关于休谟先生和卢梭先生争论的一种简明又真诚的记述》(*A Concise and Genuine Account of the Dispute between Mr. Hume and Mr. Rousseau,* London: Becket, 1766)，第 79 页注释。

梅利的意见：《让-雅克·卢梭：一位与世决裂的知识分子》，第 234—242 页。

“您会像我一样”：休谟致达文波特，1766 年 6 月 26 日，《通信全集》第 29 卷，第 283 页。

425 **一位精神分析学家：**西尔维奥·凡蒂：《对让-雅克·卢梭的微观心理分析阐释》，《让-雅克·卢梭之友协会通讯》(Silvio Fanti, “Une Lecture de J. J. Rousseau en Micropsychanalyse,” *Bulletin d’Information de l’Association des Amis de Jean-Jacques Rousseau* I [Neuchâtel, 1964])，第 3—15 页。

“坏兄弟”：《让-雅克·卢梭：从负罪之爱到荣耀之爱》，第338页及多处。

“人类的罪恶”：卢梭致埃翁骑士（the chevalier d'Éon），1766年3月31日，《通信全集》第29卷，第82页。

“大卫·休谟今天”：《全集》第1卷，第1272页注释。

“我的夜晚是残酷的”：卢梭致马尔泽布，1766年5月10日，《通信全集》第29卷，第193页。

426 **“完美的疯狂”**：休谟致达文波特，1766年7月15日，《通信全集》第30卷，第97页。

霍尔巴赫和达朗贝尔都小心翼翼地毁掉了他的信：参见《通信全集》第29卷，第306—307页。

“用不了多久”：莫雷莱：《莫雷莱修士回忆录》，第113页。

“我警告您”：马蒙泰尔：《回忆录》第1卷，第232页。

“教会、辉格党”：斯密（Smith）致休谟，1766年7月6日，《通信全集》第30卷，第17页。

427 **“您太固执己见”**：布夫莱尔夫人致休谟，1766年7月22日，同上，第142页；至于达朗贝尔和斯密，参见第16—17、19页。

“满足某些人对卢梭的不满”：沃波尔致艾吉永（Aiguillon）公爵夫人，1766年11月3日，《通信全集》第31卷，第110页。

“整个欧洲”：沃波尔致休谟，1766年11月6日，同上，第120页。

“我认为任何人”：《文学通信》，第7卷，第145页（1766年10月15日）。

“我很了解”：狄德罗，转引自迈斯特致博德默（J. J. Bodmer）的信，1766 年 10 月 27 日，《通信全集》第 31 卷，第 87 页。

“这位不愿透露姓名的神父”：伏尔泰致博尔德，1766 年 12 月 15 日，同上，第 268 页。

“但偏见与事实无关”：卢梭致布夫莱尔夫人，1766 年 8 月 30 日，《通信全集》第 30 卷，第 291 页。

一位伦敦的讽刺作家：《纳撒尼尔·弗里博迪先生著〈杂集〉第 11 号》（*The Miscellany, No. 11, by Nathaniel Freebody Esq.*），1767 年 1 月 15 日，《通信全集》第 32 卷，第 297 页。

428 **“请相信，它们”**：维尔德兰致宽代，1766 年 7 月 24 日，《通信全集》第 30 卷，第 155 页。

“我的好朋友”：泰奥多尔·特农香致雅各布·特农香，1766 年 8 月 4 日，同上，第 211—212 页。

“你不是在逃离人类”：基思致卢梭，1765 年 11 月 19 日，《通信全集》第 27 卷，第 284 页。

“什么，大人”：卢梭致基思，1767 年 2 月 8 日，《通信全集》第 32 卷，第 119—120 页。

“我老了”：基思致卢梭，1766 年 11 月 22 日，《通信全集》第 31 卷，第 196 页。

429 **“我不知道我怎么忘了”**：卢梭致迪佩鲁，1769 年 2 月 28 日，《通信全集》第 37 卷，第 61 页。

他给卢梭留下了他一直戴着的手表：达朗贝尔：《基思颂词》（*Éloge de Keith*），《通信全集》第 12 卷，第 289 页。

“如果您是有罪的”：卢梭致休谟，1766 年 7 月 10 日，《通信全集》第 30 卷，第 46 页。

“一个粗俗的老厨娘”：布思比的回忆，《通信全集》第 33 卷，第 277 页。

“我发现达文波特先生”：休谟致杜尔哥（Turgot），1767 年 5 月 22 日，同上，第 82 页。

“她恶毒的故事”：维尔德兰夫人致宽代，1767 年 6 月 15 日，《通信全集》第 33 卷，第 148 页。

一个年老的达文波特从前的护士：迪唐斯（V. L. Dutens）记述了她与泰蕾兹的争吵，参见《通信全集》第 32 卷，第 252 页注释。

令达文波特吃惊的信：卢梭致达文波特，1766 年 12 月 22 日，《通信全集》第 31 卷，第 295—296 页。

430 **“一所房子的主人”**：卢梭致达文波特，1767 年 4 月 30 日，《通信全集》第 33 卷，第 37 页。

“我希望他能以”：休谟致达文波特，1767 年 5 月 2 日，同上，第 41 页。

“我被周遭的陷阱所包围”：卢梭致迪佩鲁，1767 年 4 月 2 日，同上，第 4 页。

“对他和勒瓦瑟小姐表现得如此野蛮”：格兰维尔致玛丽·迪尤斯（Granville to Mary Dewes），1767 年 5 月 10 日，同上，第 53 页。

“他的女管家”：达文波特致休谟，1767 年 7 月 6 日，同上，第 199—200 页。

“我和一个热情的”：努勒哈姆子爵致帕默斯顿子爵夫人（viscount Nuneham to viscountess Palmerston），1768 年 9 月 17 日，《通信全集》第 36 卷，第 97—98 页。沃波尔页记述了厨师撒灰的事，参见《通信全集》第 33 卷，第 287 页。

431 **“英格兰最令人讨厌的可恶地方之一”**：达文波特致卢梭，1767 年 5 月 18 日，《通信全集》第 33 卷，第 70 页。

迪佩鲁曾推荐塞尔雅（Cerjat）：迪佩鲁致卢梭，1766 年 1 月 27 日，《通信全集》第 28 卷，第 234 页。

“他似乎给林肯郡的”：休谟致达文波特，1767 年 5 月 9 日，《通信全集》第 33 卷，第 50 页。

一个读书俱乐部的成员们：埃德蒙·杰索普（Edmund Jessop）致卢梭，1767 年 5 月 10 日，同上，第 51—52 页；卢梭的回信，5 月 13 日，第 55—56 页。

写信给英国大法官：卢梭致巴伦·卡姆登（Baron Camden），1767 年 5 月 5 日，《通信全集》第 33 卷，第 44 页。

432 **“他显然是疯了”**：休谟致达文波特，1767 年 5 月 16 日，同上，第 62 页。

通过出售银器来支付路费：稍后告知科朗塞，参见《关于让-雅克·卢梭》，同上，第 280 页。

“我徒劳地折磨着自己……中间路线了”：卢梭致亨利·康韦（Henry Conway），1767 年 5 月 18 日，《通信全集》第 33 卷，第 63—67 页。

“疯狂的攻击”：《关于让-雅克·卢梭》，同上，第 280 页。

“她对约翰·詹姆斯的”：《乡村》，《欧洲杂志与伦敦评论》（“Rusticus,” *European Magazine and London Review*），1787 年 10 月，收入库尔图瓦：《让-雅克·卢梭在英国的旅居》，第 299 页。

433 **“看起来很理智”**：休谟致布夫莱尔夫人，1767 年 6 月 19

日，《通信全集》第 33 卷，第 165 页。

“我愿意用我的半条命”：卢梭致迪佩鲁，1767 年 4 月 2 日，同上，第 5 页。

第二十二章　往事重现

434 **“这个地狱般的事件”**：迪佩鲁致卢梭，1766 年 12 月 9 日，《通信全集》第 31 卷，第 252 页。

“正是过去”：卢梭致克雷基（Créqui）夫人，1766 年 5 月 10 日，《通信全集》第 29 卷，第 196 页。

匿名长信：一位日内瓦工匠致卢梭，1763 年 8 月，《通信全集》第 17 卷，第 205—221 页。

435 **早期的一些作家偶尔会讲述一些童年轶事**：参见马罗勒（Marolles）修士回忆录（1657）和斯塔尔-德洛奈（Staal-Delaunay）夫人回忆录（1755），收入让-弗朗索瓦·佩兰：《让-雅克·卢梭的忏悔录》（Jean-François Perrin, *Les Confessions de Jean-Jacques Rousseau*, Paris: Gallimard, 1997），第 2、7、211 页。

“没有什么比婴儿期的细节”：转引自贝斯特曼：《伏尔泰》（Besterman, *Voltaire*），第 14 页。

“几乎是故意”：威尔逊：《狄德罗》，第 24 页；狄德罗关于童年的观点，参见第 28 页。

“我一生中最甜蜜的时刻”：狄德罗致索菲·沃兰，1760 年 10 月 18 日，韦尔西尼编：《通信集》，第 262 页。

“许多读者”：以“我的肖像”（Mon Portait）为题的诸多日期不详的笔记，《全集》第 1 卷，第 1120 页。

“我所选择的道路”：《忏悔录》第 3 卷，《全集》第 1 卷，第 116 页。

436 **“谁能知道”**：乔治·艾略特：《米德尔马契》(George Eliot, *Middlemarch*)，第 68 章。

“我必须让自己”：《忏悔录》第 2 卷，《全集》第 1 卷，第 59 页。

“让末日审判的号角”：《忏悔录》第 1 卷，同上，第 5 页。

“如果卢梭先生”：格里姆致萨克森–哥达（Saxe-Gotha）公爵夫人，1765 年 3 月 7 日，《通信全集》第 24 卷，第 168 页。

“他似乎已经形成了”：路易–塞巴斯蒂安·梅西耶：《我的睡帽》(Louis-Sébastien Mercier, *Mon Bonnet de Nuit*, 1786)，收入《回忆》，第 525 页。

“卢梭写的那本”：《致自然神论者》，(“To the Deists,” plate 52 of *Jerusalem*)，收入布莱克：《威廉·布莱克诗歌散文全集》，第 201 页。

437 **“有些时候”**：《忏悔录》第 3 卷，《全集》第 1 卷，第 128 页。

“一种痛苦而矛盾的”：雷蒙·特鲁松：《让–雅克·卢梭：幸福和自由》(Raymond Trousson, *Jean-Jacques Rousseau: Bonheur et Liberté*, Nancy: Presses Universitaires de Nancy, 1992)，第 193 页。

“关于断裂和不连续的心理学”：雷蒙：《寻找自我》(Raymond, *La Quête de Soi*)，第 16 页。

“向内看”：《精神分析道路上的一个难点》，《西格蒙德·弗洛伊德心理学全集标准版本》(“A Difficulty in the Path of Psycho-Analysis,” in *The Standard Edition of the Complete Psychological*

Works of Sigmund Freud, ed. James Strachey, London: Hogarth Press, 1955），第 17 卷，第 143 页。

438 **“卢梭真正想要的既不是丝带”**：保罗·德·曼：《阅读的寓言：卢梭、尼采、里尔克和普鲁斯特的比喻语言》（Paul de Man, *Allegories of Reading: Figural Language in Rousseau, Nietzsche, Rilke and Proust*, New Haven: Yale University Press, 1979），第 285 页。

六百个人的名字：加涅班：《〈忏悔录〉中的真相与真实性》，收入《卢梭及其著作》（Gagnebin, “Vérité et Véracité dans *Les Confessions*,” in *Rousseau et Son Œuvre*），第 9 页。

最近关于记忆的研究表明：参见杰罗姆·布鲁纳：《自传过程》，《自传文化：自我表征的建构》（Jerome Bruner, “The Autobiographical Process,” in *The Culture of Autobiography: Constructions of Self-Representation*, ed. Robert Folkenflik, Stanford: Stanford University Press, 1993），第 38—56 页；也参见罗伊·佩雷特：《自传和自我欺骗：哲学、文学和认知心理学的结合》（Roy W. Perrett, “Autobiography and Self-Deception: Conjoining Philosophy, Literature, and Cognitive Psychology,” *Mosaic* 29 [Dec. 1996]），第 25—40 页。

“假如我活十万年”：《忏悔录》第 1 卷，《全集》第 1 卷，第 20 页。

439 **“我喜欢”**：《梦》第四次散步，《全集》第 1 卷，第 1035 页。

“这不是讲述有关过去的现在”：《自传契约》，第 53 页。

“想要回忆”：《梦》第二次散步，《全集》第 1 卷，第 1003 页。

“所有的鸟儿”：《忏悔录》第 4 卷，《全集》第 1 卷，第

135 页。

“我正在进行一项没有先例的事业”：《忏悔录》第 1 卷，同上，第 5 页。

“有必要发明一种”：《忏悔录草稿》，《全集》第 1 卷，第 1153 页。

“因为当人们”：《忏悔录》第 4 卷，《全集》第 1 卷，第 141 页。

440 **“流浪症”：**埃马纽埃尔·雷吉斯（Emmanuel Régis），转引自克洛德·瓦克曼：《卢梭的疯狂：精神病理学史上的卢梭案例》（Claude Wacjman, *Fous de Rousseau: Le Cas Rousseau dans l'Histoire de la Psychopathologie,* Paris: Harmattan, 1992），第 49 页。瓦克曼的书是对卢梭相关的心理学研究的一项公正的全面评述。

弗洛伊德描述了那些无法放弃神经官能症症状的人：《自我与本我》（*The Ego and the Id,* trans. Joan Riviere, rev. James Strachey, New York: Norton, 1962），第 39 页。

“疾病代替了上帝”：夏尔·博杜安：《宗教符号的精神分析》（Charles Baudouin, *Psychanalyse du Symbole Religieux,* Paris: Fayard, 1957），第 109 页。

441 **“被迫害的经历升华了我的灵魂”：**《忏悔录草稿》，《全集》第 1 卷，第 1164 页。

“让我的指控者羞愧”：《诗篇》第 35 章第 1 节（*Psalm* 35: 1），转引自《让-雅克·卢梭的宗教》，第 1 卷，第 33 页。

“他需要‘迫害’这面黑暗之镜”：《让-雅克·卢梭：透明与障碍》，第 247 页。

“更粗俗的欲望”:《回忆我的一生》,第 104 页。

“汉普郡掷弹兵队长”:同上,第 128 页。

“从历史的角度”:休谟:《我的一生》(“My Own Life”),注明日期为 1776 年 4 月 18 日(他于四个月后去世),收入莫斯纳:《大卫·休谟传》,第 615 页。

442 **“他一生中读书很少”**:休谟致休·布莱尔,1766 年 3 月 25 日,《通信全集》第 29 卷,第 58 页。

“哲学家们的无价之宝”:《忏悔录草稿》,《全集》第 1 卷,第 1154 页。

443 **“我们的感官”**:卢梭致敦·德尚(Dom Deschamps),1761 年 5 月 8 日,《通信全集》第 8 卷,第 320 页。

“除了猜测”:埃德蒙·摩根:《本杰明·富兰克林》(Edmund S. Morgan, *Benjamin Franklin*, New Haven: Yale University Press, 2002),第 146 页。

“对专断权力的厌恶”:富兰克林:《自传》,第 21 页。

445 **“知道让-雅克曾经”**:《百科全书杂志》(1782 年 7 月),收入《回忆》,第 180 页。

“如果过于真诚的……荒谬的印记”:《文学之年》(1782),收入《回忆》,第 468 页。

446 **“像卢梭这样的人”**:《文学通信》第 13 卷,第 162 页(1782 年 7 月)。

“只有当自传揭示了”:乔治·奥威尔:《神职人员的利益:关于萨尔瓦多·达利的一些笔记》,收入《文集》(George Orwell, “Benefit of Clergy: Some Notes on Salvador Dali,” *Collected Essays*, London: Secker & Warburg, 1961),第 209 页。

“我生来就不像”：《忏悔录》第1卷，《全集》第1卷，第5页。

“这些论文的作者”：利昂内尔·特里林：《诚与真》（Lionel Trilling, *Sincerity and Authenticity*, Cambridge: Harvard University Press, 1972），第24页。

第二十三章　进入自创的迷宫

447 **盖埃诺关于纳粹占领期间的论述**：盖埃诺，第2卷，第204—205页。

448 **“如果您彻底改变”**：孔蒂致卢梭，1767年6月15日，《通信全集》第33卷，第146页。

449 **“大人，我太尊敬”**：《忏悔录》第10卷，《全集》第1卷，第543页。

“什么！我确实让了他一个车”：被称为尚福（Chamfort）的塞巴斯蒂安–罗什·尼古拉斯（Sébastien-Roch Nicholas）：《性格与轶事》，收入尚福：《文集》（*Caractères et Anecdotes*, in Chamfort, *Œuvres*, Paris: 1812），第2卷，第237页。

450 **“不幸的苏丹的命运……拥抱你”**：卢梭致宽代，1767年6月27和28日，《通信全集》第33卷，第177—178页。

“比资产阶级还低”：卢梭致维尔德兰夫人，1767年7月22日，同上，第230页。

“在地下蜿蜒的”：卢梭致宽代，1767年9月9日，《通信全集》第34卷，第137页。

“除了你”：卢梭致迪佩鲁，1767年9月27日，同上，第

116 页。

451 **“他不停地说……最可怕的一夜”**：卢梭致孔蒂，1767 年 11 月 19 日，同上，第 185、190 页。（卢梭未寄出这封信，但仔细地保存着它。）

“这个野蛮人……灰飞烟灭了”：同上，第 187 页。

迪佩鲁告诉卢梭：1767 年 11 月 26 日，同上，第 208 页。

452 **“你说你因为”**：卢梭致迪佩鲁，1767 年 11 月 27 日，同上，第 211 页。

卢梭向宽代承认：1767 年 12 月 27 日，同上，第 264 页。

“孤独曾经是”：米拉博侯爵致卢梭，1768 年 3 月 15 日，《通信全集》第 35 卷，第 201—202 页，回复卢梭 3 月 9 日的信，第 193 页。

“我再也不会”：卢梭致布夫莱尔夫人，1768 年 3 月 24 日，同上，第 217 页；拉尔夫·利（第 217 页注释）说她 3 月 23 日的信是已知的她写给卢梭的最后一封信。

453 **“我以您的友谊”**：孔蒂致卢梭，1768 年 4 月 8 日，同上，第 243 页。

“卢梭先生的性情”：迪佩鲁致宽代，1768 年 7 月 17 日，《通信全集》第 36 卷，第 19 页。

455 **孔蒂警告说**：孔蒂致卢梭，1768 年 7 月 24 日，同上，第 24 页。

“既深沉又神秘”：卢梭致孔齐耶，1768 年 7 月 28 日，同上，第 28 页。

“请接受我的告别吧，先生”：卢梭致塞尔旺（A. J. M. Servan），1768 年 8 月 11 日，同上，第 30 页。

456 **“他一生中最重要的行动”**：吕克–安托万·多南·德·尚帕尼厄（Luc-Antoine Donin de Champagneux）的回忆，同上，第233页。

“我的管家”：卢梭致穆尔图，1768年10月10日，同上，第144页。

“我们一起生活了”：卢梭致亨利·拉利奥（Henri Laliaud），1768年8月31日，同上，第65页。

457 **“他们不仅仅是”**：卢梭致德莱塞尔夫人，1768年9月3日，同上，第74—75页。

瑞士医生：卢梭致萨米埃尔–奥古斯特·蒂索（Samuel-Auguste Tissot），1769年1月5日，《通信全集》第37卷，第3—5页。

458 **“国王和大人物……向我表达的敬意”**：《我领地中各阶层的公众意见》（“Sentiments du Public sur mon Comte dans les Divers États qui le Composent”），《全集》第1卷，第1183—1184页；也参见《通信全集》第36卷，第76—78页。

“一个名副其实的冰室”：卢梭致布瓦夫人，1770年1月2日，《通信全集》第37卷，第198页。

459 **“当我们结婚时……介入你的事务”**：卢梭致泰蕾兹，1769年8月12日，《通信全集》第37卷，第120—123页。居约在《为泰蕾兹·勒瓦瑟辩护》（Charly Guyot, *Plaidoyer pour Thérèse Levasseur*）中对这封信做了有趣的分析，参见第118—120页。

460 **格里姆后来说过**：《文学通信》第9卷，第91页（1770年7月15日）。

“我头顶的天花板”：《忏悔录》第 7 卷，《全集》第 1 卷，第 279 页。

“其悲剧性的荒谬令人痛苦”：《通信全集》第 37 卷，第 24 页。

461 **“让我知道”**：卢梭致圣日尔曼（C. A. de Saint-Germain），1770 年 2 月 26 日，同上，第 292 页。

462 **“我们喝酒”**：奥拉斯・夸涅（Horace Coignet）的回忆，《通信全集》第 38 卷，第 306—307 页。

第二十四章　在巴黎的最后岁月

464 **“那么，再见了，巴黎”**：《爱弥儿》第 4 卷，《全集》第 4 卷，第 691 页。

“就在 1756 年 4 月 9 日”：《忏悔录》第 9 卷，《全集》第 1 卷，第 403 页。

“几天前”：巴绍蒙：《1762 年以来为法国的文学共和国史编纂的秘密回忆录》，1770 年 7 月 1 日，收入普朗：《当时报纸所讲述的让-雅克・卢梭》，第 99 页。

“当这些人中”：《文学通信》第 9 卷，第 91 页（1770 年 7 月 15 日）。

465 **“盲目而愚蠢的信任”**：《忏悔录》第 10 卷，《全集》第 1 卷，第 542 页注释。

“我回到了”：卢梭致圣日尔曼，1770 年 7 月 14 日，《通信全集》第 38 卷，第 62 页。

他写信给迪佩鲁：1770 年 11 月 5 日，同上，第 126—127

页。迪佩鲁在一封致弗朗克维尔（Franqueville）夫人的信中（1779 年 5 月 9 日，《通信全集》第 43 卷，第 262—263 页）提到了他 1775 年拜访卢梭的事。

普拉特里耶（plâtrière）街……熟悉的地盘上：山崎晴美-雅曼：《让-雅克·卢梭大街》,《让-雅克·卢梭研究：卢梭与排斥》（Harumi Yamazaki-Jamin, "La Rue Jean-Jacques Rousseau," in *Études Jean-Jacques Rousseau: Rousseau et l'Exclusion*, Montmorency: Musée Jean-Jacques Rousseau, 2000–2001），第 245—248 页。

一位来访者对他住在喧闹的街道：让-雅克·穆托内·德·克莱尔丰：《真正的慈善家……在关于让-雅克·卢梭鲜为人知的轶事和细节之前》（Jean-Jacques Moutonnet de Clairfons, *Le Véritable Philanthrope… précédé d'Anecdotes et de Détails Peu Connus sur J. J. Rousseau*[1790]），转引自马德莱娜·莫利尼耶：《一位被遗忘的访客所描绘的卢梭肖像》（Madeleine Molinier, "Un Portrait de J.-J. Rousseau par un Visiteur Oublié", *Revue d'Histore Littéraire de la France* 65 [1965]），第 415 页。

467 **"我是他们虚荣的技艺"：**《梦》第七次散步,《全集》第 1 卷，第 1065 页。

"医生有时能治好病"：卢梭致阿尔布公爵（the duc d'Albe），1772 年 10 月 1 日,《通信全集》第 39 卷，第 110 页。

"他不再有那种"：《对话录》，对话二,《全集》第 1 卷，第 865—866 页。

"如果不是他亲口向我保证"：雅各布·若纳斯·比约恩斯托尔致卡尔·克里斯托弗·基约韦尔（Jacob Jonas Björnstahl to Carl Christoffer Gjörwell ），1770 年 9 月 1 日，《通信全集》第 38 卷，第 94 页。

带有日内瓦口音：雷蒙：《卢梭与日内瓦》，收入博-博维：《让-雅克·卢梭》(Raymond，“Rousseau et Genève,” in Baud-Bovy, *Jean-Jacques Rousseau*)，第 236 页。

刻有他父母名字的波斯文字的戒指：比约恩斯托尔（ Björnstahl ）记录，参见致基约韦尔（ Gjörwell ）的信，1770 年 9 月 1 日，《通信全集》第 38 卷，第 95 页。

“他对我说起他的父亲”：贝纳丹，第 39 页。

“夫人，卢梭先生住在这里吗”：曼侬·菲利庞致玛丽·卡内（ Manon Philipon[or Phlipon] to Marie Cannet ），1776 年 2 月 29 日，《通信全集》第 40 卷，第 39 页。

468 **五楼的公寓：**访客们对究竟是哪一楼回忆不一致，但事实上可以肯定是在五楼（参见拉尔夫·利的脚注，《通信全集》第 38 卷，第 345 页）。

“这不是给您指路”：图斯坦骑士（ chevalier de Toustain ）的回忆，收入安托万-约瑟夫·德·巴吕埃尔-博韦尔：《卢梭传》(Antoine-Joseph de Baruel-Beauvert, *Vie de Rousseau*[1789])，同上，第 330 页。

“看到这位文人”：卡洛·哥尔多尼（ Carlo Goldoni ）：《回忆录》(1797)，同上，第 335 页。

“老鼠的住所……高贵起来”：利涅亲王：《信件与思想》(prince de Ligne, *Lettres et Pensées,* ed. Raymond Trousson, Paris: Tallandier, 1989)，第 288 页。

“有一次，我和我的妻子”：贝纳丹，第 51 页。

“您想让我怎么办呢”：勒贝格·德·普雷勒（Lebègue de Presle），转引自居约：《为泰蕾兹·勒瓦瑟辩护》，第131页注释。

“对我来说”：贝纳丹，第65页。

卢梭对抄录的乐谱的记录：《全集》第1卷，第1685页注释。

469 **“他抄写的准确性……光脖子”**：《关于让-雅克·卢梭的回忆录》，第267、275页。

“他肤色黝黑……被抛弃”：贝纳丹，第31—36、66—67、77、80、90、184页。

471 **“先生，不要再往前走了”**：安托万·布雷回忆的贝纳丹的描述，参见《通信全集》第38卷，第326页。

“这么说您认识”：比约恩斯托尔致基约韦尔（Björnstahl to Gjörwell），1770年9月1日，同上，第93页。

“他的养生法……能够捕捉到的”：贝纳丹，第49、50—51、165页注释，第54、110页。

472 **“从来没有一个植物学家”**：皮埃尔·普雷沃：《关于让-雅克·卢梭的信件》（Pierre Prévost, *Lettre sur J.-J. Rousseau,* 1804），《通信全集》第40卷，第267页。

“当一个人为了自己”：贝纳丹：《自然的和谐》，收入路易·艾梅-马丁编《全集》（Bernardin, *Harmonies de la Nature,* in *Œuvres Complètes,* ed. Louis Aimé-Martin, Paris: Méquignan-Marvis, 1820），第8卷，第317页。

“这是一种真正的教学模式”：歌德致魏玛公爵（the duck of Weimar），1782年6月，转引自《通信全集》第39卷，第

28 页。

473 **“一个展示大自然”**：《秘密信件》（*Correspondance Secrète*），1775 年 11 月 11 日，收入《回忆》，第 417 页；关于这个静止不动的姿势，巴绍蒙，转引自《通信全集》第 40 卷，第 29 页注释。

“我被它迷住了”：约翰·克里斯蒂安·曼利希（Johann Christian Mannlich）的回忆录，《通信全集》第 39 卷，第 337 页。（拉尔夫·利有些怀疑这封信的真实性，但肯定卢梭很欣赏格鲁克，并与之频繁见面。）

改编了维瓦尔第的《春》：《通信全集》第 40 卷，第 22 页注释。

富兰克林是订购者之一：沙玛的《公民》（Schama, *Citizens*）中提到了，参见第 157 页。热尼·巴特拉伊的《歌曲作者让-雅克·卢梭》（Jenny H. Batlay, *Jean-Jacques Rousseau Compositeur des Chansons*, Paris: Éditions de l'Athanor, 1976）探讨了这些歌曲的历史及美学特质。

“他用颤抖的声音”：维科·米利科（Vico Millico），转引自居约：《为泰蕾兹·勒瓦瑟辩护》，第 125—126 页。

“他告诉我……喘不过气来”：格雷特里：《回忆录或关于音乐的论文》（A. E. M. Grétry, *Mémoires ou Essais sur la Musique*, 1789），《通信全集》第 40 卷，第 257 页。

474 **“如果能把这些朗读”**：菲利普·勒热纳：《我是他者：从文学到媒介的自传》（Philippe Lejeune, *Je est un Autre: l'Autobiographie de la Littérature aux Médias*, Paris: Seuil, 1980），第 111 页。

“我原以为会读”：克洛德-约瑟夫·多拉致博阿尔内伯爵夫

人（Claude-Joseph Dorat to the comtesse de Beauharnais），1770年12月，《通信全集》第38卷，第154—155页。

“他哭了……更加不快乐的事情”：《我和让-雅克·卢梭的关系》，第65、113页。

475 **“一无是处的小人物……一个奇迹”**：孔多塞：《回忆录》，《通信全集》第38卷，第348页。

“我读完了……被掐死的人”：《忏悔录》第12卷，《全集》第1卷，第656页。

“我想，您必须”：埃皮奈夫人致萨蒂纳（Sartine），1771年5月10日，《通信全集》第38卷，第228页。

476 **“他对我说”**：贝纳丹，第29页。

“啊，它们在那里……没有力气和时间了”：《我和让-雅克·卢梭的关系》，第101—102页。

“我不知道我什么时候”：卢梭致雷伊，1773年10月11日，《通信全集》第39卷，第202页。

477 **正如拉尔夫·利所说**：同上，第23页。

“想象一下”：《对话录》，对话一，《全集》第1卷，第756页。

478 **“我有必要说出”**：《关于本作品的主旨与形式》（“Sujet et Forme de Cet Écrit”），《对话录》，同上，第665页。

让-雅克在写一篇关于他自己的对话：《对话录》，对话二，同上，第836页。

“我要说的东西”：《关于本作品的主旨与形式》，《对话录》，同上，第664页。

“他用怀疑的目光”：梅西耶：《让-雅克·卢梭全集》（Mercier,

Œuvres Complètes de J.-J. Rousseau, 1788），收入《回忆》，第 533 页。

479 **“被活埋在活人中间”：**《对话录》，对话一，《全集》第 1 卷，第 706 页。

“他今天散步时”：让-弗朗索瓦·德·拉阿尔普致俄罗斯大公（Jean-François de La Harpe to the Grand Duke of Russia），1776 年 6 月或 7 月，《通信全集》第 40 卷，第 80 页。

科朗塞关于卢梭表兄的评论：《关于让-雅克·卢梭的回忆录》，第 288—289 页。

正如弗朗索瓦丝·巴尔吉耶（Françoise Barguillet）所言：《卢梭或充满激情的幻觉：孤独漫步者的梦》（*Rousseau, ou l'Illusion Passionnée: Les Rêveries du Promeneur Solitaire,* Paris: Presses Universitaires de France, 1991），第 41、68 页。

“卢梭经常去”：《1783 年密函集》（*Recueil de Lettres Secrètes, Année, 1783*），据传作者是纪尧姆·安贝尔·德·布多，波勒·阿达米编（Guillaume Imbert de Boudeaux, ed. Paule Adamy, Geneva: Droz, 1997），第 336—337 页。

480 **“委托给神意的贵重之物”：**《先前作品的历史》（*Histoire du Précedent Écrit*），《全集》第 1 卷，第 978—979 页。

“最起码应该”：《传单抄本》（*Copie du Billet Circulaire*），《全集》第 1 卷，第 990 页。

“以一种使我在悲痛中”：《先前作品的历史》，《全集》第 1 卷，第 984 页。

481 **“我在这里……掉下来的”：**《梦》第一次散步，《全集》第 1 卷，第 995、999 页。

“只靠外界的推动”：《梦》第八次散步，同上，第 1078 页。

独特的音乐调性：米谢勒·克罗吉：《孤独与沉思：关于让–雅克·卢梭的〈梦〉的研究》(Michèle Crogiez, *Solitude et Méditation: Étude sur les Rêveries de Jean-Jacques Rousseau*, Paris: Champion, 1997)，第113页。

“荒谬的想象”：《特雷武词典》(*Dictionnaire de Trévoux*)，转引自埃里克·莱沃尔涅（Érik Leborgne）所编辑的《梦》(Paris: Flammarion, 1997)，第36页。

正如一位法国作家所评论的：戈尔德施密特：《卢梭或孤独的灵魂》(Georges-Arthur Goldschmidt, *Rousseau, ou l'Esprit de Solitude*)，第140页。

482 **“德尔斐神庙的”：**《梦》，第四次散步，《全集》第1卷，第1024页。

“我是什么?”：《梦》，第一次散步，《全集》第1卷，第995页。

“这是我在反思时发现的”：《梦》，第六次散步，《全集》第1卷，第1051页。

弗洛伊德讲的一个故事：《心理学全集》(*Complete Psychological Works*)，第6卷，第137—138页。这位赞助人是约瑟夫·布罗伊尔（Josef Breuer）。

“珍贵的无所事事”(far niente)：《梦》第四次散步，《全集》第1卷，第1042页。

“闲逛的习惯”：亚当·斯密：《国民财富的性质和原因的研究》(Adam Smith, *An Inquiry into the Nature and Causes of the Wealth of Nations*, 1776)，第1卷第1章，《论劳动分工》(“Of the Division of Labour”)。

483 **“给人类的神圣礼物”**：贝纳丹，第 127 页。

“我从不相信人的自由”：《梦》第六次散步，《全集》第 1 卷，第 1059 页。

“从而使我们自己”：勒内·笛卡尔：《方法论》（René Descartes, *Discours de la Méthode*, 1637），第六部分。

“在共同母亲的庇护下”：《梦》第七次散步，《全集》第 1 卷，第 1066 页。

“它们闪现在内心的眼睛里”：威廉·华兹华斯：《我孤独的漫游，像一朵云》（William Wordsworthm, “I Wandered lonely as a Cloud”）。

484 **“美妙的休息……存在的甜蜜”**：“美妙的”，收入《百科全书》（词条“美妙的”），相关讨论参见乔治·普莱的《存在感与休息》，收入西蒙·哈维等：《卢梭再评价：致敬拉尔夫·利的专题研究》（Georges Poulet, “Le Sentiment de l'Existence et le Repos,” in Simon Harvey et al., *Reappraisals of Rousseau: Studies in Honour of R. A. Leigh,* Manchester: Manchester University Press, 1980），第 37—45 页。

“啊，我有了她……我想成为的人”：《梦》第十次散步，《全集》第 1 卷，第 1098—1099 页。

“本质上是”：加斯东·巴什拉：《梦想的诗学：童年、语言与宇宙》（Gaston Bachelard, *The Poetics of Reverie: Childhood, Language, and the Cosmos,* trans. Daniel Russell. Boston: Beacon Press, 1969），第 133 页。

“我从来没有快乐过”：贝纳丹，第 113 页。

“从未料到的令人伤心的”：《梦》第一次散步，《全集》第 1

卷，第 997 页。

孔蒂亲王的猝然薨逝：相关证据，参见七星文库版的导论，《全集》第 1 卷，第 83—84 页，以及法布雷：《让-雅克·卢梭与孔蒂亲王》（Fabre, “Jean-Jacques Rousseau et le Prince de Conti,” in *Lumières et Romantisme*），第 101—135 页。

485 **“那些高大的丹麦狗”**：贝纳丹，第 49 页。

“五十个”：《论政治经济学》（*Discours sur l'Économie Politique*），《全集》第 3 卷，第 272 页。

“以步枪子弹的速度……受到了惩罚’”：《关于让-雅克·卢梭的回忆录》，第 275—276 页。

486 **蒙田从马背上摔了下来**：米歇尔·德·蒙田：《论身体力行》，《随笔集》（Michel de Montaigne, “De l'Exercice”, *Essais*），第 2 卷，第 6 篇。

“夜幕开始降临”：《梦》第二次散步，《全集》第 1 卷，第 1005 页。

“在很长一段时间里”：《关于让-雅克·卢梭的回忆录》，第 291 页。

487 **现代医学的解释**：邦苏桑：《卢梭的疾病》，第 50 页，引用了多位医学权威。

“潮热”：德莱塞尔夫人致让-安德烈·德吕克，1777 年 7 月 30 日，《通信全集》第 40 卷，第 139 页。

“先生，您正在重新点燃”：卢梭致迪普拉（Duprat）伯爵，1778 年 2 月 3 日，同上，第 194 页。

卢梭突然离开了：贝纳丹，第 186—187 页；《关于让-雅克·卢梭的回忆录》，第 293 页。

他派人去巴黎买来了：勒贝格·德·普雷勒（Lebègue de Presle）的回忆，《通信全集》第 40 卷，第 330 页。

488 **“人们是邪恶的”：**让·亚森特·德·马热兰（Jean Hyacinthe de Magellan）的回忆，同上，第 323 页；关于音乐会，参见第 324 页。

489 **“我会被告知”：**梅里戈·菲斯评论，参见《散步或埃默农维尔的花园旅游路线》（Mérigot Fils, *Promenade, ou Itinéraire des Jardins d'Ermenonville*, Paris: Mérigot, 1788），第 51 页。

“我看到他的眼睛”：吉拉尔丹：《致 *** 的索菲伯爵夫人的信》（Girardin, *Lettre à Sophie comtesse de* ***），《通信全集》第 40 卷，第 337 页。

关于卢梭之死的记述：勒贝格·德·普雷勒（Lebègue de Presle），同上，第 331 页。

卢梭的尸检：同上，第 373 页；关于眩晕发作，参见穆尔图的记述，第 315 页。

关于死亡原因的现代观点：病理学教授塞西尔·特雷普（Cecil Treip），转引自拉尔夫·利，同上，第 374 页注释。

490 **“埃默农维尔不再属于吉拉尔丹了”：**转引自夏尔·萨玛兰：《瓦卢瓦文学概览》（Charles Samaran, *Paysages Littéraires du Valois*, Paris: Klincksieck, 1964），第 16 页。

“他被埋在”：维克托·奥弗鲁瓦（Victor Offroy）的回忆，转引自居约：《为泰蕾兹·勒瓦瑟辩护》（Guyot, *Plaidoyer pour Thérèse Levasseur*），第 192 页。居约在第 135—172 页讲述了泰蕾兹晚年的完整故事。

491 **“如果我的丈夫”：**建筑师帕里斯（Pâris）在《关于卢梭之死

的记叙》(*Récit de la Mort de Rousseau*) 中记述，转引自《让-雅克·卢梭的宗教》第 2 卷，第 251 页。

“月亮洒下皎洁的清辉”:《向国民大会公共教育委员会提交的报告，(法兰西共和历) 3 年 1 月 20 日》(“Rapport fait au Comité d’Instruction Publique de la Convention Nationale, 20 Vendémiaire an III”)，1794 年 10 月 11 日,《通信全集》第 48 卷，第 79 页；以及《回忆》，第 599 页。

493 **“贵族的日内瓦”**：转引自帕里斯:《纪念让-雅克·卢梭的公共葬礼》(J.-M. Paris, *Honneurs Publiques Rendus à la Mémoire de J.-J. Rousseau,* Geneva: Carey, 1878)；该书第 66—75 页对仪式进行了非常全面的描述。

“这就是您对我们所有的体系”：玛丽亚·埃奇沃斯致玛丽·斯奈德 (Maria Edgeworth to Mary Sneyd)，1803 年 1 月 10 日 (讲述了与已经年老的乌德托夫人的一次谈话),《通信全集》第 5 卷，第 280 页。

494 **“卢梭的朋友们”**：德莱尔致吉拉尔丹，1778 年 8 月 5 日，同上，第 291 页。

图1　十八世纪的日内瓦

图2　圣热尔韦区的唐库斯广场

十八世纪初期卢梭童年所住街区中最主要的广场的图景，到处都是货摊；乡下的货物通过大车和手推车运抵这里。广场中央十士兵们围着跳舞的喷泉。后来，卢梭让这一场景变得闻名遐迩。

图 3　伊萨克·卢梭

这幅象牙微型画展示了一幅令人焦虑不安的肖像，未能抓住伊萨克多愁善感的特性，却恰如其分地表现出了他猜忌多疑、易怒好争的一面。莫里斯·克兰斯顿可能吝于赞美，看到了“一副肥胖变形的乡巴佬面容，配着小小的黑眼睛和撅起的嘴唇，无不展现出平庸品性”。

图 4　卢梭岛上的卢梭雕像

1838 年，小小的卢梭岛上树立起了雅姆·普拉迪耶所刻的青铜雕像。这座像位于日内瓦湖汇入罗讷河的入口处。卢梭若有所思地凝视着这片他热爱的湖泊。

图5 “有一条地下水渠！”

十八世纪末的一幅《忏悔录》插图，表现了男孩们的震惊和愤恨，在某种程度上，也反映了卢梭的主题——对非正义的发现。严肃对待童年经历是卢梭自《爱弥儿》起便传达的信息，而这样的图画表明公众响应正日益扩大。

图 6　卢梭和华伦夫人

图 7　都灵教养院的大门

“我刚一跨进门”，这巨大的门“就被关上了，用两道锁锁了起来”。到他出来的时候，卢梭就不再是一个新教徒了。

图 8　夏梅特

华伦夫人的卧室在二楼一角，能够俯瞰山谷；卢梭住在与之相邻的小一些的卧室里。图中最右方是华伦夫人房间的窗户，相邻的就是卢梭房间的窗户。一楼窗户之间的牌匾上题写着法国革命者埃罗·德·塞谢勒的纪念诗：“静思于让-雅克的故居，我回想起他的天才、他的孤独、他的骄傲、他的不幸和他的疯狂。为了名誉和真理，他甘于奉献生命；他总是受到迫害，或是出于妒忌，或是因其自身。”

图 9　尚贝里

十八世纪七十年代的尚贝里市容，相比卢梭时代变化不大。在图左侧的远处可以看到坚固的城墙、宏伟的城堡、山谷的远处突起陡峭的石灰岩山峰，还有傍晚穿着时髦的市民们在山坡上散步。

图 10　德尼·狄德罗像，让–安托万·乌东作

狄德罗的现代作者说，“他的神情（就如雕塑家乌东所捕捉到的那样）就像正在努力倾听远处的音乐，或是正在捕捉一些仅仅一闪而过而特别难以捉摸的微妙想法的含义一样”。这尊胸像完成于 1771 年；当卢梭在此前三十年认识他时，他更加富有生气、富有说服力。艺术家们很难掌握他的个性特点，狄德罗对此还有些得意。1767 年，路易–米歇尔·旺卢给他画的一幅肖像在巴黎沙龙中展出时，他写道：“我又一副能够躲避艺术家的面具，不管是因为脸上混合了太多的东西，还是因为我思想的印记接踵而来，让我脸上的表情变化太快，以至于画家的眼睛很难捕捉到它们从一个顺道到下一个瞬间的变化。”

图 11　莫里斯·康坦·德·拉图尔所绘卢梭画像

这幅画像是卢梭一举成名后不久，拉图尔（他的情妇曾在卢梭所作的歌剧中担任主角）在枫丹白露与他相遇后所作。1753 年，这幅粉彩画和达朗贝尔及其他名人的画像一起在巴黎沙龙上展出。拉图尔创作了这幅画像的好几个版本；这是卢梭唯一关心的版本。这里复制的画像副本目前由一位艺术家私人收藏。晚年，这幅画像让卢梭高兴地回忆起自己理想中的自我形象，正如他在画家寄给他一幅新的副本时所说的那样："先生，这幅令人赞赏的画像在某种程度上使得我本来的模样值得尊敬；它永远不会离开我。它将在我生命中的每一天出现在我眼前，并将不停地对我的心说话。"然而，狄德罗抱怨说，这幅画像没有表现出"我们时代的加图和布鲁图"那种坚定的目光，不过是一幅"《乡村占卜师》的作曲家身着盛装、精心梳妆后"的漂亮形象。

图 12　埃皮奈夫人

这幅画像是埃皮奈夫人十七世纪五十年代在日内瓦逗留期间绘制的，当时她与卢梭的关系破裂不久。她让画家描绘她从书中抬起头时满脸探究的表情；她的传记作者注意到，她几乎没有掩饰那令人震惊的消瘦，而只是用一条薄纱披肩“优雅地盖住了她瘦弱、纤细的肩膀”。

图13　退隐庐

从后面宽阔的花园看埃皮奈夫人为她的“熊”卢梭所翻新的小房子——实际上并不小。作为一种对房租的象征性补偿，卢梭支付了园丁的工资；显然，园丁有许多事情要做。

图 14　乌德托伯爵夫人

让卢梭陶醉的翻滚卷曲的黑发被小心地束起；这位无名的艺术家捕捉到了苏菲的某种热情和专注，但没有抓住她的朋友们所喜欢的那种既活泼又甜美的气质。

图 15　小蒙路易

卢梭在那里时蒙莫朗西的房子的样子（后来它被改建和扩建了）。

图 16　主塔

花园里的小房子。卢梭喜欢在里面工作。窗户（和里面的壁炉）是在翻修主屋时增加的。

图 17　卢森堡夫人像

这幅匿名画师所绘的令人敬畏的卢森堡元帅夫人画像捕捉到了她讽刺的表情和令人不安的自信神态，但没能公正地展现出她被广泛颂扬的美貌。

图 18　卢梭在蒙莫朗西

一位名叫让·乌埃尔的年轻艺术家前往蒙莫朗西拜访了卢梭。当主人在晚餐后昏昏欲睡时，乌埃尔抓住机会用铅笔勾画了一张非正式的肖像画（此处是十九世纪的石版画的复制品）。卢梭戴着一顶帽子，穿着长袍抵御寒冷，刚刚睡醒。他的猫杜瓦耶内（Doyenne）坐在他的腿上，他的狗蒂尔克（Turc）在他的脚边。

图19　昔日恋人的纪念碑

这是卢梭为《朱莉》委托创作的十二幅插图之一。圣普乐眼含热泪地问朱莉，当她看到悬崖上刻着的她的名字的首字母以及彼得拉克和塔索的诗句时，她的心对她是否仍然无话可说。这些是他十年前久久地凝视着湖对岸她的家时刻下的。梅耶里村的真实悬崖并没有艺术家所想象的那么险峻陡峭，那么富于东方韵味，湖对岸的沃韦村也比画中看起来的要遥远得多。卢梭对雕刻师的指示反映了十八世纪时的时尚礼节，尽管朱莉在其他画作中应该衣着精致，但在这幅画中，她必须是"摒弃盛装，穿着晨礼服。"然而，他很不喜欢这个结果："每次看到她我都很生气——看看吧——她是不是有一种巴黎女郎的气质？"

图 20　克拉朗

位于日内瓦湖东端的一个小村落，卢梭把朱莉的家安设在这里。最初的标题是，“这个地方因为卢梭的《新爱洛伊丝》而知名”。

图 21　莫蒂埃村

卢梭和泰蕾兹住在右边的房子里。房子至今仍然矗立着，二楼还有他们的阳台。这幅十七世纪八十年代的雕版画准确地表现了这座房子，但在卢梭使莫蒂埃闻名于世后，访问莫蒂埃的艺术家们忍不住将这里的风景浪漫化，以适应卢梭的描述。这里呈现的瀑布比实际上更壮观。

图 22　卢梭的阳台

阳台现在的样子。这座房子现在是一个小型的卢梭博物馆。一块牌子上写着：让-雅克·卢梭住在这里，从 1762 年 7 月 10 日到 1765 年 9 月 8 日。

图 23　皮埃尔-亚历山大·迪佩鲁

这幅迪佩鲁的肖像画是卢梭在莫蒂埃逗留之后不久画的。尽管迪佩鲁非常富有，但他还是让人描绘自己穿着简单的服装的样子——其表情可能暗示了他在社交方面的尴尬（部分是因为耳聋）。最终，由于他自己的过错，他与卢梭的关系变得非常糟糕，但他始终保持着忠诚，是卢梭最忠实的遗稿保管人。

图 24　卢梭手持植物

据弗雷德里克·马耶尔的一幅水彩画创作，展示了在埃默农维尔的卢梭。他穿着相当考究的衣服在乡间散步，手里拿着一束大概注定要被压在他的标本集中的鲜花。他身后的那所房子是他即将去世的地方。

图 25　卢梭《植物学》插画

图 26　圣皮埃尔岛卢梭故居

图 27　圣皮埃尔岛的回忆

图 28　大卫・休谟

路易・德・卡蒙泰勒的这幅肖像画，是在卢梭与休谟一起去英国的前一年创作的，表现了一个老成稳重的人身上轻松的文雅：他戴着假发和蕾丝，在一个优雅的书桌边休息。它还暗示了某人的巨大腰围，正如一位朋友评论的那样，他总是“一个大胃王”。

图 29　伍顿庄园

十九世纪的一幅版画中的伍顿庄园；后来它被拆毁，其石头被用于建造其他建筑。卢梭写道："房子虽然小，但非常适宜居住，而且布置得很好。"很难想象他是根据什么认为它小的。他的住处在二楼（在这幅图中左边的拐角处），很宽敞舒适，从那里可以看到下面的庭院和山谷的美景。

图 30　卢梭画像

在伦敦，休谟安排杰出的苏格兰艺术家艾伦·拉姆塞为卢梭画像。画中的卢梭身穿亚美尼亚长袍，头戴毛皮帽。以此为基础的版画，包括理查德·珀塞尔的这幅作品，被广泛传播。卢梭厌恶这些作品，认为这张“独眼巨人的脸”故意损害他的公众形象。“他们巧妙地涂黑，造成可怕的渲染，一点一点地把那个原本令人敬畏、精力充沛的人变成了一个爱骗人的小家伙、一个小撒谎精、一个经常出入酒馆和低级场所的人。”拉姆齐捕捉到了卢梭当时无疑会具备的谨慎表情，但很难看出这幅画像是否有意或无意地贬损。卢梭的朋友贝纳丹直截了当地说，在所有现存的卢梭版画中，这是唯一一幅好的肖像画。

图 31　晚年的卢梭

根据安热莉克·布利索的原作，为卢梭著作的遗作版本刻制的肖像。艺术家捕捉到了他持续终生的身体疼痛的痕迹，以及他一直保留到了最后的敏锐目光。

图 32　卢梭流亡纳沙泰尔期间居住过的房子

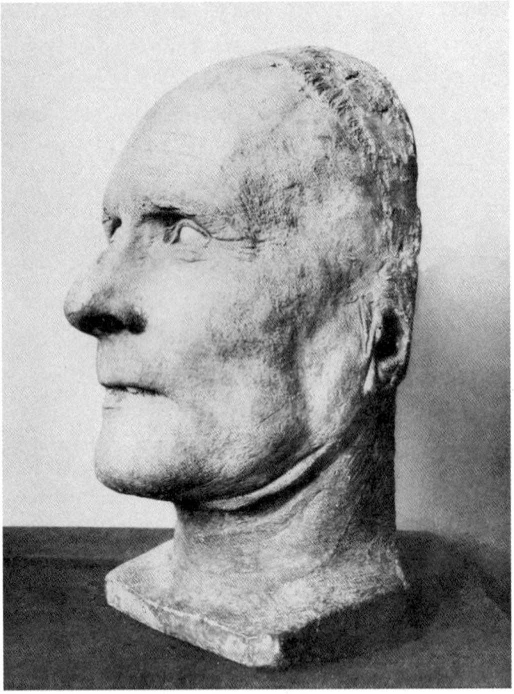

图 33　卢梭的死亡面具

在得知卢梭去世的消息后，著名雕塑家乌东急忙赶到埃默农维尔制作死亡面具。

图 34　卢梭的临时坟墓

图 35　位于先贤祠的卢梭墓室

图 36　革命的寓意

这幅 1792 年的革命符号组合图表明了激进分子对卢梭的看法。卢梭严厉而热切的凝视反映在神意的全知之眼中（这也出现在美国的一美元钞票上）。两面旗帜上分别题写着“法兰西共和国”和“对祖国的爱”；卢梭教导人们忠于祖国—— 正如法国国歌所唱的那样“起来，祖国的儿女”——而不是忠于启蒙运动的世界公民理想。埃及方尖碑是共济会的永久象征，上面刻有一个三角形、“平等”一词和一个宣称勇气建立了共和国，而美德保护了它们的传说。自由的红帽子被顶在一根圆柱上面。圆柱是由木棍组成的；木棍被捆绑在一起后力量增加，这就是古罗马的“束棒（fasces）”——后来的法西斯主义（fascism）就取自这个名字。圆柱上刻着“力量、真理、正义、联合”等字样。在它旁边，种着一棵自由之树，背景中有一个士兵用大炮在保卫被截短了的“道德再生”柱，柱子的底部刻有“人的权利和公民的权利”。

图 37　1962 年罗马尼亚发行的卢梭邮票

图 38 《忏悔录》插图

图 39　卢梭创作《爱弥儿》

图 40 《新爱洛伊丝》插图

图书在版编目(CIP)数据

卢梭传 ： 一个孤独漫步者的一生 / （美） 利奥・达姆罗什(Leo Damrosch)著 ； 彭姗姗译. -- 上海 ： 上海人民出版社， 2024. -- ISBN 978-7-208-19045-0

Ⅰ. B565.26

中国国家版本馆 CIP 数据核字第 2024LP9591 号

责任编辑 赵 伟 罗泱慈

封面设计 胡斌工作室

卢梭传

——一个孤独漫步者的一生

[美]利奥・达姆罗什 著

彭姗姗 译

出 版	上海人民出版社 (201101 上海市闵行区号景路 159 弄 C 座)
发 行	上海人民出版社发行中心
印 刷	上海盛通时代印刷有限公司
开 本	890×1240 1/32
印 张	24
插 页	6
字 数	515,000
版 次	2024 年 9 月第 1 版
印 次	2024 年 9 月第 1 次印刷

ISBN 978-7-208-19045-0/K・3400

定 价 138.00 元(全二册)